KB269413

마한·백제의 분묘 문화 III

– 충남 I : 연기(세종) 편 –

중앙문화재연구원 편

진인진

자료 제공 기관

건국대학교박물관, 公州大學校博物館, 國防文化財研究院, (財)百濟文化財研究院, 中央文化財研究院, 忠淸南道歷史文化研究院, 韓國考古環境研究所

총   괄 · 조상기
기   획 · 성정용, 오재진
자   문 · 김범철

책임연구원 · 성정용
공동연구원 · 권오영

연구원
　중앙문화재연구원 · 오윤숙, 신연식, 도문선, 조용호
　충북대학교 · 박신영, 정현아, 박슬기, 박정민
　한신대학교 · 박지은, 김현경, 강정식, 이은정

마한 · 백제의 분묘 문화 III - 충남 I : 연기(세종) 편 -

초판 1쇄 발행 2014년 2월 13일

집필인 · (재)중앙문화재연구원
발행인 · 김영진
발행처 · 진인진
등   록 · 제25100-2005-000003호
표   지 · 정하연
본문 편집 · 배원일
주   소 · 경기도 과천시 별양동 1-14 과천오피스텔 614호
전   화 · 02-507-3077~8
팩   스 · 02-507-3079
홈페이지 · http://www.zininzin.co.kr
이메일 · pub@zininzin.co.kr

ⓒ 진인진 2014
ISBN 978-89-6347-094-8 94900
ISBN 978-89-6347-082-5 94900 (세트)

책을 펴내며

우리 중앙문화재연구원에서는 그동안『동아시아의 고분문화』,『한국 신석기문화 개론』,『아시아의 고대 문물교류』,『한국 신석기문화의 양상과 전개』등과 같은 시대 개론서나 한국 고고학의 다양한 주제를 선정하여 학술총서를 간행한 바 있습니다. 또한『마한·백제의 분묘 문화』와 함께 고구려의 고분에 좀 더 쉽게 접근하여 그 문화상을 이해할 수 있도록『고구려의 고분 문화 I –한반도–』라는 제목으로 학술총서를 간행한 바 있고, 그에 대한 연구가 진행되고 있습니다.

한국 고고학계에서 중요한 위치를 차지하는 마한·백제에 대한 연구는 그동안 많은 연구자들에 의해 다양하게 이루어졌습니다. 그러나 마한이 백제라는 고대국가로 성장하는 시대적 중요성에 비해 그 문화상을 이해하기에는 어려움이 있었고, 더불어 1990년대 이후 폭발적으로 증가하는 자료를 체계적으로 정리하기에도 한계가 있었다고 생각됩니다.

이러한 상황을 공감한 우리 중앙문화재연구원과 충북대학교는 마한·백제의 분묘에 대한 자료를 집성하고자 2011년부터 5개년 계획을 수립하였고, 두 기관의 연구자 외에 한신대학교의 연구자를 포함시켜 연구진을 구성하여 진행하고 있습니다. 그 성과품으로 2013년 2월『마한·백제의 분묘 문화 I –서울·경기·인천·강원–』편과 2013년 10월『마한·백제의 분묘 문화 II –충북–』편을 간행한 바 있습니다.

2013년도에는 충남지역의 유적과 유물을 대상으로 정리하였습니다만, 너무나 많은 양을 정리하고 수정하느라 시간이 지체되었고, 더욱이 방대한 분량을 한 권에 모두 담아내기에 역부족이어서 부득이 분권을 결정하게 되었습니다. 먼저『마한·백제의 분묘 문화 III –충남 I : 연기(세종)–』편을 간행하게 되었고, 나머지 지역에 대한 자료는 계속해서 별권으로 간행할 예정입니다.

『마한·백제의 분묘 문화』는 너무도 방대한 양을 다루다 보니 곳곳에 오류가 있으리라 생각되지만, 아무쪼록 이 학술총서가 연구자 여러분의 연구에 많은 도움이 되기를 기대하며, 이번 학술총서에서 누락되었거나 새롭게 조사되는 유적에 대해서는 앞으로 간행할 예정인 보유편에 수록할 것을 약속드립니다. 더불어 우리 연구원에서는 앞으로도 다양하고 심도 있는 주제를 선정하여 학술총서를 발간함으로써 한국고고학계의 발전에 이바지하고자 합니다.

끝으로 이 학술총서가 간행될 수 있도록 연구 책임을 맡아 주신 충북대학교 성정용 선생님, 공동연구자인 한신대학교 권오영 선생님, 자문을 맡아 주신 충북대학교 김범철 선생님께 감사드리며, 어려운 여건에서도 자료 집성에 적극적으로 참여해 주신 충북대학교와 한신대학교, 중앙문화재연구원의 여러 연구자께 진심으로 감사드립니다. 또한 전반적인 진행을 맡아준 학예연구실 직원 여러분과 이 학술총서의 간행을 맡아주신 진인진 김영진 사장님을 비롯한 관계자 여러분께 감사드립니다.

2014년 2월

중앙문화재연구원장 조 상 기

마한·백제의 분묘 문화 Ⅲ "충남 Ⅰ : 연기(세종)편"을 내며

2011년부터 시작한 마한백제의 분묘문화 자료집성 작업이 서울·경기·인천·강원(2011년), 충북(2012년)을 지나 드디어 충남지역을 정리할 차례로 접어들었다. 충남지역은 주지하는 것과 같이 백제 한성기의 중요 지방이자 웅진·사비기의 최고 핵심이었던 만큼, 백제 관련 유적과 유구가 조금 과장하여 수를 헤아리기 어려울 정도로 많을 수밖에 없다. 특히 2012년 무렵까지 파악한 충남지역의 백제 무덤 기수가 4,000여 기 가까이 될 정도로 방대하여, 부득이 충남지역을 천안·아산·연기·공주(동북부권), 대전·금산·논산·부여·청양(동남부권), 서천·태안·당진·서산·홍성·예산·보령(서해안권) 등 크게 3개의 권역으로 나누어 3차년도에 걸쳐 작업하기로 하고 2013년도에는 먼저 동북부권을 정리하였다.

2012년도에 집성한 충북지역편은 여러 기술적인 난관(보고서 기술과 도면 축척의 불일치, 해상도 등등의 문제)을 헤쳐나가면서 책의 완성도를 조금이라도 높여보고자 하는 욕심에 10여차례의 지난한 교열과정을 거쳐 겨우 작년 10월에 출간된 바 있다. 이처럼 힘든 2차년도 교열 작업과 충남지역 정리작업을 병행한 결과, 동북부권의 마한·백제 무덤 자료들에 대한 기본적인 집성작업을 작년 말까지 대략 완료할 수 있었다. 그런데 서울·경기·인천·강원지역편은 750쪽, 충북편은 1,221쪽이었던데 비해, 금번에 집성한 천안·아산·연기·공주지역은 모두 합쳐 거의 2,000쪽 가까이나 되었다. 반도체에서 운위하던 무슨 '황의 법칙'도 아니면서 해마다 1.6배가량 분량이 증가하고 있으니, 금년 동남부권은 혹 3,000쪽이 넘어 '마백의 법칙'이 새로 만들어지는 것은 아닌지 살짝 두려워지기까지 한다.

한편 충북편의 경우 청원·청주 지역에 무덤들이 집중되어 있어 분책하기가 어색함에 따라 1권으로 출간하였던 바, 그 압도적인 무게와 두께에 필자 자신도 짓눌릴 지경이어서 거의 책장 속의 진열품과 다를 바 없겠다는 생각이 들었다. 그런데 충남 동북부지역의 마한·백제 분묘는 단권으로는 아예 엄두를 낼 수 없을 정도로 양도 많거니와, 독자의 편의를 위해서는 가급적 시군별로 분책하는 것이 좋으리라는 판단 하에 먼저 "충남 Ⅰ : 연기(세종)편"부터 출간하게 되었다. 이어 천안-아산-공주편이 차례로 출간될 예정이다.

어쨌든 이런 방대한 자료를 정리하고 친절한 디지털세계를 구축하는 데에는 결국 공동연구원들이 흘린 땀이 결정적일 수밖에 없다. 한신대학교 국사학과의 권오영교수님과 대학원생 박지은·김현경·강정식·이은정, 그리고 충북대학교 고고미술사학과 대학원생 박신영·정현아·박슬기와 학부생 박정민 등이 방대한 자료집을 완성시킨 주역들이다. 정말 감사하지 않을 수 없다.

또 이 작업이 온전히 이루어지기 위해 뒤에서 물심양면 지원을 아끼지 않았을 뿐만 아니라 자료 수집과 교열을 위해 애써준 조상기 원장님과 오윤숙·신연식·도문선·조용호 선생님에게도 깊은 감사의 말씀을 드리지 않을 수 없다.

늘상 되풀이되는 말 같지만, 1차년도부터 계속하여 여러 사람들의 정성과 땀의 결정체인 이 책이 더욱 돋보이도록 온갖 수고를 아끼지 않은 진인진 편집팀의 김지인 팀장과 배원일 선생에게 다시 한 번 고마운 마음을

전하지 않을 수 없다.

　정말 많은 사람들의 각고의 노력의 결정체인 본서가 마한·백제를 연구하는데 커다란 역할을 하였으면 하는 것이 필자를 비롯한 우리 모두의 되풀이되는 간절한 바람이다.

2014년 2월

마한·백제의 분묘문화
책임연구원 성정용 삼가 올리다.

일러두기

1. **집성 시기** : 마한의 시작이 언제부터인가에 대해서는 여러 논란이 있으나, 점토대토기의 출현이 한반도 중남부지역 문화변동의 주요 획기라는 점에서 점토대토기 관련 물질문화가 출토되는 무덤을 포함하였다.

2. **집성 대상** : 2013년 상반기까지 정식으로 보고서가 간행된 유적을 대상으로 수록하는 것을 원칙으로 하였다.

3. **도면의 방위** : 磁北을 기준으로 하였다.

4. **본문에 삽입된 유적위치도** : 국립지리원에서 발행한 1:50,000 지도를 이용하였다.

5. **축척** : 도면의 기본적인 축척은 아래와 같이 하였으나, 예외인 경우 별도로 명기하였다.
   1) 유구 : 토광묘 1/40, 석곽묘·석실묘 1/60, 분구묘 1/120, 옹관묘 1/30
   2) 유물 : 토기류 1/6, 철기·석기류 1/4, 청동기류 1/2, 구슬·장신구류 1/1
   3) 보고서에 기술된 제원과 도면 축척이 상이하게 되어 있는 경우
   ① 보고서 제원과 도면의 가로·세로 비율 등이 일치하지 않지만, 기술된 제원을 신뢰할 수 있다고 판단되어 이를 기준으로 도면의 가로 세로 비율을 임으로 조정한 경우에는 특기사항에 "보고서 기술과 도면의 축척이 상이하여 보고서 기술에 따라 가로·세로 축척을 조정하였음."이라고 표기하였다.
   ② 보고서 도면의 스케일 바에 단순 오류가 있다고 보이는 경우에는 기술된 제원에 따라 도면 축척을 단순 조정하고, "보고서 기술과 도면의 축척이 상이하여 보고서 기술에 따라 축척을 조정하였음."이라고 표기하였다.
   ③ 보고서 제원과 도면의 가로·세로 비율·스케일 바 등이 전혀 일치하지 않아 어느 쪽이 맞는지 알 수 없는 경우, 유구 개요표의 제원에는 보고서 기술을 그대로 적고 도면은 보고서의 스케일바를 기준으로 축척을 조정하여 유구 개요표의 제원과 도면 축척이 상호 일치하지 않게 되어 있다. 이 경우 특기사항에 "보고서 기술과 [유구/ 유구·유물/ 유물] 도면·스케일바의 비율이 모두 상이함."이라고 표기하였다.

6. **유적명** : 행정구역 변경 등으로 인해 조사 당시와 현재 지명이 다른 경우 현재 공식적으로 통용되고 있는 명칭(시군+동리명)을 표제어로 사용하고 조사 당시 보고된 지명은 ( )안에 표기하고 유적위치에도 ( )안에 舊 주소를 기재하는 것을 원칙으로 하고 있다. 그러나 연기지역은 비록 행정구역 변경에 따라 대부분 세종시로 편입되었지만, 최근까지 모든 보고서가 구 지명을 사용함에 따라 구 지명을 유적명으로 표기하고 신 지명을 ( )안에 표기하였다.

7. 유적개요표

1) 경·위도 및 GPS값은 보고서 기재내용을 따랐으며, 기재되어 있지 않은 경우에는 http://mygeoposition.com 에서 주소 및 경·위도를 검색하여 나온 값을 기재하였다.

2) 유구현황은 해당시대 칸에 맞게 구분하여 종류와 기수를 기재하였다.

3) 토광묘의 합장묘(동혈·병혈·이혈 포함)는 1기로 계산하여 해당 유적의 전체 분묘 수를 기재하였다.

4) 시대·성격은 보고서의 고찰을 기준으로 요약하되 일부 내용을 첨삭하여 기술하였다.

5) 참고문헌은 지표조사·시굴조사·발굴조사 보고서와 함께 현장설명회 및 지도위원회의 자료 등도 가능한 모두 기재하는 것을 원칙으로 하였으며, 유적과 관련된 단행본 및 논고가 있을 경우 추가 기재하였다.

8. 유구제원표

예시)

1호 토광묘

(단위 : cm)

묘광	크 기 (길이×너비×깊이)	183×64×(32) 1)	목관	크 기 (길이×너비×높이)	?×(30+)×?
	장폭비	2.86:1		장폭비	? 2)
	장축방향 4)	N-3°-W	목곽	크 기 (길이×너비×높이)	– 3)
	두 향 5)	?		장폭비	–
유물	토 기	흑도장경호(1)			
	철 기			–	
	청 동 기			–	
	옥 석 류			–	
	기 타			–	
	특기사항				

1) ‘(수치)’는 추정길이이고 ‘+’는 당초 크기를 알 수 없는 잔존길이를 의미하며, 묘광크기는 조사당시 남아 있던 묘광의 상부를 기준으로 통일하여 기재하였다.

2) ‘?’는 유구의 유실 등으로 현상을 정확히 알 수 없는 경우임.

3) ‘–’는 해당 구조나 유물이 축조 당시부터 존재하지 않았을 것으로 판단되는 경우임.

4) 장축방향 : 기본적으로 보고서 내용을 따랐으나, 부정확하거나 기재되어 있지 않는 경우 도면을 토대로 재측정하였다.

5) 두향 : 기본적으로 보고서에 기재되어 있는 내용을 따랐으나, 기재되어 있지 않는 경우 착장유물의 위치를 토대로 추정하되 괄호 안에 넣어 구분하였다. 구슬 및 목걸이 등의 장신구류가 한쪽에 치우쳐 있는 경우와 환두대도의 환두부 방향을 두향 추정의 근거로 활용하였다.

6) 토광묘의 관곽에 대한 구분 : 별도의 관이 확인되지 않거나 보고자가 관으로 보고하였더라도, 단경호를 비롯한 일반적인 부장용 토기가 주체부 안에서 출토되었을 경우 곽으로 구분하였다.

7) 부장공간에 대한 용어
 ① 부장칸 : 목곽 안에 격벽을 두어 공간을 분리하고 유물을 부장한 경우.
 ② 부장곽 : 부장품을 매납하기 위한 곽을 별도로 만들어 부장한 경우.
 ③ 부장갱 : 부장곽과 달리 별도로 곽을 만들지 않고, 유구 주변에 부정형으로 굴광하여 유물을 매납한 경우.

8) 유구명칭 : 기본적으로 보고서에 있는 것을 따르되, 다음의 경우에는 바꾸어 표기하였다.
 ① 목관묘·목곽묘 → 토광묘
 ② 주구묘 → 분구묘 (지하식으로 先매장주체부-後 분구 조성의 경우는 주구토광묘로 하고, 그 외의 것은 분구묘로 구분하였다)
 ③ 무기단식 적석총 → 적석분구묘
 ④ 주구만 잔존할 경우 → 주구토광묘
 ⑤ 분·묘 : 연구자에 따라 석실분·석실묘와 같이 뚜렷한 기준없이 혼용되는 경우가 있으나 매장주체부는 종류에 관계없이 모두 '~묘'로 통일하여 표기하였다.

9) 횡혈식석실묘의 장단비는 연도가 있는 前壁부터 後壁까지를 길이로 하고 좌·우벽을 너비로 하여 계산하고 표기하였다.

10) 횡혈식석실묘의 연도부 위치 표기는 연도 밖에서 석실을 바라보는 것을 기준으로 하여, 오른쪽에 있는 경우 우편재, 좌측에 있는 경우 좌편재, 가운데 있는 경우는 중앙으로 기재하였다.

11) 횡구식은 기본적으로 횡혈식석실과 같이 추가장이 가능한 구조로서, '室'의 개념을 갖고 있으므로 크기에 관계없이 모두 "횡구식석실"로 표기하였다.

12) 석실이나 석곽이 파괴되어 횡혈식·횡구식·수혈식의 구조를 알기 어려운 경우에는 일단 보고서에서 부여한 명칭을 따르되 의문부호를 붙여 구분하였다.

13) 토광묘 가운데 합장묘는 유구 개요표를 하나로 작성하였다.

9. 유물 도면의 편집 순서 : 유물은 출토위치에 따라 구분하여 편집하였다. 편집순서는 관내→관외·관상부·곽내→곽외·곽상부→부장칸·부장곽→함몰토·충전토→봉토·부장갱→주변 출토유물 등으로서, 관을 기준으로 유물의 출토위치가 멀어질수록 뒤쪽에 배치하였다. 또한 각 출토위치 내에서도 토기를 우선 배열하고 철기와 청동기, 그리고 옥석류 및 장신구류의 순서로 배치하였다. 또한 같은 류의 유물 내에서는 작은 것을 앞에, 큰 것을 뒤쪽에 배치하는 것을 원칙으로 하였다.

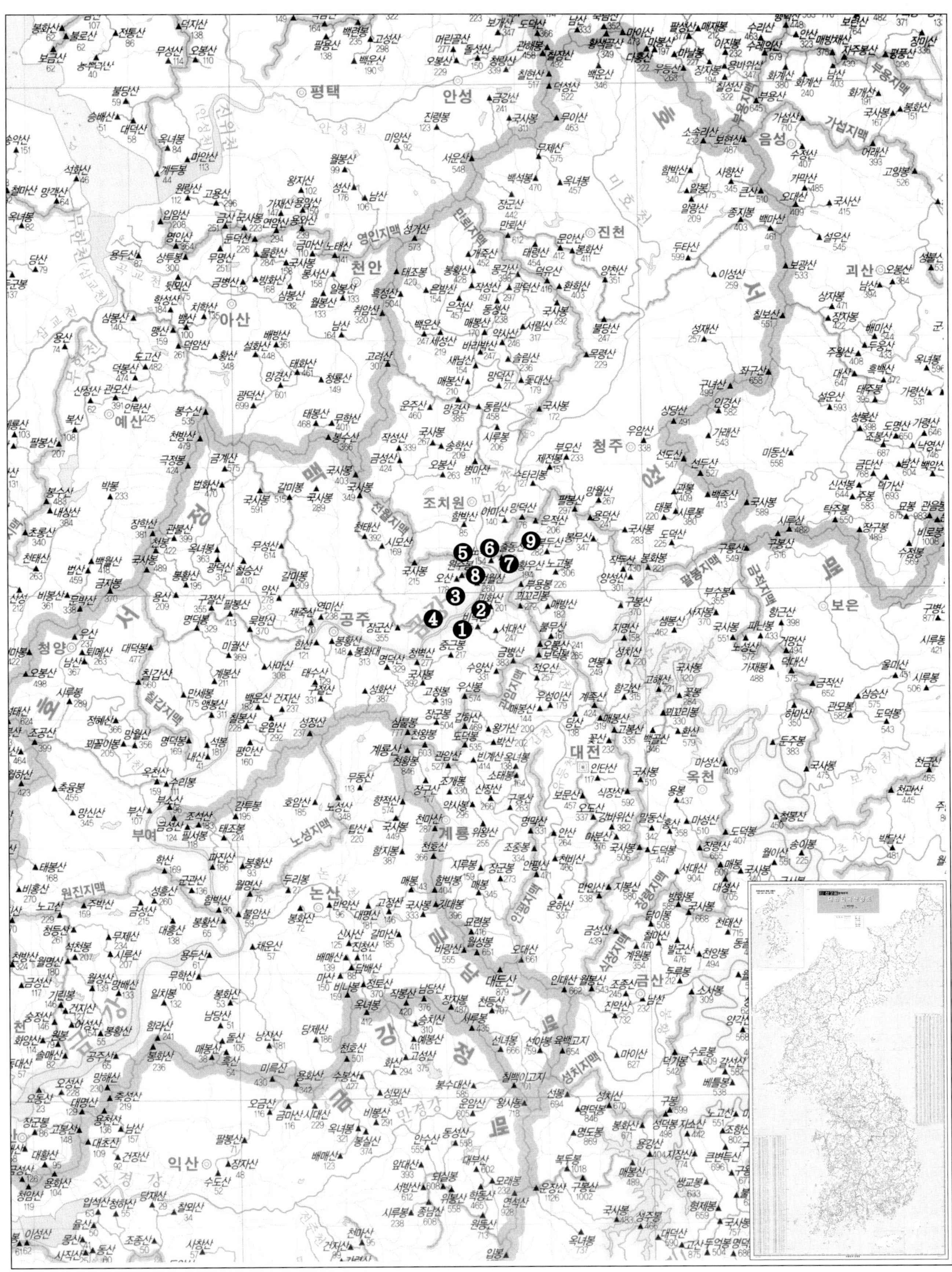

마한·백제의 분묘 유적 분포도(연기)
박성태 편집 대한민국 산경도(2010.04.05) 인용.

번호 | 유적명
1 | 연기 대평리유적A
2 | 연기 대평리유적C
3 | 연기 송담리유적
4 | 연기 송원리유적
5 | 연기 연기리유적
6 | 연기 용호리유적
7 | 연기 용호리유적
8 | 연기 월산리유적
9 | 연기 응암리유적

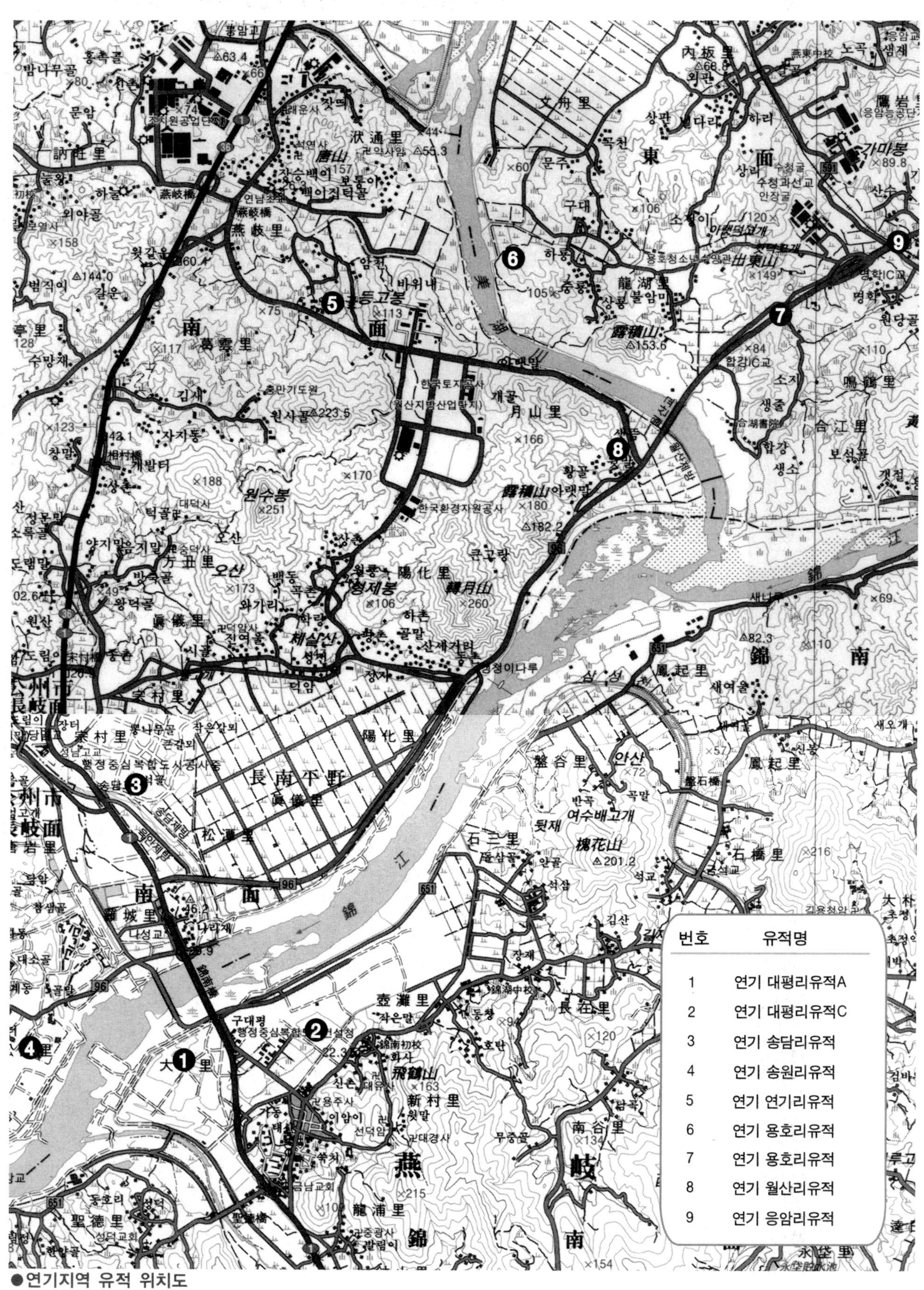

●연기지역 유적 위치도

연기 대평리유적A燕岐 大平里(現 世宗 大坪洞)遺蹟A

조사사유	행정중심복합도시 건설에 따른 구제발굴조사
조사연혁	지표조사 : 2005. 09. ~ 2006. 06. (충청문화재연구원, 충청남도역사문화원, 중앙문화재연구원) 시굴조사 : 2009. 07. 22. ~ 2009. 12. 20. (한국고고환경연구소) 발굴조사 : 2009. 06. 01. ~ 2010. 03. 19. (백제문화재연구원)

유적위치	舊	충청남도 연기군 금남면 대평리 일원
	新	세종특별자치시 대평동
	경·위도 127°16'17.79"E / 36°28'19.34"N	GPS 127.271607 / 36.472039

유적입지	금남면 대평리 일원은 금강의 남안에 형성된 드넓은 하상 충적지로서, 유적은 대전 유성-조치원간 1번국도의 동편에 위치하고 있다. 유적에서 북으로 300m 떨어진 곳에는 '금강'이 북동쪽에서 남서쪽으로 흐르고 있으며, 충청남도역사문화원에서 조사한 연기 대평리 유적 C지점이 동북쪽으로 약 50m 떨어진 곳에 위치하고 있다. 이 유적은 금강변의 해발 16m 내외의 하상충적지에 위치하고 있어, 2~3m 내외의 충적 경작토를 제거한 후 조사되었다.

유구현황	초기철기시대	–
	원 삼 국 시 대	주거지(41)·수혈(182)·구(4)·옹관묘(3)
	삼 국 시 대	–
	기 타	청동기시대 주거지(12)·수혈(3), 통일신라시대 주거지(70)·수혈(33), 시대미상 고상가옥(4)

주요유물	장란형토기, 옹, 배, 관옥
시대·성격	대평리유적A지점에서 조사된 옹관묘는 모두 합구식으로서, 내부에는 천석을 깔아 시상대를 마련하였다. 격자타날된 장란형토기와 옹이 옹관으로 사용되고 있어 A.D.4세기 무렵에 조영된 것으로 보인다.

참고문헌	충청문화재연구원·충청남도역사문화원·중앙문화재연구원, 2006, 『행정중심복합도시 건설지역 내 문화유산 지표조사-고고분야』, 한국토지공사. 李弘鐘·高橋 學, 2006, 『행정중심 복합도시 평야지역내 古地形 및 遺蹟分布 豫測調査 報告書』, 韓國考古環境研究所. (財)百濟文化財研究院, 2012, 『行政中心複合都市敷地 內 3-1-A地點 燕岐 大平里遺蹟』, 發掘調査報告 第29輯.

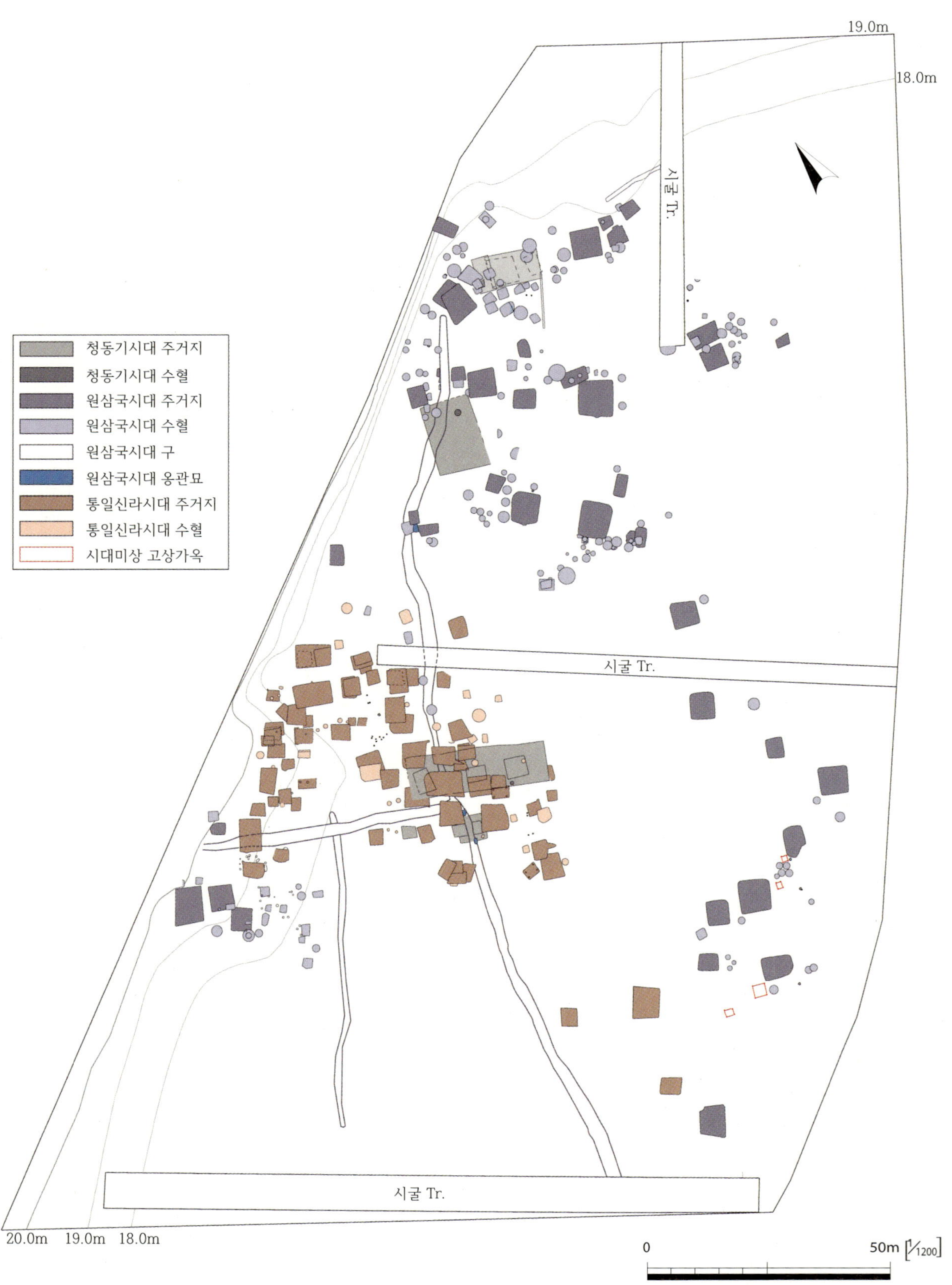

[유구배치도]

청동기시대 주거지
청동기시대 수혈
원삼국시대 주거지
원삼국시대 수혈
원삼국시대 구
원삼국시대 옹관묘
통일신라시대 주거지
통일신라시대 수혈
시대미상 고상가옥

19.0m
18.0m

시굴 Tr.

시굴 Tr.

시굴 Tr.

20.0m 19.0m 18.0m

0   50m 1/1200

연기 대평리유적 조사 현황 (충청남도역사문화연구원 촬영)

연기 대평리 유적 전경 (위가 북서쪽)

1호 옹관묘

(단위 : cm)

묘광	크 기 (길이×너비×깊이)	230×120×(+36)	옹관길이	(90)
	장폭비	1.91:1	결합형식	합구식
	장축방향	N-30°-E	안치형태	횡치
	두 향	?		
유물	토 기	옹-(2)		
	철 기	-		
	청 동 기	-		
	옥석류	석제 관옥(12)		
	기 타	-		
	특기사항			

Ⅰ : 황갈색사질점토
Ⅱ : 갈색사질점토+황갈색사질점토
Ⅲ : 갈색사질점토
Ⅳ : 갈색사질점토(입자가 작고 어두움)
Ⅴ : 갈색사질점토+암갈색사질점토
Ⅴ-Ⅰ : 갈색사질점토
Ⅵ : 황갈색사질점토
Ⅶ : 암갈색사질점토

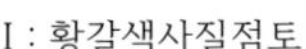

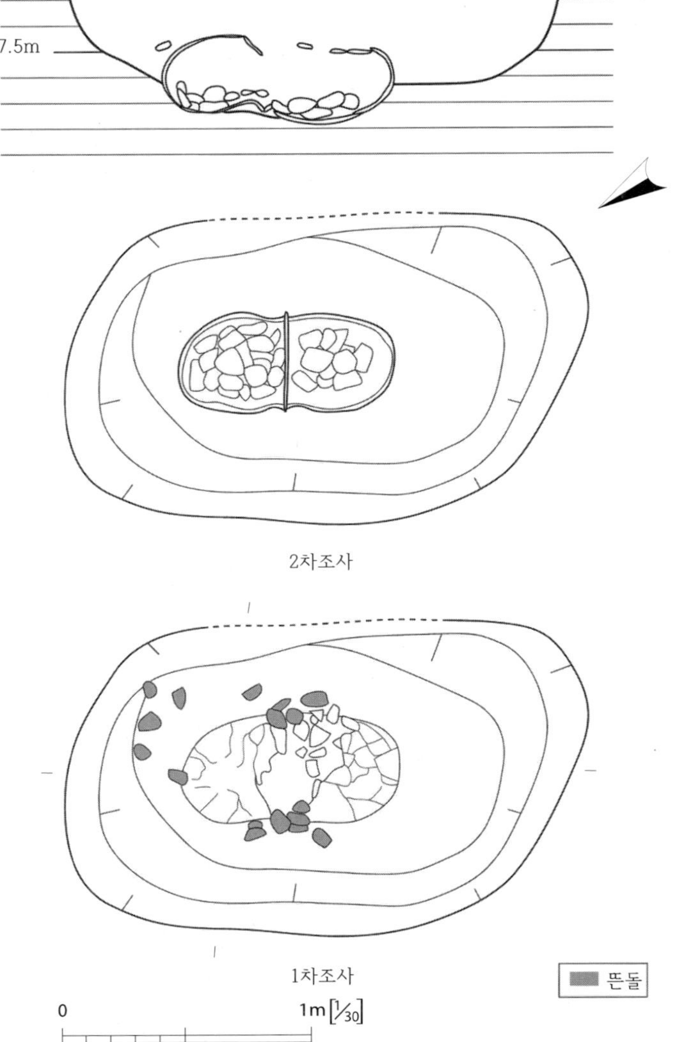

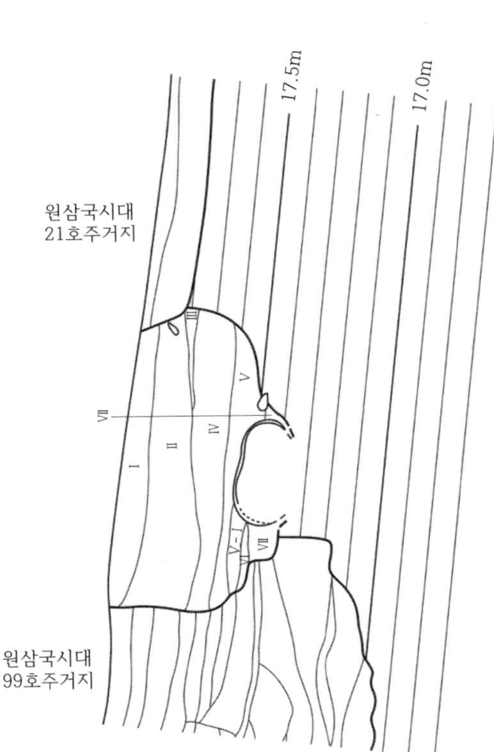

1

0   2cm[1/1]

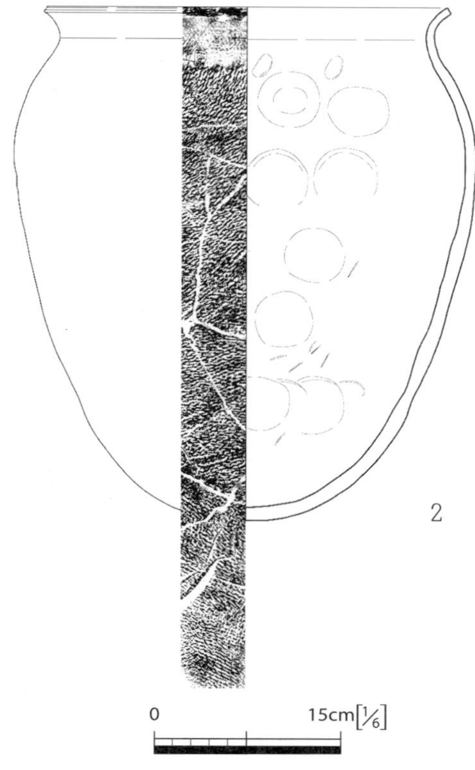

2

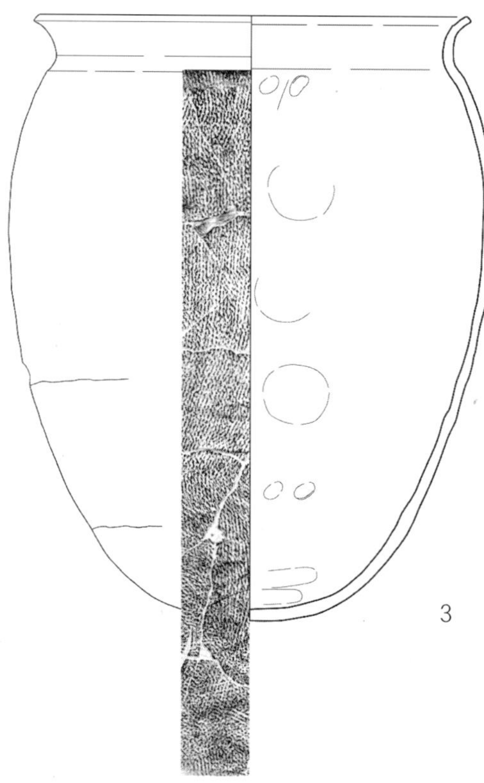

3

0   15cm[1/6]

2호 옹관묘

(단위 : cm)

묘광	크 기 (길이×너비×깊이)	(129+)×88×(+20)	옹관길이	(113)
	장폭비	?	결합형식	합구식
	장축방향	N-21°-E	안치형태	횡치
	두 향	?		
유물	토 기	장란형토기(2), 옹(1), 배(1)		
	철 기	-		
	청동기	-		
	옥석류	-		
	기 타	-		
	특기사항			

Ⅰ : 갈색사질점토
Ⅱ : 암갈색사질점토
Ⅲ : 갈색사질점토
Ⅳ : 진갈색사질점토

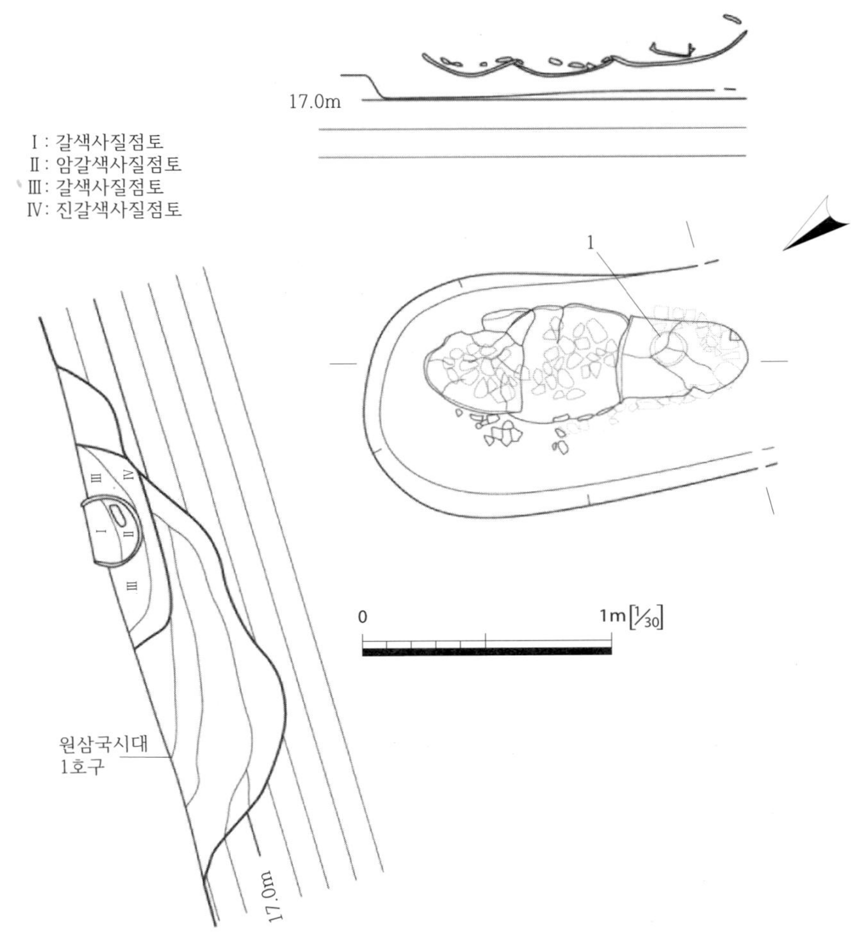

[유구사진]

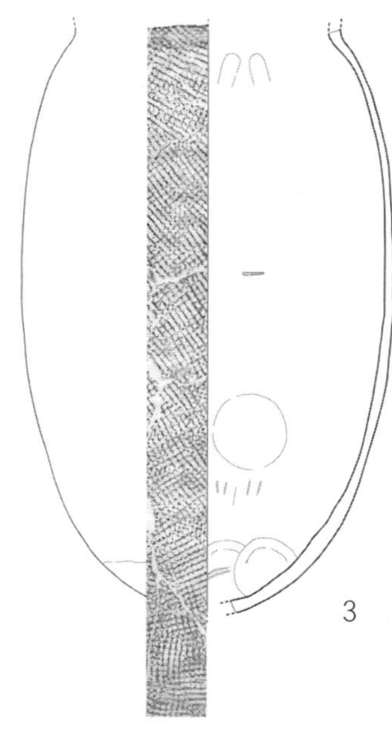

[출토유물]

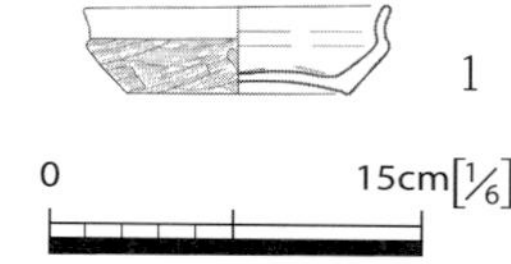

1
0   15cm[⅙]

[옹관]

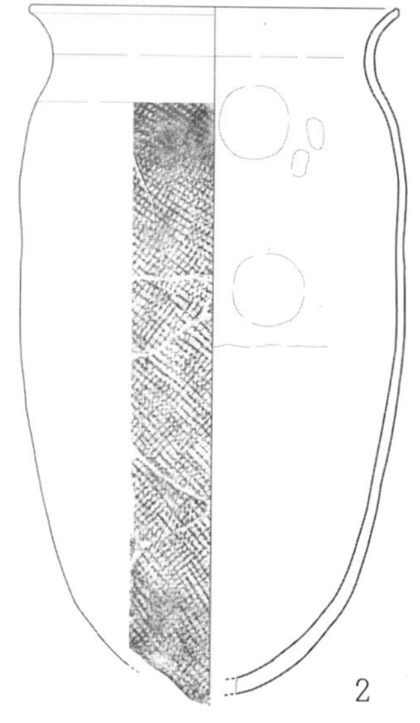

2

3

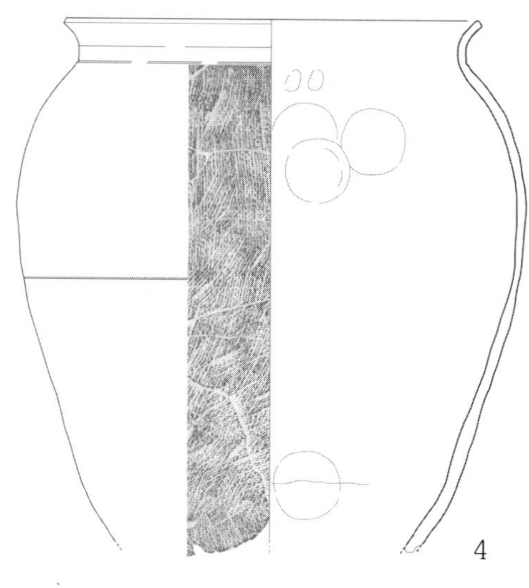

4

3호 옹관묘

(단위 : cm)

묘광	크 기 (길이×너비×깊이)	137×98×(40+)	옹관길이	(126)
	장폭비	1.39:1	결합형식	합구식
	장축방향	N-30°-E	안치형태	횡치
	두 향	?		
유물	토 기	옹-(3)		
	철 기	-		
	청 동 기	-		
	옥 석 류	-		
	기 타	-		
	특기사항	1·2번 옹은 한 개체의 구연과 저부로 보임.		

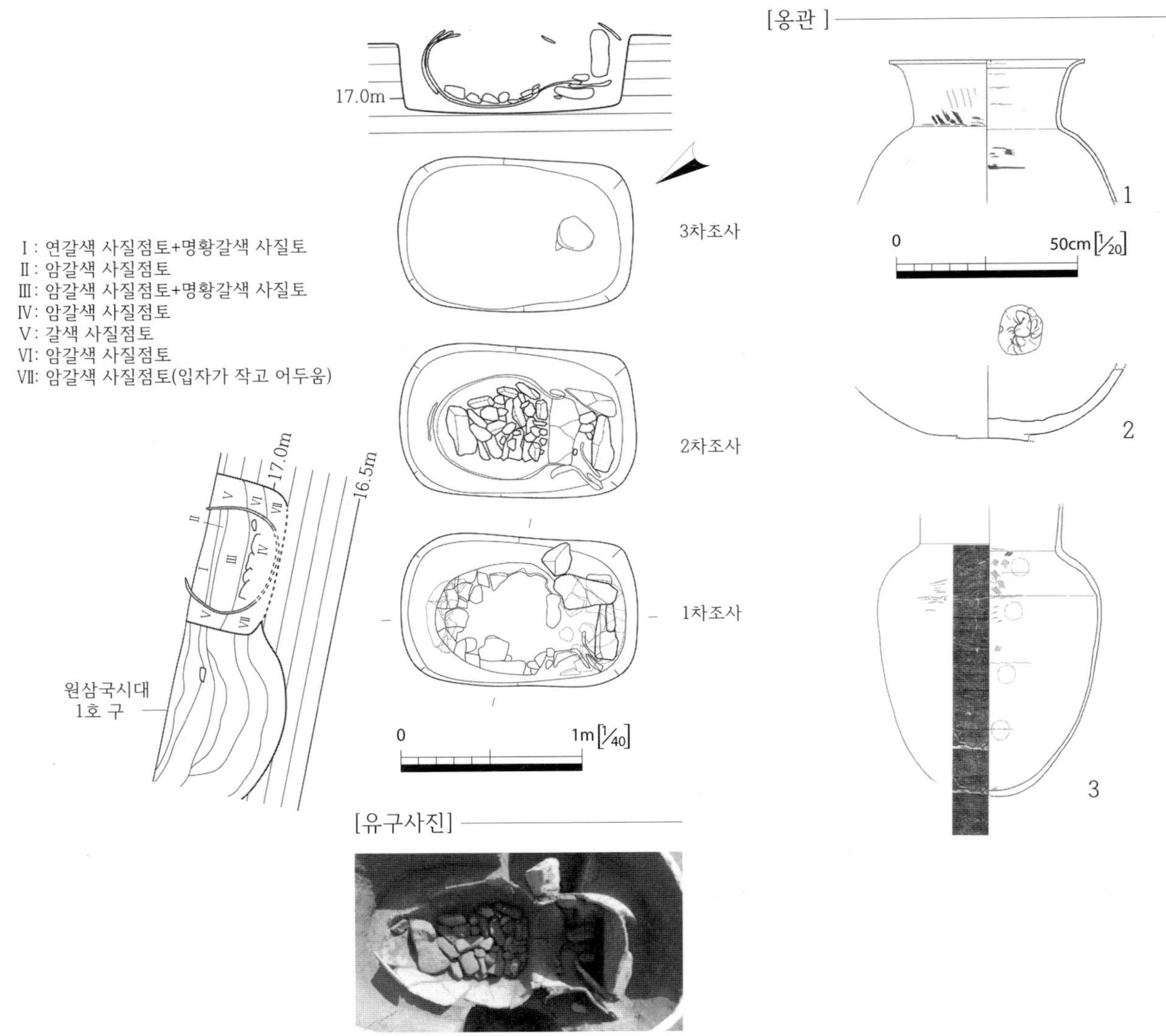

연기 대평리유적C 燕岐 大平里(現 世宗 大坪洞)遺蹟C

조사사유	행정중심복합도시 건설에 따른 구제발굴조사
조사연혁	지표조사 : 2005. 09. ~ 2006. 06. (충청문화재연구원, 충청남도역사문화원, 중앙문화재연구원) 시굴조사 : 2008. 07. 22. ~ 2008. 11. 26. (한국고고환경연구소) 발굴조사 : 2009. 06. 17. ~ 2010. 08. 31. (충청남도역사문화연구원)

유적위치	舊	충청남도 연기군 금남면 대평리 일원
	新	세종특별자치시 대평동
	경·위도 127°16'17.79"E / 36°28'19.34"N	GPS 127.271607 / 36.472039

유적입지	금남면 대평리 일원은 북동-남서방향으로 길게 연결된 자연제방 상에 입지하고 있으며 남동쪽에는 배후습지와 구하도가 형성되어 있음을 확인할 수 있다. 유적의 북쪽에는 미호천과 합류하는 금강 본류가 북동에서 남서쪽으로 흐르고 있고, 금강과 약 700m 정도 떨어져있다. 백제문화재연구원에서 조사한 연기 대평리 유적 A지점이 서남쪽으로 약 50m 떨어진 곳에 위치하고 있다.

유구현황	초기철기시대	수혈유구(1)
	원삼국시대	주거지(37)·수혈유구(160)·고상건물지(55)·함정(12)·구상유구(6)·옹관묘(2)·수전(1)·수로(1)
	삼국시대	주거지(16)·수혈유구(21)
	기 타	신석기시대 주거지(1), 청동기시대 주거지(27)·수혈유구(3)·목책렬(3), 조선시대 수로(1)

주요유물	옹·장란형토기
시대·성격	옹관묘는 조사지역의 '가'구역 북쪽에 해당하는 해발 16.7m 상에 위치하고 있으며, 서쪽으로는 원삼국시대 고상건물지가 있다. 2기 모두 장란형토기 2점을 합구한 것으로서, 대평리유적A지점과 동일한 A.D.4세기 무렵 조영된 것으로 보인다.

참고문헌	충청문화재연구원·충청남도역사문화원·중앙문화재연구원, 2006, 『행정중심복합도시 건설지역 내 문화유산 지표조사-고고분야』, 한국토지공사. 李弘鐘·高橋 學, 2006, 『행정중심 복합도시 평야지역내 古地形 및 遺蹟分布 豫測調査 報告書』, 韓國考古環境研究所. 忠淸南道歷史文化研究院, 2012, 『行政中心複合都市敷地 內 3-1-C地點 燕岐 大平里遺蹟』, 發掘調査報告 第89輯.

[유구배치도]

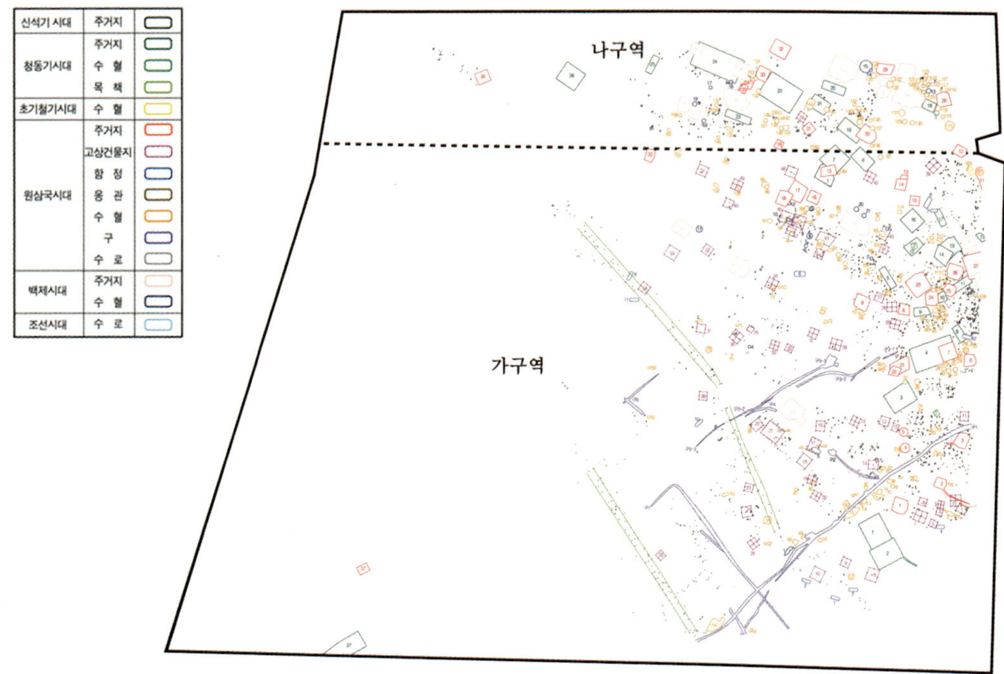

연기 대평리유적 조사지역 원경

1호 옹관묘

(단위 : cm)

묘광	크 기 (길이×너비×깊이)	121×80×(20+)	옹관길이	(89)
	장폭비	1.51:1	결합형식	합구식
	장축방향	N-77°-E	안치형태	횡치
	두 향	?		
유물	토 기	옹-(2)		
	철 기		-	
	청동기		-	
	옥석류		-	
	기 타		-	
	특기사항			

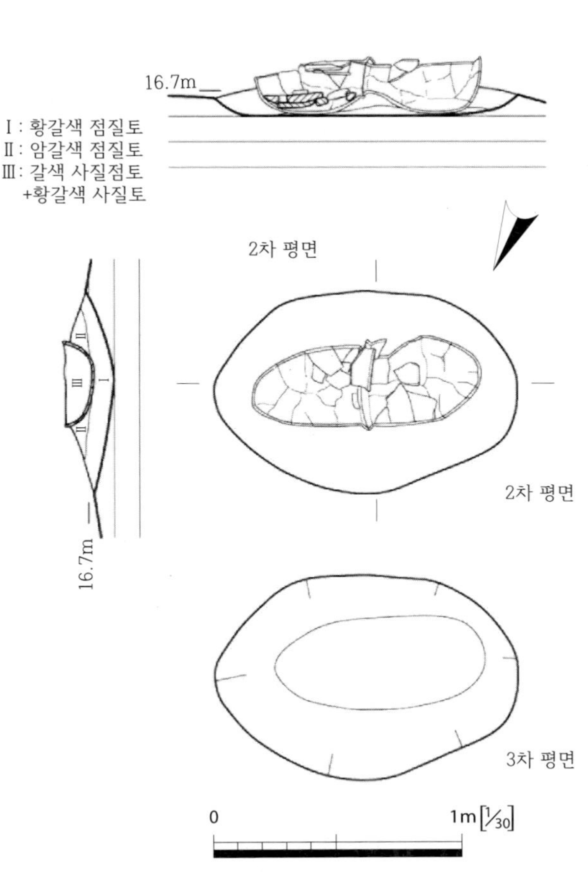

16.7m

Ⅰ : 황갈색 점질토
Ⅱ : 암갈색 점질토
Ⅲ : 갈색 사질점토
 +황갈색 사질토

2차 평면

2차 평면

16.7m

3차 평면

0　　　　　　1m [1/30]

[유구사진]

[옹관]

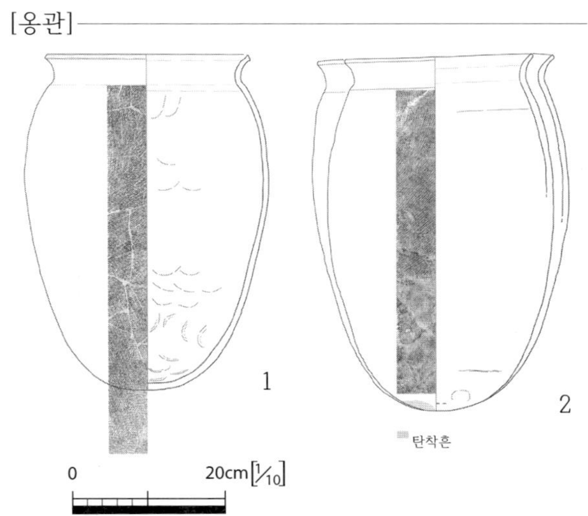

0　　　　　20cm [1/10]

2호 옹관묘

(단위 : cm)

묘광	크 기 (길이×너비×깊이)	98×49×(48+)	옹관길이	(83)
	장폭비	2.00:1	결합형식	합구식
	장축방향	N-75°-E	안치형태	횡치
	두 향	?		
유물	토 기	옹-(2)		
	철 기		-	
	청 동 기		-	
	옥 석 류		-	
	기 타		-	
	특기사항			

Ⅰ : 암갈색 사질점토
Ⅱ : 황갈색 사질점토+암갈색 사질점토
Ⅲ : 암갈색 사질점토+갈색 사질점토

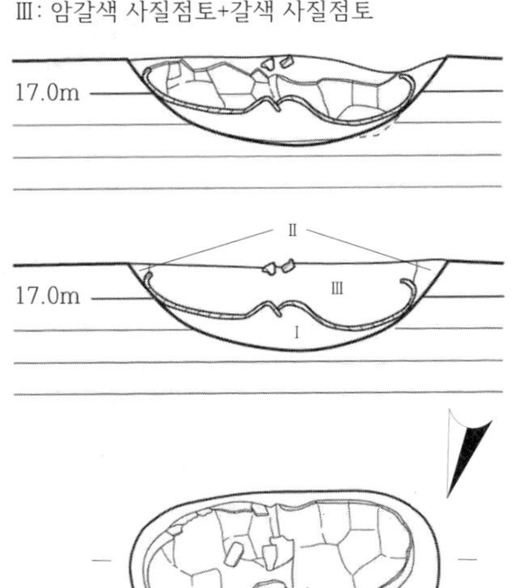

1차 평면

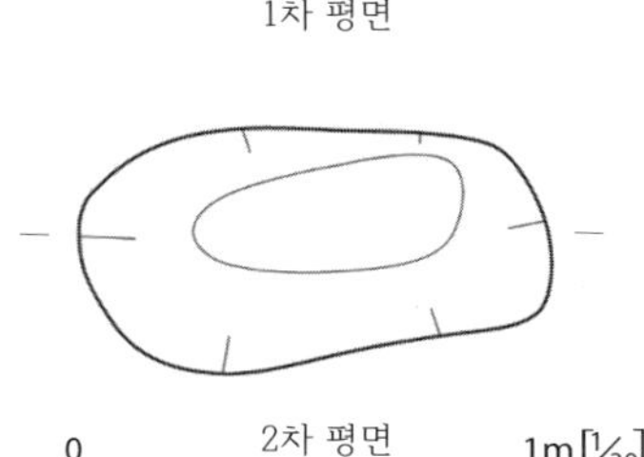

2차 평면

[유구사진]

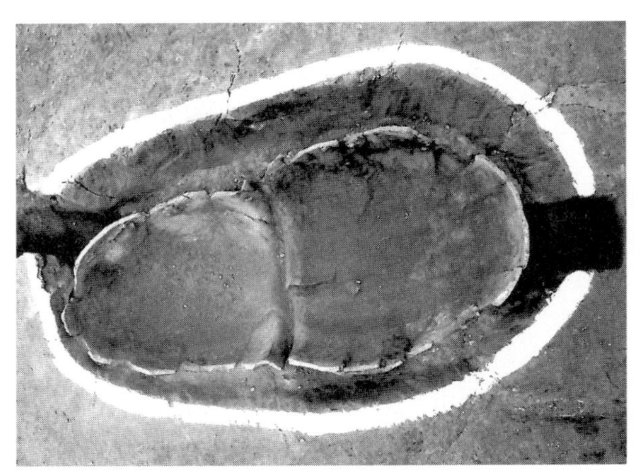

[옹관]

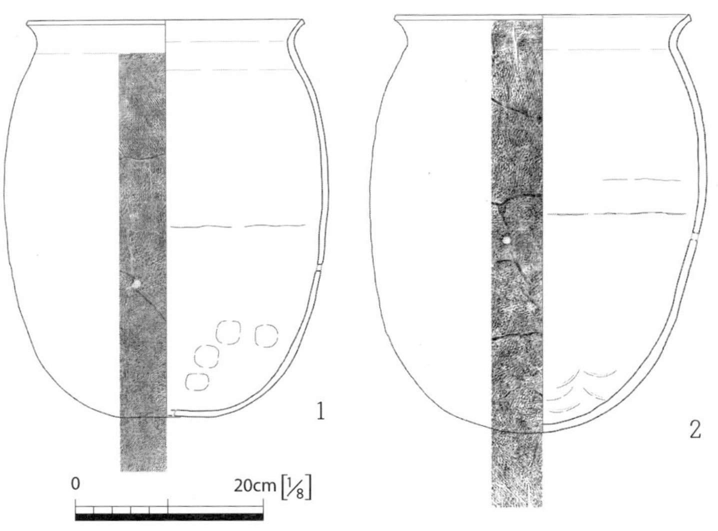

연기 송담리유적 燕岐 松潭里(現 世宗 世宗里)遺蹟

조사사유	행정중심복합도시 건설에 따른 구제발굴조사
조사연혁	지표조사 : 2005. 09. ~ 2006. 06.(충청문화재연구원, 충청남도역사문화원, 중앙문화재연구원) 시굴조사 : 2006. 08. 17. ~ 2007. 03. 12. (한국고고환경연구소) 발굴조사(1차) : 2007. 12. 04. ~ 2008. 04. 30. (한국고고환경연구소) 발굴조사(2차) ; 2008. 08. 06 ~ 2009. 06. 17. (한국고고환경연구소)

유적위치	舊	충청남도 연기군 남면 송담리 일원	
	新	세종특별자치시 연기면 세종리	
	경·위도 127° 15'47.73"E /36° 30'14.42'N		GPS 127.264938 / 36.504117

유적입지	송담리 일대는 북쪽에 위치한 원수봉(254m)에서 뻗은 구릉지가 펼쳐져 있고, 남쪽으로 금강의 지류인 청천이 북서-남동방향으로 흐르고 있다. 동쪽과 남동쪽은 장남평야가 위치하며, 서쪽에는 국도 1호선이 지나고 있다.

유구현황	초기철기시대	-
	원 삼 국 시 대	주구토광묘(32)·토광묘(8)
	삼 국 시 대	토광묘(10)·석곽묘(6)·석실묘(1)·옹관묘(7)
	기　　　타	청동기시대 주거지(82), 고려시대 석곽묘(2), 조선시대 가마(4)·토광묘(38)

주요유물	원저단경호, 광구장경호, 개배, 고배, 등자, 환두대도, 교구, 철겸, 철모
시대·성격	원삼국시대부터 한성백제기까지 조영된 고분군으로서, 시기에 따라 입지를 달리하여 고분군이 분포하고 있다. 원삼국시대 주구토광묘는 늦은 시기로 갈수록 주구가 생략되는 양상이 나타나며, 편구형의 원저단경호와 시루 등의 출토유물로 보아 3세기 대에 주로 조영된 것으로 보인다. 백제고분은 토광묘·옹관묘·석곽묘·석실묘 등 다양한 묘제가 4세기 후엽~5세기 대에 축조되고 있다. 인근의 송원리 유적과 비슷한 시기에 공존하였던 것으로 보인다.
참고문헌	충청문화재연구원·충청남도역사문화원·중앙문화재연구원, 2006, 『행정중심복합도시 건설지역 내 문화유산 지표조사-고고분야』, 한국토지공사. 韓國考古環境硏究所, 2010, 『行政中心複合都市敷地 內 1-1區域 燕岐 松潭里·松院里 遺蹟』, 研究叢書 第39輯.

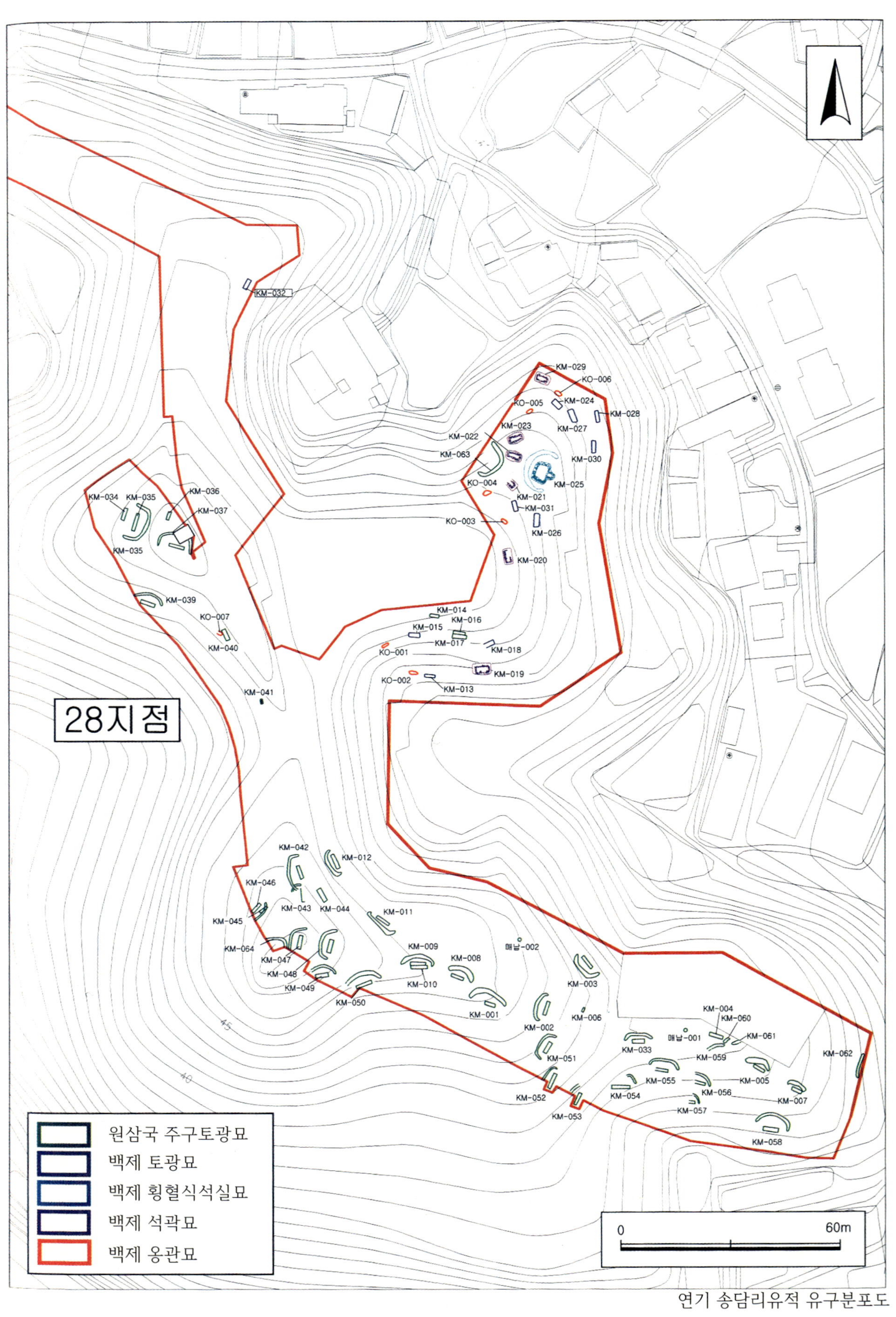

연기 송담리유적 유구분포도

연기 송담리유적 28지점 전경

연기 송담리유적 KM-001호 주변 전경

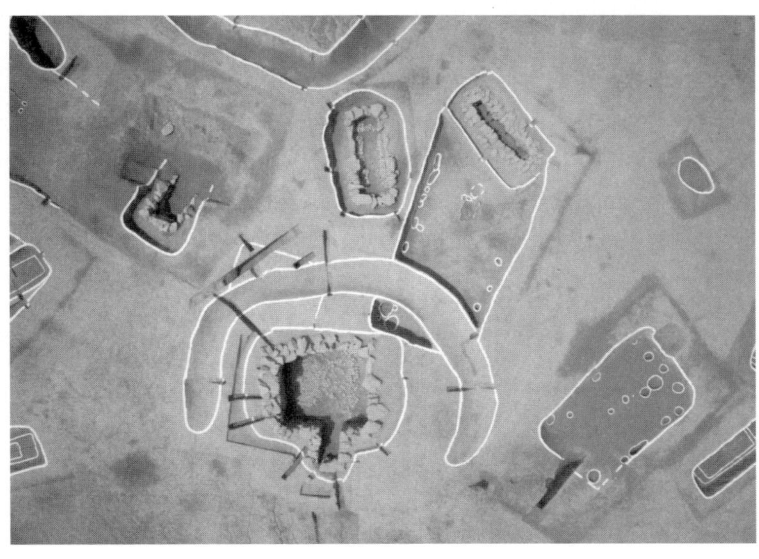

연기 송담리유적 KM-025호 주변 전경

KM-001호 주구토광묘

(단위 : cm)

묘광	크 기 (길이×너비×깊이)	329×102×(40+)	목관	크 기 (길이×너비×높이)	-
	장폭비	3.23:1		장폭비	-
	장축방향	N-80°-W	목곽	크 기 (길이×너비×높이)	(258)×82×?
	두 향	?		장폭비	(1.93):1
	주구크기 (길이×너비×깊이)	932×101×(36+)		주구평면형태	눈썹형
유물	토 기	단경호(2), 옹(1:주구 1)			
	철 기	단조철부(1), 양단환봉(1)			
	청 동 기	-			
	옥 석 류	-			
	기 타	-			
	특기사항	격벽을 설치하여 부장칸(100×76)을 마련하였음.			

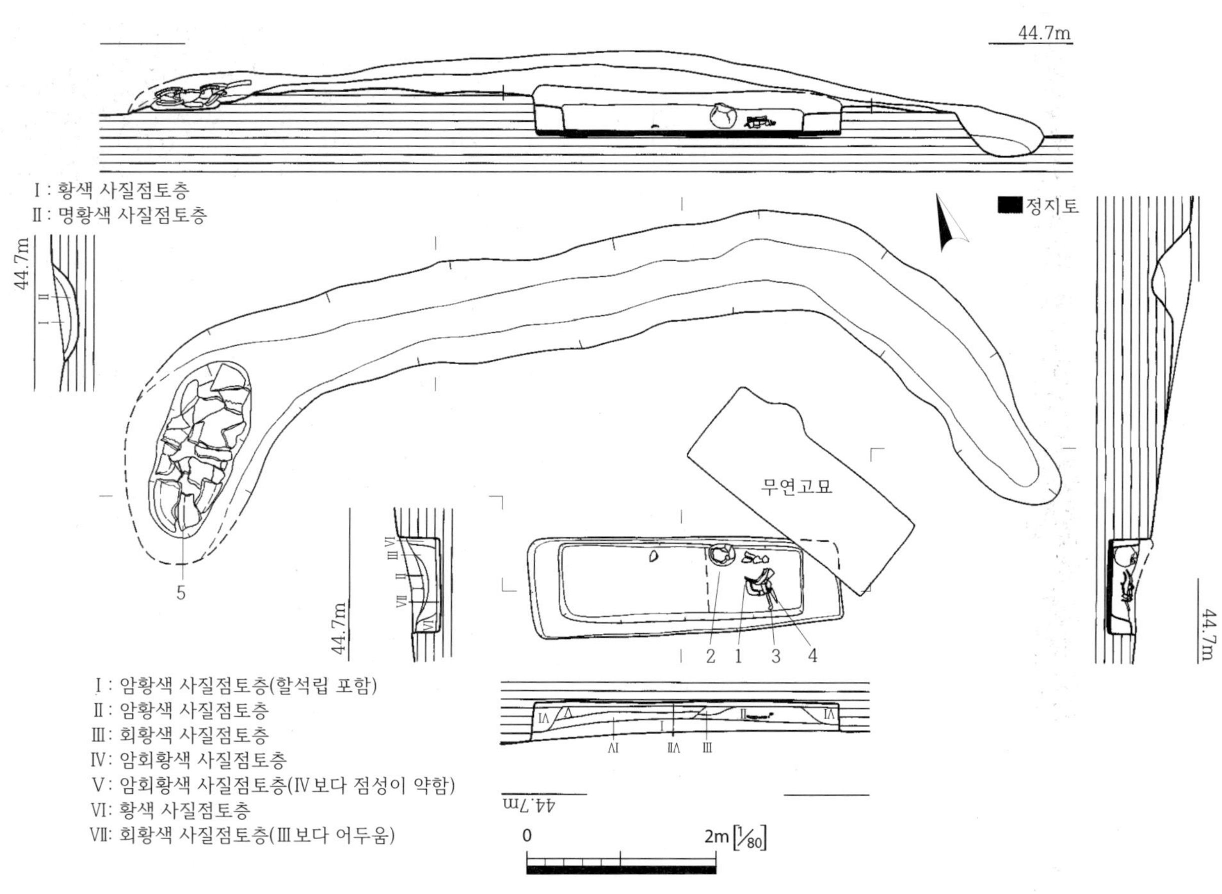

[부장칸]

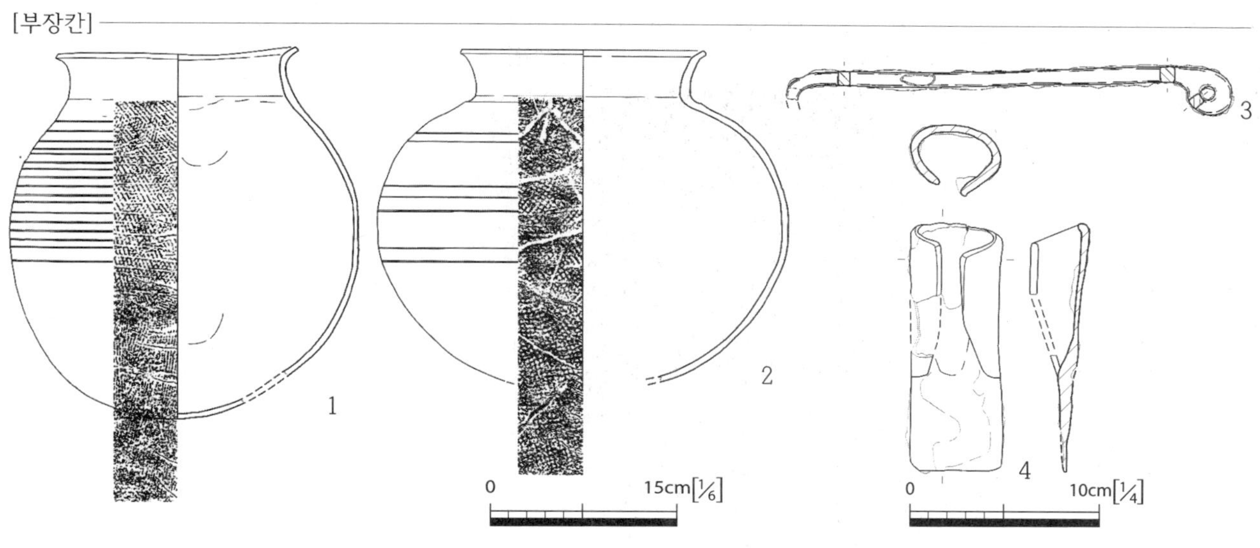

[주구]

[유구사진]

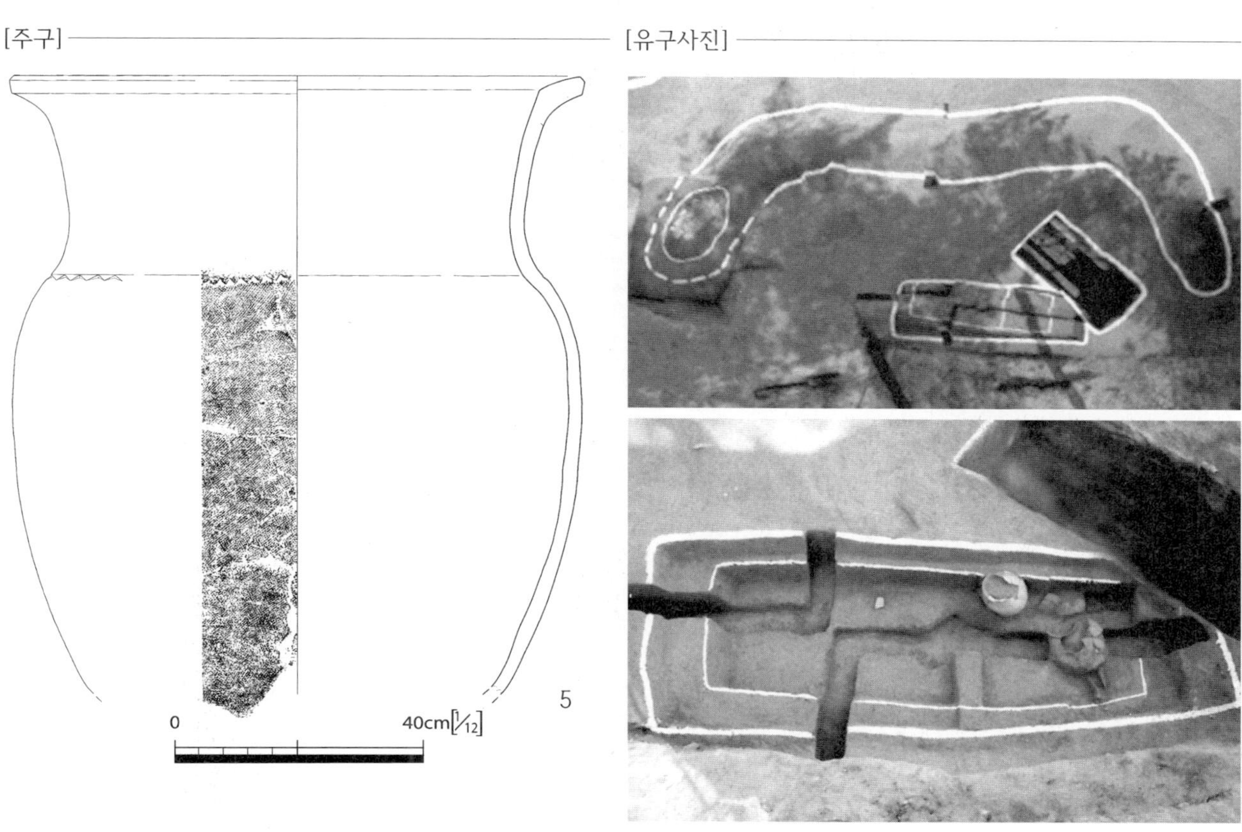

KM-002호 주구토광묘

(단위 : cm)

묘광	크 기 (길이×너비×깊이)	374×96×(23+)	목관	크 기 (길이×너비×높이)	(220)×70×?
	장폭비	3.90:1		장폭비	(3.14):1
	장축방향	N-21°-E	목곽	크 기 (길이×너비×높이)	-
	두 향	?		장폭비	-
	주구크기 (길이×너비×깊이)	713×114×(24+)		주구평면형태	눈썹형
유물	토 기	호(1)			
	철 기	-			
	청 동 기	-			
	옥 석 류	-			
	기 타	-			
	특기사항	목관의 양쪽 장측판을 길게 하여 유물을 부장함.			

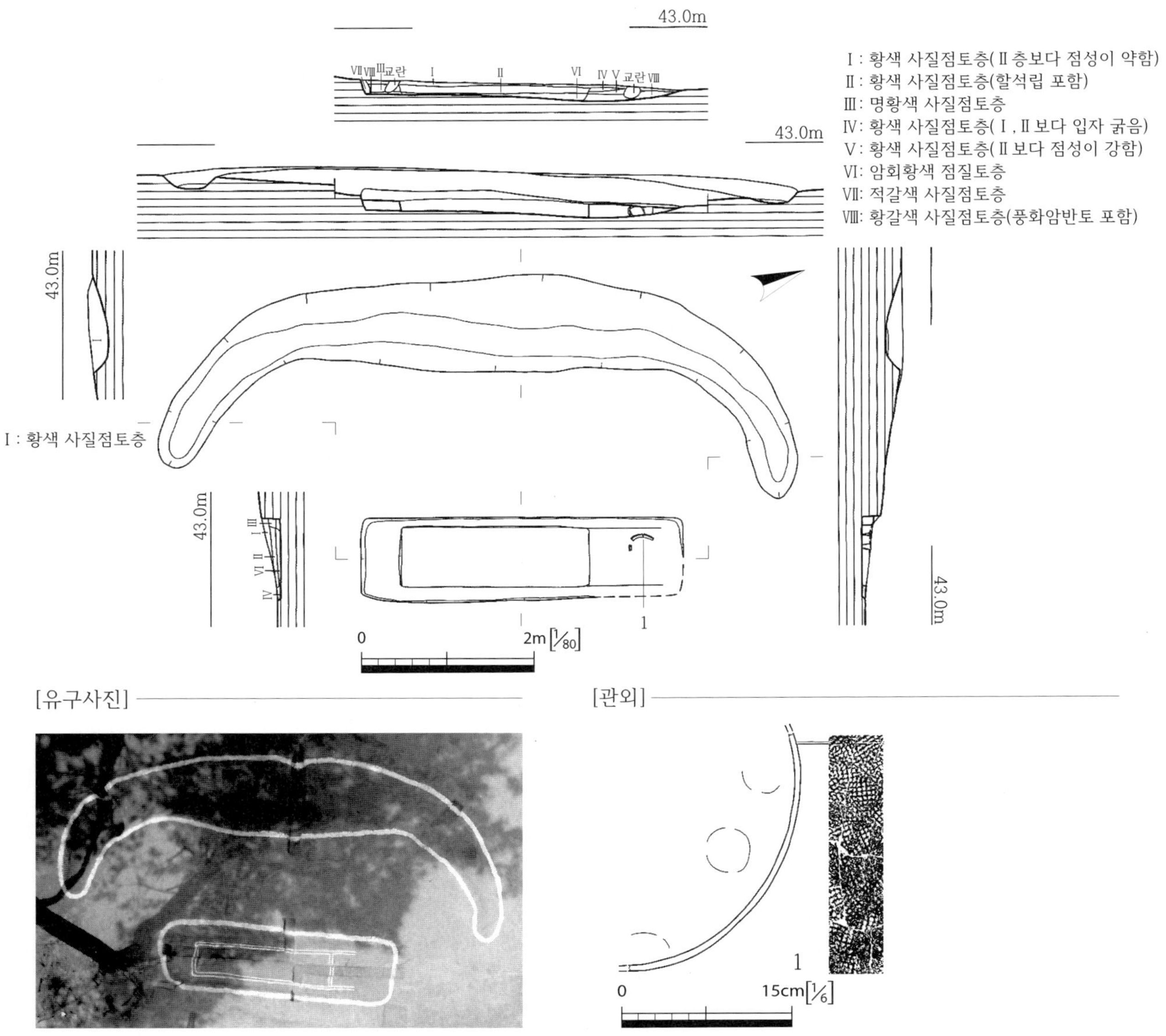

KM-003호 주구토광묘

(단위 : cm)

묘광	크 기 (길이×너비×깊이)	400×110×(30+)	목관	크 기 (길이×너비×높이)	-
	장폭비	3.64:1		장폭비	-
	장축방향	N-39°-W	목곽	크 기 (길이×너비×높이)	190×69×?
	두 향	?		장폭비	2.75:1
	주구크기 (길이×너비×깊이)	717×108×(24+)		주구평면형태	눈썹형
유물	토 기	단경호(1)			
	철 기	겸(1), 鋤(1)			
	청동기	-			
	옥석류	-			
	기 타	-			
	특기사항	부장곽(136×69)이 따로 확인됨.			

I : 암갈색 사질토층   VII: 회갈색 사질점토층
II : 명갈색 사질토층   VIII: 회갈색 사질점토층
III: 암황색 사질토층   IX : 흑갈색 사질토층
IV: 황갈색 사질토층   (XI보다 밝음)
V : 암황갈색 사질토층   X : 암갈색 사질점토층
VI: 명황색 사질점토층   XI: 흑갈색 사질토층

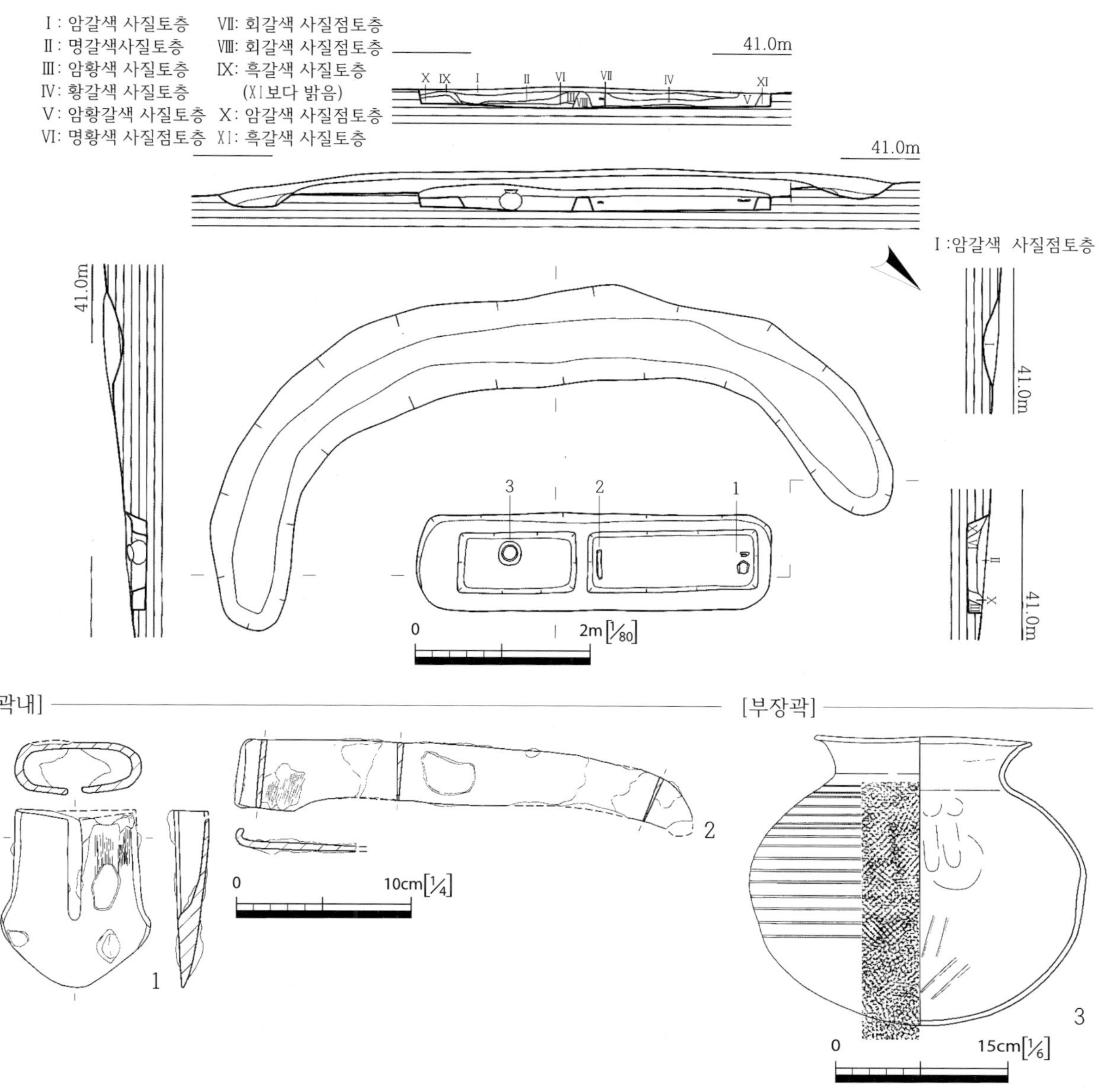

KM-004호 토광묘

(단위 : cm)

묘광	크 기 (길이×너비×깊이)	391×83×(10+)	목관	크 기 (길이×너비×높이)	-
	장폭비	4.70:1		장폭비	-
	장축방향	N-72°-W	목곽	크 기 (길이×너비×높이)	156×61×?
	두 향	?		장폭비	2.56:1
유물	토 기	경질무문 심발(1), 양이부배(1), 호(1)			
	철 기	-			
	청동기	-			
	옥석류	-			
	기 타	-			
	특기사항	부장곽(136×62)이 따로 확인됨.			

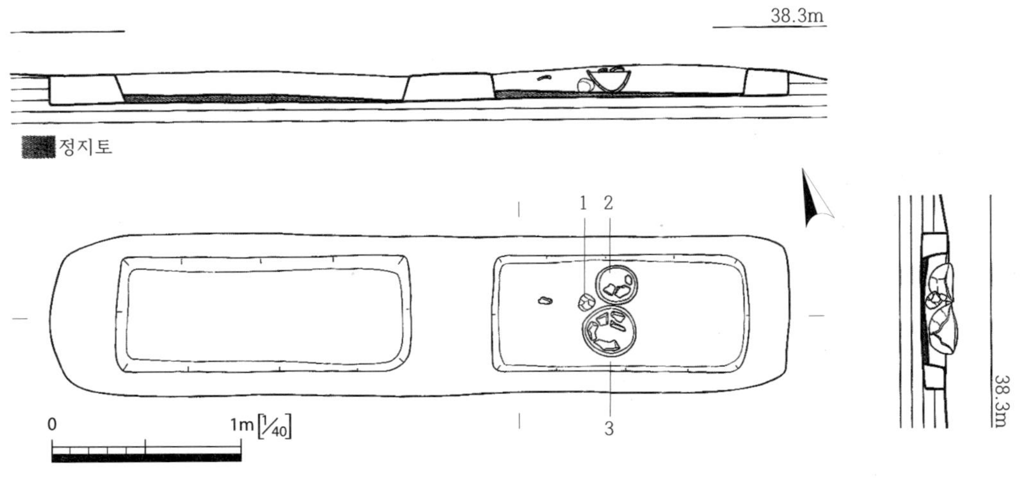

[부장곽]

KM-005호 주구토광묘

(단위 : cm)

묘광	크 기 (길이×너비×깊이)	332×93×(28+)	목관	크 기 (길이×너비×높이)	288×74×?
	장 폭 비	3.57:1		장 폭 비	3.89:1
	장축방향	N-58°-W	목곽	크 기 (길이×너비×높이)	?
	두 향	?		장 폭 비	?
	주구크기 (길이×너비×깊이)	(622+)×135×(17+)		주구평면형태	(눈썹형)
유물	토 기	경질무문 심발(1), 단경호(1)			
	철 기	단조철부(1)			
	청 동 기	-			
	옥 석 류	-			
	기 타	-			
	특기사항				

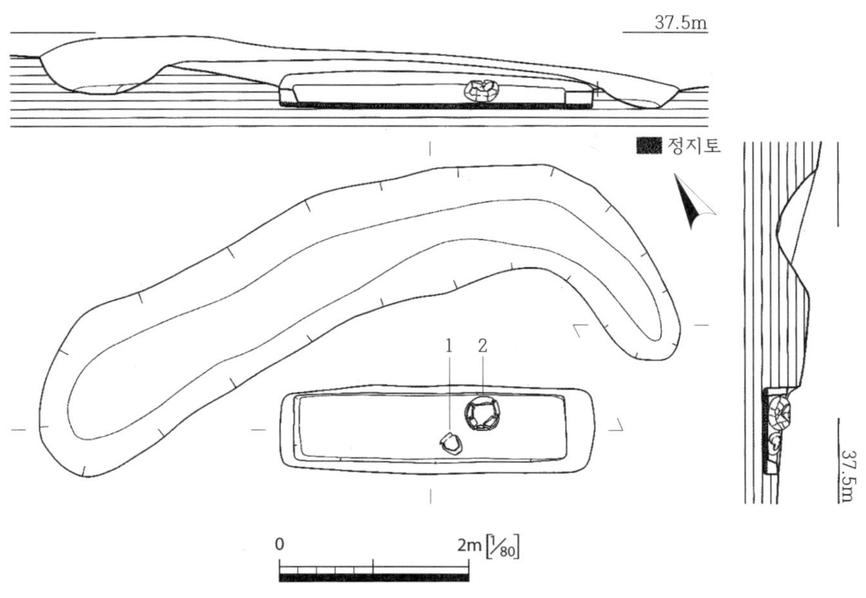

[출토유물]

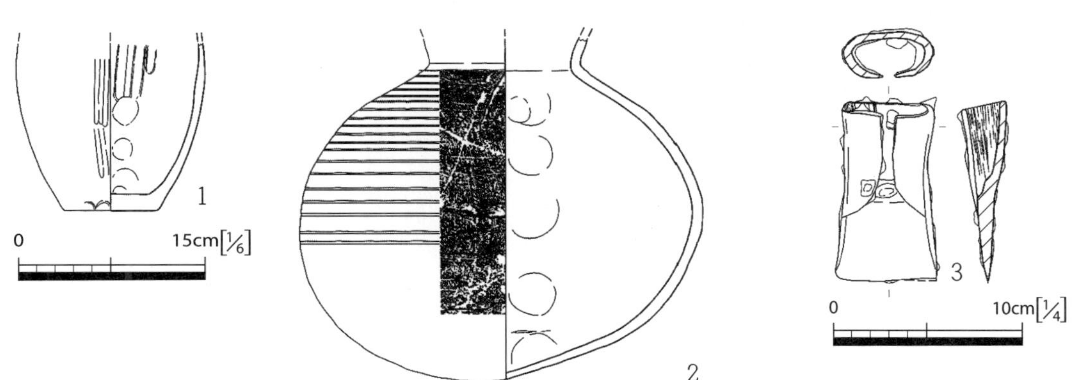

KM-006호 (주구)토광묘

(단위 : cm)

묘광	크 기 (길이×너비×깊이)	(182+)×70×(19+)	목관	크 기 (길이×너비×높이)	-
	장폭비	?		장폭비	-
	장축방향	N-29°-E	목곽	크 기 (길이×너비×높이)	-
	두 향	?		장폭비	-
	주구크기 (길이×너비×깊이)	?	주구평면형태		?
유물	토 기	-			
	철 기	-			
	청 동 기	-			
	옥 석 류	-			
	기 타	-			
	특기사항	출토유물 없음. 주구가 유실된 것으로 추정함.			

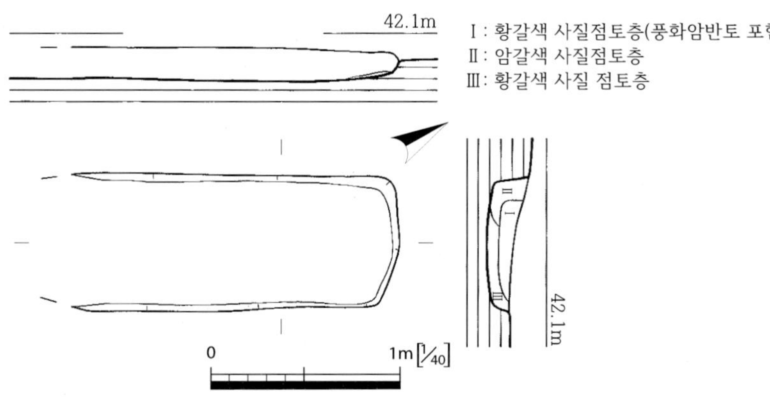

KM-007호 주구토광묘

(단위 : cm)

묘광	크 기 (길이×너비×깊이)	(260+)×84×(14+)	목관	크 기 (길이×너비×높이)	(203+)×64×?
	장폭비	?		장폭비	?
	장축방향	N-68°-W	목곽	크 기 (길이×너비×높이)	?
	두 향	?		장폭비	?
	주구크기 (길이×너비×깊이)	(421+)×(110)×(42+)	주구평면형태		(눈썹형)
유물	토 기	단경호(1)			
	철 기	-			
	청동기	-			
	옥석류	-			
	기 타	-			
	특기사항				

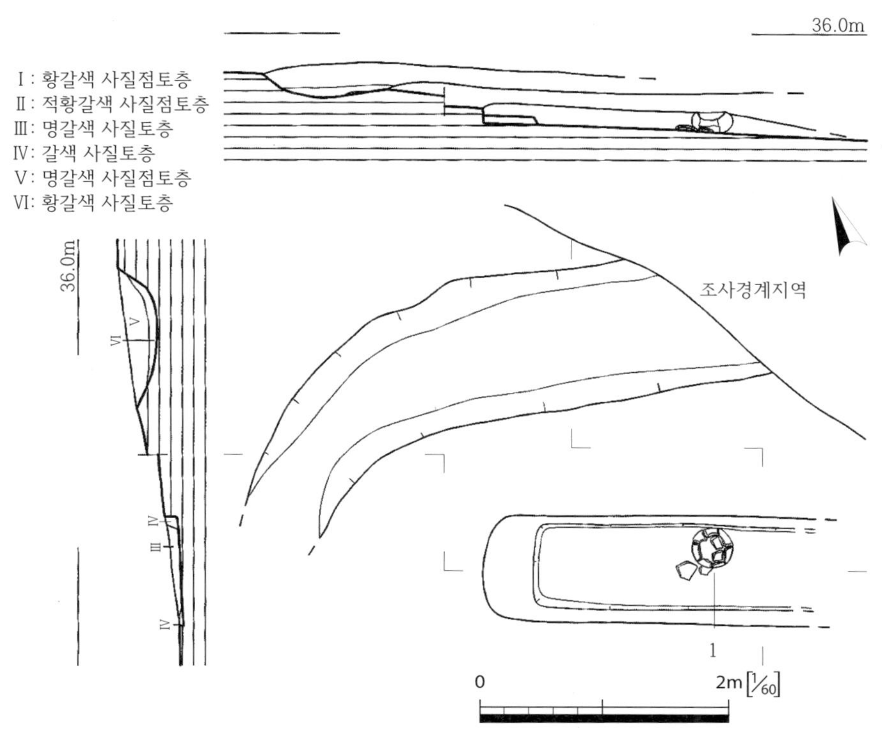

[유구사진]

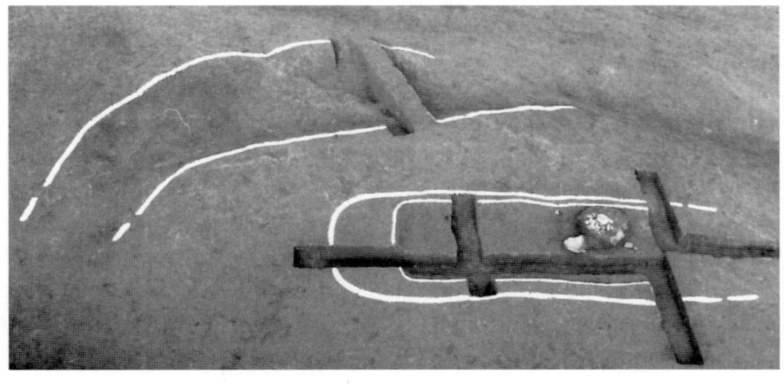

[관상부]

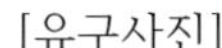

KM-008호 주구토광묘

(단위 : cm)

묘광	크 기 (길이×너비×깊이)	356×97×(23+)	목관	크 기 (길이×너비×높이)	-
	장폭비	3.67:1		장폭비	-
	장축방향	N-68°-W	목곽	크 기 (길이×너비×높이)	(292)×97×?
	두 향	?		장폭비	(2.33):1
	주구크기 (길이×너비×깊이)	(705+)×87×(27+)	주구평면형태		눈썹형
유물	토 기	단경호(2)			
	철 기	-			
	청동기	-			
	옥석류	-			
	기 타	-			
	특기사항	격벽을 설치하여 부장칸(66×63)을 마련하였음.			

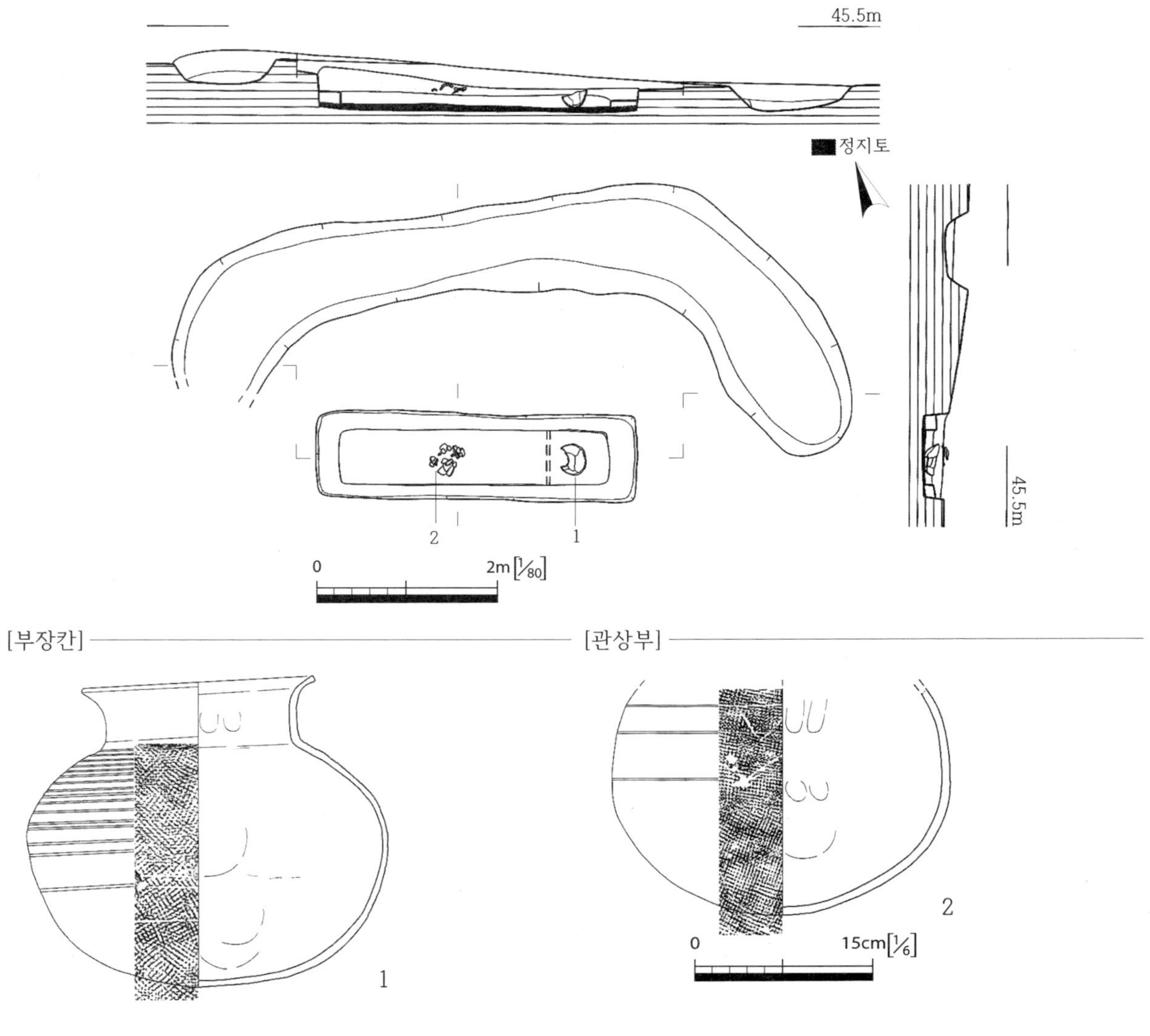

KM-009 · 010호 주구토광묘

(단위 : cm)

		KM-009호			KM-010호
묘광	크 기 (길이×너비×깊이)	439×79×(20+)	묘광	크 기 (길이×너비×깊이)	413×(78)×(20+)
	장폭비	5.56:1		장폭비	(5.29):1
장축방향		N-89°-E	장축방향		N-89°-E
두 향		?	두 향		?
목곽	크 기 (길이×너비×높이)	246×62×?	목곽	크 기 (길이×너비×높이)	246×49×?
	장폭비	3.97:1		장폭비	5.02:1
목관	크 기 (길이×너비×높이)	-	목관	크 기 (길이×너비×높이)	
	장폭비	-		장폭비	
유물	토 기	경질무문 심발(2), 단경호(2)	유물	토 기	시루(1), 단경호(1), 개(1)
	철 기	-		철 기	도자(1), 모(1)
	청 동 기	-		청 동 기	-
	옥 석 류	-		옥 석 류	-
	기 타	토제 방추차(1), 토제 도지미(1)		기 타	-
주구크기 (길이×너비×깊이)		812×103×(13+)	주구평면형태		눈썹형
특기사항		부장곽(119×53)이 따로 확인됨.	특기사항		부장곽(113×49)이 따로 확인됨.

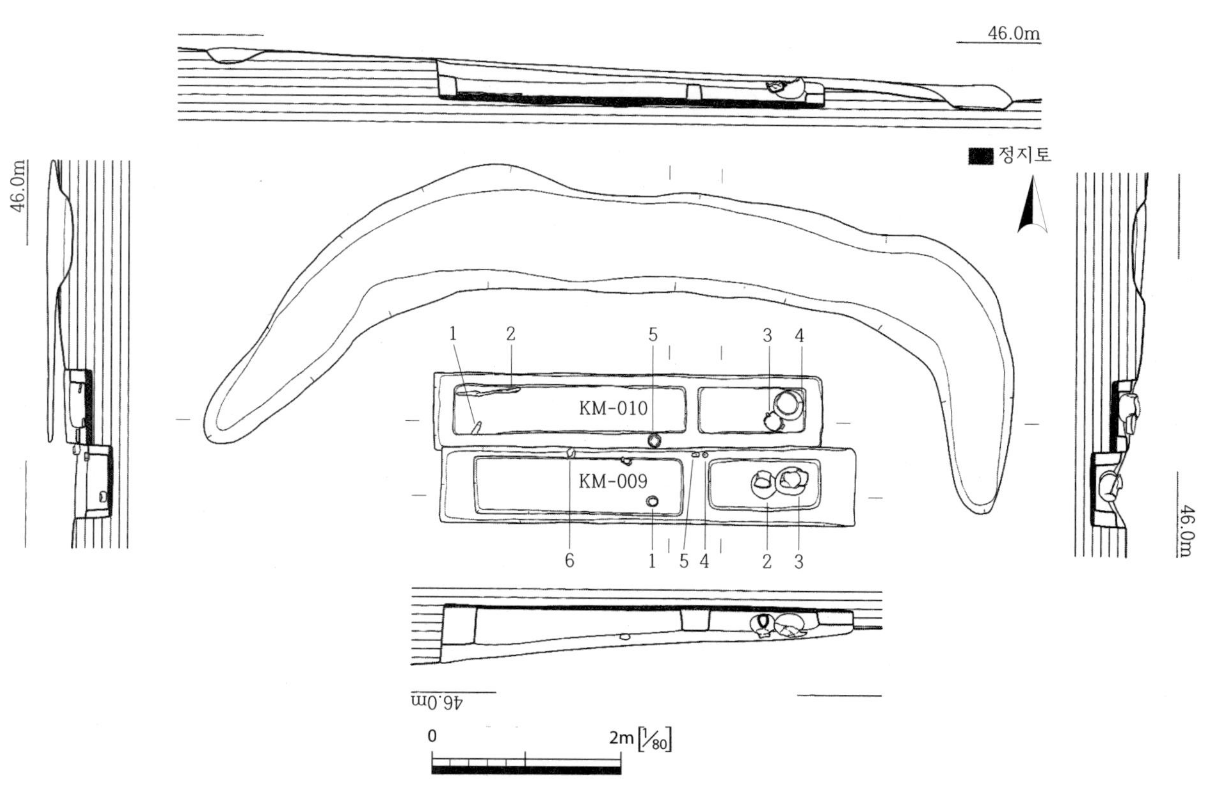

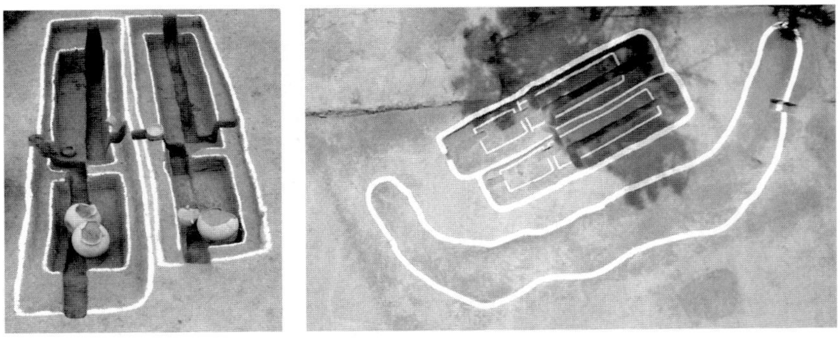

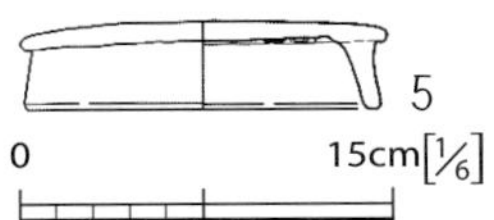

[유구사진]

[KM-009호 관내]

1
0
15cm[1/6]

[KM-009호 부장곽]

2
3

[KM-009호 곽외]

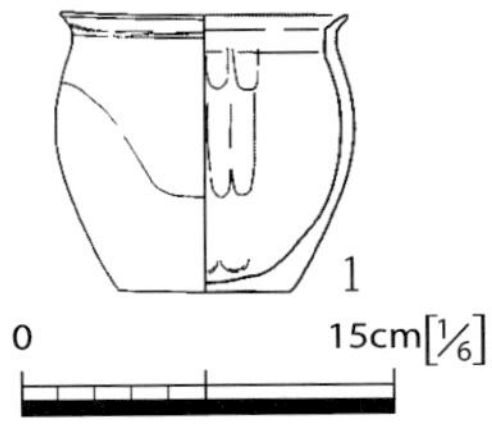

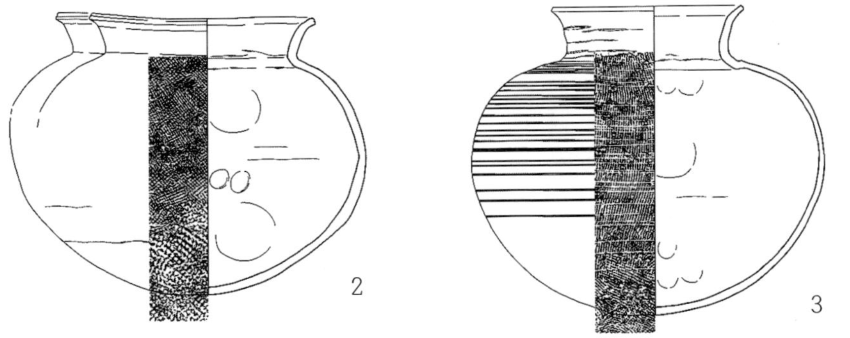

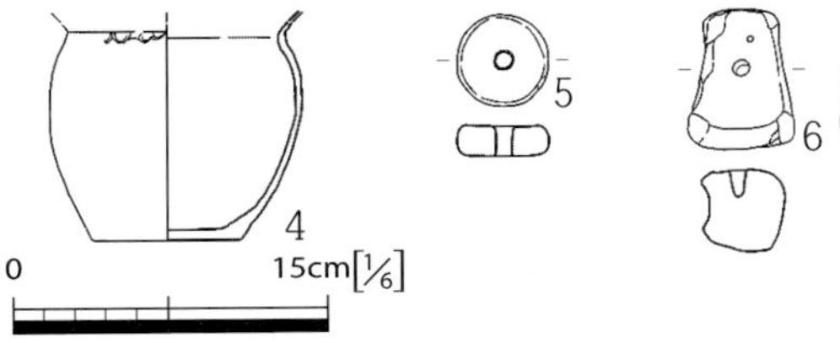

4
0
15cm[1/6]
5
6

[KM-010호 관내]

1
0
10cm[1/4]

0
20cm[1/8]
2

[KM-010호 부장곽]

3
4
0
15cm[1/6]

[KM-010호 곽외]

5
0
15cm[1/6]

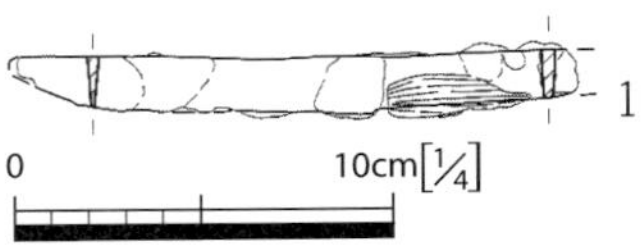

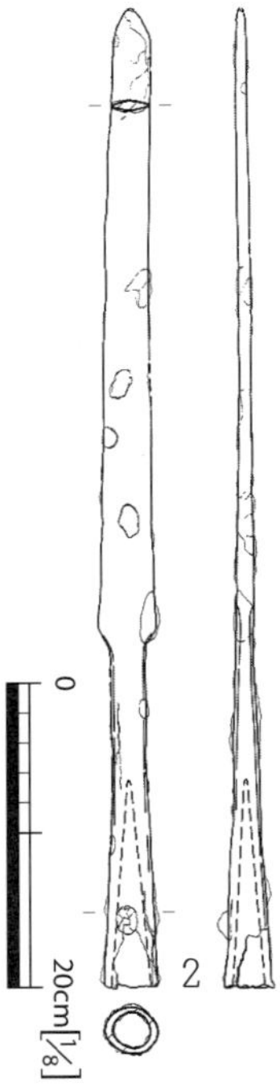

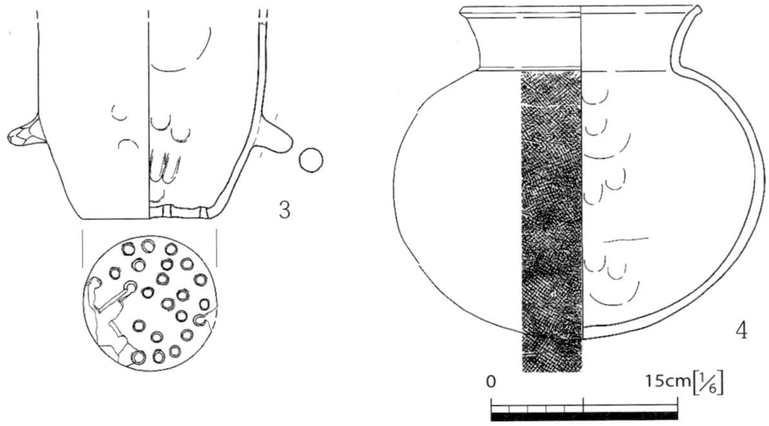

KM-011호 주구토광묘

(단위 : cm)

묘광	크 기 (길이×너비×깊이)	391×95×(23+)	목관	크 기 (길이×너비×높이)	-
	장폭비	4.12:1		장폭비	-
	장축방향	N-54°-W	목곽	크 기 (길이×너비×높이)	202×59×?
	두 향	동남쪽		장폭비	3.42:1
	주구크기 (길이×너비×깊이)	800×(65+)×(15+)		주구평면형태	눈썹형
유물	토 기	호(1)			
	철 기	환두도(1)			
	청동기	-			
	옥석류	-			
	기 타	-			
	특기사항	부장곽(105×50)이 따로 확인됨.			

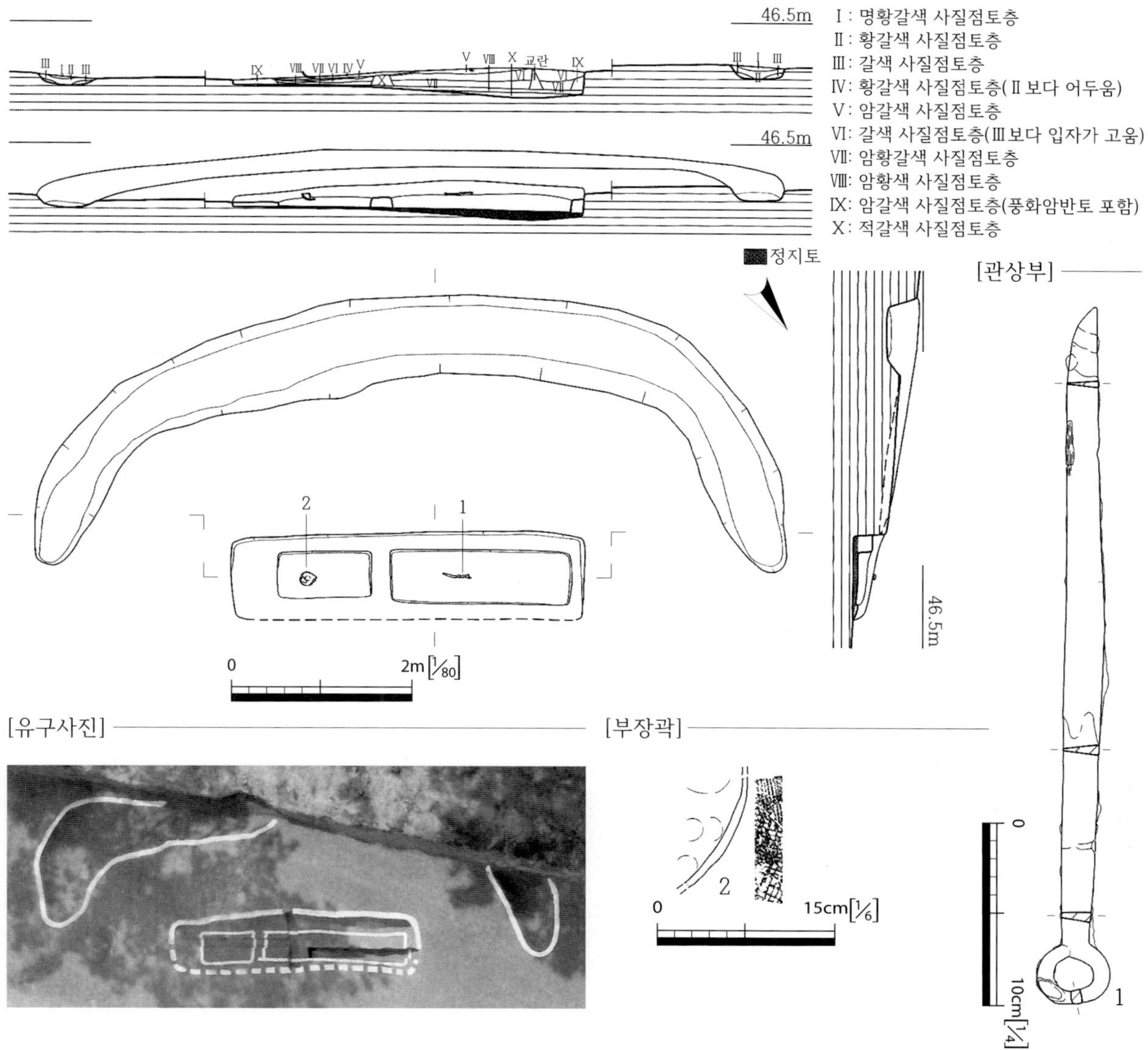

KM-012호 주구토광묘

(단위 : cm)

묘광	크 기 (길이×너비×깊이)	409×(103)×(37+)	목관	크 기 (길이×너비×높이)	-
	장폭비	(3.97):1		장폭비	-
	장축방향	N-24°-W	목곽	크 기 (길이×너비×높이)	230×56×?
	두 향	?		장폭비	4.11:1
	주구크기 (길이×너비×깊이)	668×89×(18+)		주구평면형태	눈썹형
유물	토 기	심발형토기(1), 단경호(1)			
	철 기	-			
	청동기	-			
	옥석류	-			
	기 타	-			
	특기사항	부장곽(100×51)이 따로 확인됨.			

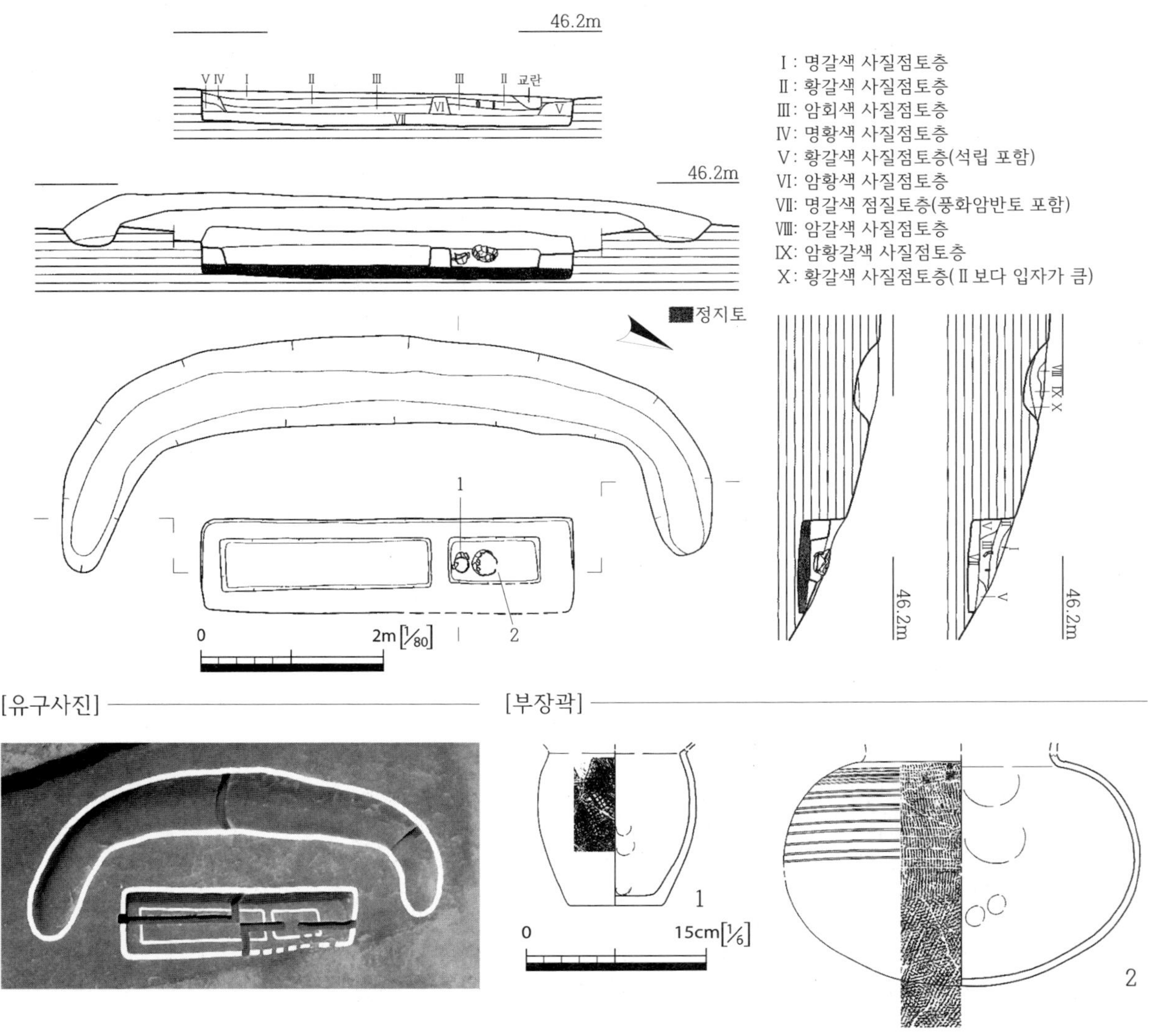

KM-013호 토광묘

(단위 : cm)

묘광	크 기 (길이×너비×깊이)	286×92×(32+)	목관	크 기 (길이×너비×높이)	214×62×?
	장폭비	3.11:1		장폭비	3.45:1
	장축방향	N-87°-E	목곽	크 기 (길이×너비×높이)	-
	두 향	?		장폭비	-
유물	토 기	광구장경호(1), 쌍호(1)			
	철 기	겸(1)			
	청동기	-			
	옥석류	-			
	기 타	-			
	특기사항				

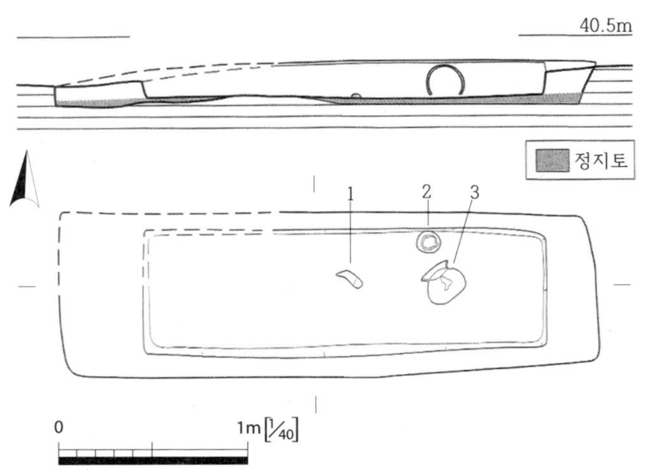

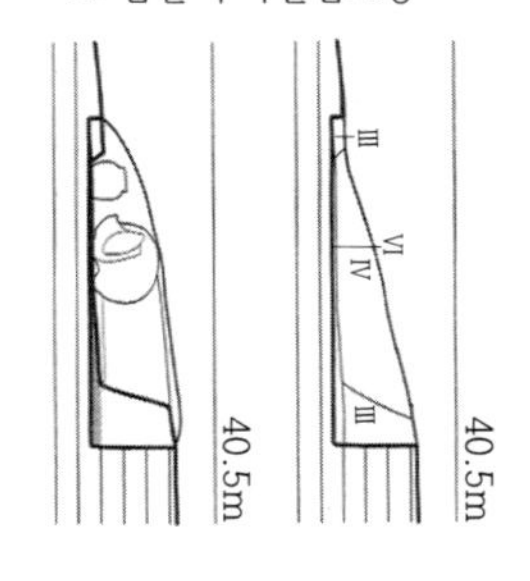

40.5m

Ⅰ : 암갈색 사질점토층(풍화암반토 포함)
Ⅱ : 황갈색 사질점토층(Ⅴ보다 점성이 약함)
Ⅲ : 황갈색 사질점토층
Ⅳ : 갈색 사질점토층(Ⅲ보다 점성이 약함)
Ⅴ : 갈색 사질점토층(할석립 포함)
Ⅵ : 암갈색 사질점토층

정지토

0   1m[1/40]

[유구사진]

[관내]

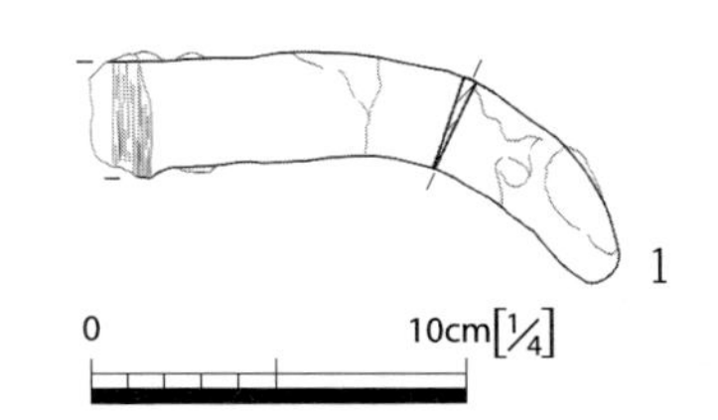

0   10cm[1/4]

1

[관상부]

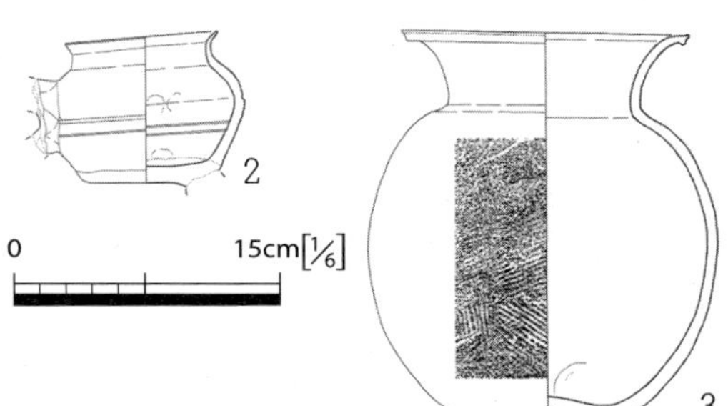

0   15cm[1/6]

2

3

KM-014호 토광묘

(단위 : cm)

묘광	크 기 (길이×너비×깊이)	249×80×(13+)	목관	크 기 (길이×너비×높이)	182×45×?
	장폭비	3.11:1		장폭비	4.04:1
	장축방향	N-81°-W	목곽	크 기 (길이×너비×높이)	?
	두 향	?		장폭비	?
유물	토 기	호(1)			
	철 기	-			
	청 동 기	-			
	옥석류	-			
	기 타	-			
	특기사항				

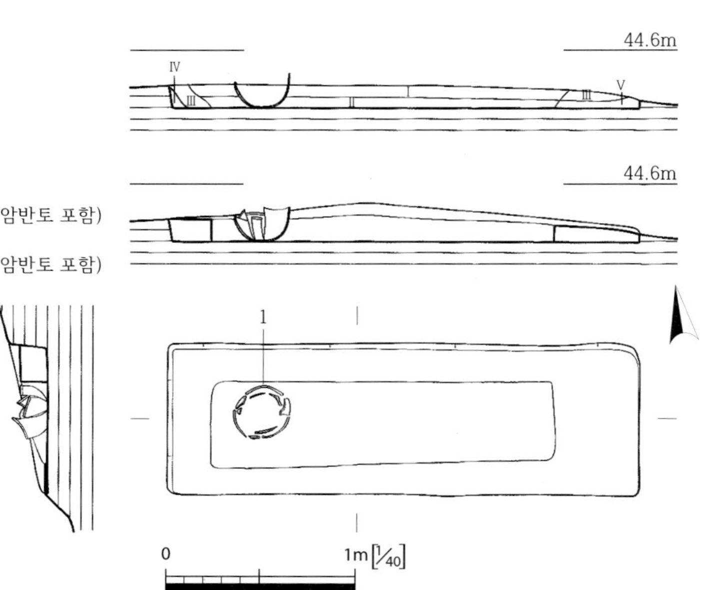

[유구사진]

[출토유물]

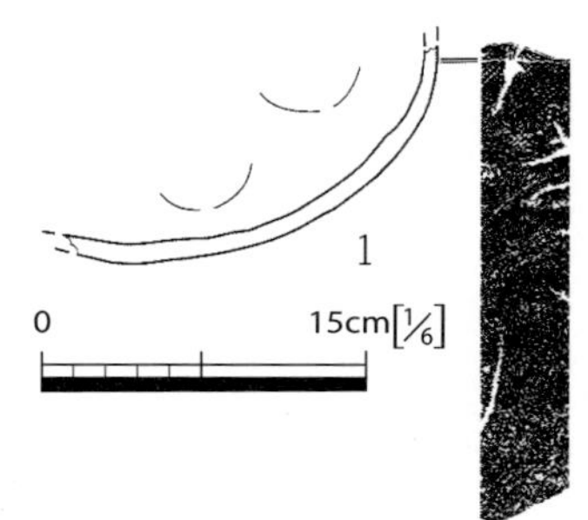

KM-015호 토광묘

(단위 : cm)

묘광	크 기 (길이×너비×깊이)	308×112×(28+)	목관	크 기 (길이×너비×높이)	212×72×?
	장폭비	2.57:1		장폭비	2.94:1
	장축방향	N-89°-E	목곽	크 기 (길이×너비×높이)	-
	두 향	?		장폭비	-
유물	토 기	배(1), 장경호(1)			
	철 기	겸(1)			
	청동기		-		
	옥석류		-		
	기 타		-		
	특기사항				

Ⅰ: 암갈색 사질점토층
Ⅱ: 암갈색 점질토층
Ⅲ: 암회갈색 사질점토층
Ⅳ: 황갈색 사질점토층

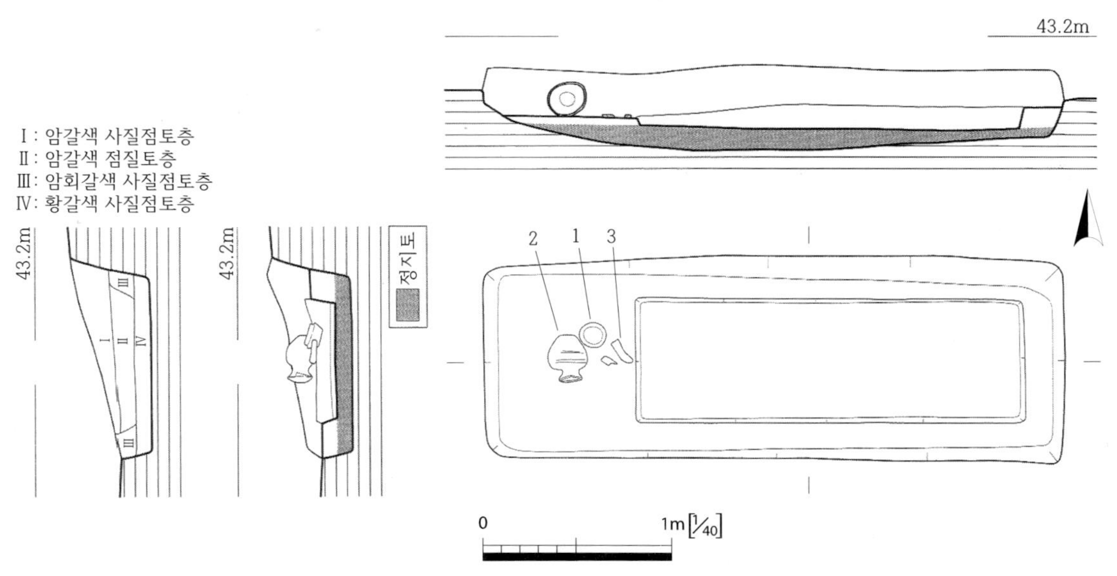

[관외]

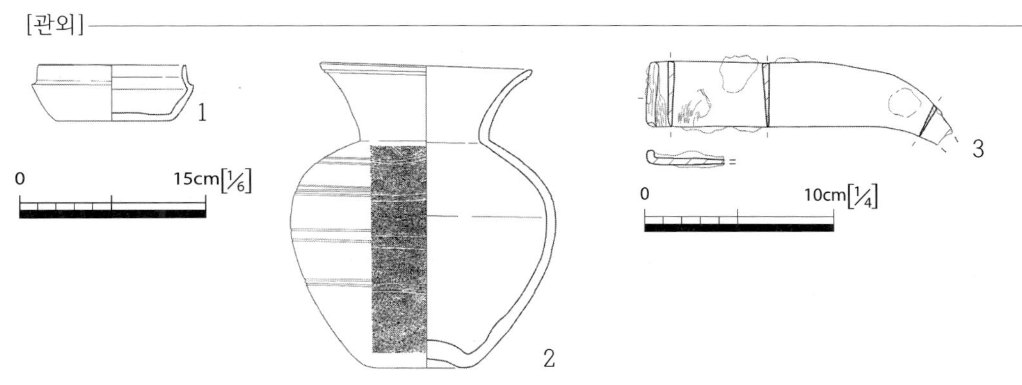

KM-016·017호 토광묘

(단위 : cm)

	KM-016호			KM-017호	
묘광	크 기 (길이×너비×깊이)	(274+)×(92)×(11+)	묘광	크 기 (길이×너비×깊이)	380×101×(35+)
	장폭비	?		장폭비	3.76:1
장축방향		N-86°-W	장축방향		N-88°-W
두 향		?	두 향		동쪽
목곽	크 기 (길이×너비×높이)	(170+)×(68)×?	목곽	크 기 (길이×너비×높이)	280×73×?
	장폭비	?		장폭비	3.84:1
목관	크 기 (길이×너비×높이)	-	목관	크 기 (길이×너비×높이)	-
	장폭비	-		장폭비	-
유물	토 기	단경호(1), 호·옹(1)	유물	토 기	심발형토기(1), 단경호(4)
	철 기	-		철 기	환두도(1), 도자(2), 모(2), 단조철부(2), 겸(2)
	청 동 기	-		청 동 기	-
	옥 석 류	-		옥 석 류	-
	기 타	-		기 타	-
특기사항		부장곽(102×66)이 따로 확인됨.	특기사항		

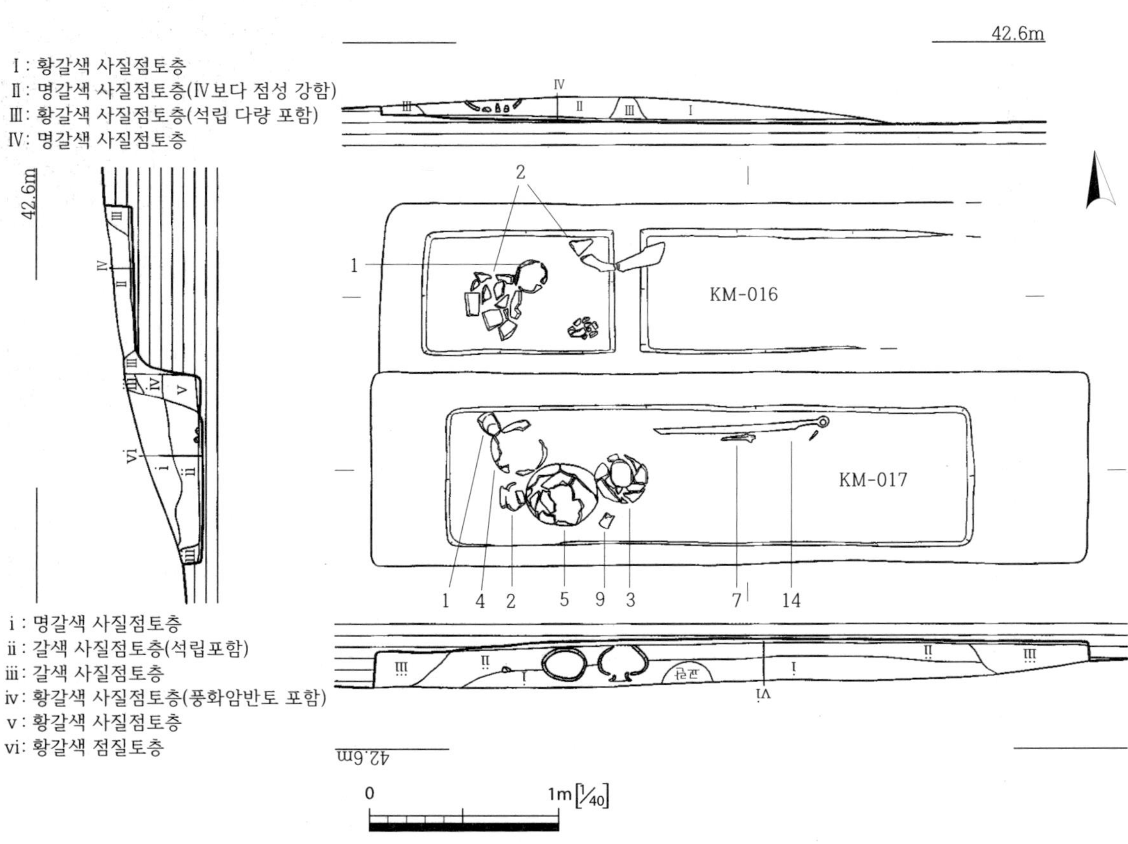

마한·백제의 분묘 문화 Ⅲ- 충남 Ⅰ: 연기(세종) 편 -

[KM-016호 부장곽]

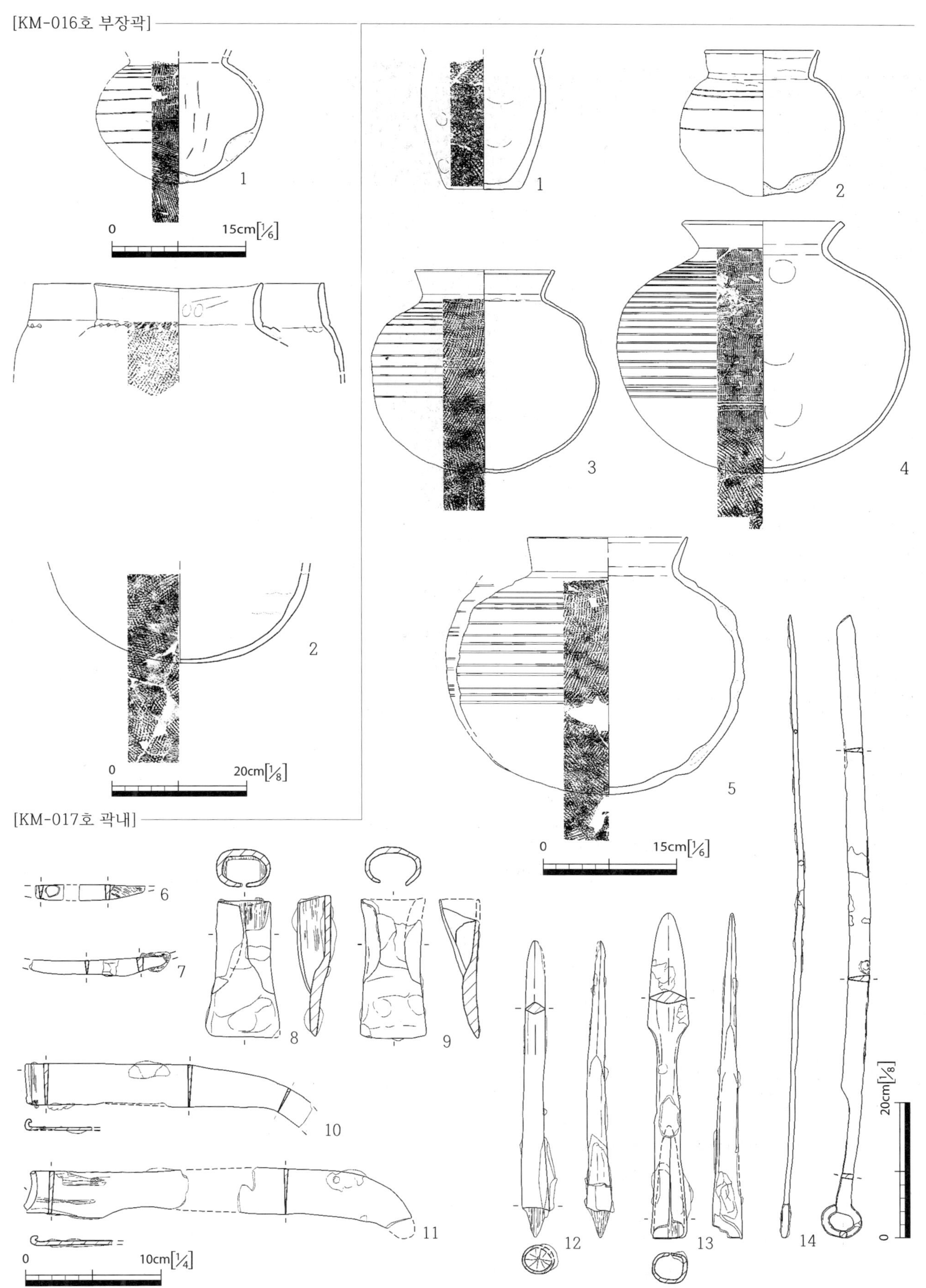
[KM-016호 부장곽]
1
0   15cm[1/6]
2
0   20cm[1/8]
[KM-017호 곽내]
1
2
3
4
5
0   15cm[1/6]
6
7
8
9
10
11
12
13
14
0   10cm[1/4]
20cm[1/8]

KM-018호 토광묘

(단위 : cm)

묘광	크 기 (길이×너비×깊이)	(272+)×148×(28+)	목관	크 기 (길이×너비×높이)	(212+)×72×?
	장폭비	?		장폭비	?
	장축방향	N-64°-E	목곽	크 기 (길이×너비×높이)	?
	두 향	?		장폭비	?
유물	토 기	배(1), 사이장경호(1)			
	철 기	도자(1), 모(1), 단조철부(1)			
	청동기	-			
	옥석류	-			
	기 타	-			
	특기사항				

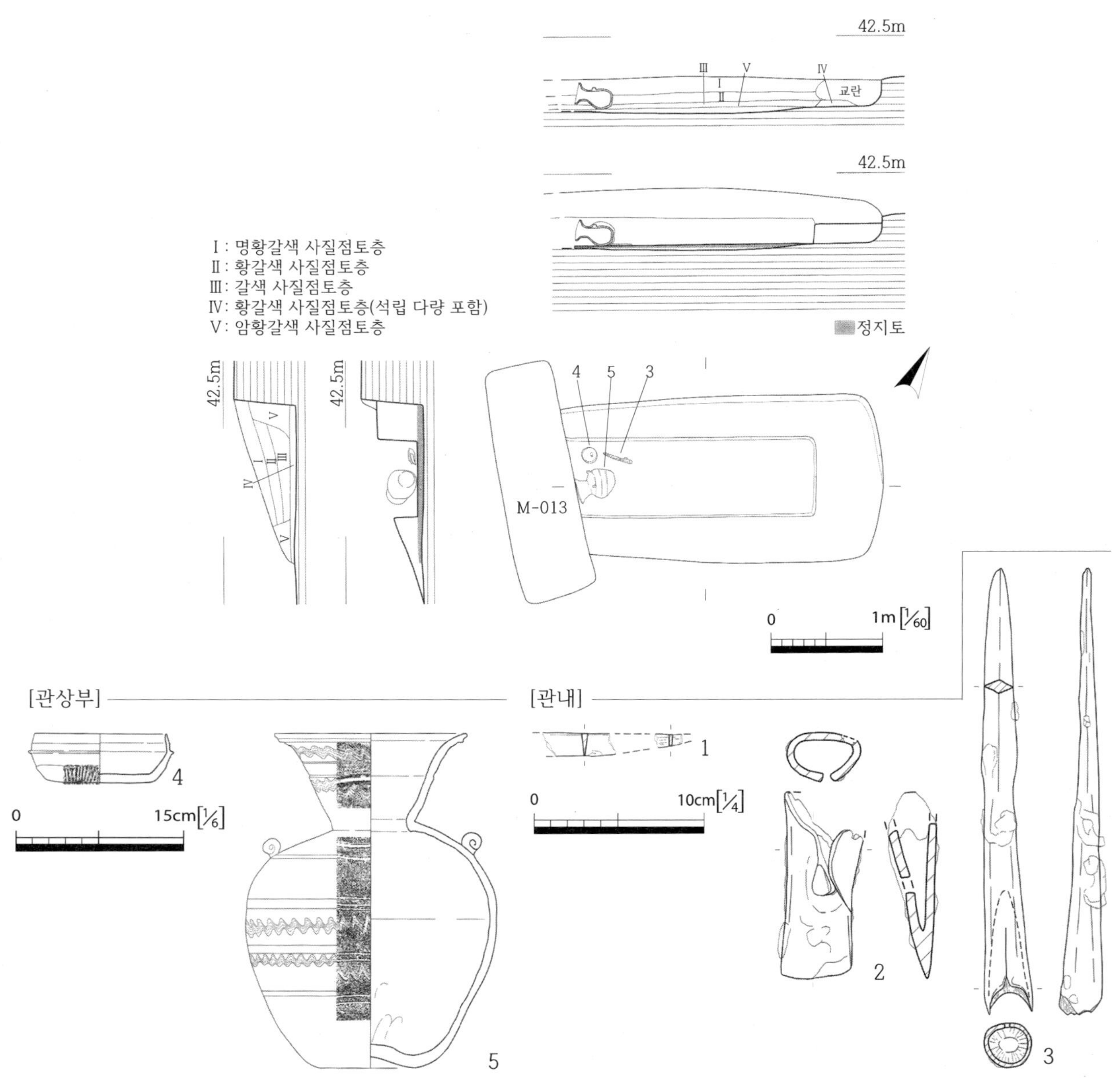

KM-019호 석곽묘

(단위 : cm)

묘광	크 기 (길이×너비×깊이)	488×(295)×(83+)	주체부	크 기 (길이×너비×높이)	324×(160+)×(63+)
	장폭비	?		장폭비	?
	장축방향	N-84°-W	시상·관대	크 기 (길이×너비×높이)	?
	두 향	?	벽석종류		할석
유물	토 기	배(1), 소호(1), 사이호(1), 호·옹(1)			
	철 기	단조철부(1), 겸(1)			
	청동기	-			
	옥석류	-			
	기 타	-			
	특기사항				

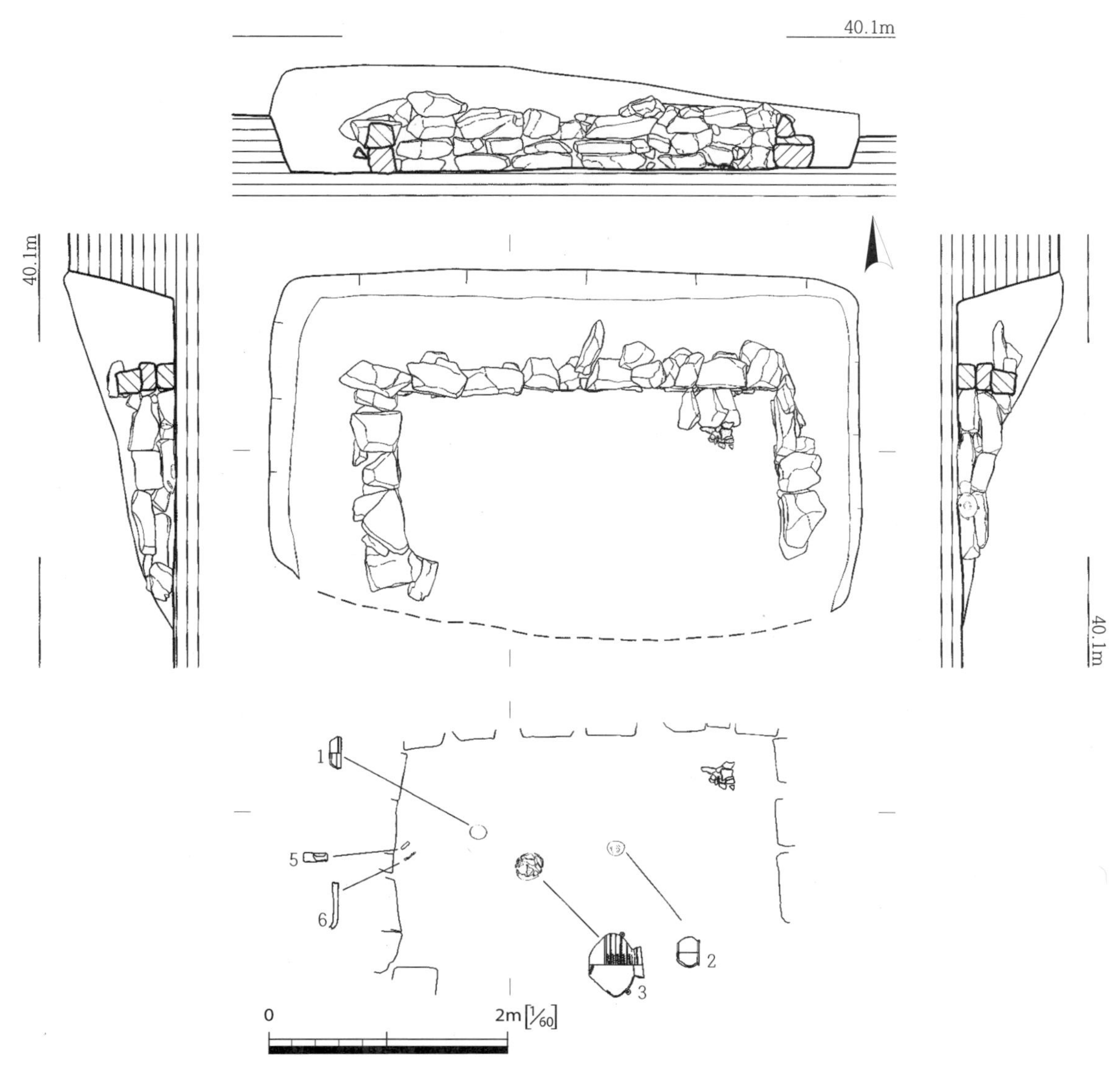

[유구사진]

[출토유물]

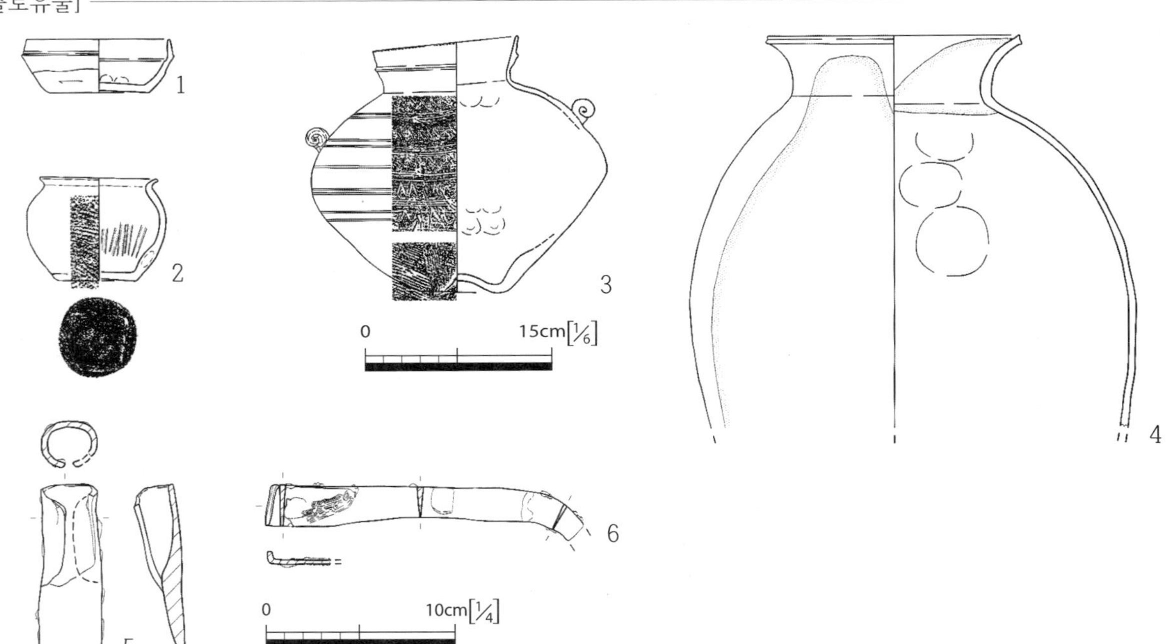

1
2
3
4
5
6
0   15cm[⅙]
0   10cm[¼]

KM-020호 석곽묘

(단위 : cm)

묘광	크 기 (길이×너비×깊이)	412×230×(125+)	주체부	크 기 (길이×너비×높이)	324×(93)×(104+)
	장폭비	1.79:1		장폭비	(3.48):1
	장축방향	N-1°-E	시상·관대	크 기 (길이×너비×높이)	?
	두 향	?	벽석종류		할석
유물	토 기	소호(1)			
	철 기	도자(1), 모(1), 단조철부(1), 겸(1)			
	청동기	-			
	옥석류	-			
	기 타	-			
	특기사항	목질흔이 일부 확인되어 목관을 사용했을 것으로 추정됨.			

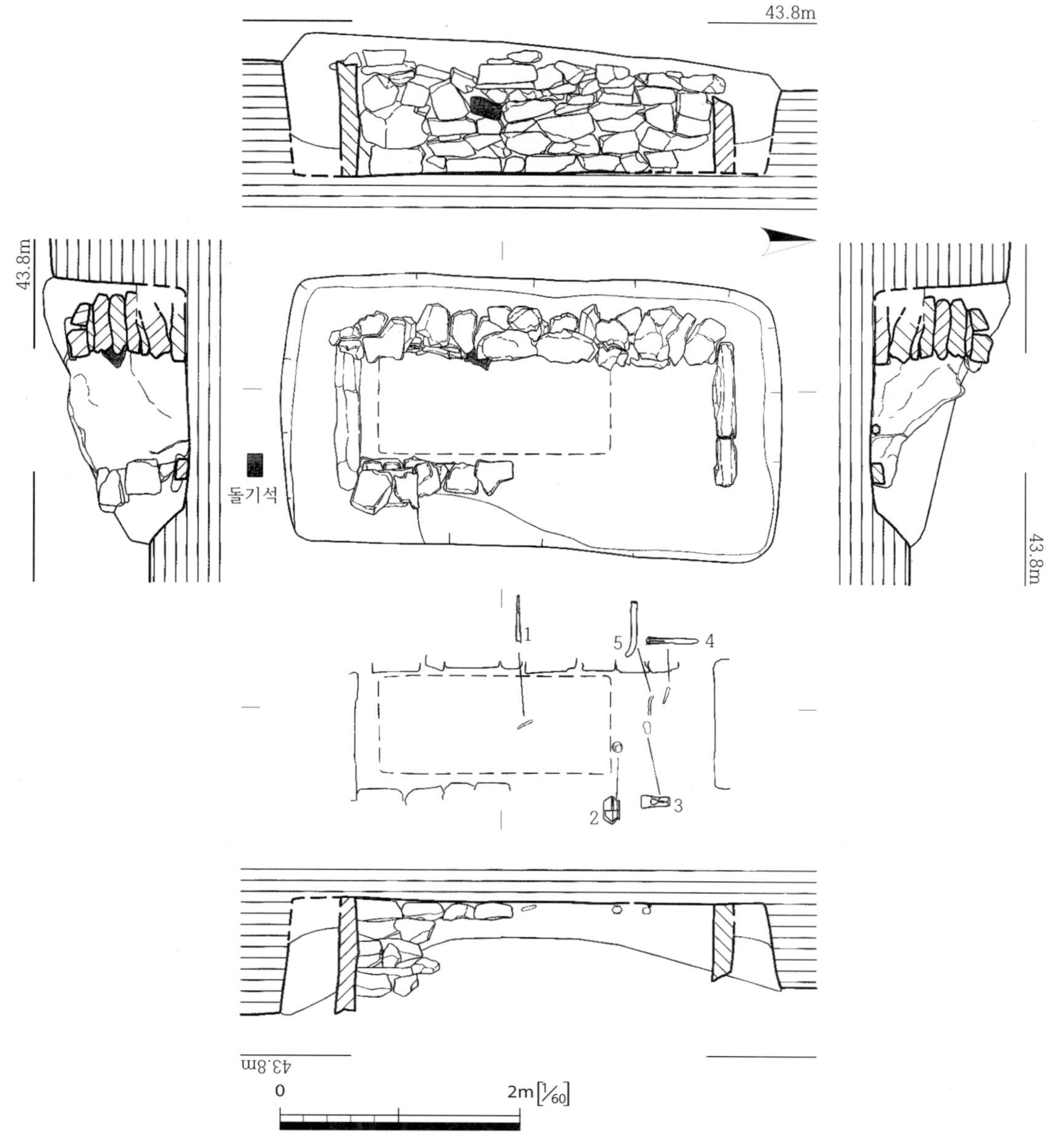

[유구사진]

[관내]

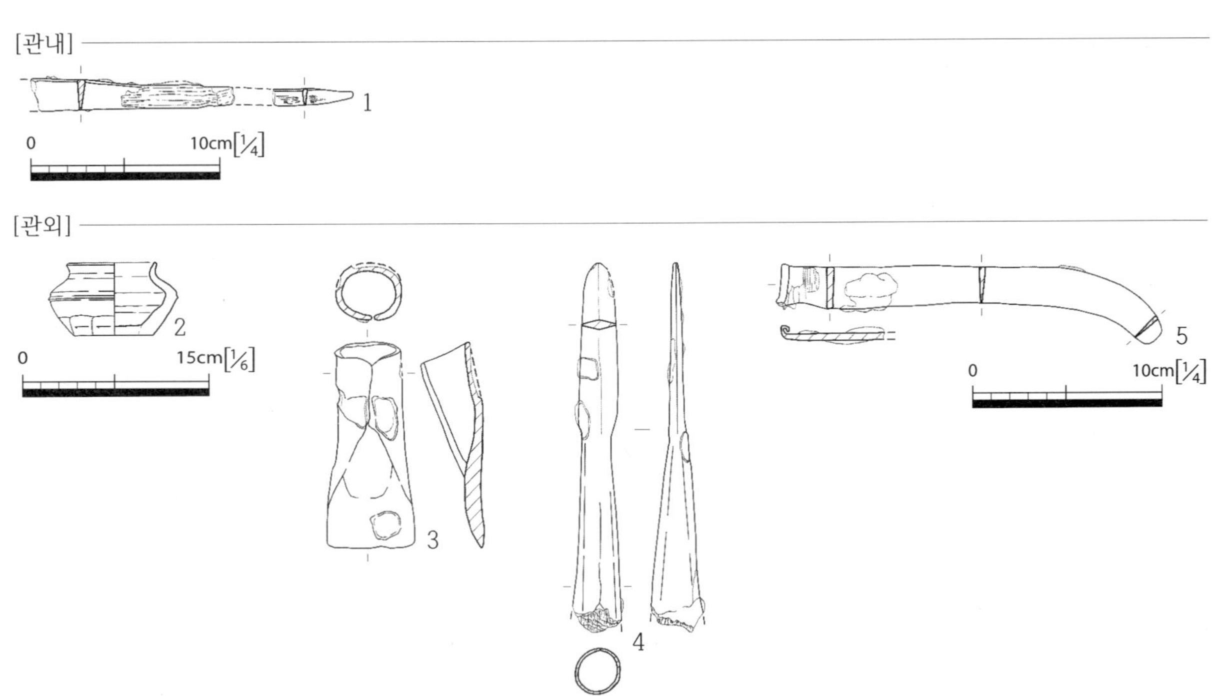

[관외]

KM-021호 석곽묘

(단위 : cm)

묘광	크 기 (길이×너비×깊이)	(280+)×222×(84+)	주체부	크 기 (길이×너비×높이)	(84+)×104×(83+)
	장폭비	?		장폭비	?
	장축방향	N-35°-W	시상·관대	크 기 (길이×너비×높이)	-
	두 향	동남쪽	벽석종류		할석
유물	토 기	-			
	철 기	환두도(1)			
	청동기	-			
	옥석류	-			
	기 타	-			
	특기사항				

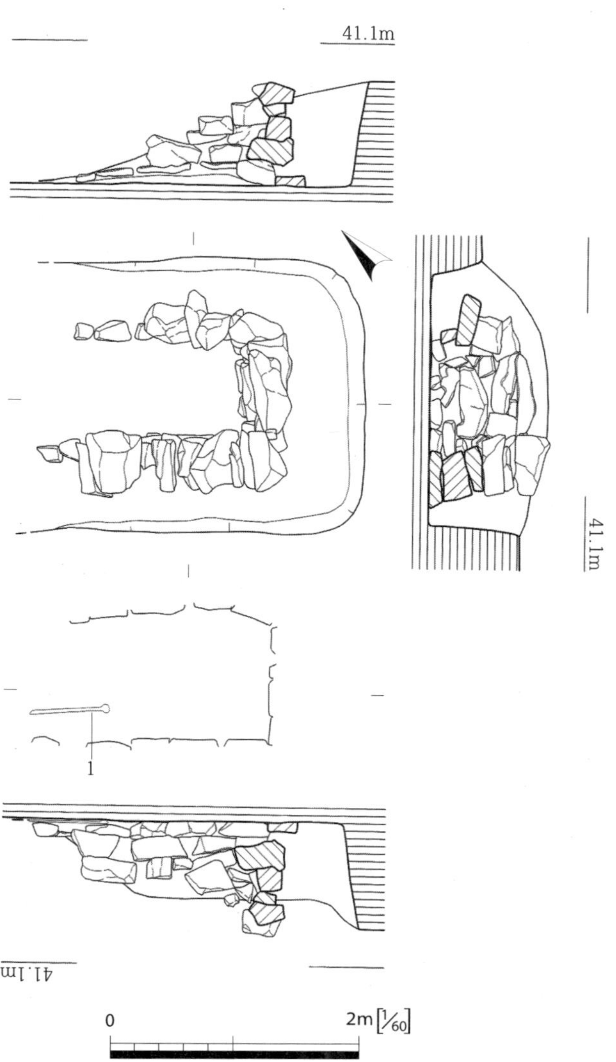

41.1m

41.1m

0 2m[1/60]

[유구사진]

[출토유물]

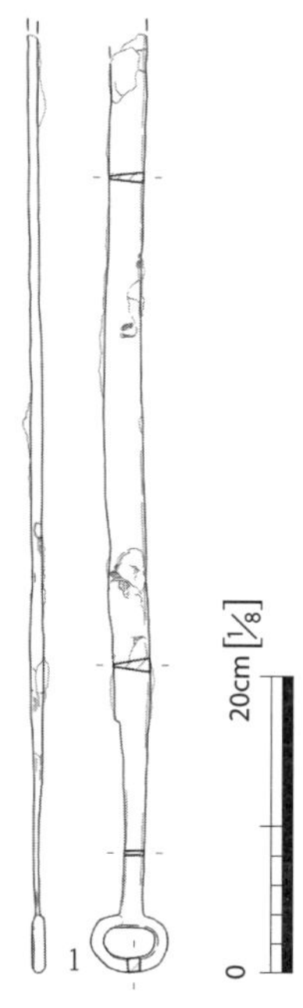

20cm[1/8]

1

KM-022호 석곽묘

(단위 : cm)

묘광	크 기 (길이×너비×깊이)	434×270×(78+)	주체부	크 기 (길이×너비×높이)	283×116×(64+)
	장폭비	1.60:1		장폭비	2.43:1
	장축방향	N-66°-W	시상·관대	크 기 (길이×너비×높이)	?
	두 향	?	벽석종류		할석
유물	토 기	배(1), 광견호(1), 난형호(1)			
	철 기	-			
	청동기	-			
	옥석류	-			
	기 타	-			
	특기사항				

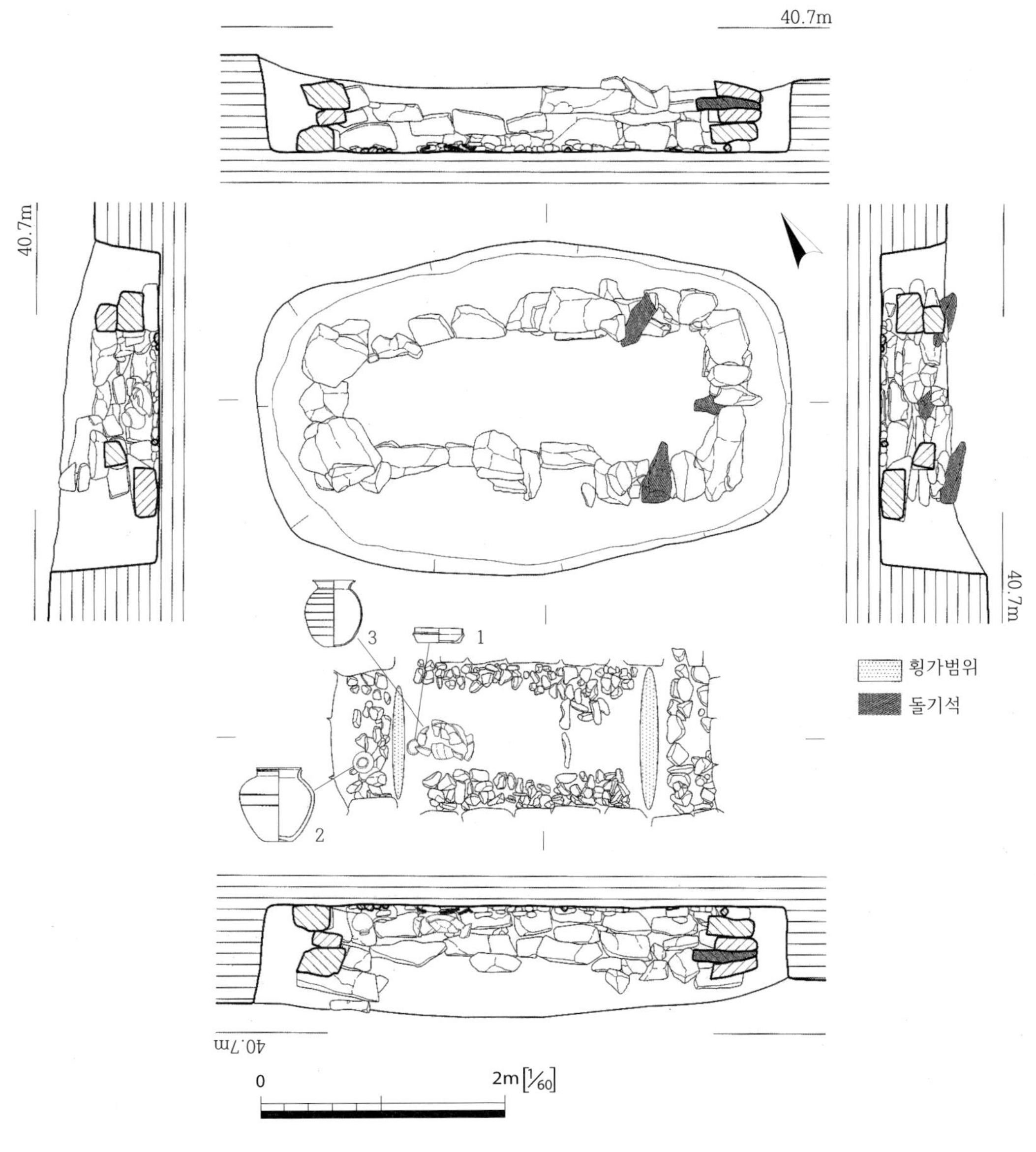

남동벽

북동벽

[출토유물]

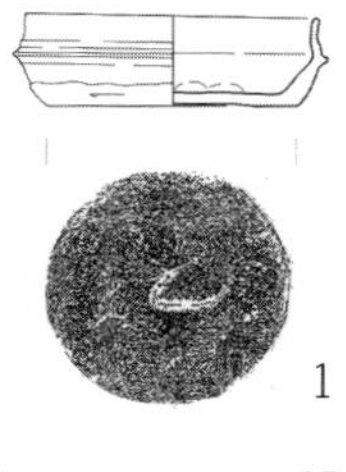

1

0   15cm[⅙]

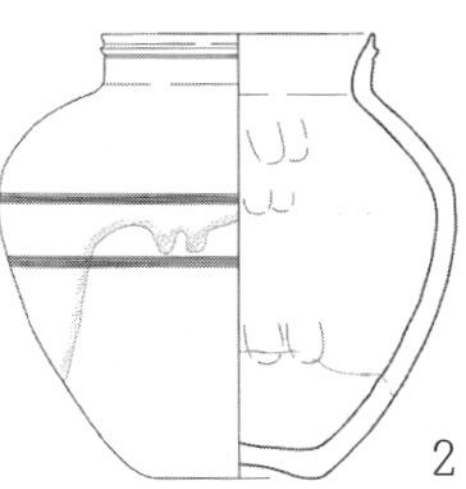

2

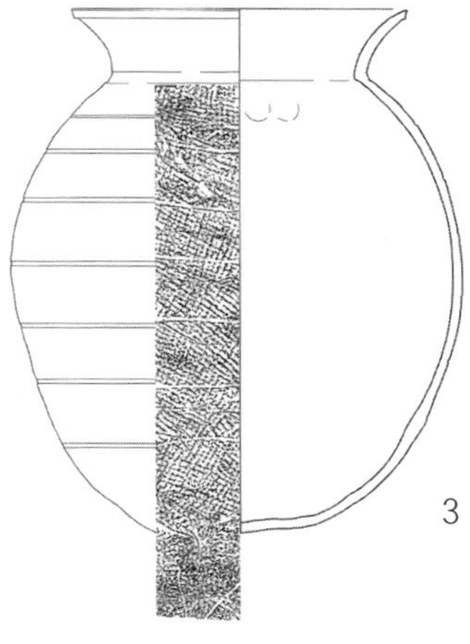

3

KM-023호 석곽묘

(단위 : cm)

묘광	크 기 (길이×너비×깊이)	416×228×(98+)	주체부	크 기 (길이×너비×높이)	304×80×(90+)
	장폭비	1.82:1		장폭비	3.80:1
	장축방향	N-73°-E	시상·관대	크 기 (길이×너비×높이)	-
	두 향	?	벽석종류		할석
유물	토 기	-			
	철 기	모(1), 도자(1), 단조철부(1), 겸(1)			
	청 동 기	-			
	옥 석 류	-			
	기 타	-			
	특기사항				

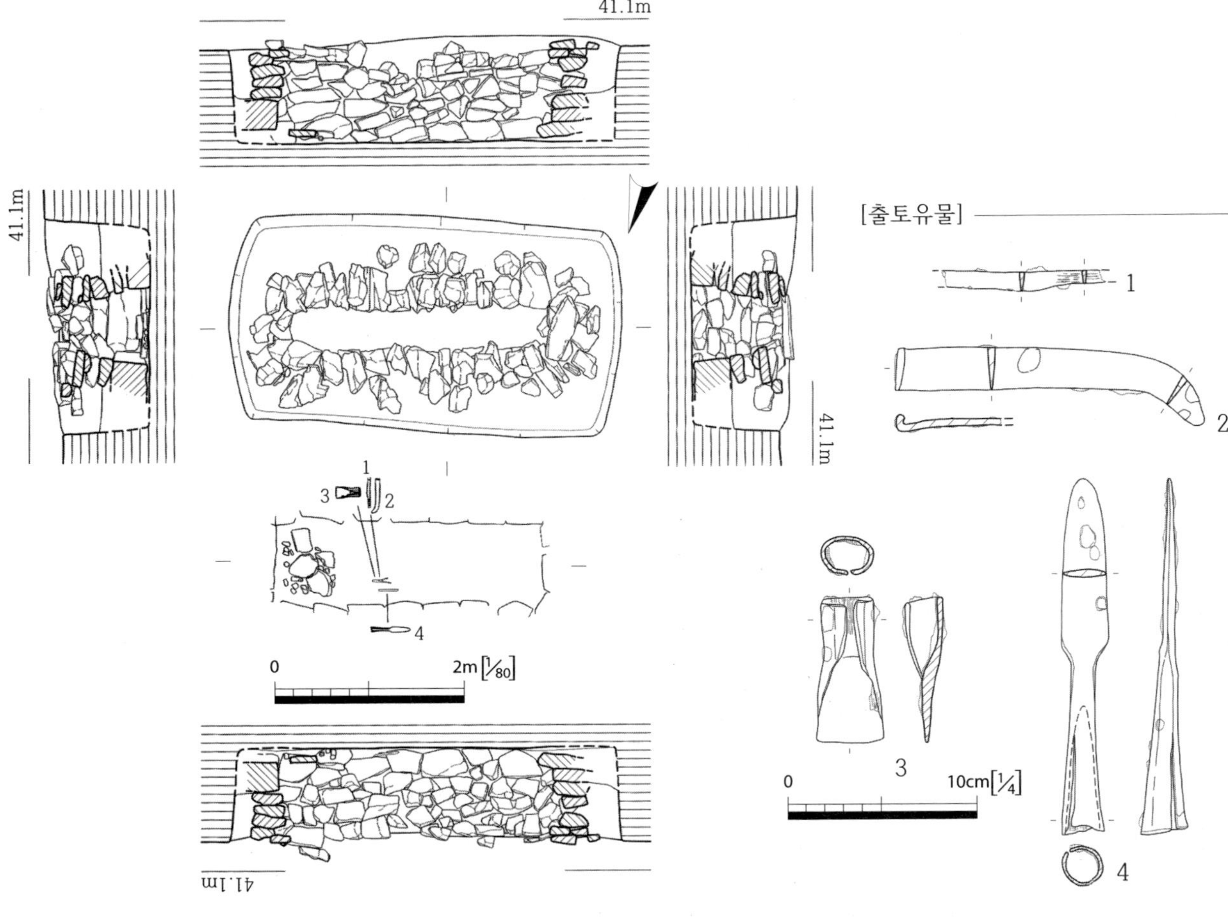

KM-024호 토광묘

(단위 : cm)

묘광	크 기 (길이×너비×깊이)	290×184×(60+)	목관	크 기 (길이×너비×높이)	168×128×?
	장폭비	1.58:1		장폭비	1.31:1
	장축방향	N-40°-W	목곽	크 기 (길이×너비×높이)	256×148×?
	두 향	?		장폭비	1.72:1
유물	토 기	소호(1), 광구호(1)			
	철 기	-			
	청 동 기	-			
	옥 석 류	-			
	기 타	-			
	특기사항				

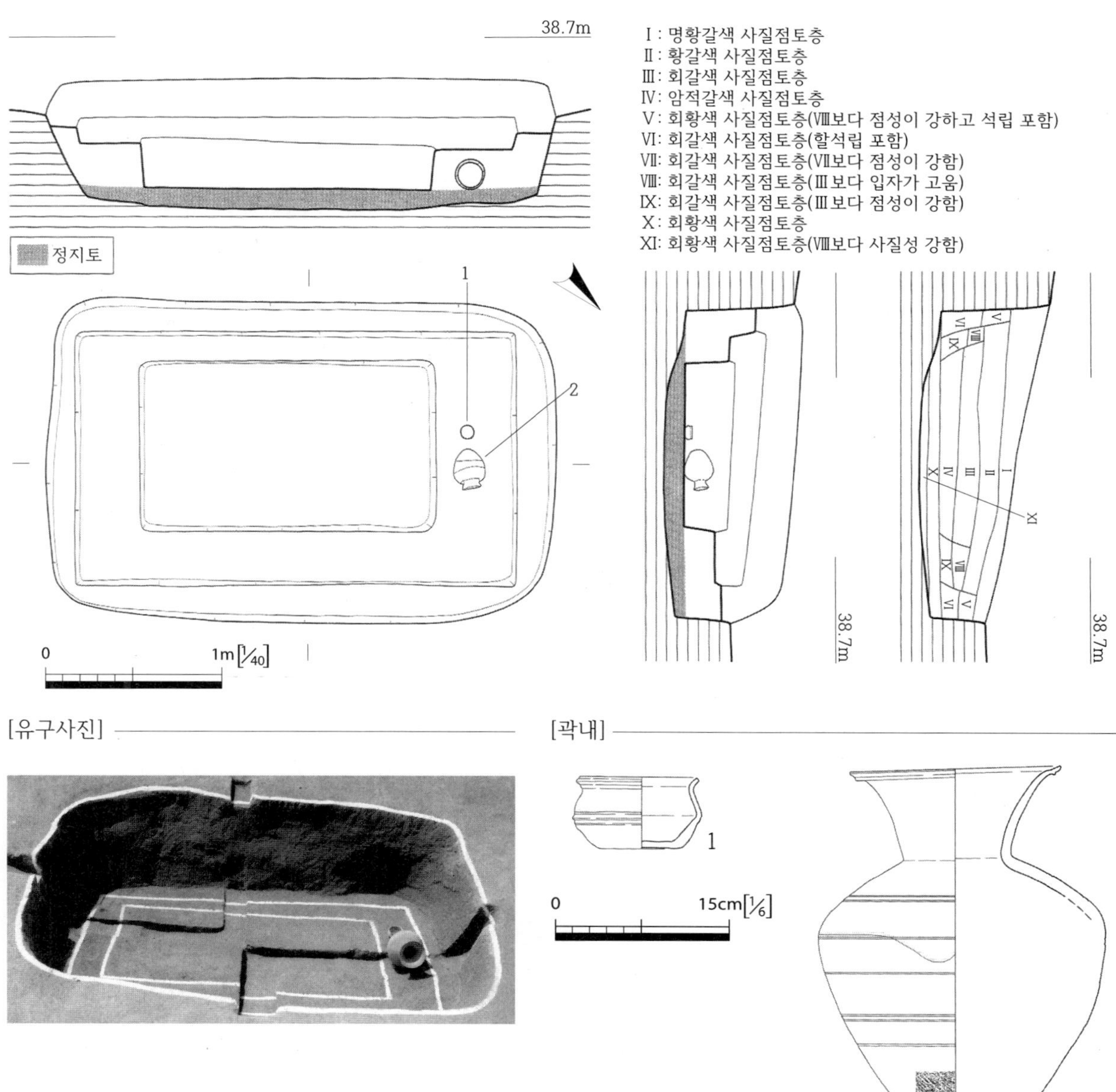

KM-025호 석실묘

(단위 : cm)

봉토	**크 기** (길이×너비×높이)	?	**묘광**	**규 모** (길이×너비×깊이)	580×(444)×135
	평면형태	?		**장폭비**	1.61:1
현실	**규 모** (길이×너비×높이)	318×363×130		**천장형태**	?
	평면형태	방형		**연도위치**	중앙
연도	**크 기** (길이×너비×높이)	240×120×?		**묘도크기** (길이×너비)	?
	장폭비	2.00:1		**배수시설** (길이×너비×깊이)	-
	시상/관대크기 (길이×너비×높이)	?		**두 향**	?
	장축방향	N-64°-W		**벽석종류**	할석
	주구크기 (길이×너비×깊이)	915×120×(31+)		**주구평면형태**	눈썹형
유물	**토 기**	개배(1), 배(1), 호 저부편(1), 단경소호(3), 광구소호(1), 단경호(1), 쌍호(1), 삼족기(1), 대부병(1)			
	철 기	도자(1), 모(2), 단조철부(2), 겸(1), 착(1), 재갈(1), 등자(2), 교구(2), 미상철기(4)			
	청 동 기	-			
	옥 석 류	-			
	기 타	-			
	특기사항	보고서 기술과 유구 도면·스케일바 비율이 모두 상이함. 연도부에 통일신라 대부병이 부장되어 있어 추가장이 이루어진 것으로 추정됨.			

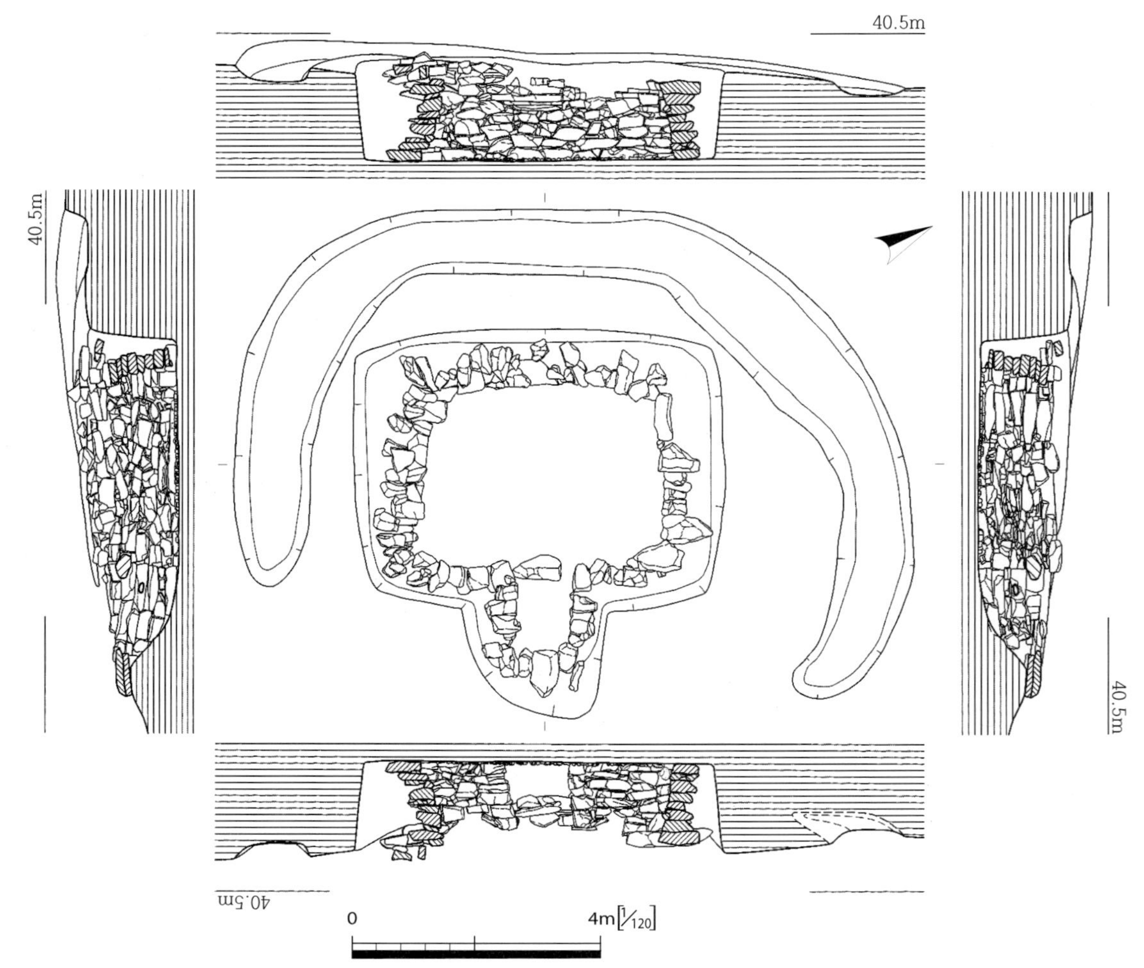

[현실바닥]
[유구사진]

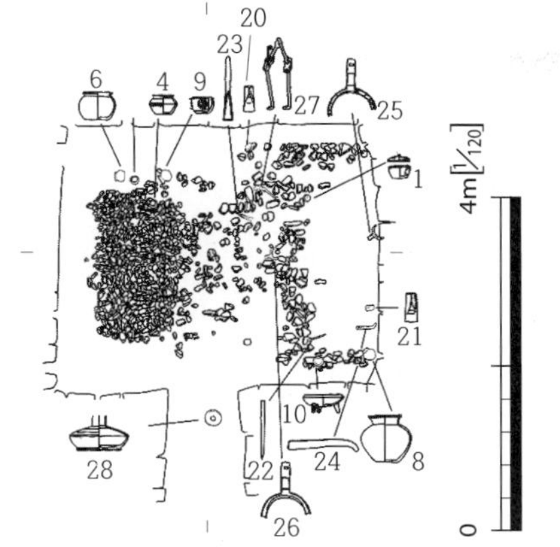
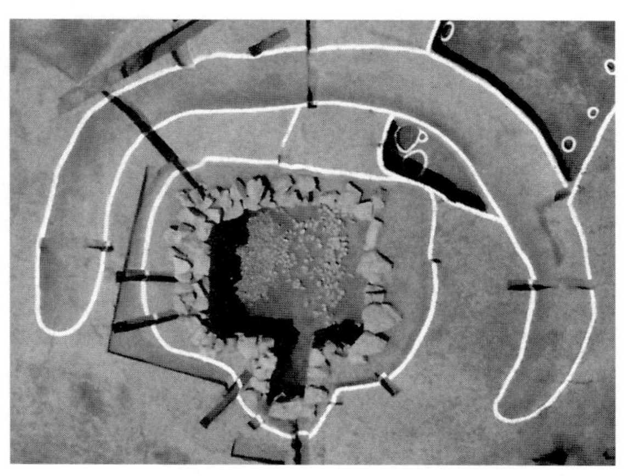

[출토유물]

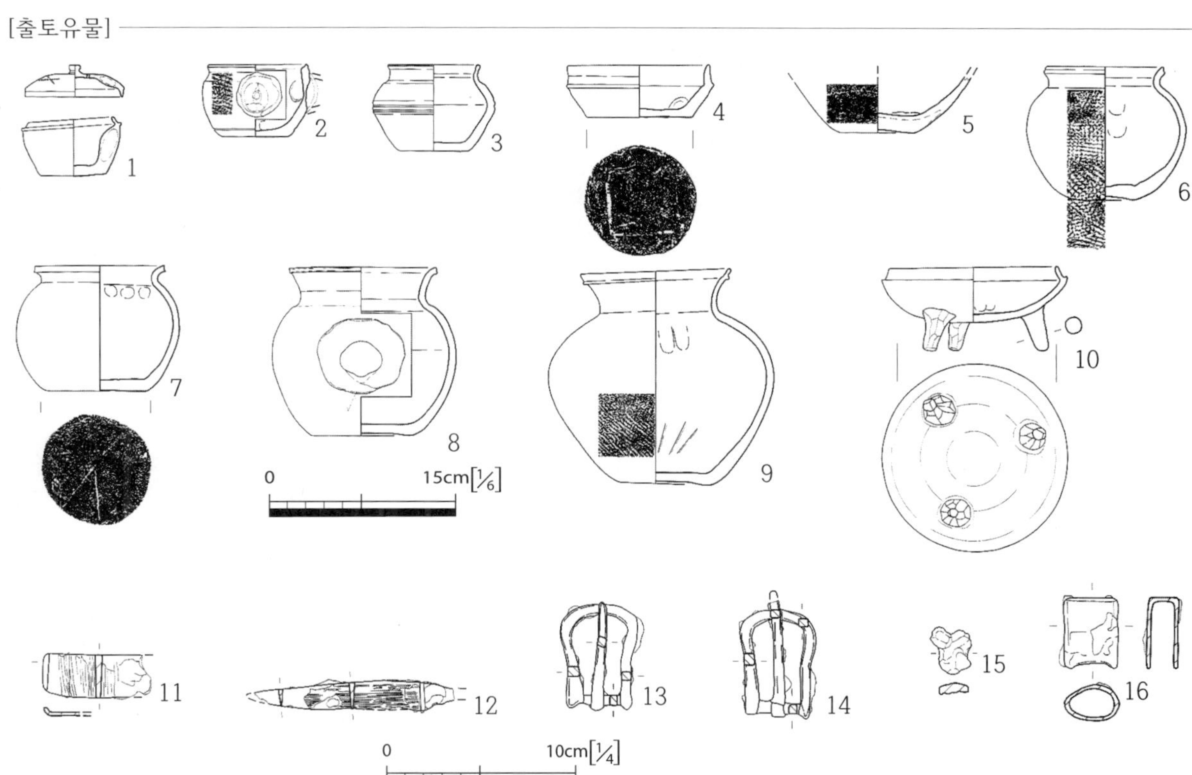

0   15cm[1/6]
0   10cm[1/4]

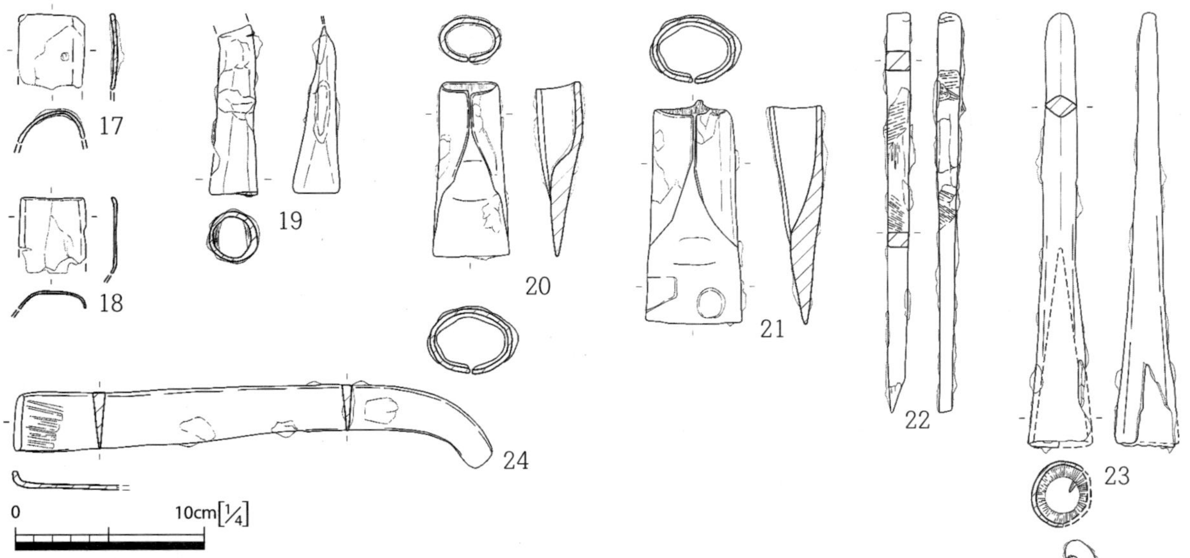

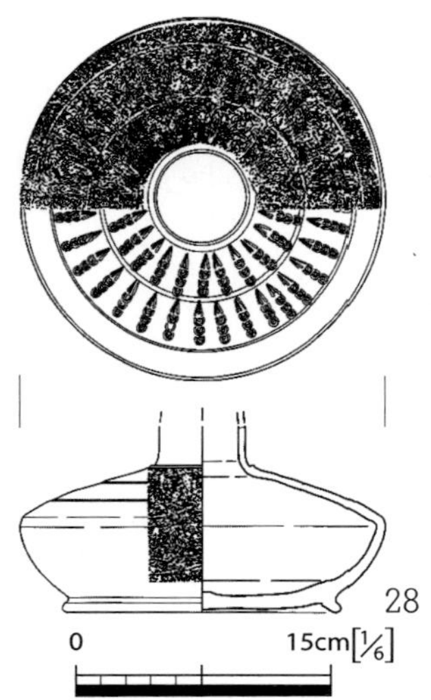

17
18
19
20
21
22
23
24

0　　　　　　10cm[¼]

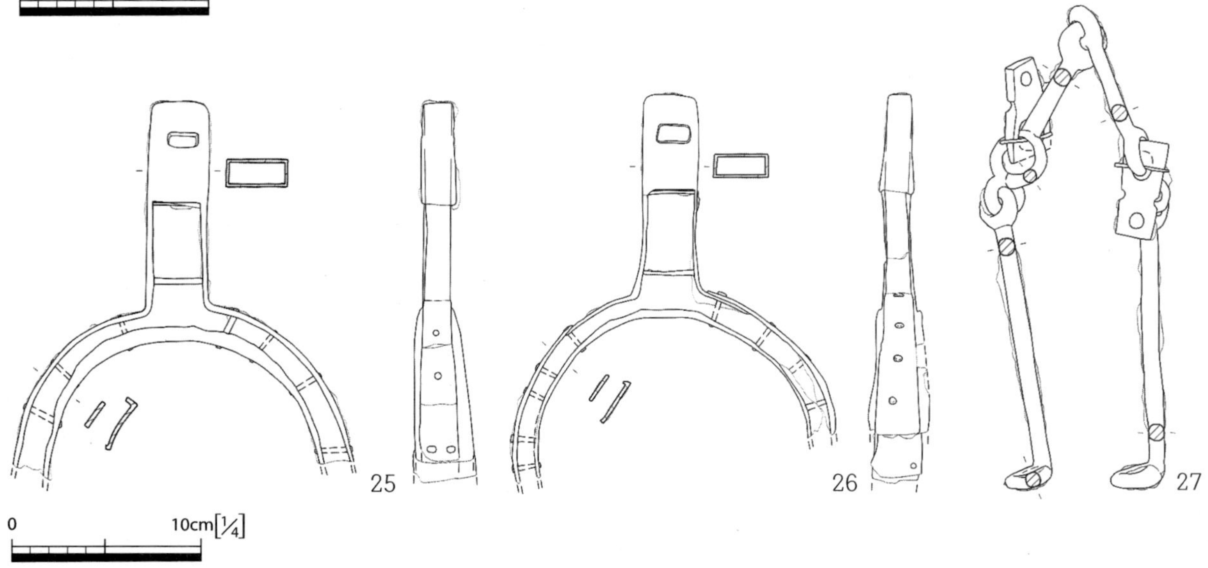

25
26
27

0　　　　　　10cm[¼]

[연도]

28

0　　　　　15cm[⅙]

KM-026호 토광묘

(단위 : cm)

묘광	크 기 (길이×너비×깊이)	360×168×(44+)	목관	크 기 (길이×너비×높이)	176×56×?
	장폭비	2.14:1		장폭비	3.14:1
	장축방향	N-4°-W	목곽	크 기 (길이×너비×높이)	(296)×(108)×?
	두 향	?		장폭비	(2.74):1
유물	토 기	배(1), 광구장경호(1)			
	철 기	-			
	청동기	-			
	옥석류	-			
	기 타	-			
	특기사항				

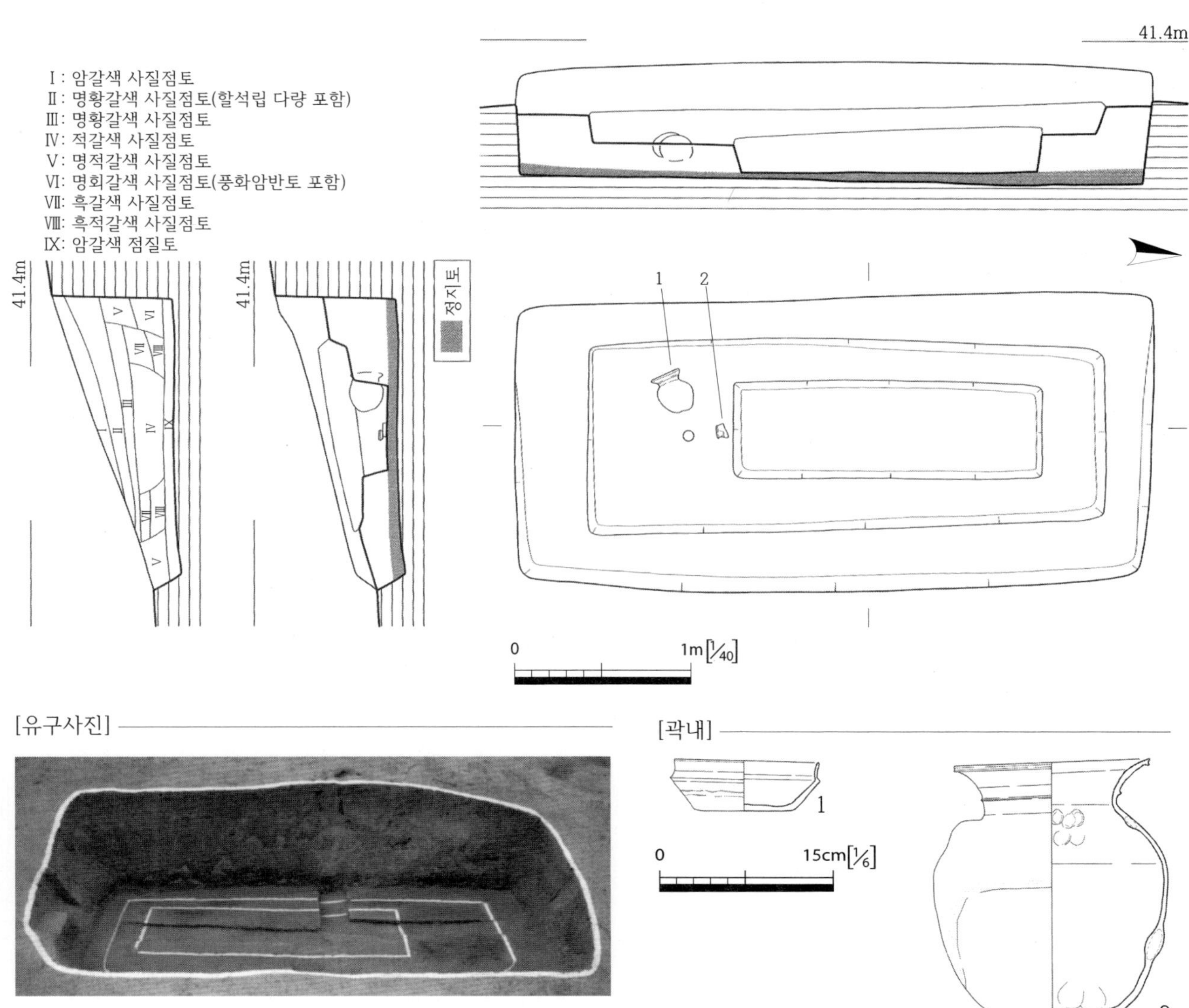

[유구사진]

[곽내]

KM-027호 토광묘

(단위 : cm)

묘광	크 기 (길이×너비×깊이)	378×154×(52+)	목관	크 기 (길이×너비×높이)	208×104×?
	장폭비	2.54:1		장폭비	2.00:1
	장축방향	N-24°-W	목곽	크 기 (길이×너비×높이)	(296)×(104)×?
	두 향	?		장폭비	2.84:1
유물	토 기	배(1)			
	철 기	도자(1), 단조철부(1), 겸(1), 모(1)			
	청 동 기	-			
	옥 석 류	-			
	기 타	-			
	특기사항				

Ⅰ : 황갈색 사질점토층
Ⅱ : 명갈색 사질점토층
Ⅲ : 갈색 사질점토층
Ⅳ : 명황갈색 사질토층
Ⅴ : 암갈색 사질점토층
Ⅵ : 갈색 사질점토층(Ⅲ보다 밝음)
Ⅶ : 명황갈색 사질토층(Ⅳ보다 밝음)
Ⅷ : 명갈색 사질점토층(Ⅱ보다 밝음)
Ⅸ : 갈색 사질점토층(Ⅲ보다 어두움)
Ⅹ : 암갈색 사질점토층(Ⅴ보다 밝음)
ⅩⅠ : 회황색 사질점토층
ⅩⅡ : 명회황색 사질점토층
ⅩⅢ : 회황색 사질점토층(풍화암반토 포함)

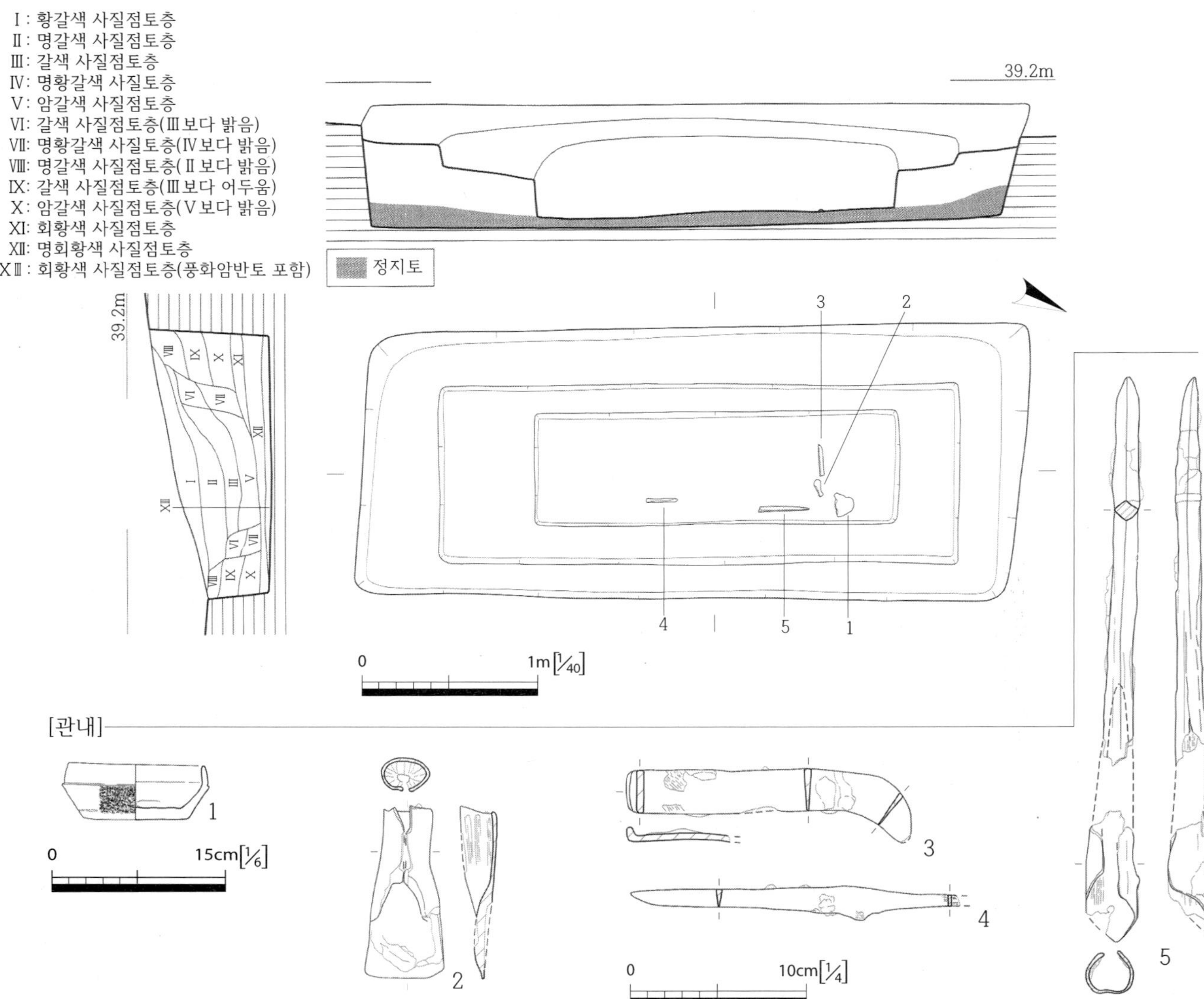

KM-028호 토광묘

(단위 : cm)

묘광	크 기 (길이×너비×깊이)	300×(100+)×(18+)	목관	크 기 (길이×너비×높이)	-
	장폭비	?		장폭비	-
	장축방향	N-9°-W	목곽	크 기 (길이×너비×높이)	280×(68+)×?
	두 향	?		장폭비	?
유물	토 기	장경호(1)			
	철 기	-			
	청동기	-			
	옥석류	-			
	기 타	-			
	특기사항				

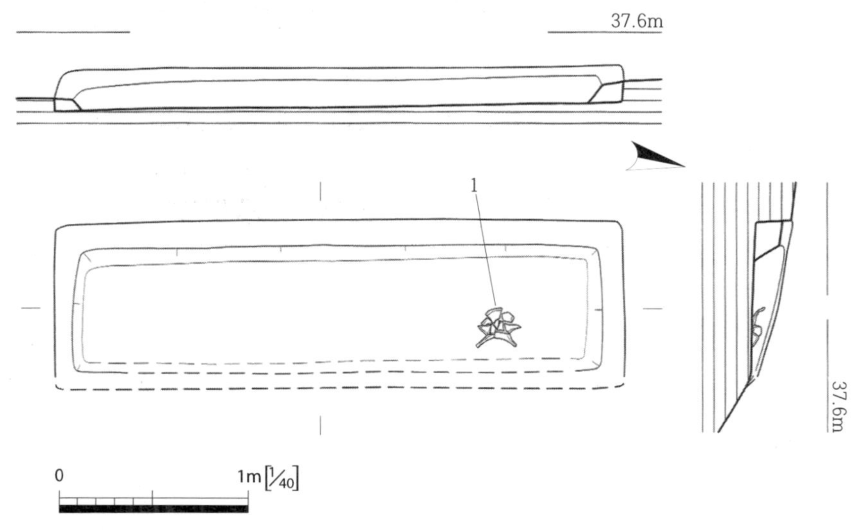

[유구사진]

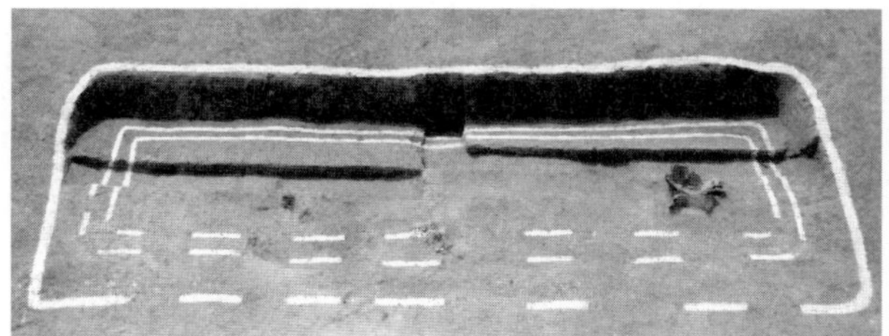

[곽내]

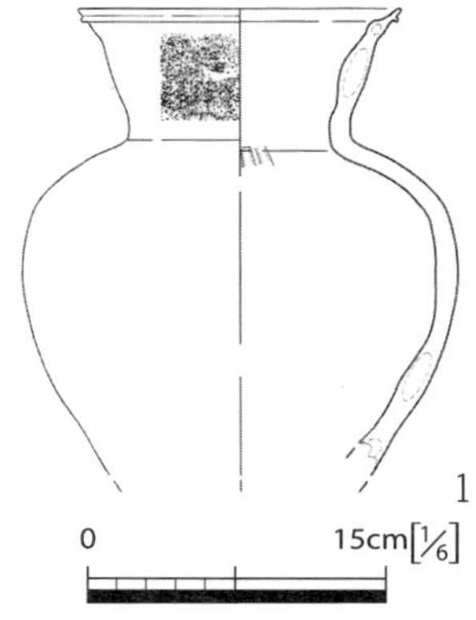

KM-029호 석곽묘

(단위 :　cm)

묘광	크 기 (길이×너비×깊이)	390×262×(125+)	주체부	크 기 (길이×너비×높이)	278×112×(112+)
	장폭비	1.48:1		장폭비	2.48:1
	장축방향	N-67°-W	시상·관대	크 기 (길이×너비×높이)	-
	두 향	?	벽석종류		할석
유물	토 기	파배(1), 고배(1), 소호(1), 광견호(1)			
	철 기	모(1), 도자(2), 단조철부(1), 겸(1), 관정(4)			
	청동기	-			
	옥석류	-			
	기 타	-			
	특기사항				

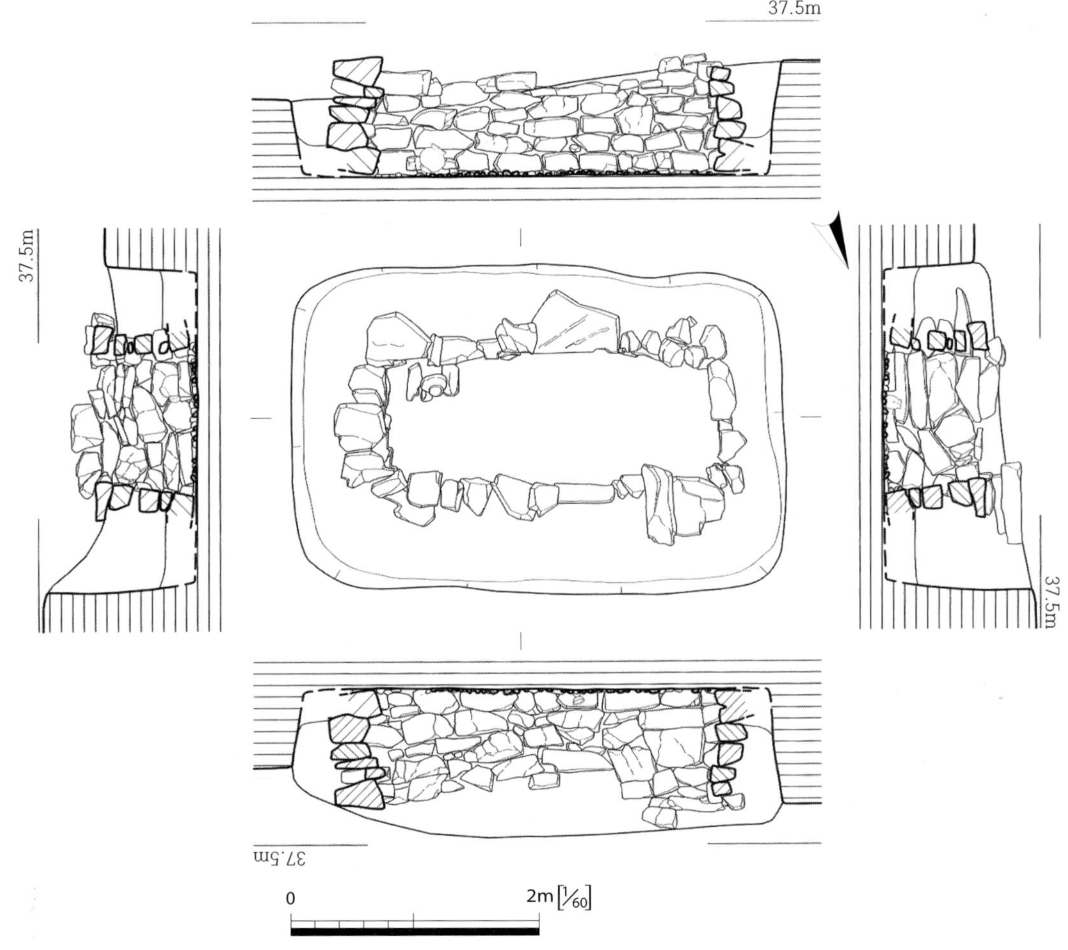

[석곽바닥]

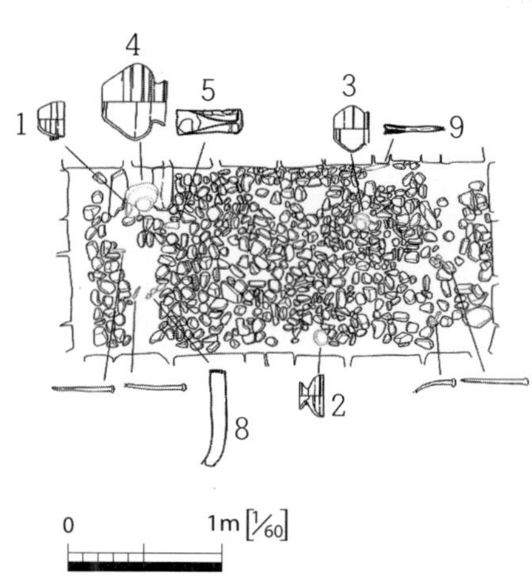

[유구사진]

[출토유물]

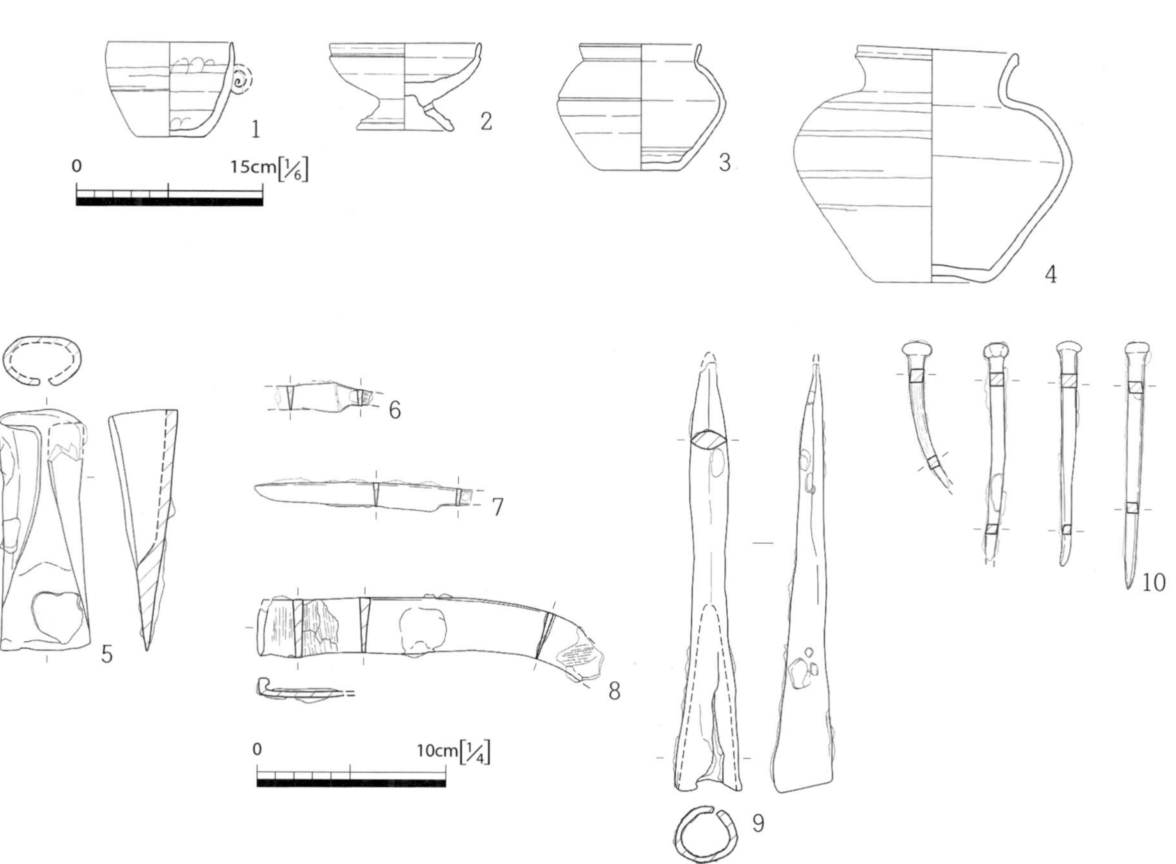

KM-030호 토광묘

(단위 : cm)

묘광	크 기 (길이×너비×깊이)	328×124×(30+)	목관	크 기 (길이×너비×높이)	-
	장폭비	2.65:1		장폭비	-
	장축방향	N-2°-E	목곽	크 기 (길이×너비×높이)	203×96×?
	두 향	?		장폭비	2.11:1
유물	토 기	배(1), 소호(1), 광구장경호(1)			
	철 기	모(1), 단조철부(1), 겸(1)			
	청동기	-			
	옥석류	-			
	기 타	-			
	특기사항				

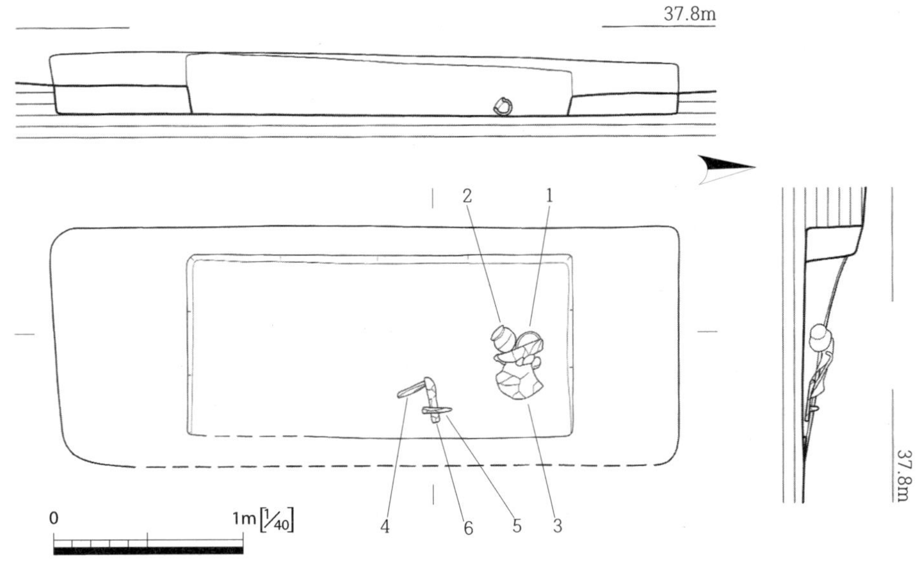

[곽내]

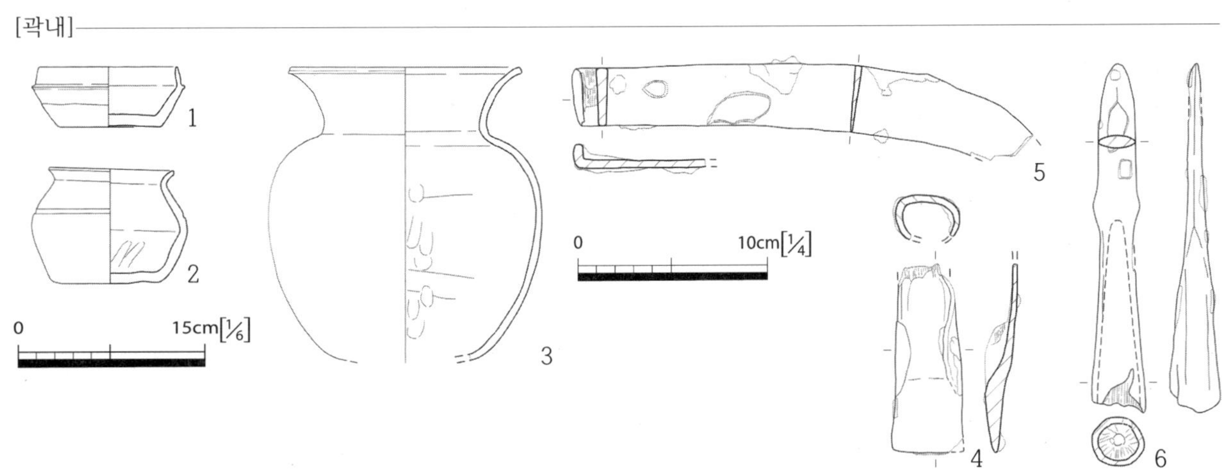

KM-031호 토광묘

(단위 : cm)

묘광	크 기 (길이×너비×깊이)	280×128×(32+)	목관	크 기 (길이×너비×높이)	-
	장폭비	2.19:1		장폭비	-
	장축방향	N-14°-W	목곽	크 기 (길이×너비×높이)	214×104×?
	두 향	?		장폭비	2.05:1
유물	토 기	소호(1), 광구장경호(1)			
	철 기	-			
	청동기	-			
	옥석류	-			
	기 타	-			
	특기사항				

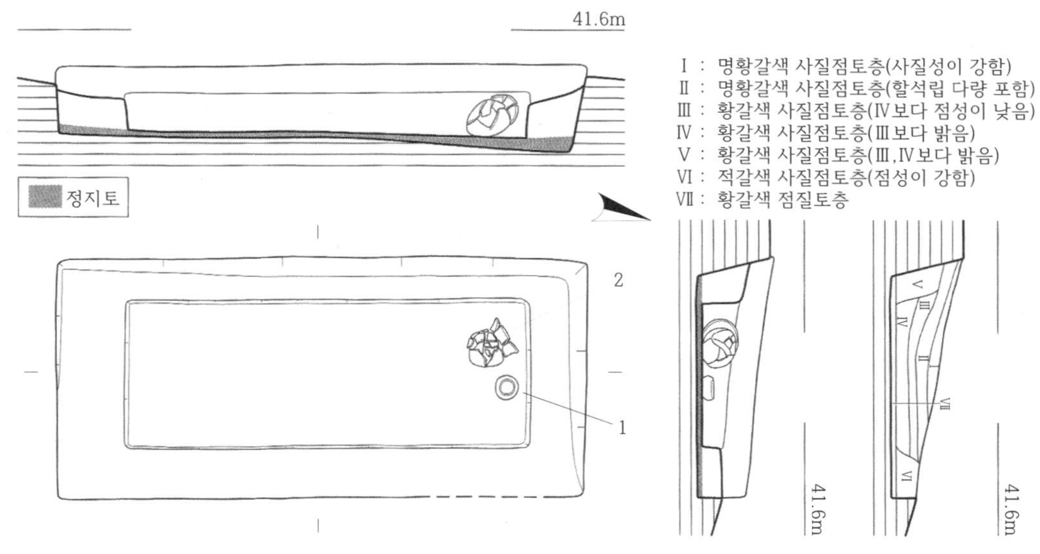

[유구사진]

[곽내]

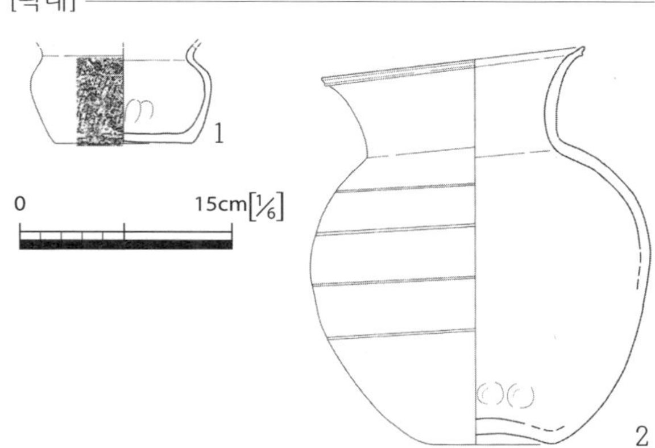

KM-032호 토광묘

(단위 : cm)

묘광	크 기 (길이×너비×깊이)	280×124×(12+)	목관	크 기 (길이×너비×높이)	-
	장폭비	2.26:1		장폭비	-
	장축방향	N-27°-E	목곽	크 기 (길이×너비×높이)	252×84×?
	두 향	?		장폭비	3.00:1
유물	토 기	배(1), 소호(1), 단경호(1), 직구단경호(1)			
	철 기	모(1), 단조철부(1), 겸(1)			
	청 동 기	-			
	옥석류	-			
	기 타	-			
	특기사항				

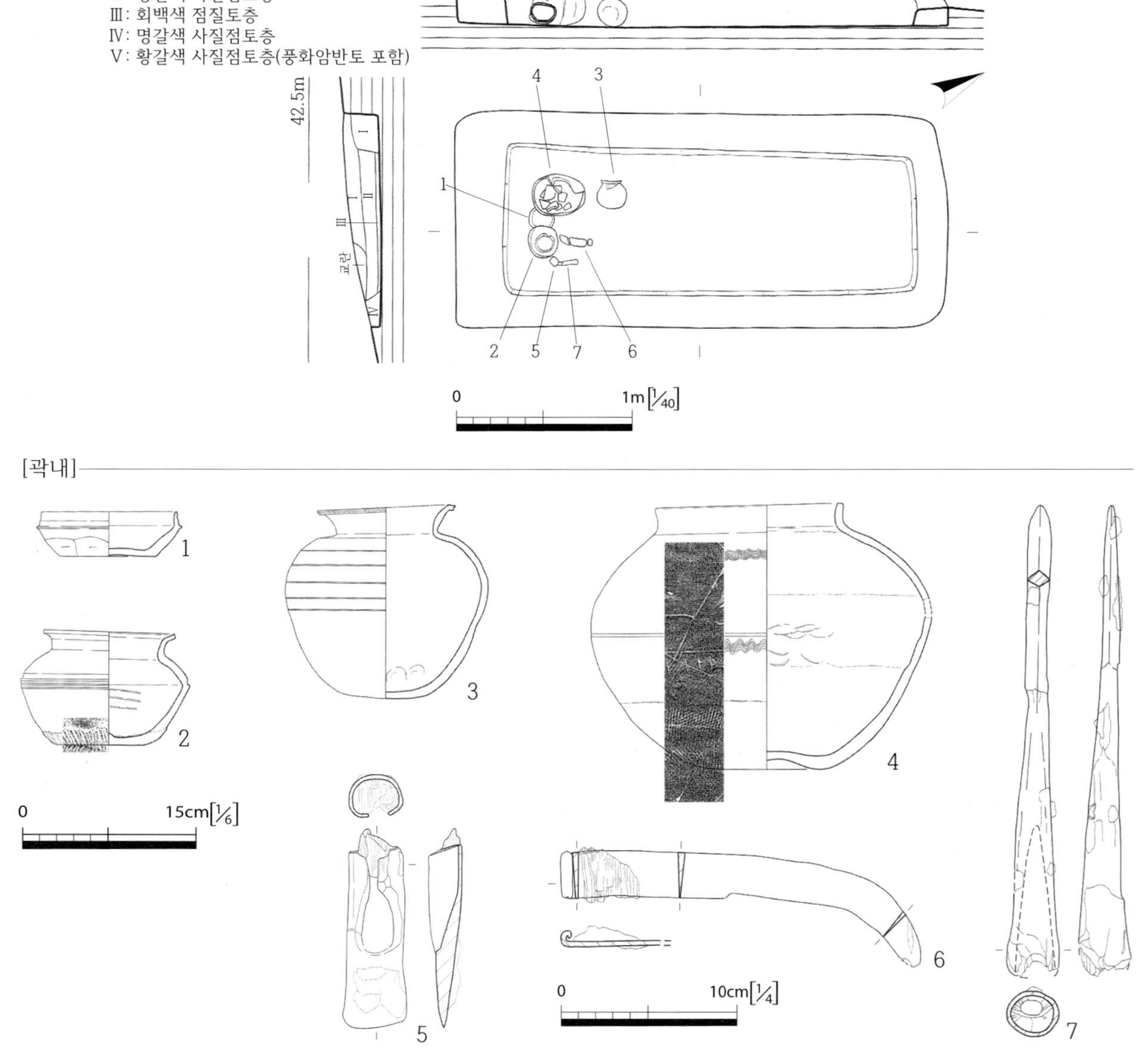

KM-033호 주구토광묘

(단위 : cm)

묘광	크 기 (길이×너비×깊이)	(330+)×(97)×(42+)	목관	크 기 (길이×너비×높이)	-
	장폭비	?		장폭비	-
	장축방향	N-84°-W	목곽	크 기 (길이×너비×높이)	(205+)×72×?
	두 향	?		장폭비	?
	주구크기 (길이×너비×깊이)	(762+)×(75)×(30+)		주구평면형태	(눈썹형)
유물	토 기	-			
	철 기	축(1), 단조철부(1)			
	청동기	-			
	옥석류	-			
	기 타	-			
	특기사항	부장곽[(49+)×(71)]이 따로 확인됨.			

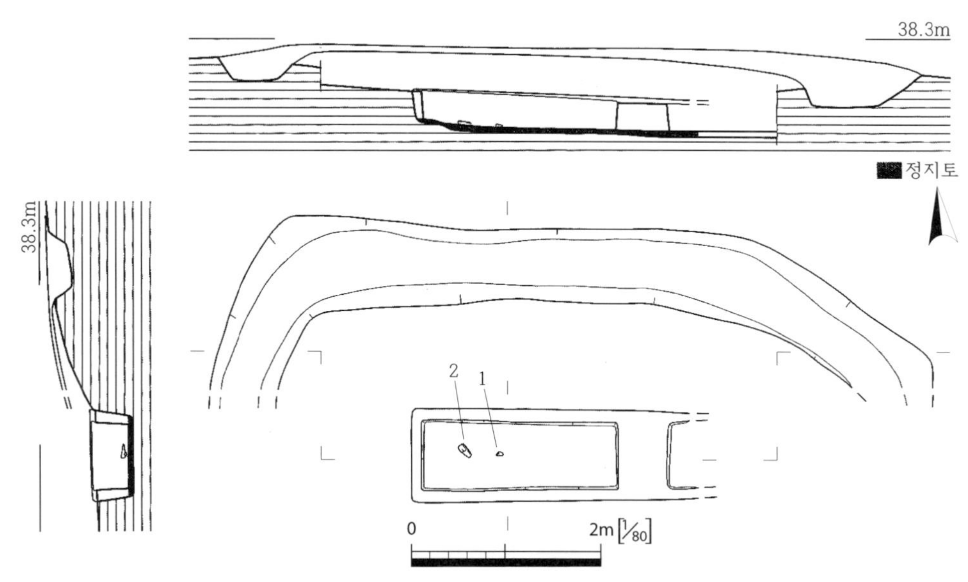

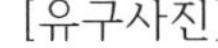

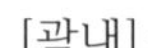

[유구사진]   [곽내]

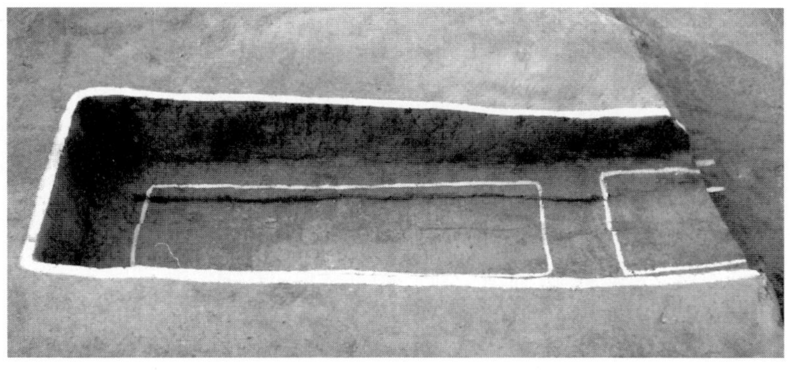

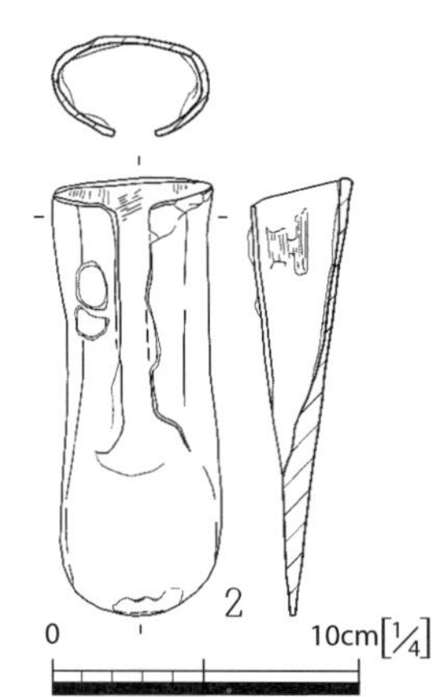

KM-034호 토광묘

(단위 : cm)

묘광	크 기 (길이×너비×깊이)	313×87×(16+)	목관	크 기 (길이×너비×높이)	-
	장폭비	3.60:1		장폭비	-
	장축방향	N-18°-E	목곽	크 기 (길이×너비×높이)	(282)×76×?
	두 향	?		장폭비	(2.46):1
유물	토 기	경질무문 심발(1), 호(1)			
	철 기	-			
	청 동 기	-			
	옥 석 류	-			
	기 타	-			
	특기사항	격벽을 설치하여 부장칸(95×88)을 마련한 것으로 보고하였으나, 토기가 부장칸에서 출토된 것인지는 불확실함.			

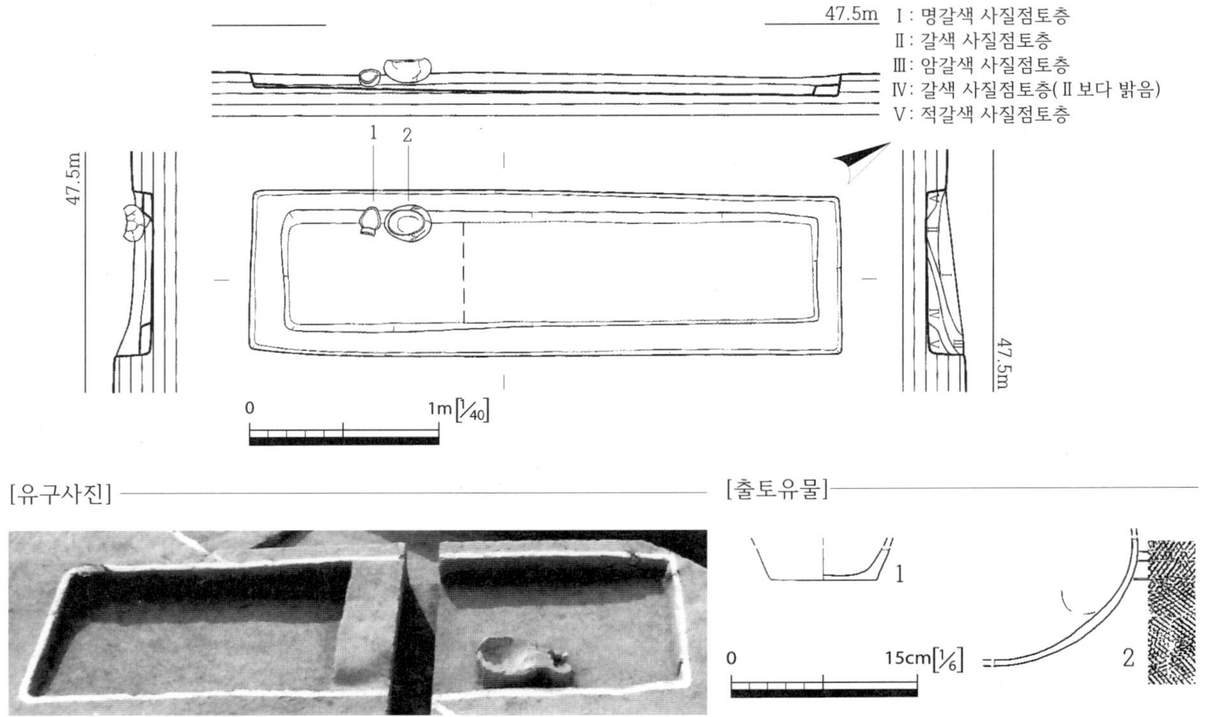

KM-035호 주구토광묘

(단위 : cm)

묘광	크 기 (길이×너비×깊이)	403×74×(9+)	목관	크 기 (길이×너비×높이)	-
	장폭비	5.45:1		장폭비	-
	장축방향	N-18°-E	목곽	크 기 (길이×너비×높이)	(228)×74×?
	두 향	?		장폭비	(3.08):1
	주구크기 (길이×너비×깊이)	862×51×(15+)	주구평면형태		눈썹형
유물	토 기	-			
	철 기	도자(1)			
	청 동 기	-			
	옥 석 류	-			
	기 타	-			
	특기사항	부장곽(118×57)이 따로 확인됨.			

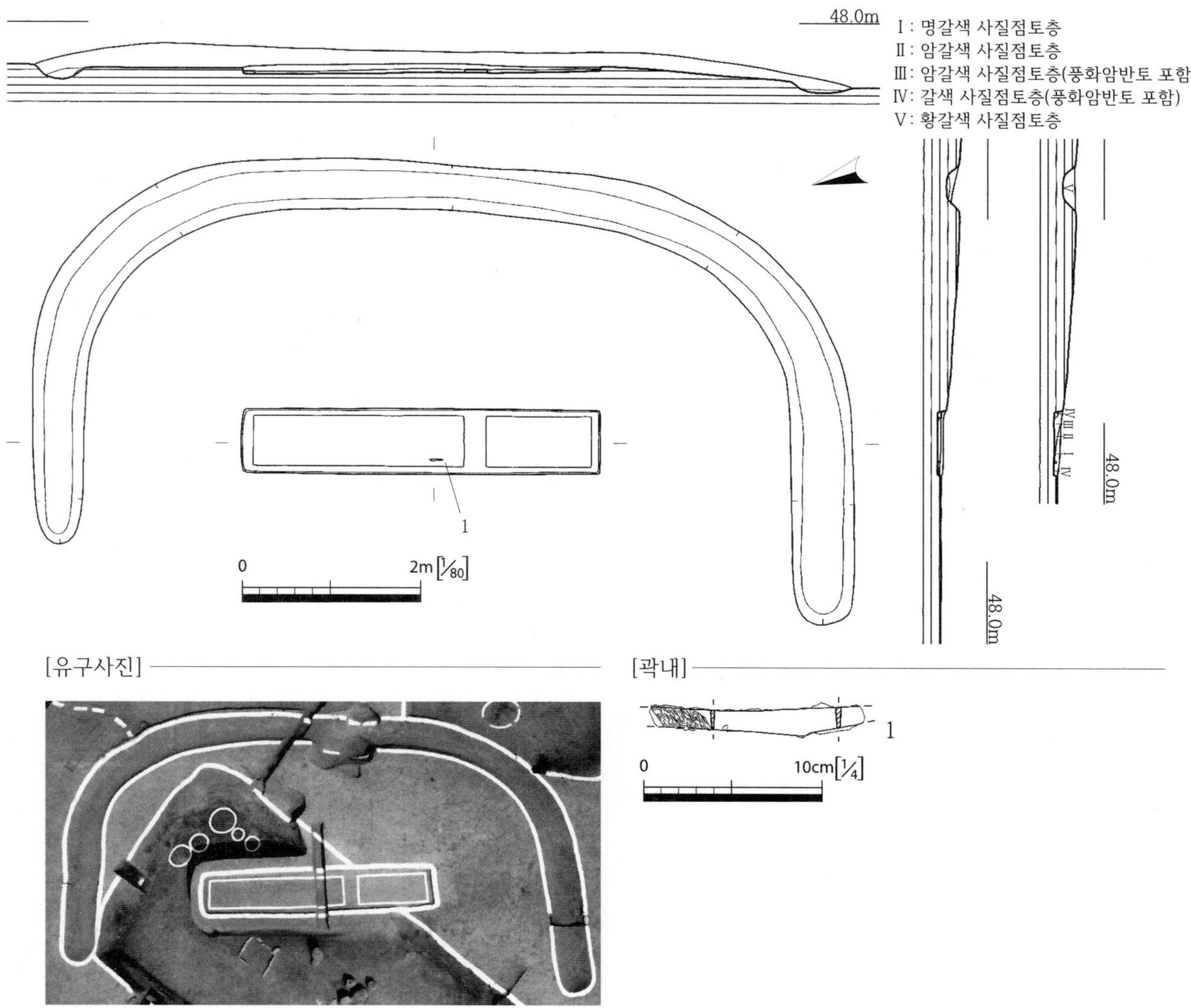

KM-036호 토광묘

(단위 : cm)

묘광	크 기 (길이×너비×깊이)	(183+)×(63)×(5+)	목관	크 기 (길이×너비×높이)	?
	장폭비	?		장폭비	?
	장축방향	N-19°-E	목곽	크 기 (길이×너비×높이)	?
	두 향	?		장폭비	?
유물	토 기	-			
	철 기	모(1)			
	청동기	-			
	옥석류	-			
	기 타	-			
	특기사항				

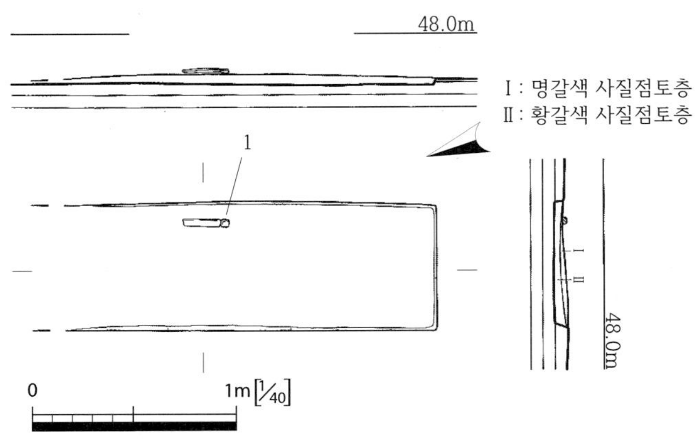

[유구사진] ——————————— [출토유물] ———————————

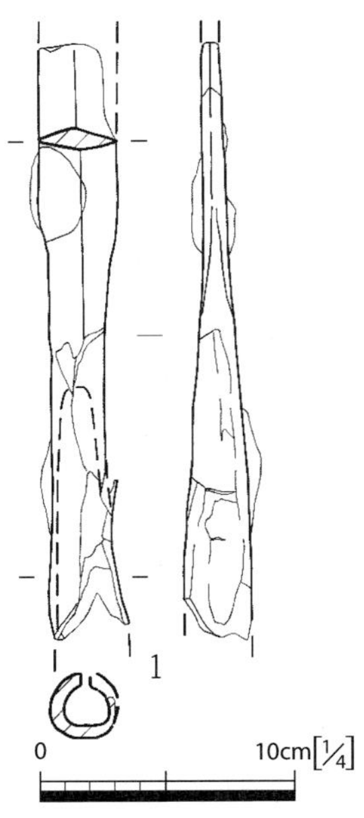

KM-037호 주구토광묘

(단위 : cm)

묘광	크 기 (길이×너비×깊이)	402×81×(15+)	목관	크 기 (길이×너비×높이)	252×57×?
	장폭비	4.96:1		장폭비	4.42:1
	장축방향	N-74°-W	목곽	크 기 (길이×너비×높이)	?
	두 향	?		장폭비	?
	주구크기 (길이×너비×깊이)	861×74×(23+)	주구평면형태		눈썹형
유물	토 기	단경호(2)			
	철 기	도자(1), 촉(2), 모(1)			
	청동기	-			
	옥석류	-			
	기 타	-			
	특기사항	묘광 동쪽 부분(118×57)의 바닥을 20cm 정도 높게 하여 토기를 부장함.			

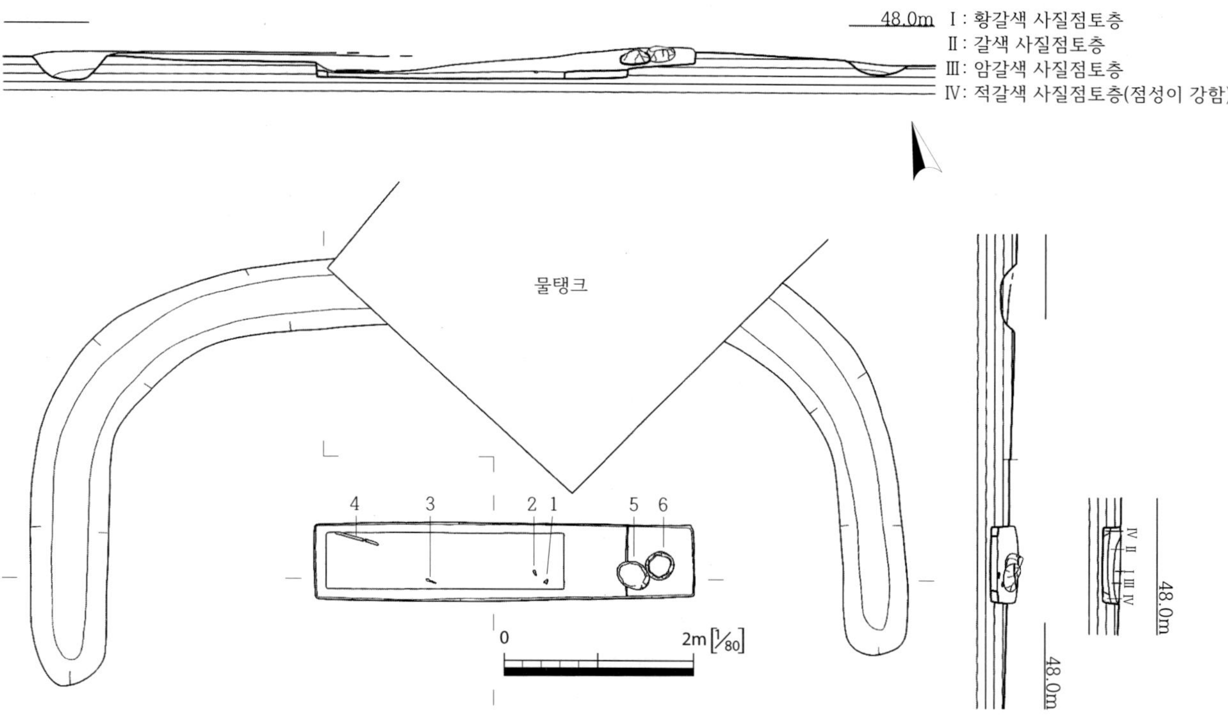

[관내]

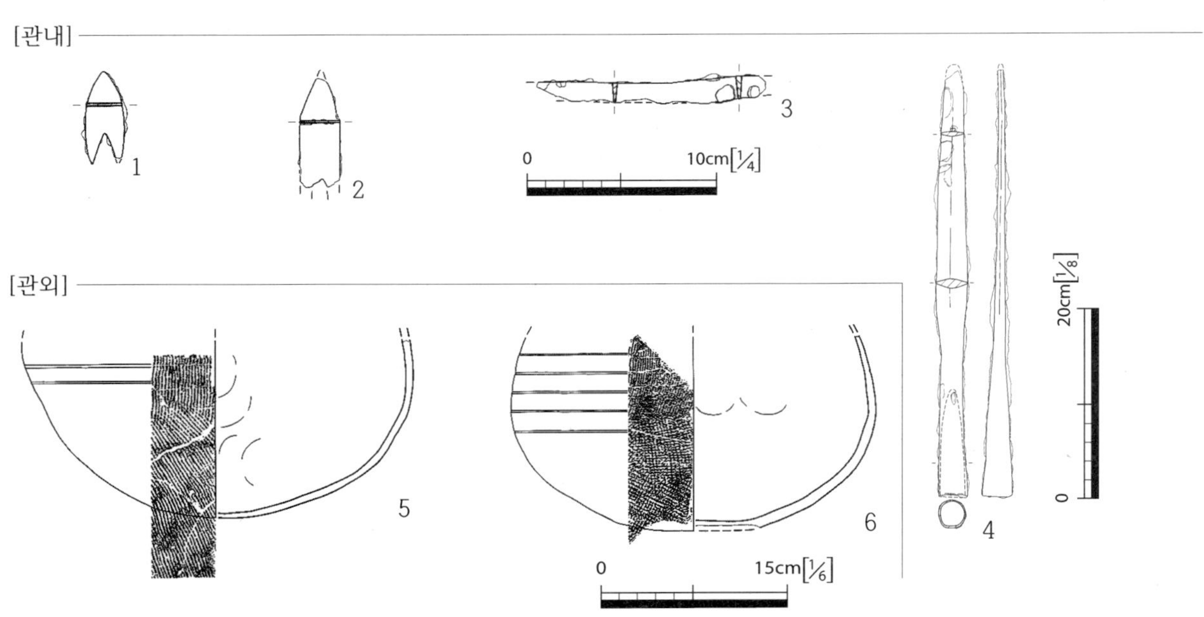

[관외]

KM-039호 주구토광묘

(단위 : cm)

묘광	크 기 (길이×너비×깊이)	389×95×(26+)	목관	크 기 (길이×너비×높이)	336×62×?
	장폭비	4.09:1		장폭비	5.41:1
	장축방향	N-74°-W	목곽	크 기 (길이×너비×높이)	-
	두 향	?		장폭비	-
	주구크기 (길이×너비×깊이)	(645+)×61×(20+)	주구평면형태		(눈썹형)
유물	토 기	단경호(2)			
	철 기	-			
	청동기	-			
	옥석류	-			
	기 타	-			
	특기사항	목관의 양쪽 장측판을 길게 하여 유물을 부장함.			

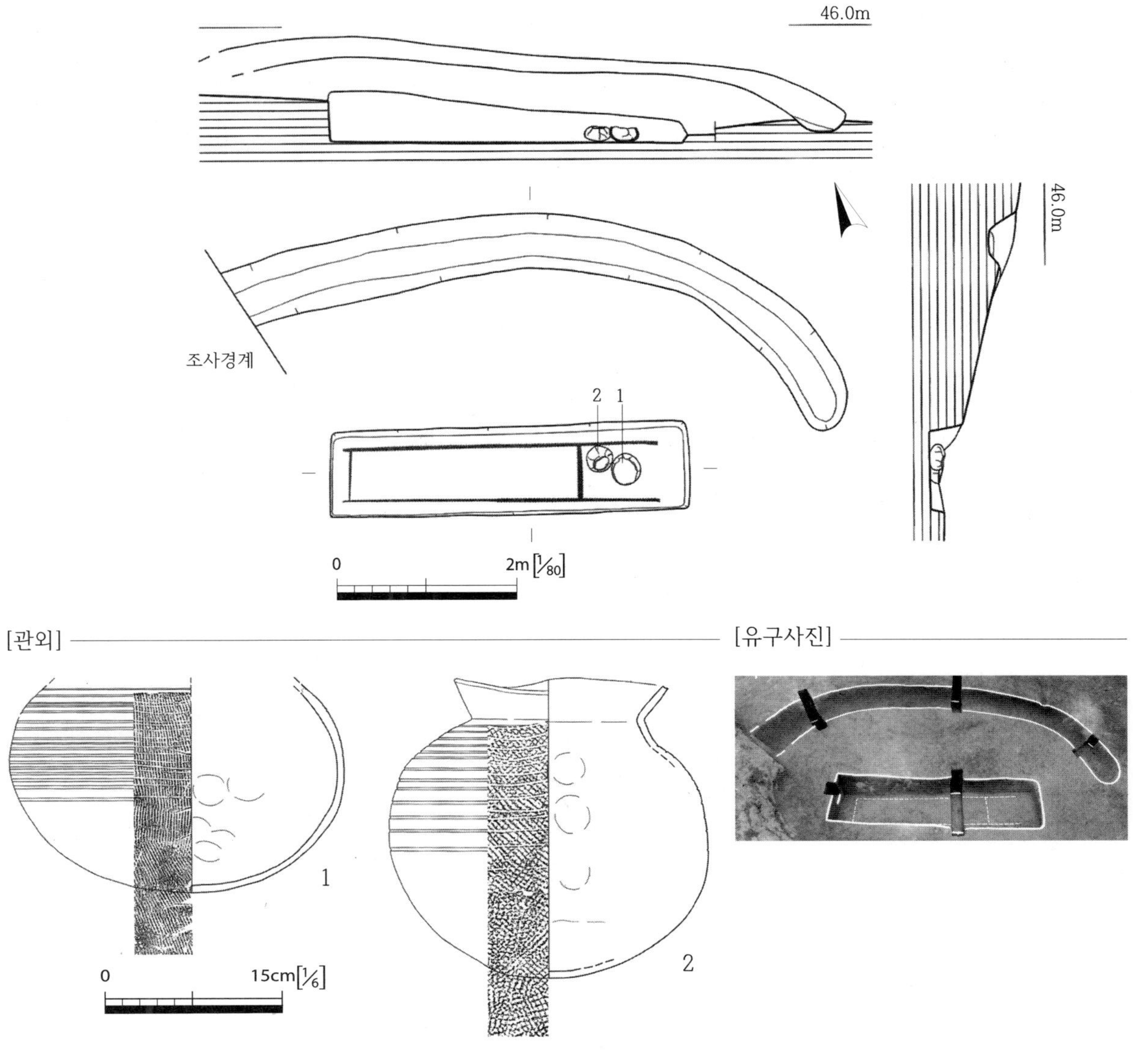

KM-040호 토광묘

(단위 : cm)

묘광	크 기 (길이×너비×깊이)	315×131×(36+)	목관	크 기 (길이×너비×높이)	244×83×?
	장 폭 비	2.40:1		장 폭 비	2.93:1
	장축방향	N-25°-W	목곽	크 기 (길이×너비×높이)	-
	두 향	?		장 폭 비	-
유물	토 기	-			
	철 기	도자(1), 모(1), 단조철부(1), 겸(1)			
	청 동 기	-			
	옥석류	-			
	기 타	-			
	특기사항				

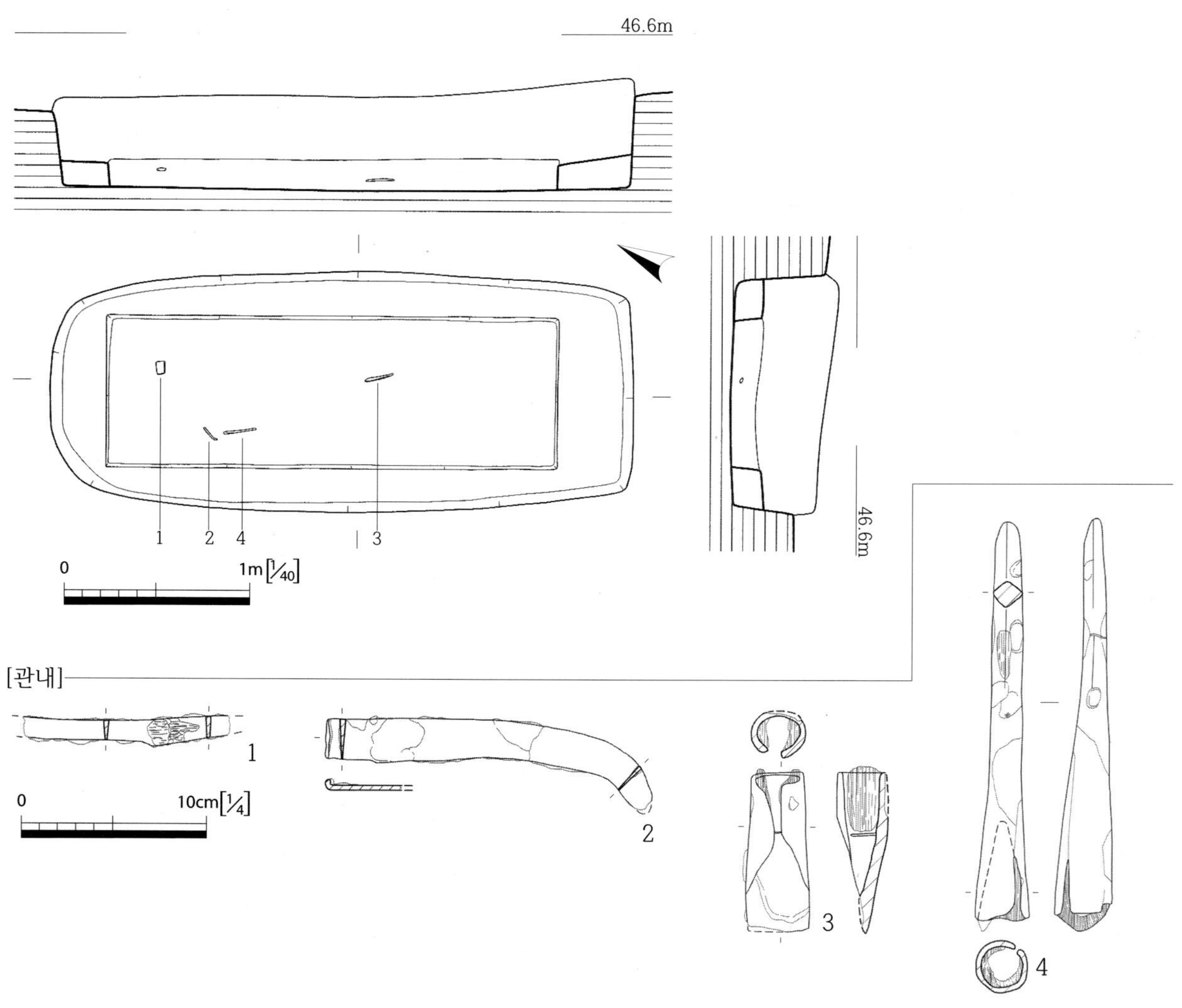

KM-041호 토광묘

(단위 : cm)

묘광	크 기 (길이×너비×깊이)	(198)×(83)×(45+)	목관	크 기 (길이×너비×높이)	?
	장폭비	(2.39):1		장폭비	?
	장축방향	N-11°-W	목곽	크 기 (길이×너비×높이)	-
	두 향	?		장폭비	-
유물	토 기	-			
	철 기	-			
	청 동 기	-			
	옥 석 류	-			
	기 타	-			
	특기사항	출토유물 없음. 자갈범위(134×40)가 관대 또는 시상대로 보임.			

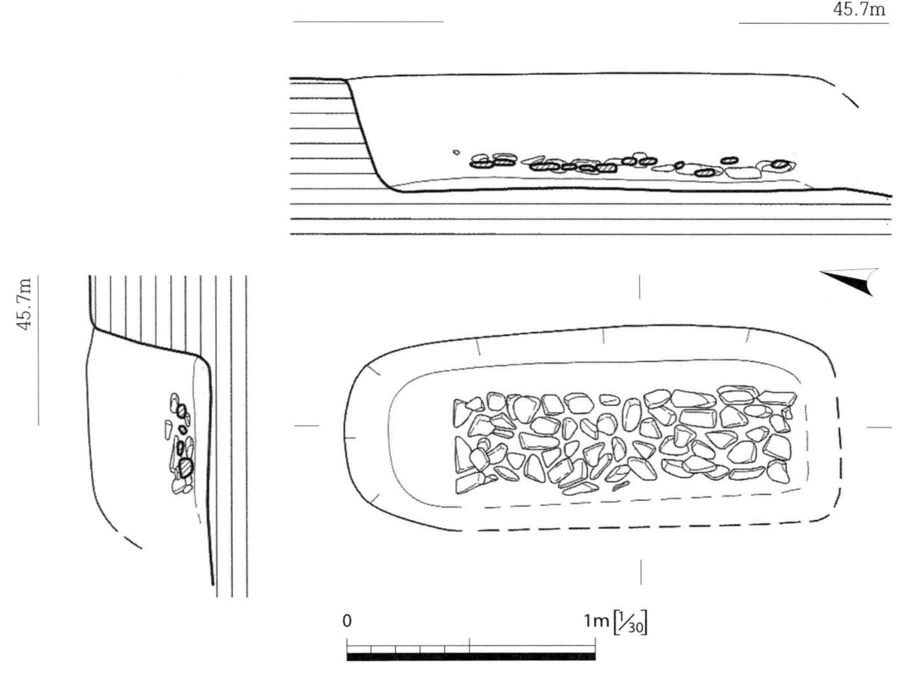

[유구사진]

KM-042호 주구토광묘

(단위 :   cm)

묘광	크 기 (길이×너비×깊이)	354×98×(24+)	목관	크 기 (길이×너비×높이)	294×72×?
	장 폭 비	3.61:1		장 폭 비	4.08:1
	장축방향	N-12°-W	목곽	크 기 (길이×너비×높이)	-
	두 향	?		장 폭 비	-
	주구크기 (길이×너비×깊이)	(858+)×82×(17+)	주구평면형태		(눈썹형)
유물	토 기	경질무문 심발(1), 단경호(1), 호·옹(1)			
	철 기	착(1)			
	청동기		-		
	옥석류		-		
	기 타		-		
	특기사항	목관의 양쪽 장측판을 길게 하여 유물을 부장함.			

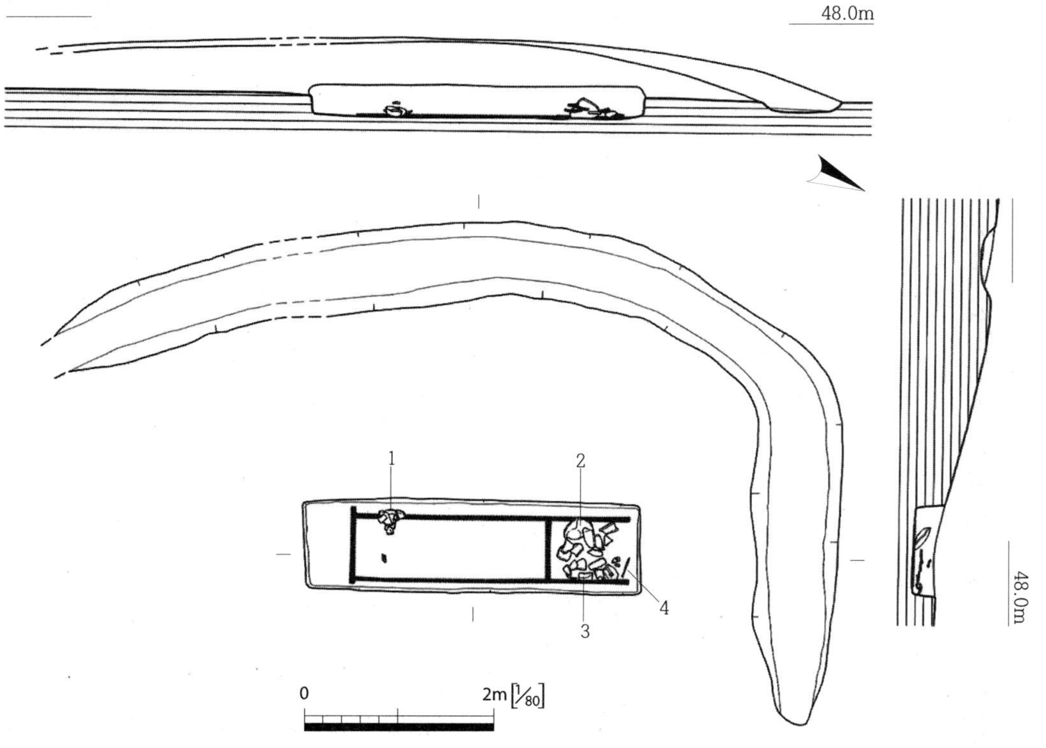

[유구사진]

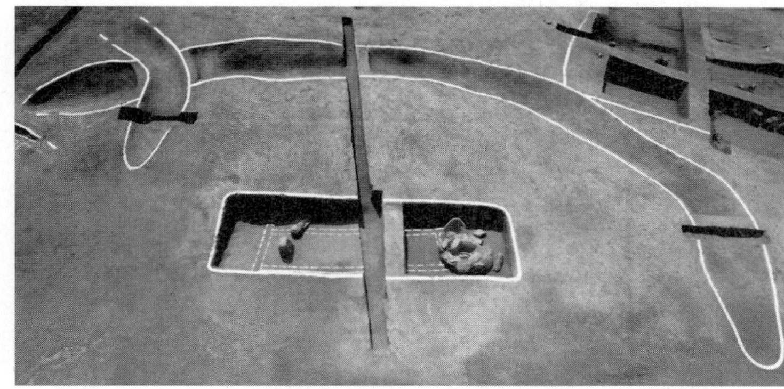

[관상부]

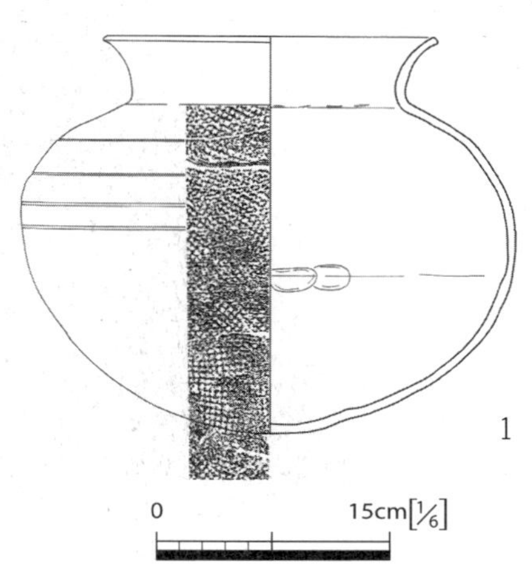

0　　　　　　　15cm[⅙]
1

[관외]

2
0　　　　　　　15cm[⅙]

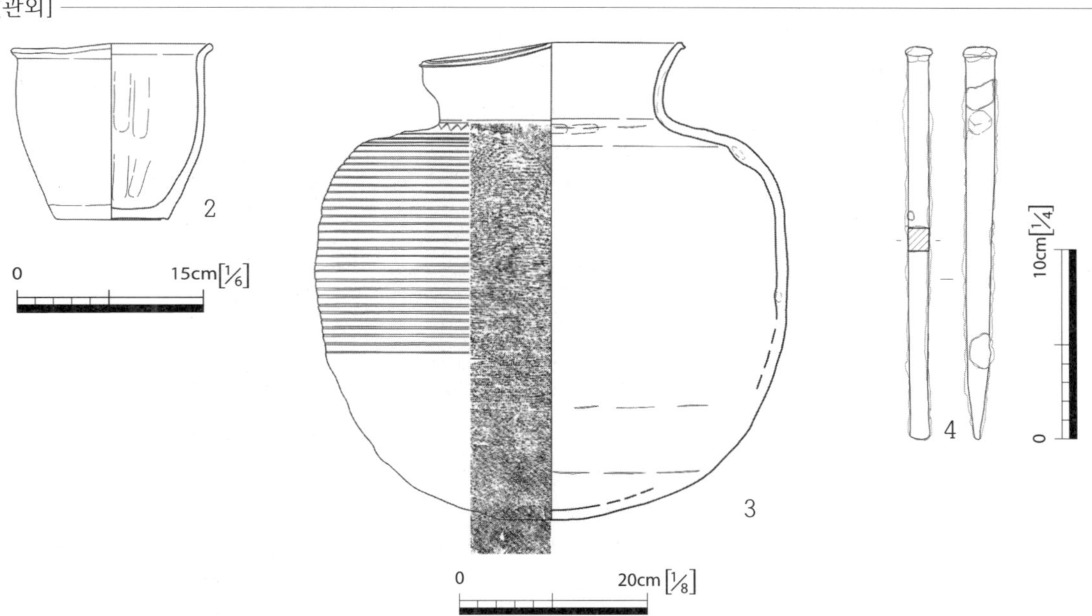

3
0　　　　　20cm[⅛]
4
10cm[¼]
0

KM-043호 주구토광묘

(단위 : cm)

묘광	크 기 (길이×너비×깊이)	(286+)×(42+)×(16+)	목관	크 기 (길이×너비×높이)	(161+)×(33+)×?
	장폭비	?		장폭비	?
	장축방향	N-5°-W	목곽	크 기 (길이×너비×높이)	-
	두 향	?		장폭비	-
	주구크기 (길이×너비×깊이)	?	주구평면형태		(눈썹형)
유물	토 기	-			
	철 기	-			
	청동기	-			
	옥석류	-			
	기 타	-			
	특기사항	출토유물 없음.			

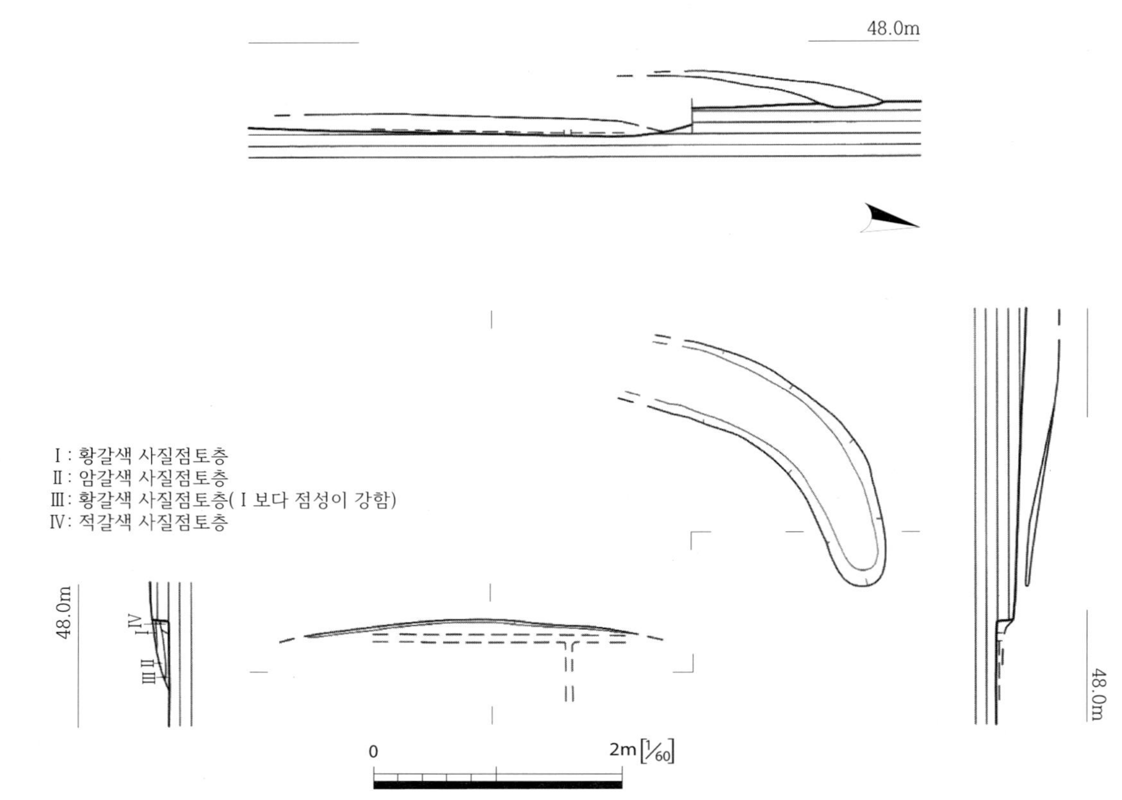

KM-044호 토광묘

(단위 : cm)

묘광	크 기 (길이×너비×깊이)	383×(116)×(26+)	목관	크 기 (길이×너비×높이)	?
	장폭비	(3.30):1		장폭비	?
	장축방향	N-31°-W	목곽	크 기 (길이×너비×높이)	300×67×?
	두 향	?		장폭비	4.47:1
유물	토 기	심발형토기(1), 단경호(4)			
	철 기	-			
	청동기	-			
	옥석류	-			
	기 타	-			
	특기사항	별도의 관이 있었는지 확인되지 않음.			

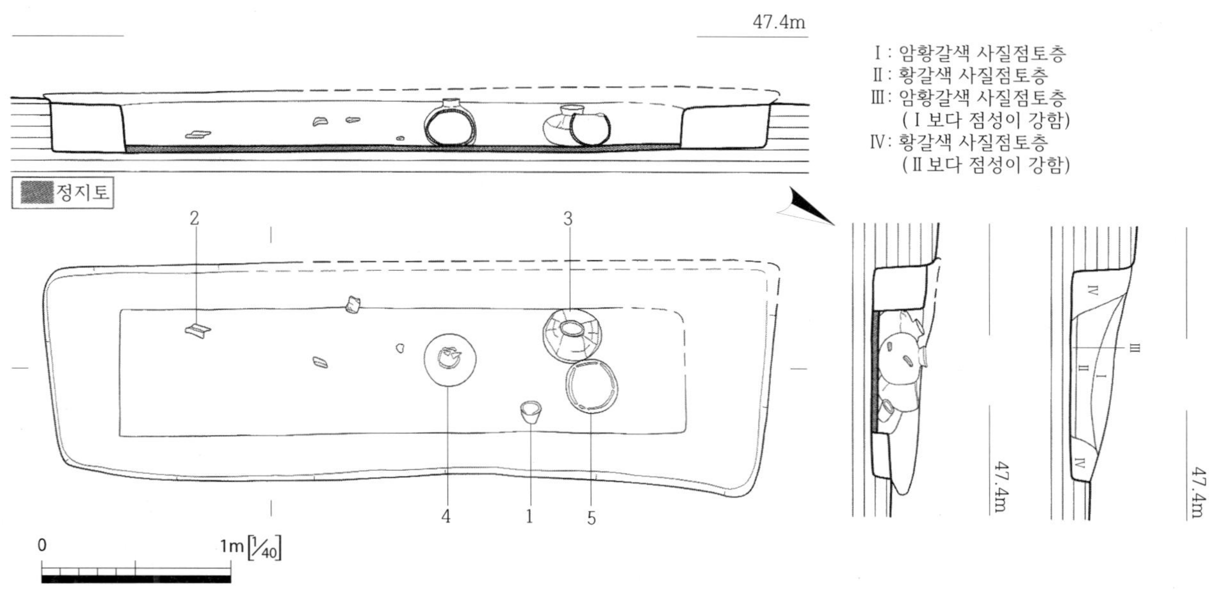

[유구사진]

[곽내] ──

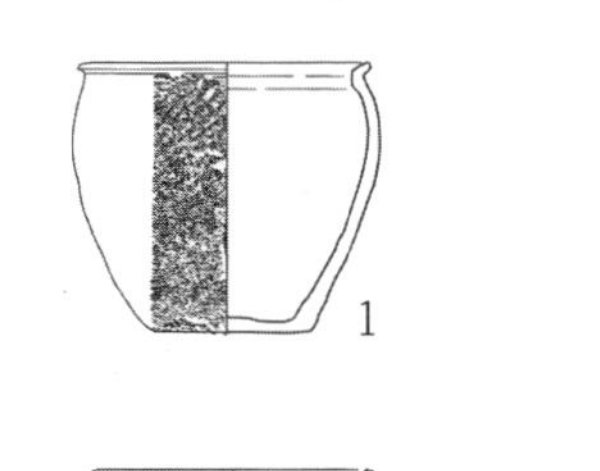
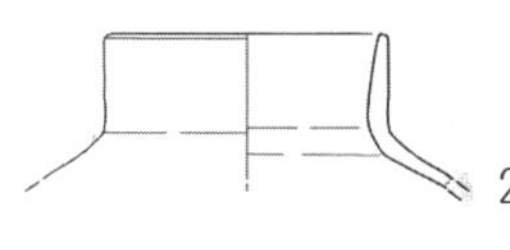
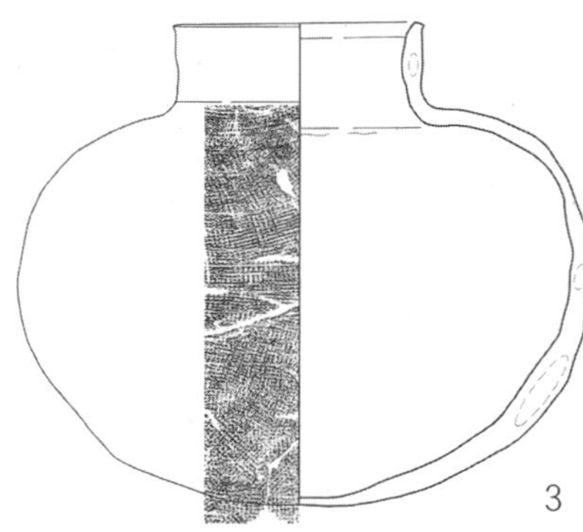
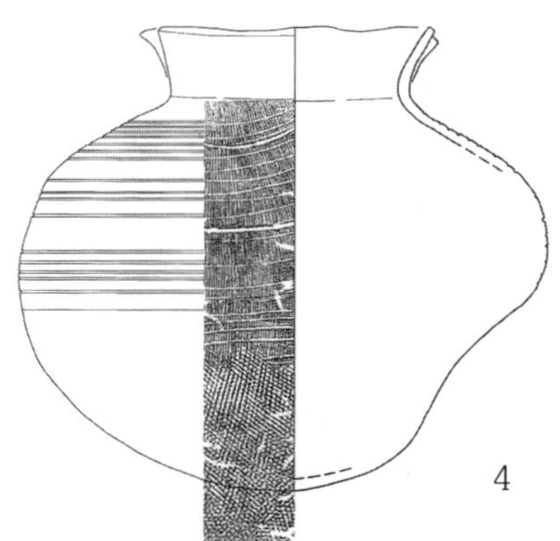

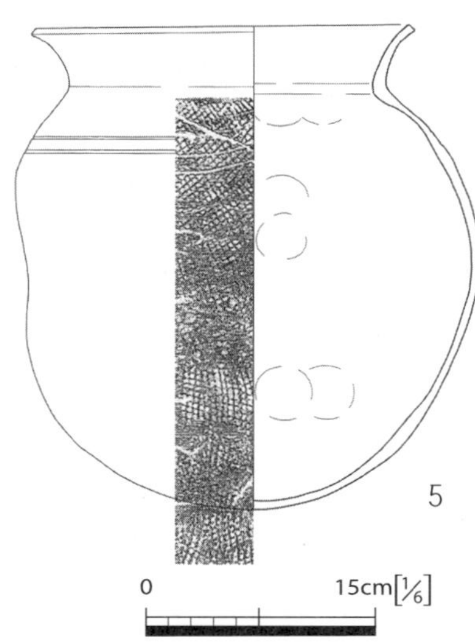

KM-045호 주구토광묘

(단위 : cm)

묘광	크 기 (길이×너비×깊이)	(266+)×(85+)×(17+)	목관	크 기 (길이×너비×높이)	-
	장 폭 비	?		장 폭 비	-
	장축방향	N-35°-E	목곽	크 기 (길이×너비×높이)	-
	두 향	?		장 폭 비	-
	주구크기 (길이×너비×깊이)	(423+)×83×(15+)	주구평면형태		(눈썹형)
유물	토 기	심발형토기(1), 단경호(1)			
	철 기	-			
	청 동 기	-			
	옥 석 류	-			
	기 타	-			
	특기사항				

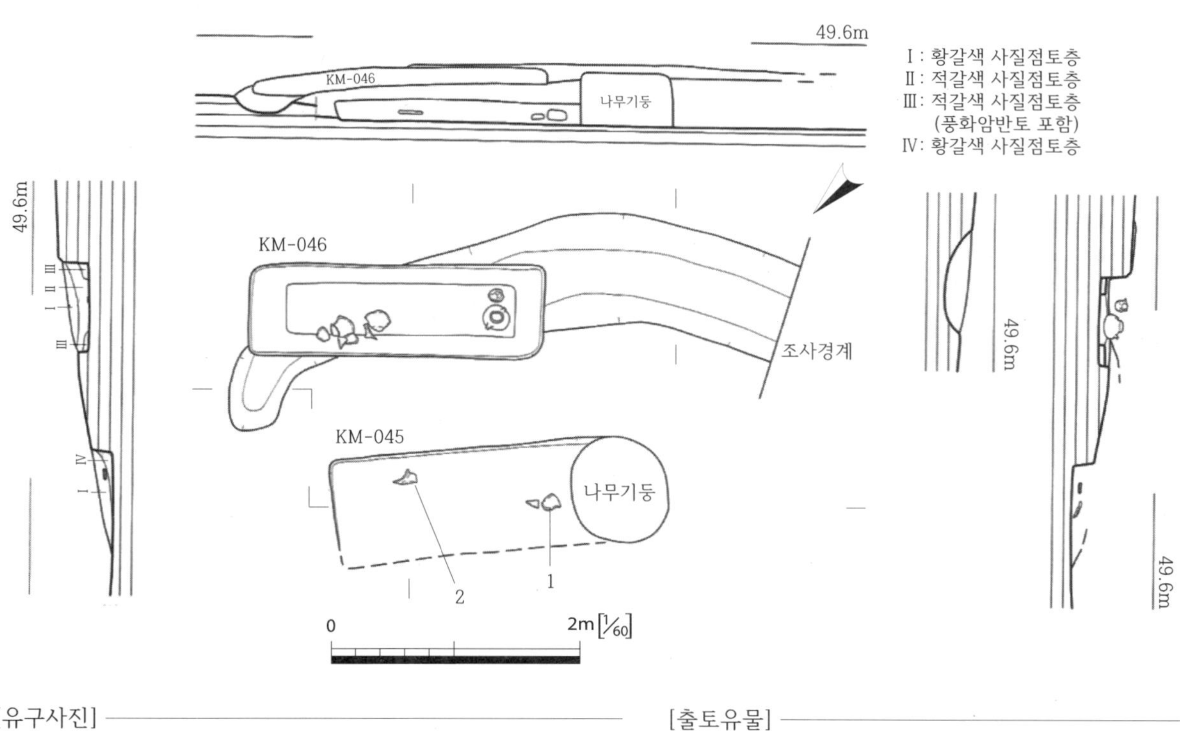

[유구사진]

[출토유물]

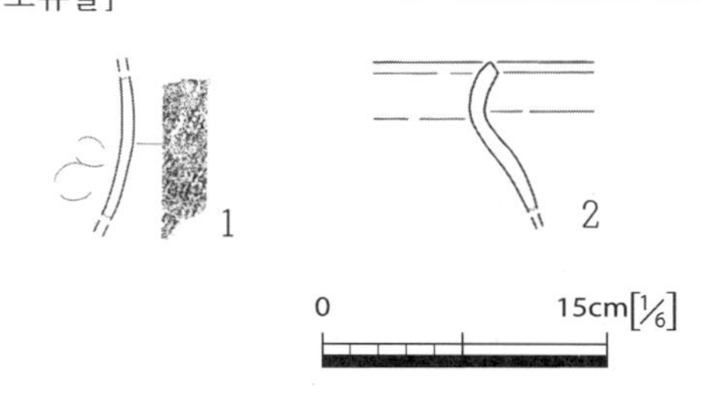

KM-046호 토광묘

(단위 : cm)

묘광	크 기 (길이×너비×깊이)	234×73×(21+)	목관	크 기 (길이×너비×높이)	?
	장폭비	3.21:1		장폭비	?
	장축방향	N-42°-E	목곽	크 기 (길이×너비×높이)	182×73×?
	두 향	?		장폭비	2.49:1
유물	토 기	경질무문 심발(1), 양이부호(1), 호·옹(1)			
	철 기	-			
	청동기	-			
	옥석류	-			
	기 타	-			
	특기사항	KM-045호분의 주구 위에 조성됨.			

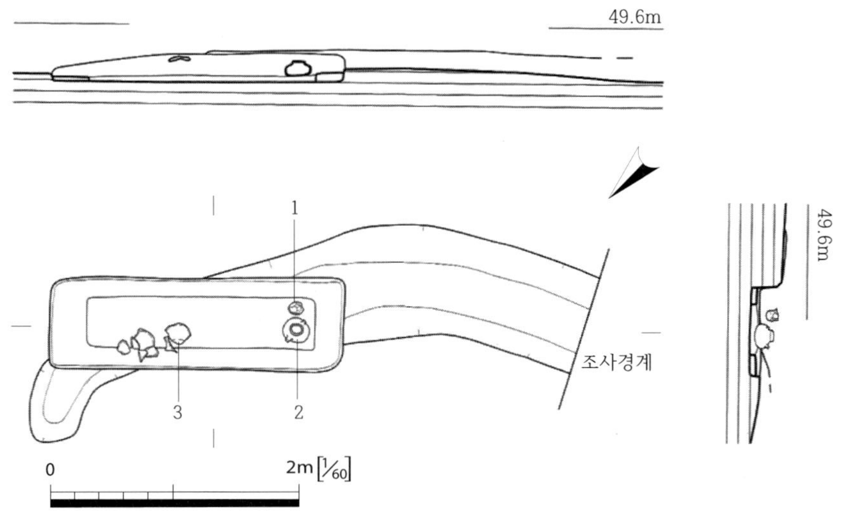

[곽내]

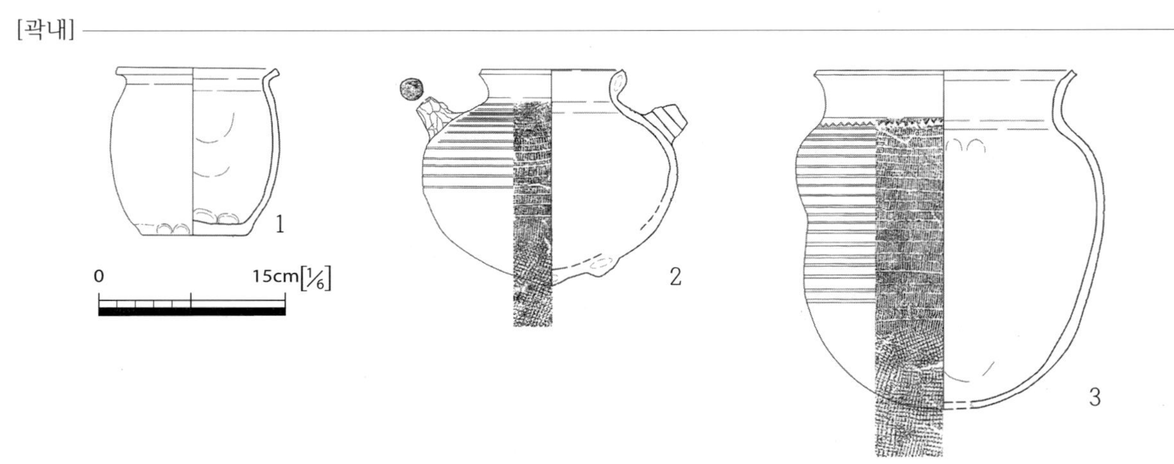

KM-047호 주구토광묘

(단위 : cm)

묘광	크 기 (길이×너비×깊이)	(460+)×112×(38+)	목관	크 기 (길이×너비×높이)	?
	장 폭 비	?		장 폭 비	?
	장축방향	N-11°-E	목곽	크 기 (길이×너비×높이)	397×70×?
	두 향	남쪽		장 폭 비	5.67:1
	주구크기 (길이×너비×깊이)	(734+)×87×(26+)		주구평면형태	(눈썹형)
유물	토 기	호(1)			
	철 기	도자(1), 환두도(1), 모(1), 단조철부(1), 착(1)			
	청 동 기	-			
	옥 석 류	-			
	기 타	-			
	특기사항				

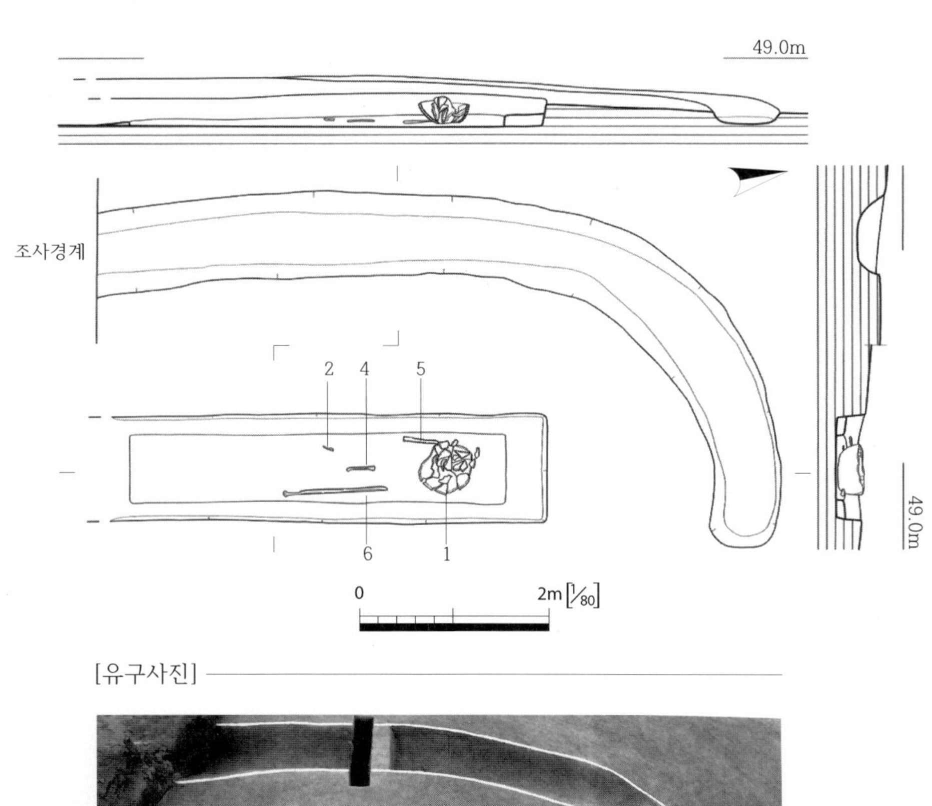

[유구사진]

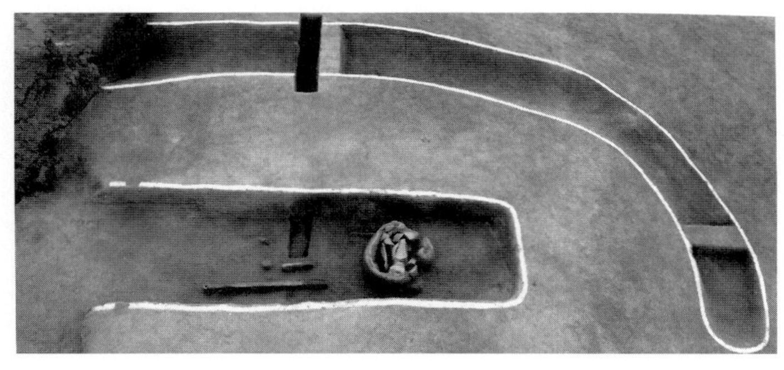

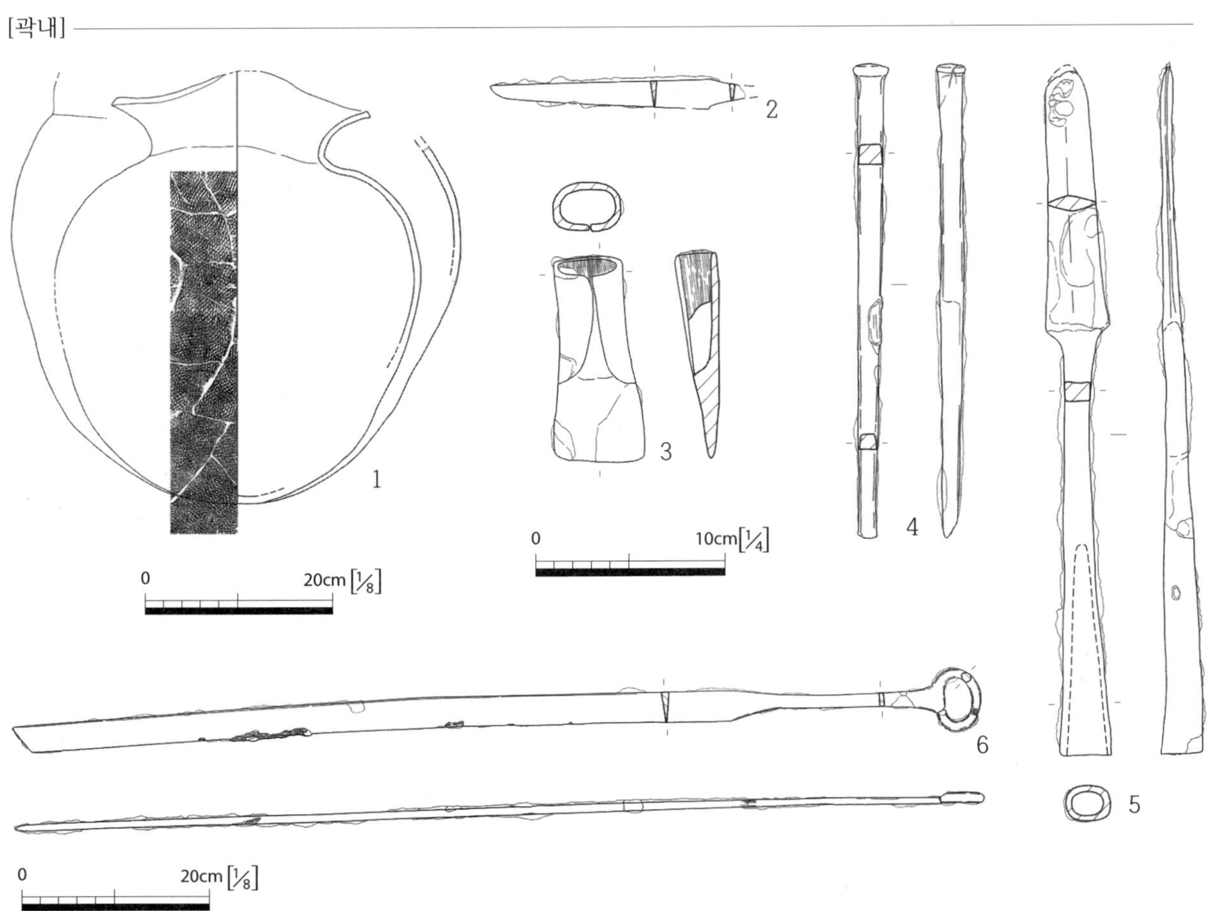
[곽내]
1
2
3
4
5
6
0   20cm [1/8]
0   10cm [1/4]
0   20cm [1/8]

KM-048호 주구토광묘

(단위 : cm)

묘광	크 기 (길이×너비×깊이)	361×136×(37+)	목관	크 기 (길이×너비×높이)	282×102×?
	장폭비	2.65:1		장폭비	2.76:1
	장축방향	N-15°-E	목곽	크 기 (길이×너비×높이)	-
	두 향	남쪽		장폭비	-
	주구크기 (길이×너비×깊이)	774×96×(20+)	주구평면형태		눈썹형
유물	토 기	단경호(1), 토기편(1)			
	철 기	도자(1), 모(1), 겸(1)			
	청동기	-			
	옥석류	-			
	기 타	-			
	특기사항				

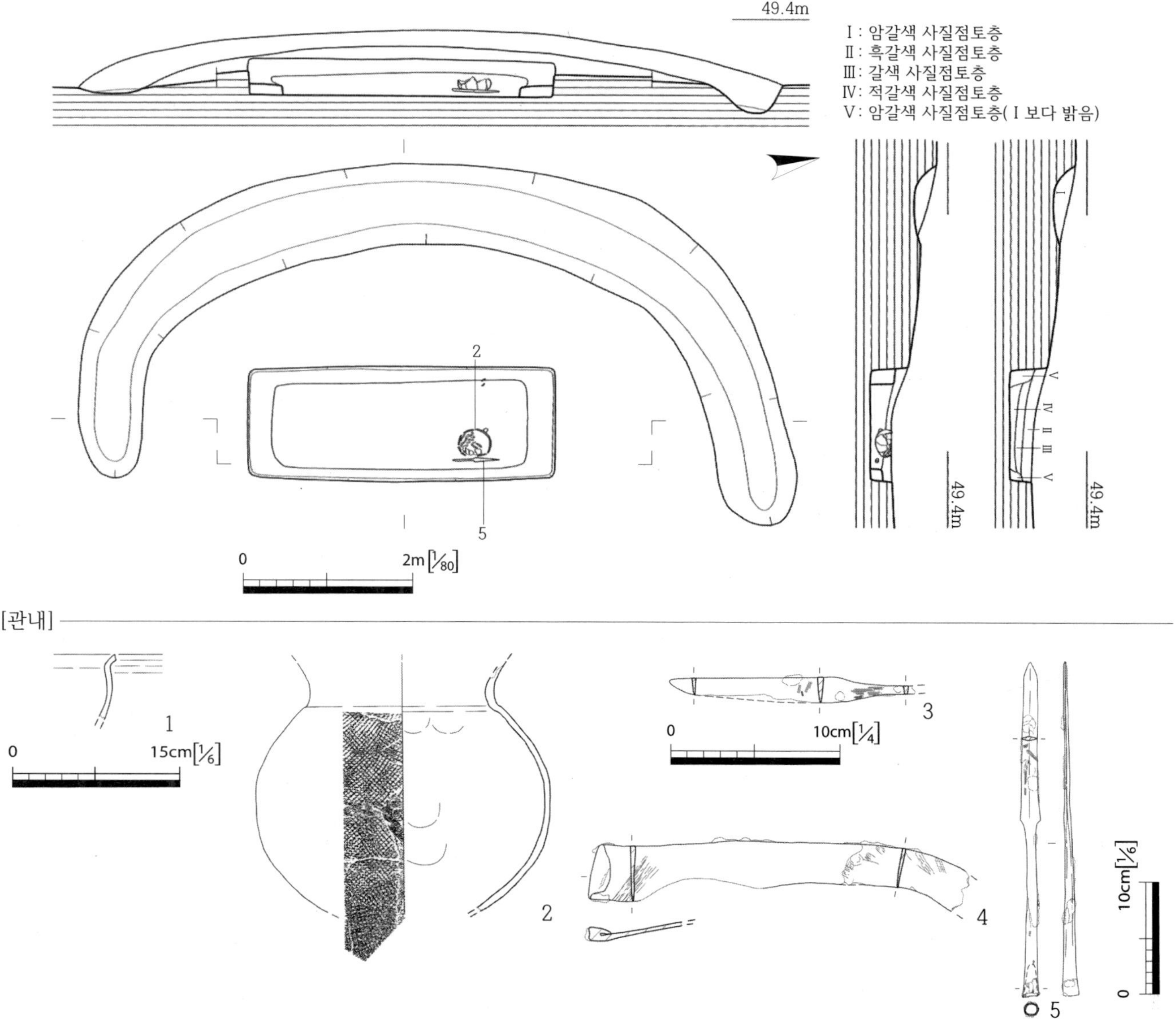

KM-049호 주구토광묘

(단위 : cm)

묘광	크 기 (길이×너비×깊이)	329×100×(25+)	목관	크 기 (길이×너비×높이)	260×59×?
	장 폭 비	3.29:1		장 폭 비	4.40:1
	장축방향	N-82°-E	목곽	크 기 (길이×너비×높이)	-
	두 향	?		장 폭 비	-
	주구크기 (길이×너비×깊이)	(566+)×108×(44+)	주구평면형태		눈썹형
유물	토 기	경질무문 심발(1:주구1), 심발형토기(1), 단경호(2)			
	철 기	도자(1), 모(1), 단조철부(1), 겸(1)			
	청 동 기	-			
	옥 석 류	-			
	기 타	-			
	특기사항				

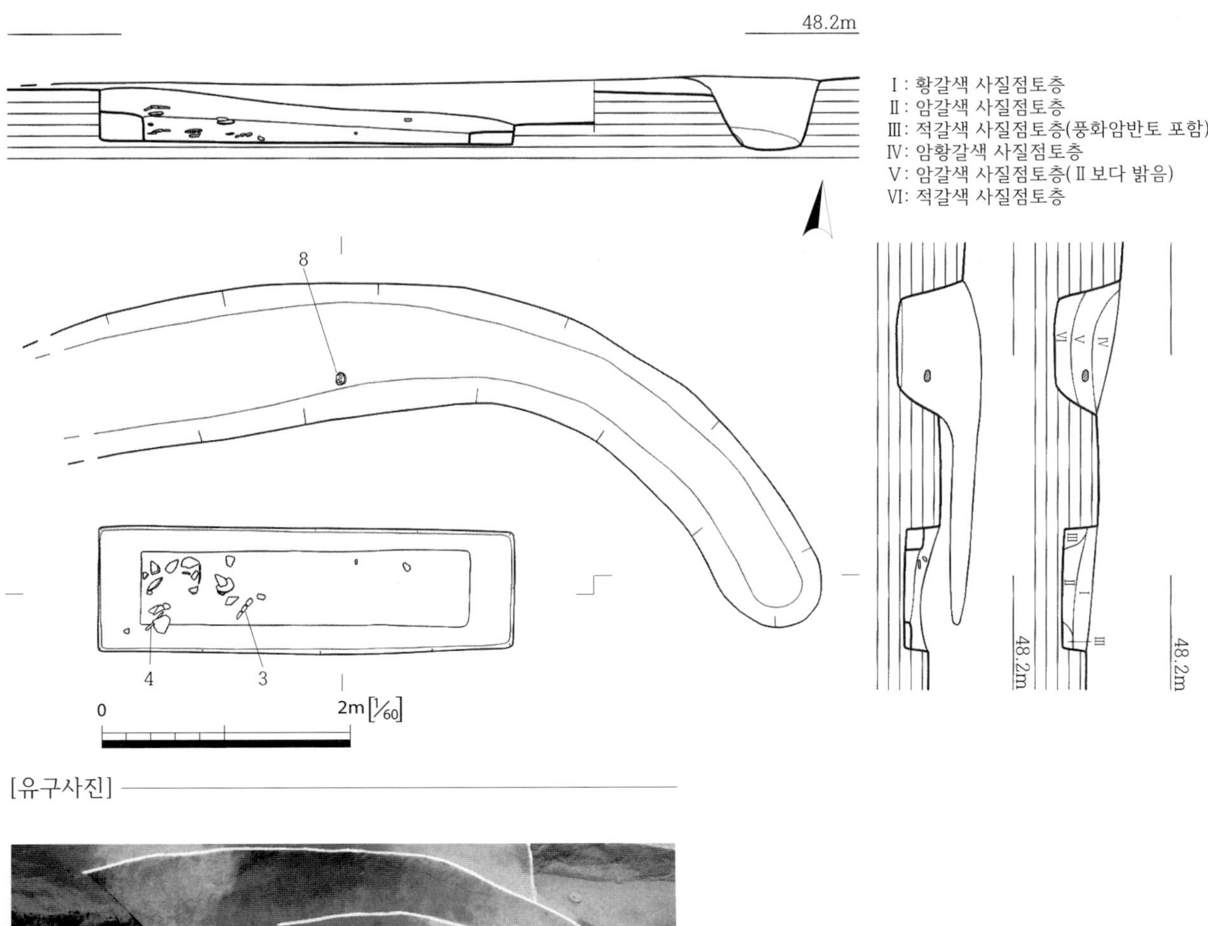

[유구사진]

[관내]

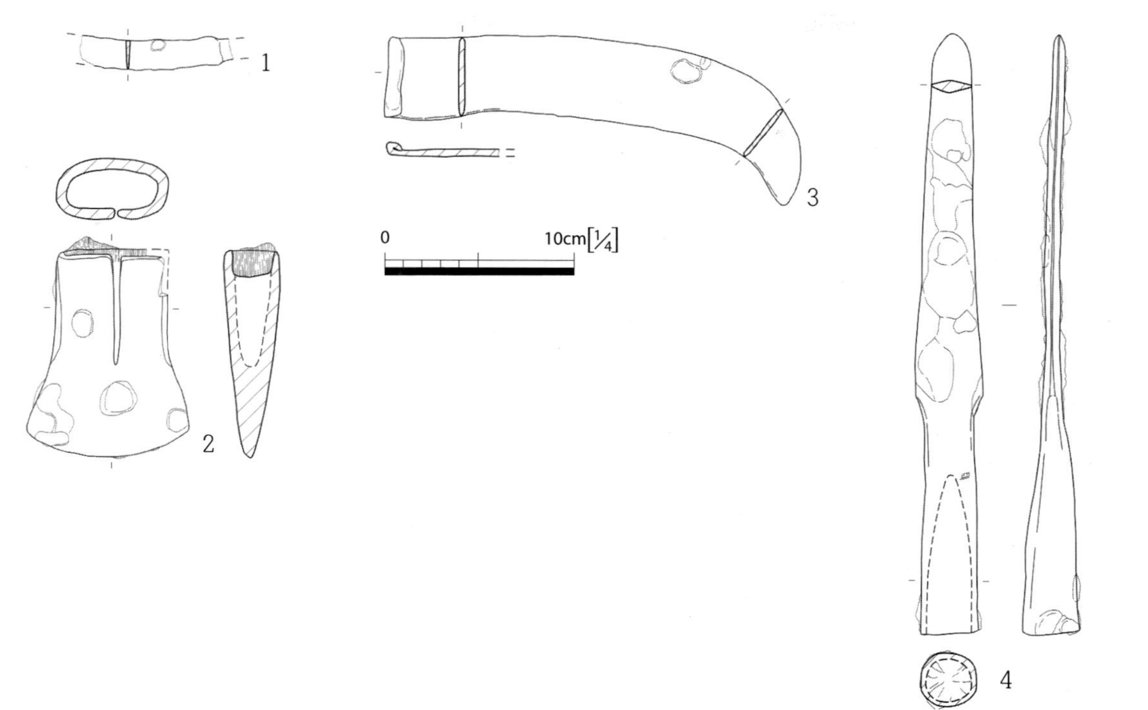

[관상부]　　　　　　　　　　　　　　　　　　　　　　　　　[주구]

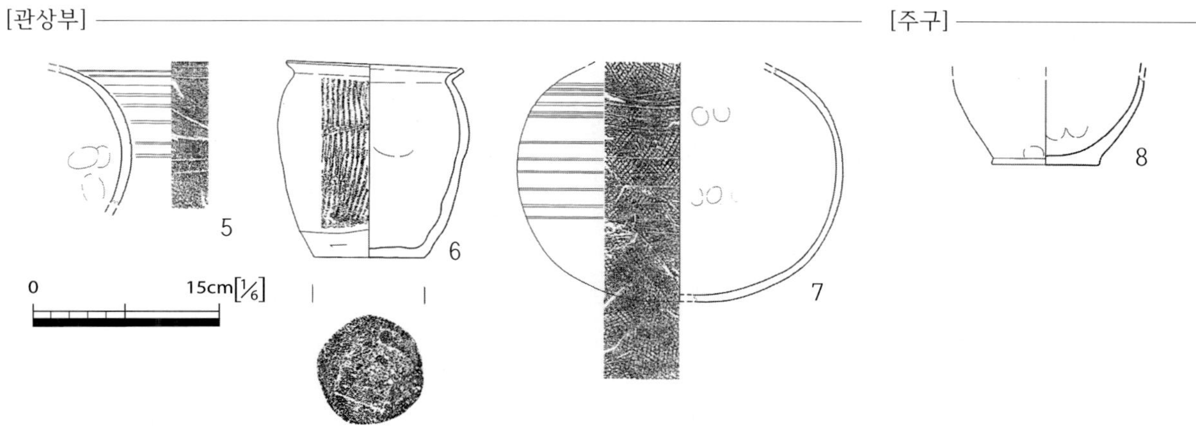

KM-050호 주구토광묘

(단위 : cm)

묘광	크 기 (길이×너비×깊이)	(362+)×84×(11+)	목관	크 기 (길이×너비×높이)	266×47×?
	장폭비	?		장폭비	5.65:1
	장축방향	N-70°-E	목곽	크 기 (길이×너비×높이)	-
	두 향	?		장폭비	-
	주구크기 (길이×너비×깊이)	(723+)×93×(7+)		주구평면형태	눈썹형
유물	토 기	심발형토기(1), 단경호편(1)			
	철 기	-			
	청 동 기	-			
	옥석류	-			
	기 타	-			
	특기사항				

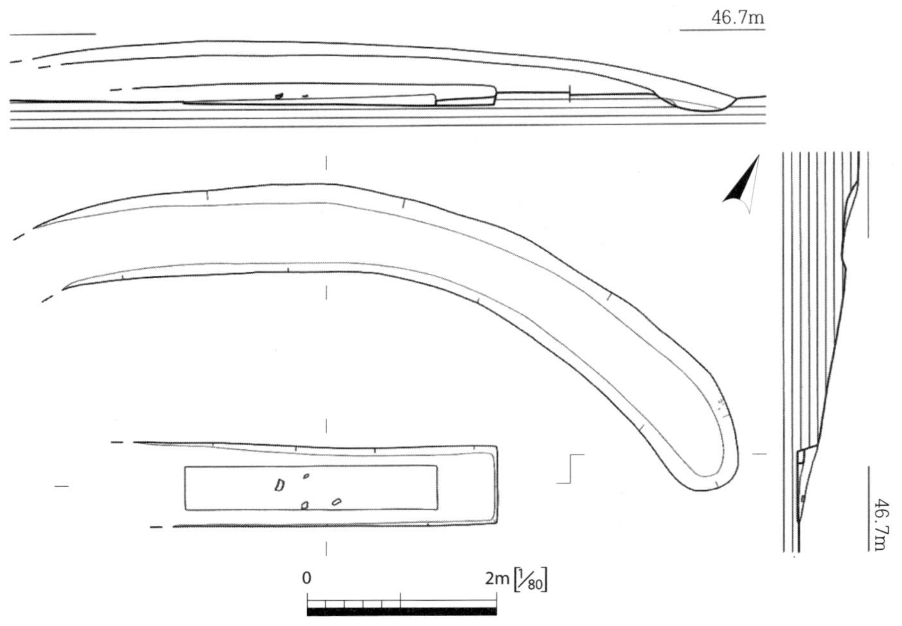

[유구사진]   [출토유물]

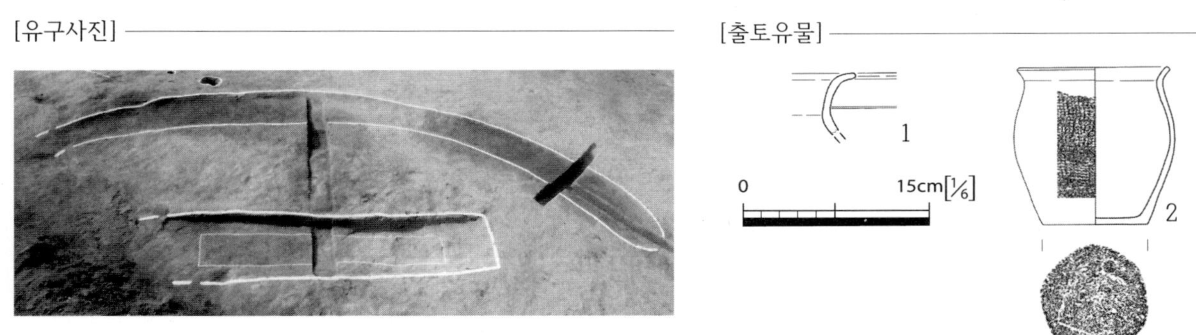

KM-051호 주구토광묘

(단위 : cm)

묘광	크 기 (길이×너비×깊이)	318×112×(59+)	목관	크 기 (길이×너비×높이)	?
	장폭비	2.84:1		장폭비	?
	장축방향	N-70°-E	목곽	크 기 (길이×너비×높이)	169×72×?
	두 향	?		장폭비	2.35:1
	주구크기 (길이×너비×깊이)	682×47×(15+)	주구평면형태		눈썹형
유물	토 기	심발형토기(1), 단경호(2)			
	철 기	-			
	청동기	-			
	옥석류	-			
	기 타	-			
	특기사항	부장곽(96×83)이 따로 확인됨.			

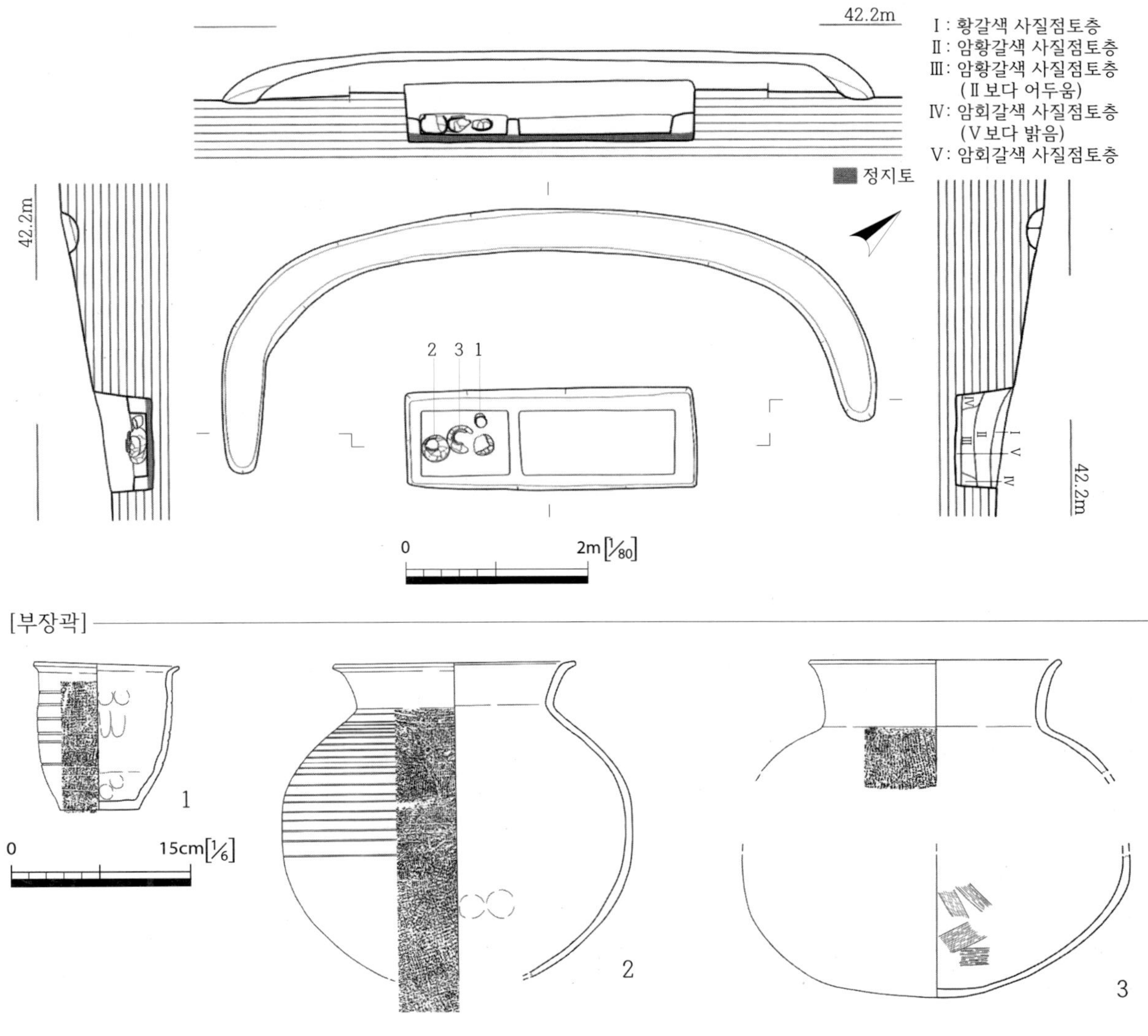

KM-052호 주구토광묘

(단위 : cm)

묘광	크 기 (길이×너비×깊이)	324×80×?	목관	크 기 (길이×너비×높이)	257×63×?
	장 폭 비	4.05:1		장 폭 비	4.07:1
	장축방향	N-55°-E	목곽	크 기 (길이×너비×높이)	-
	두 향	?		장 폭 비	-
	주구크기 (길이×너비×깊이)	(322+)×56×(10+)	주구평면형태		눈썹형
유물	토 기	-			
	철 기	도자(1)			
	청 동 기	-			
	옥 석 류	-			
	기 타	-			
	특기사항				

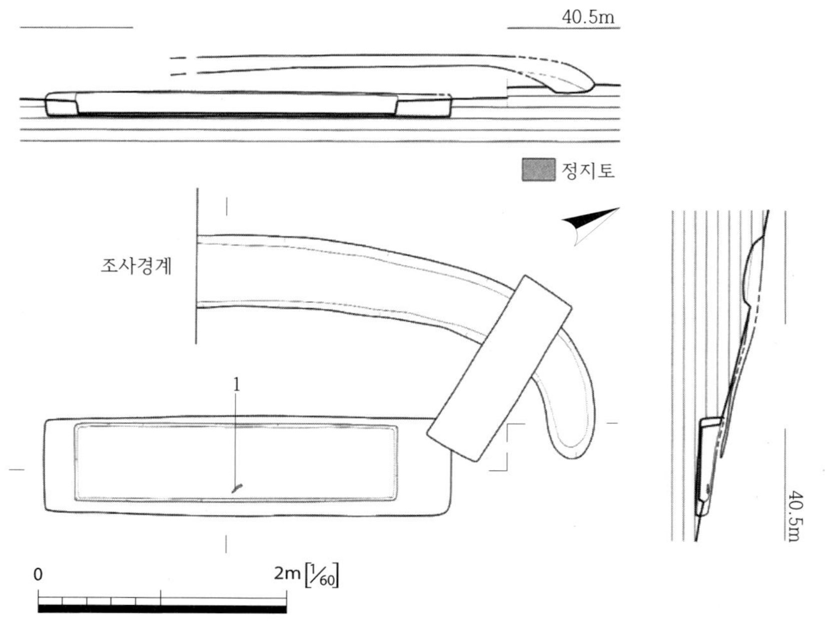

[유구사진]

[관내]

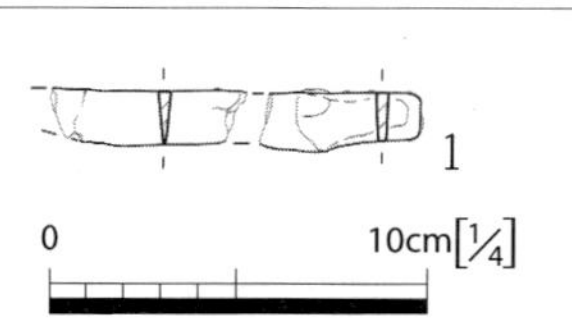

KM-053호 토광묘

(단위 : cm)

묘광	크 기 (길이×너비×깊이)	324×89×(22+)	목관	크 기 (길이×너비×높이)	276×53×?
	장폭비	3.64:1		장폭비	5.20:1
	장축방향	N-25°-E	목곽	크 기 (길이×너비×높이)	-
	두 향	?		장폭비	-
	주구크기 (길이×너비×깊이)	(261+)×77×(16+)	주구평면형태		(눈썹형)
유물	토 기	경질무문 심발(1), 단경호(2)			
	철 기	모(1), 겸(1)			
	청동기		-		
	옥석류		-		
	기 타		-		
	특기사항	단경호 1점 기술과 도면이 없음.			

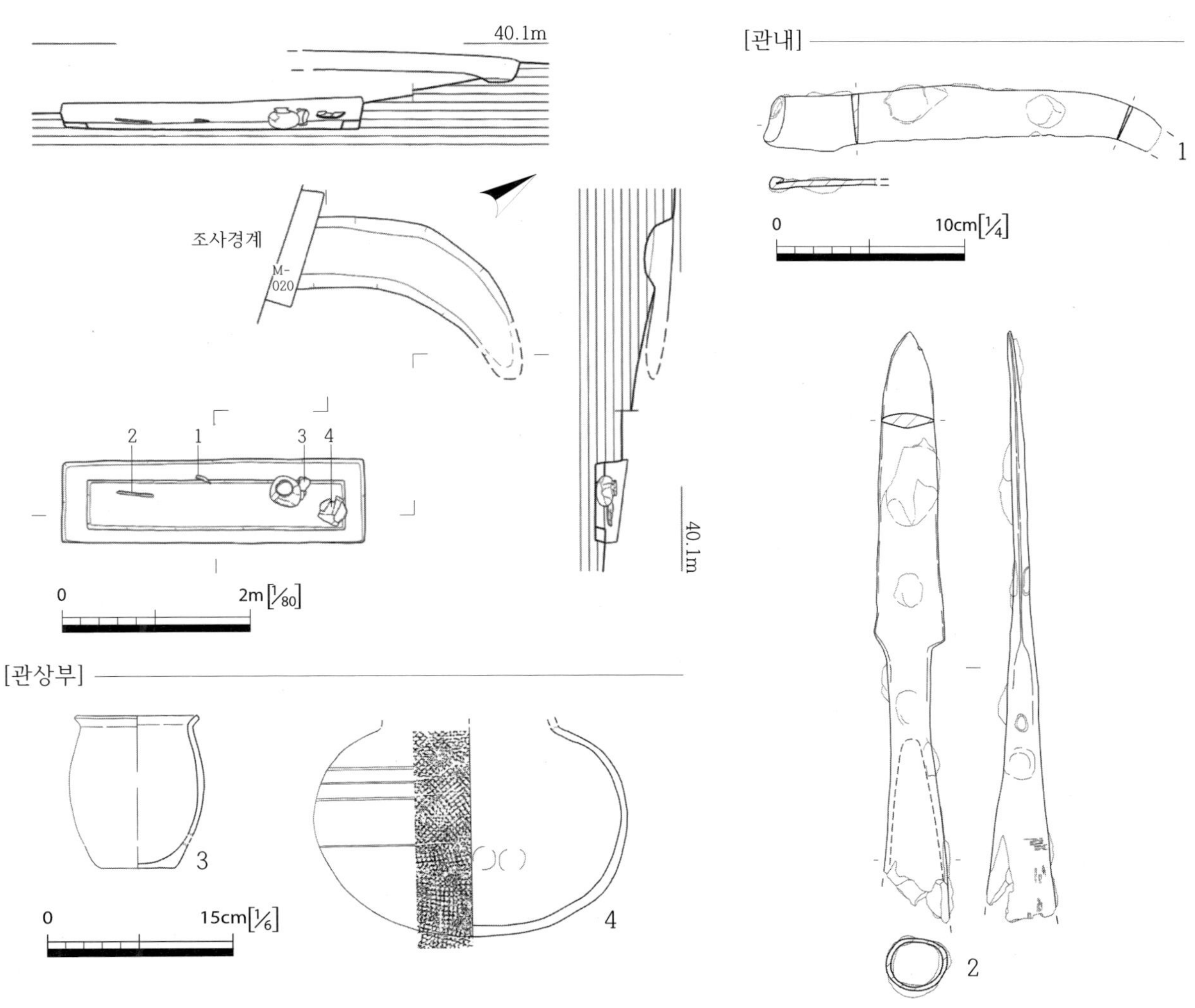

KM-054호 주구토광묘

(단위 : cm)

묘광	크 기 (길이×너비×깊이)	449×100×(38+)	목관	크 기 (길이×너비×높이)	?
	장폭비	4.49:1		장폭비	?
	장축방향	N-88°-E	목곽	크 기 (길이×너비×높이)	(543)×(128)×?
	두 향	?		장폭비	(4.24):1
	주구크기 (길이×너비×깊이)	(244+)×44×(12+)	주구평면형태		눈썹형
유물	토 기	경질무문 심발(1), 단경호(4)			
	철 기	모(2)			
	청동기		-		
	옥석류		-		
	기 타		-		
	특기사항	격벽을 설치하여 부장칸(146×55)을 마련함. 보고서 기술과 유물(⑥·⑦) 도면·스케일바 비율이 모두 상이함.			

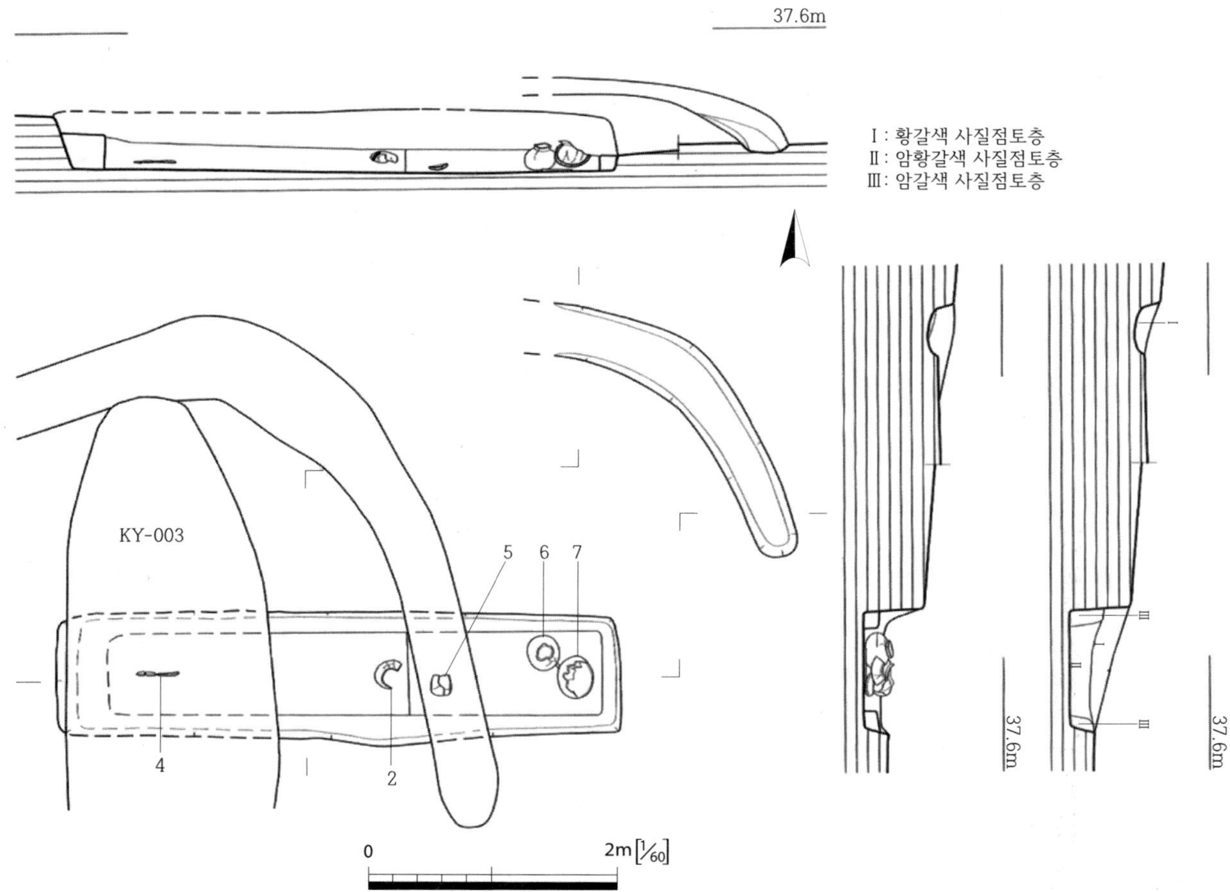

[유구사진]

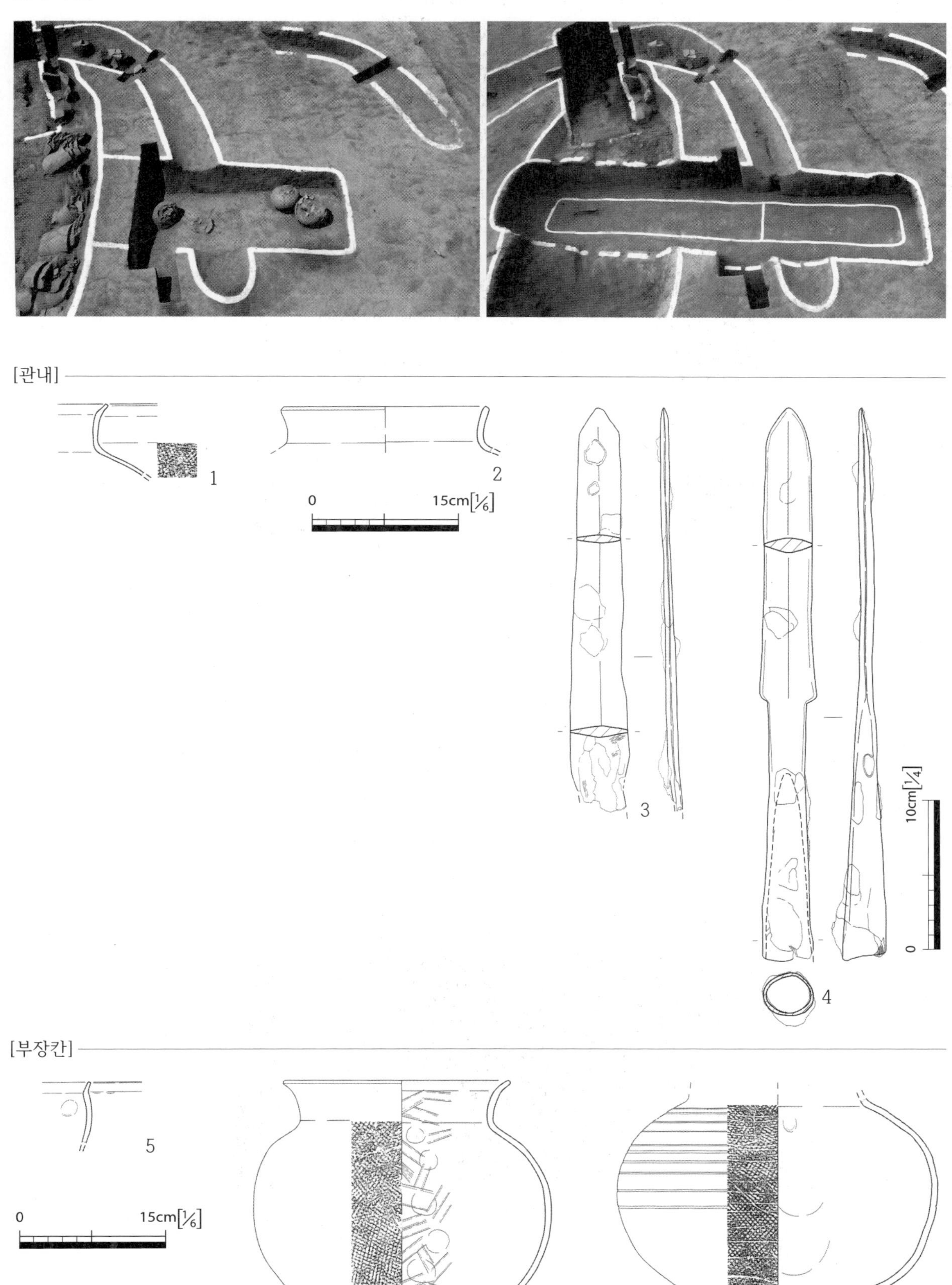
[관내]
1
2
0   15cm[⅙]
3
4
10cm[¼]
0
[부장칸]
5
0   15cm[⅙]
6
7

KM-055호 주구토광묘

(단위 : cm)

묘광	크 기 (길이×너비×깊이)	(305+)×78×(18+)	목관	크 기 (길이×너비×높이)	262×48×?
	장 폭 비	?		장 폭 비	5.45:1
	장축방향	N-80°-W	목곽	크 기 (길이×너비×높이)	-
	두 향	?		장 폭 비	-
	주구크기 (길이×너비×깊이)	759×66×(10+)	주구평면형태		눈썹형
유물	토 기	-			
	철 기	도자(1), 착(1)			
	청 동 기	-			
	옥 석 류	-			
	기 타	-			
	특기사항				

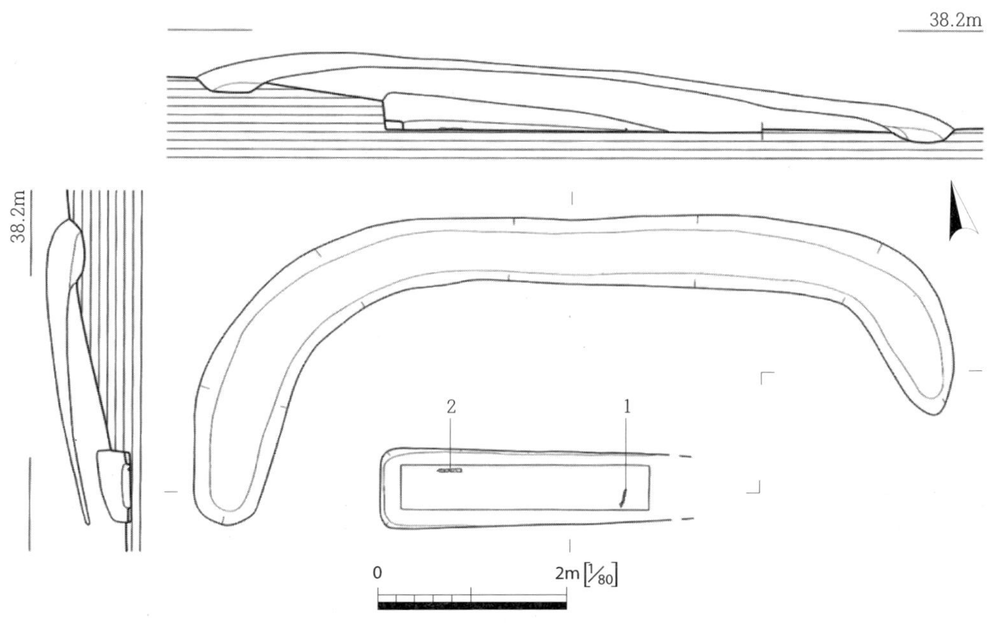

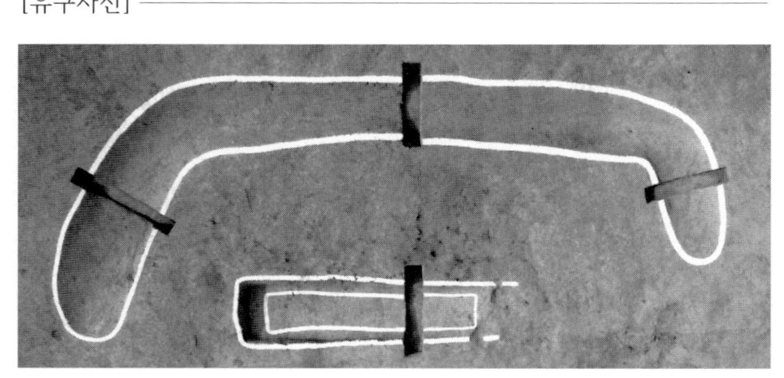

[유구사진]

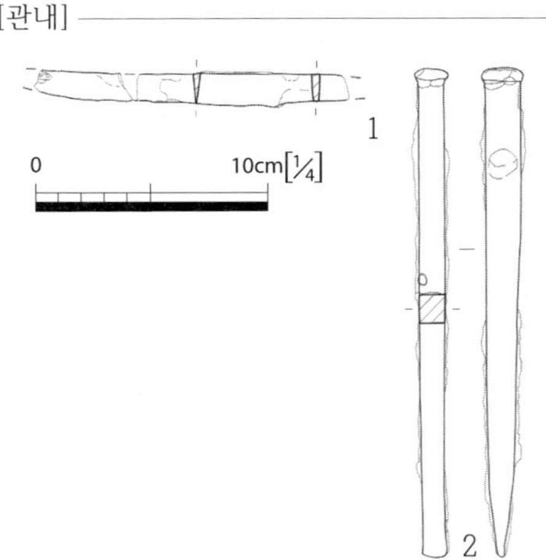

[관내]

KM-056호 주구토광묘

(단위 : cm)

묘광	크 기 (길이×너비×깊이)	(254+)×82×(20+)	목관	크 기 (길이×너비×높이)	(247+)×51×?
	장폭비	?		장폭비	?
	장축방향	N-84°-W	목곽	크 기 (길이×너비×높이)	-
	두 향	?		장폭비	-
	주구크기 (길이×너비×깊이)	(390+)×45×(10+)	주구평면형태		(눈썹형)
유물	토 기	경질무문 심발(1), 단경호(2)			
	철 기	모(2), 단조철부(1), 겸(1)			
	청동기	-			
	옥석류	-			
	기 타	-			
	특기사항				

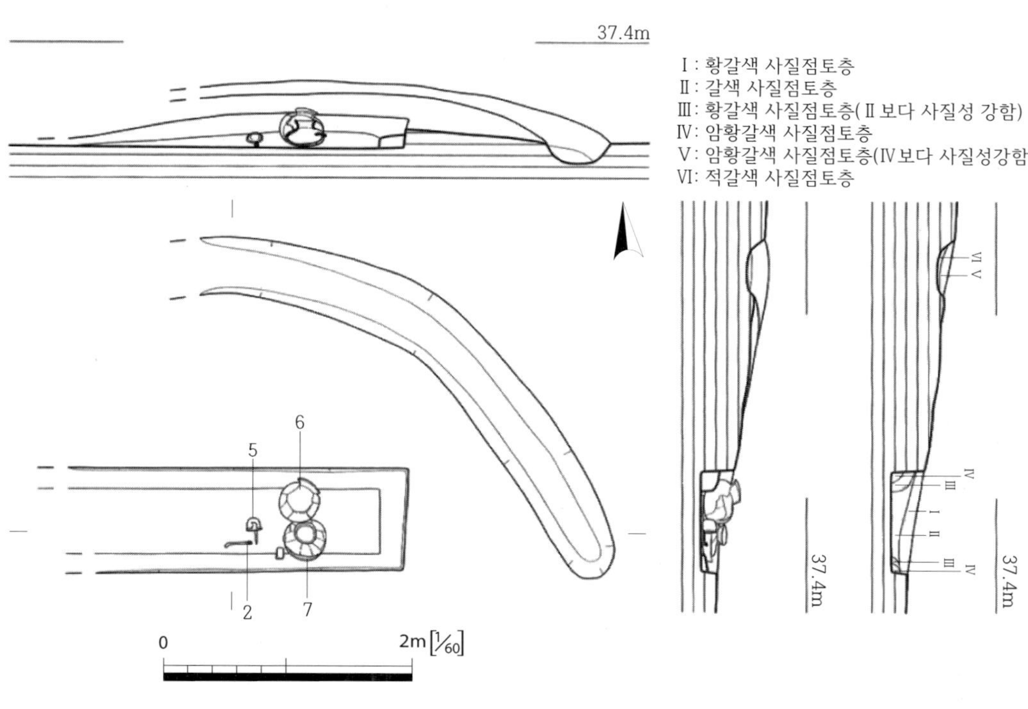

[유구사진]

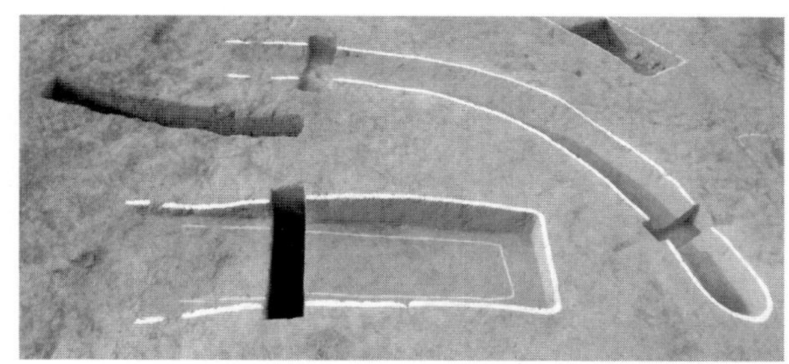

[관내]

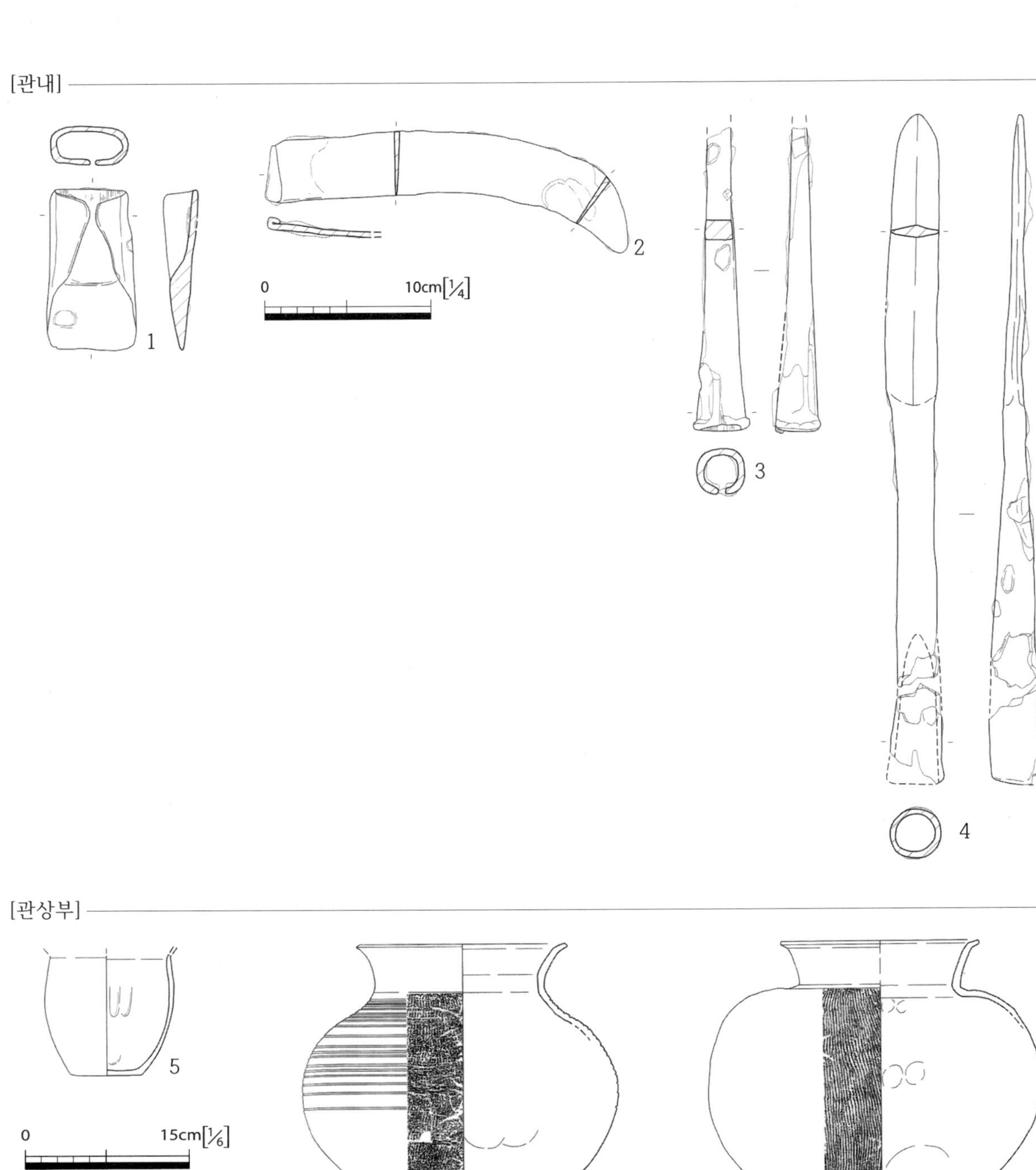

0   10cm[¼]
0   15cm[⅙]
[관상부]

KM-057호 주구토광묘

(단위 : cm)

묘광	크 기 (길이×너비×깊이)	(141+)×77×(18+)	목관	크 기 (길이×너비×높이)	(120+)×61×?
	장폭비	?		장폭비	?
	장축방향	N-74°-W	목곽	크 기 (길이×너비×높이)	-
	두 향	?		장폭비	-
	주구크기 (길이×너비×깊이)	(208+)×58×(13+)	주구평면형태		(눈썹형)
유물	토 기	단경호(1)			
	철 기	-			
	청동기	-			
	옥석류	-			
	기 타	-			
	특기사항	보고서 기술과 유물 도면·스케일바 비율이 상이함.			

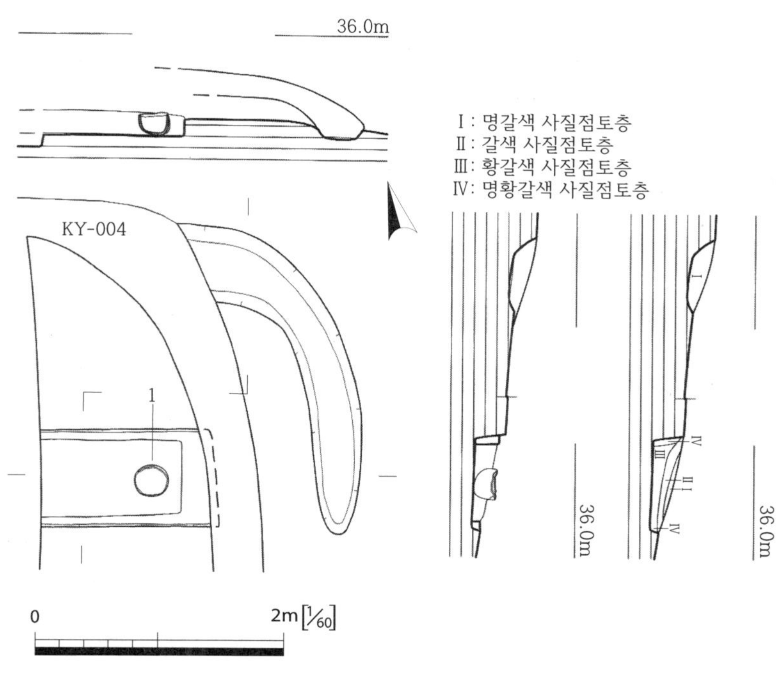

[관내]

[출토유물]

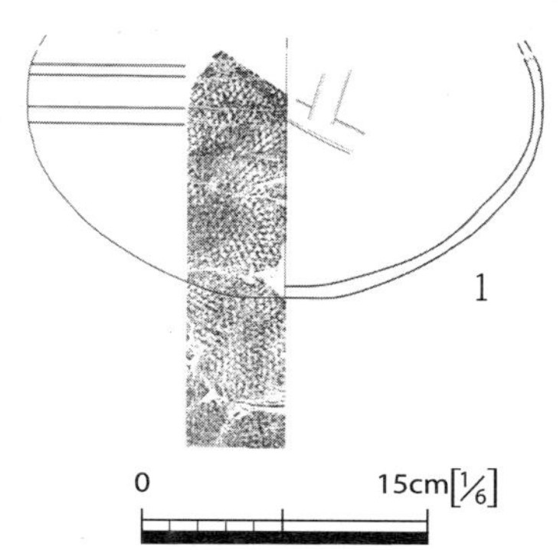

KM-058호 주구토광묘

(단위 : cm)

묘광	크 기 (길이×너비×깊이)	(366+)×112×(30+)	목관	크 기 (길이×너비×높이)	-
	장폭비	?		장폭비	-
	장축방향	N-82°-W	목곽	크 기 (길이×너비×높이)	348×77~81×?
	두 향	?		장폭비	4.17~4.39:1
	주구크기 (길이×너비×깊이)	823×118×(22+)	주구평면형태		눈썹형
유물	토 기	경질무문 심발(1), 단경호(4)			
	철 기	도자(1), 모(2)			
	청동기	-			
	옥석류	-			
	기 타	-			
	특기사항	격벽을 설치하여 부장칸(104×81)을 마련함.			

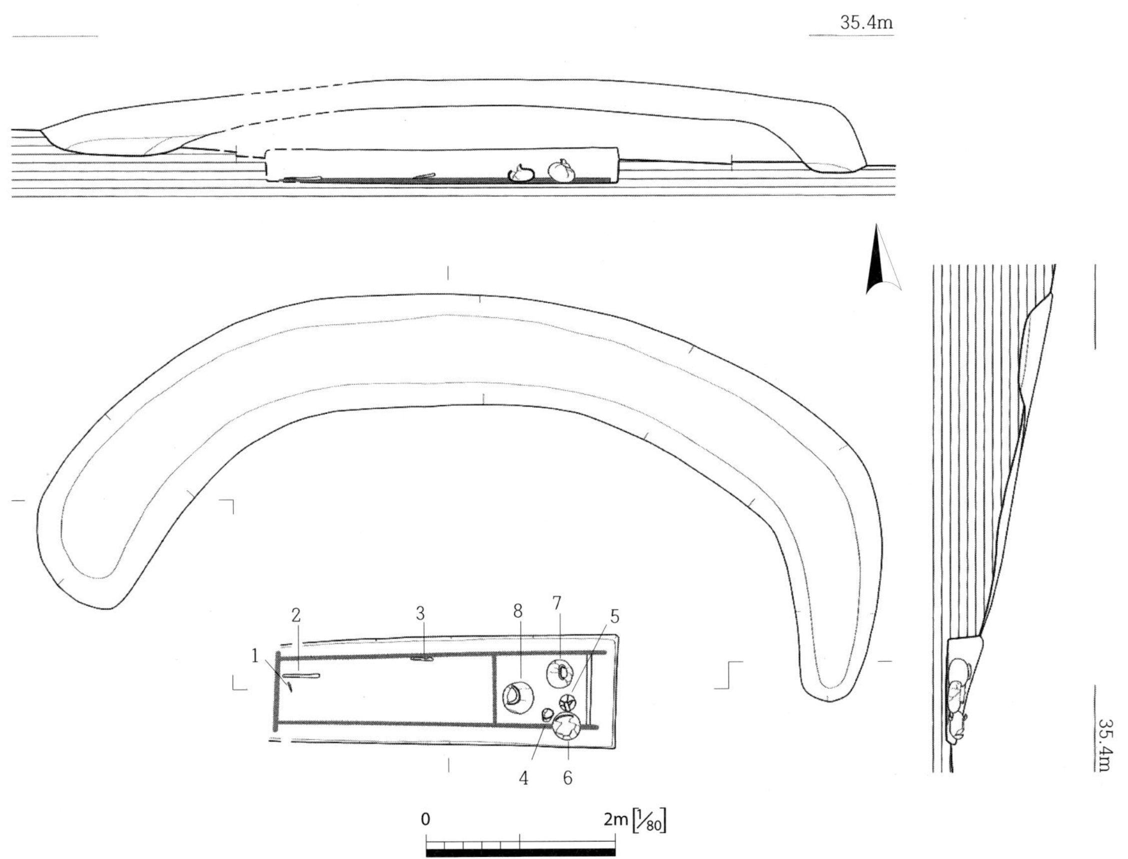

[유구사진]

[곽내]

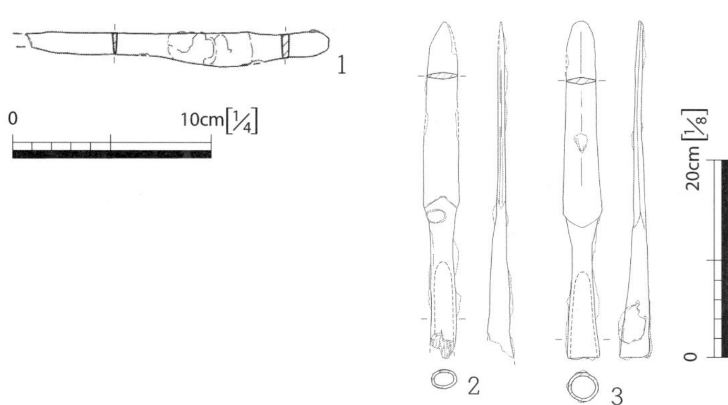

1
0   10cm[¼]
2
3
20cm[⅛]
0

[부장칸]

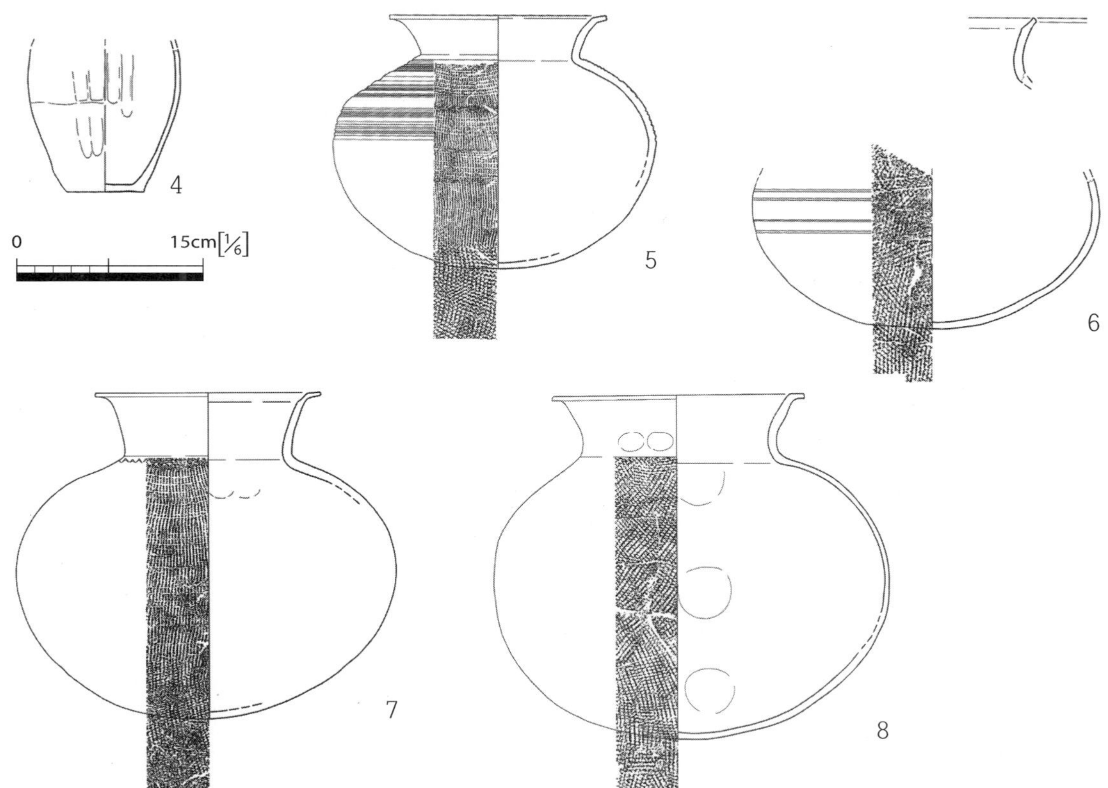

4
0   15cm[⅙]
5
6
7
8

KM-059호 주구토광묘

(단위 : cm)

묘광	크 기 (길이×너비×깊이)	?	목관	크 기 (길이×너비×높이)	?
	장 폭 비	?		장 폭 비	?
	장축방향	N-25°-E	목곽	크 기 (길이×너비×높이)	?
	두 향	?		장 폭 비	?
	주구크기 (길이×너비×깊이)	(384+)×120×(32+)	주구평면형태		(눈썹형)
유물	토 기	-			
	철 기	-			
	청 동 기	-			
	옥 석 류	-			
	기 타	-			
특기사항		출토유물 없음. 매장주체부는 삭평되고 주구만 잔존.			

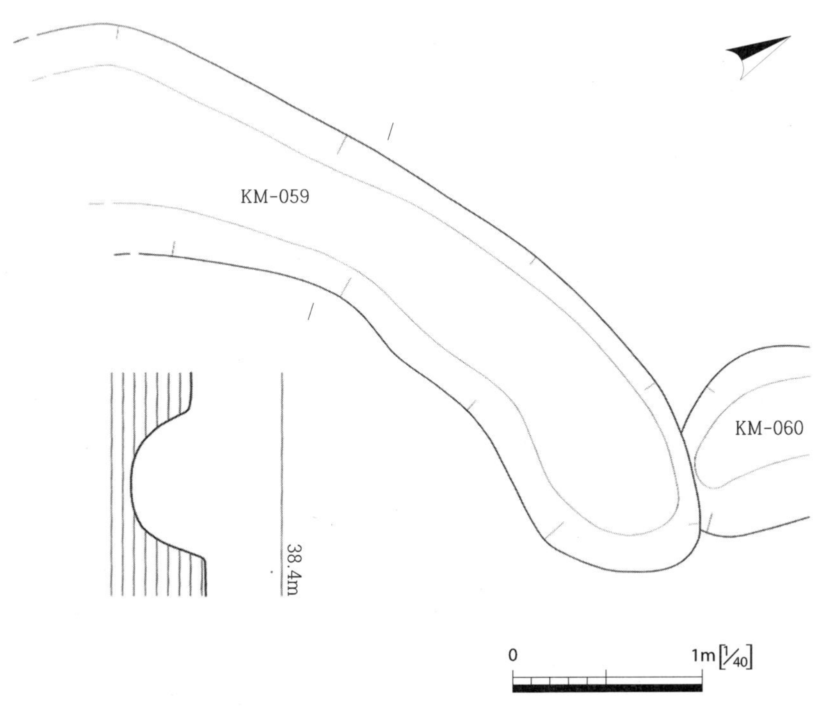

KM-060호 주구토광묘

(단위 : cm)

묘광	크 기 (길이×너비×깊이)	?	목관	크 기 (길이×너비×높이)	?
	장폭비	?		장폭비	?
	장축방향	N-25°-E	목곽	크 기 (길이×너비×높이)	?
	두 향	?		장폭비	?
	주구크기 (길이×너비×깊이)	(190+)×94×(36+)	주구평면형태		?
유물	토 기	-			
	철 기	-			
	청동기	-			
	옥석류	-			
	기 타	-			
	특기사항	출토유물 없음. 매장주체부는 삭평되고 주구만 잔존.			

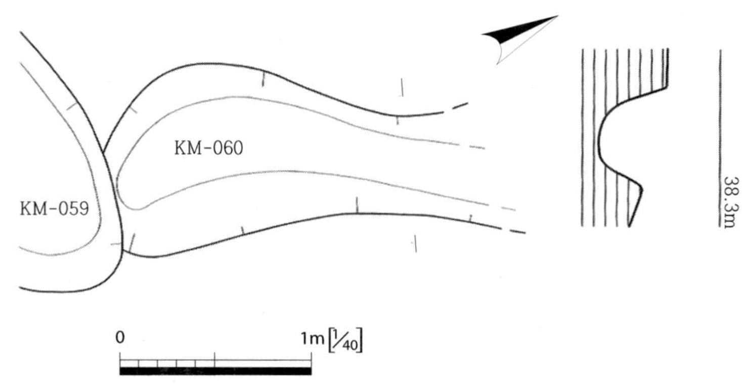

KM-061호 주구토광묘

(단위 : cm)

묘광	크 기 (길이×너비×깊이)	?	목관	크 기 (길이×너비×높이)	?
	장폭비	?		장폭비	?
	장축방향	N-25°-E	목곽	크 기 (길이×너비×높이)	?
	두 향	?		장폭비	?
	주구크기 (길이×너비×깊이)	(190+)×94×(36+)		주구평면형태	?
유물	토 기	-			
	철 기	-			
	청 동 기	-			
	옥 석 류	-			
	기 타	-			
특기사항		보고서 기술과 유구 도면·스케일바 비율이 모두 상이함. 출토유물 없음. 매장주체부는 삭평되고, 주구만 잔존.			

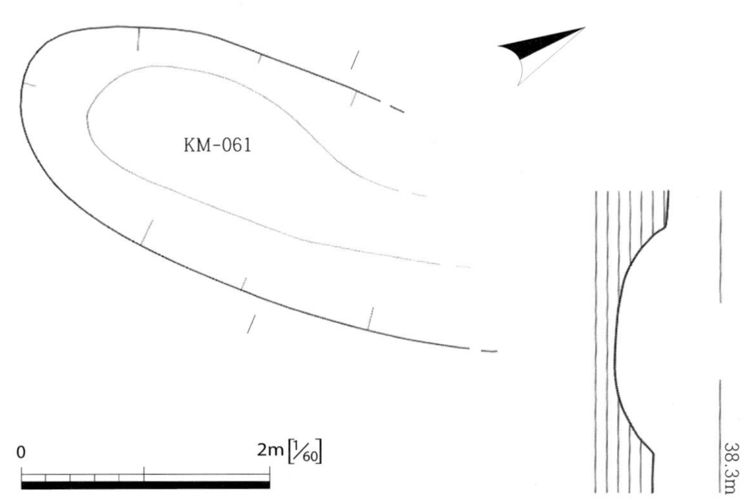

KM-062호 주구토광묘

(단위 : cm)

묘광	크 기 (길이×너비×깊이)	?	목관	크 기 (길이×너비×높이)	?
	장 폭 비	?		장 폭 비	?
	장축방향	N-26°-E	목곽	크 기 (길이×너비×높이)	?
	두 향	?		장 폭 비	?
	주구크기 (길이×너비×깊이)	240×120×(28+)	주구평면형태		(눈썹형)
유물	토 기		-		
	철 기		-		
	청 동 기		-		
	옥 석 류		-		
	기 타		-		
	특기사항	보고서 기술과 유구 도면·스케일바 비율이 모두 상이함. 출토유물 없음. 매장주체부는 삭평되고, 주구만 잔존.			

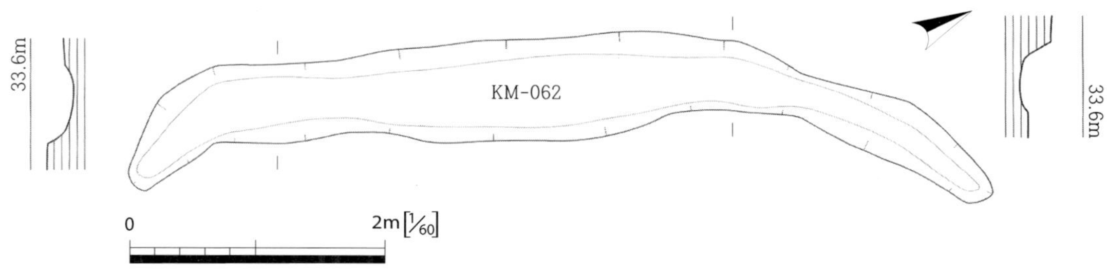

[유구사진]

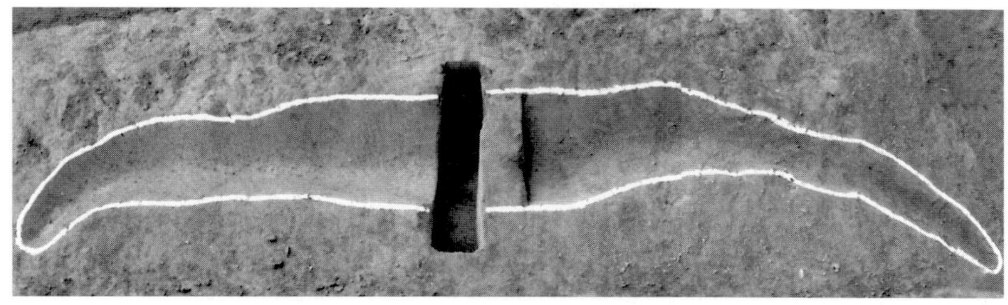

KM-063호 주구토광묘

(단위 :　cm)

묘광	크 기 (길이×너비×깊이)	?	목관	크 기 (길이×너비×높이)	?
	장 폭 비	?		장 폭 비	?
	장축방향	N-47°-E	목곽	크 기 (길이×너비×높이)	?
	두 향	?		장 폭 비	?
	주구크기 (길이×너비×깊이)	(1200+)×144×(38+)	주구평면형태		' ㄷ'자형
유물	토 기	-			
	철 기	-			
	청 동 기	-			
	옥석류	-			
	기 타	-			
	특기사항	보고서 기술과 유구 도면·스케일바 비율이 모두 상이함. 출토유물 없음. 매장주체부는 삭평되고, 주구만 잔존.			

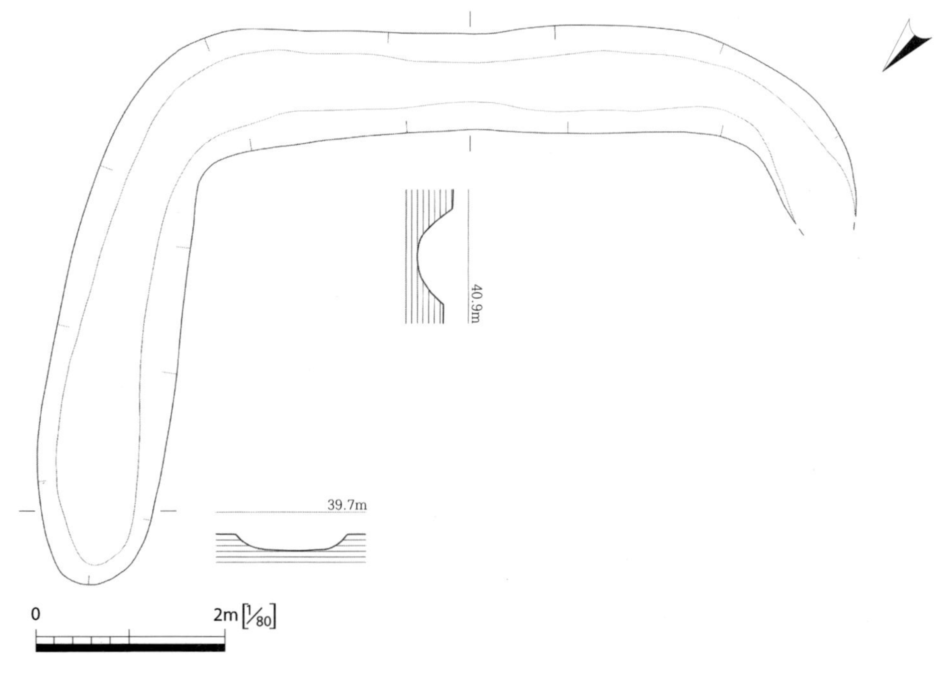

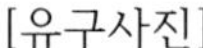

[유구사진]

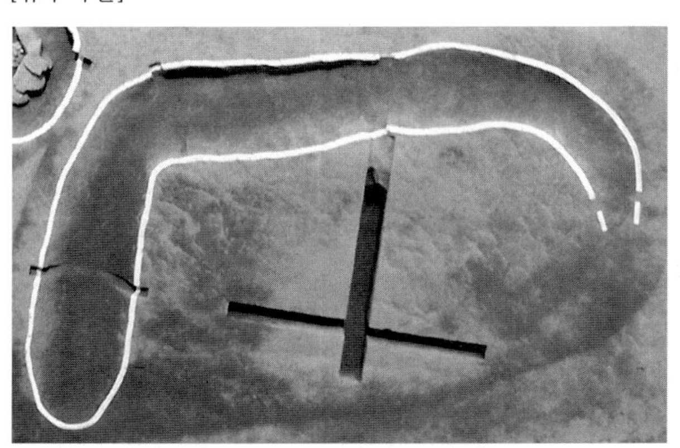

KM-064호 주구토광묘

(단위 : cm)

묘광	크 기 (길이×너비×깊이)	?	목관	크 기 (길이×너비×높이)	?
	장폭비	?		장폭비	?
	장축방향	N-87°-W	목곽	크 기 (길이×너비×높이)	?
	두 향	?		장폭비	?
	주구크기 (길이×너비×깊이)	(600+)×104×(40+)	주구평면형태		?
유물	토 기	-			
	철 기	-			
	청 동 기	-			
	옥 석 류	-			
	기 타	-			
특기사항		출토유물 없음. 매장주체부는 삭평되고 주구만 잔존.			

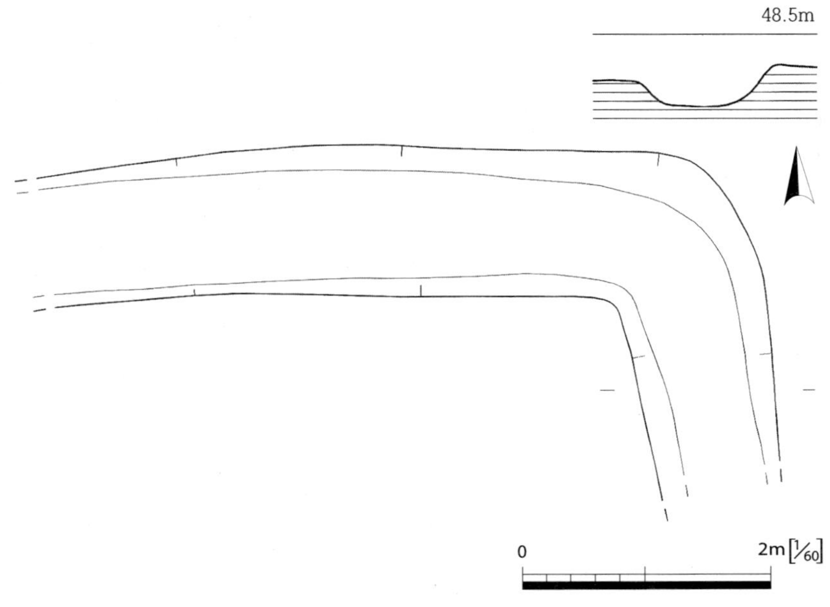

KO-001호 옹관묘

(단위 : cm)

묘광	크 기 (길이×너비×깊이)	180×60×(20+)	옹관길이	(52)
	장폭비	3.00:1	결합형식	(합구식)
	장축방향	N-58°-E	안치형태	횡치
	두 향	?		
유물	토 기	옹-(1)		
	철 기		-	
	청 동 기		-	
	옥 석 류		-	
	기 타		-	
	특기사항	단옹식으로 보고하였으나, 도면과 사진으로 보아 합구식으로 판단됨.		

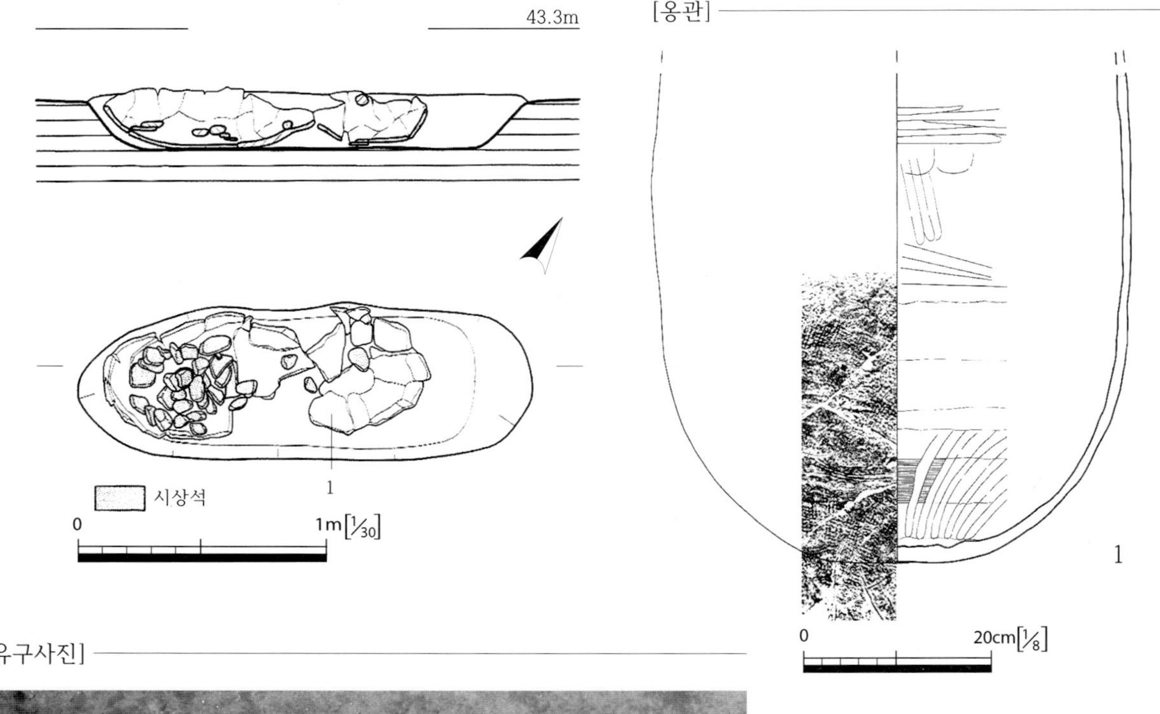

[유구사진]

KO-002호 옹관묘

(단위 : cm)

묘광	크 기 (길이×너비×깊이)	230×75×(5+)	옹관길이	(83)
	장폭비	3.06:1	결합형식	단옹식
	장축방향	N-80°-W	안치형태	횡치
	두 향	?		
유물	토 기	옹(1)		
	철 기		-	
	청 동 기		-	
	옥 석 류		-	
	기 타		-	
	특기사항			

40.9m　　[옹관]

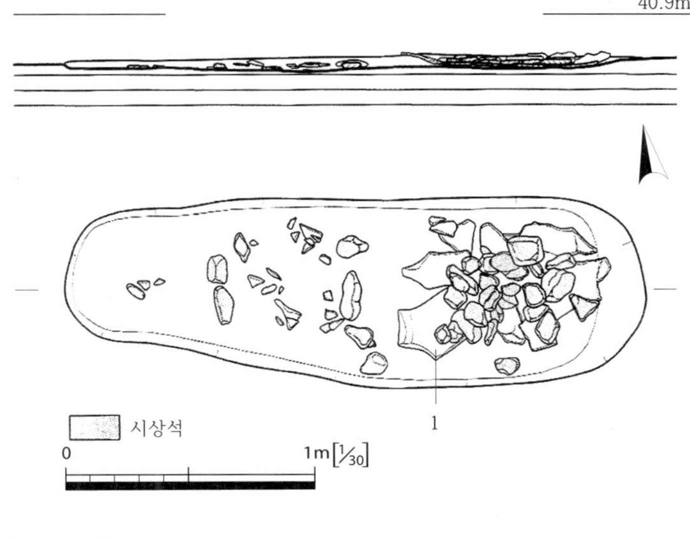

[유구사진]

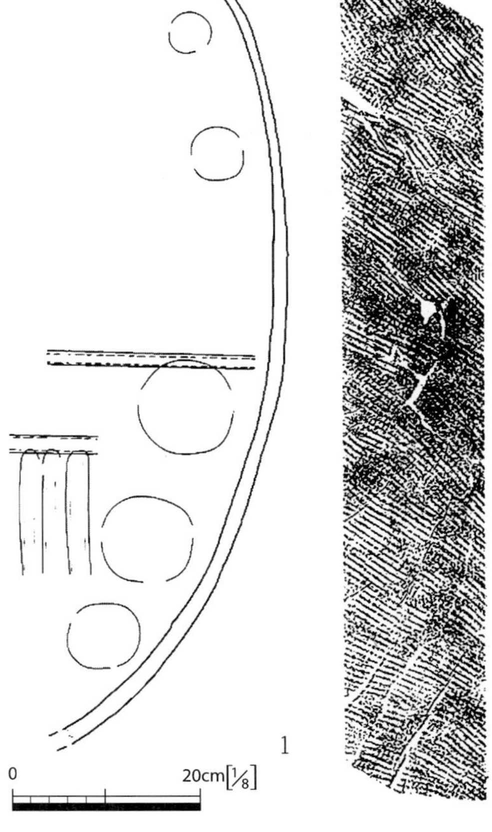

KO-003호 옹관묘

(단위 : cm)

묘광	크 기 (길이×너비×깊이)	173×93×(25+)	옹관길이	(91)
	장폭비	1.86:1	결합형식	단옹식
	장축방향	N-56°-W	안치형태	횡치
	두 향	?		
유물	토 기	배(1), 소호(1), 옹(1)		
	철 기	-		
	청 동 기	-		
	옥 석 류	-		
	기 타	-		
	특기사항	할석으로 옹관 입구를 막음.		

43.2m

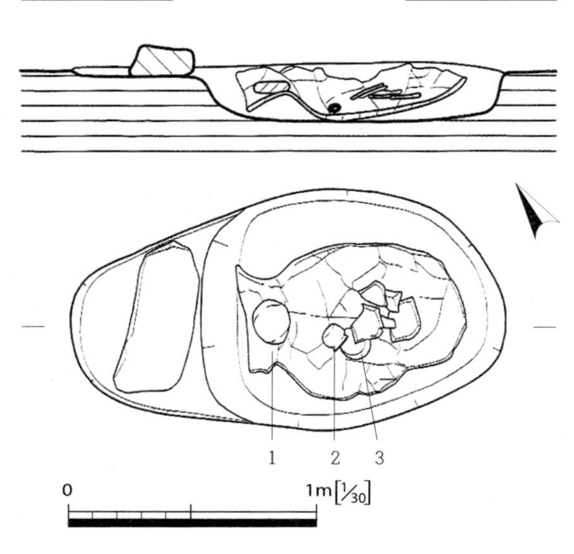

1   2   3

0　　　　　　　　1m[1/30]

[옹관]

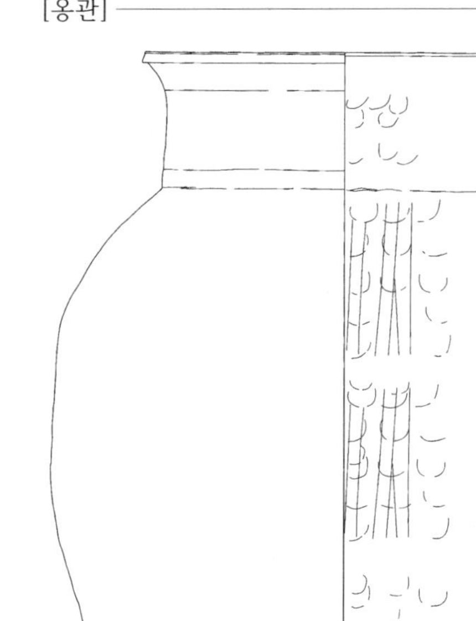

1

0　　　　　　40cm[1/12]

[유구사진]

[출토유물]

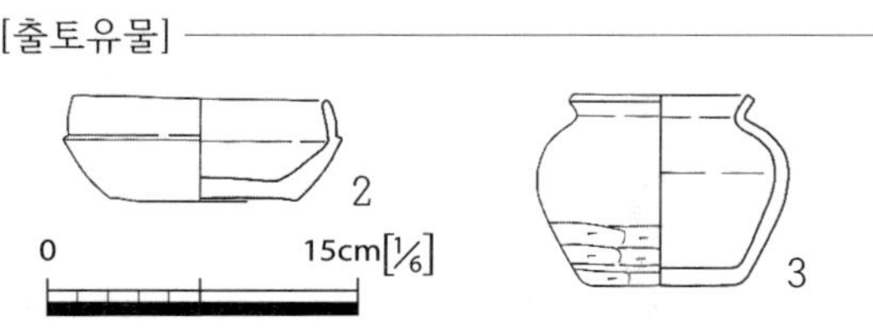

2

0　　　　　15cm[1/6]

3

KO-004호 옹관묘

(단위 : cm)

묘광	크 기 (길이×너비×깊이)	195×109×(64+)	옹관길이	?
	장폭비	1.78:1	결합형식	?
	장축방향	N-55°-E	안치형태	?
	두 향	?		
유물	토 기	-		
	철 기	-		
	청 동 기	-		
	옥 석 류	-		
	기 타	-		
	특기사항	옹관 도면 미게재.		

41.6m

Ⅰ: 황갈색 사질토층(할석립 다량 포함)
Ⅱ: 갈색 사질토층
Ⅲ: 갈색 사질토층(할석립 포함)
Ⅳ: 암갈색 사질토층
Ⅴ: 암갈색 사질토층(풍화암반토 혼입)
Ⅵ: 황갈색 사질토층(Ⅷ보다 점성 낮음)
Ⅶ: 황갈색 사질토층(Ⅴ보다 어두움)
Ⅷ: 암갈색 사질점토층(나뭇잎. 가지포함)
Ⅸ: 암갈색 사질점토층(교란 토층)
Ⅹ: 암갈색 사질점토층(Ⅵ보다 어두움)

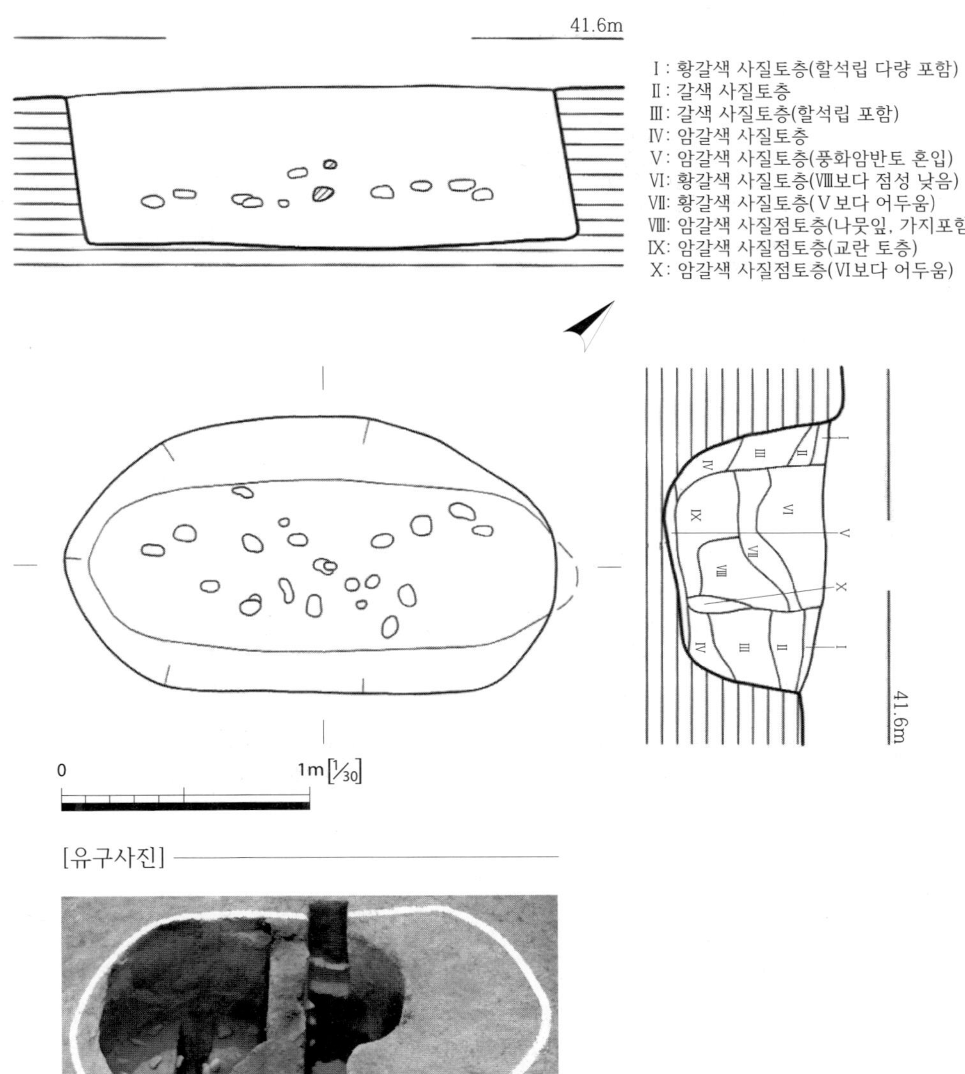

0   1m [1/30]

41.6m

[유구사진]

KO-005호 옹관묘

(단위 : cm)

묘광	크 기 (길이×너비×깊이)	143×81×(30+)	옹관길이	(108+)
	장폭비	1.76:1	결합형식	합구식
	장축방향	N-53°-E	안치형태	횡치
	두 향	?		
유물	토 기	옹-(3)		
	철 기	-		
	청 동 기	-		
	옥 석 류	-		
	기 타	-		
	특기사항			

39.2m

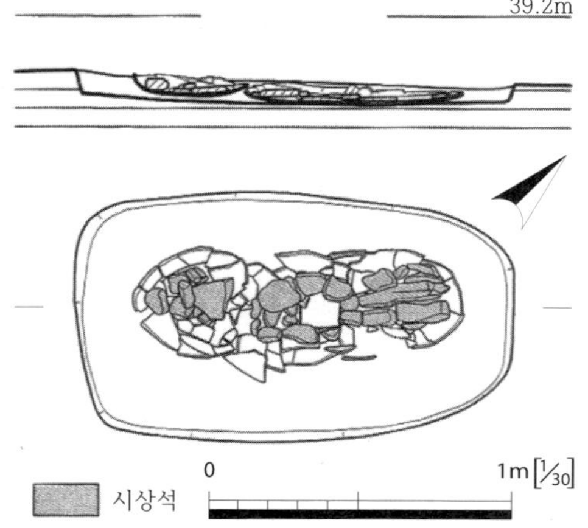

[유구사진]

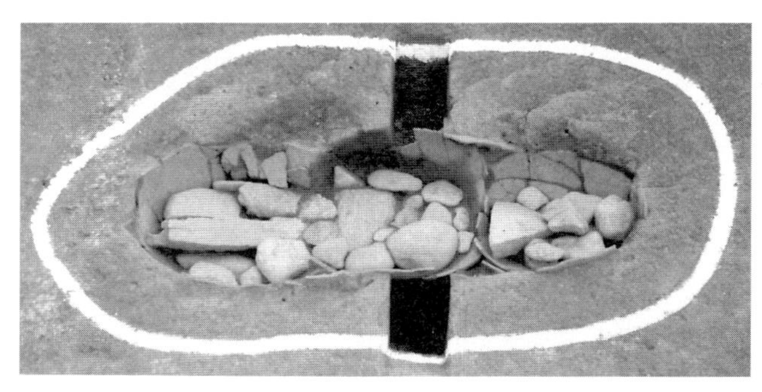

[옹관]

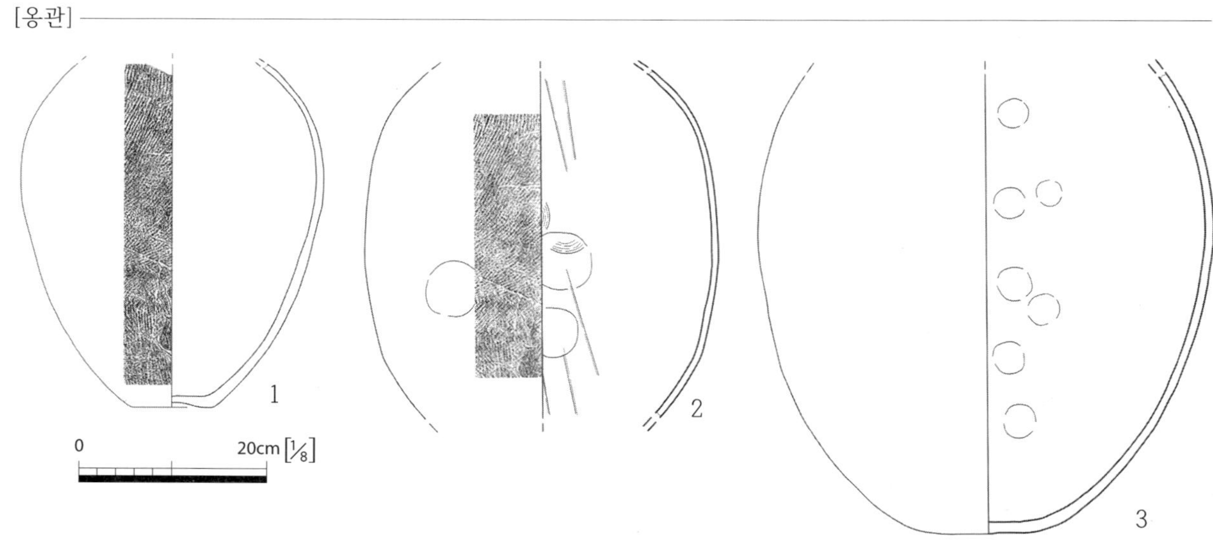

KO-006호 옹관묘

(단위 : cm)

묘광	크 기 (길이×너비×깊이)	160×88×(41+)	옹관길이	(64+)
	장폭비	1.81:1	결합형식	단옹식
	장축방향	N-67°-W	안치형태	횡치
	두 향	?		
유물	토 기	옹-(1)		
	철 기	-		
	청 동 기	-		
	옥 석 류	-		
	기 타	-		
	특기사항			

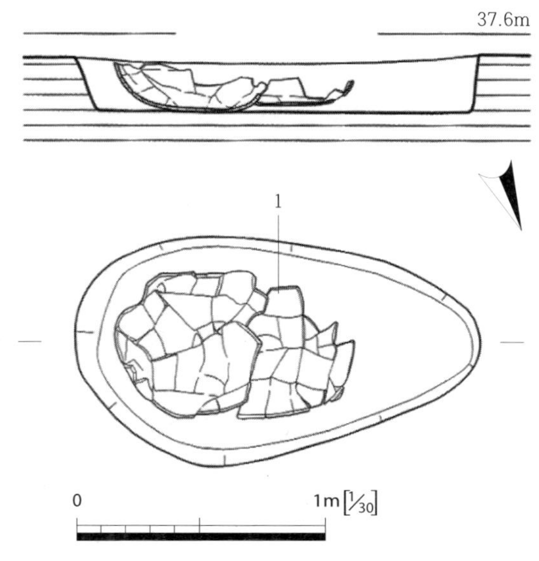

[유구사진]

[옹관]

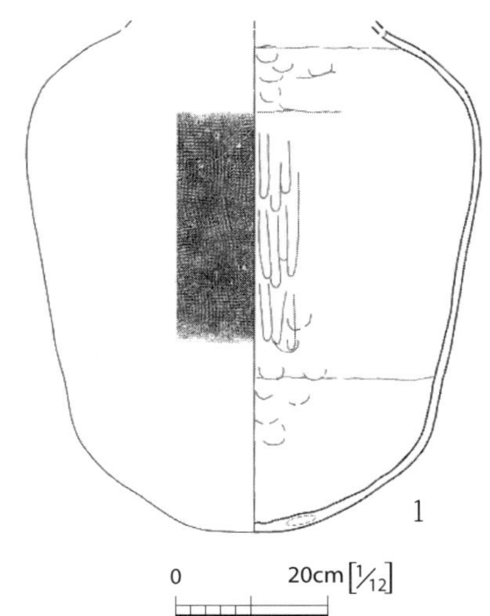

KO-007호 옹관묘

(단위 : cm)

묘광	크 기 (길이×너비×깊이)	(130+)×80×(15+)	옹관길이	(53+)
	장폭비	?	결합형식	단옹식
	장축방향	N-43°-W	안치형태	횡치
	두 향	?		
유물	토 기	옹-(1)		
	철 기	-		
	청 동 기	-		
	옥석류	-		
	기 타	-		
	특기사항			

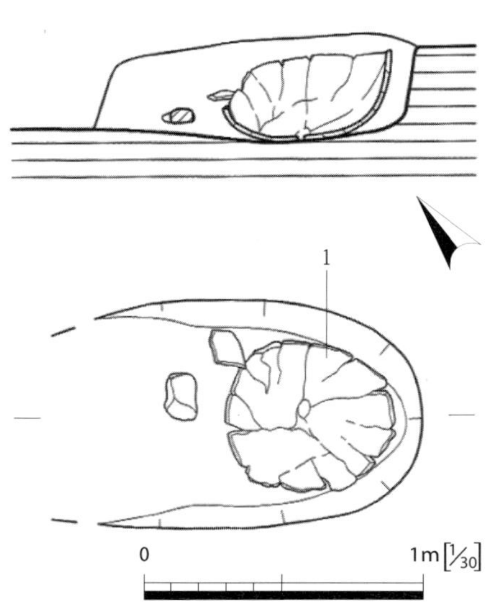

46.3m

[유구사진]

[옹관]

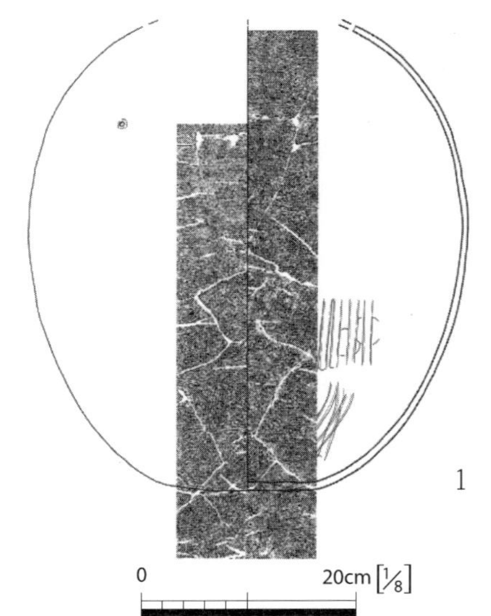

연기 송원리유적燕岐 松院里(現 世宗 한솔동)遺蹟

조사사유	행정중심복합도시 개발에 따른 구제발굴조사	
조사연혁	지표조사 : 2005. 09. ~ 2006. 06. (충청문화재연구원, 충청남도역사문화원, 중앙문화재연구원) 시굴조사 : 2006. 08. 17. ~ 2007. 03. 12. (한국고고환경연구소) 발굴조사(1차) : 2007. 12. 04. ~ 2008. 04. 30. (한국고고환경연구소) 발굴조사(2차) ; 2008. 08. 06. ~ 2009. 06. 17. (한국고고환경연구소)	
유적위치	舊	충청남도 연기군 남면 송원리 일원
	新	세종특별자치시 한솔동
	경 · 위도 127°14'58.46"E / 36°28'58.07"N	GPS 127.249553 / 36.471891
유적입지	송원리 일대는 해발 70m 내외의 저평한 구릉지 일대로 정상부는 평탄하며, 사면은 완만한 지형을 하고 있다. 유적의 동쪽으로는 장남평야가 위치하고, 남쪽은 금강과 인접하면서 강 건너의 대평뜰과 마주하고 있다.	
유구현황	초기철기시대	-
	원삼국시대	-
	삼 국 시 대	토광묘(38) · 석곽묘(19) · 석실묘(18) · 옹관묘(6)
	기 타	청동기시대 주거지(58) · 지석묘(2), 통일신라시대 석곽묘(2) · 가마(2), 고려~조선시대 주거지(27) · 석곽묘(20) · 구상유구(1) · 건물지(1) · 경작유구(1), 근세 토광묘 · 회곽묘(260)
주요유물	원저단경호, 광구장경호, 개배, 고배, 환두대도, 철도자, 철촉, 철부, 철겸, 철모	
시대 · 성격	연기 지역의 가장 핵심적인 백제 한성기 고분군으로서, 횡혈식석실묘 · 석곽묘 · 토광묘 · 옹관묘 등이 유적 전체에 넓게 분포하고 있다. 중심고분군과 5개의 지군으로 구분할 수 있는데, 횡혈식 석실묘가 가장 높은 곳에 위치하고 그 아래 석곽묘가 둘러싸고 있으며, 가장 아래에는 토광묘가 분포하는 특징을 보인다. 출토 유물로 보아 송담리유적과 비슷한 한성기 후반에 축조되기 시작하여 웅진기까지 일부 조영된 것으로 보인다.	
참고문헌	충청문화재연구원 · 충청남도역사문화원 · 중앙문화재연구원, 2006, 『행정중심복합도시 건설지역 내 문화유산 지표조사-고고분야』, 한국토지공사. 韓國考古環境研究所, 2010, 『行政中心複合都市敷地 內 1-1區域 燕岐 松潭里 · 松院里 遺蹟』, 硏究叢書 第39輯.	

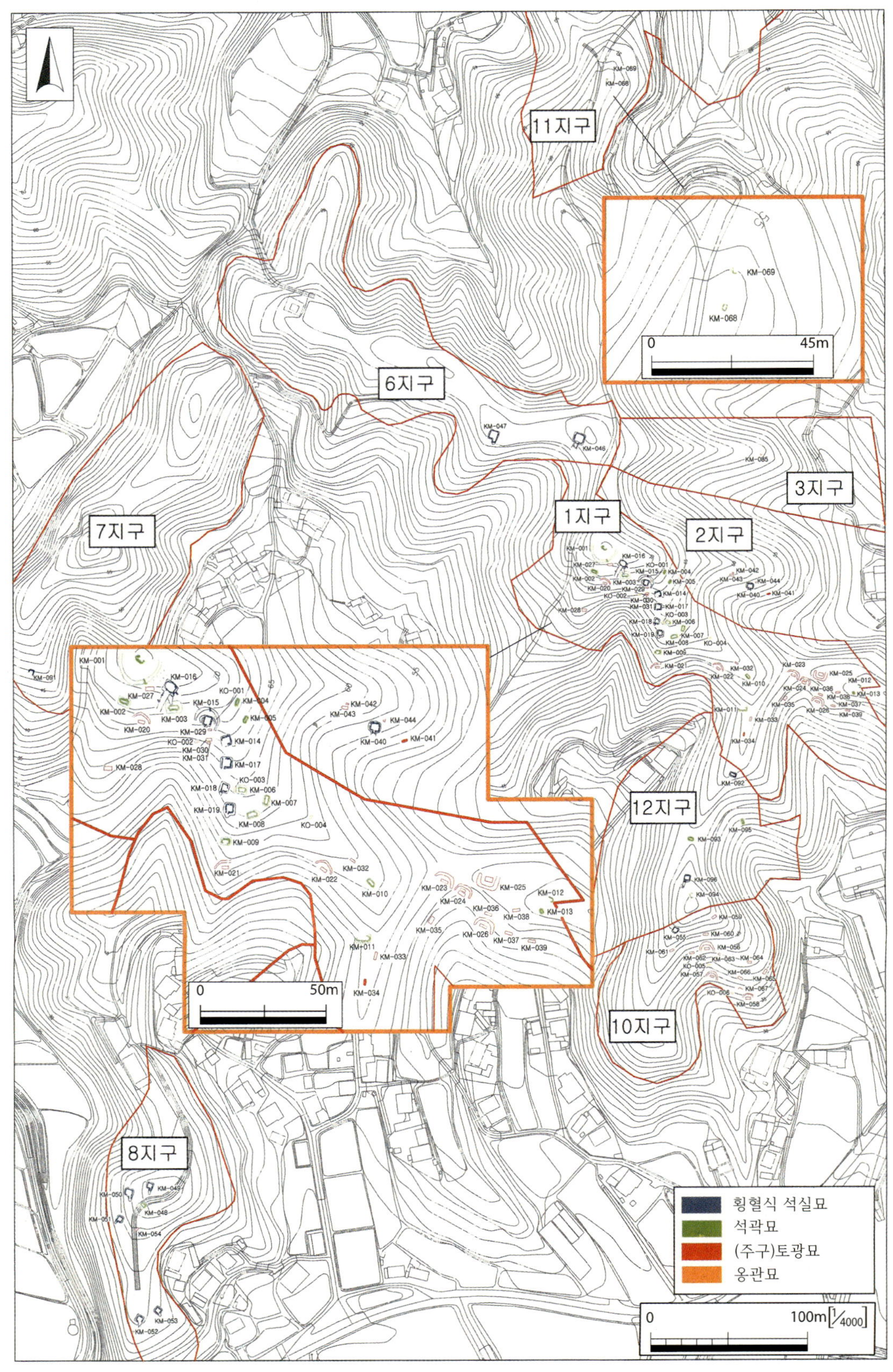

연기 송원리유적 백제시대 유구분포도

연기 송원리유적 전경

연기 송원리유적 6지점 전경

연기 송원리유적 1지점 전경

KM-001호 석곽묘

(단위 : cm)

묘광	크 기 (길이×너비×깊이)	-	주 체 부	크 기 (길이×너비×높이)	288×116×(120+)
	장폭비	-		장폭비	2.48:1
	장축방향	N-50°-E	시상·관대	크 기 (길이×너비×높이)	-
	두 향	?	벽석종류		할석
유물	토 기	개(2:주구1), 고배(1:주구1), 소호(1), 호(1:주구1)			
	철 기	도자(1), 교구(4), 미상철기(1)			
	청 동 기	원우통보(1)			
	옥 석 류	유리제 곡옥(1), 유리제 구슬(74)			
	기 타	금제 이식(1)			
	특기사항	원형의 주구(415×213×(165+))가 확인됨.			

[봉분]

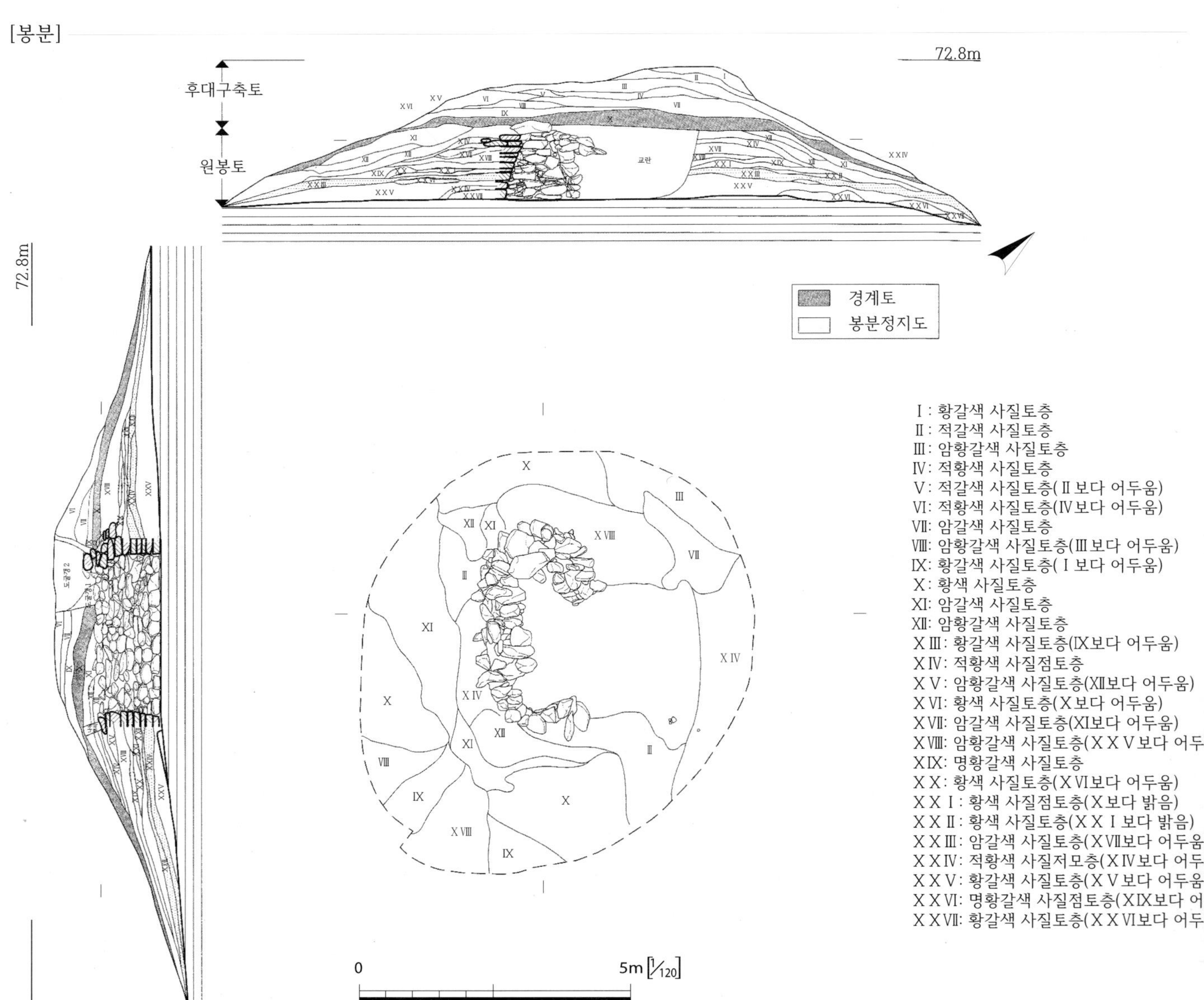

마한·백제의 분묘 문화 Ⅲ- 충남 Ⅰ: 연기(세종) 편 -

[유구사진]

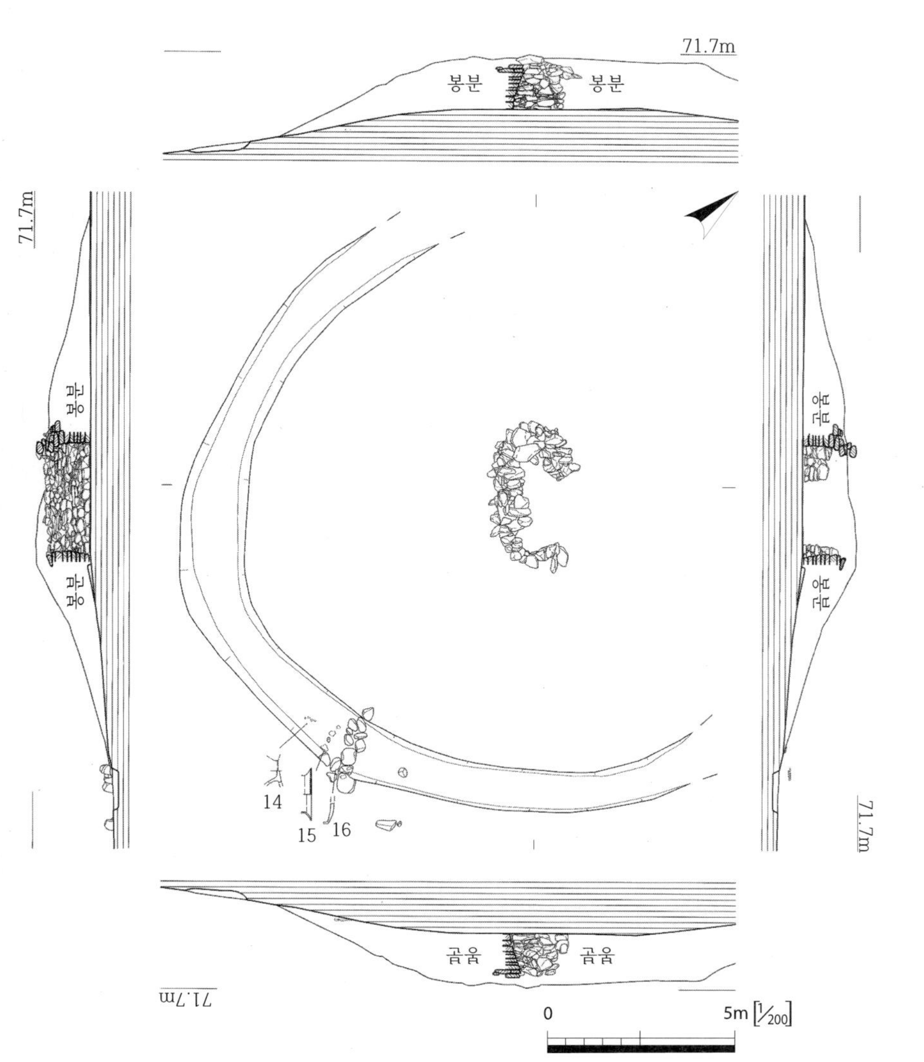
71.7m
71.7m
71.7m
71.7m
봉분
봉분
유단
유단
유단
유단
14
15
16
0
5m 1/200

[주체부]

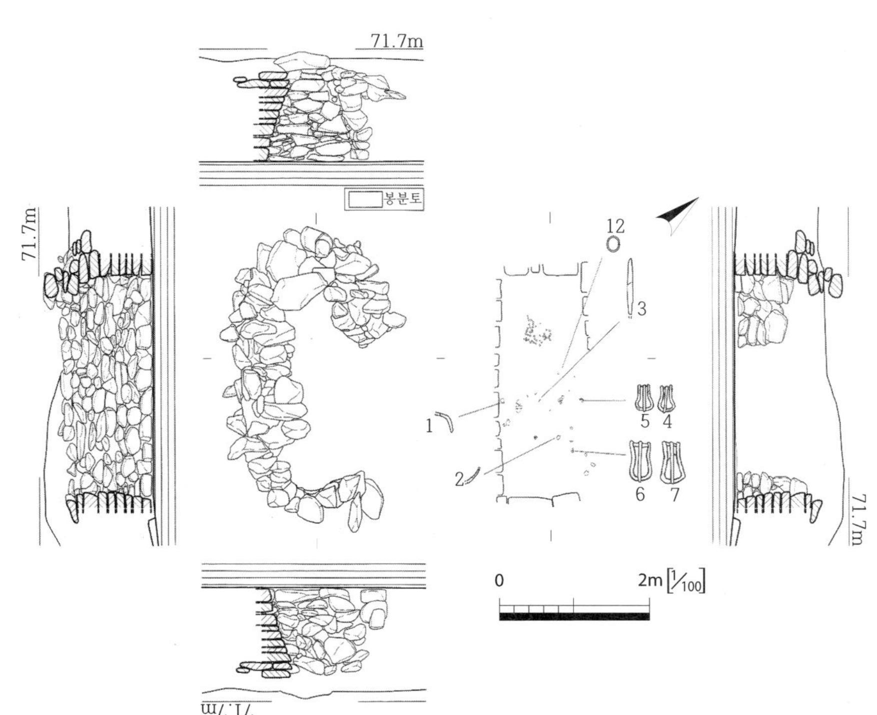
71.7m
71.7m
71.7m
71.7m
봉분토
12
3
1
2
5
4
6
7
0
2m 1/100

[출토유물]

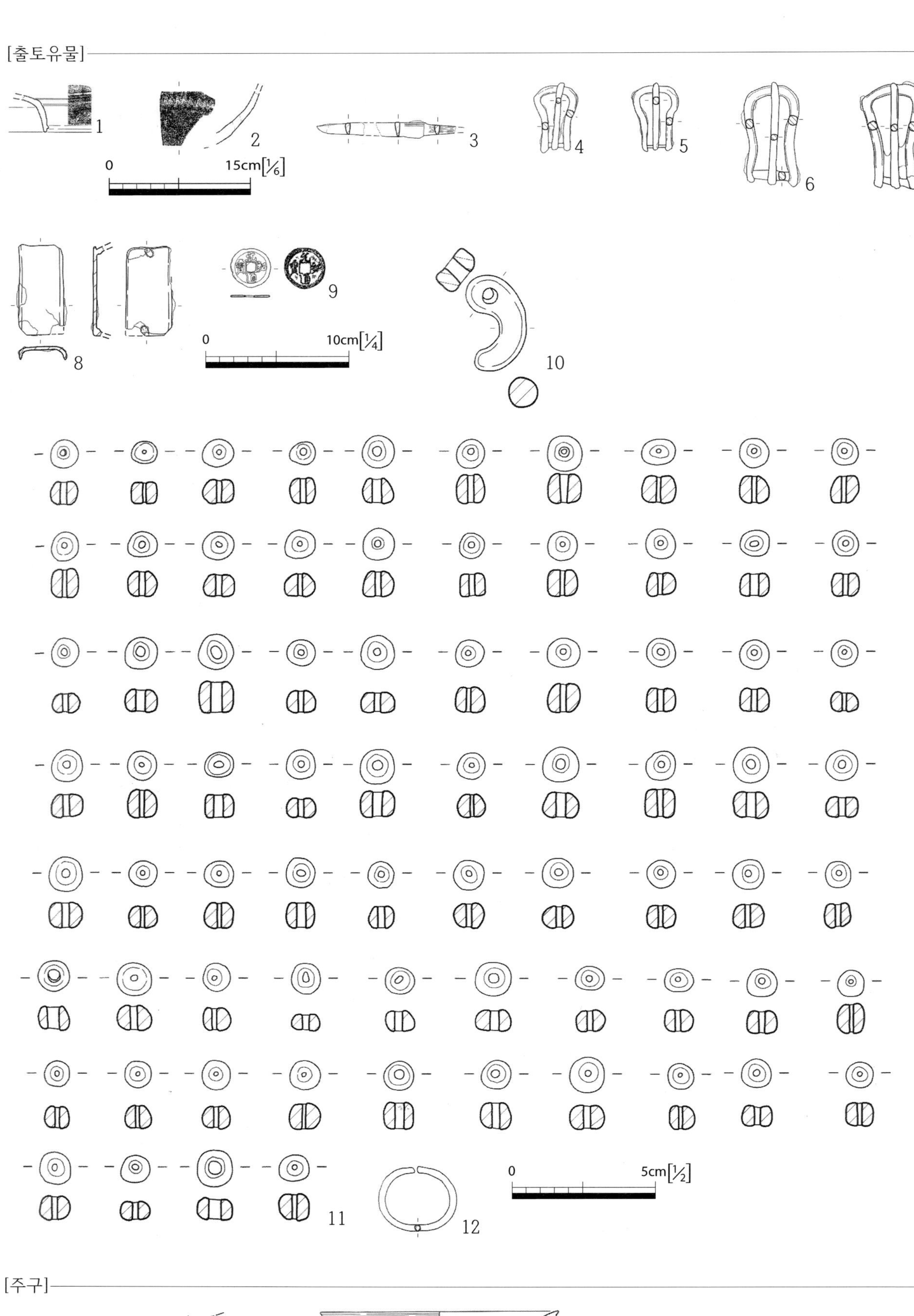

[주구]

KM-002호 석곽묘

(단위 : cm)

묘광	크 기 (길이×너비×깊이)	495×301×(165+)	주 체 부	크 기 (길이×너비×높이)	313×118×(114+)
	장폭비	1.64:1		장폭비	2.65:1
	장축방향	N-67°-W	시상·관대	크 기 (길이×너비×높이)	?
	두 향	?	벽석종류		할석
유물	토 기	호·옹(2), 삼족기(1)			
	철 기	겸(1)			
	청동기	-			
	옥석류	-			
	기 타	-			
	특기사항				

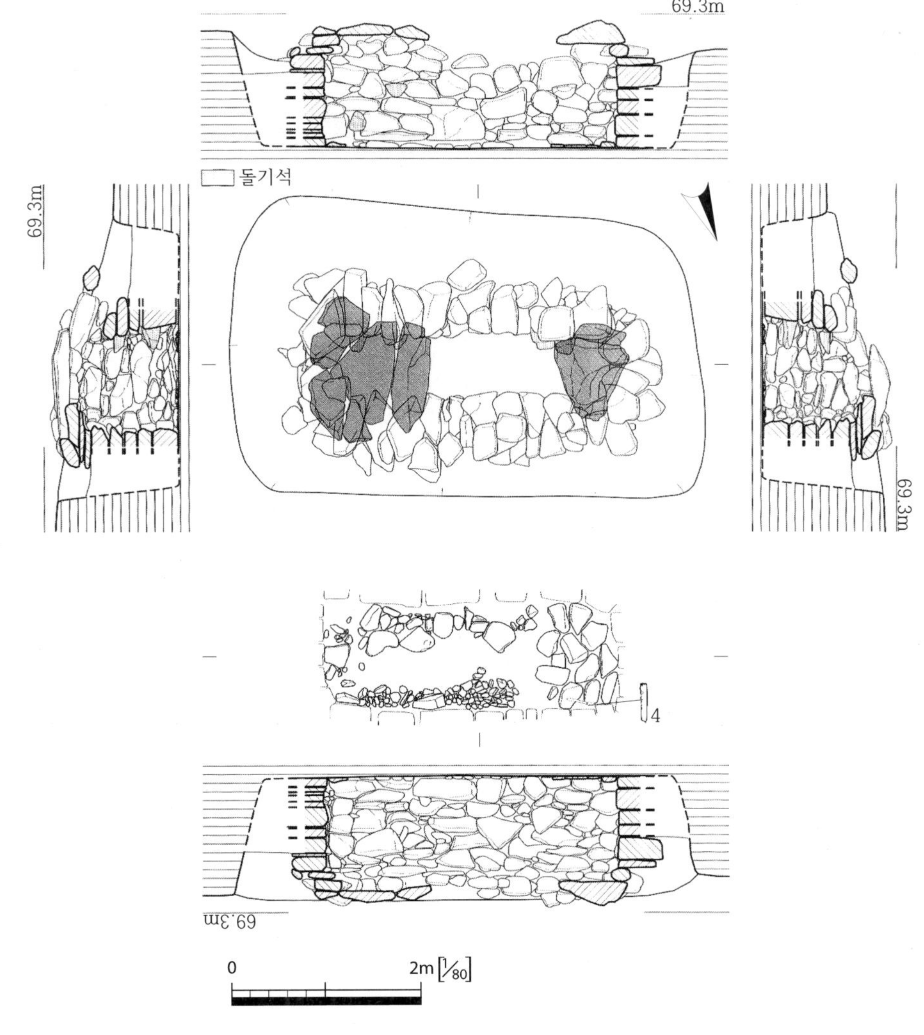

[유구사진]

동벽
동쪽시상
서쪽시상

[출토유물]

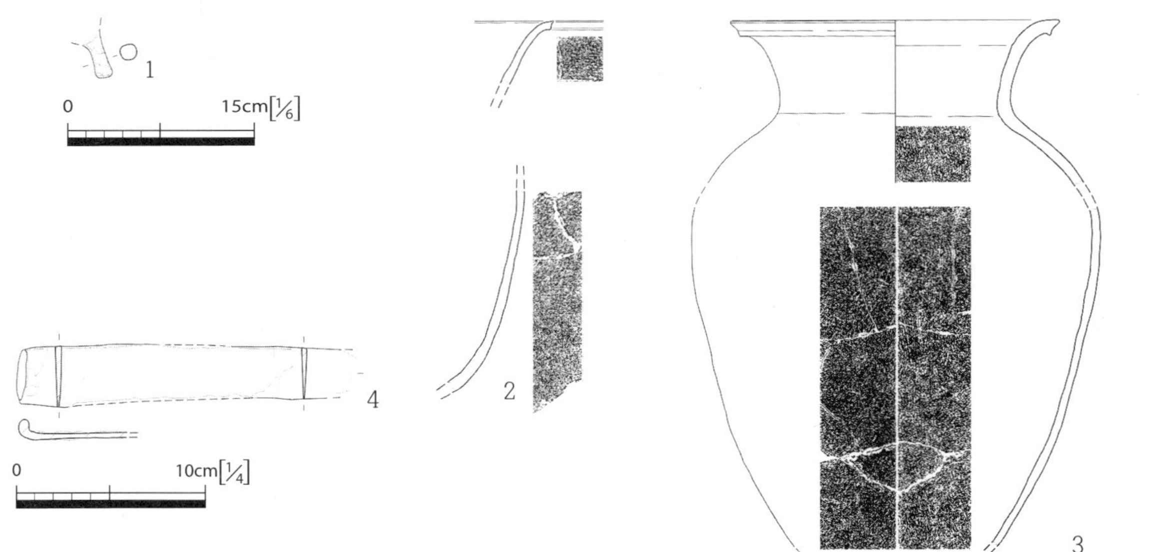

1
0   15cm[1/6]
4
2
3
0   10cm[1/4]

KM-003호 석곽묘

(단위 : cm)

묘광	크 기 (길이×너비×깊이)	471×299×(108+)	주 체 부	크 기 (길이×너비×높이)	299×108×(107+)
	장폭비	1.57:1		장폭비	2.76:1
	장축방향	N-83°-W	시상·관대	크 기 (길이×너비×높이)	-
	두 향	?	벽석종류		할석
유물	토 기	개(1), 소호(2), 대부직구소호(1), 광구호(1)			
	철 기	모(1), 단조철부(1), 재갈(1), 등자(2), 교구(3)			
	청 동 기	-			
	옥 석 류	-			
	기 타	-			
	특기사항	목관(272×61) 흔적이 확인됨.			

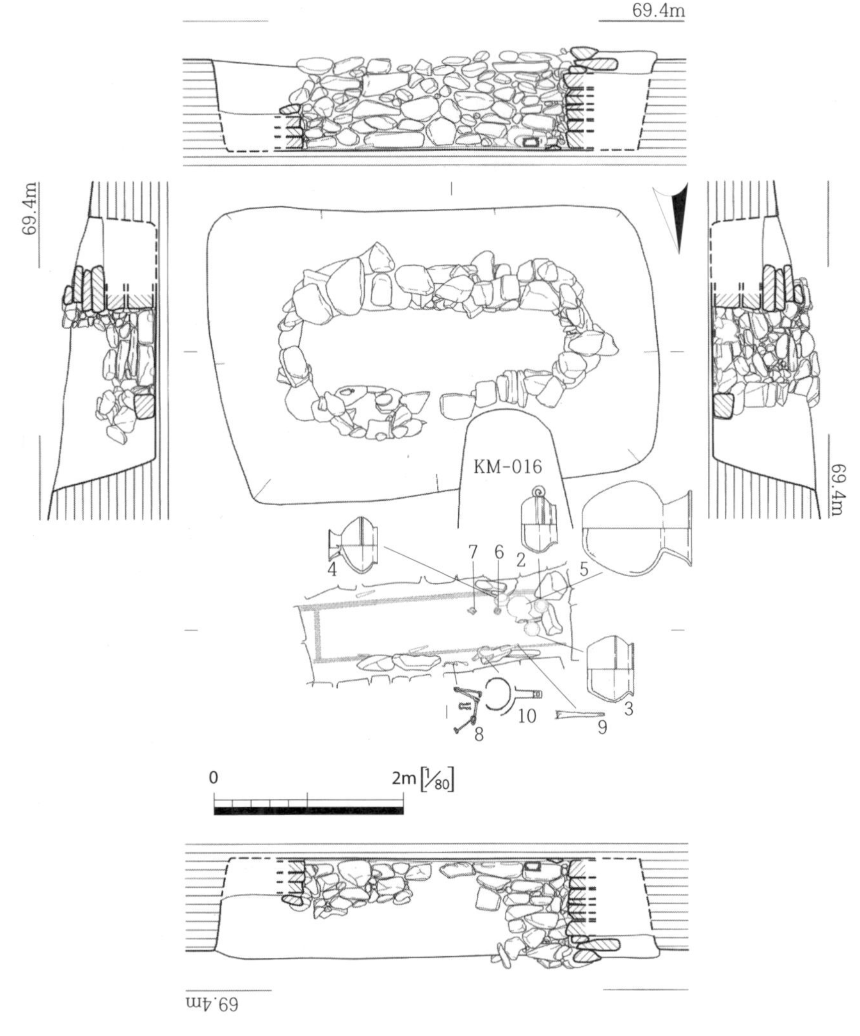

[유구사진]

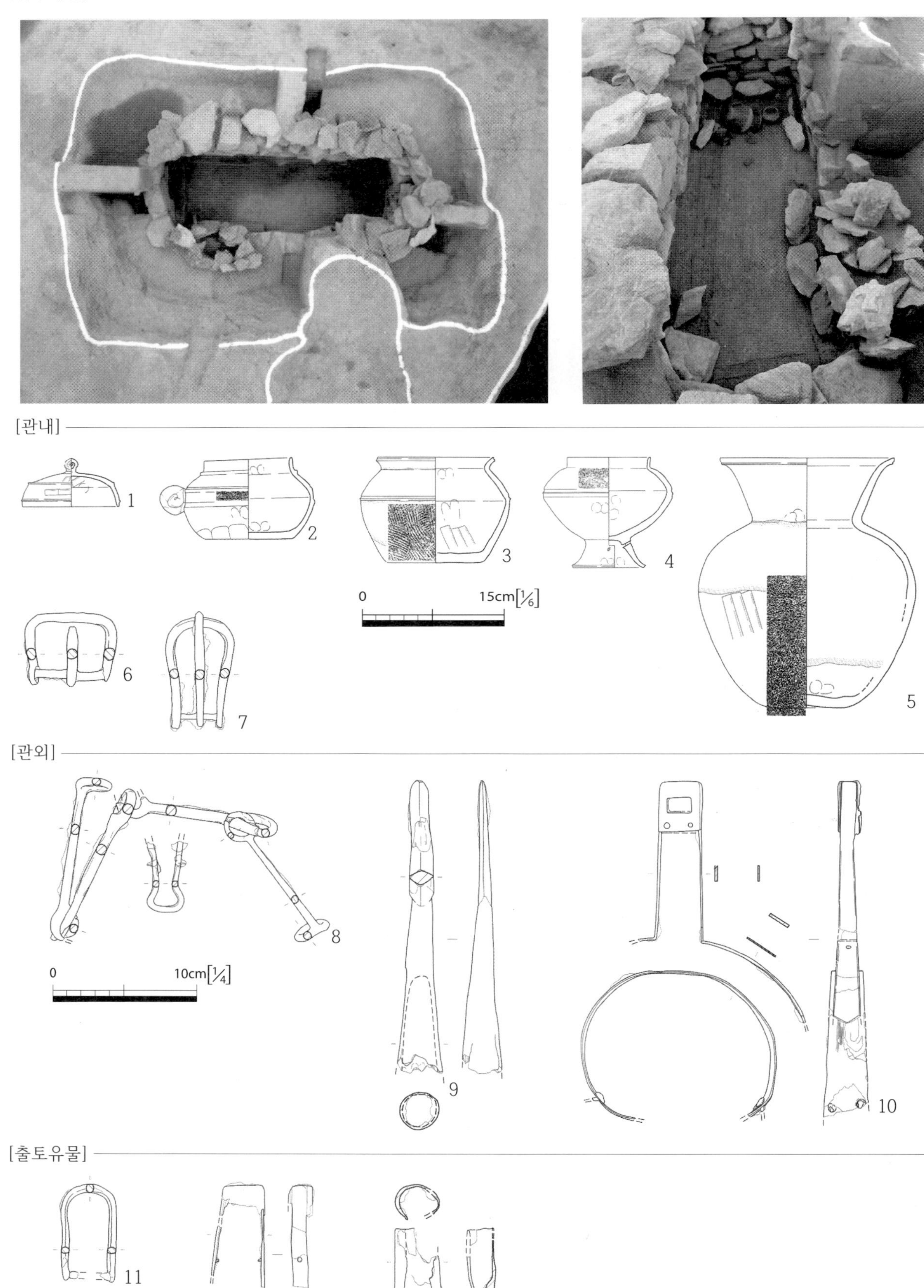

[관내]
1
2
3
4
5
6
7
0   15cm[1/6]
[관외]
8
9
10
0   10cm[1/4]
[출토유물]
11
12
13

KM-004호 석곽묘

(단위 : cm)

묘광	크 기 (길이×너비×깊이)	430×224×(69+)	주 체 부	크 기 (길이×너비×높이)	368×187×(70+)
	장폭비	1.91:1		장폭비	1.96:1
	장축방향	N-22°-E	시상·관대	크 기 (길이×너비×높이)	-
	두 향	?	벽석종류		활석
유물	토 기	개(1)			
	철 기	도자(1), 모(1)			
	청동기	-			
	옥석류	-			
	기 타	-			
	특기사항				

[출토유물]

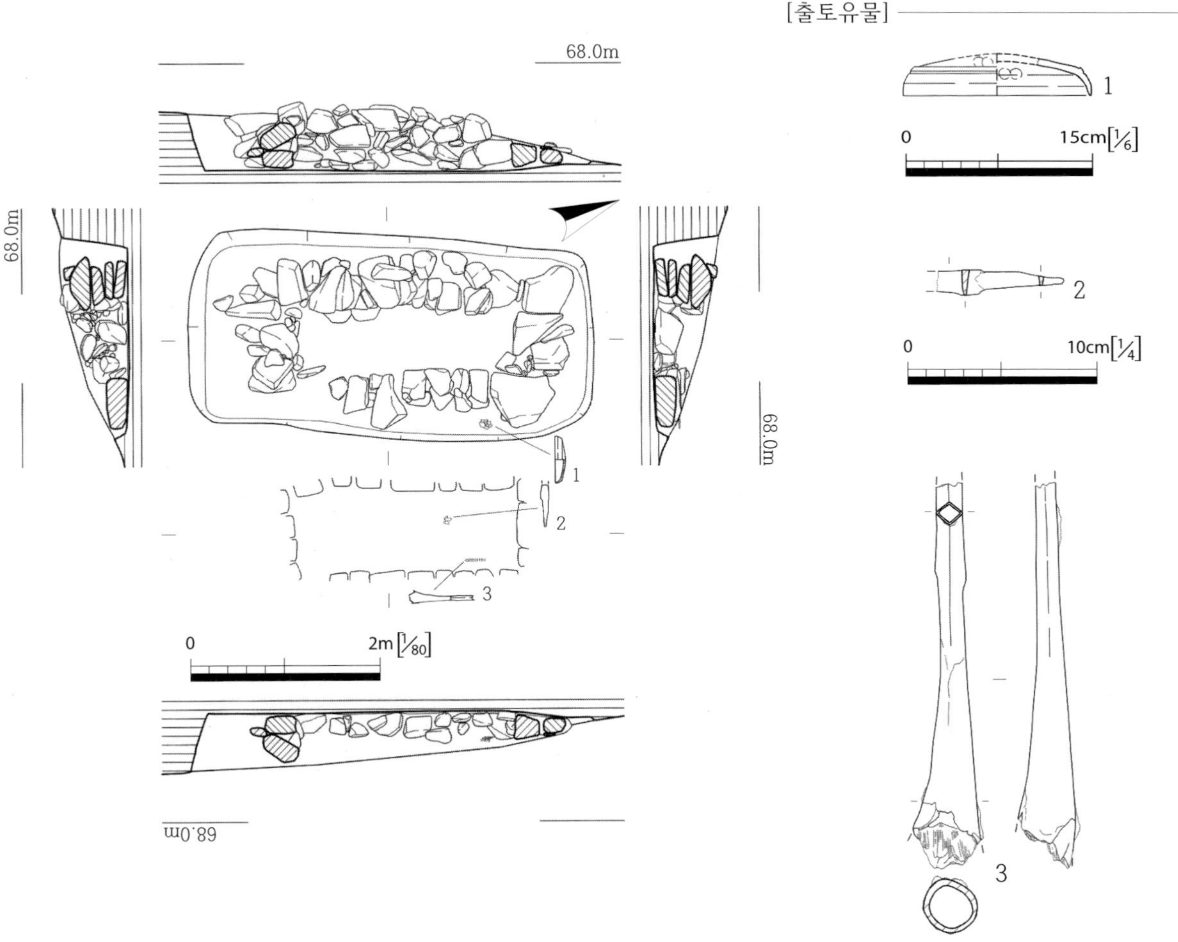

KM-005호 석곽묘

(단위 : cm)

묘광	크 기 (길이×너비×깊이)	390×235×(116+)	주 체 부	크 기 (길이×너비×높이)	280×96×(99+)
	장폭비	1.66:1		장폭비	2.92:1
	장축방향	N-28°-E	시상·관대	크 기 (길이×너비×높이)	-
	두 향	서남쪽	벽석종류		할석
유물	토 기	개(1), 사이광견호(1), 소호(1), 삼족기(1)			
	철 기	도(1), 도자(2), 모(1)			
	청 동 기	-			
	옥 석 류	-			
	기 타	-			
	특기사항				

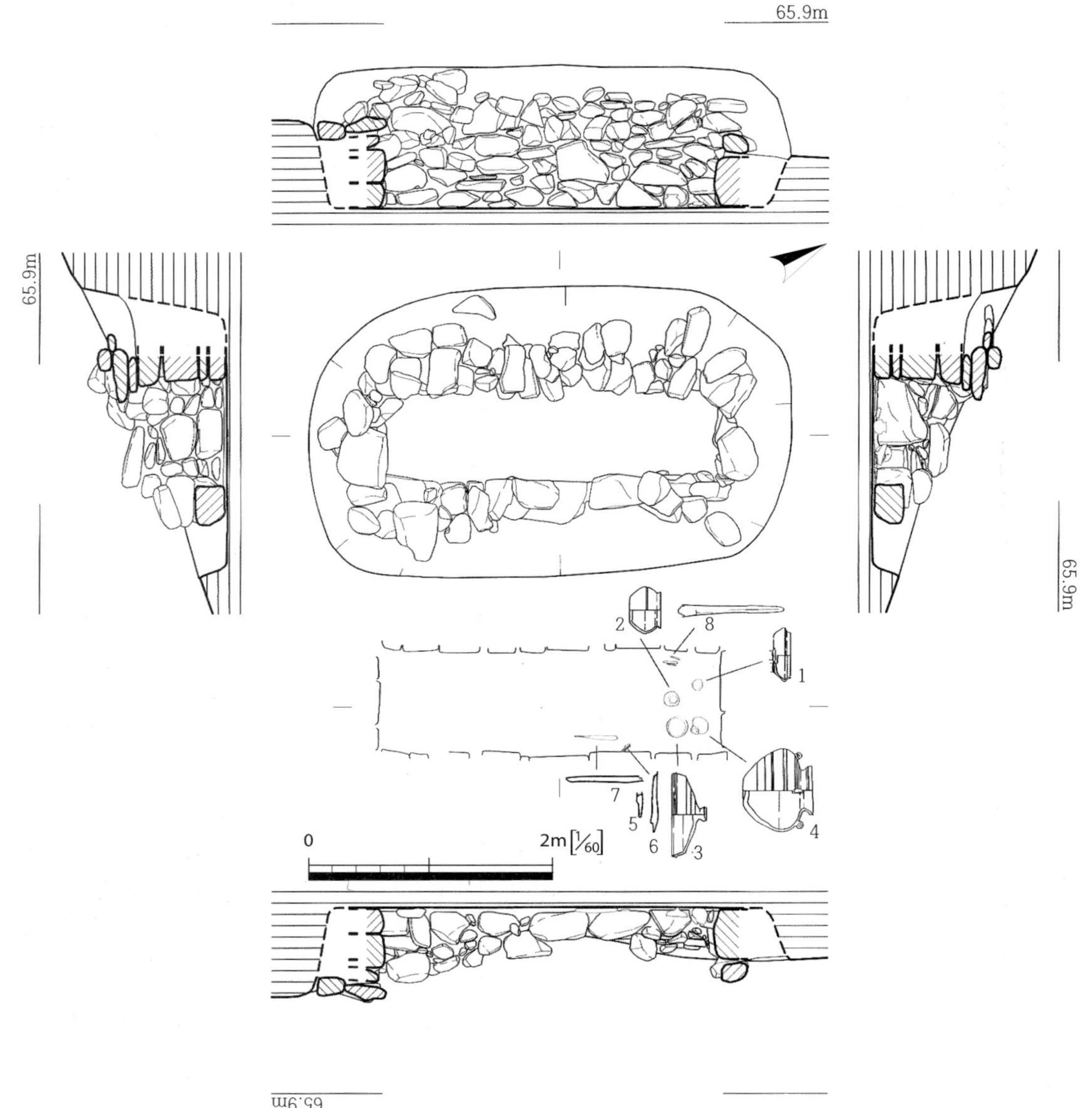

[유구사진]

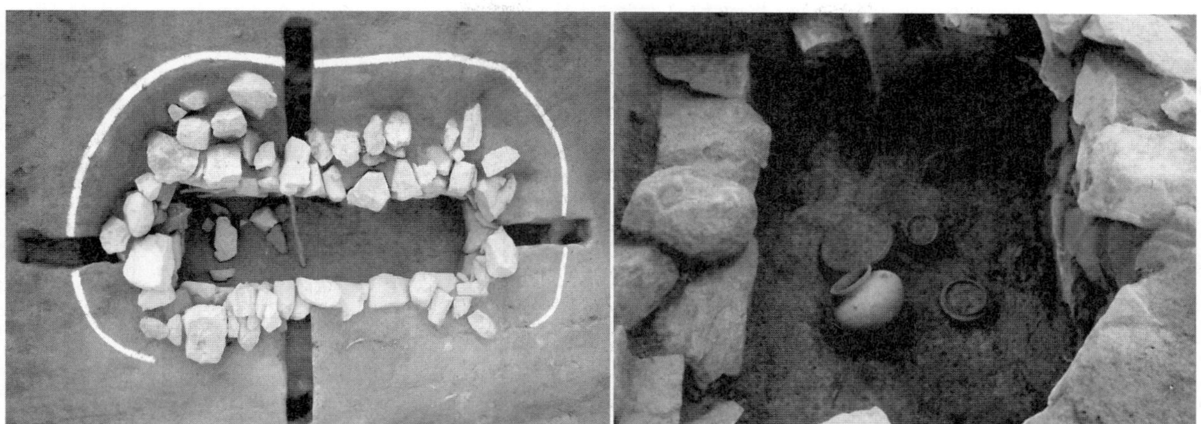

[출토유물]

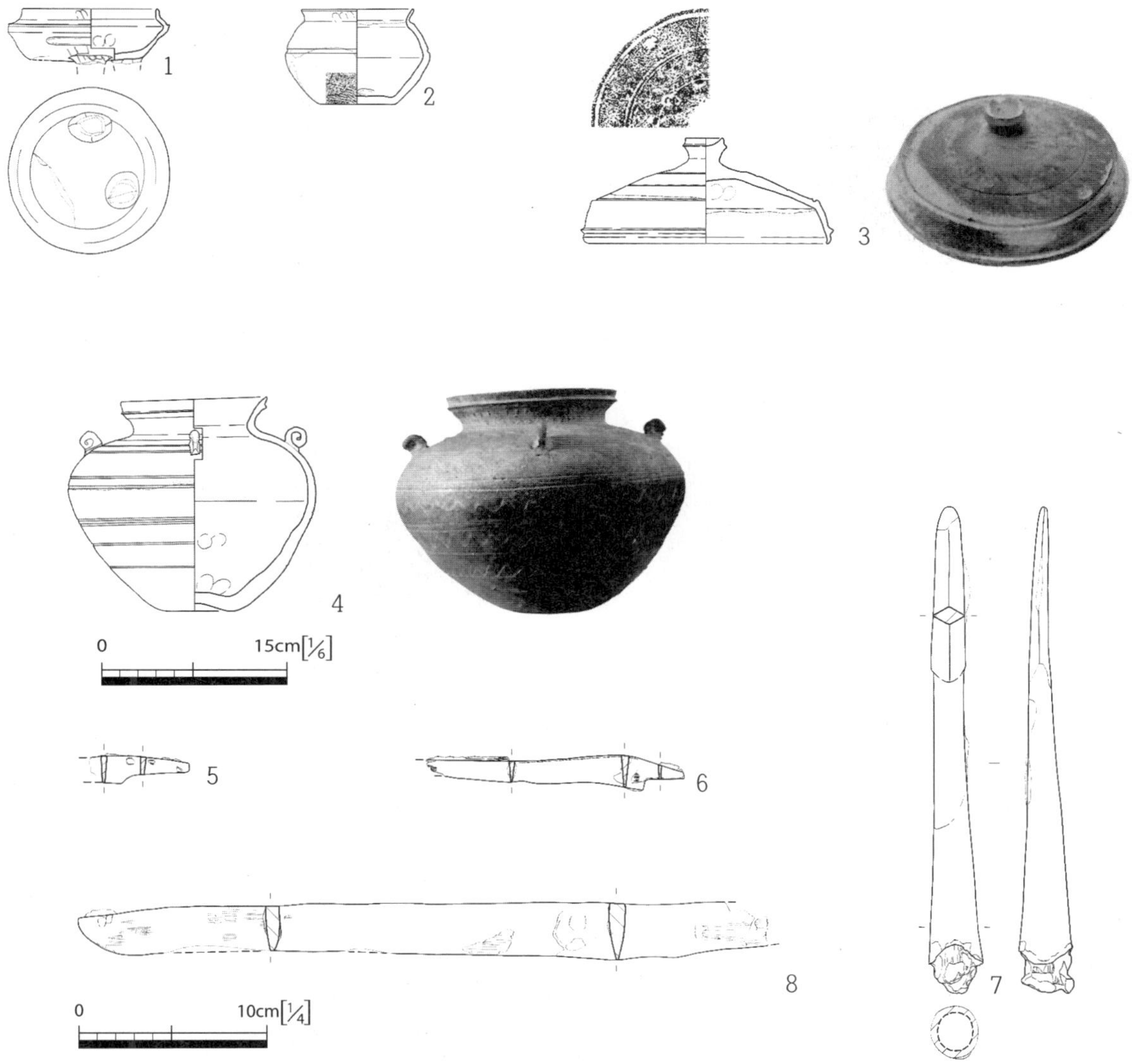

1
2
3
4
0   15cm[⅙]
5   6
8
7
0   10cm[¼]

KM-006호 석곽묘

(단위 : cm)

묘광	크 기 (길이×너비×깊이)	494×395×(117+)	주 체 부	크 기 (길이×너비×높이)	404×232×(60+)
	장폭비	1.25:1		장폭비	1.74:1
	장축방향	N-82°-E	시상·관대	크 기 (길이×너비×높이)	?
	두 향	?	벽석종류		할석
유물	토 기	-			
	철 기	관정(4), 미상철기(1)			
	청 동 기	-			
	옥 석 류	-			
	기 타	유리제 구슬(28)			
	특기사항				

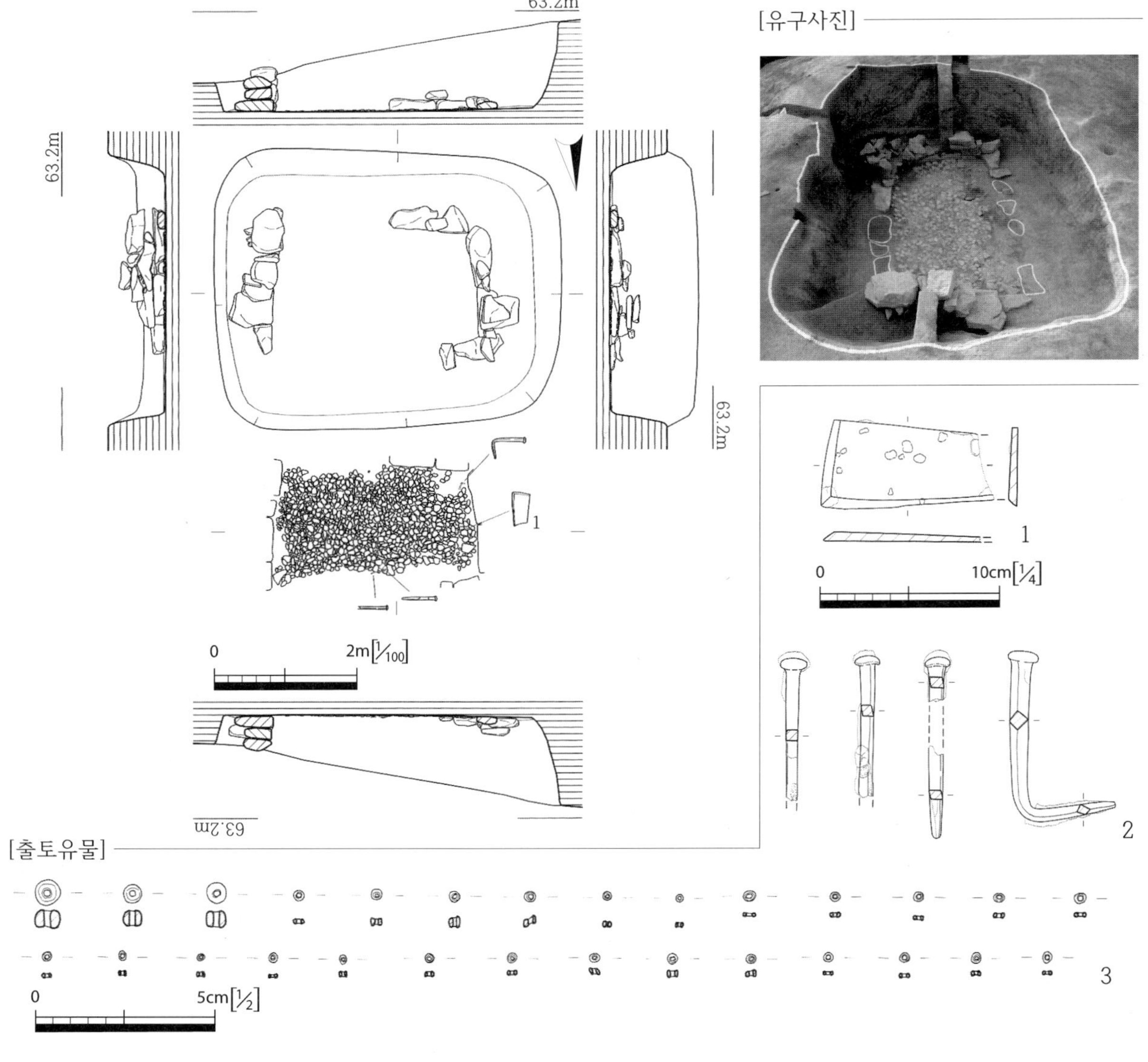

KM-007호 석곽묘

(단위 : cm)

묘광	크 기 (길이×너비×깊이)	460×296×(132+)	주 체 부	크 기 (길이×너비×높이)	427×221×(101+)
	장폭비	1.55:1		장폭비	1.93:1
	장축방향	N-14°-E	시상·관대	크 기 (길이×너비×높이)	-
	두 향	?	벽석종류		할석
유물	토 기	사이광견호(1)			
	철 기	-			
	청동기	-			
	옥석류	유리제 구슬(97)			
	기 타	-			
	특기사항				

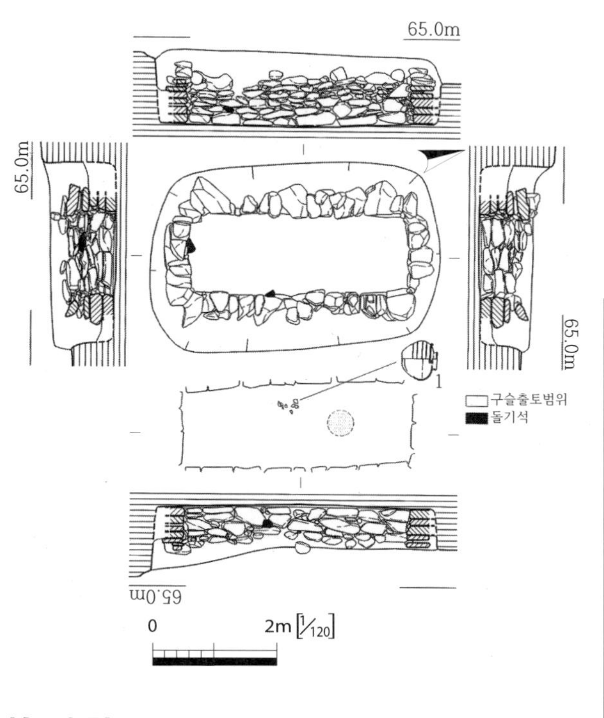

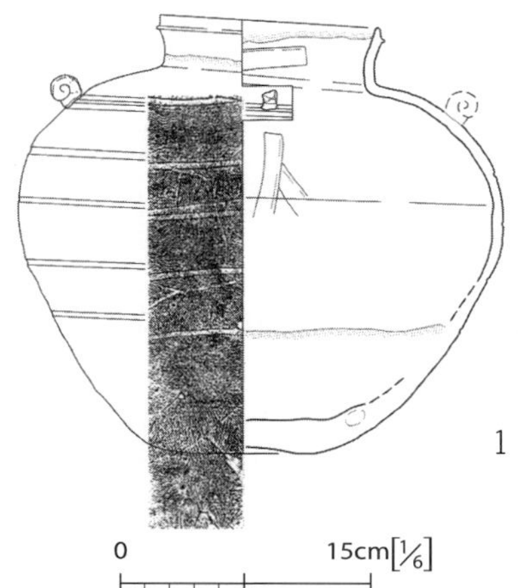

[유구사진]

[출토유물]

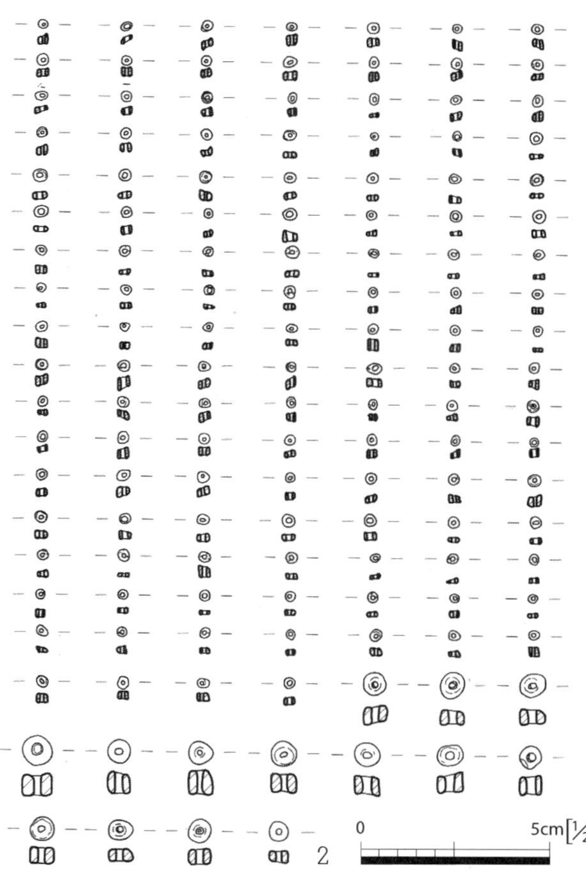

KM-008호 석곽묘

(단위 : cm)

묘광	크 기 (길이×너비×깊이)	565×313×(102+)	주 체 부	크 기 (길이×너비×높이)	306×138×(128+)
	장폭비	1.80:1		장폭비	2.22:1
	장축방향	N-74°-E	시상·관대	크 기 (길이×너비×높이)	-
	두 향	?	벽석종류		판석·할석
유물	토 기	심발형토기(1), 호·옹(1)			
	철 기	단조철부(1), 겸(1)			
	청 동 기		-		
	옥 석 류		-		
	기 타		-		
	특기사항				

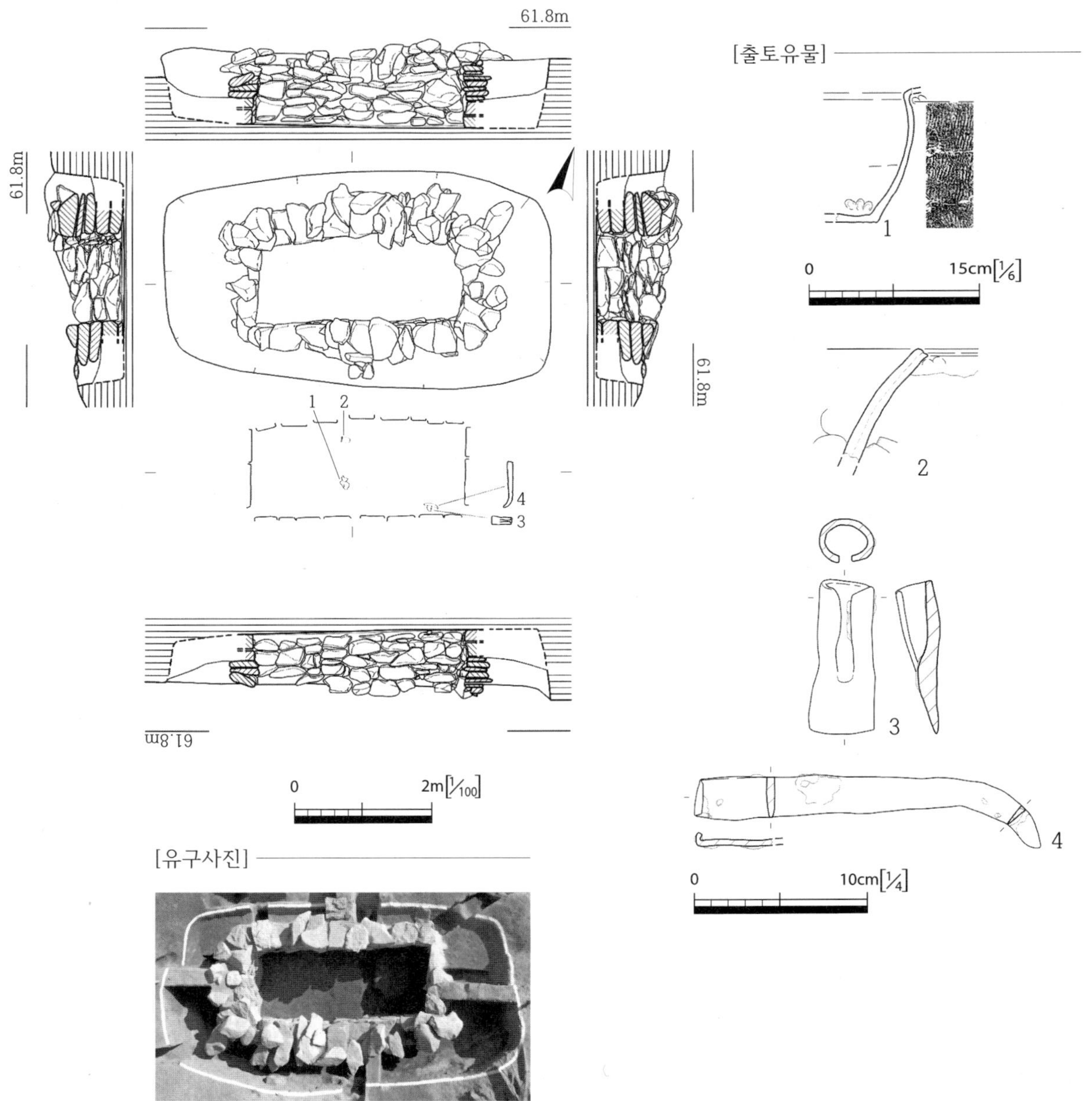

KM-009호 석곽묘

(단위 : cm)

묘광	크 기 (길이×너비×깊이)	475×291×(115+)	주체부	크 기 (길이×너비×높이)	281×(129)×(89+)
	장폭비	1.63:1		장폭비	(2.17):1
	장축방향	N-83°-W	시상·관대	크 기 (길이×너비×높이)	-
	두 향	?	벽석종류		할석
유물	토 기	배(1), 호(1)			
	철 기	-			
	청동기	-			
	옥석류	-			
	기 타	-			
	특기사항				

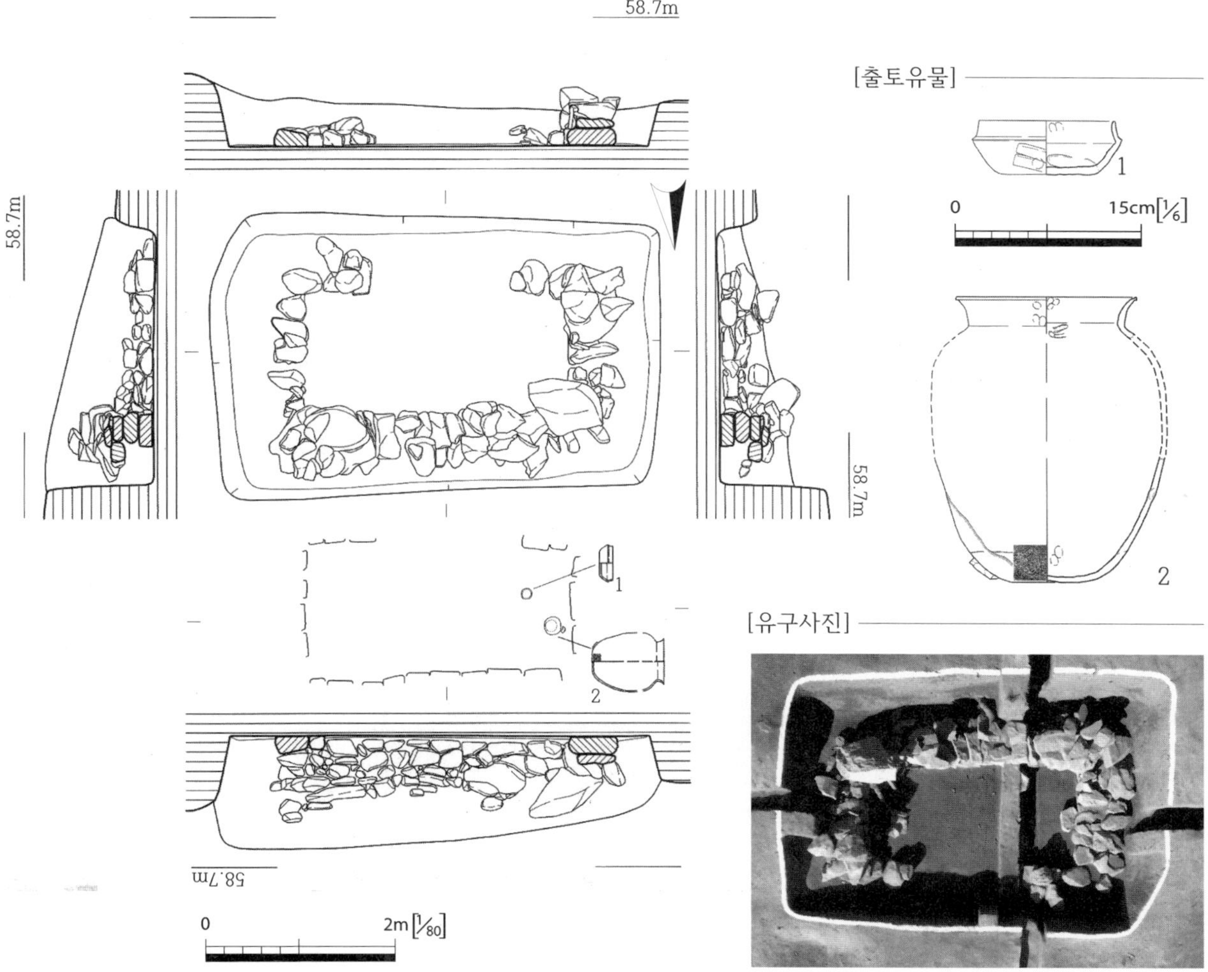

KM-010호 석곽묘

(단위 : cm)

묘광	크 기 (길이×너비×깊이)	384×263×(99+)	주 체 부	크 기 (길이×너비×높이)	306×131×?
	장폭비	1.46:1		장폭비	2.33:1
	장축방향	N-43°-W	시상·관대	크 기 (길이×너비×높이)	-
	두 향	?	벽석종류		할석
유물	토 기	통형기대(1)			
	철 기	-			
	청동기	-			
	옥석류	-			
	기 타	-			
	특기사항				

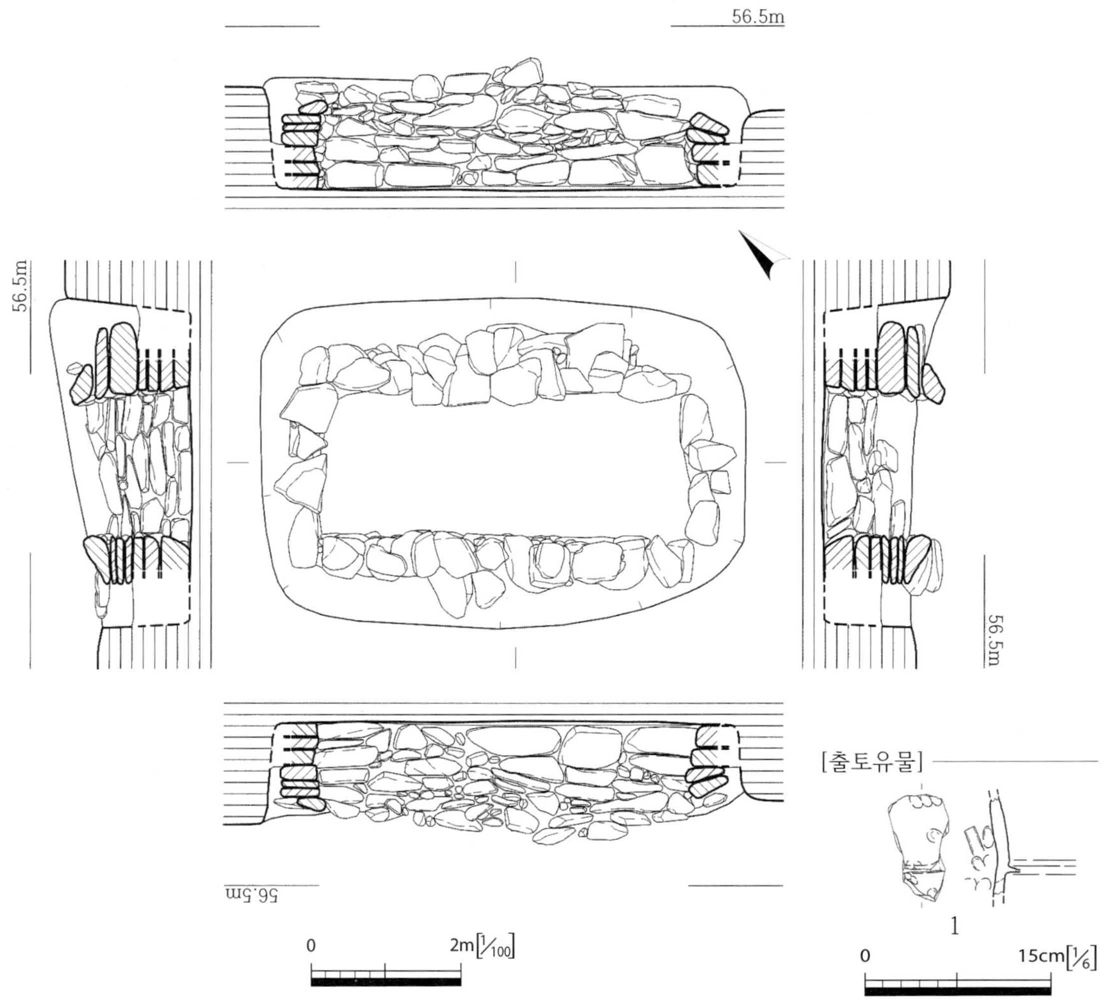

KM-011호 석곽묘

(단위 : cm)

묘광	크 기 (길이×너비×깊이)	397×(221)×(56+)	주 체 부	크 기 (길이×너비×높이)	311×(104)×(83+)
	장폭비	(1.80):1		장폭비	(2.99):1
	장축방향	N-87°-W	시상·관대	크 기 (길이×너비×높이)	?
	두 향	?	벽석종류		할석
유물	토 기	배(1)			
	철 기	-			
	청 동 기	-			
	옥 석 류	-			
	기 타	-			
	특기사항	목질흔으로 보아 목관(214×60)이 있었을 것으로 추정됨.			

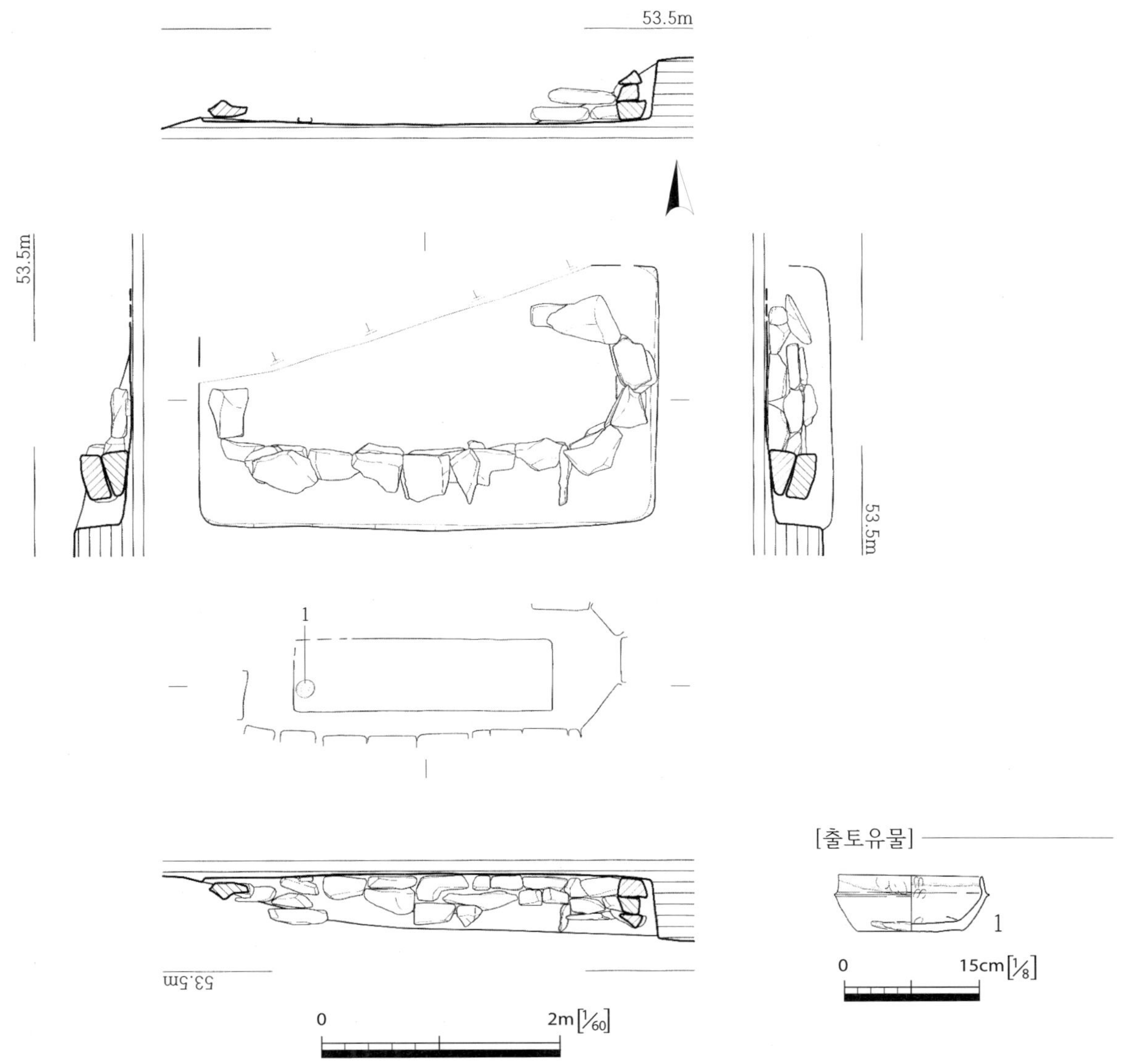

KM-012호 석곽묘

(단위 : cm)

묘광	크 기 (길이×너비×깊이)	?	주 체 부	크 기 (길이×너비×높이)	(199+)×(96+)×(54+)
	장폭비	?		장폭비	?
	장축방향	N-64°-W	시상·관대	크 기 (길이×너비×높이)	-
	두 향	?		벽석종류	?
유물	토 기	호(1), 통형기대(1)			
	철 기	꺾쇠(1)			
	청 동 기	-			
	옥 석 류	유리제 구슬(1)			
	기 타	-			
	특기사항				

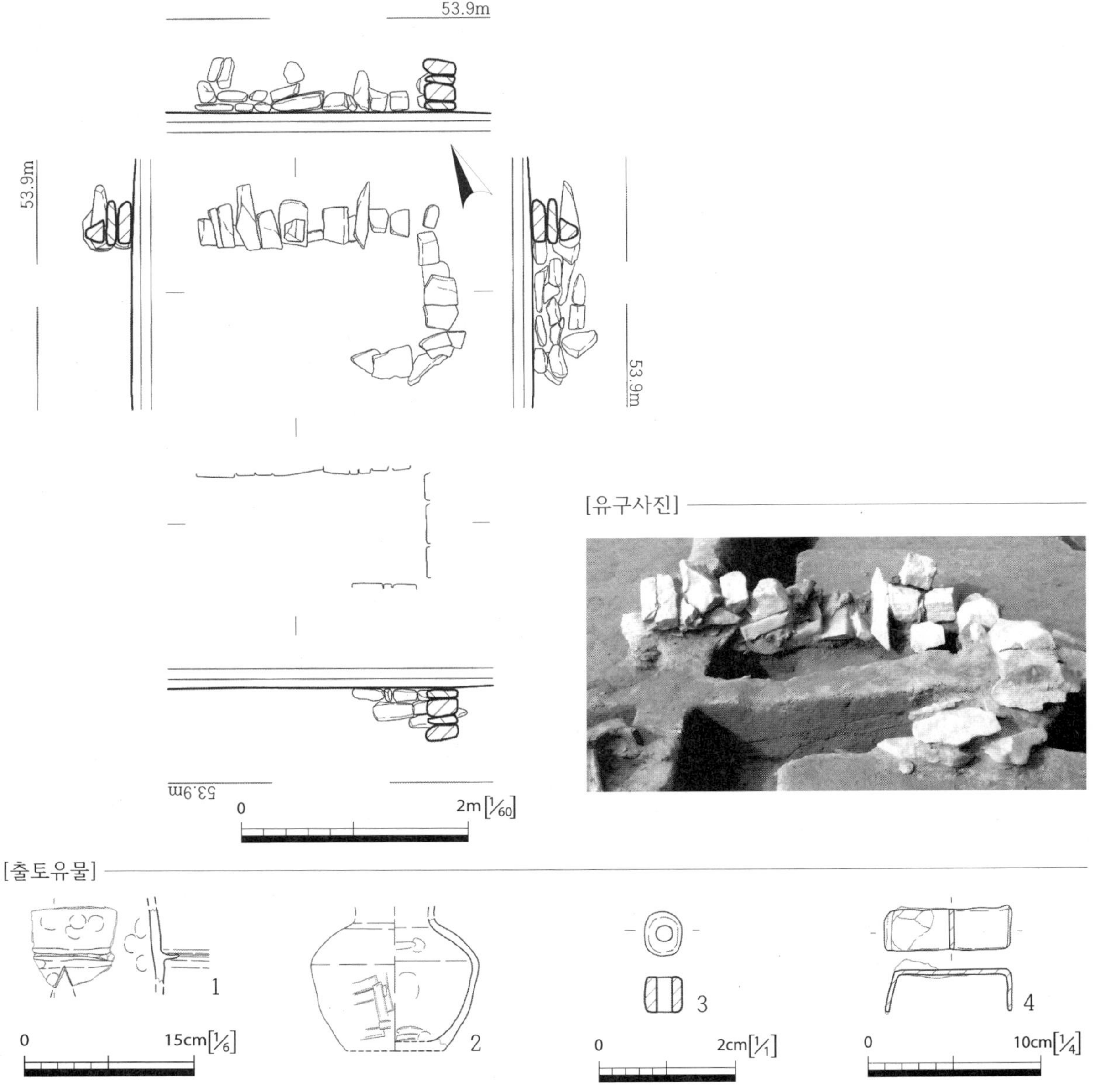

[유구사진]

[출토유물]

0 ——— 15cm[1/6]   ·1

·2

0 ——— 2cm[1/1]   ·3

0 ——— 10cm[1/4]   ·4

KM-013호 석곽묘

(단위 : cm)

묘광	크 기 (길이×너비×깊이)	222×178×(21+)	주 체 부	크 기 (길이×너비×높이)	111×(41)×(60+)
	장폭비	1.24:1		장폭비	(2.70):1
	장축방향	N-32°-W	시상·관대	크 기 (길이×너비×높이)	-
	두 향	?	벽석종류		판석
유물	토 기	완(1)			
	철 기	-			
	청 동 기	-			
	옥 석 류	-			
	기 타	-			
	특기사항				

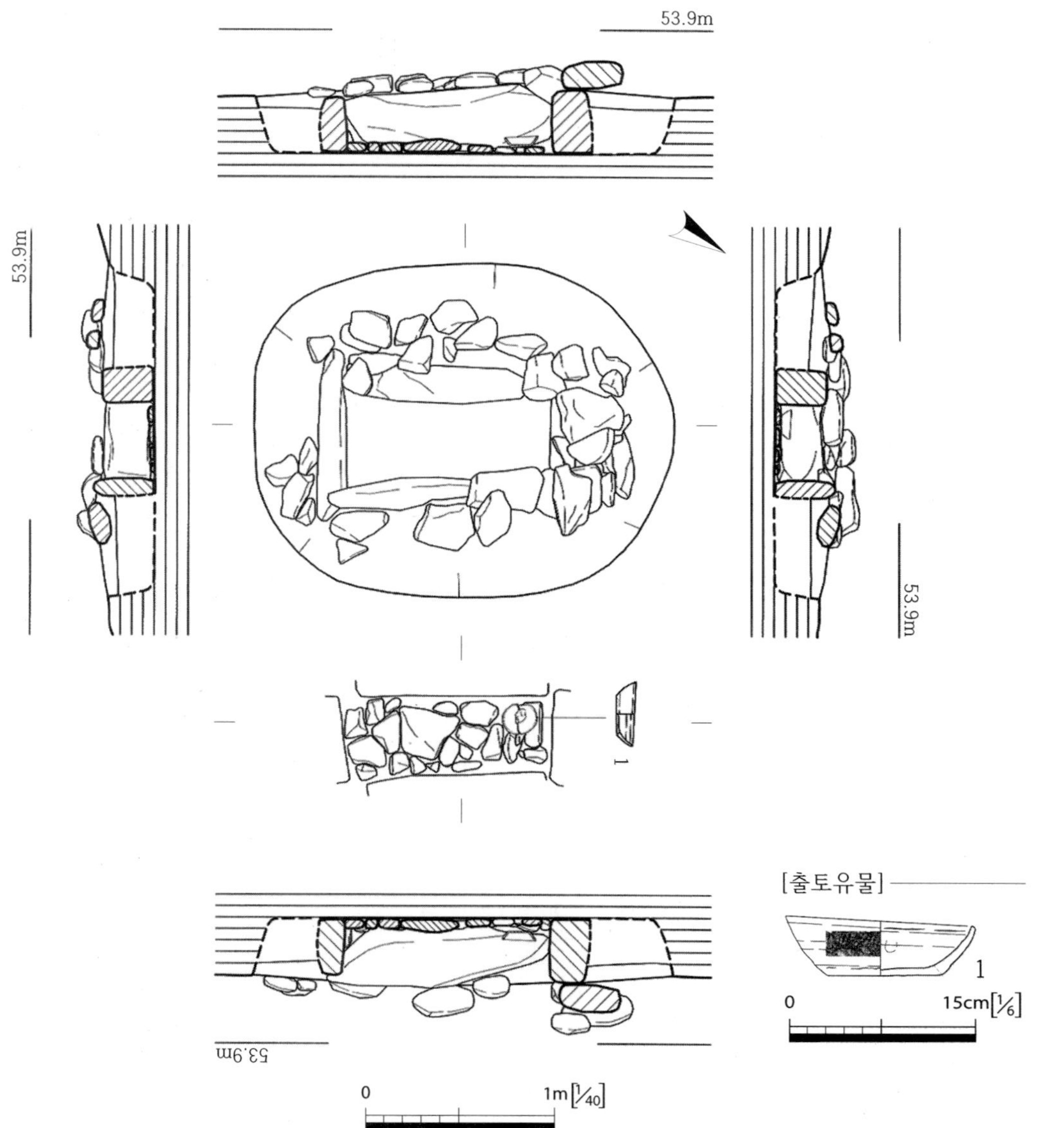

KM-014호 석실묘

(단위 : cm)

봉토	크 기 (길이×너비×높이)	?	묘광	크 기 (길이×너비×깊이)	456×495×(104+)
	평면형태	?		장폭비	0.92:1
현실	크 기 (길이×너비×높이)	288×356×(107+)		천장형태	(궁륭)
	평면형태	방형		연도위치	?
연도	크 기 (길이×너비×높이)	?		묘도크기 (길이×너비)	?
	장폭비	?		배수시설 (길이×너비×깊이)	-
시상/관대크기 (길이×너비×높이)		?		두 향	?
장축방향		N-21°-W		벽석종류	할석
유물	토 기	쌍호(1), 대옹(1), 통형기대(1)			
	철 기	촉(1), 미상철기(3)			
	청 동 기	-			
	옥 석 류	-			
	기 타	-			
	특기사항				

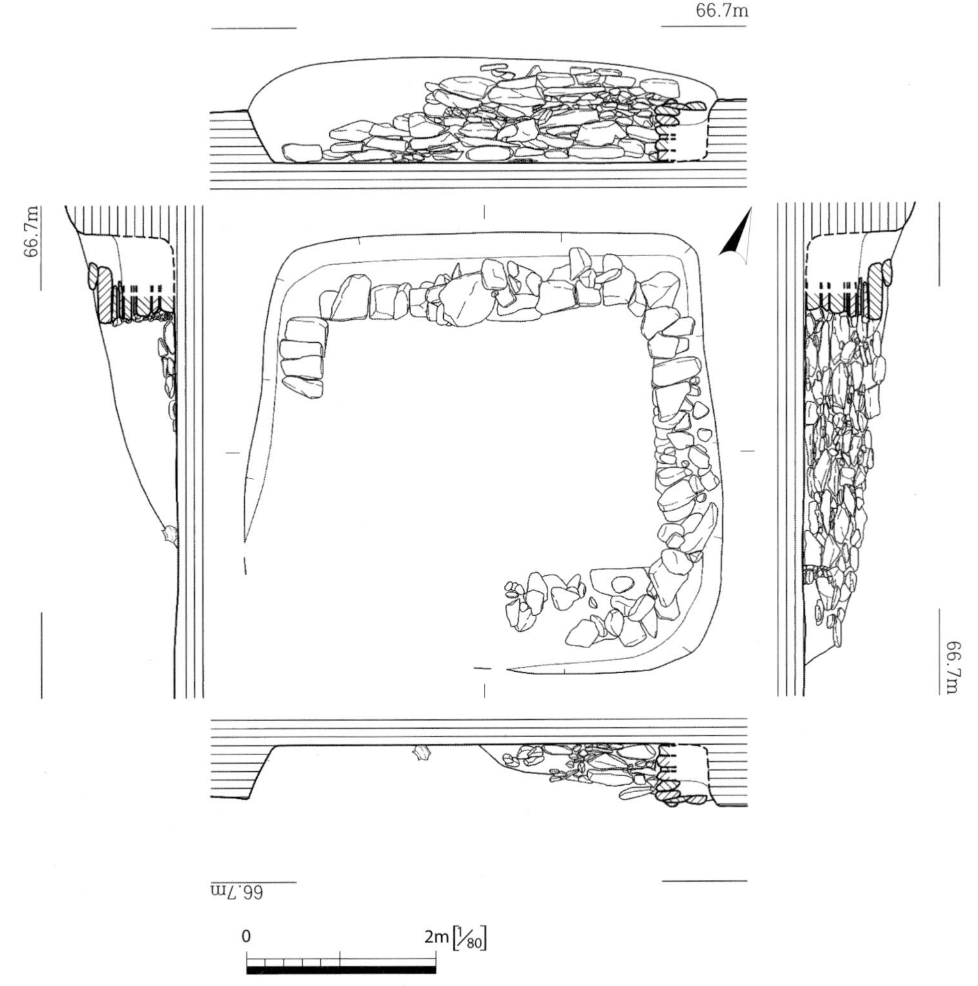

[현실바닥]
6
3
2

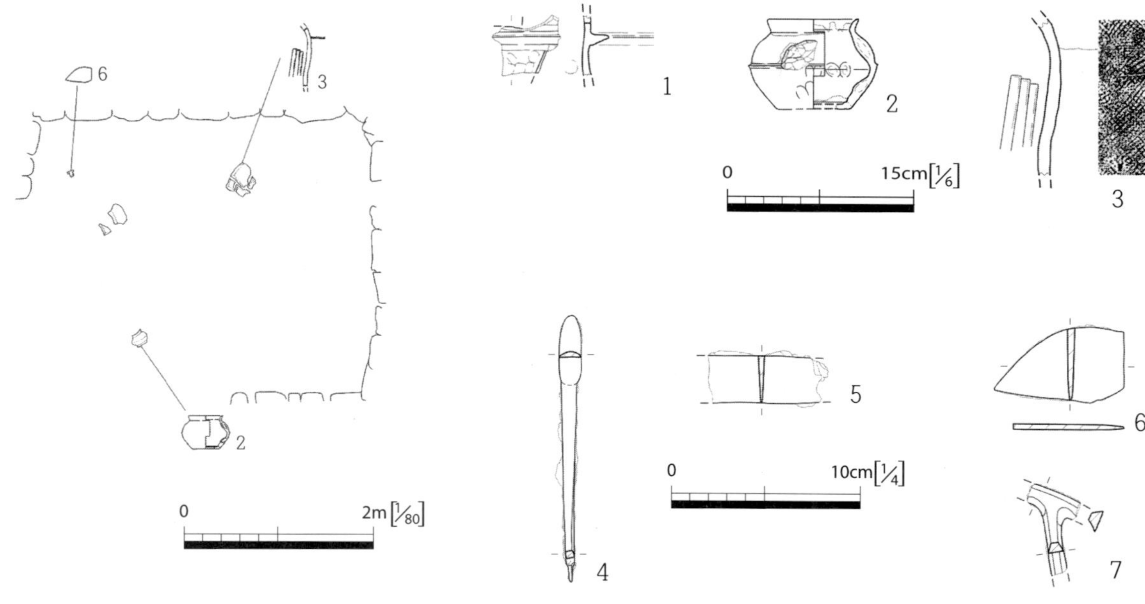
[출토유물]
1
2
0 15cm[⅙]
3
0 2m[⅟₈₀]
4
5
0 10cm[¼]
6
7

[유구사진]

KM-015호 석실묘

(단위 : cm)

봉토	크 기 (길이×너비×높이)	?	묘광	크 기 (길이×너비×깊이)	500×503×(120+)
	평면형태	?		장폭비	1.00:1
현실	크 기 (길이×너비×높이)	416×339×(129+)		천장형태	?
	평면형태	방형		연도위치	중앙
연도	크 기 (길이×너비×높이)	(132+)×?×?		묘도크기 (길이×너비)	?
	장폭비	?		배수시설 (길이×너비×깊이)	?
	시상/관대크기 (길이×너비×높이)	?		두 향	?
	장축방향	N-18°-W		벽석종류	할석
	주구크기 (길이×너비×깊이)	1400×120×(80+)		주구평면형태	눈썹형
유물	토 기	개(1), 배(2), 단경호(1), 소호(2), 호·옹(3) 삼족기(1), 통형기대(2)			
	철 기	도자(3), 준(1), 단조철부(2), 겸(1), 교구(1), 관정(16), 꺾쇠(46), 미상철기(2)			
	청동기	-			
	옥석류	유리제 구슬(511)			
	기 타	금동제 세환이식(2)			
	특기사항	목관 2기와 시상대 2기 이상이 있었을 것으로 추정됨.			

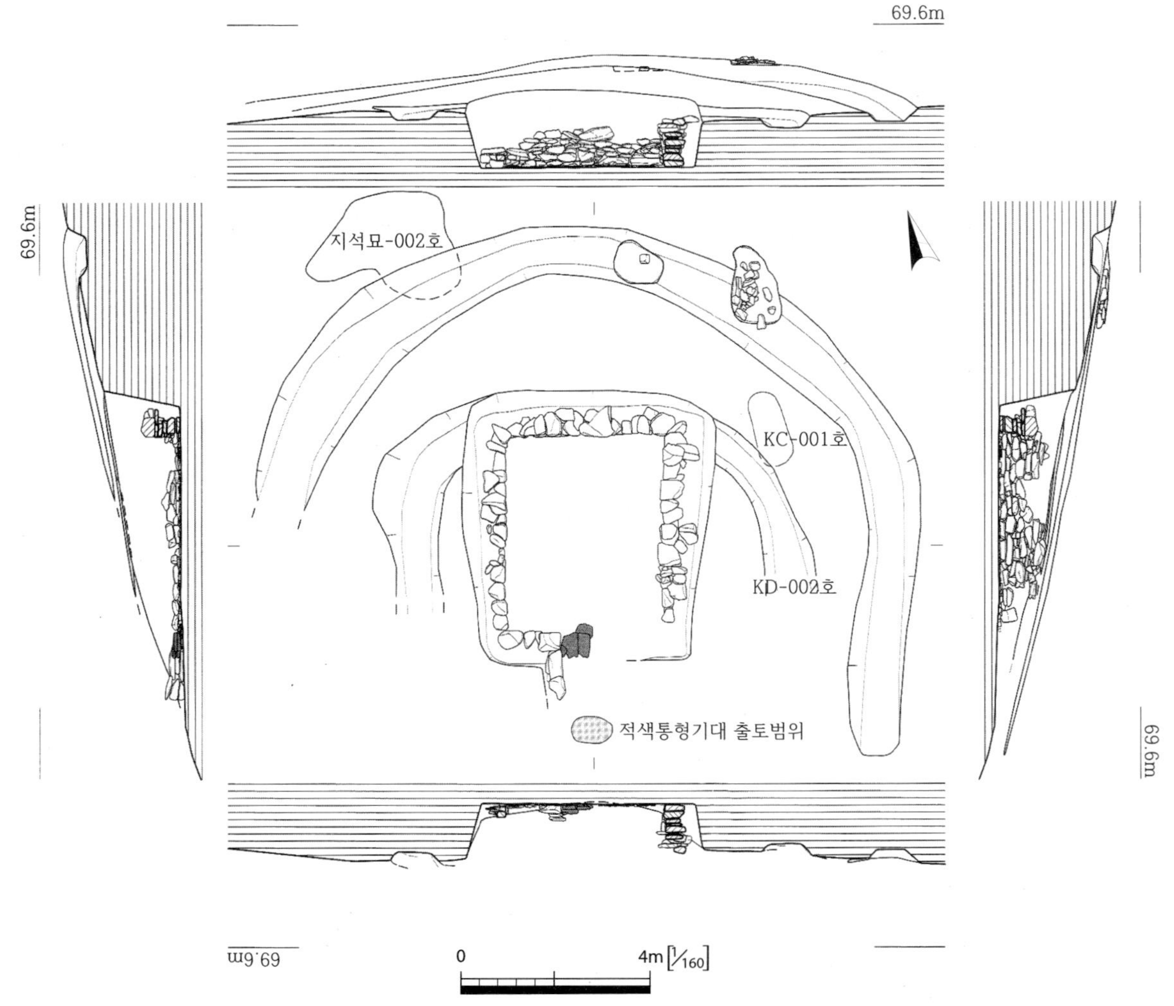

[현실바닥]
69.6m
69.6m
69.6m
구슬집중출토범위
21
18
10
3
5
4
6
27
11
0   2m [1/80]
69.6m

[유구사진]

동벽

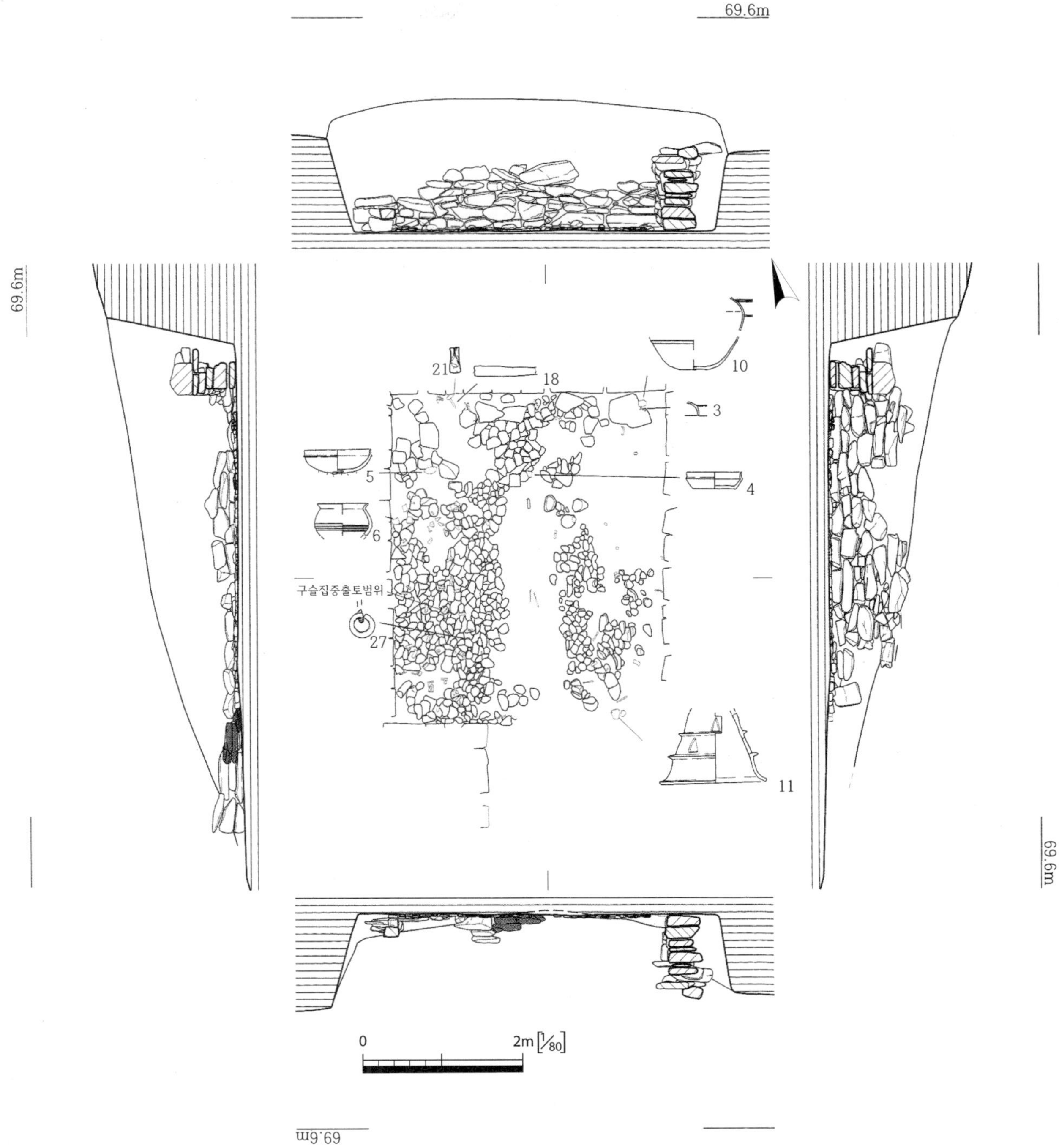

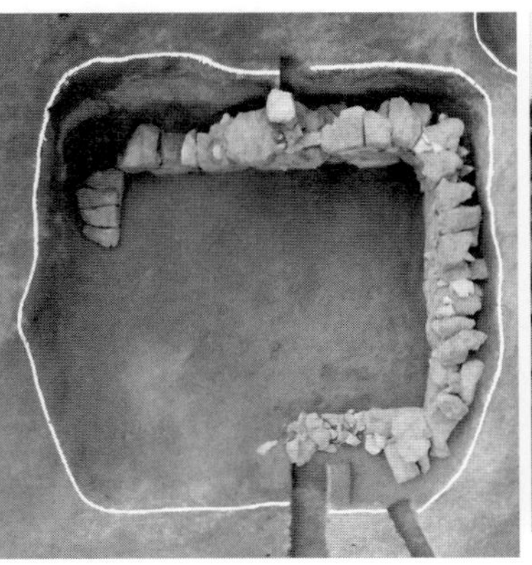

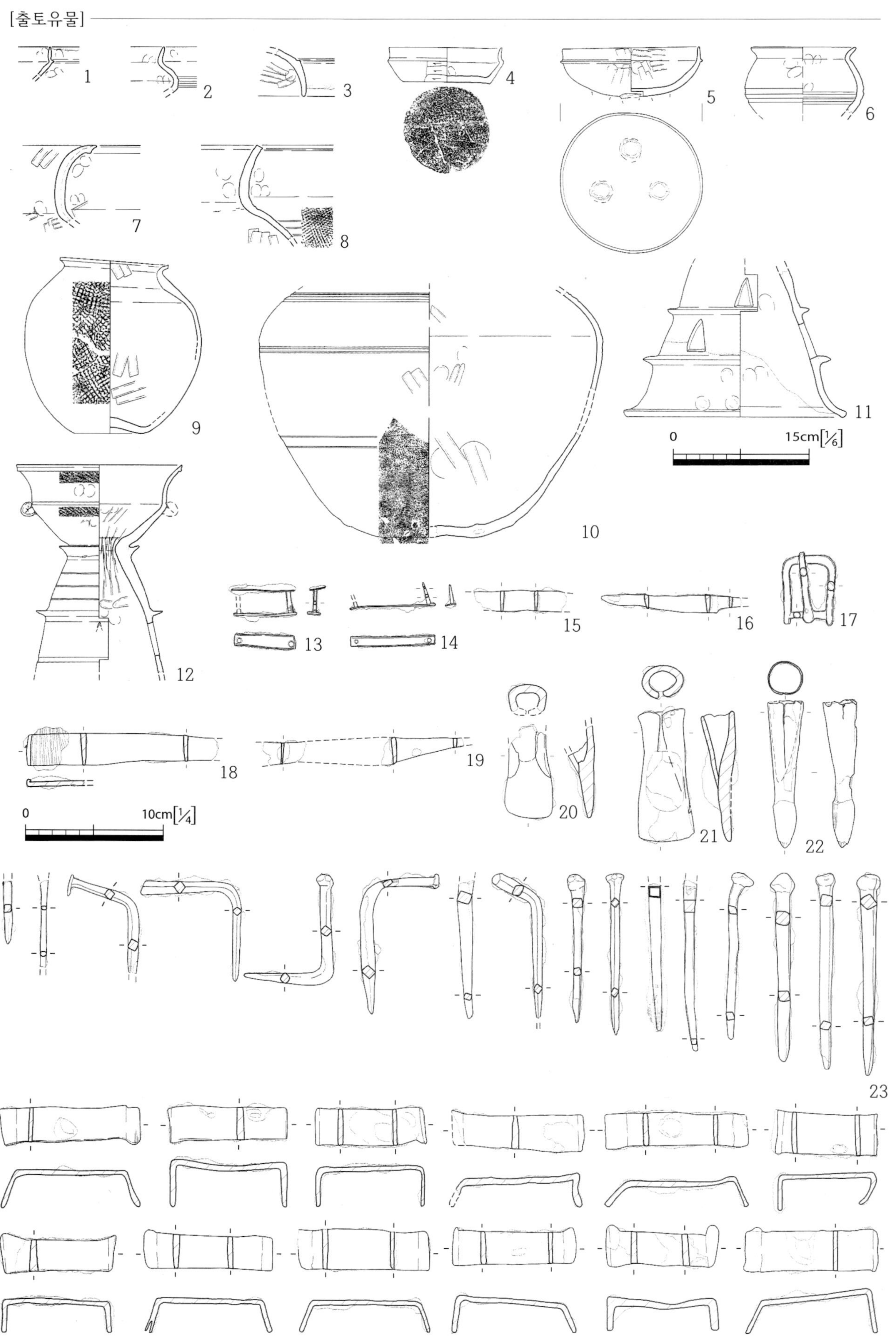

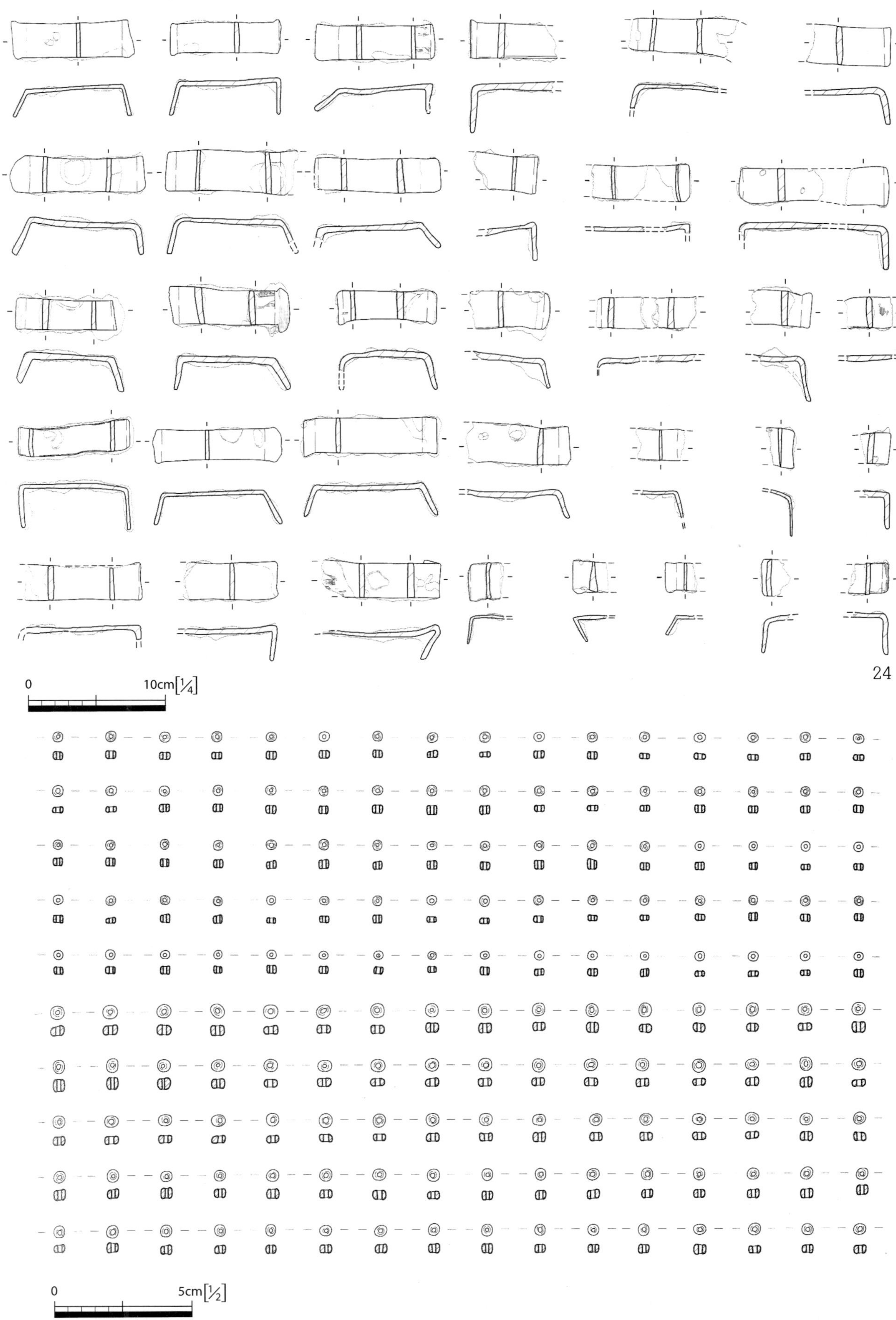

24
0   10cm[¼]
0   5cm[½]

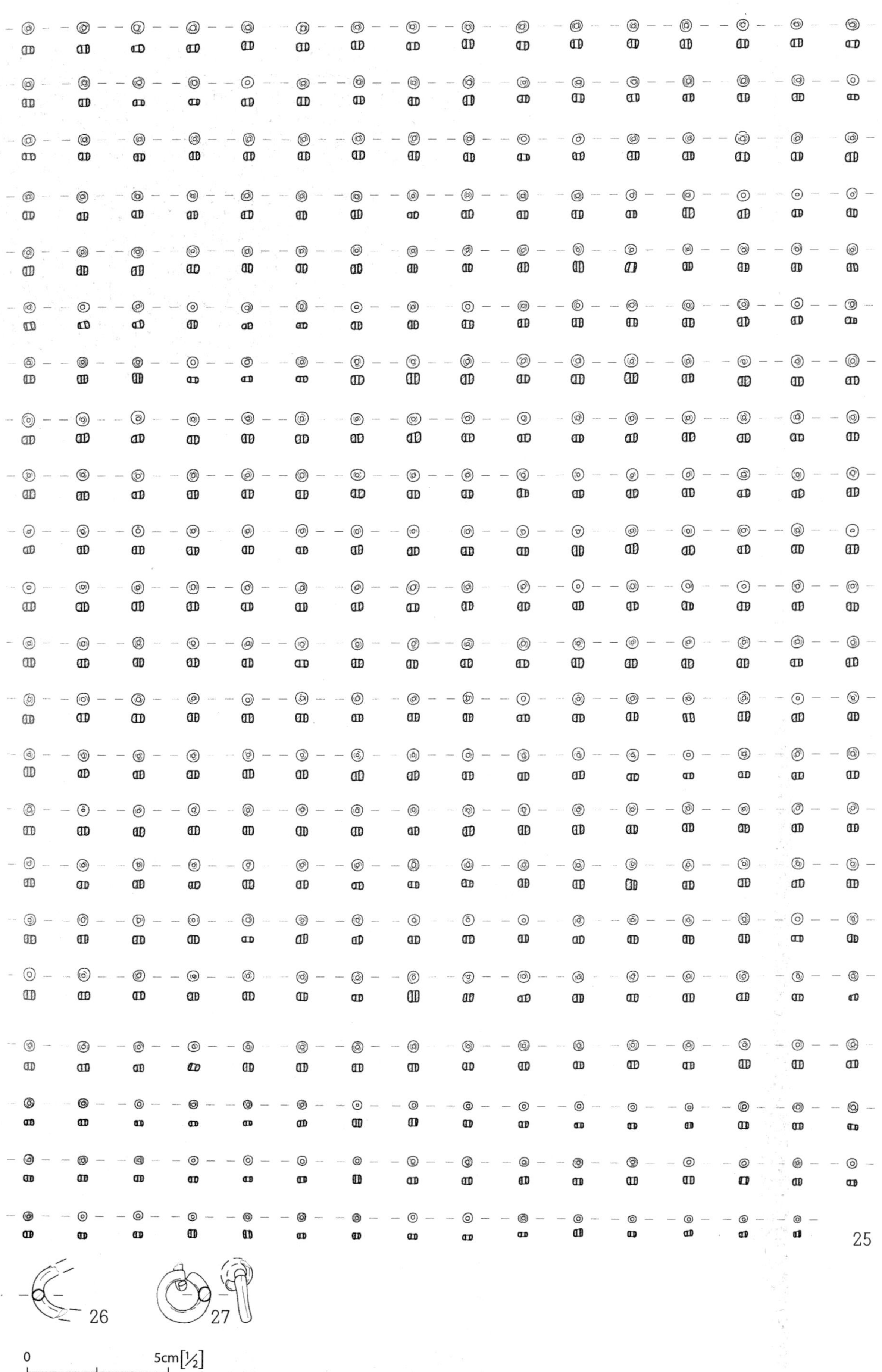

25

26

27

0   5cm[½]

144

KM-016호 석실묘

(단위 : cm)

봉토	**크 기** (길이×너비×높이)	1100×1100×?	**묘광**	**크 기** (길이×너비×깊이)	446×485×(330+)
	평면형태	?		**장폭비**	0.91:1
현실	**크 기** (길이×너비×높이)	404×436×(322+)		**천장형태**	궁륭
	평면형태	방형		**연도위치**	중앙
연도	**크 기** (길이×너비×높이)	330×109×(180+)		**묘도크기** (길이×너비)	409×193
	장폭비	3.02:1		**배수시설** (길이×너비×깊이)	-
시상/관대크기 (길이×너비×높이)		?		**두 향**	?
장축방향		N-(59)°-W		**벽석종류**	할석

유물		
	토 기	고배(2), 배(4:주혈1), 개(2), 호·옹(14), 대부완(1), 소호(3), 광견호(2), 대호(1), 삼족기(1), 통형기대(6)
	철 기	도자(2), 촉(17), 모(2), 준(1), 단조철부(2), 겸(1), 은장철지 辻金具(1), 은장철지 금구(1), 수납부금구(2), 은장철지 성시구(4), 은장교구(3), 교구(2), 관정(30), 꺾쇠(132), 미상철기(1)
	청 동 기	은장옥형호록장식(2)
	옥 석 류	유리제 곡옥(1), 구슬(934)
	기 타	금제 도장구(1), 금제 구슬(3), 금동유물편(1), 은제 지환(1), 골제 은장도자(1)
	특기사항	KM-016호와 관련된 주혈군(50×50) 확인. 옻칠을 한 꺾쇠 출토.

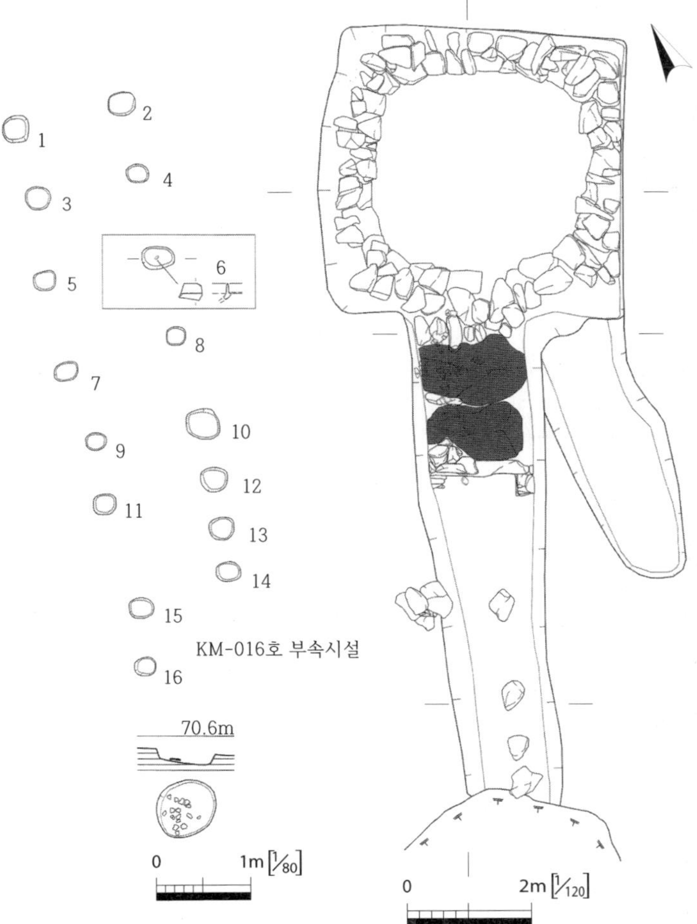

KM-016호 부속시설

70.6m

0   1m [1/80]

0   2m [1/120]

[유구사진]

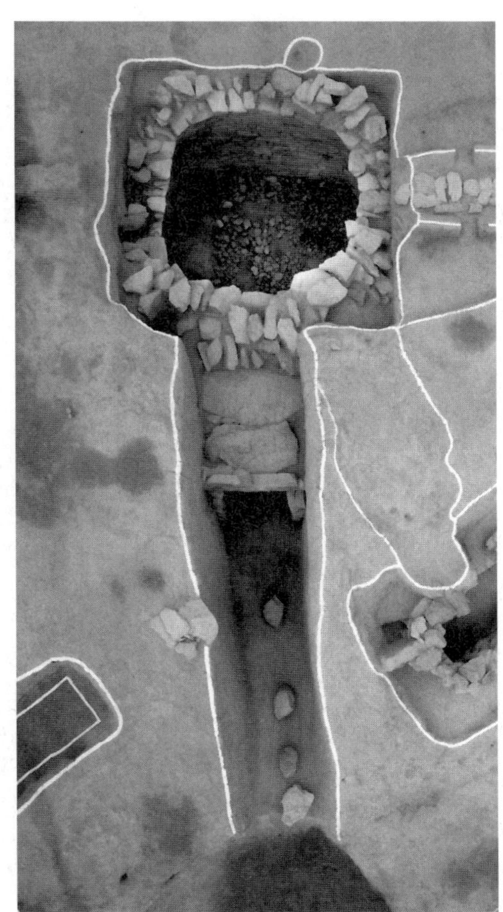

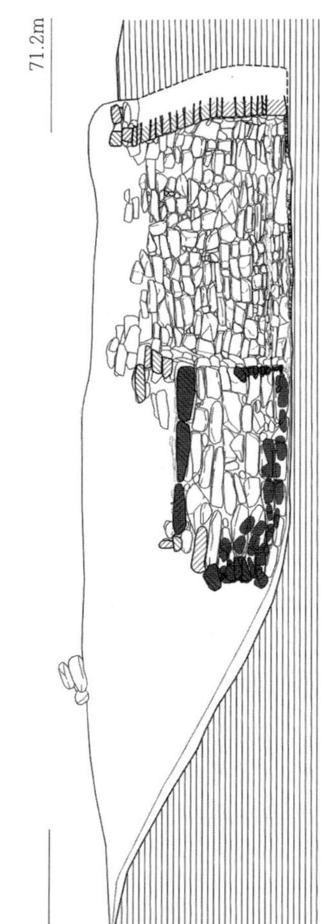
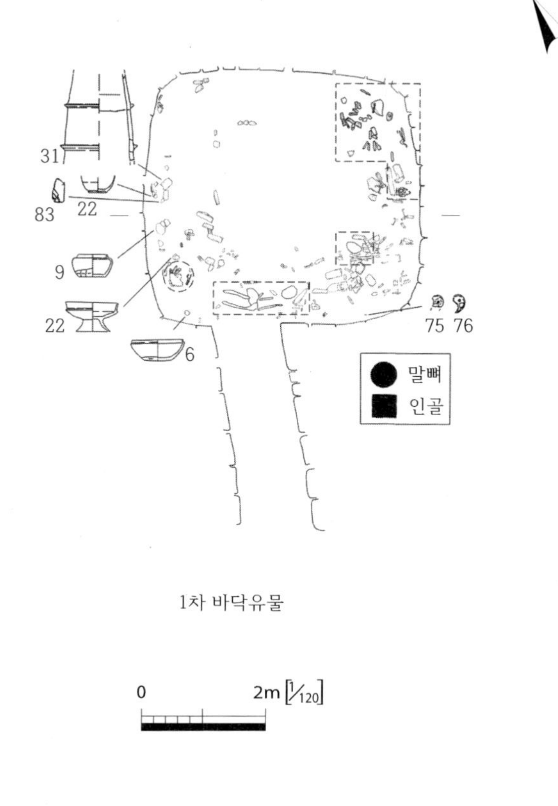
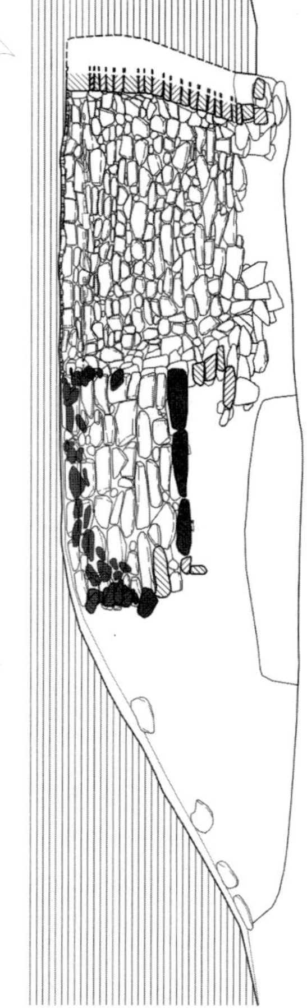
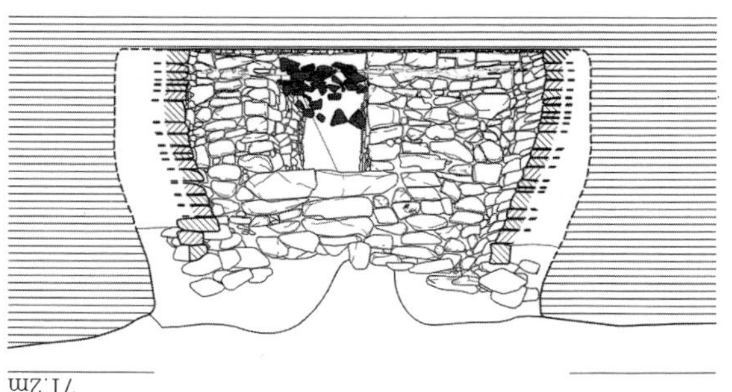

마한·백제의 분묘 문화 Ⅲ- 충남 Ⅰ : 연기(세종) 편 -

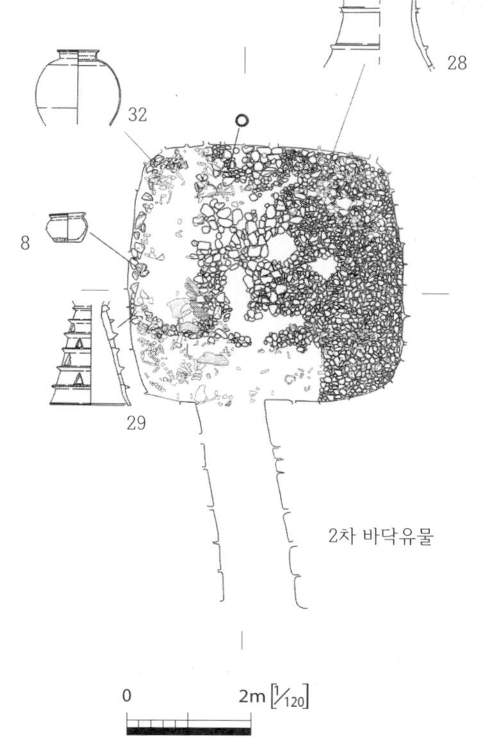

2차 바닥유물

0   2m [1/120]

연도부

북벽

1차 현실바닥

2차 현실바닥

동벽

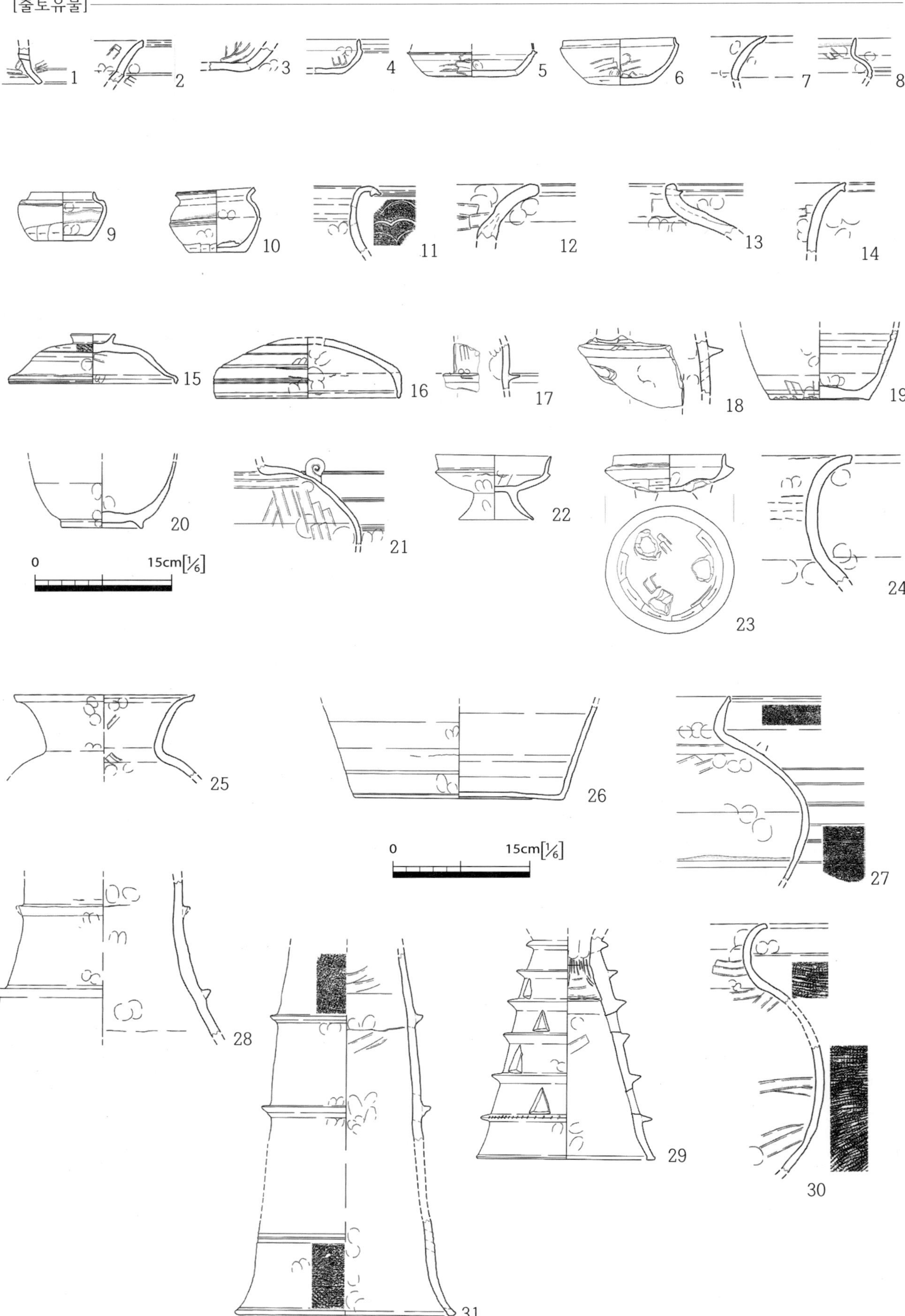

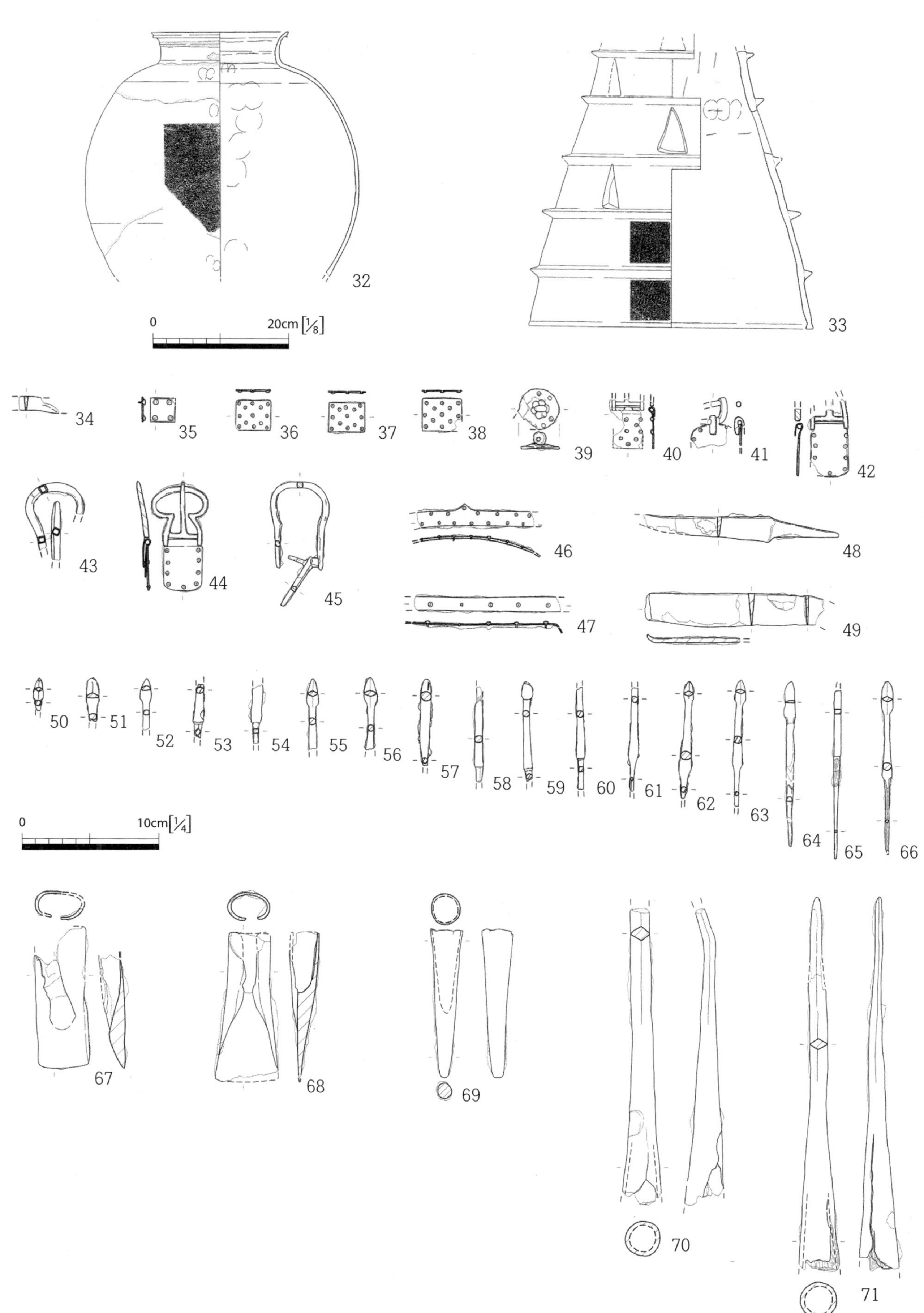

32
33
0 20cm [⅛]
34
35
36
37
38
39
40
41
42
43
44
45
46
47
48
49
50
51
52
53
54
55
56
57
58
59
60
61
62
63
64
65
66
0 10cm [¼]
67
68
69
70
71

72

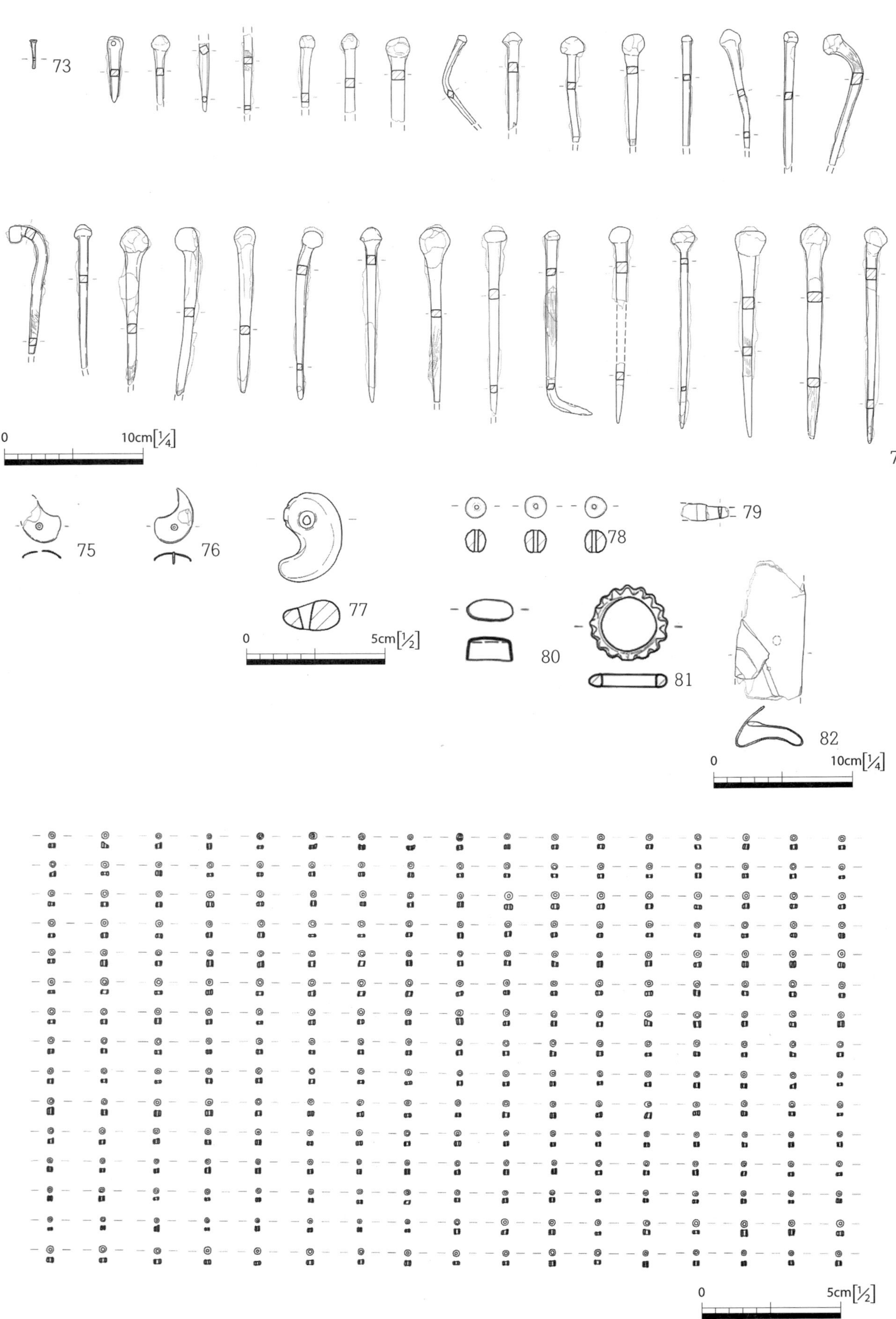

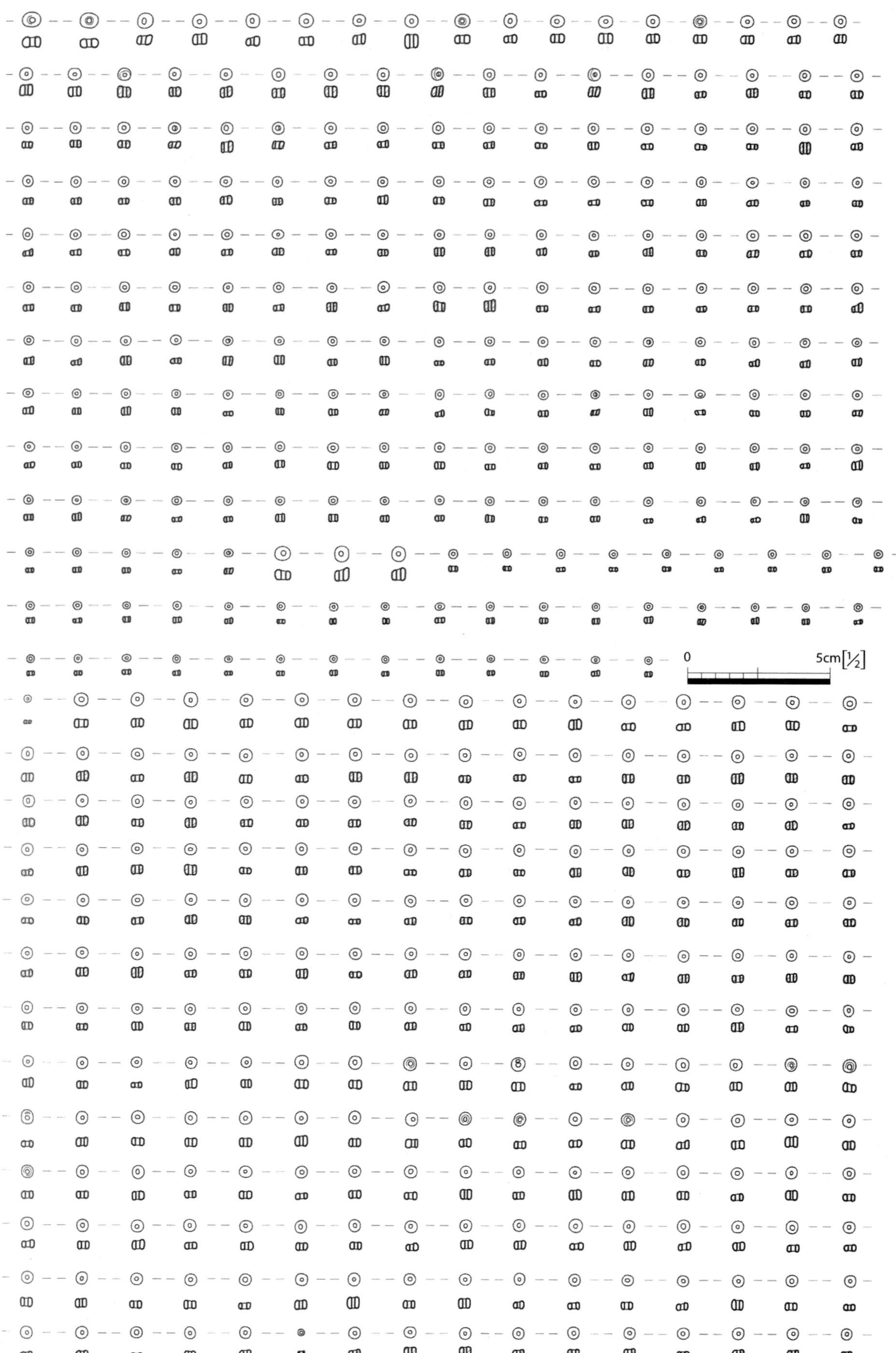

0 5cm[1/2]

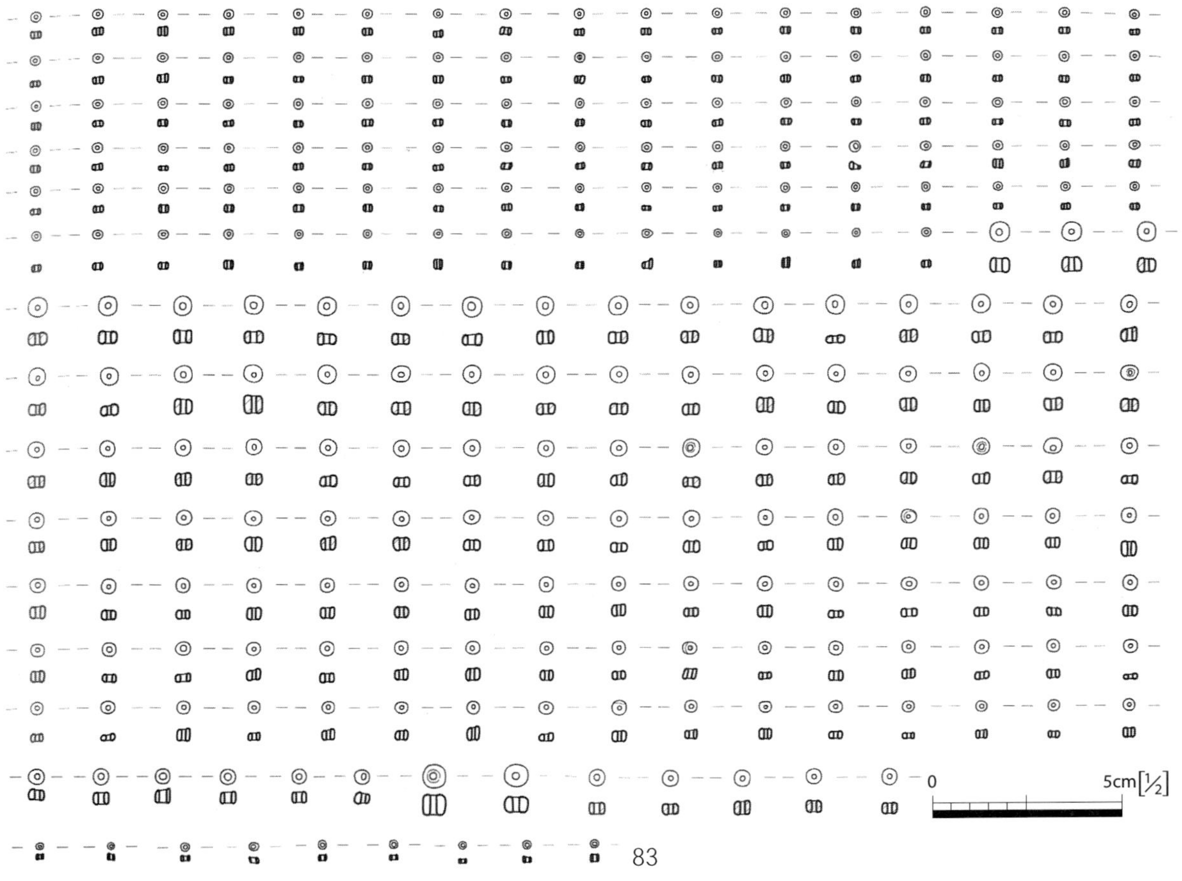

83

[주공]

84

0   5cm[½]

0   15cm[⅙]

KM-017호 석실묘

(단위 : cm)

봉토	크 기 (길이×너비×높이)	?	묘광	크 기 (길이×너비×깊이)	306×490×(123+)
	평면형태	?		장폭비	1.60:1
현실	크 기 (길이×너비×높이)	294×321×(117+)		천장형태	?
	평면형태	횡장방형		연도위치	좌편재
연도	크 기 (길이×너비×높이)	(110+)×(84)×(46+)		묘도크기 (길이×너비)	?
	장폭비	?		배수시설 (길이×너비×깊이)	?
시상/관대크기 (길이×너비×높이)		?		두 향	?
장축방향		N-9°-E		벽석종류	할석
유물	토 기	개(1), 직구소호(2), 호·옹(1)
	철 기	도자(1), 관정(4)
	청 동 기	–
	옥 석 류	유리제 구슬(5)
	기 타	–
특기사항		보고서 기술과 유구 도면·스케일바 비율이 모두 상이함.

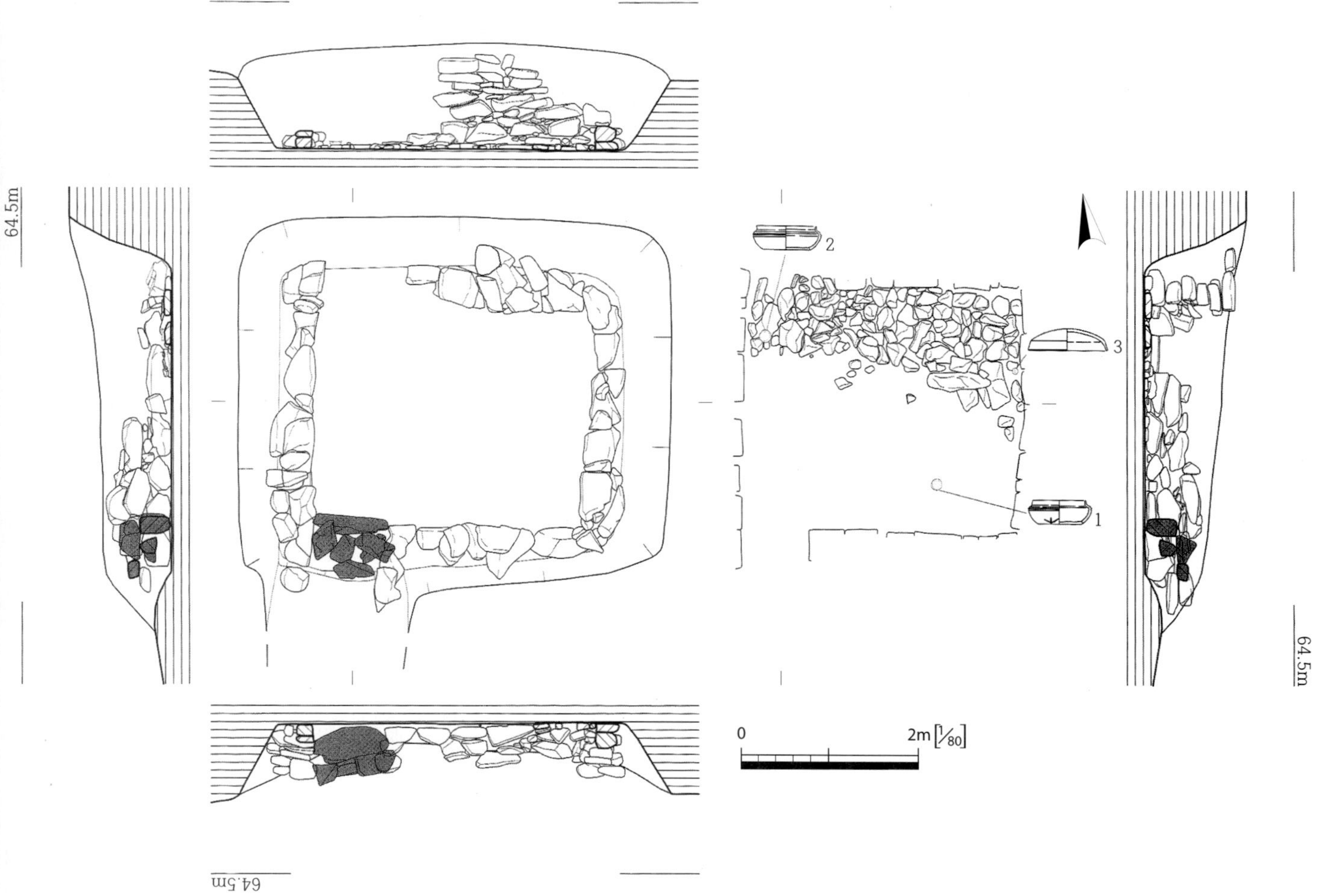

[유구사진]

서벽
남벽 

[출토유물]

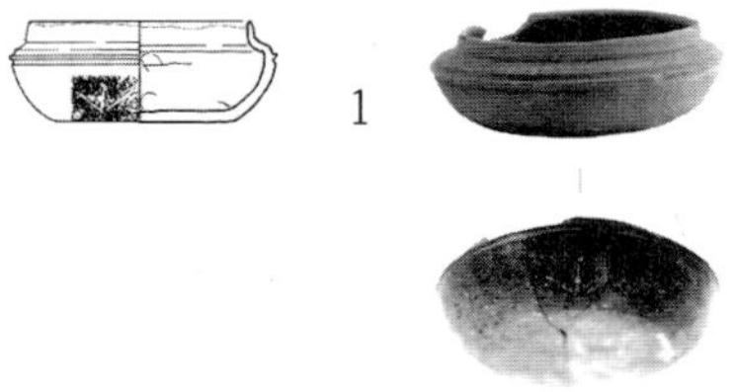

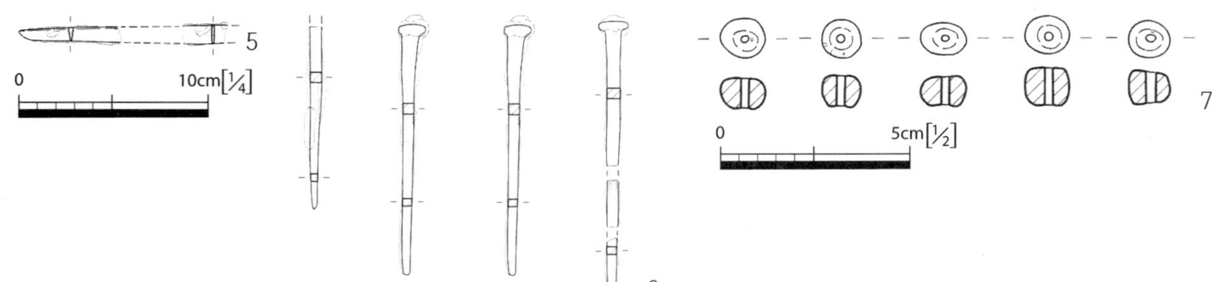

1
2 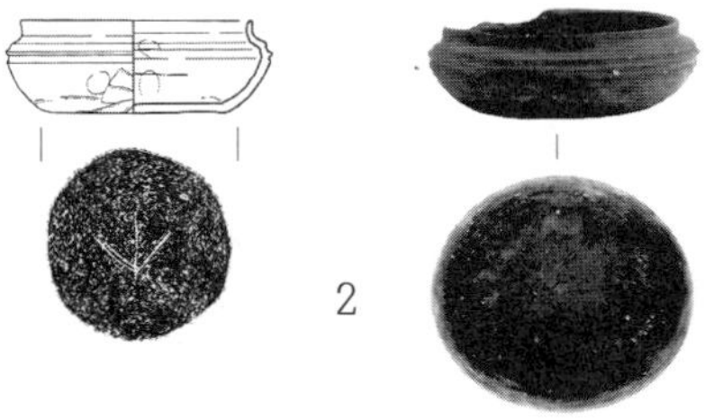
3
4
5
6
7
0   15cm[⅙]
0   10cm[¼]
0   5cm[½]

KM-018호 석실묘

(단위 : cm)

봉토	크 기 (길이×너비×높이)	?	묘광	크 기 (길이×너비×깊이)	408×451×(100+)
	평면형태	?		장폭비	0.90:1
현실	크 기 (길이×너비×높이)	304×(284)×(63+)		천장형태	?
	평면형태	방형		연도위치	좌편재
연도	크 기 (길이×너비×높이)	(121+)×76×(80+)		묘도크기 (길이×너비)	?
	장폭비	?		배수시설 (길이×너비×깊이)	-
시상/관대크기 (길이×너비×높이)		?	두 향		?
장축방향		N-20°-E	벽석종류		할석
유물	토 기	배(2), 고배(1), 대부직구소호(1), 사이광견호(1)			
	철 기	도자(1), 촉(1), 관정(3)			
	청동기				
	옥석류	유리제 구슬(15)			
	기 타				
	특기사항				

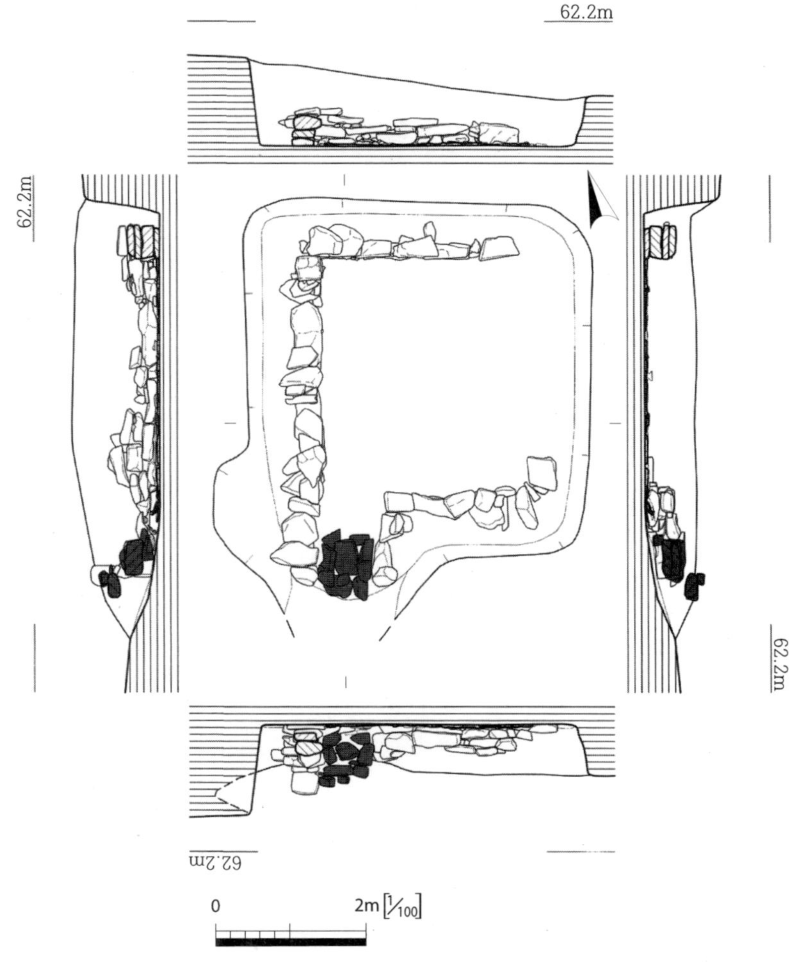

[현실바닥]
0   2m[1/80]
[유구사진]
[출토유물]
0   15cm[1/6]
0   10cm[1/4]
0   5cm[1/2]

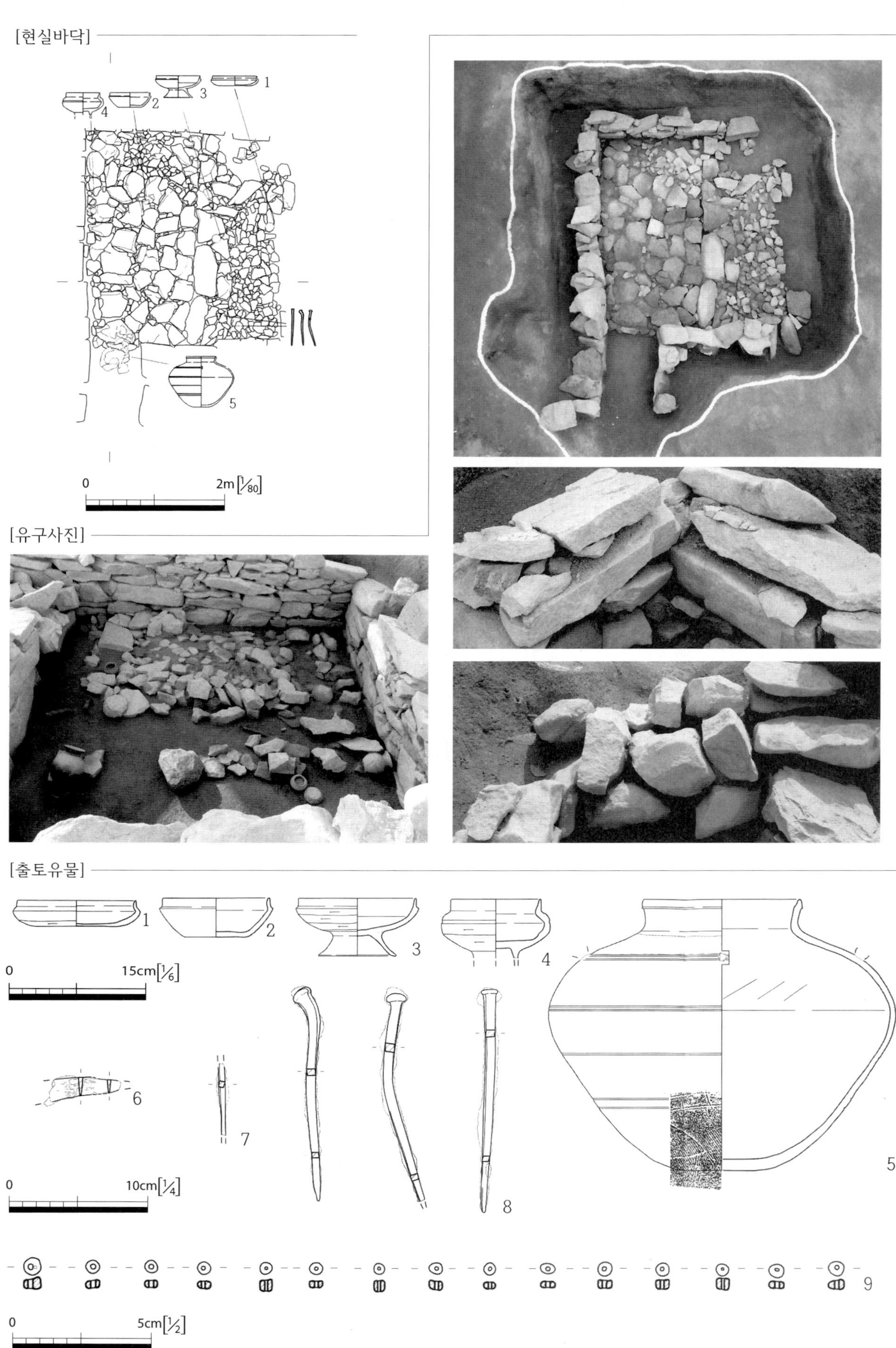

KM-019호 석실묘

(단위 : cm)

봉토	크 기 (길이×너비×높이)	?	묘광	크 기 (길이×너비×깊이)	384×489×(131+)
	평면형태	?		장 폭 비	0.78:1
현실	크 기 (길이×너비×높이)	284×282×(123+)		천장형태	?
	평면형태	방형		연도위치	좌편재
연도	크 기 (길이×너비×높이)	98×82×(46+)		묘도크기 (길이×너비)	54×60
	장 폭 비	1.20:1		배수시설 (길이×너비×깊이)	-
	시상/관대크기 (길이×너비×높이)	?		두 향	?
	장축방향	N-3°-E		벽석종류	할석
유물	토 기	배(2), 광구호(2), 소호(2), 호(1), 삼족기(1)			
	철 기	도자(1), 모(1), 단조철부(1), 겸(1), 착(1), 관정(5)			
	청 동 기	-			
	옥 석 류	-			
	기 타	-			
	특기사항	보고서 기술과 유구 도면·스케일바 비율이 모두 상이함.			

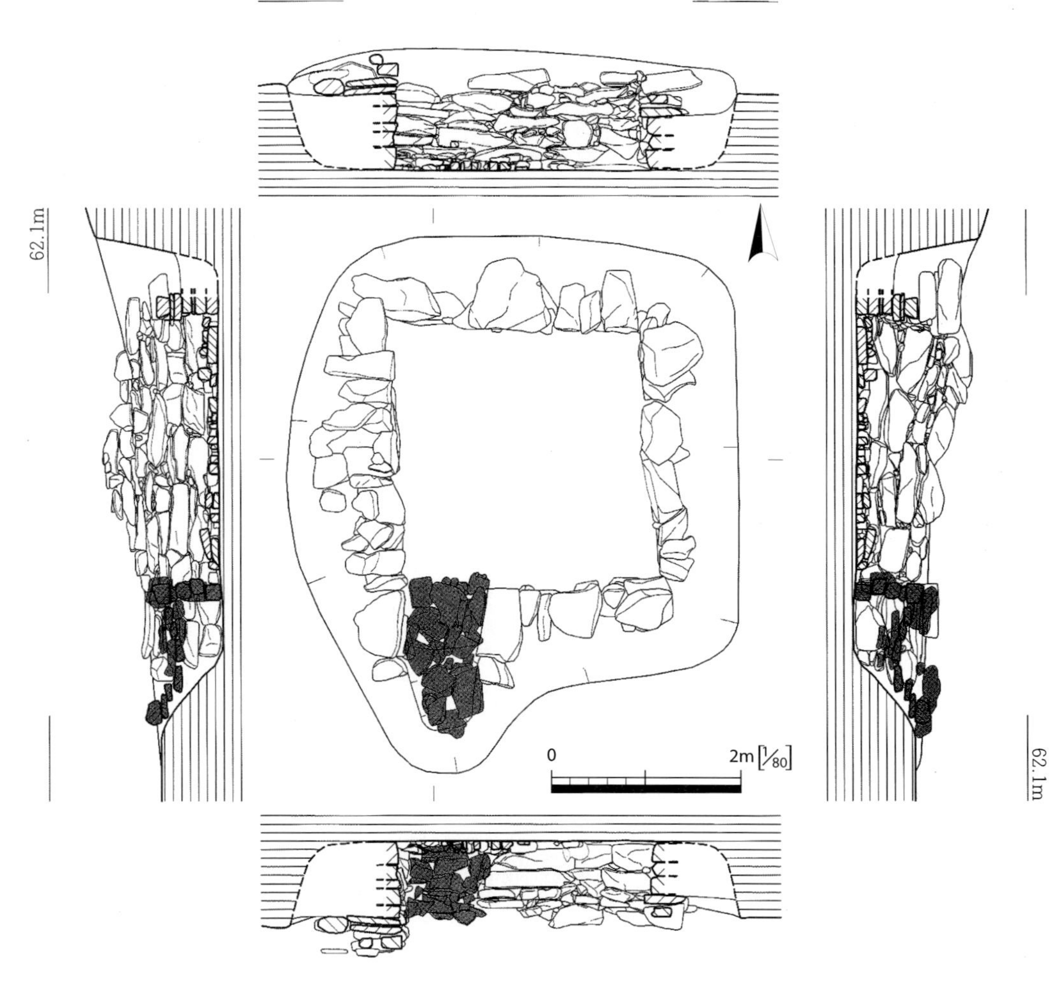

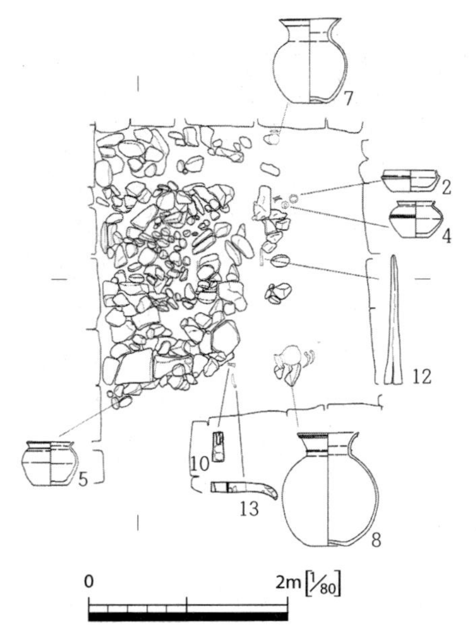

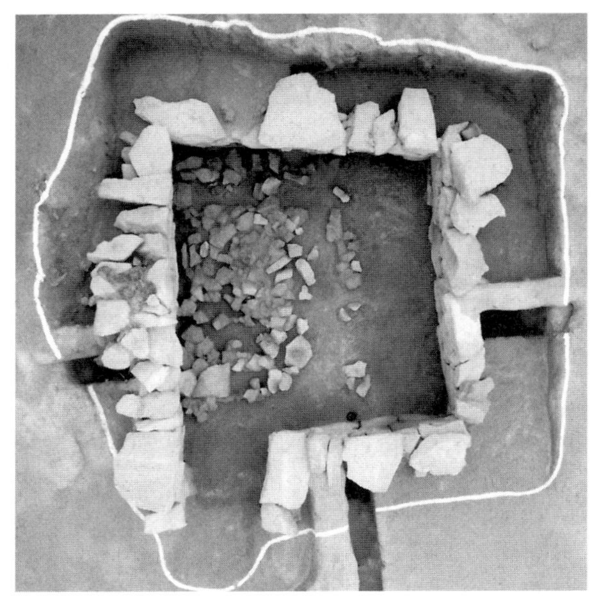

마한·백제의 분묘 문화 Ⅲ- 충남Ⅰ: 연기(세종) 편 -

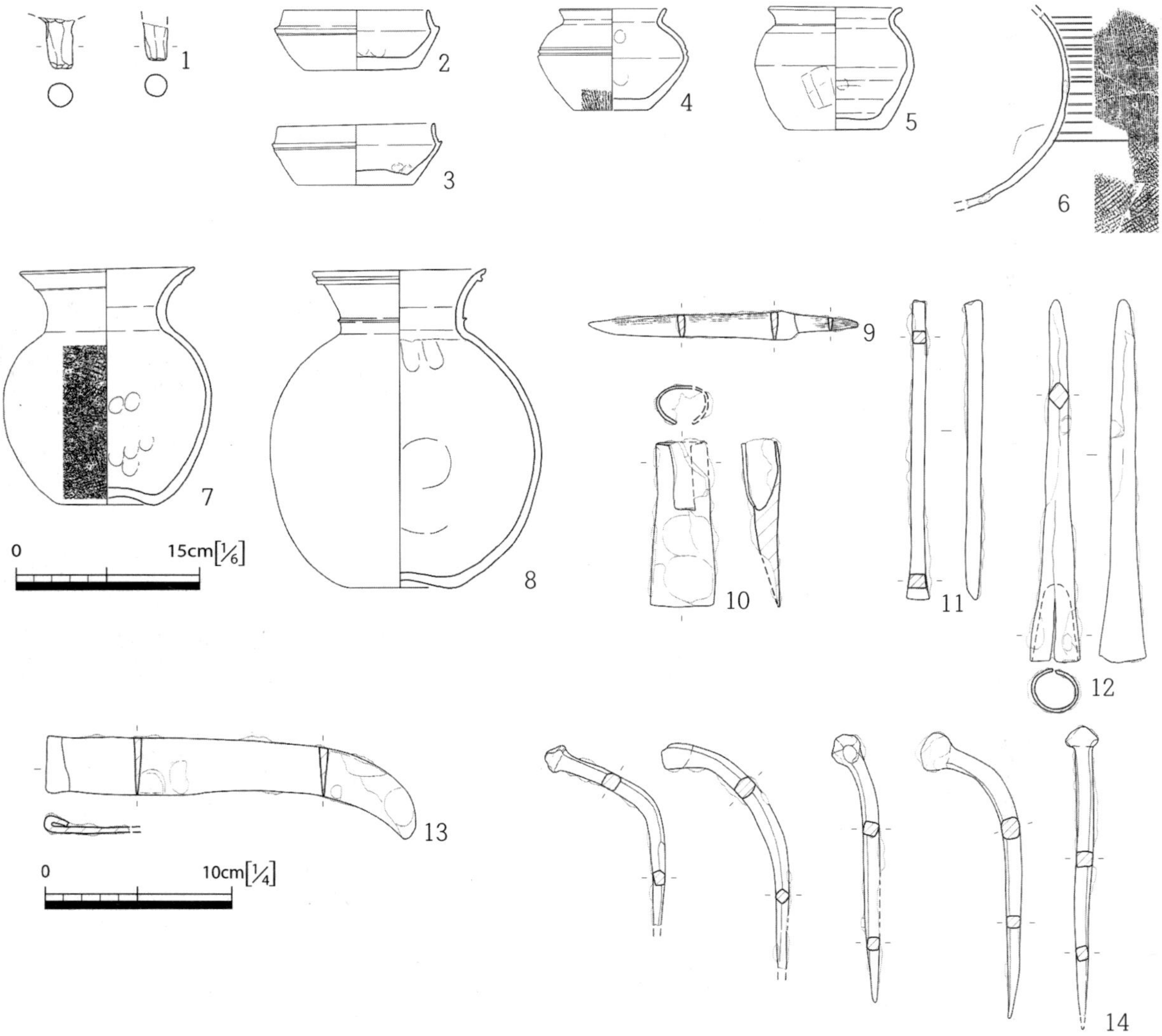

KM-020호 주구토광묘

(단위 : cm)

묘광	크 기 (길이×너비×깊이)	321×132×(57+)	목관	크 기 (길이×너비×높이)	235×131×?
	장폭비	2.43:1		장폭비	1.79:1
	장축방향	N-76°-W	목곽	크 기 (길이×너비×높이)	-
	두 향	서쪽		장폭비	-
	주구크기 (길이×너비×깊이)	(1080+)×140×(37+)	주구평면형태		(눈썹형)
유물	토 기	배(2), 광구호(1)			
	철 기	도(2), 촉(18)			
	청동기	-			
	옥석류	-			
	기 타	-			
	특기사항				

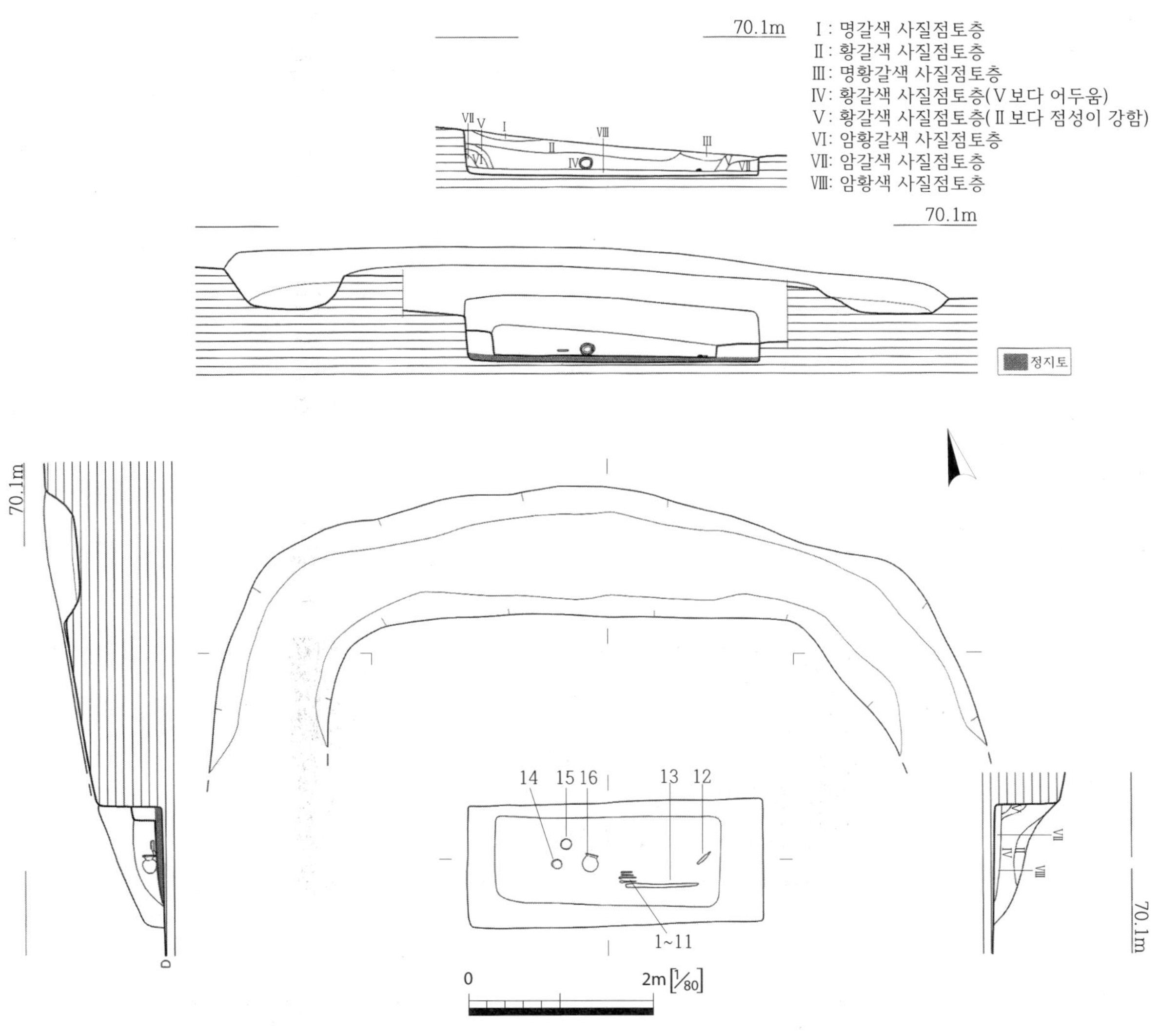

[유구사진]

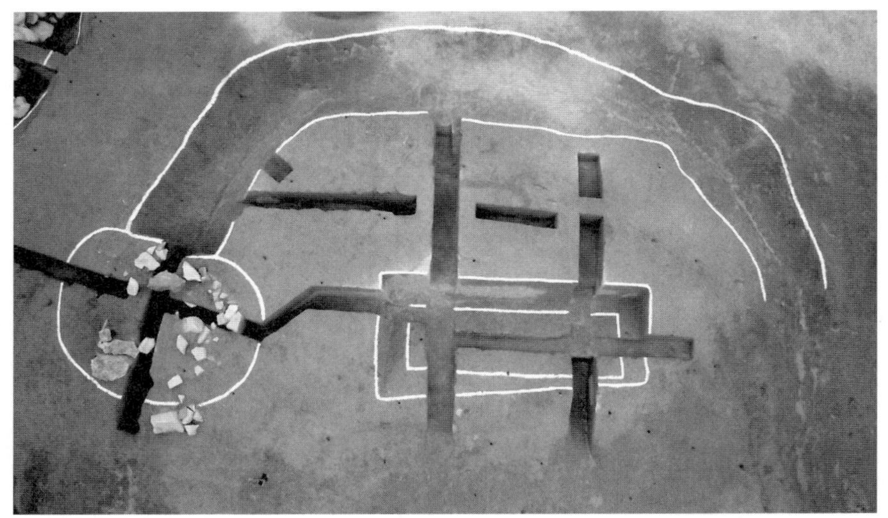

[관내]

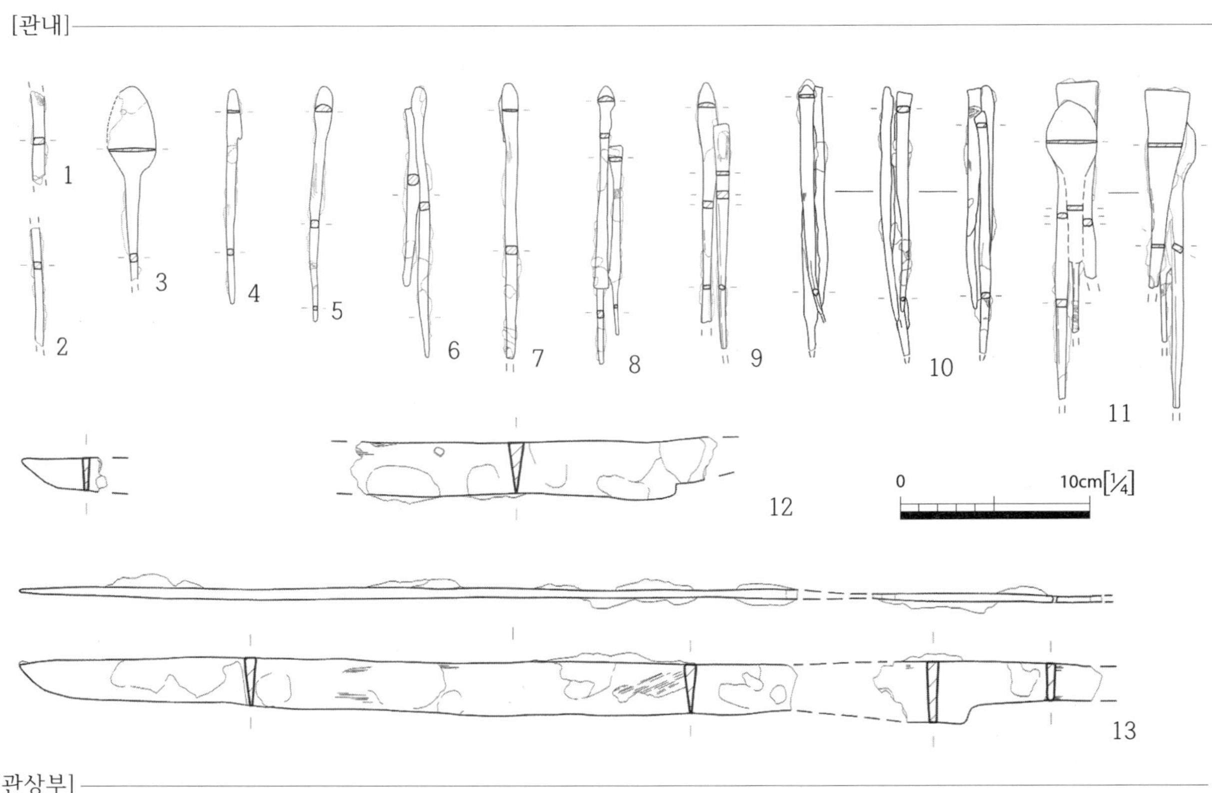

0   10cm[¼]

[관상부]

0   15cm[⅙]

KM-021호 주구토광묘

(단위 : cm)

묘광	크 기 (길이×너비×깊이)	(180+)×(108+)×(20+)	목관	크 기 (길이×너비×높이)	(74+)×(65+)×?
	장폭비	?		장폭비	?
	장축방향	N-90°-E	목곽	크 기 (길이×너비×높이)	?
	두 향	?		장폭비	?
	주구크기 (길이×너비×깊이)	(394+)×(112+)×(20+)	주구평면형태		(눈썹형)
유물	토 기	배(1), 광구호(1)			
	철 기	도자(1), 단조철부(1), 겸(1)			
	청 동 기	-			
	옥 석 류	-			
	기 타	-			
	특기사항				

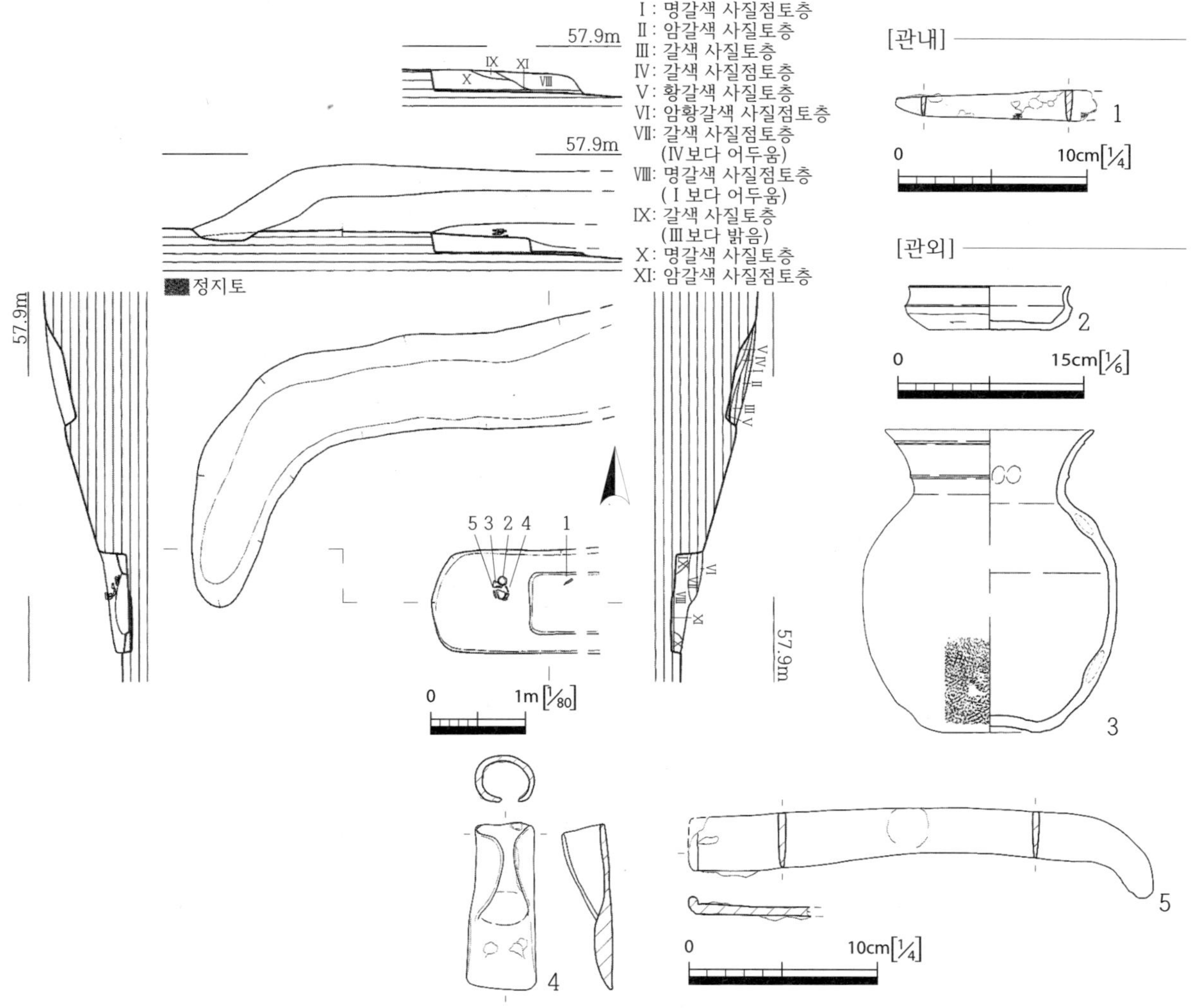

KM-022호 주구토광묘

(단위 : cm)

묘광	크 기 (길이×너비×깊이)	291×104×(20+)	목관	크 기 (길이×너비×높이)	161×56×?
	장폭비	2.79:1		장폭비	2.87:1
	장축방향	N-56°-W	목곽	크 기 (길이×너비×높이)	-
	두 향	?		장폭비	-
	주구크기 (길이×너비×깊이)	(729+)×106×(22+)	주구평면형태		눈썹형
유물	토 기	배(1), 소호(1), 사이광견호(1)			
	철 기	도자(1), 모(1), 단조철부(1), 겸(1)			
	청동기	-			
	옥석류	-			
	기 타	-			
	특기사항				

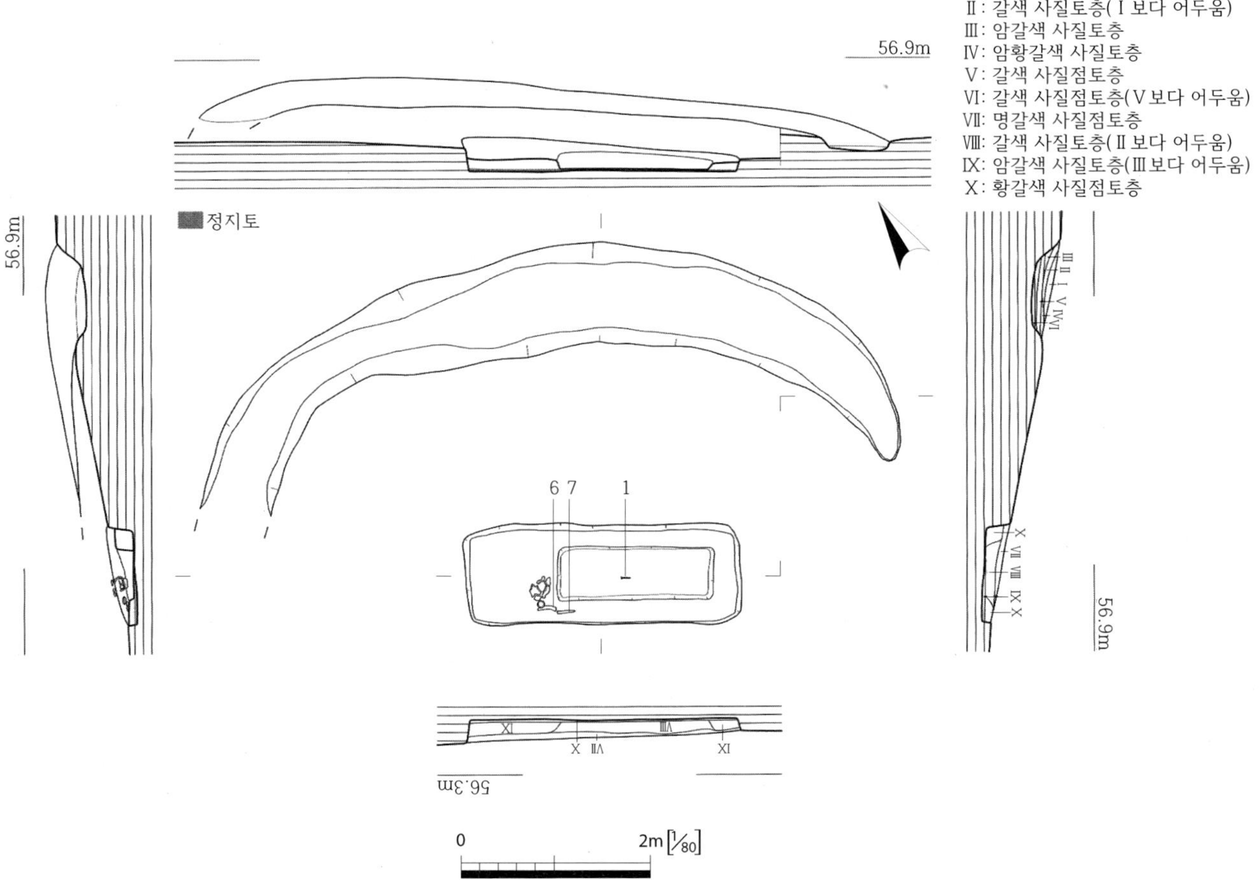

마한·백제의 분묘 문화 Ⅲ- 충남 Ⅰ: 연기(세종) 편 -

[유구사진]

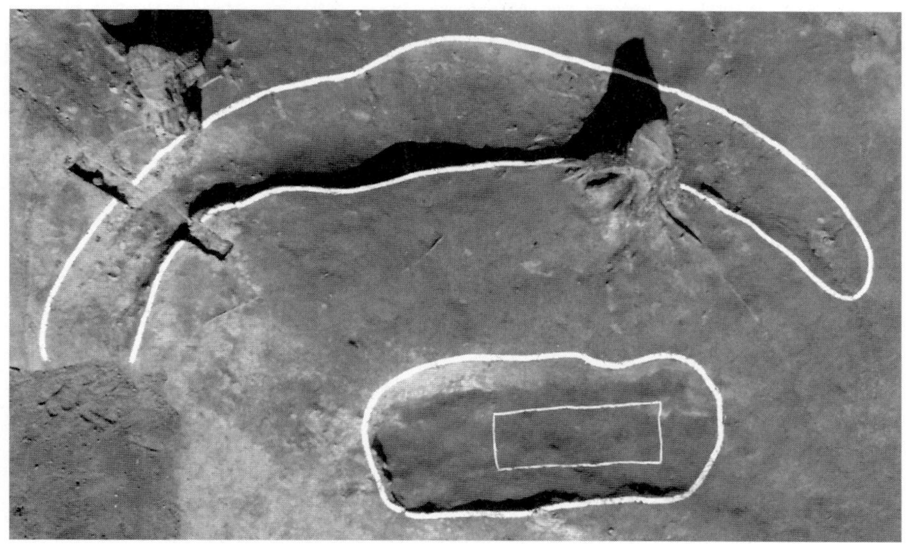

[관내]

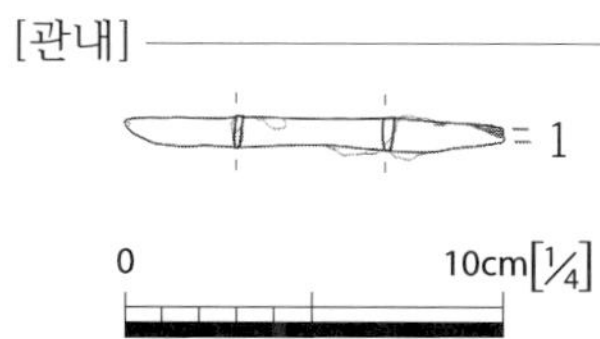

= 1
0   10cm[¼]

[관외]

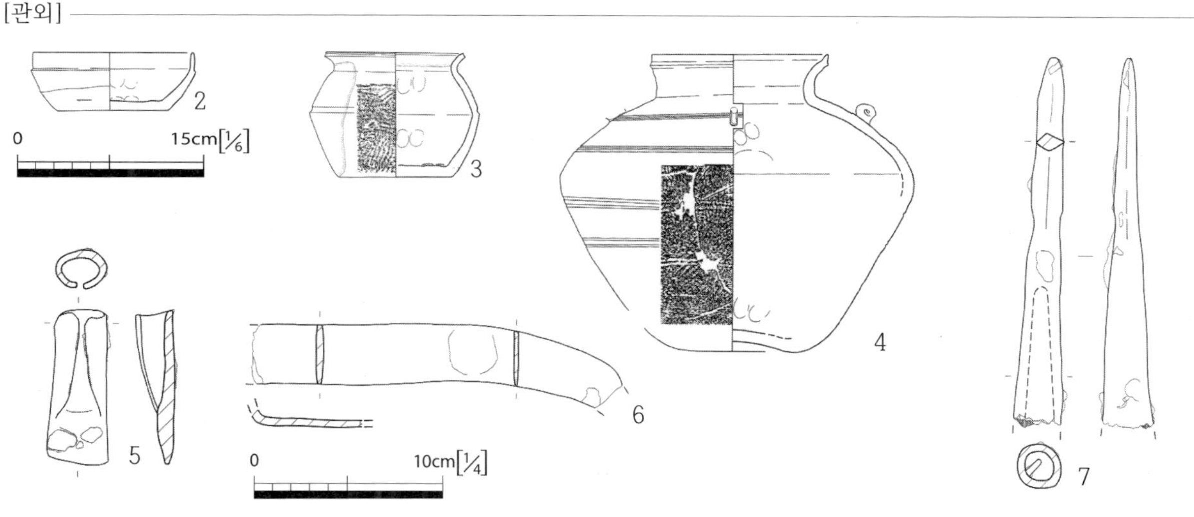

2
0   15cm[⅙]
3
4
5
6
7
0   10cm[¼]

KM-023호 주구토광묘

(단위 : cm)

묘광	크 기 (길이×너비×깊이)	310×(87+)×(25+)	목관	크 기 (길이×너비×높이)	271×59×?
	장폭비	?		장폭비	4.59:1
	장축방향	N-65°-W	목곽	크 기 (길이×너비×높이)	-
	두 향	?		장폭비	-
	주구크기 (길이×너비×깊이)	(840+)×119×(21+)		주구평면형태	눈썹형
유물	토 기	개(1), 소호(1)			
	철 기	-			
	청동기	-			
	옥석류	벽옥제 관옥(1)			
	기 타	-			
	특기사항				

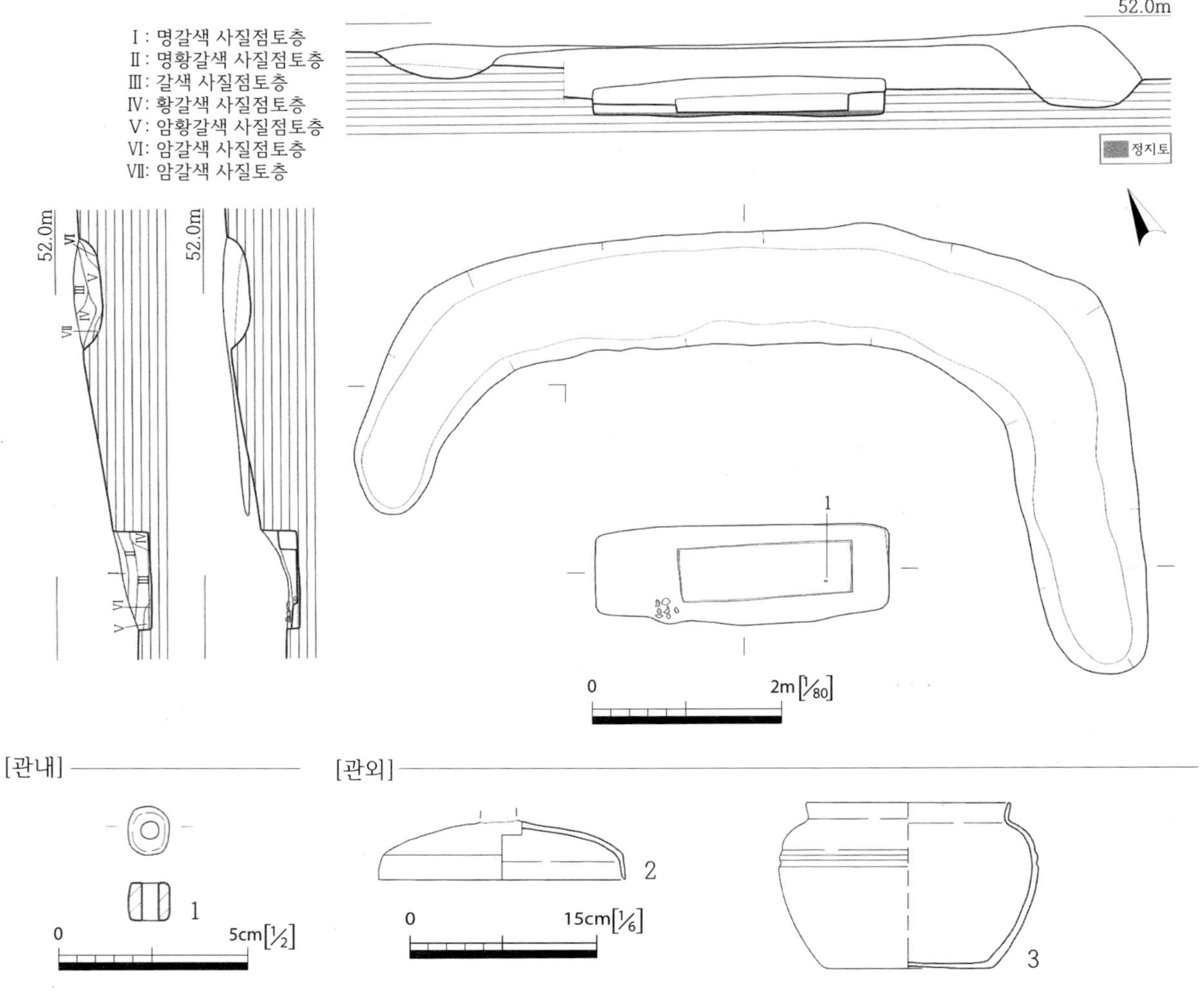

KM-024호 주구토광묘

(단위 : cm)

묘광	KM-024-1호			묘광	KM-024-2호	
묘광	크 기 (길이×너비×깊이)	241×150×(8+)		묘광	크 기 (길이×너비×깊이)	310×132×(30+)
	장폭비	1.61:1			장폭비	2.35:1
	장축방향	N-59°-W			장축방향	N-59°-W
	두 향	?			두 향	?
목곽	크 기 (길이×너비×높이)	?		목곽	크 기 (길이×너비×높이)	?
	장폭비	?			장폭비	?
목관	크 기 (길이×너비×높이)	175×63×?		목관	크 기 (길이×너비×높이)	179×69×?
	장폭비	2.78:1			장폭비	2.59:1
유물	토 기	광구호(1), 삼족기(1)		유물	토 기	호·옹(주구:1)
	철 기	-			철 기	도(1), 모(1), 단조철부(1), 겸(1), 관정(1)
	청동기	-			청동기	-
	옥석류	-			옥석류	-
	기 타	-			기 타	-
주구크기 (길이×너비×깊이)	(708)×111×(35+)			주구평면형태	눈썹형	
특기사항	이혈합장묘. 보고서 기술과 유구 도면·스케일바 비율이 모두 상이함.					

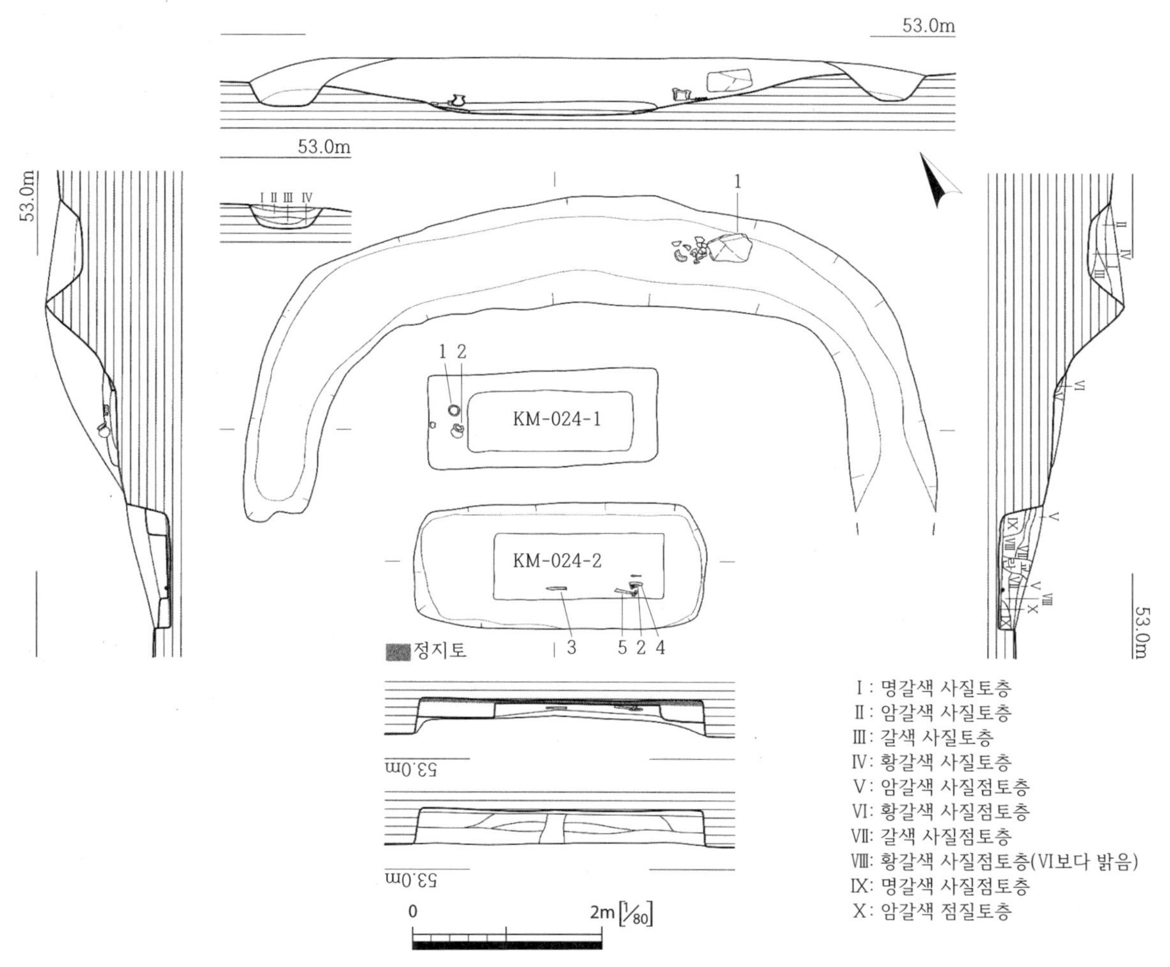

[유구사진]

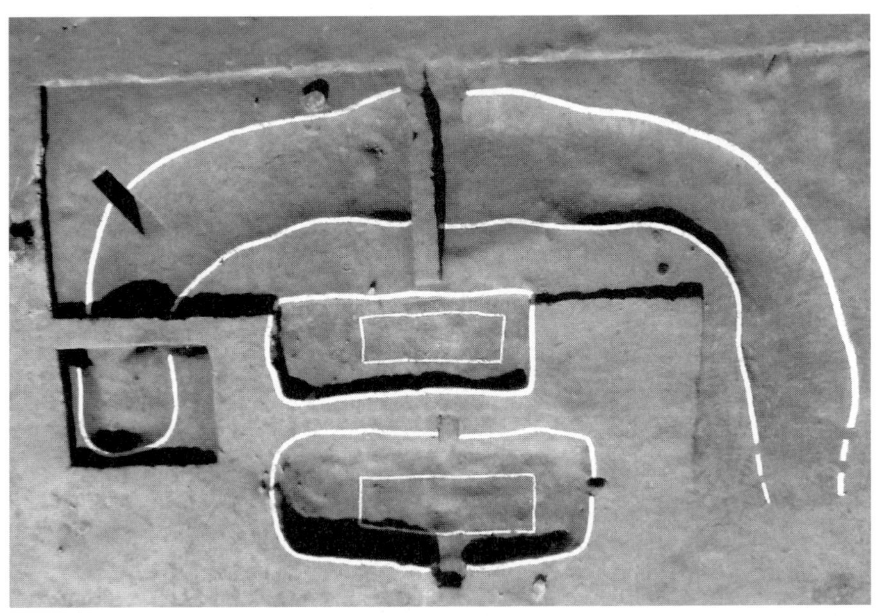

[KM-024-1호 관외]

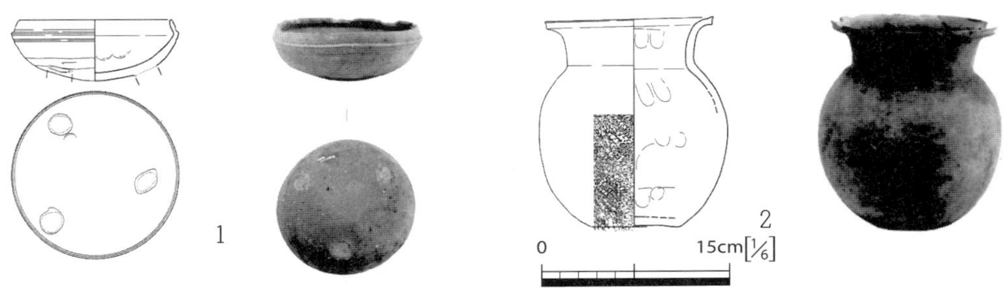

[KM-024-2호 관내]　　　　　　　　　　　　　　　[KM-024호 주구]

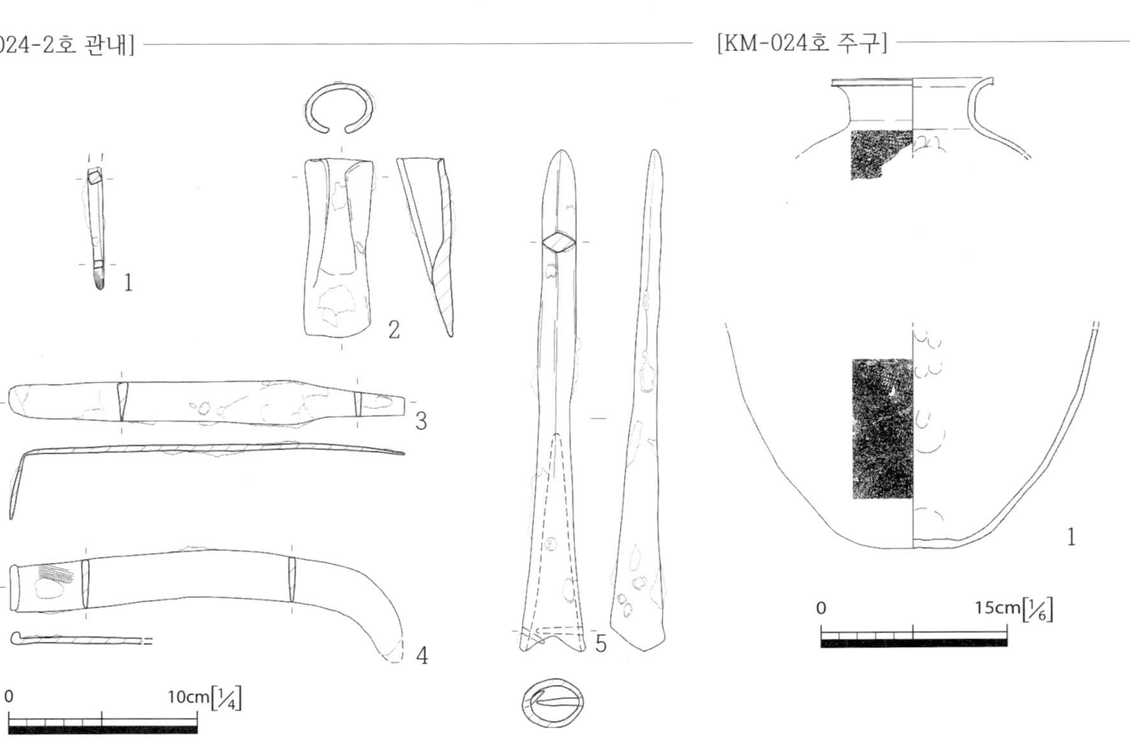

KM-025호 주구토광묘

(단위 : cm)

묘광	크 기 (길이×너비×깊이)	357×215×(30+)	목관	크 기 (길이×너비×높이)	179×69×?
	장폭비	1.66:1		장폭비	2.59:1
	장축방향	N-75°-W	목곽	크 기 (길이×너비×높이)	-
	두 향	?		장폭비	-
	주구크기 (길이×너비×깊이)	788×95×(53+)	주구평면형태		눈썹형
유물	토 기	심발형토기(1), 배(1), 호(1), 광구호(1), 사이광견호(주구:1)			
	철 기	-			
	청동기	-			
	옥석류	-			
	기 타	-			
	특기사항	단경호 1점(4번) 묘광 밖에서 출토.			

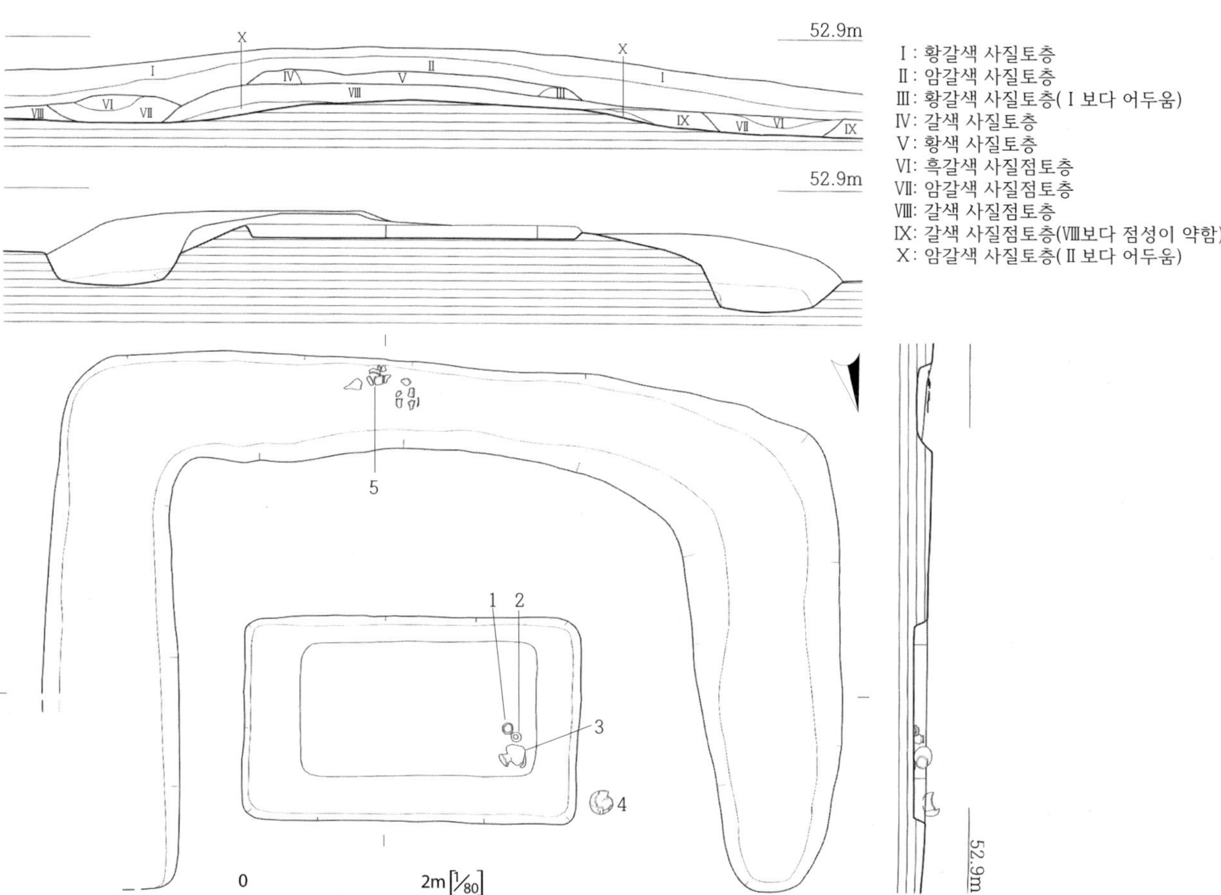

[유구사진]

[관내]

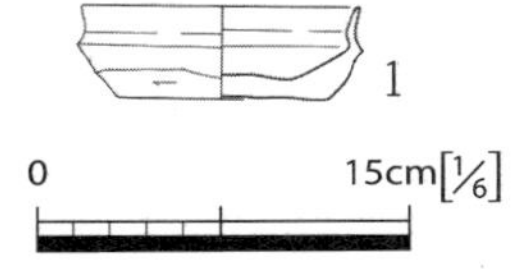
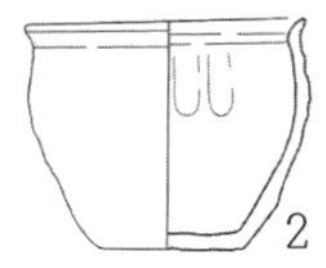
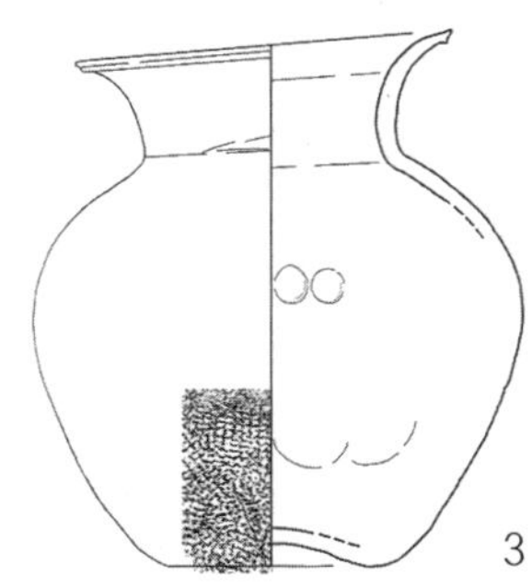

1
0   15cm[⅙]
2
3

[묘광외]
[주구]

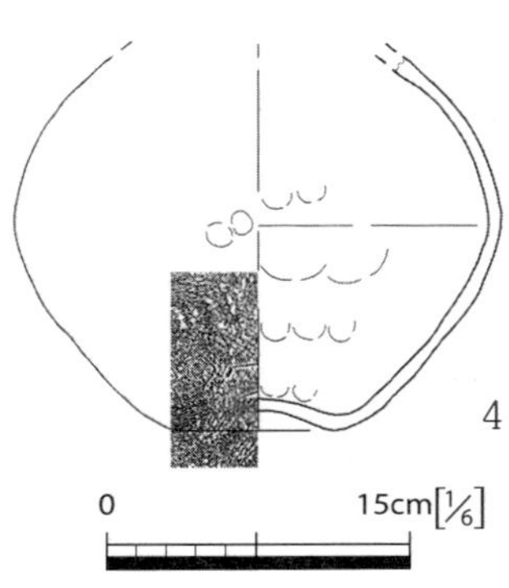
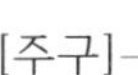
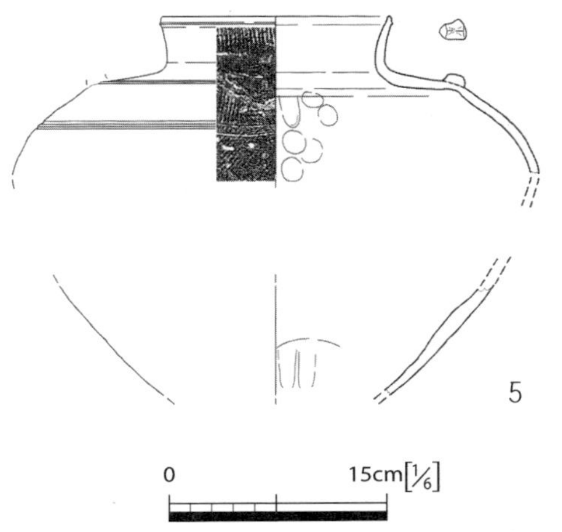

4
0   15cm[⅙]
5
0   15cm[⅙]

KM-026호 주구토광묘

(단위 : cm)

묘광	크 기 (길이×너비×깊이)	275×121×(27+)	목관	크 기 (길이×너비×높이)	?
	장폭비	2.27:1		장폭비	?
	장축방향	N-65°-W	목곽	크 기 (길이×너비×높이)	-
	두 향	?		장폭비	-
	주구크기 (길이×너비×깊이)	(704+)×93×(18+)		주구평면형태	눈썹형
유물	토 기	호·옹(주구:1), 토기 동체부편(주구:1)			
	철 기	도자(1)			
	청 동 기	-			
	옥 석 류	-			
	기 타	-			
	특기사항	보고서 기술과 유구 도면·스케일바 비율이 모두 상이함.			

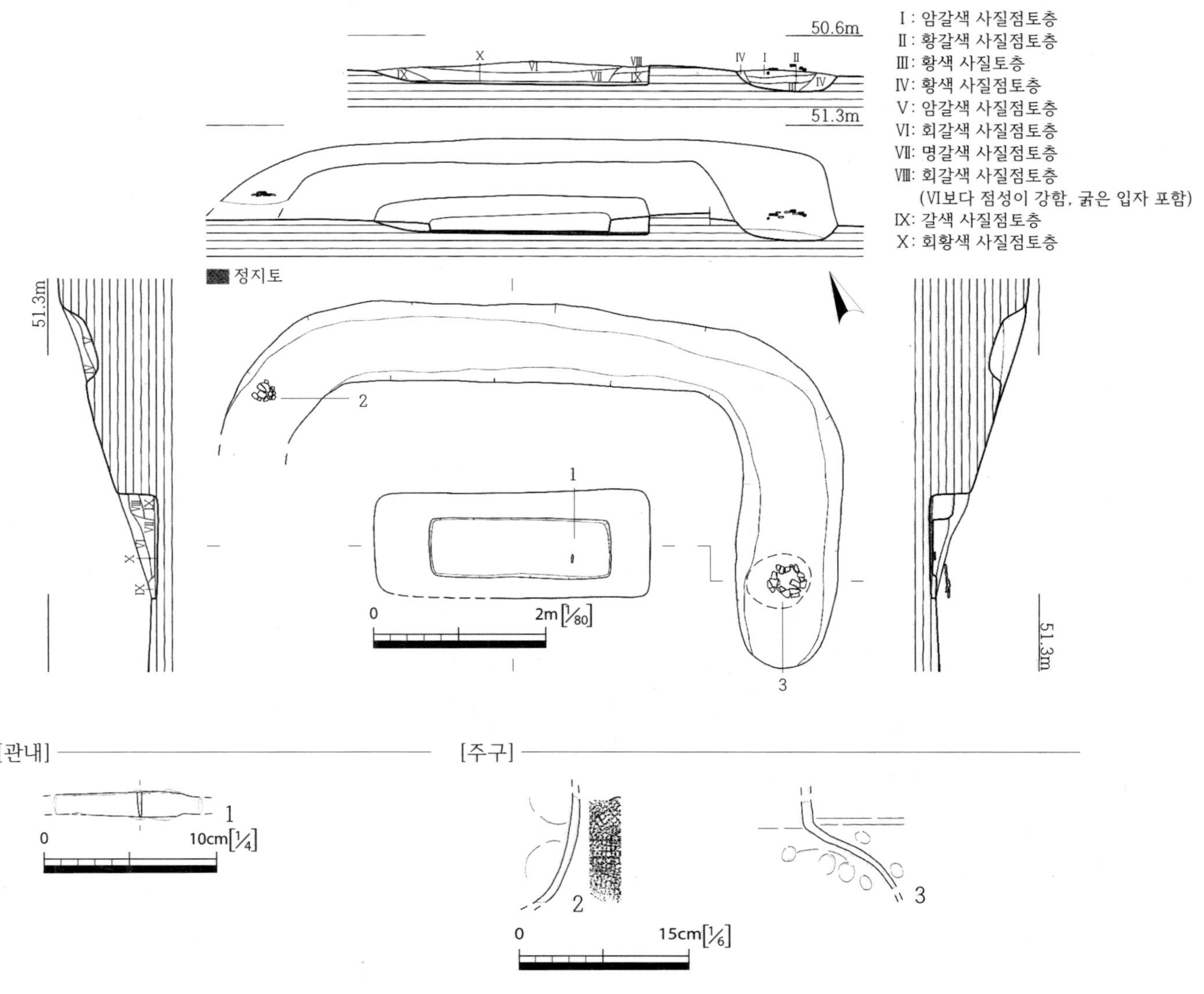

KM-027호 토광묘

(단위 : cm)

묘광	크 기 (길이×너비×깊이)	323×131×(52+)	목관	크 기 (길이×너비×높이)	255×79×?
	장폭비	2.46:1		장폭비	3.22:1
	장축방향	N-77°-E	목곽	크 기 (길이×너비×높이)	-
	두 향	?		장폭비	-
유물	토 기	소호(1), 광구호(1)			
	철 기	도자(2), 겸(1)			
	청 동 기	-			
	옥석류	-			
	기 타	-			
	특기사항	목관의 양쪽 장측판을 길게 하여 유물을 부장함.			

I : 갈색 사질점토층
II : 명갈색 사질점토층
III : 명황색 사질점토층
IV : 황갈색 사질점토층(III보다 어두움)
V : 명황색 사질점토층(IV보다 밝음)
VI : 황갈색 사질점토층(I 보다 밝음)
VII : 갈색 사질점토층
VIII : 명갈색 사질토층
IX : 암갈색 사질토층
X : 회색 점질토층

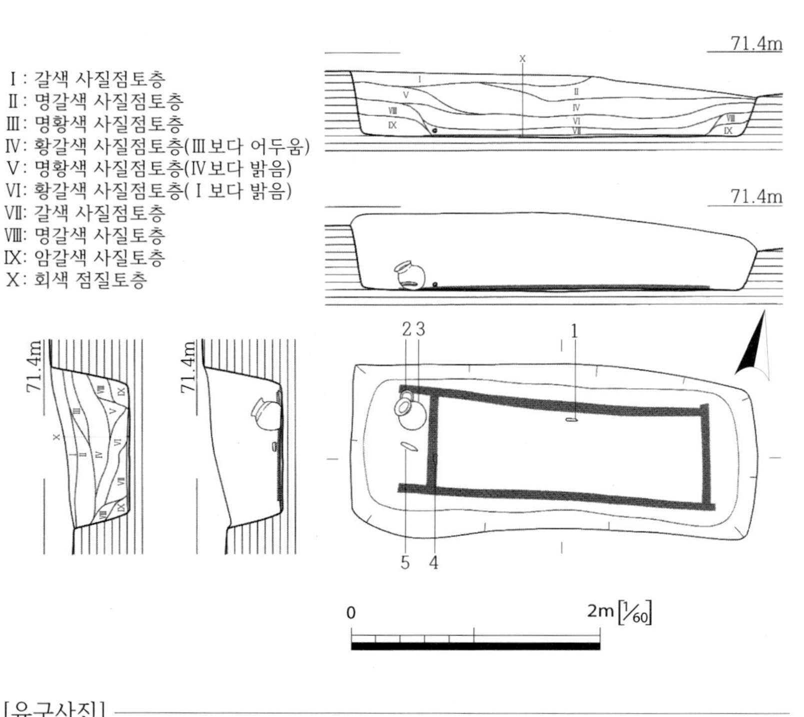

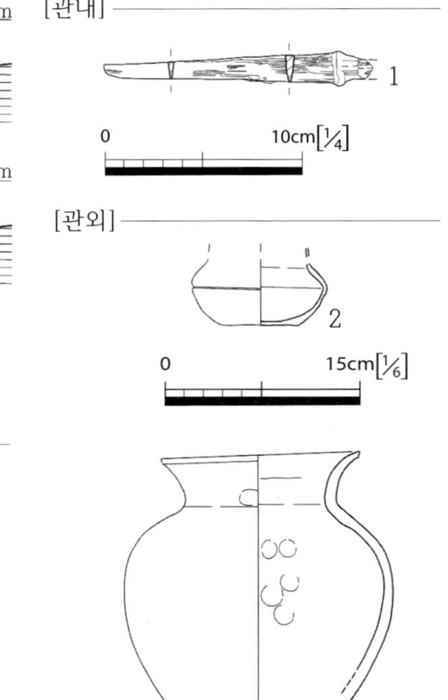

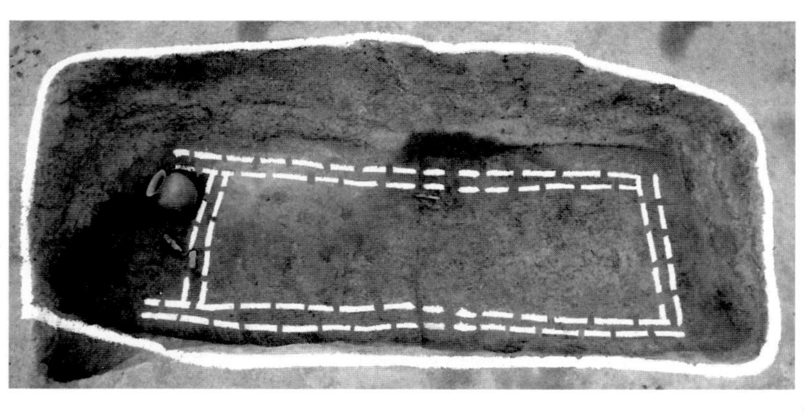

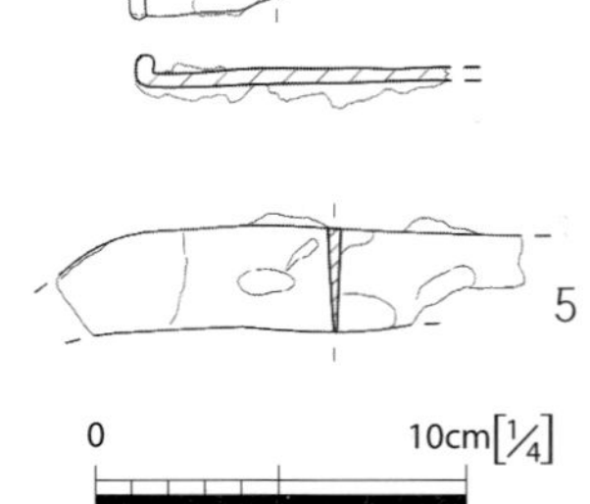

[유구사진]

KM-028호 토광묘

(단위 : cm)

묘광	크 기 (길이×너비×깊이)	268×107×(20+)	목관	크 기 (길이×너비×높이)	(169)×(83)×?
	장폭비	2.50:1		장폭비	2.04:1
	장축방향	N-85°-W	목곽	크 기 (길이×너비×높이)	-
	두 향	동쪽		장폭비	-
유물	토 기	고배(1), 소호(1)			
	철 기	도(1)			
	청 동 기	-			
	옥석류	-			
	기 타	-			
	특기사항				

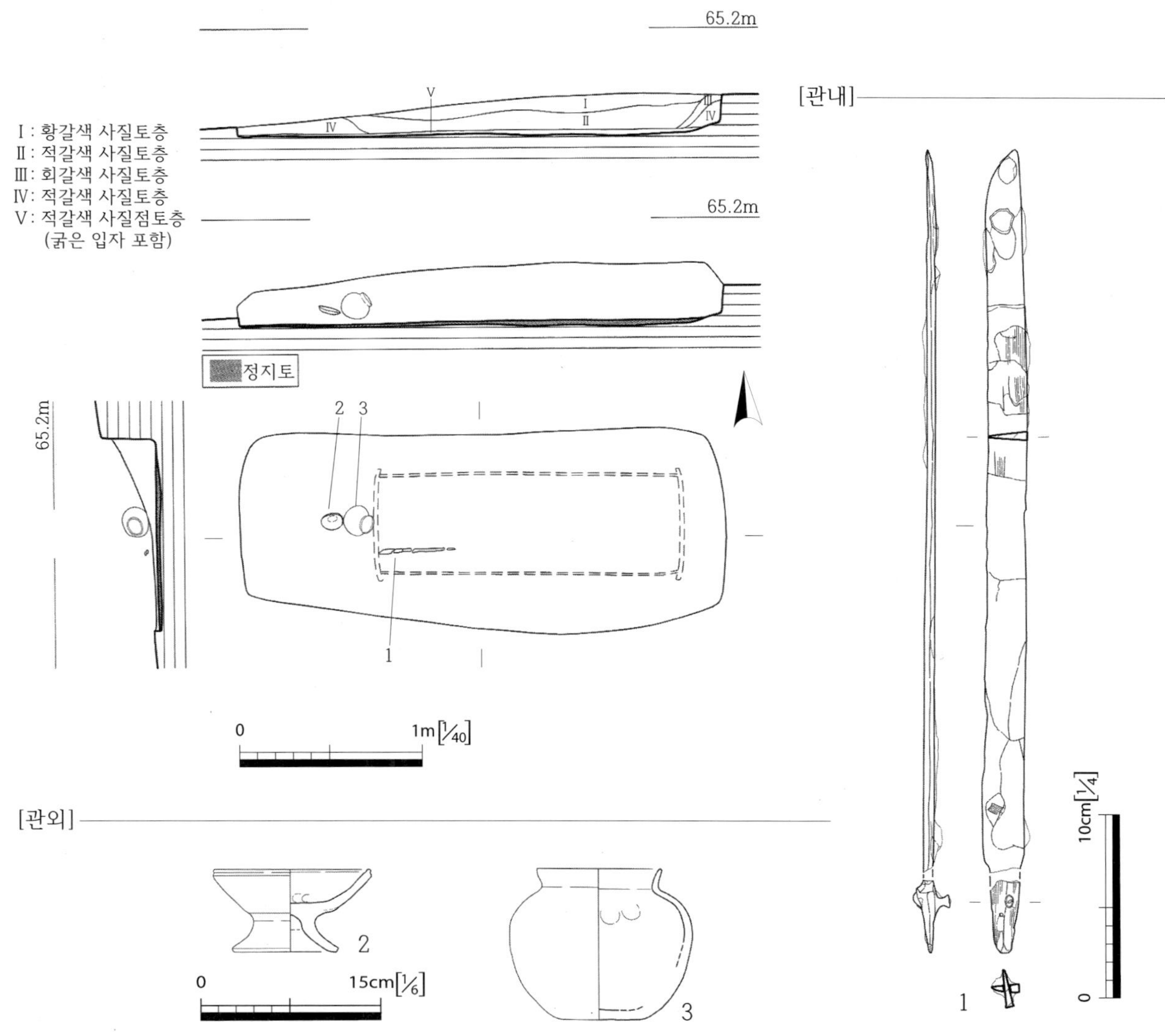

KM-029호 토광묘

(단위 : cm)

묘광	크 기 (길이×너비×깊이)	243×(100)×(31+)	목관	크 기 (길이×너비×높이)	(154)×(50)×(70+)
	장폭비	(2.43):1		장폭비	(3.08):1
	장축방향	N-90°-W	목곽	크 기 (길이×너비×높이)	?
	두 향	?		장폭비	?
유물	토 기	-			
	철 기	-			
	청동기	-			
	옥석류	-			
	기 타	-			
	특기사항	출토유물 없음.			

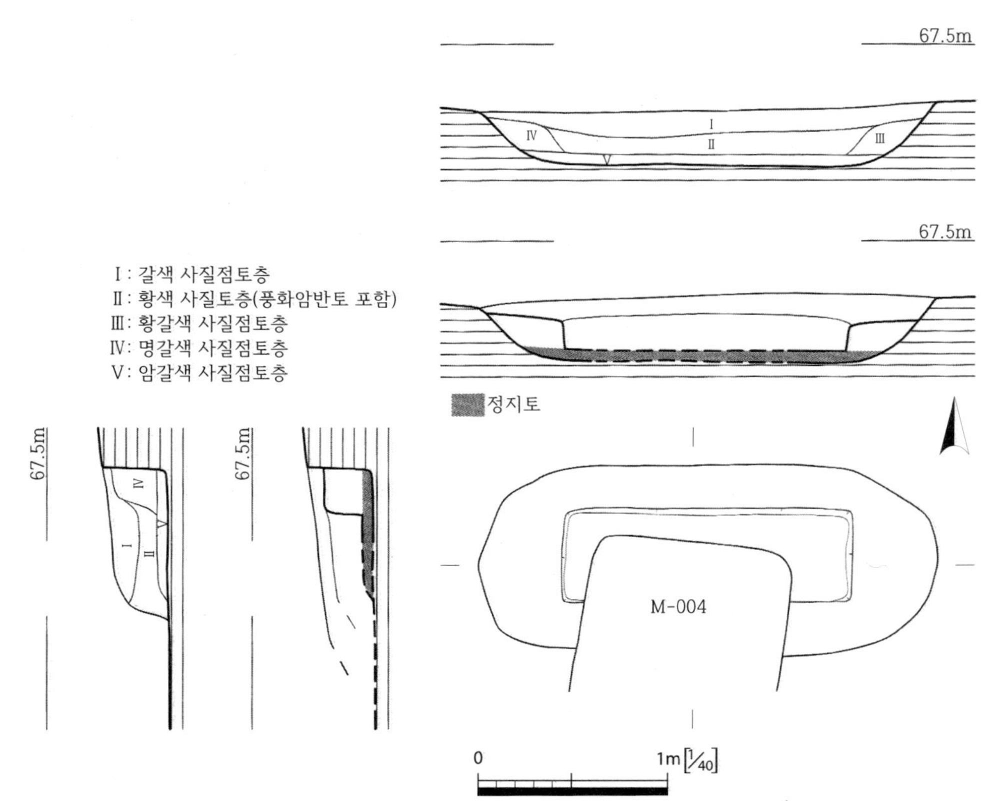

KM-030호 토광묘

(단위 : cm)

묘광	크 기 (길이×너비×깊이)	302×121×(33+)	목관	크 기 (길이×너비×높이)	170×67×?
	장폭비	2.49:1		장폭비	2.53:1
	장축방향	N-77°-W	목곽	크 기 (길이×너비×높이)	-
	두 향	?		장폭비	-
유물	토 기		-		
	철 기		-		
	청 동 기		-		
	옥 석 류		-		
	기 타		-		
	특기사항	출토유물 없음.			

Ⅰ: 명갈색 사질점토층
Ⅱ: 암갈색 사질점토층
Ⅲ: 황갈색 사질점토층
Ⅳ: 암갈색 사질점토층(Ⅱ보다 어두움)
Ⅴ: 황갈색 사질점토층(Ⅲ보다 어두움)
Ⅵ: 암갈색 사질점토층(Ⅱ보다 밝음)
Ⅶ: 황갈색 사질점토층(Ⅴ보다 어두움)

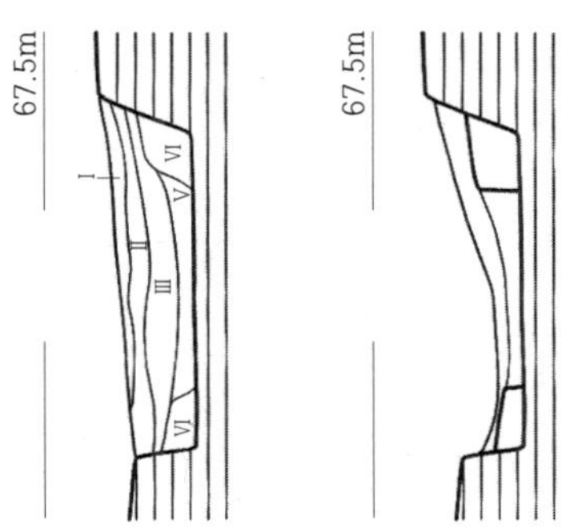

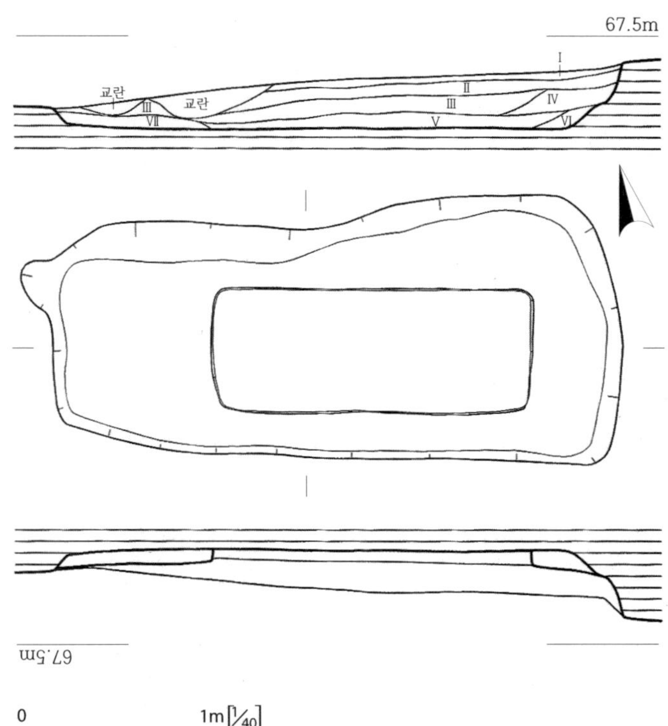

KM-031호 토광묘

(단위 : cm)

묘광	크 기 (길이×너비×깊이)	219×89×(22+)	목관	크 기 (길이×너비×높이)	168×67×?
	장폭비	2.46:1		장폭비	2.50:1
	장축방향	N-90°-E	목곽	크 기 (길이×너비×높이)	-
	두 향	?		장폭비	-
유물	토 기	완(1), 광구호(1)			
	철 기	도자(1)			
	청 동 기	-			
	옥 석 류	-			
	기 타	-			
	특기사항				

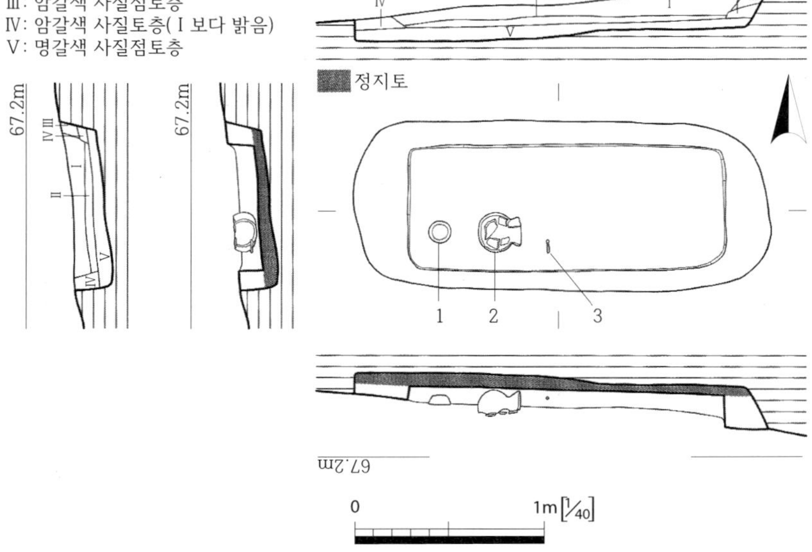

[유구사진]

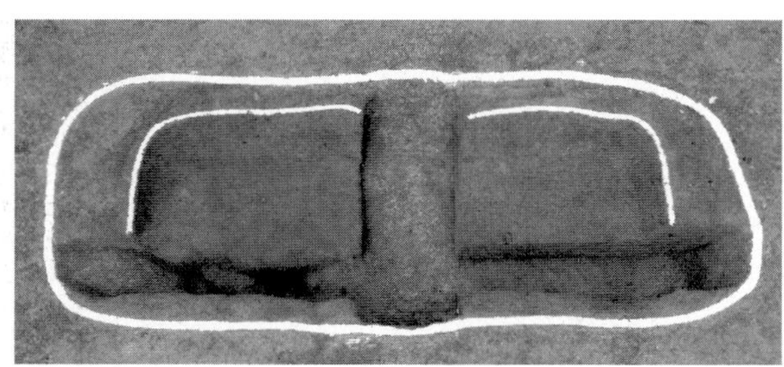

[관내]

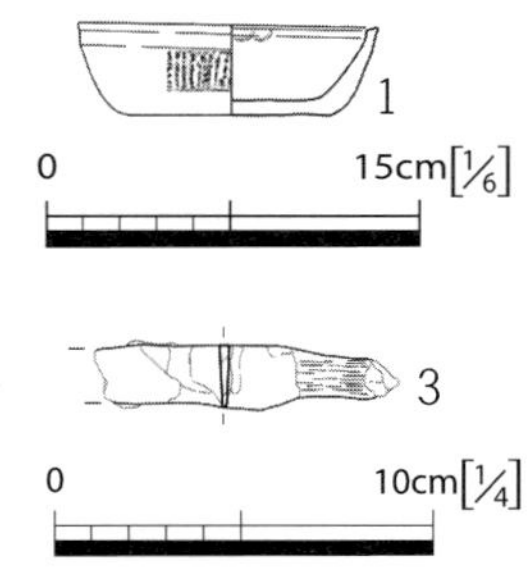

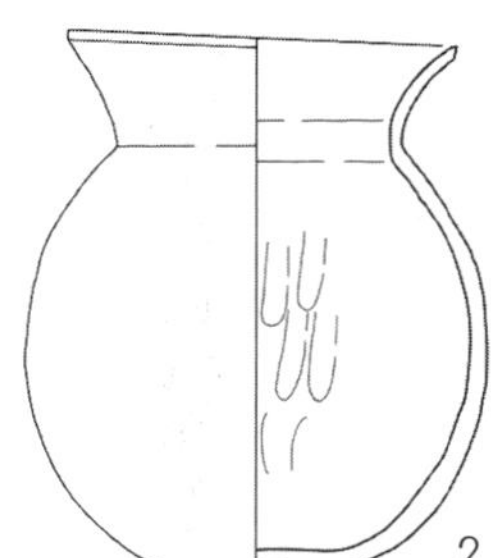

KM-032호 토광묘

(단위 : cm)

묘광	크 기 (길이×너비×깊이)	312×115×(15+)	목관	크 기 (길이×너비×높이)	(185)×(65)×?
	장폭비	2.71:1		장폭비	(2.84):1
	장축방향	N-54°-W	목곽	크 기 (길이×너비×높이)	-
	두 향	?		장폭비	-
유물	토 기	배(1), 소호(1), 광구호(1)			
	철 기	도자(1), 모(1), 단조철부(1), 관정(1)			
	청 동 기	-			
	옥 석 류	-			
	기 타	-			
	특기사항				

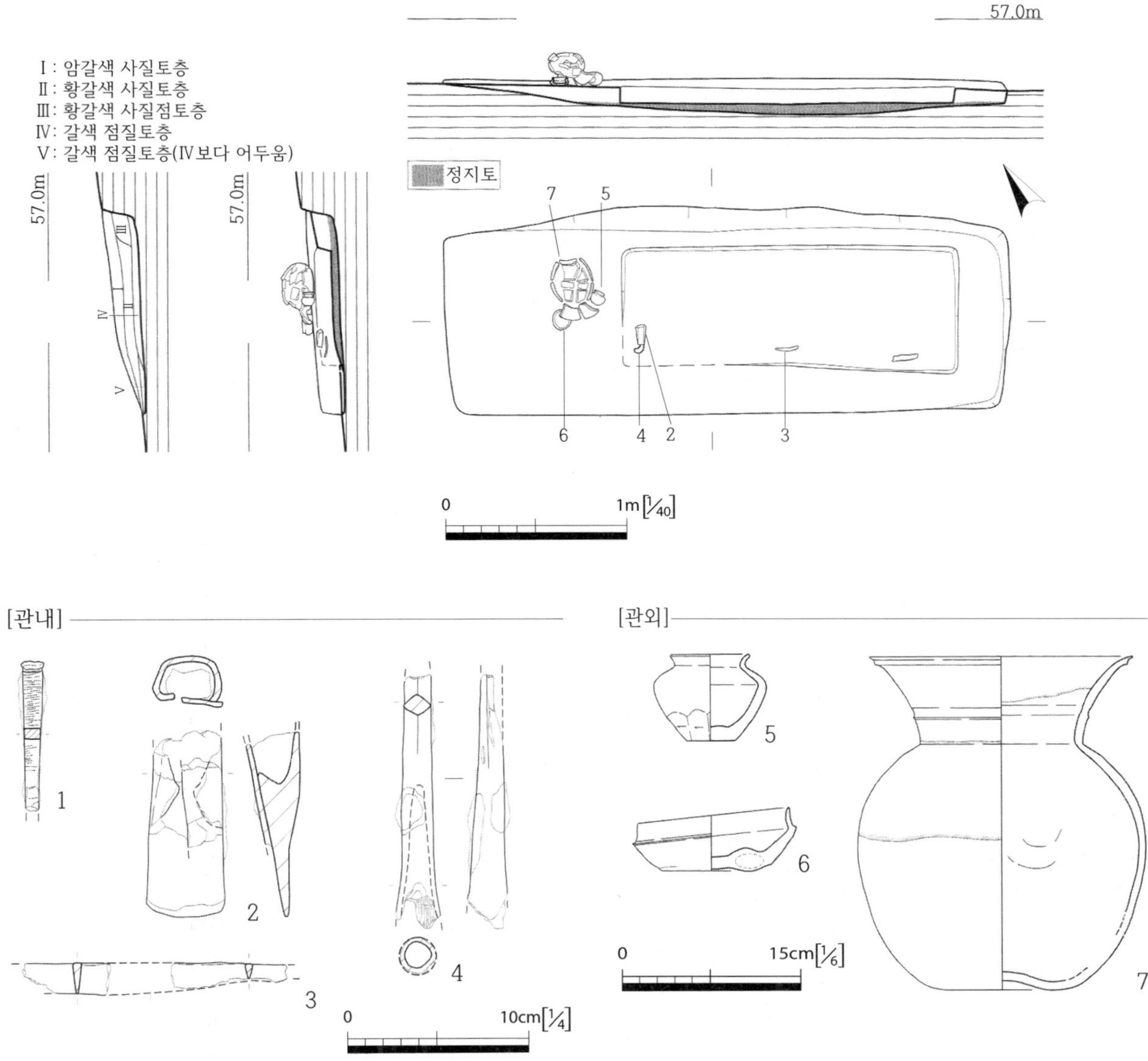

KM-033호 토광묘

(단위 : cm)

묘광	크 기 (길이×너비×깊이)	299×128×(12+)	목관	크 기 (길이×너비×높이)	179×74×?
	장폭비	2.34:1		장폭비	2.42:1
	장축방향	N-17°-E	목곽	크 기 (길이×너비×높이)	-
	두 향	?		장폭비	-
유물	토 기	배(1)			
	철 기	-			
	청 동 기	-			
	옥 석 류	-			
	기 타	-			
	특기사항				

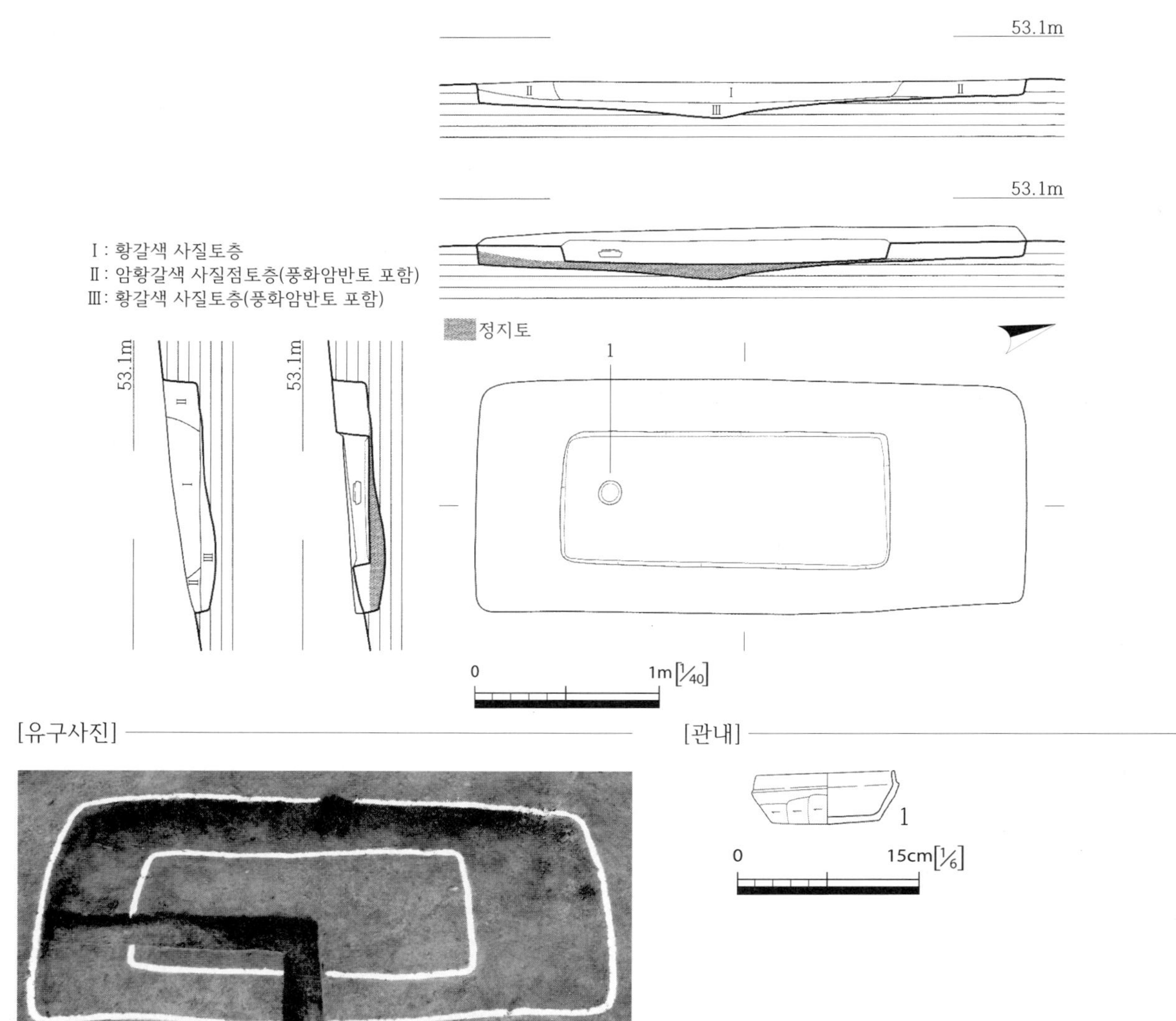

KM-034호 토광묘

(단위 : cm)

묘광	크 기 (길이×너비×깊이)	(231)×(111)×?	목관	크 기 (길이×너비×높이)	?
	장폭비	(2.08):1		장폭비	?
	장축방향	N-17°-E	목곽	크 기 (길이×너비×높이)	?
	두 향	?		장폭비	?
유물	토 기	배(1), 소호(1)			
	철 기	-			
	청동기	-			
	옥석류	-			
	기 타	-			
	특기사항	시상대 (177×37) 확인됨.			

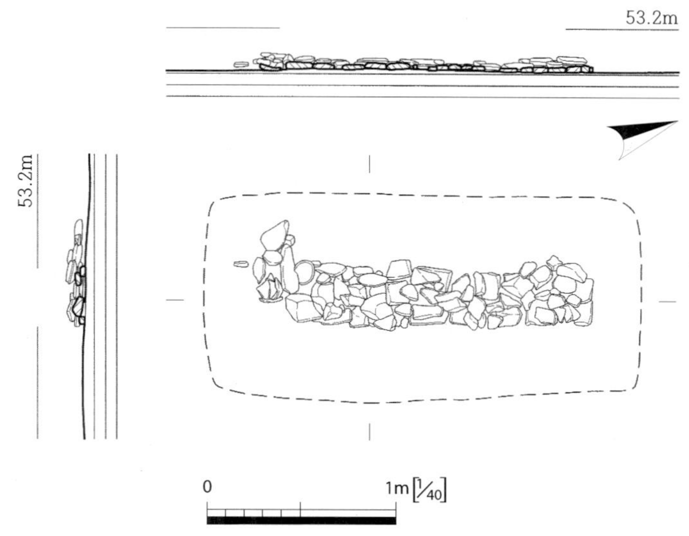

[유구사진]

[출토유물]

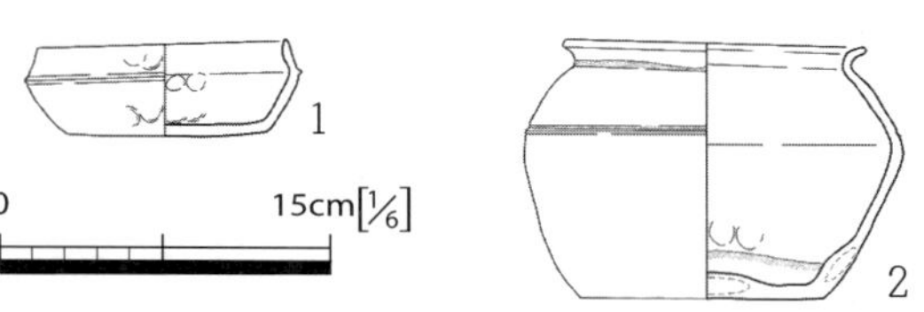

KM-035호 토광묘

(단위 : cm)

묘광	크 기 (길이×너비×깊이)	261×96×(31+)	목관	크 기 (길이×너비×높이)	-
	장폭비	2.71:1		장폭비	-
	장축방향	N-31°-E	목곽	크 기 (길이×너비×높이)	211×83×?
	두 향	?		장폭비	2.54:1
유물	토 기	개(1), 광구호(1)			
	철 기	단조철부(1), 겸(1)			
	청동기				
	옥석류				
	기 타				
	특기사항	격벽을 설치하여 부장칸(53×67)을 마련하였음.			

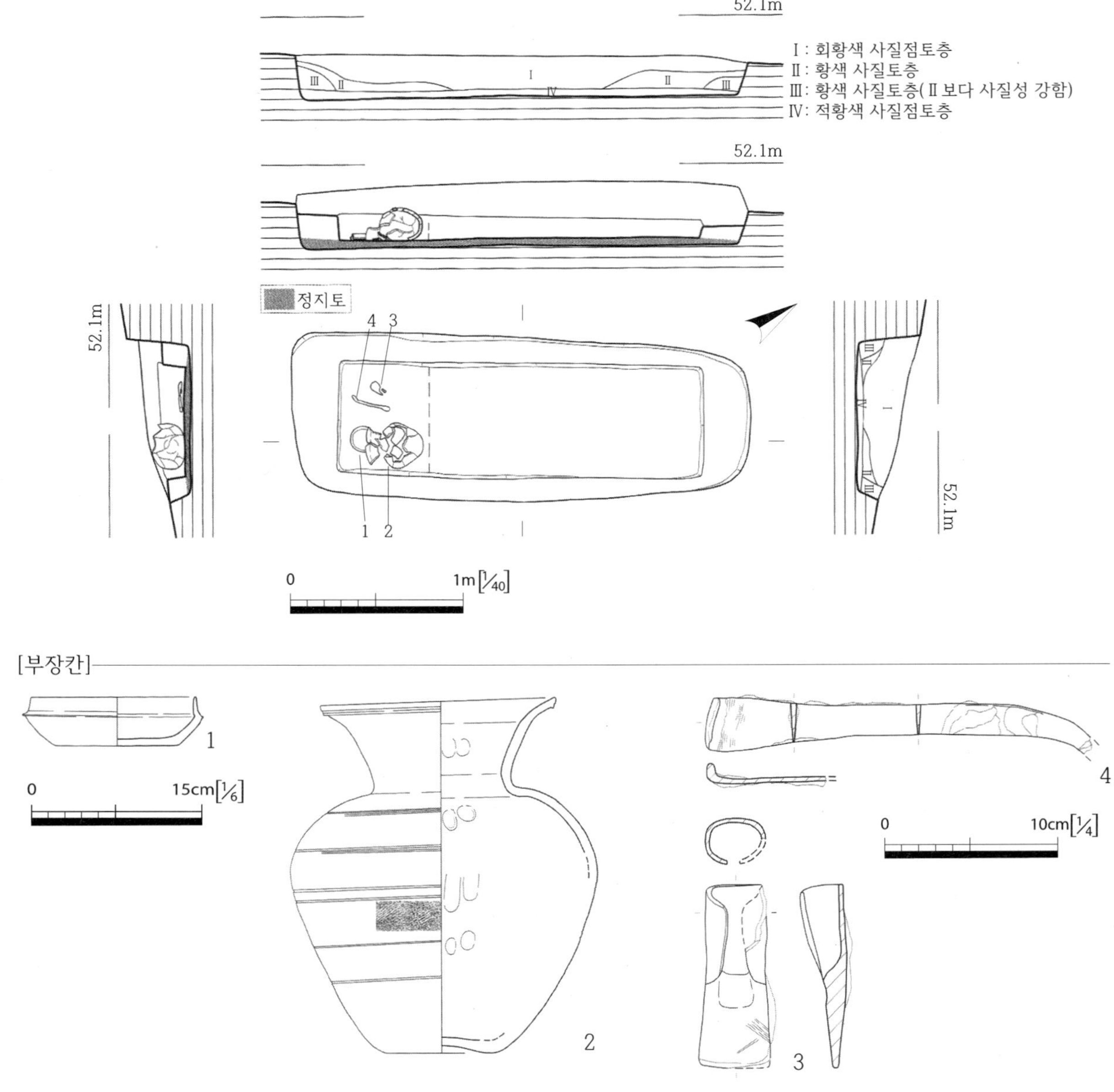

KM-036호 토광묘

(단위 : cm)

묘광	크 기 (길이×너비×깊이)	282×117×(64+)	목관	크 기 (길이×너비×높이)	196×109×?
	장폭비	2.41:1		장폭비	1.80:1
	장축방향	N-71°-W	목곽	크 기 (길이×너비×높이)	-
	두 향	?		장폭비	-
유물	토 기	삼족기(1)			
	철 기	도자(2), 단조철부(1)			
	청동기		-		
	옥석류		-		
	기 타		-		
	특기사항				

Ⅰ : 갈색 사질토층
Ⅱ : 황갈색 사질토층
Ⅲ : 황갈색 사질토층(Ⅳ보다 밝음)
Ⅳ : 황갈색 사질토층(Ⅱ보다 밝음)
Ⅴ : 황갈색 사질토층(Ⅱ보다 어두움)
Ⅵ : 황갈색 사질점토층
Ⅶ : 회황색 사질점토층

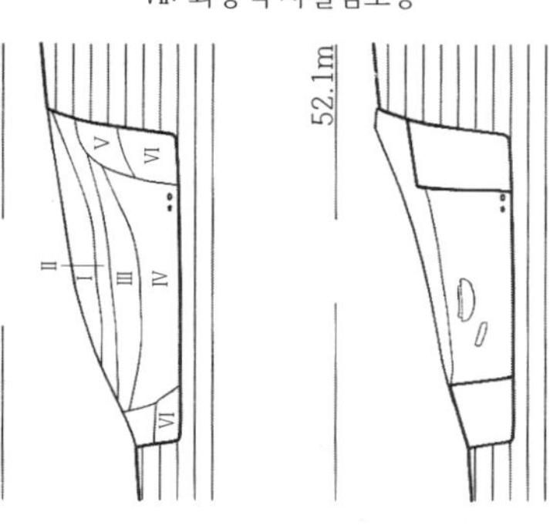

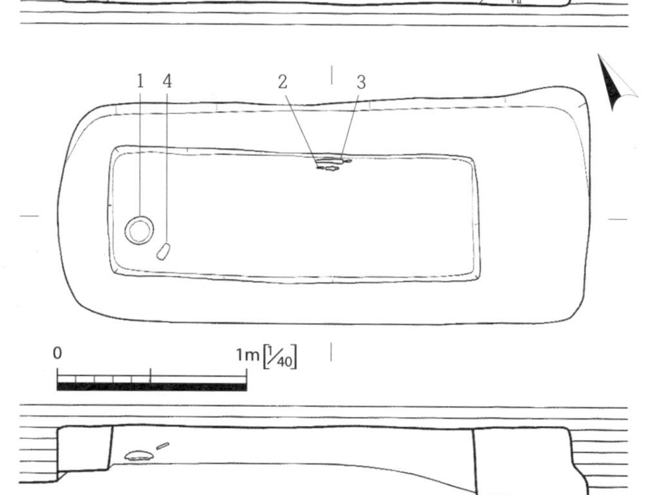

[유구사진] ——— [관내]

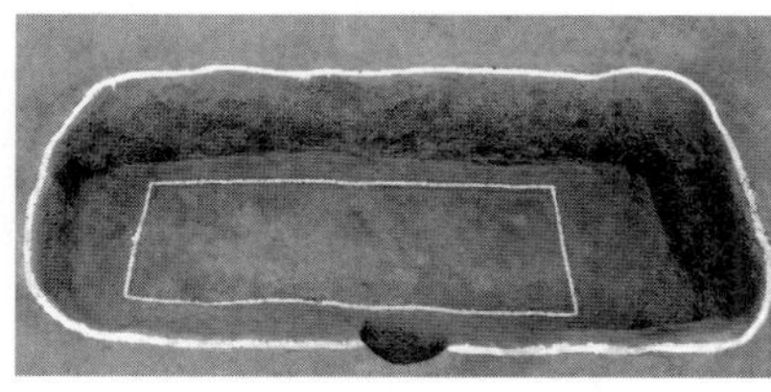

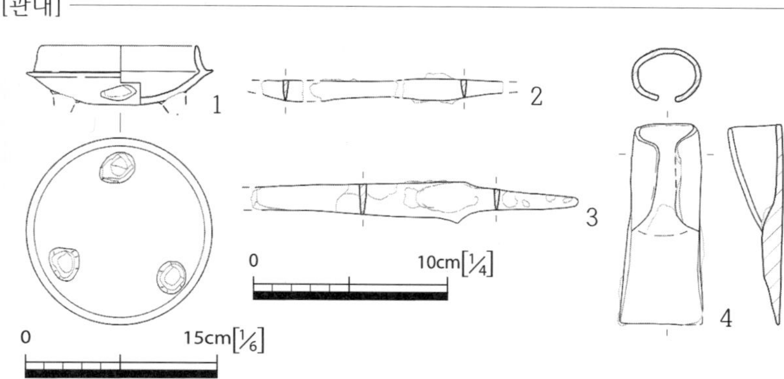

KM-037호 토광묘

(단위 : cm)

묘광	크 기 (길이×너비×깊이)	278×104×(29+)	목관	크 기 (길이×너비×높이)	234×62×?
	장폭비	2.67:1		장폭비	3.77:1
	장축방향	N-78°-W	목곽	크 기 (길이×너비×높이)	-
	두 향	?		장폭비	-
유물	토 기	배(1)			
	철 기	관정(1)			
	청동기	-			
	옥석류	-			
	기 타	-			
	특기사항				

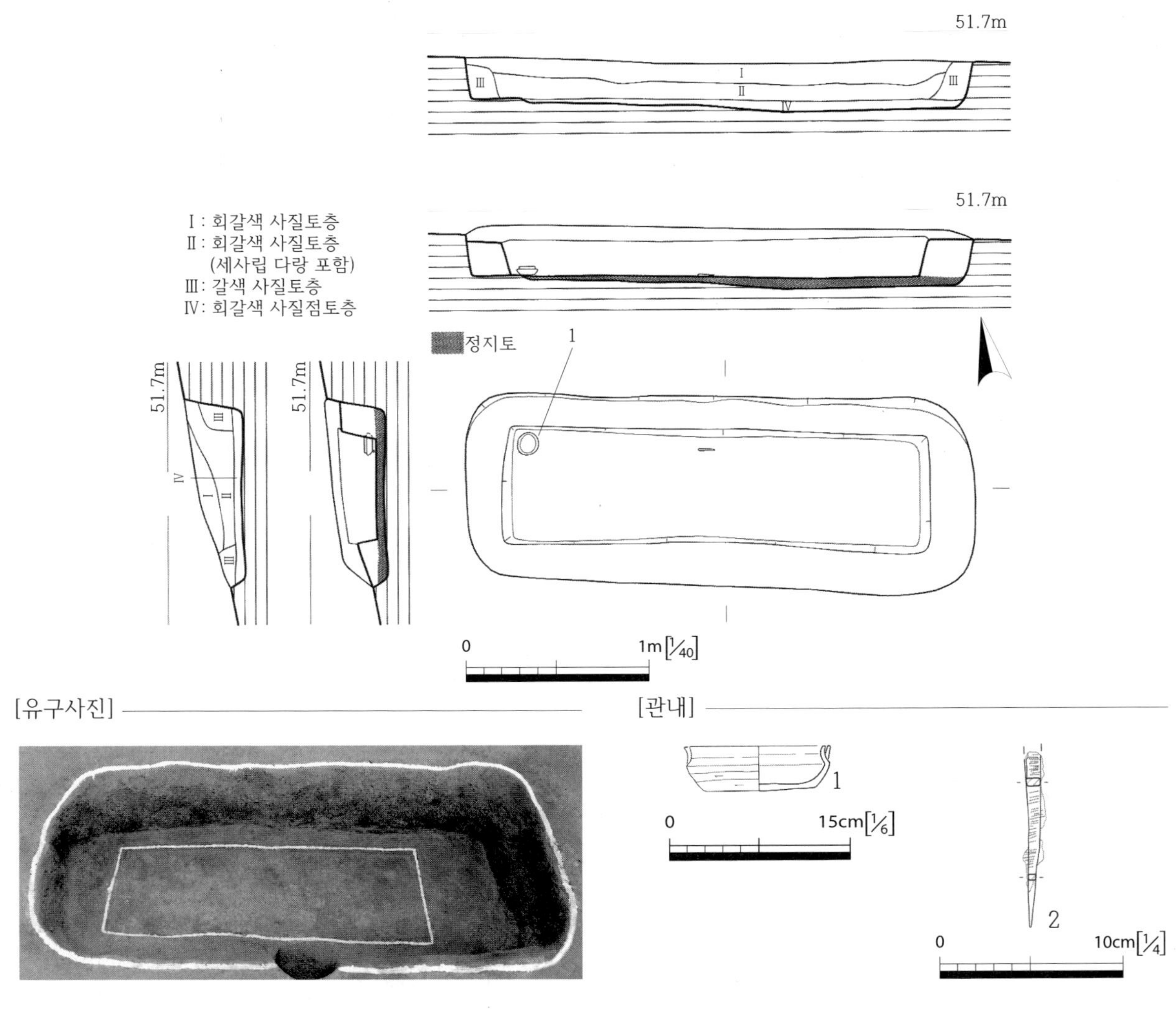

KM-038호 토광묘

(단위 : cm)

묘광	크 기 (길이×너비×깊이)	297×138×(43+)	목관	크 기 (길이×너비×높이)	211×86×?
	장폭비	2.15:1		장폭비	2.45:1
장축방향		N-83°-E	목곽	크 기 (길이×너비×높이)	-
두 향		?		장폭비	-
유물	토 기	배(1), 사이광견호(1)			
	철 기	겸(1)			
	청동기	-			
	옥석류	-			
	기 타	-			
특기사항					

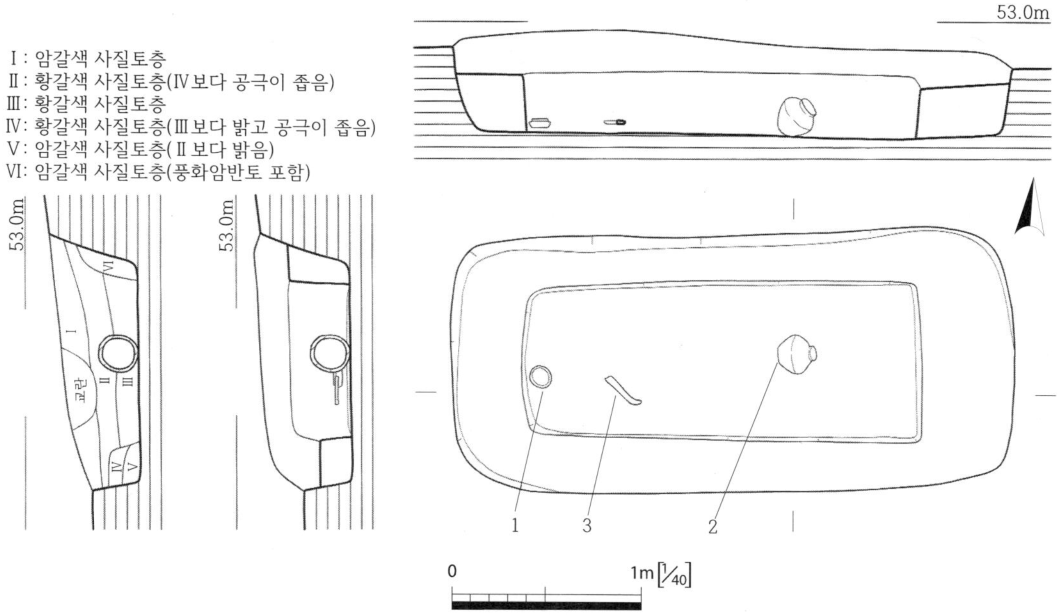

Ⅰ: 암갈색 사질토층
Ⅱ: 황갈색 사질토층(Ⅳ보다 공극이 좁음)
Ⅲ: 황갈색 사질토층
Ⅳ: 황갈색 사질토층(Ⅲ보다 밝고 공극이 좁음)
Ⅴ: 암갈색 사질토층(Ⅱ보다 밝음)
Ⅵ: 암갈색 사질토층(풍화암반토 포함)
53.0m
53.0m
53.0m
1
3
2
0
1m[1/40]

[관내]

1
0
15cm[1/6]
2
3
0
10cm[1/4]

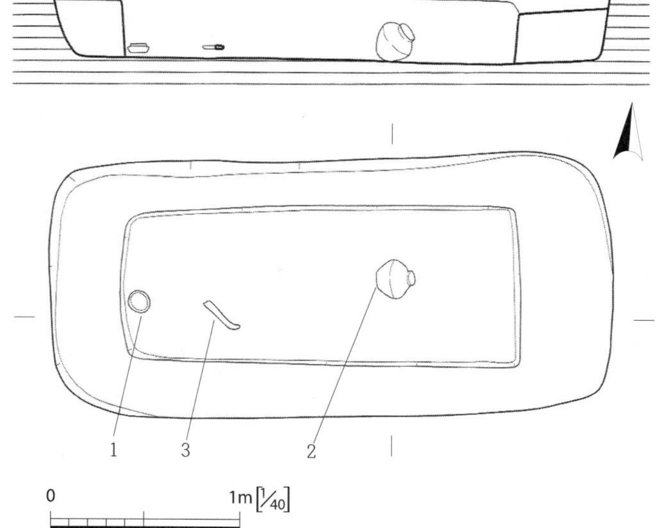

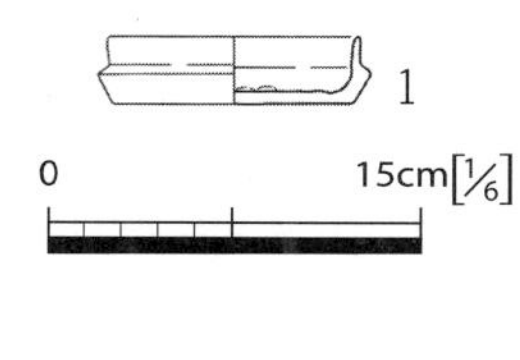

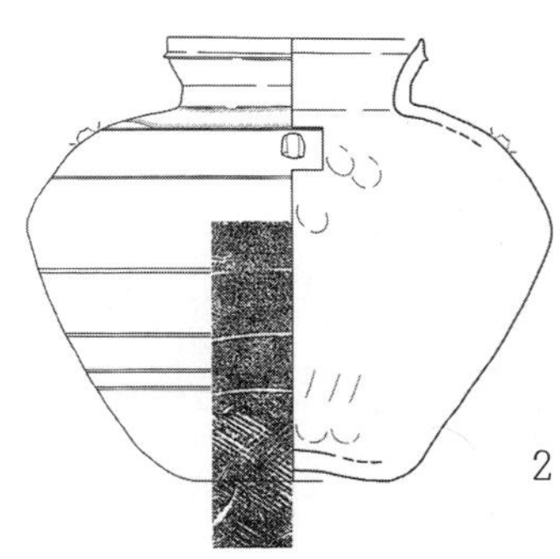

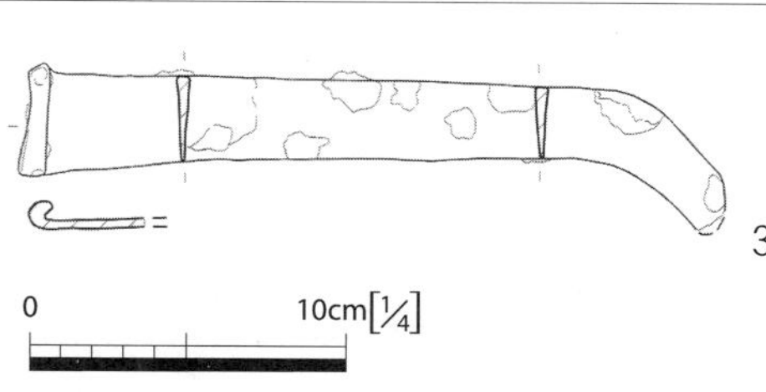

KM-039호 토광묘

(단위 : cm)

묘광	크 기 (길이×너비×깊이)	(245)×(93)×(23+)	목관	크 기 (길이×너비×높이)	(213)×(61)×?
	장폭비	(2.63):1		장폭비	(3.49):1
	장축방향	N-83°-W	목곽	크 기 (길이×너비×높이)	-
	두 향	?		장폭비	-
유물	토 기	배(1), 소호(1), 광구호(1)			
	철 기	-			
	청동기	-			
	옥석류	-			
	기 타	-			
	특기사항	토기 관상부 부장으로 보임.			

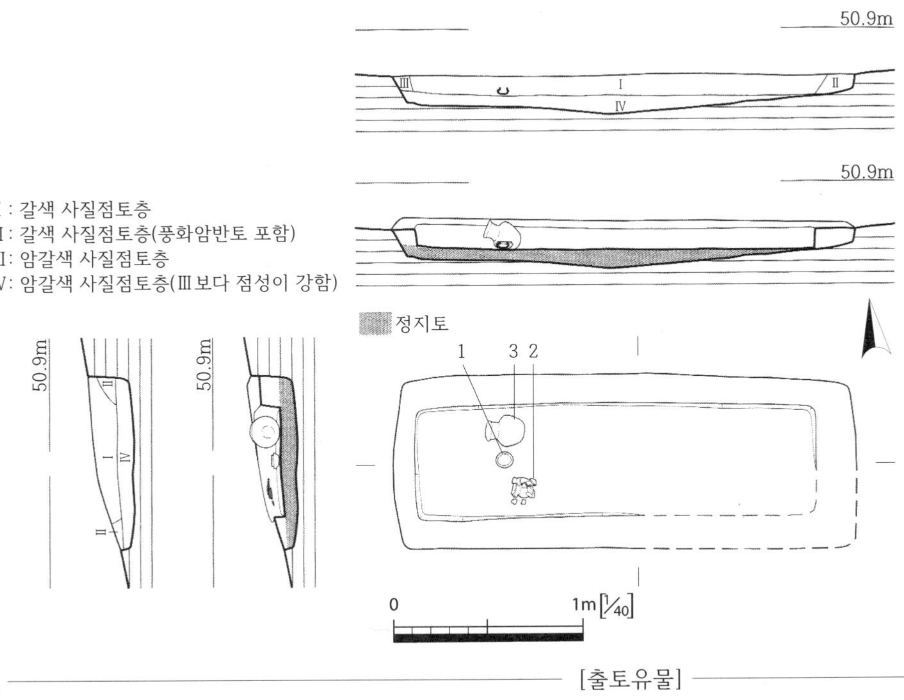

[유구사진] ──────── [출토유물]

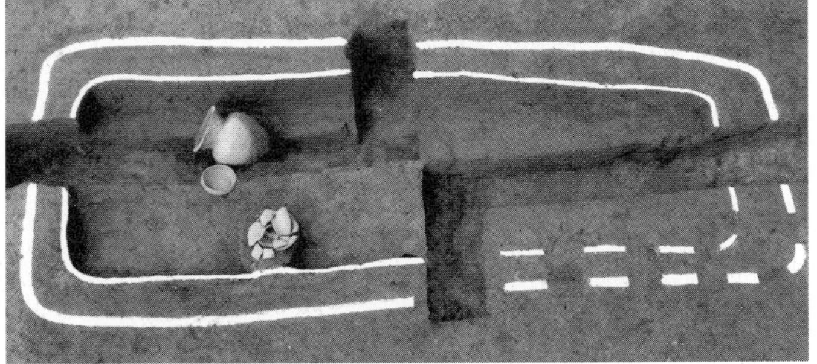

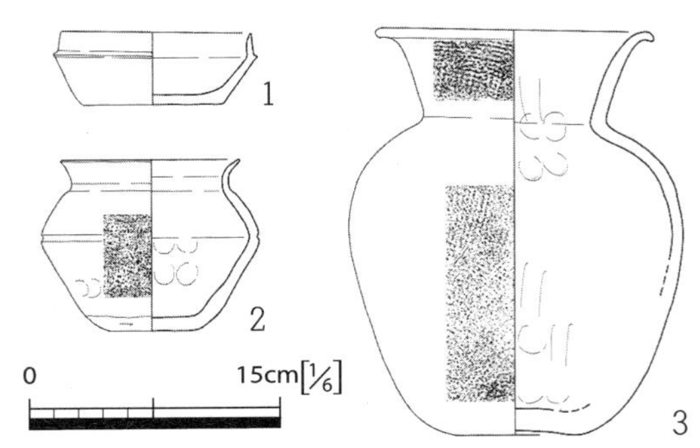

KM-040호 석실묘

(단위 : cm)

봉토	크 기 (길이×너비×높이)	?	묘광	크 기 (길이×너비×깊이)	395×576×(100+)
	평면형태	?		장폭비	0.68:1
현실	크 기 (길이×너비×높이)	322×415×(157+)		천장형태	궁륭
	평면형태	방형		연도위치	중앙
연도	크 기 (길이×너비×높이)	(161+)×(73+)×(32+)		묘도크기 (길이×너비)	?
	장폭비	?		배수시설 (길이×너비×깊이)	-
	시상/관대크기 (길이×너비×높이)	?		두 향	?
	장축방향	N-12°-E		벽석종류	할석
유물	토 기			-	
	철 기			-	
	청 동 기			-	
	옥 석 류			-	
	기 타			-	
특기사항		출토유물 없음.			

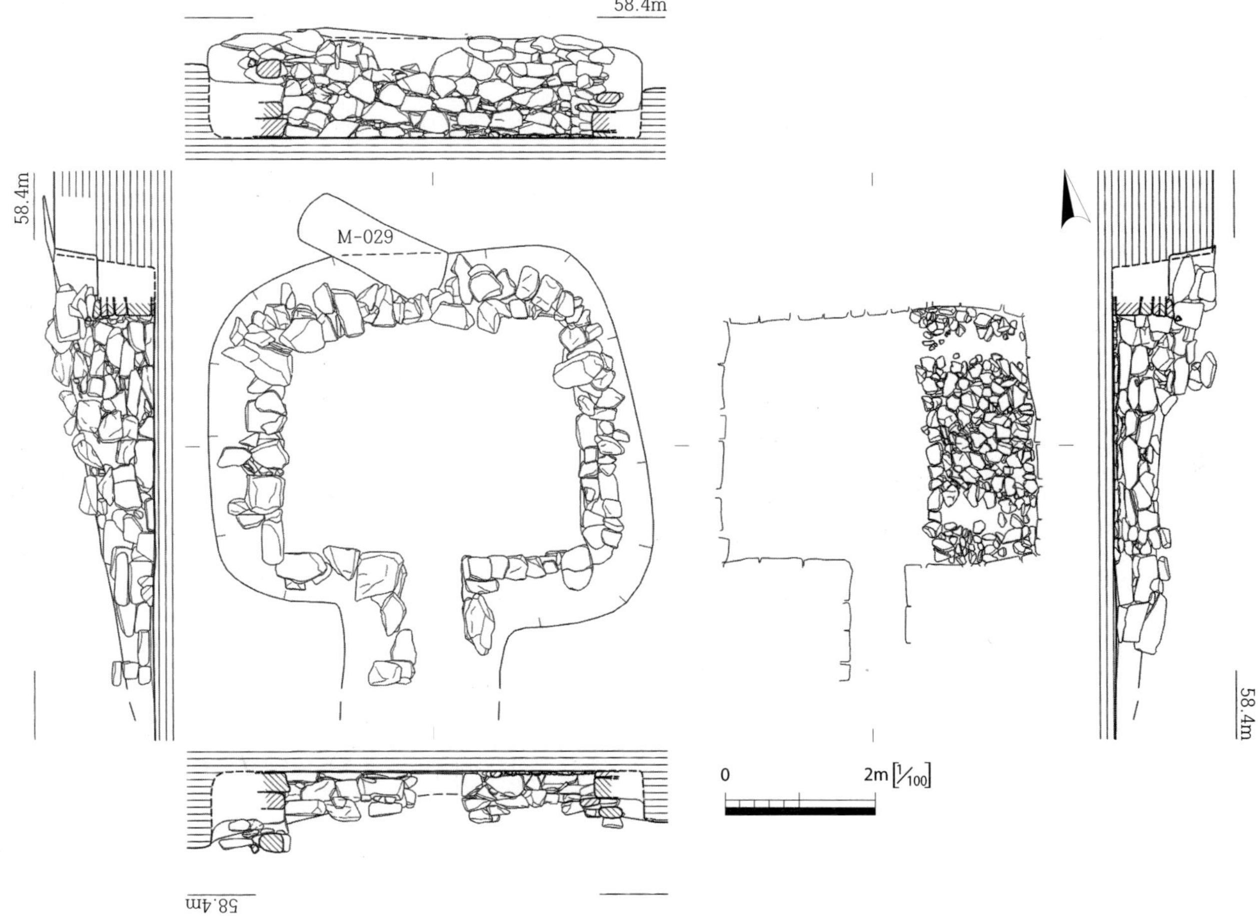

KM-041호 토광묘

(단위 : cm)

묘광	크 기 (길이×너비×길이)	(267)×(126)×?	목관	크 기 (길이×너비×높이)	?
	장폭비	(2.67):1		장폭비	?
	장축방향	N-77°-E	목곽	크 기 (길이×너비×높이)	?
	두 향	?		장폭비	?
유물	토 기	대부직구소호(1), 광구호(1)			
	철 기	단조철부(1), 겸(1)			
	청동기	-			
	옥석류	-			
	기 타	-			
	특기사항	시상대(233×97) 확인됨.			

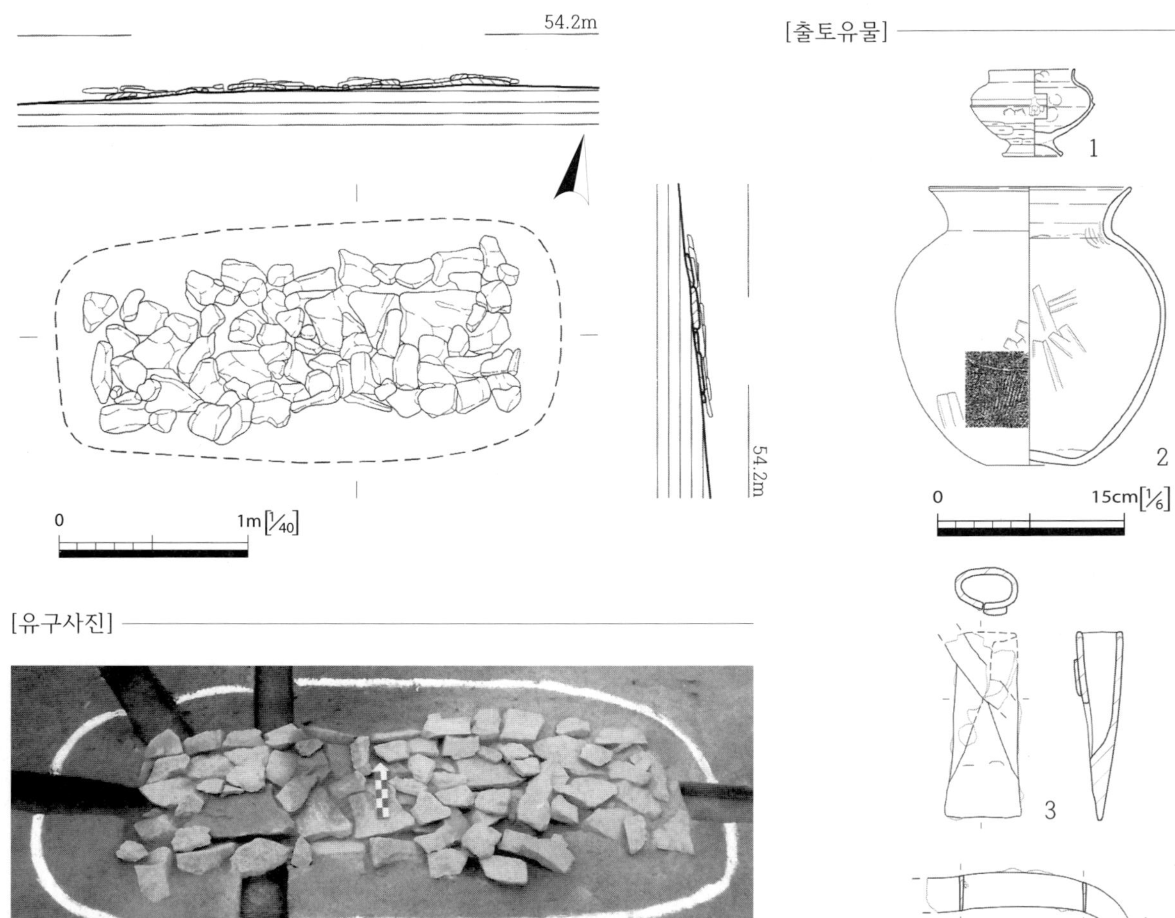

KM-043호 토광묘

(단위 : cm)

묘광	크 기 (길이×너비×깊이)	(245+)×(113)×(18+)	목관	크 기 (길이×너비×높이)	(153+)×(57)×?
	장폭비	?		장폭비	?
	장축방향	N-77°-W	목곽	크 기 (길이×너비×높이)	?
	두 항	?		장폭비	?
유물	토 기	개(2), 단경호(1), 소호(1), 삼족기(1)			
	철 기	축(1), 단조철부(1), 겸(1)			
	청동기	-			
	옥석류	-			
	기 타	-			
	특기사항				

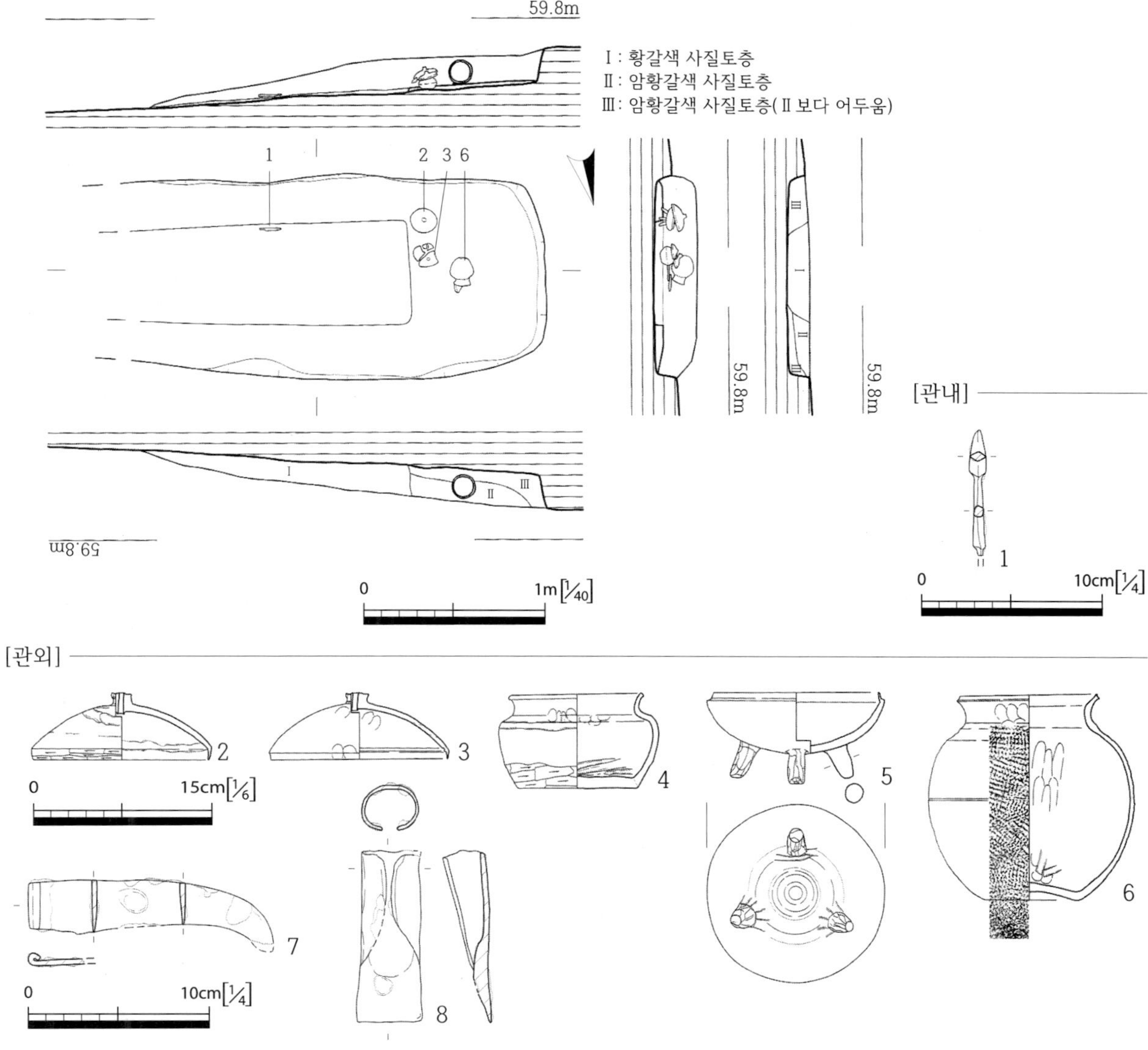

KM-044호 토광묘

(단위 : cm)

묘광	크 기 (길이×너비×깊이)	(73+)×(67+)×(3+)	목관	크 기 (길이×너비×높이)	-
	장폭비	?		장폭비	-
	장축방향	N-14°-E	목곽	크 기 (길이×너비×높이)	-
	두 향	?		장폭비	-
유물	토 기	배(1), 소호(1)			
	철 기	-			
	청 동 기	-			
	옥석류	-			
	기 타	-			
	특기사항				

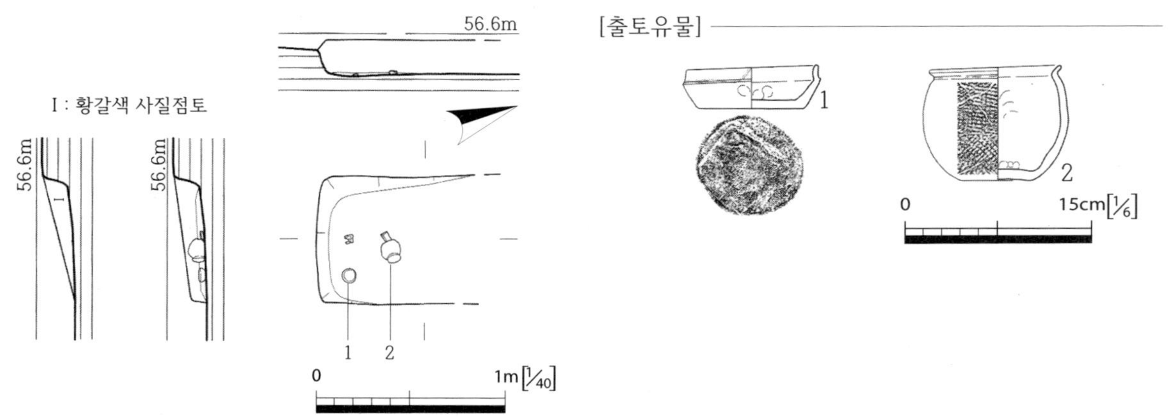

KM-045호 토광묘

(단위 : cm)

묘광	크 기 (길이×너비×깊이)	(89+)×(74+)×(12+)	목관	크 기 (길이×너비×높이)	?
	장폭비	?		장폭비	?
	장축방향	N-69°-E	목곽	크 기 (길이×너비×높이)	?
	두 향	?		장폭비	?
유물	토 기	개(1), 소호(1)			
	철 기	-			
	청 동 기	-			
	옥 석 류	-			
	기 타	-			
	특기사항				

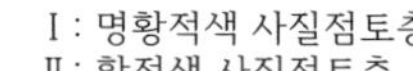
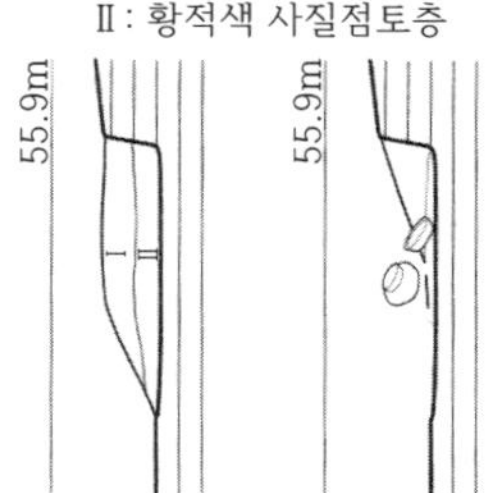
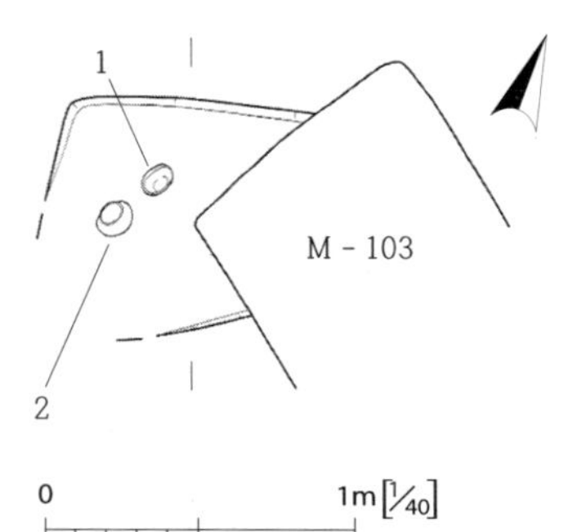

[유구사진]

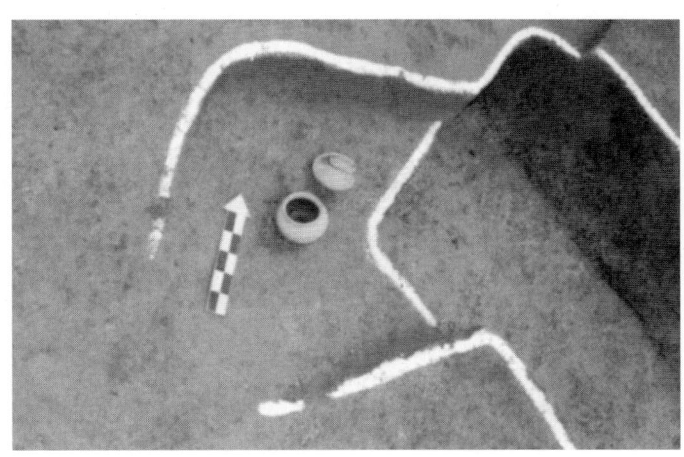

[출토유물]

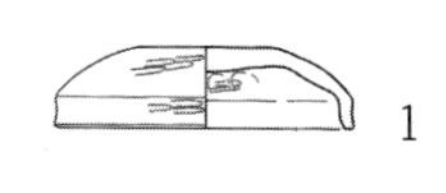
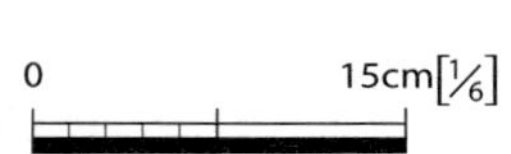

KM-046호 석실묘

(단위 : cm)

봉토	크 기 (길이×너비×높이)	?	묘광	크 기 (길이×너비×깊이)	336×410×(112+)
	평면형태	?		장폭비	0.81:1
현실	크 기 (길이×너비×높이)	273×305×(153+)		천장형태	?
	평면형태	방형		연도위치	중앙
연도	크 기 (길이×너비×높이)	(203+)×102×(94+)		묘도크기 (길이×너비)	(265+)×143
	장폭비	?		배수시설 (길이×너비×깊이)	?×50×?
시상/관대크기 (길이×너비×높이)		?		두 향	?
장축방향		N-24°-E		벽석종류	할석
유물	토 기	고배(5), 개(1), 호·옹(1), 직구단경호(1), 사이광견호(1), 통형기대(1), 발형기대(1)			
	철 기	도자(2), 촉(4), 행엽(1), 은장철지 辻金具(1), 찰갑편(52), 교구(4), 관정(6), 꺾쇠(1),			
	청동기	청동제 이식(1)			
	옥석류	유리제 관옥(1), 유리제 구슬(635)			
	기 타	-			
특기사항					

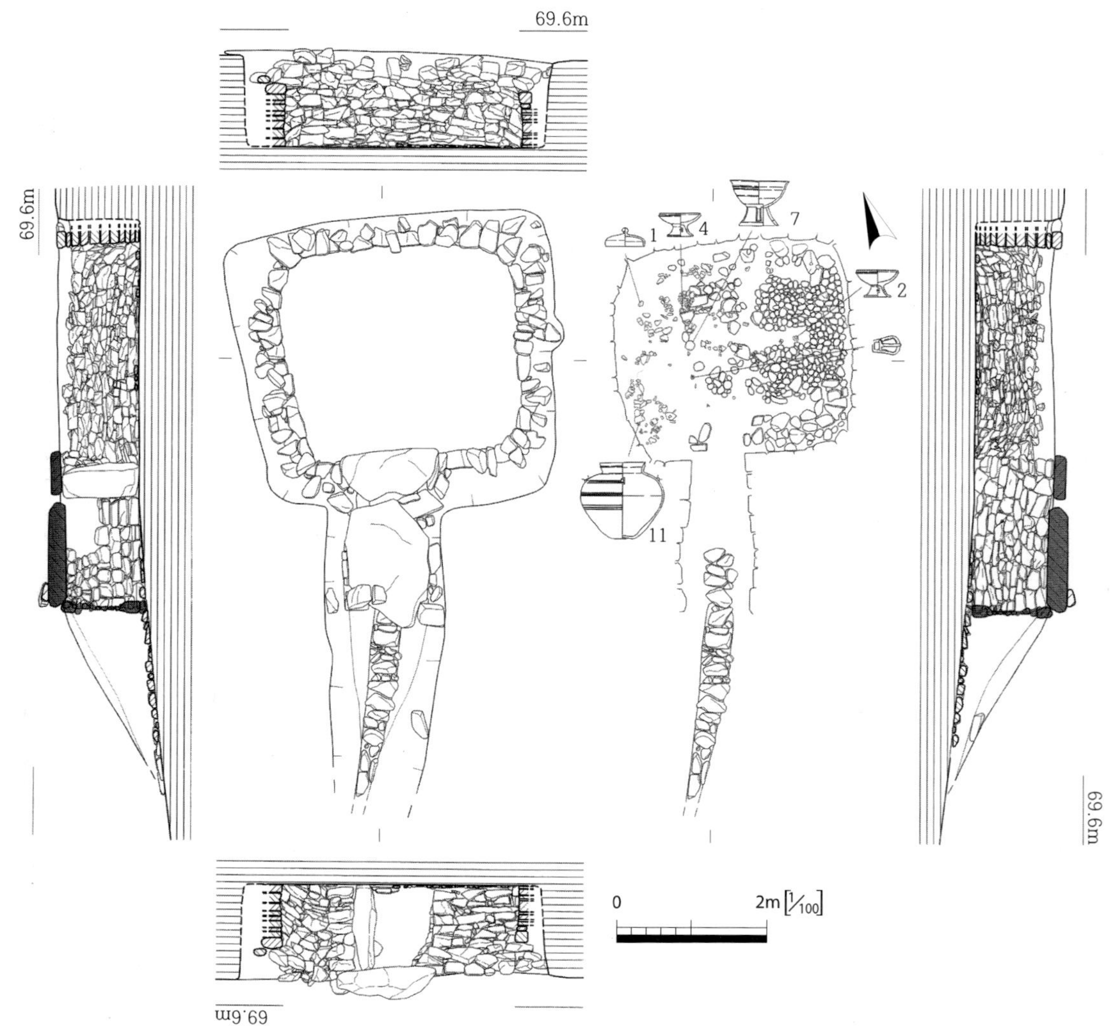

[출토유물]

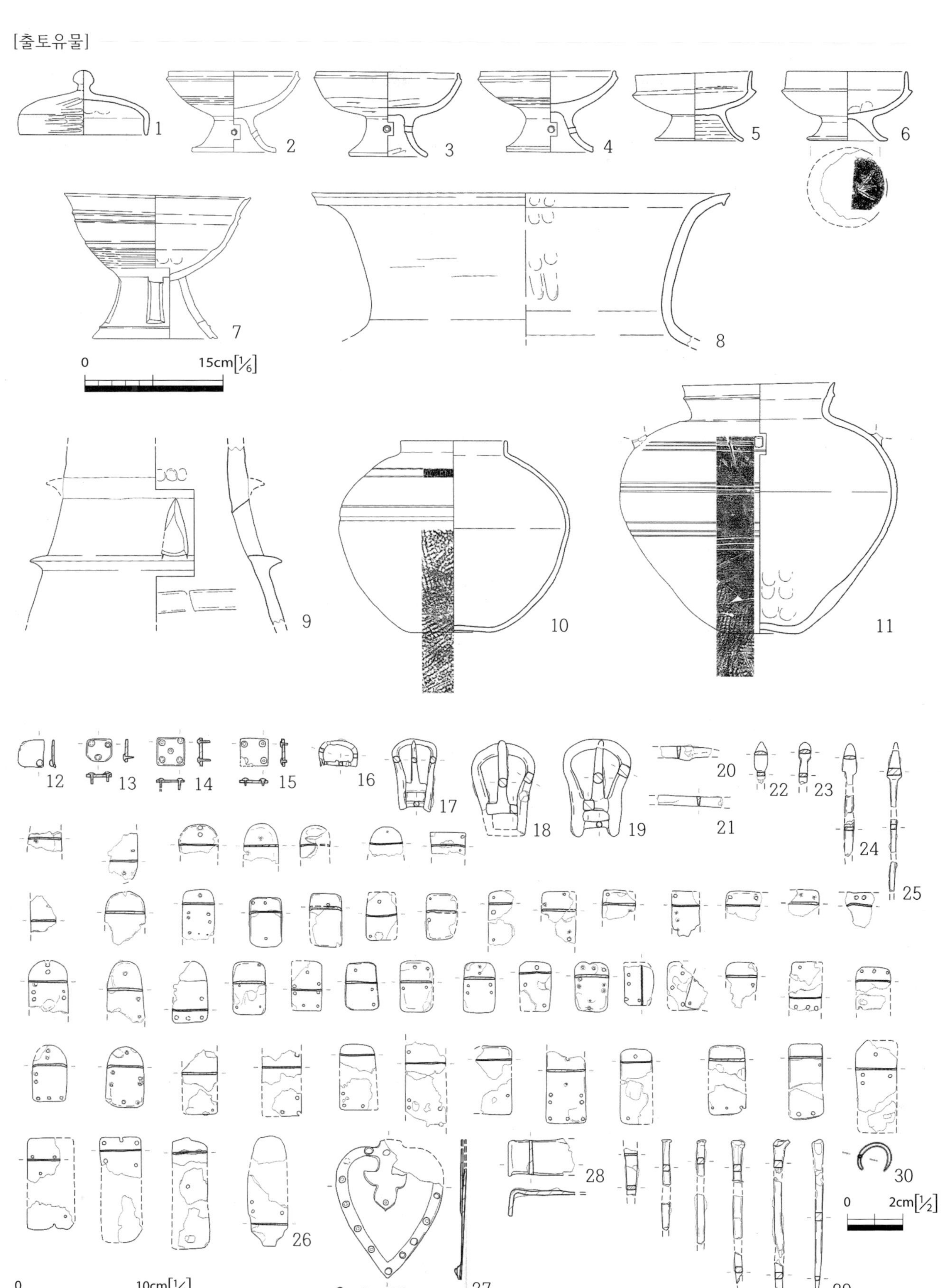

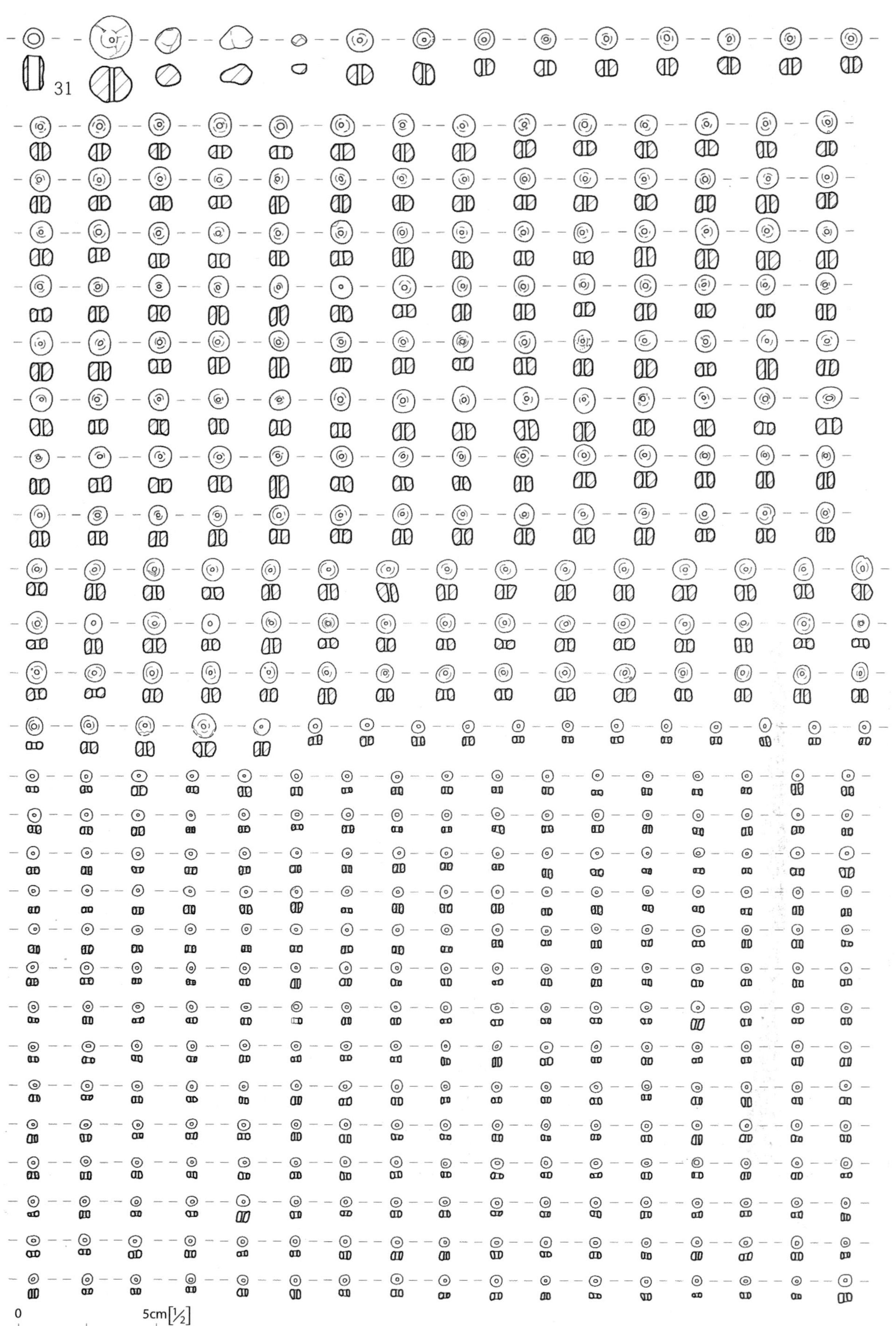

192

[유구사진]

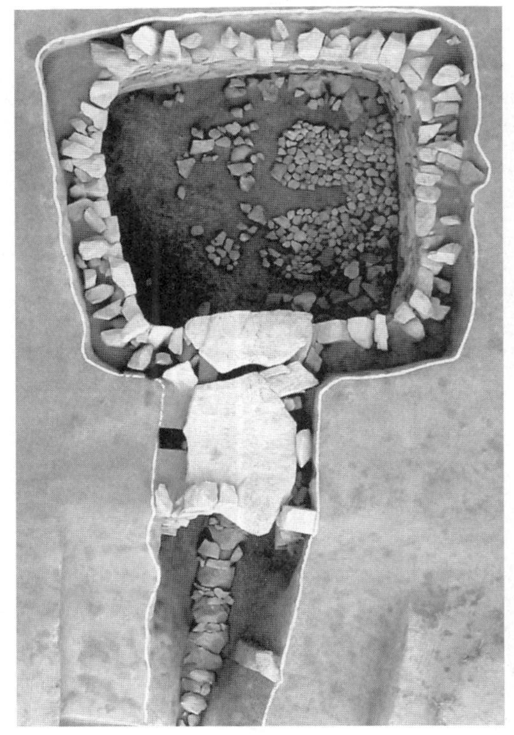

KM-047호 석실묘

(단위 : cm)

봉토	크 기 (길이×너비×높이)	?	묘광	크 기 (길이×너비×깊이)	331×416×(46+)
	평면형태	?		장폭비	1.26:1
현실	크 기 (길이×너비×높이)	292×301×(61+)		천장형태	?
	평면형태	방형		연도위치	우편재
연도	크 기 (길이×너비×높이)	168×110×(33+)		묘도크기 (길이×너비)	37×140
	장폭비	?		배수시설 (길이×너비×깊이)	-
시상/관대크기 (길이×너비×높이)		?		두 향	?
장축방향		N-3°-E		벽석종류	할석
유물	토 기	심발형토기(1), 단경호(2), 호(1), 호·옹(1), 소호(1), 발형기대(1), 토기편(2)			
	철 기	도자(2), 촉(3), 단조철부(1), 辻金具(6), 찰갑(5), 교구(4), 관정(4), 꺾쇠(3), 미상철기(1)			
	청동기	이식(1)			
	옥석류	유리제 구슬(713), 석제 방추차(1)			
	기 타				
특기사항		보고서 기술과 유구 도면·스케일바 비율이 모두 상이함.			

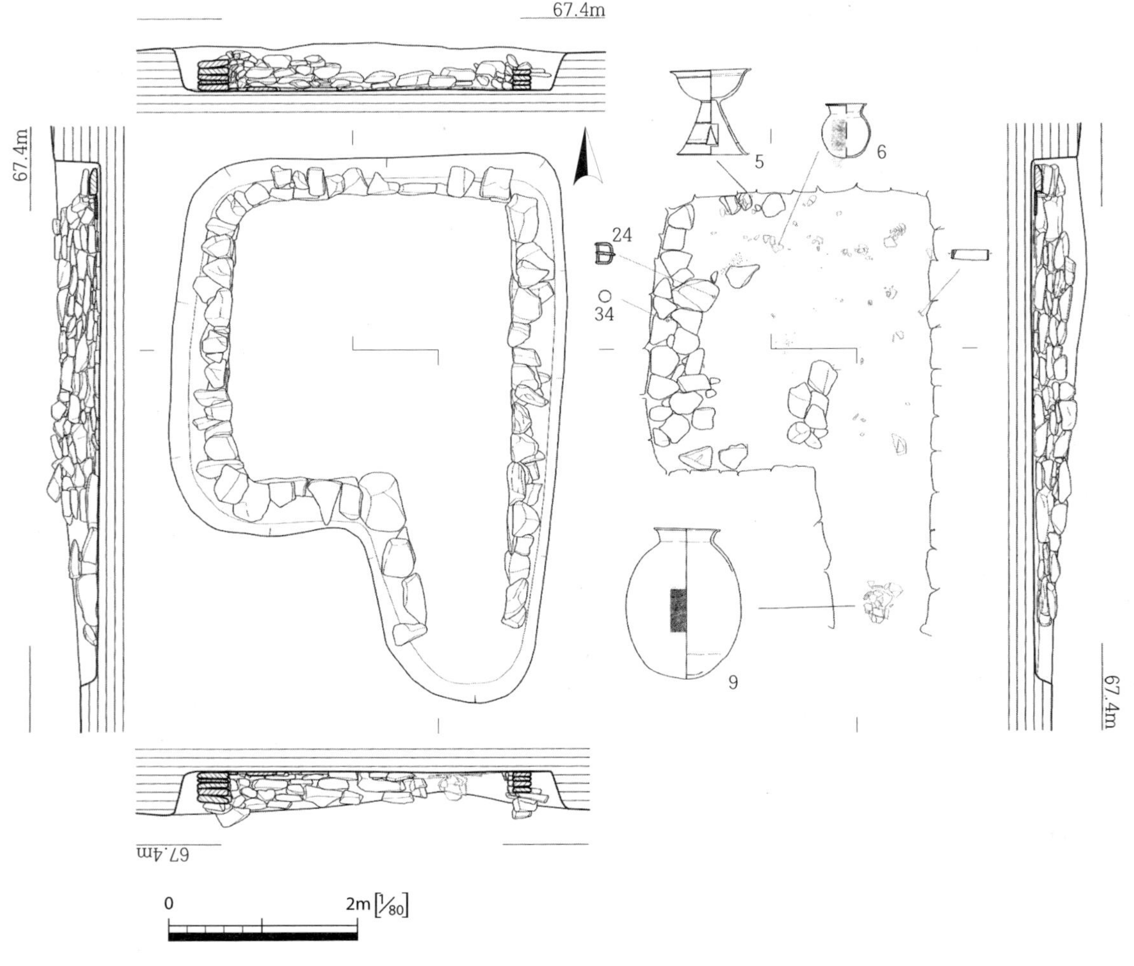

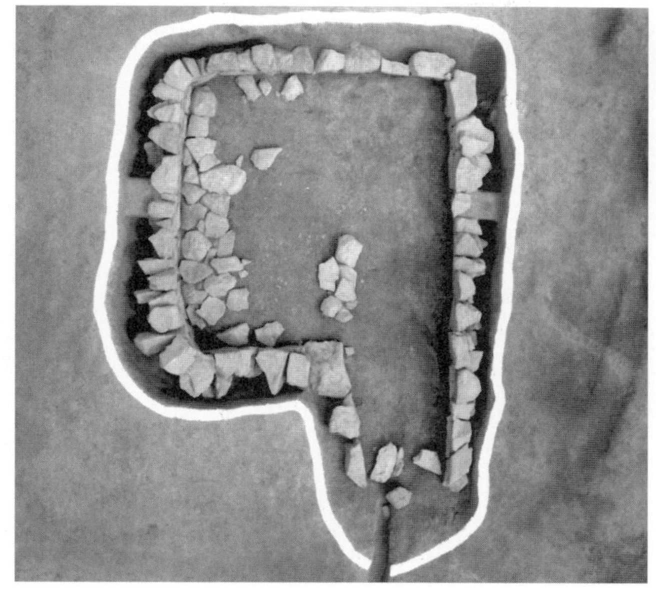

1 2 3 4 5 6 7 8 9

0　　　　　　　15cm[⅙]

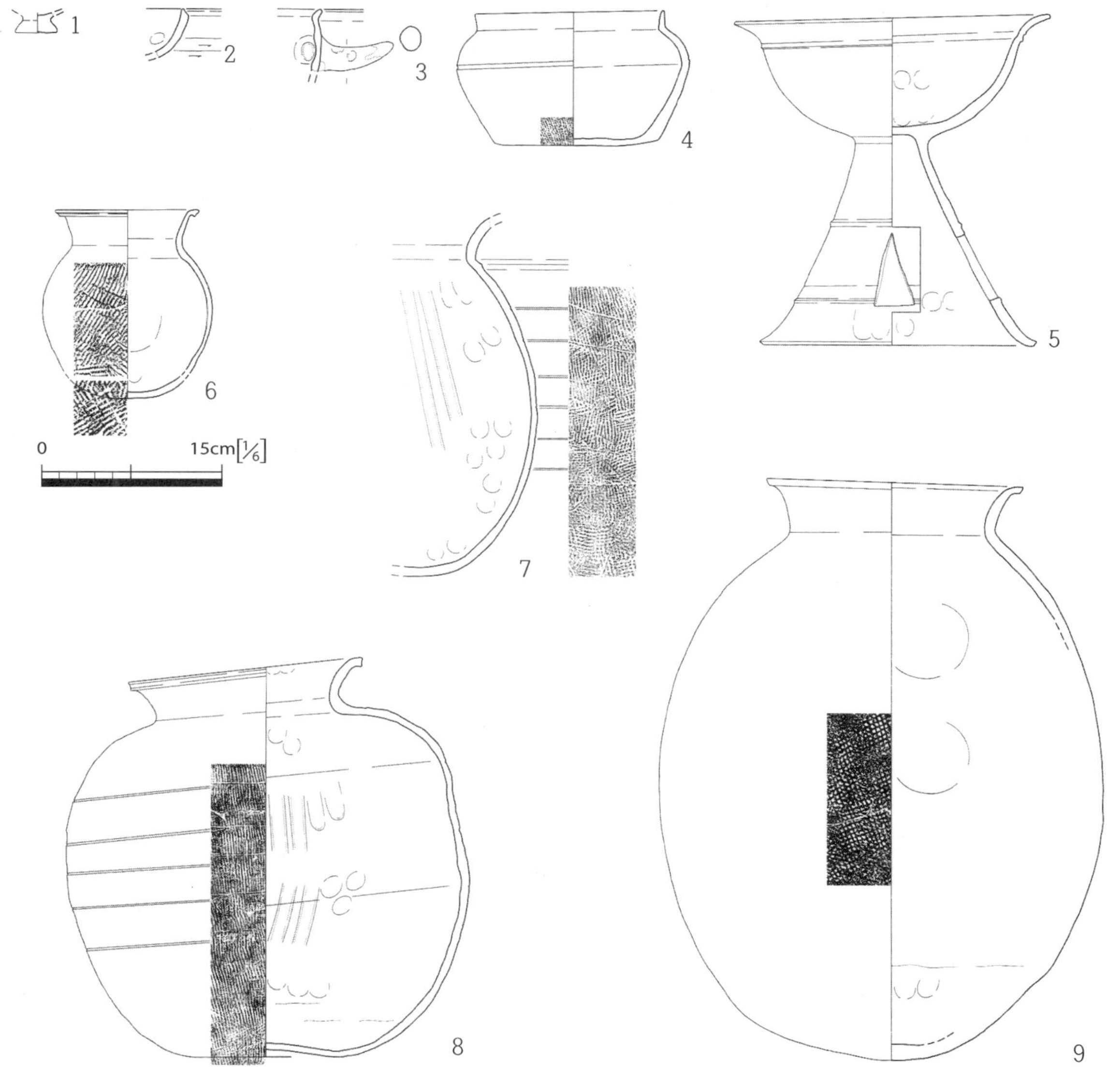

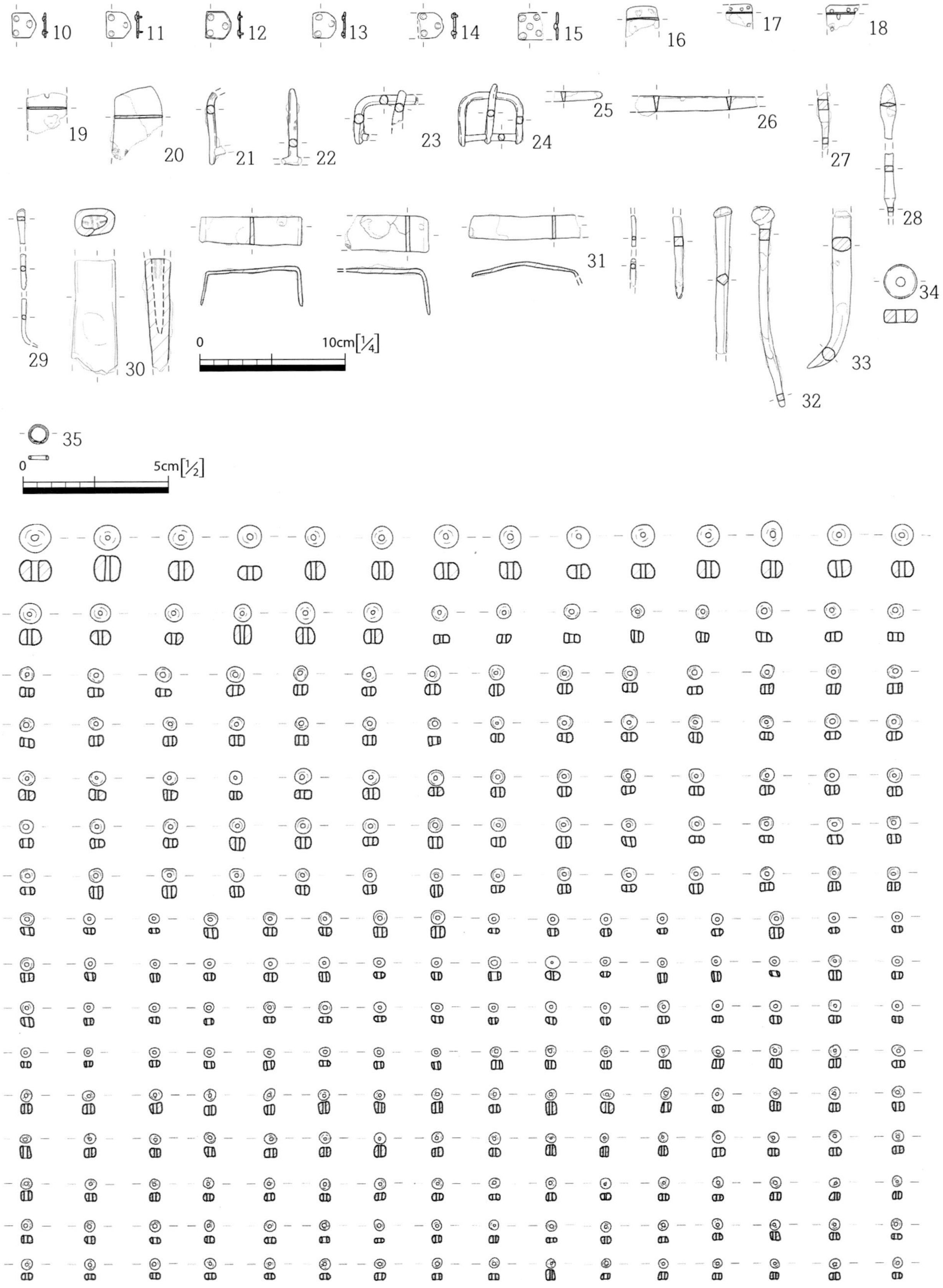

0 10cm[¼]
0 5cm[½]

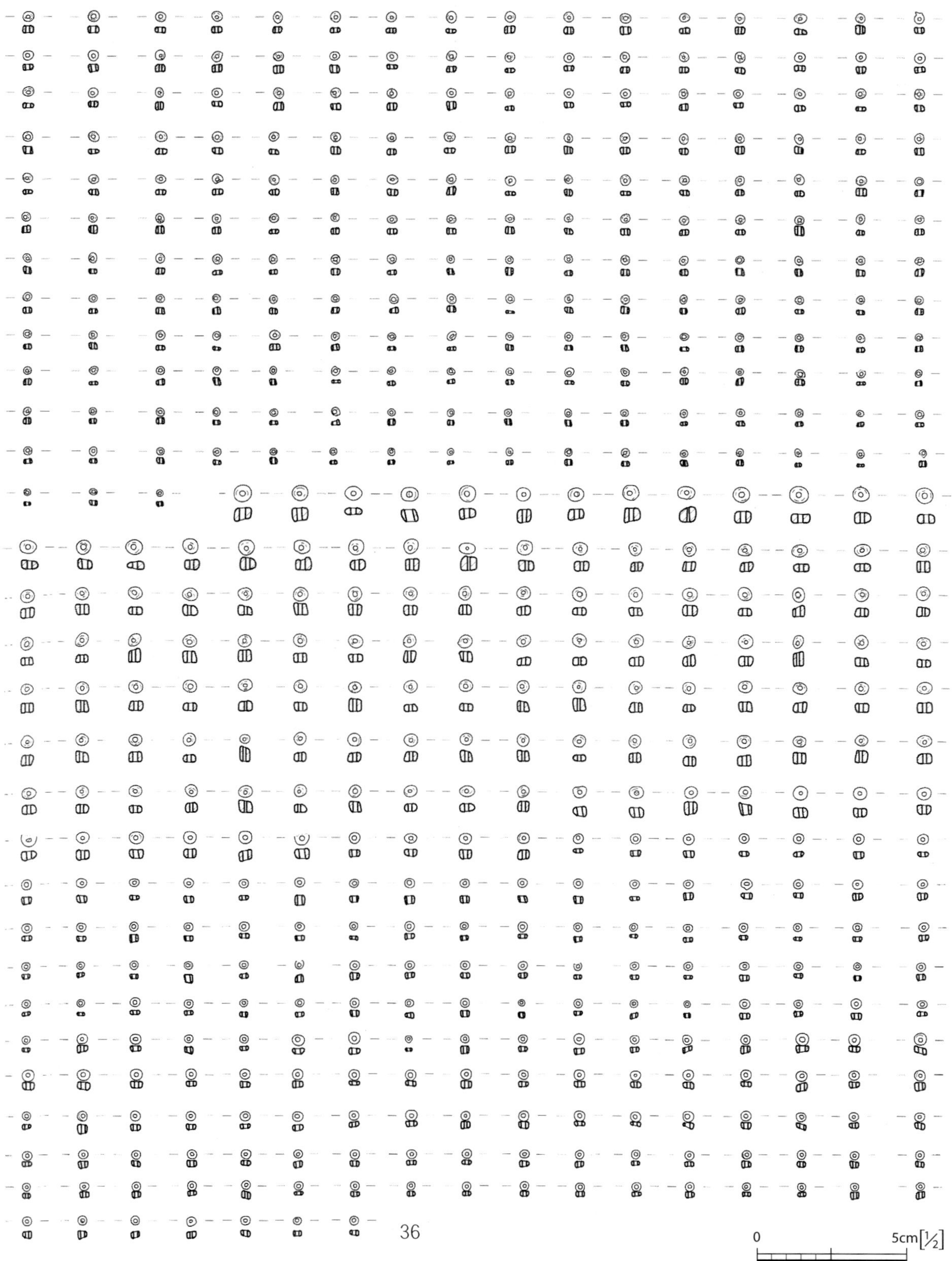

36

KM-048호 석곽묘

(단위 : cm)

묘광	크 기 (길이×너비×깊이)	389×376×(90+)	주 체 부	크 기 (길이×너비×높이)	268×146×(113+)
	장폭비	1.03:1		장폭비	1.84:1
	장축방향	N-51°-W	시상·관대	크 기 (길이×너비×높이)	?
	두 향	?	벽석종류		할석
유물	토 기	소호(1), 토기편(2)			
	철 기	-			
	청 동 기	-			
	옥 석 류	-			
	기 타	-			
	특기사항				

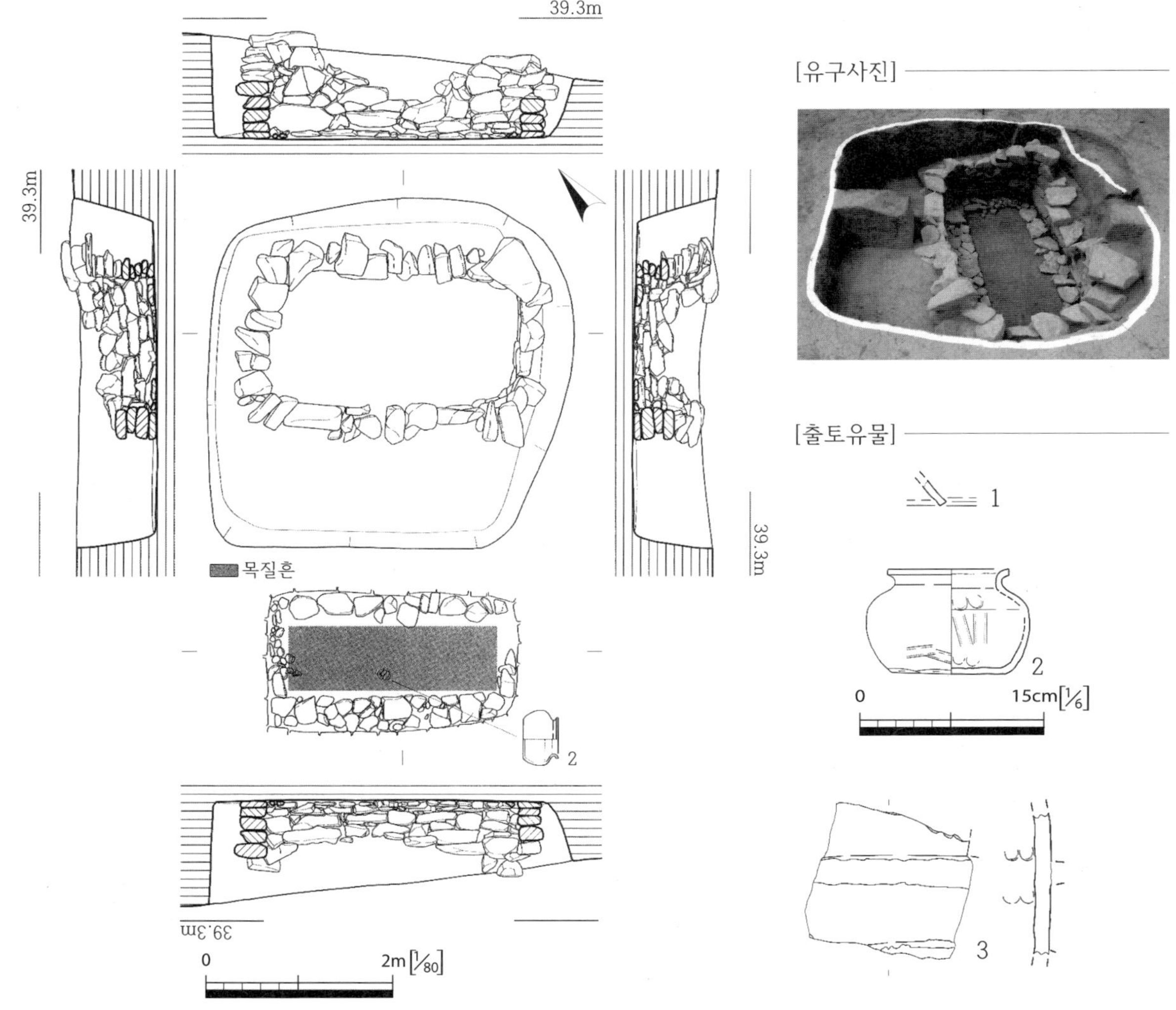

KM-049호 석실묘

(단위 : cm)

봉토	크 기 (길이×너비×높이)	?	묘광	크 기 (길이×너비×깊이)	457×546×(272+)
	평면형태	?		장폭비	0.83:1
현실	크 기 (길이×너비×높이)	398×428×(200+)		천장형태	?
	평면형태	방형		연도위치	우편재
연도	크 기 (길이×너비×높이)	(255+)×86×(160+)		묘도크기 (길이×너비)	295×?
	장폭비	?		배수시설 (길이×너비×깊이)	-
	시상/관대크기 (길이×너비×높이)	?		두 향	?
	장축방향	N-14°-E		벽석종류	할석
유물	토 기	소호(1), 통형기대(1), 토기편(2)			
	철 기	관정(2), 꺾쇠(1)			
	청 동 기				
	옥 석 류				
	기 타				
	특기사항				

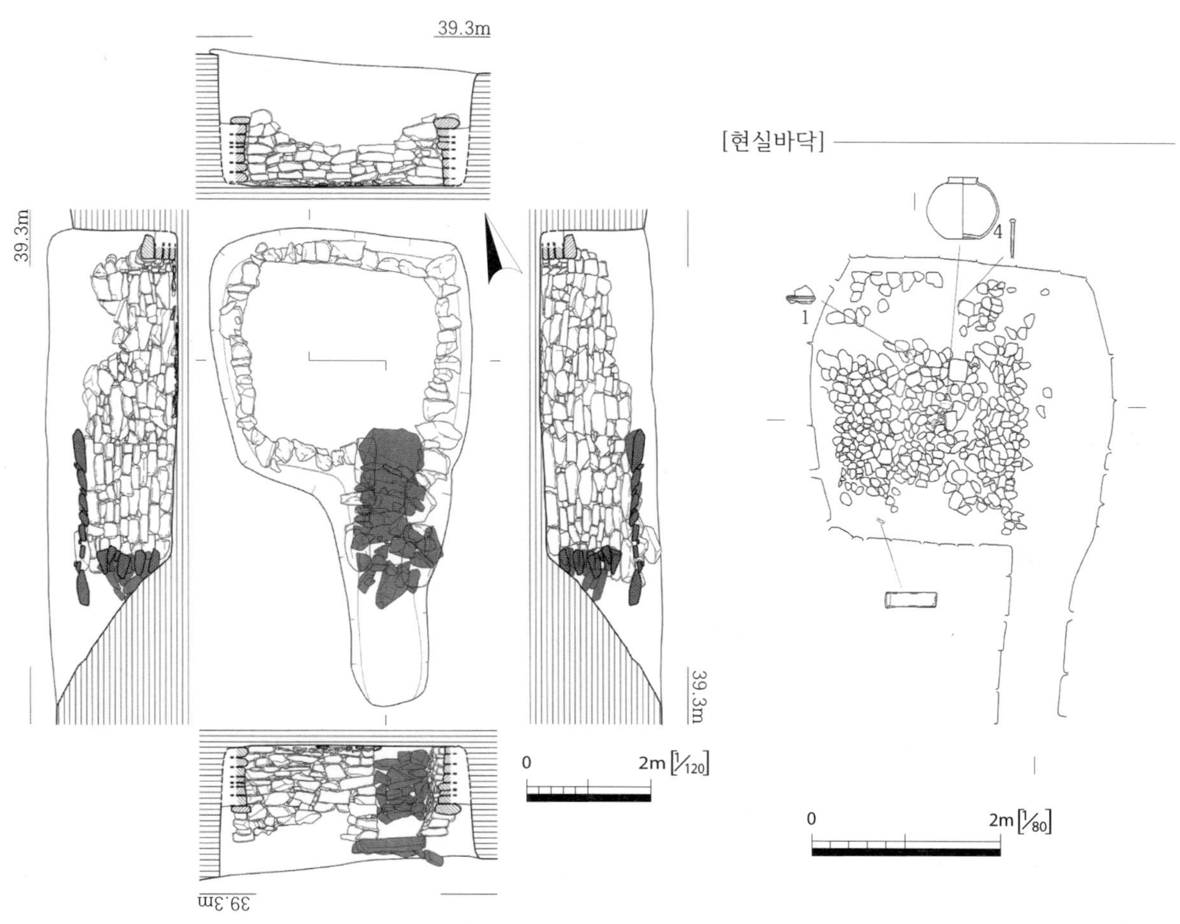

[유구사진]

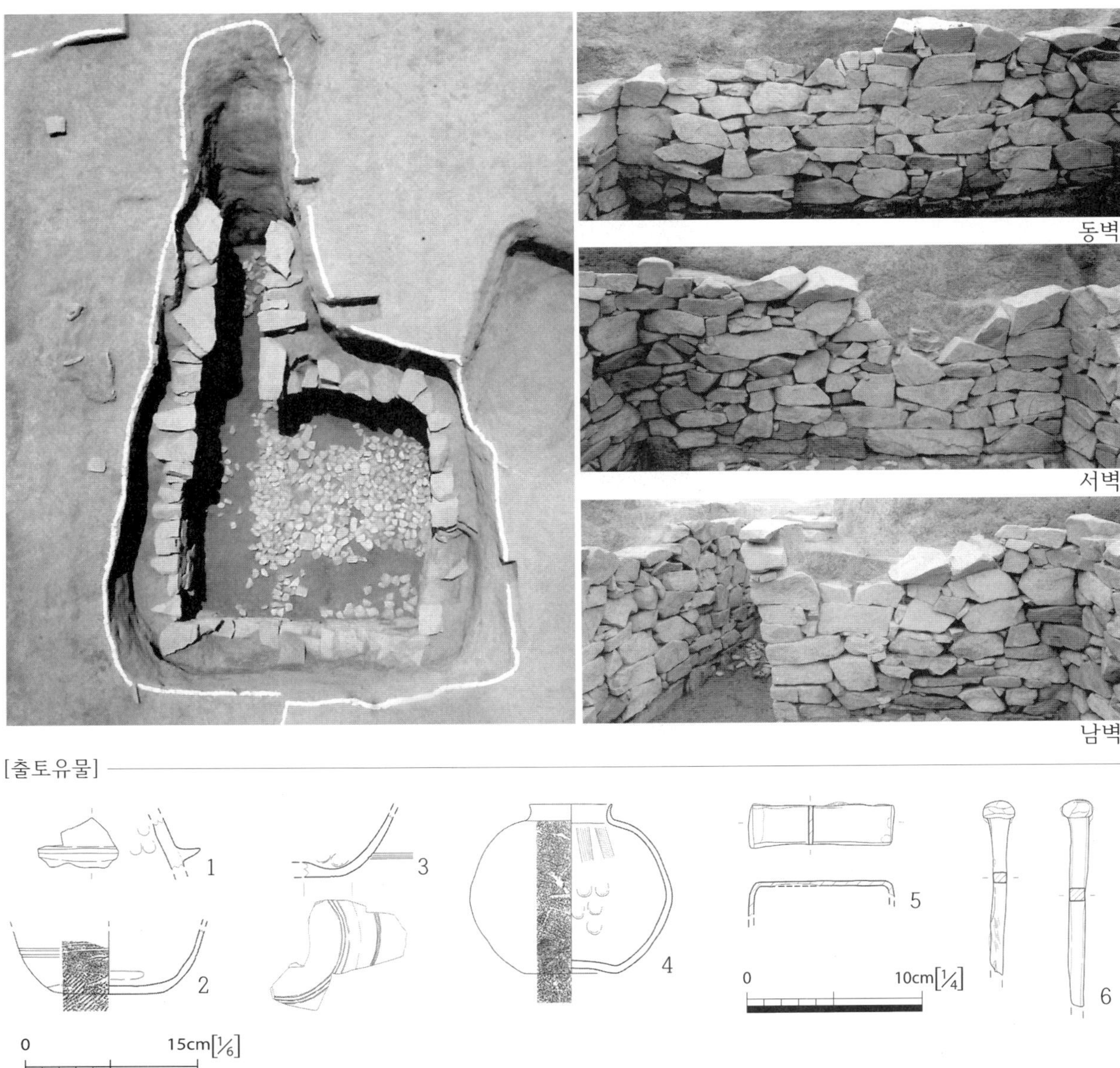

동벽
서벽
남벽

[출토유물]

1
2
3
4
5
6
0   15cm[1/6]
0   10cm[1/4]

KM-050호 석실묘

(단위 : cm)

봉토	크 기 (길이×너비×높이)	?	묘광	크 기 (길이×너비×깊이)	425×499×(168+)
	평면형태	?		장폭비	0.85:1
현실	크 기 (길이×너비×높이)	330×400×(144+)		천장형태	?
	평면형태	방형		연도위치	우편재
연도	크 기 (길이×너비×높이)	(112+)×107×(150+)		묘도크기 (길이×너비)	104×?
	장폭비	?		배수시설 (길이×너비×깊이)	-
시상/관대크기 (길이×너비×높이)		?	두 향		?
장축방향		N-17°-W	벽석종류		할석
유물	토 기	통형기대(1), 호·옹(1)			
	철 기	도자(5), 겸(1), 재갈(1), 辻金具(8), 교구(2), 관고리(1), 관정(2), 꺾쇠(3)			
	청동기				
	옥석류				
	기 타				
	특기사항				

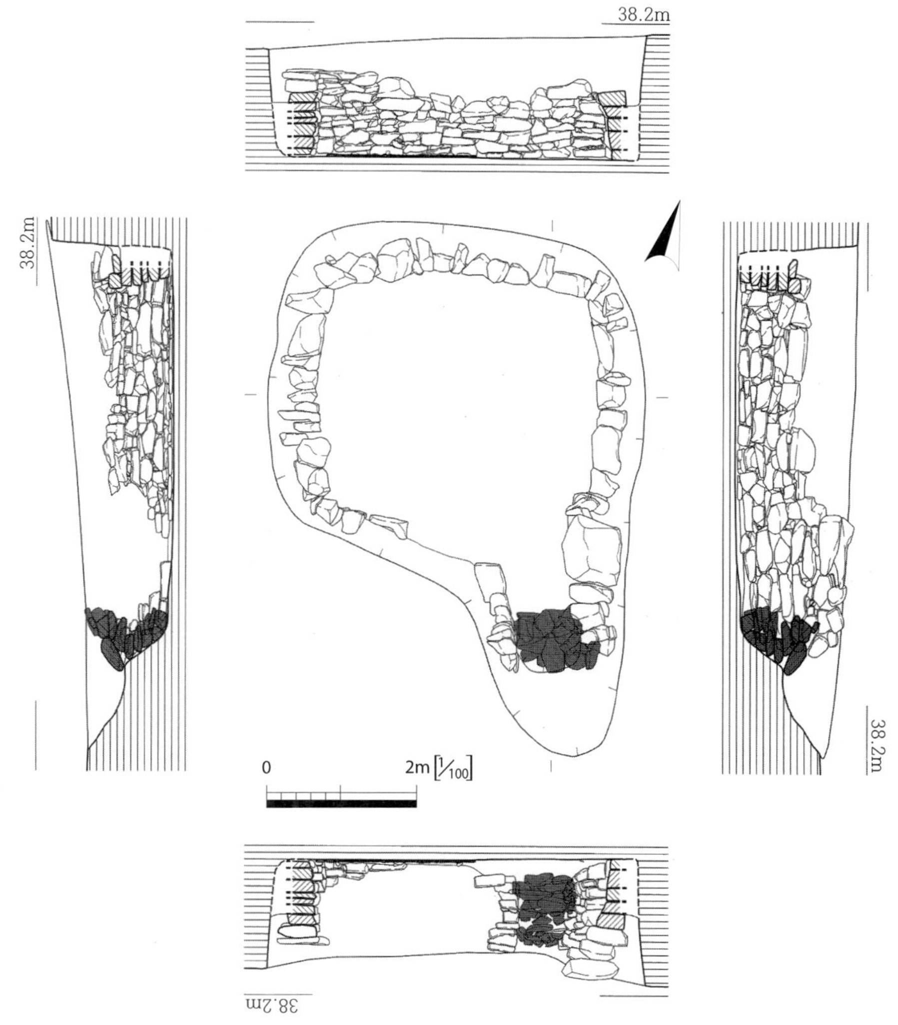

[현실바닥]

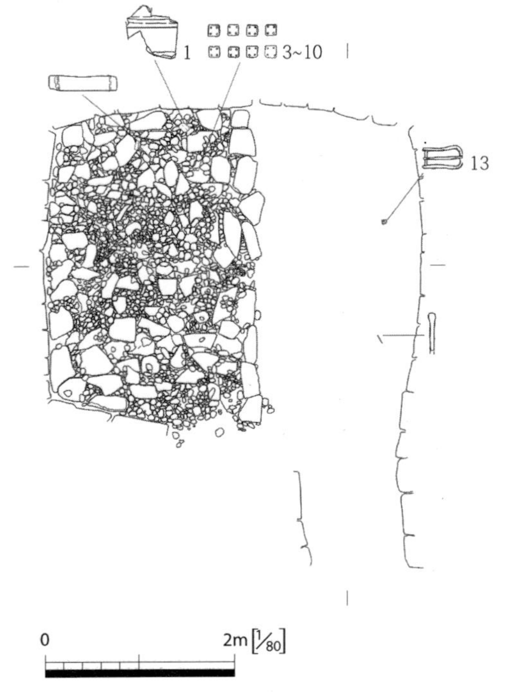

1
3~10
13
0   2m[1/80]

[유구사진]

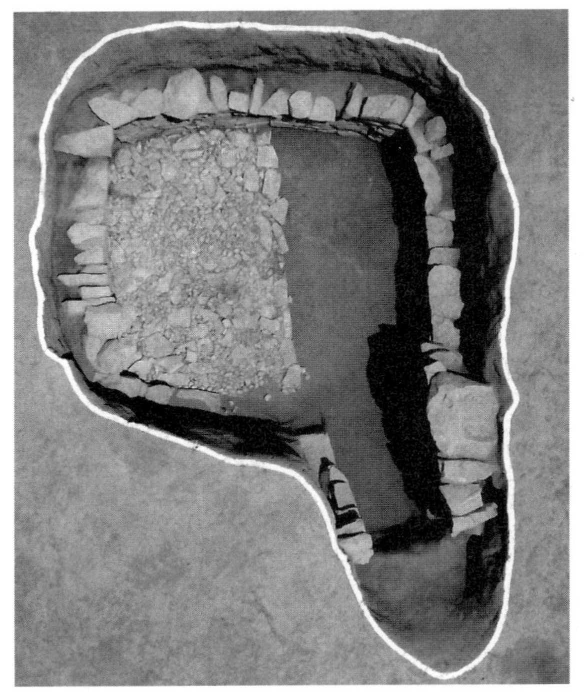

[출토유물]

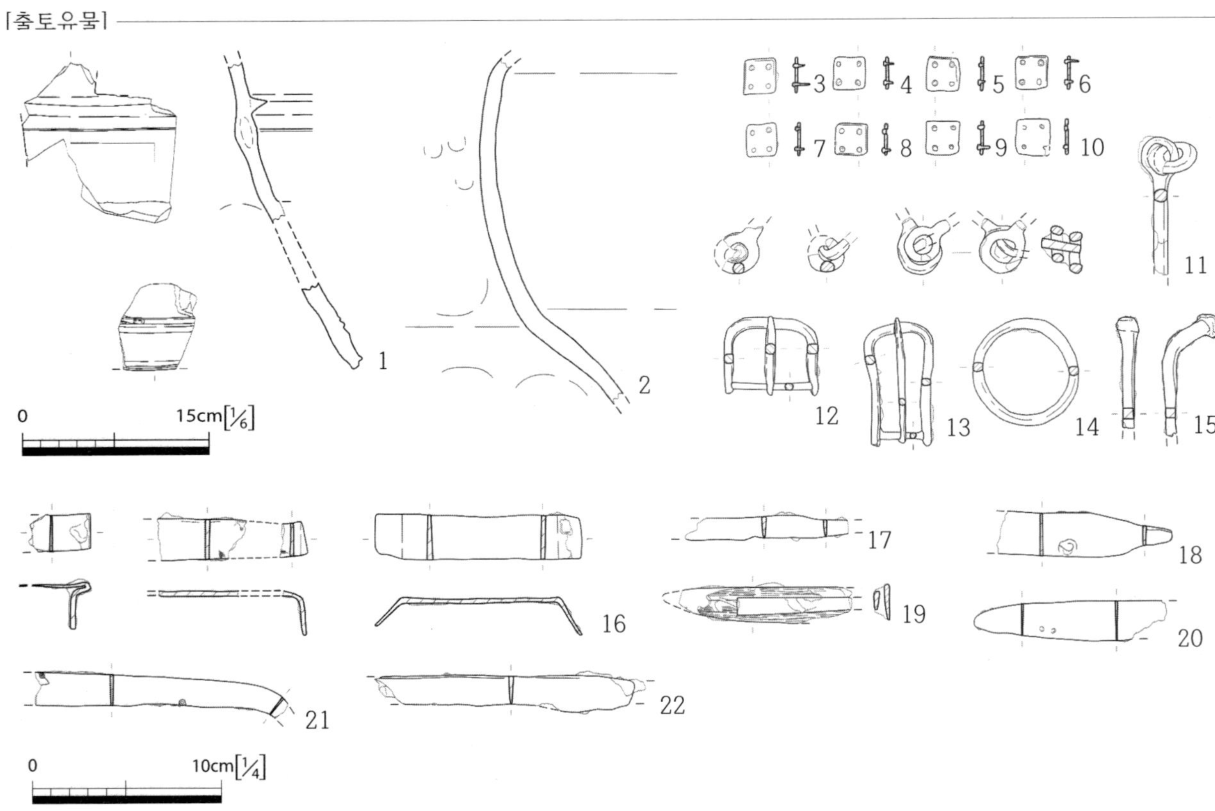

1
2
3
4
5
6
7
8
9
10
11
12
13
14
15
16
17
18
19
20
21
22
0   15cm[1/6]
0   10cm[1/4]

KM-051호 석실묘

(단위 : cm)

봉토	크 기 (길이×너비×높이)	?	묘광	크 기 (길이×너비×깊이)	358×477×(168+)
	평면형태	?		장폭비	1.33:1
현실	크 기 (길이×너비×높이)	293×346×(152+)		천장형태	?
	평면형태	장방형		연도위치	좌편재
연도	크 기 (길이×너비×높이)	199×103×(112+)		묘도크기 (길이×너비)	129×?
	장폭비	1.93:1		배수시설 (길이×너비×깊이)	?
	시상/관대크기 (길이×너비×높이)	?		두 향	?
	장축방향	N-30°-E		벽석종류	할석
유물	토 기	배(1), 소호(1), 단경호(1), 광구호(2)			
	철 기	미상철기(2)			
	청동기	-			
	옥석류	-			
	기 타	-			
	특기사항				

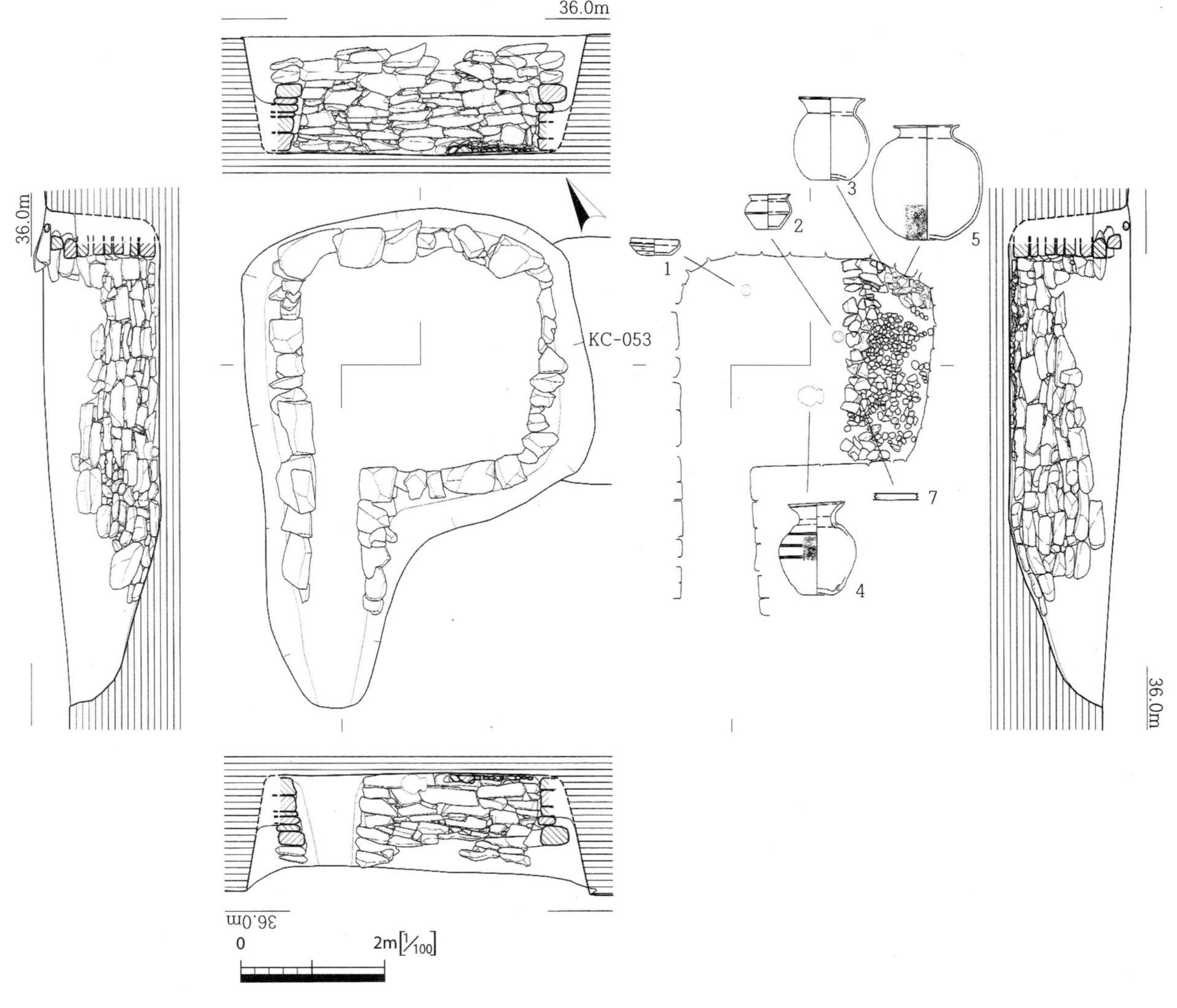

[유구사진]

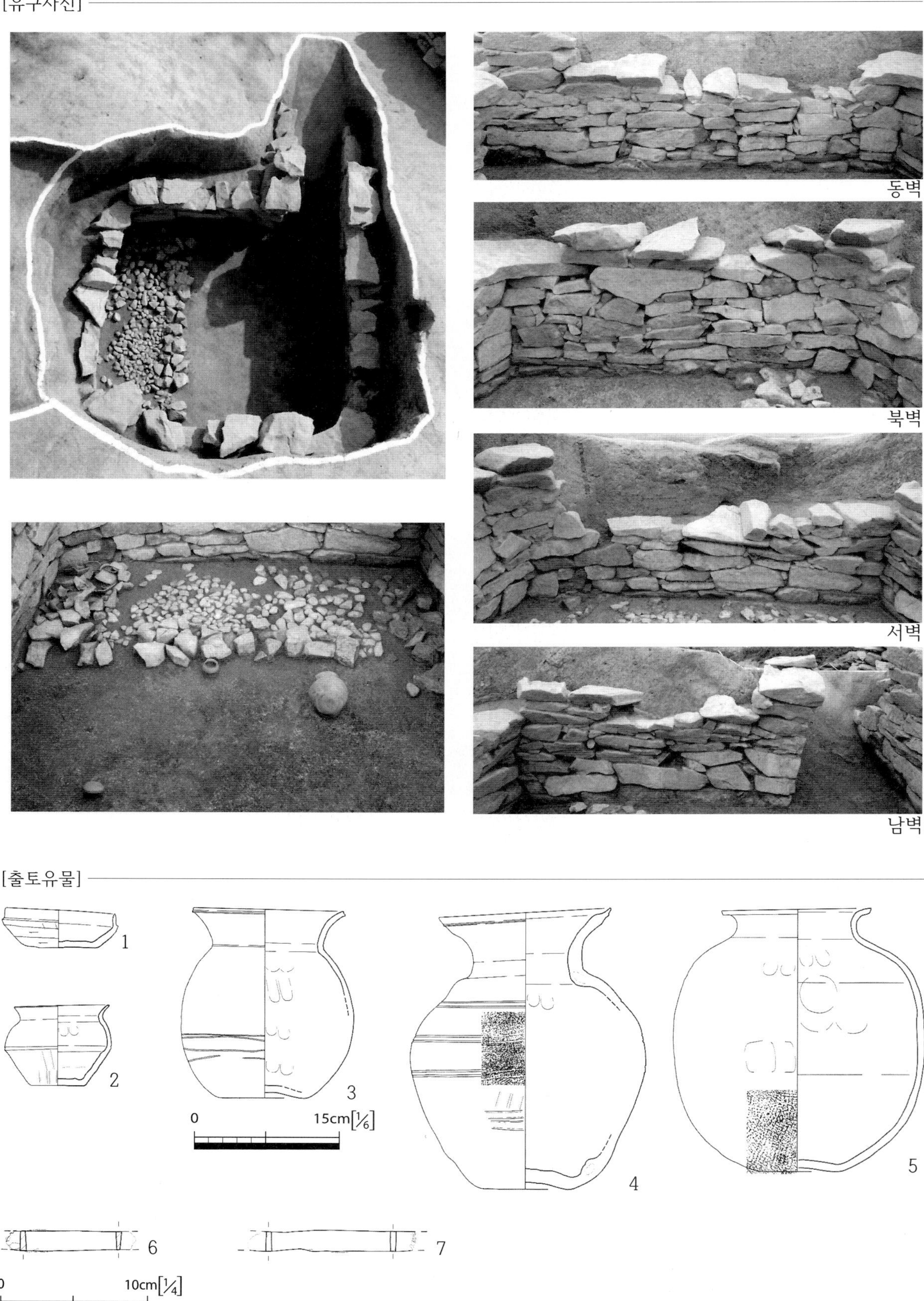

동벽
북벽
서벽
남벽

[출토유물]

0   15cm[1/6]
0   10cm[1/4]

KM-052호 석실묘

(단위 : cm)

봉토	크 기 (길이×너비×높이)	?	묘광	크 기 (길이×너비×깊이)	377×461×(81+)
	평면형태	?		장폭비	
현실	크 기 (길이×너비×높이)	305×323×(40+)		천장형태	?
	평면형태	방형		연도위치	우편재
연도	크 기 (길이×너비×높이)	388×186×?		묘도크기 (길이×너비)	?
	장폭비	2.08:1		배수시설 (길이×너비×깊이)	?
시상/관대크기 (길이×너비×높이)		204×90 / 186×102		두 향	?
장축방향		N-27°-E		벽석종류	할석
유물	토 기	심발형토기(1), 배(3), 소호(1), 호·옹(1), 통형기대(2), 토기편(2)			
	철 기	도자(1), 촉(1), 단조철부(1), 교구(2), 관정(6), 꺾쇠(8)			
	청 동 기	-			
	옥 석 류	-			
	기 타	-			
특기사항		보고서 기술과 유구 도면·스케일바 비율이 모두 상이함.			

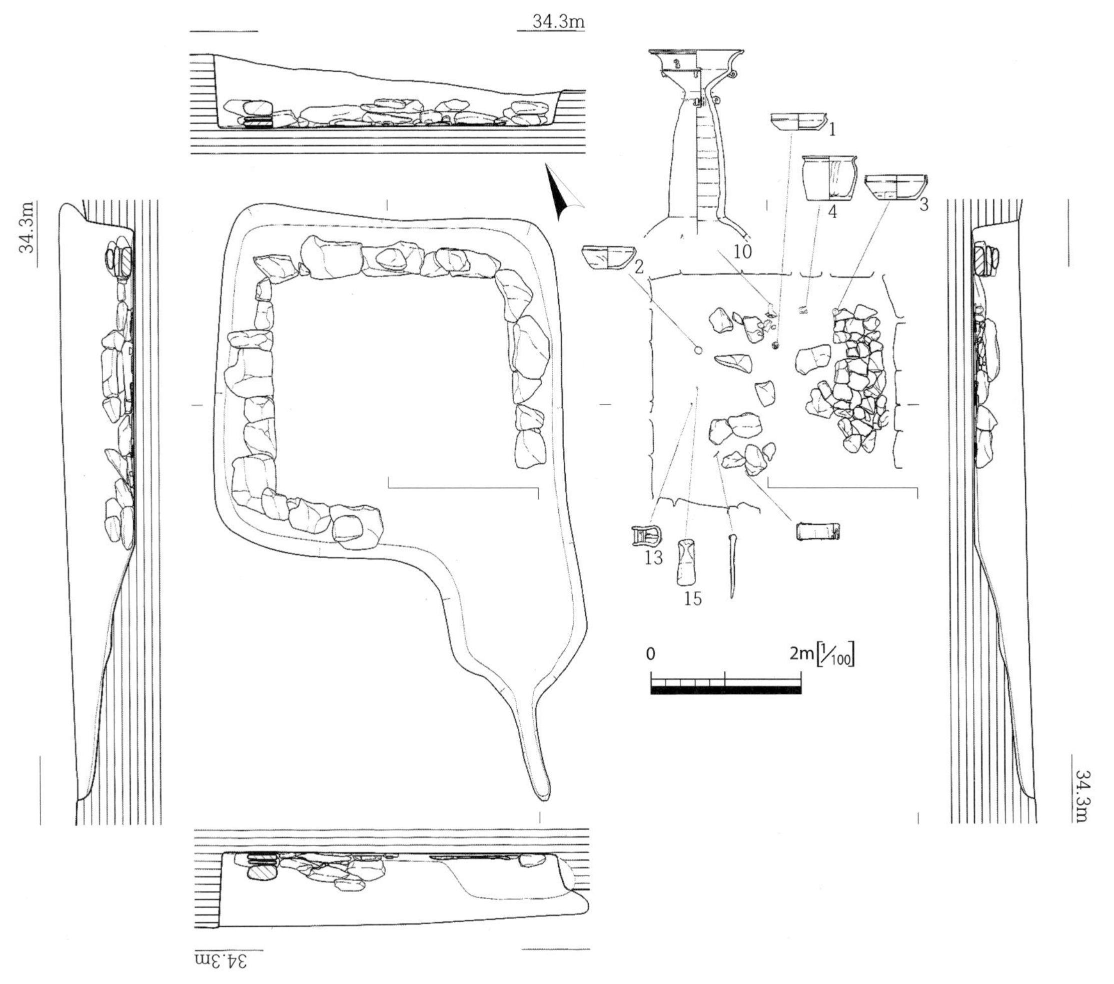

[유구사진]
[출토유물]
0   15cm[⅙]
0   10cm[¼]

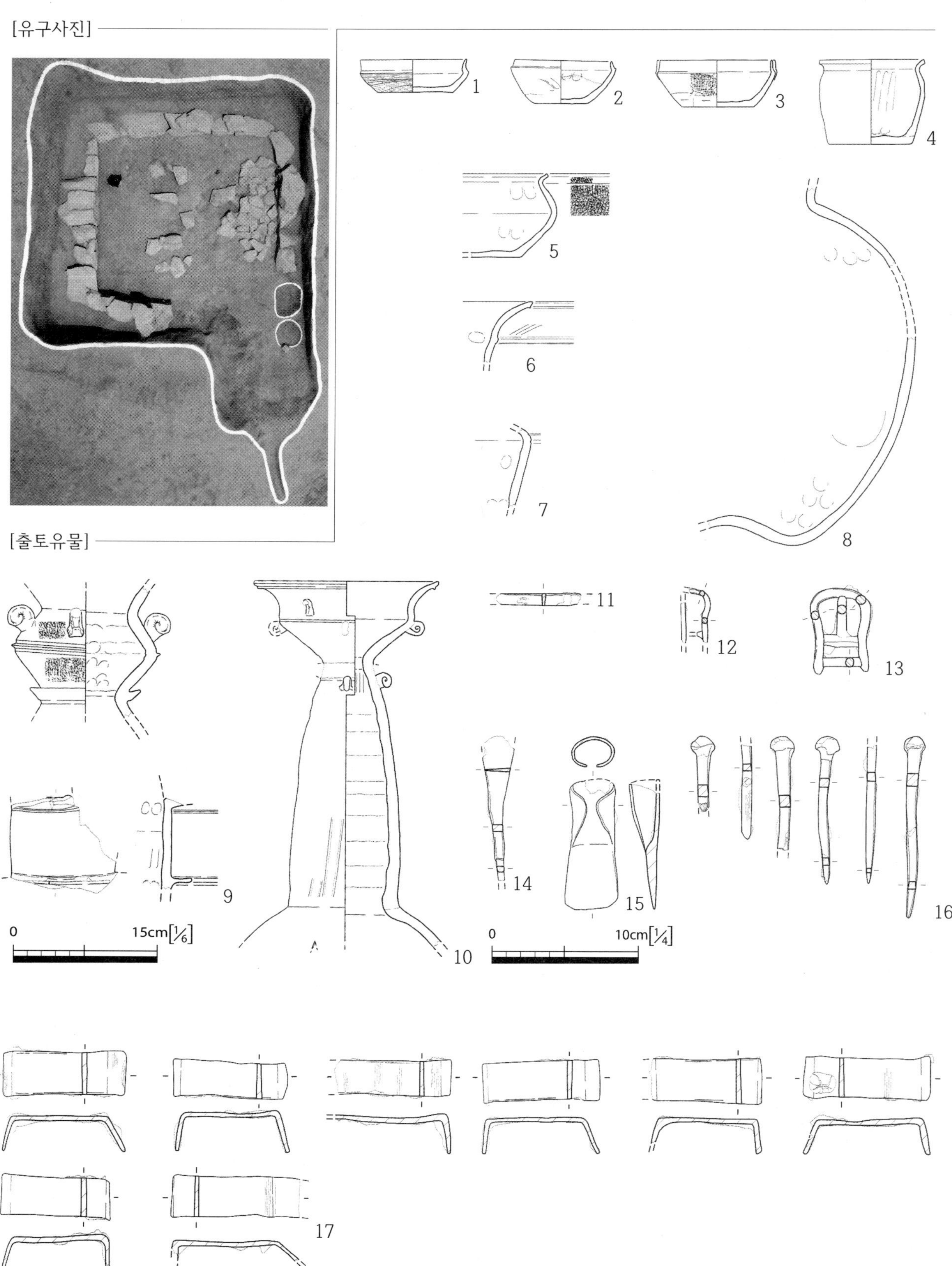

KM-054호 토광묘

(단위 : cm)

묘광	크 기 (길이×너비×깊이)	252×97×(16+)	목관	크 기 (길이×너비×높이)	163×68×?
	장폭비	2.60:1		장폭비	2.40:1
	장축방향	N-55°-E	목곽	크 기 (길이×너비×높이)	?
	두 향	?		장폭비	?
유물	토 기	배(1), 소호(1), 호·옹(1)			
	철 기	-			
	청동기	-			
	옥석류	-			
	기 타	-			
	특기사항				

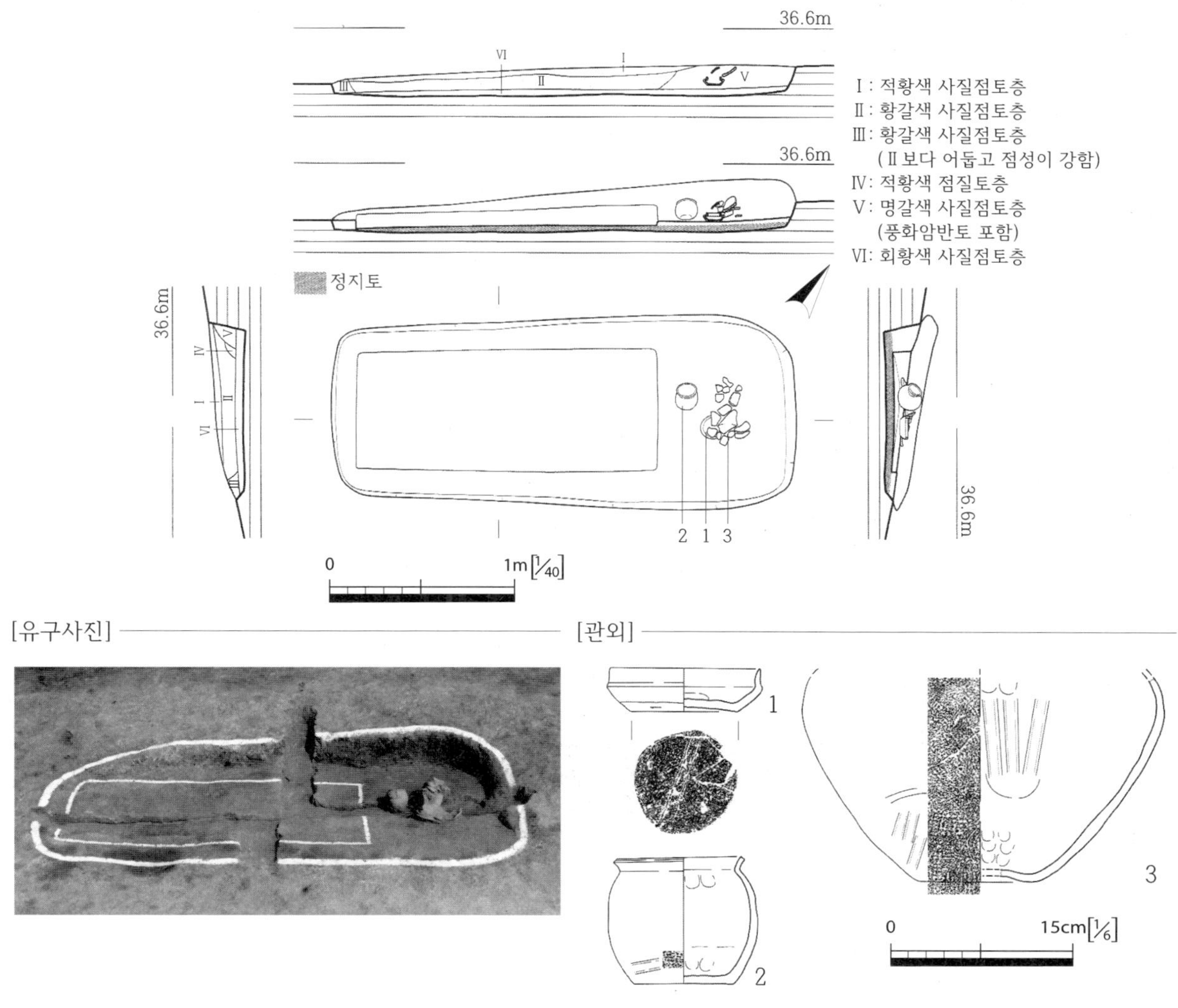

KM-055호 석실묘

(단위 : cm)

봉토	크 기 (길이×너비×높이)	?	묘광	크 기 (길이×너비×깊이)	416×478×(102+)
	평면형태	?		장폭비	0.87:1
현실	크 기 (길이×너비×높이)	323×343×(120+)		천장형태	?
	평면형태	방형		연도위치	중앙
연도	크 기 (길이×너비×높이)	(144+)×69×(102+)		묘도크기 (길이×너비)	?
	장폭비	?		배수시설 (길이×너비×깊이)	-
시상/관대크기 (길이×너비×높이)		-	두 향		?
장축방향		N-36°-E	벽석종류		할석
유물	토 기	심발형토기(1), 배(1), 소호(1)			
	철 기	모(1), 관정(4)			
	청 동 기				
	옥 석 류				
	기 타				
	특기사항				

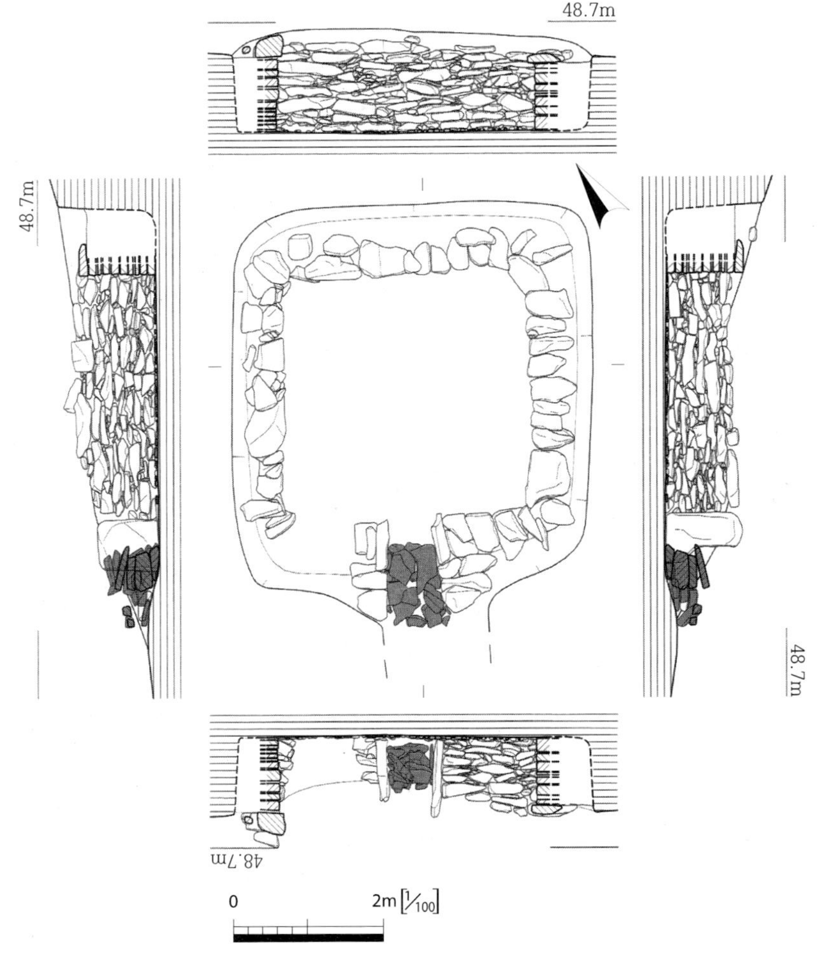

[현실바닥]
1
3
2
0   2m[1/80]
[유구사진]
서벽
남동모서리
남벽
북서모서리
[출토유물]
1
0   15cm[1/6]
2
0   10cm[1/4]
3
[퇴적토]
4
0   15cm[1/6]
5

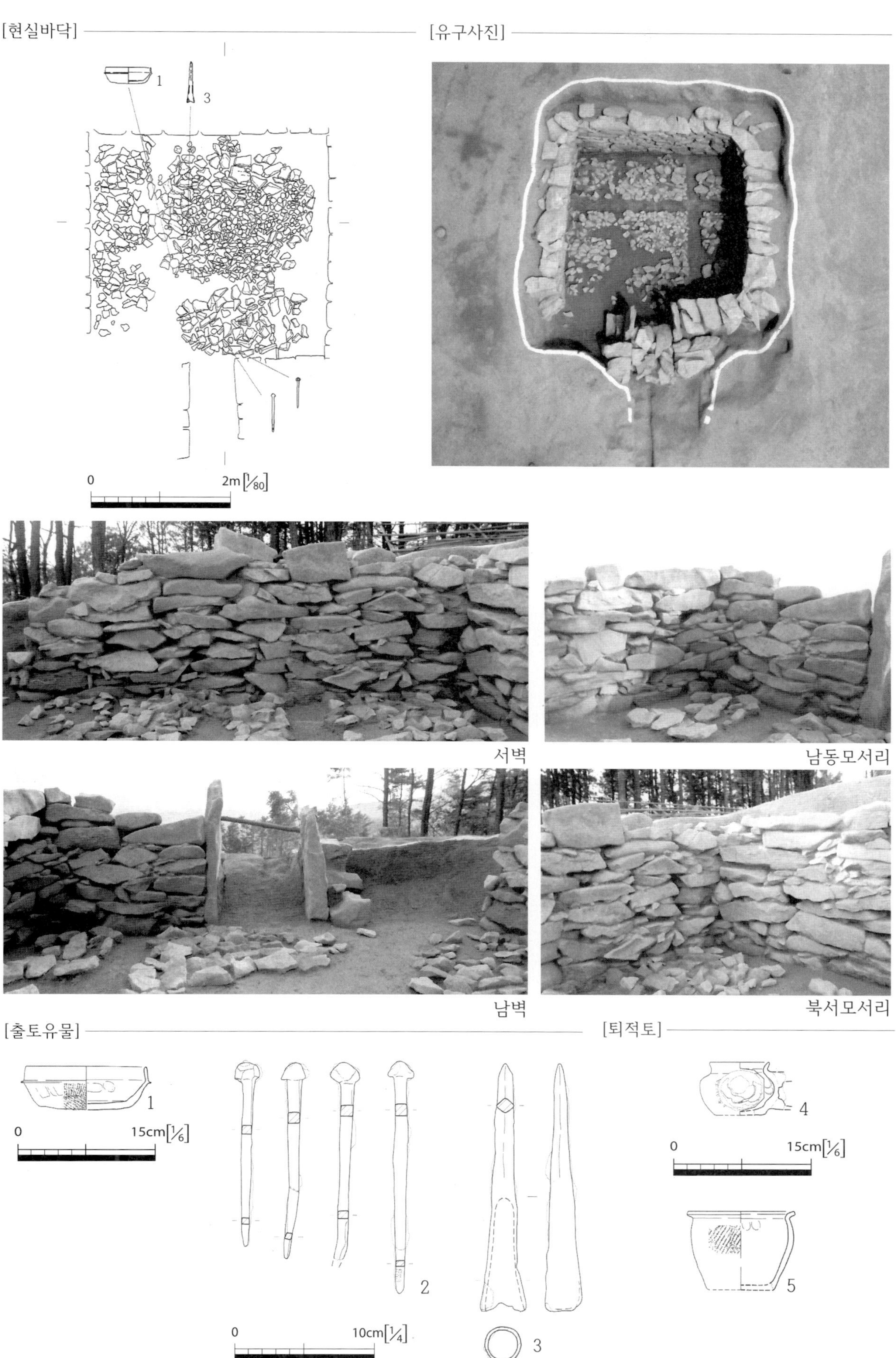

KM-056호 주구토광묘

(단위 : cm)

묘광	크 기 (길이×너비×깊이)	313×139×(46+)	목관	크 기 (길이×너비×높이)	216×56×?
	장폭비	2.25:1		장폭비	3.85:1
	장축방향	N-88°-E	목곽	크 기 (길이×너비×높이)	-
	두 향	?		장폭비	-
	주구크기 (길이×너비×깊이)	(960+)×200×(38+)	주구평면형태		눈썹형
유물	토 기	배(1), 광구호(1)			
	철 기	모(1), 단조철부(1), 겸(1)			
	청 동 기		-		
	옥 석 류		-		
	기 타		-		
	특기사항				

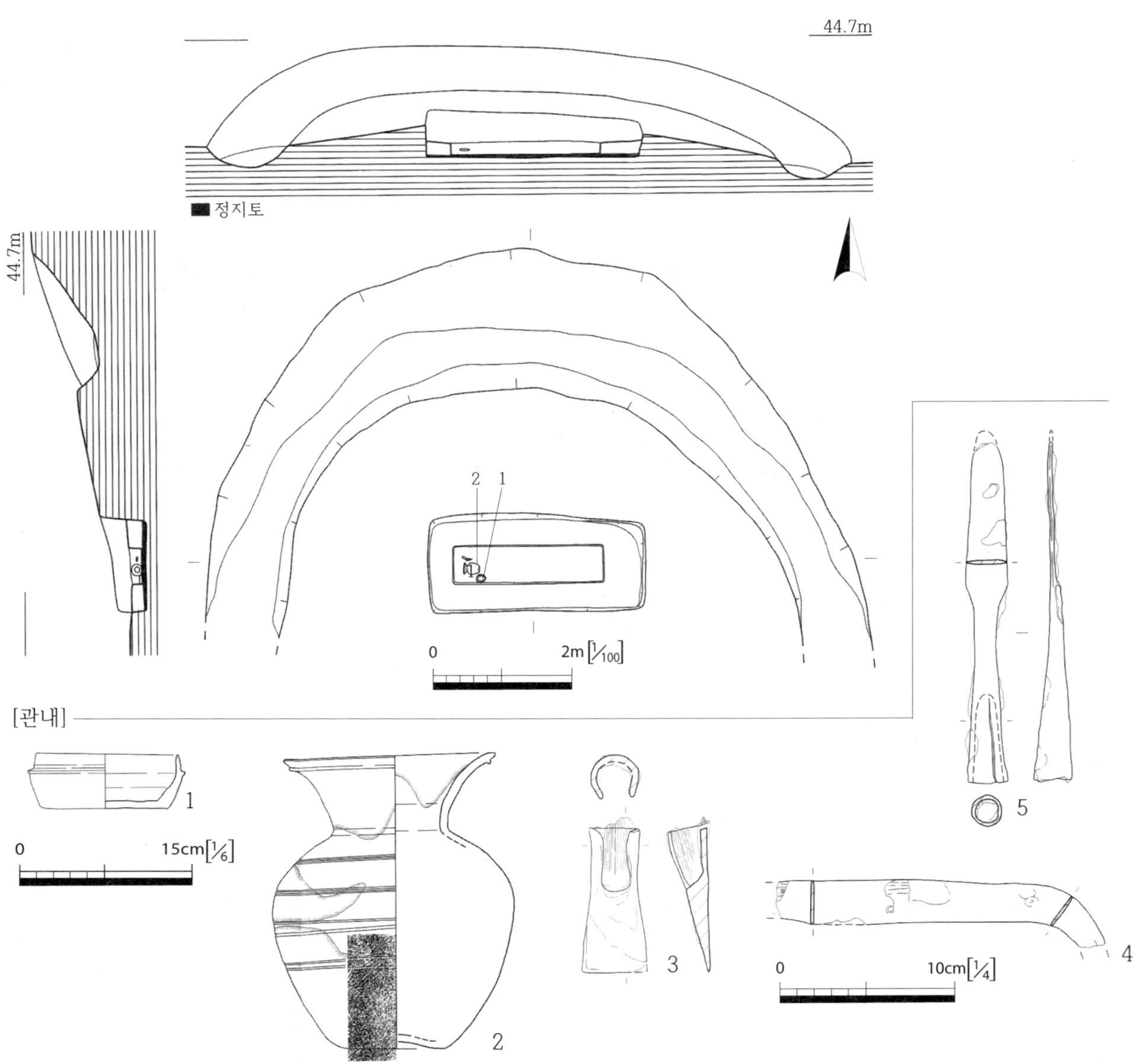

KM-057호 주구토광묘

(단위 : cm)

묘광	크 기 (길이×너비×깊이)	299×(122+)×(13+)	목관	크 기 (길이×너비×높이)	?
	장 폭 비	?		장 폭 비	?
	장축방향	N-69°-W	목곽	크 기 (길이×너비×높이)	?
	두 향	?		장 폭 비	?
	주구크기 (길이×너비×깊이)	(736+)×110×(24+)	주구평면형태		(눈썹형)
유물	토 기	배(1)			
	철 기	도자(1), 모(1), 단조철부(1)			
	청 동 기	-			
	옥 석 류	-			
	기 타	-			
	특기사항				

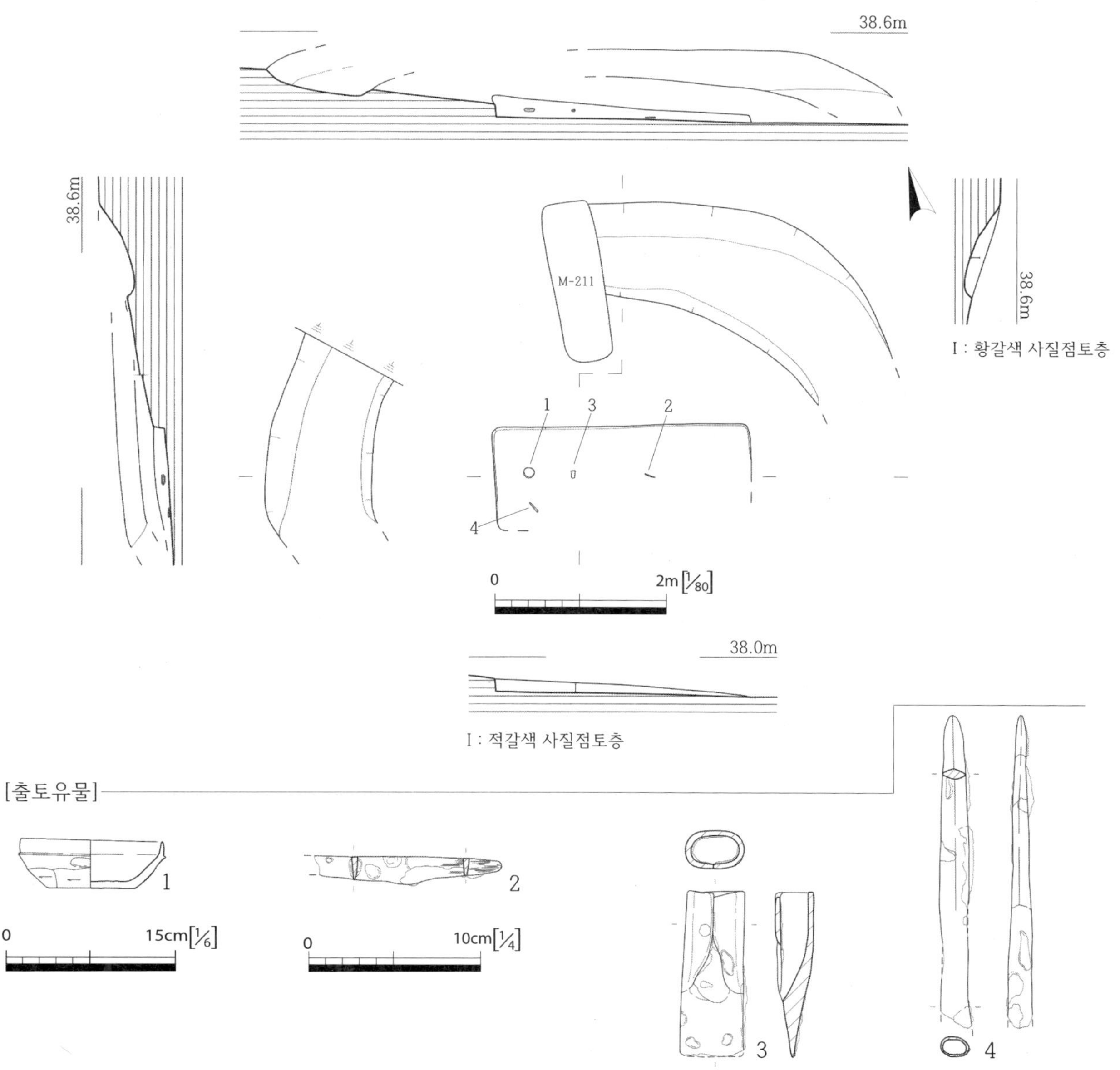

[출토유물]

KM-058호 주구토광묘

(단위 : cm)

묘광	크 기 (길이×너비×깊이)	(250)×(58+)×(15+)	목관	크 기 (길이×너비×높이)	?
	장폭비	?		장폭비	?
	장축방향	N-84°-E	목곽	크 기 (길이×너비×높이)	?
	두 향	?		장폭비	?
	주구크기 (길이×너비×깊이)	(536+)×(52)×(20+)	주구평면형태		눈썹형
유물	토 기	배(1), 광구호(1)			
	철 기	단조철부(1)			
	청 동 기				
	옥 석 류				
	기 타				
	특기사항				

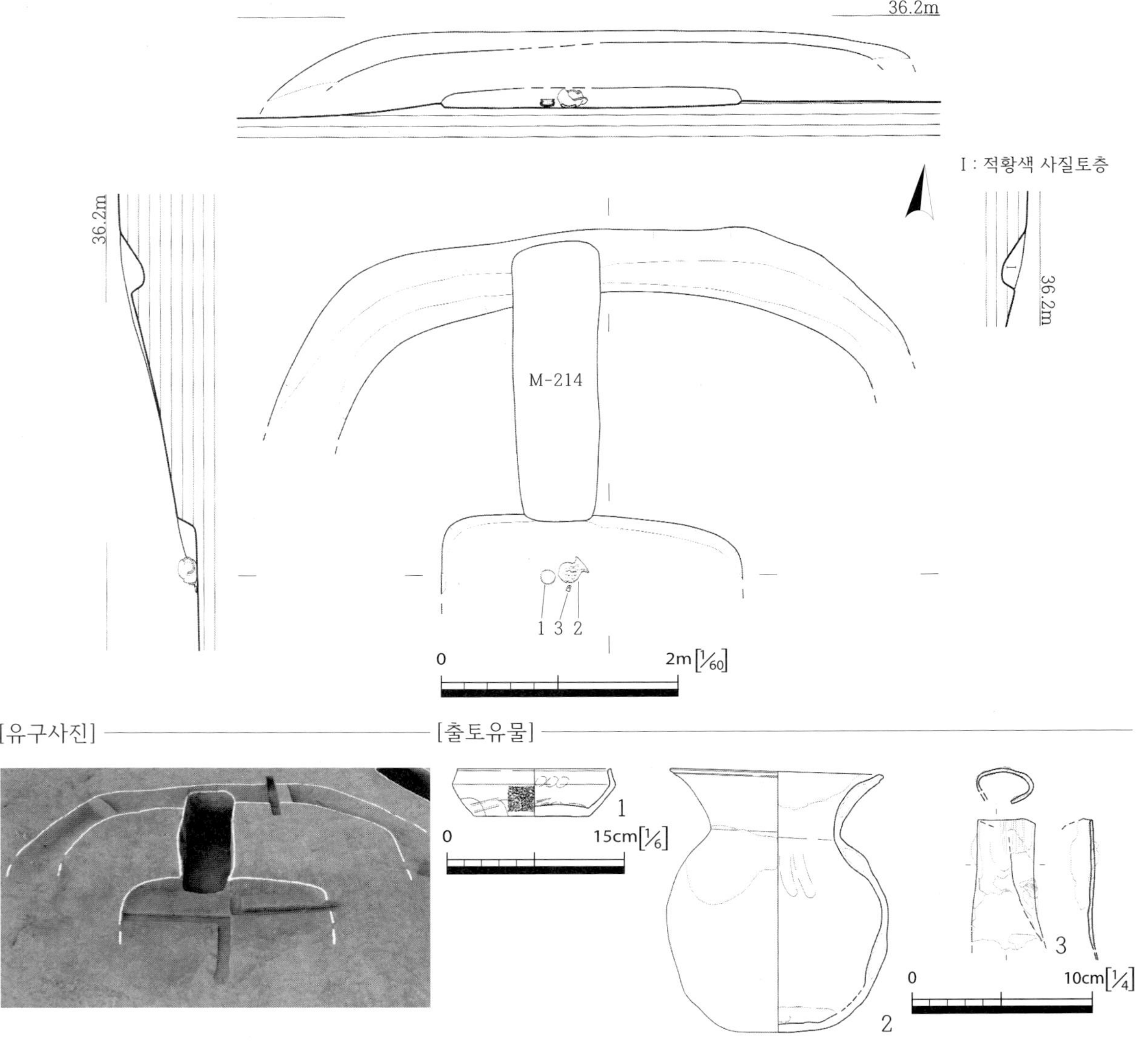

KM-059호 토광묘

(단위 :　cm)

묘광	크 기 (길이×너비×깊이)	(256+)×149×(21+)	목관	크 기 (길이×너비×높이)	(121+)×64×?
	장폭비	?		장폭비	?
	장축방향	N-55°-E	목곽	크 기 (길이×너비×높이)	-
	두 향	?		장폭비	-
유물	토 기	배(1), 소호(1), 광구호(1), 호·옹(1)			
	철 기	단조철부(1), 겸(1), 관정(1), 미상철기(1)			
	청 동 기	-			
	옥 석 류	-			
	기 타	-			
	특기사항				

Ⅰ: 황갈색 사질토층
　(사립 소량 포함)
Ⅱ: 갈색 사질점토층
Ⅲ: 명황색 사짐점토층
Ⅳ: 암황갈색 사질토층
Ⅴ: 암황갈색 사질토층
　(Ⅳ보다 밝음)
Ⅵ: 암갈색 사질토층
　(풍화암반토 포함)

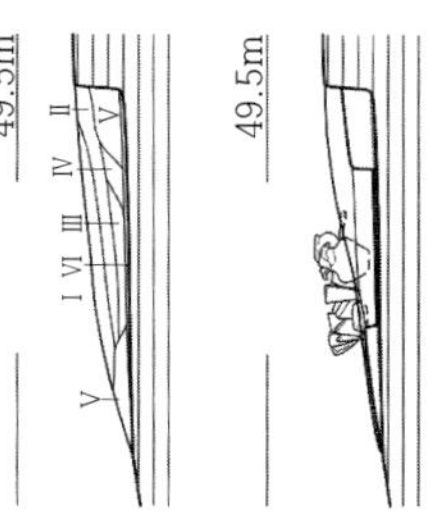

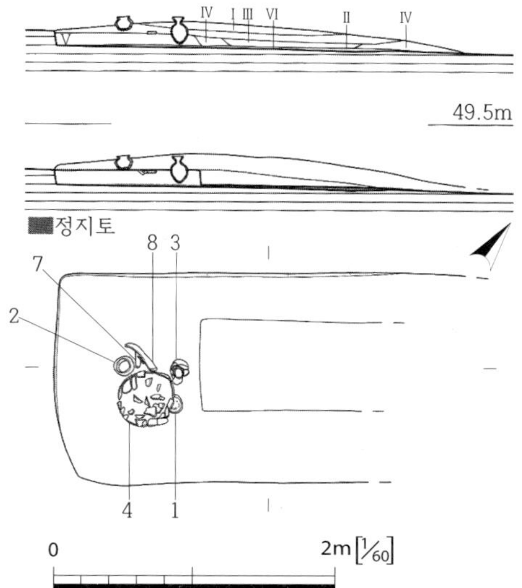

0　　　　　　　　2m[1/60]

[유구사진]

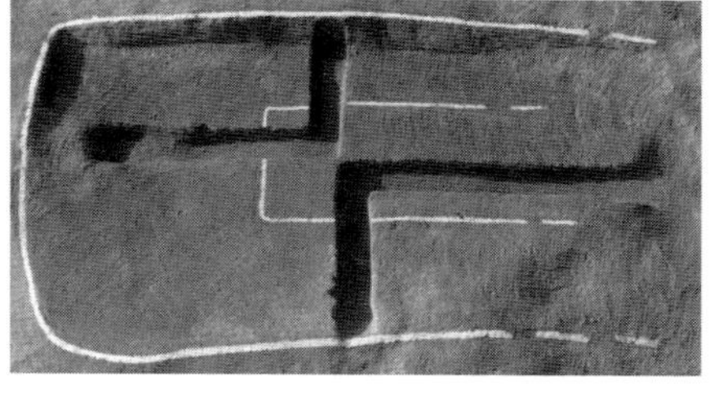

[출토유물]

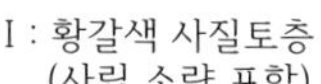

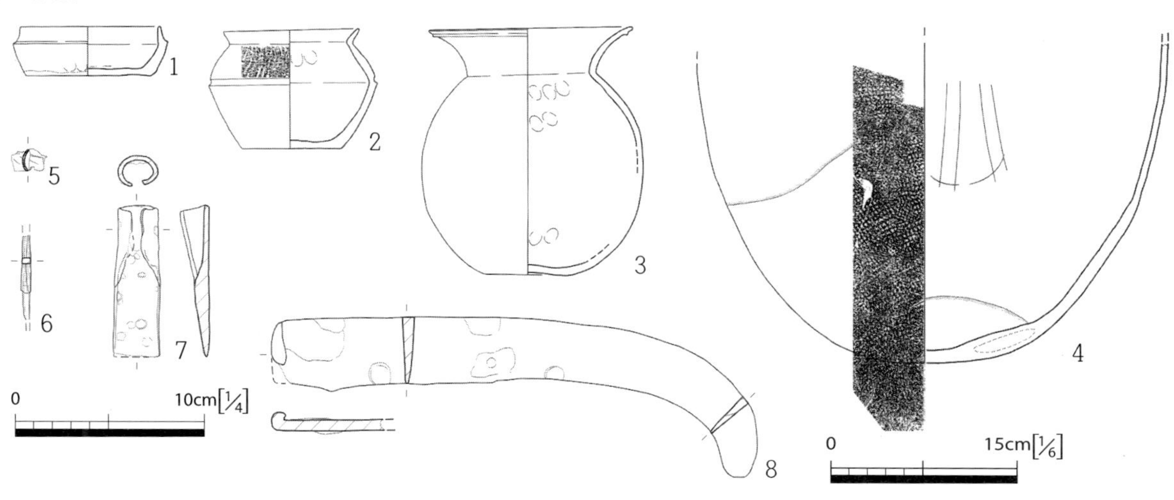

0　　　　　10cm[1/4]

0　　　　　15cm[1/6]

KM-060호 토광묘

묘광	크 기 (길이×너비×깊이)	326×(118+)×(20+)	목관	크 기 (길이×너비×높이)	197×62×?
	장폭비	?		장폭비	3.18:1
	장축방향	N-87°-E	목곽	크 기 (길이×너비×높이)	?
	두 향	?		장폭비	?
유물	토 기	배(1), 광구호(1), 삼족기(1)			
	철 기	단조철부(1)			
	청 동 기		-		
	옥 석 류		-		
	기 타		-		
	특기사항				

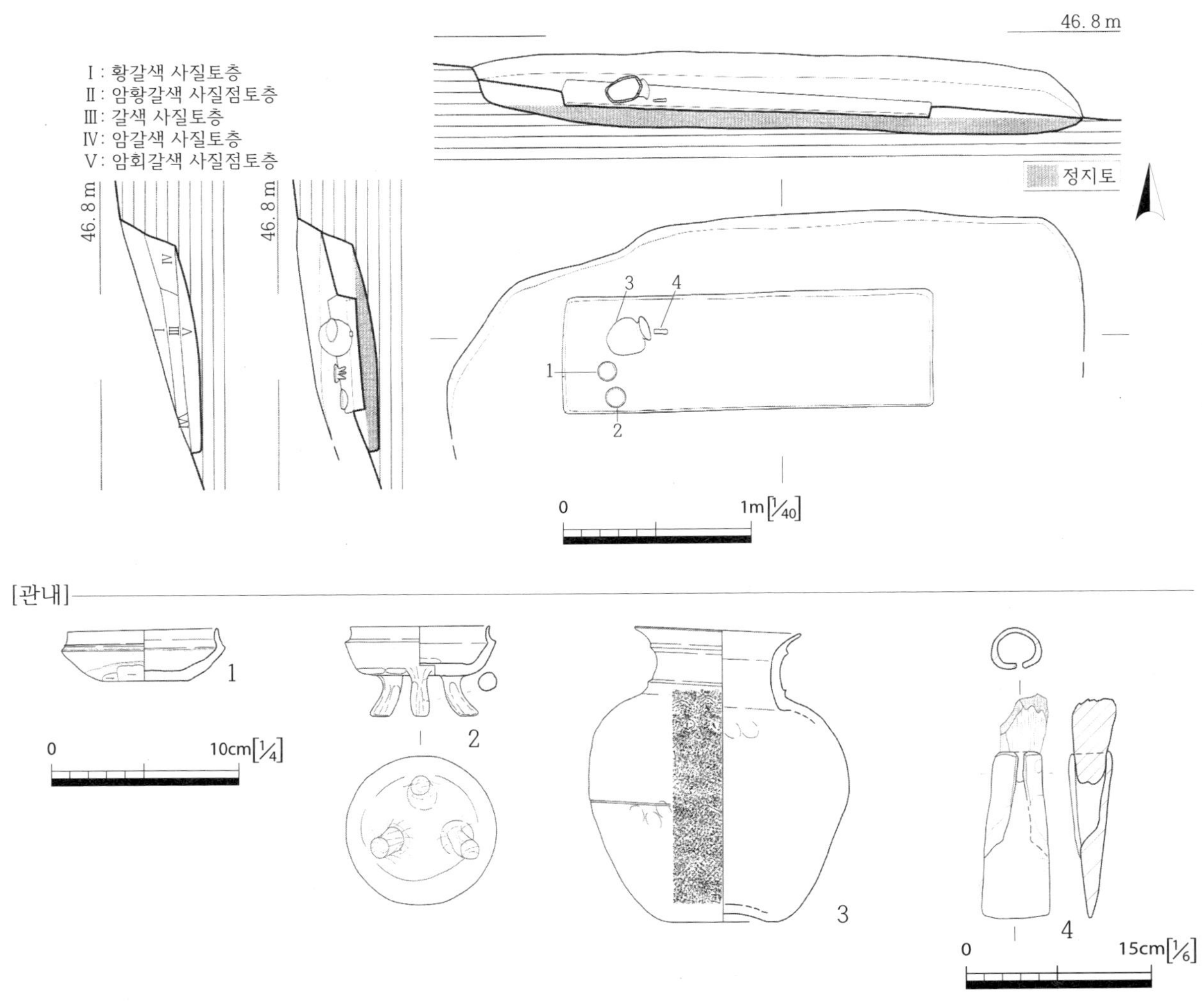

KM-061호 토광묘

(단위 : cm)

묘광	크 기 (길이×너비×깊이)	(305+)×(122)×(43+)	목관	크 기 (길이×너비×높이)	(233+)×(61+)×?
	장폭비	?		장폭비	?
	장축방향	N-65°-E	목곽	크 기 (길이×너비×높이)	-
	두 향	?		장폭비	-
유물	토 기	-			
	철 기	도자(3), 모(2), 준(1), 촉(6), 단조철부(1), 착(1), 겸(2), 단야집게(1), 미상철기(12)			
	청동기	-			
	옥석류	-			
	기 타	-			
	특기사항				

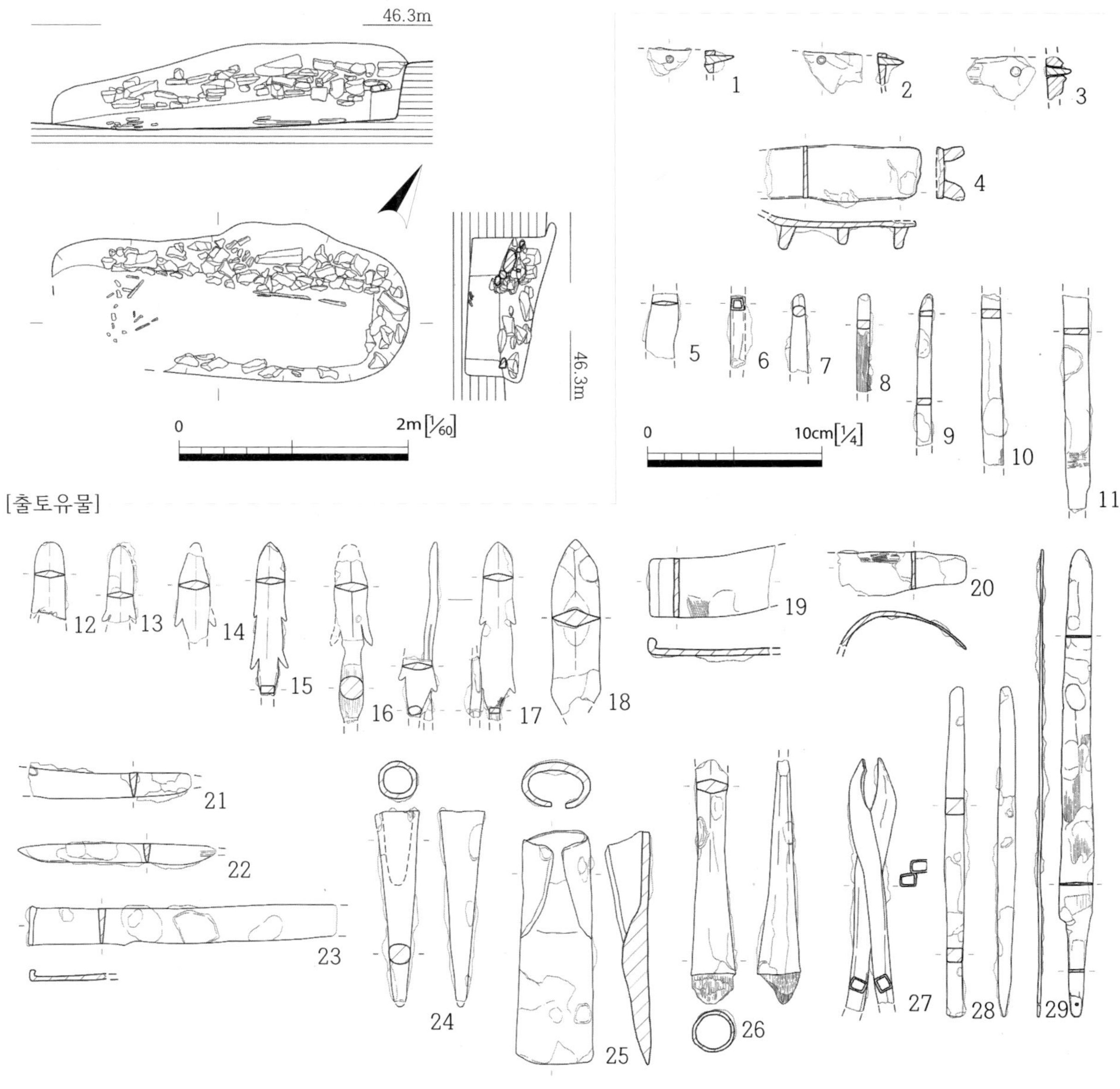

[출토유물]

KM-062호 토광묘

(단위 : cm)

묘광	크 기 (길이×너비×깊이)	(301+)×(89+)×(26+)	목관	크 기 (길이×너비×높이)	(176+)×(41+)×?
	장폭비	?		장폭비	?
	장축방향	N-82°-E	목곽	크 기 (길이×너비×높이)	-
	두 향	?		장폭비	-
유물	토 기	단경호(1), 삼족기(1)			
	철 기	-			
	청동기	-			
	옥석류	-			
	기 타	-			
	특기사항				

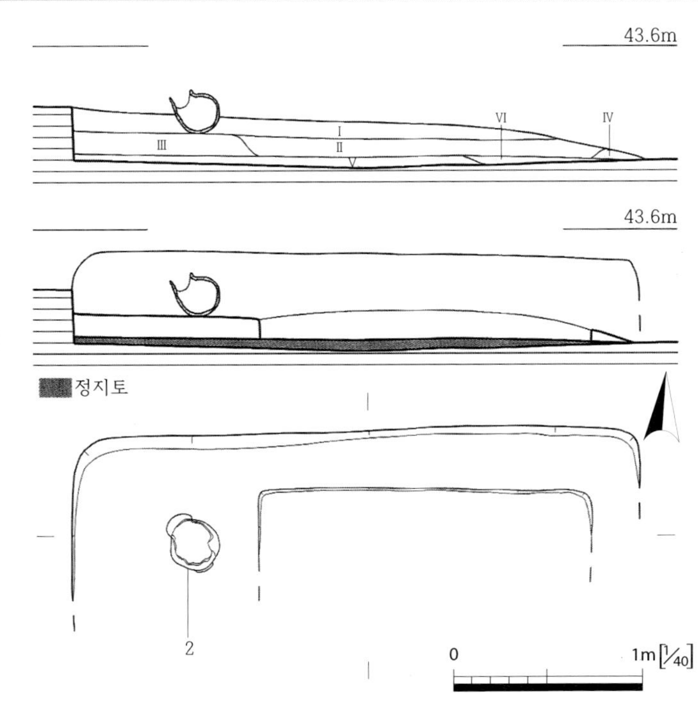

I : 명갈색 사질점토층
II : 황갈색 사질점토층
III : 암갈색 사질토층
IV : 암황갈색 사질토층
V : 암갈색 사질점토층
VI : 암갈색 사질점토층(V보다 점성이 약함)

정지토

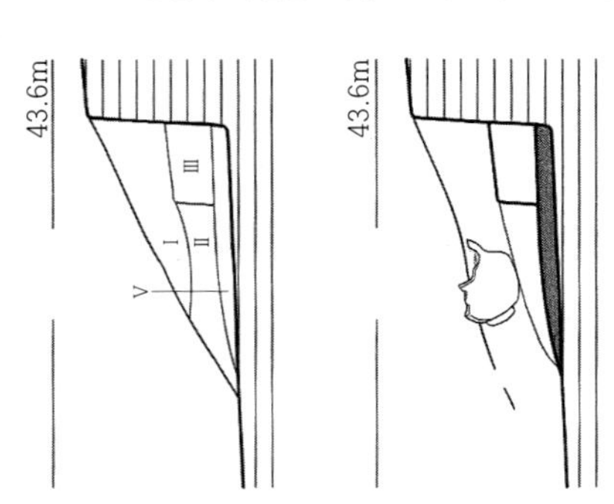

0   1m [1/40]

[유구사진]

[출토유물]

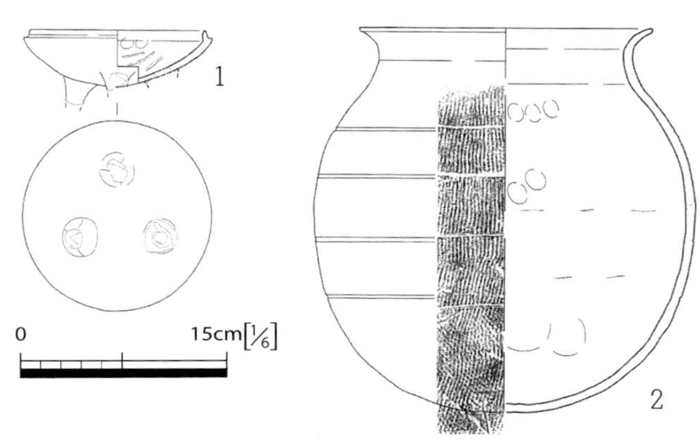

0   15cm [1/6]

KM-063호 토광묘

(단위 : cm)

묘광	크 기 (길이×너비×깊이)	(175+)×(79+)×(15+)	목관	크 기 (길이×너비×높이)	?
	장폭비	?		장폭비	?
	장축방향	N-70°-E	목곽	크 기 (길이×너비×높이)	?
	두 향	?		장폭비	?
유물	토 기	-			
	철 기	-			
	청동기	-			
	옥석류	-			
	기 타	-			
	특기사항	출토유물 없음.			

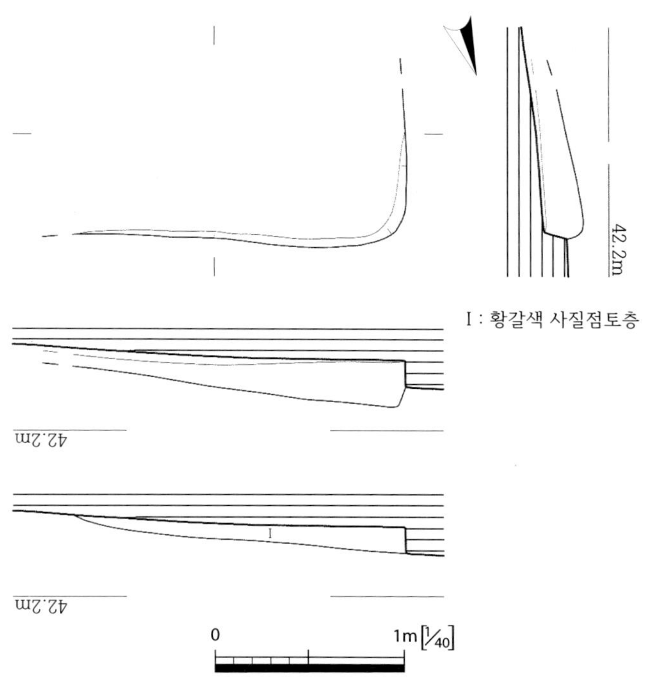

KM-064호 토광묘

(단위 : cm)

묘광	크 기 (길이×너비×깊이)	(208+)×124×(28+)	목관	크 기 (길이×너비×높이)	(141+)×(88+)×?
	장폭비	?		장폭비	?
장축방향		N-80°-W	목곽	크 기 (길이×너비×높이)	?
두 향		?		장폭비	?
유물	토 기	배(1), 광구호(1), 단경호(1)			
	철 기	단조철부(1), 겸(1)			
	청동기	-			
	옥석류	-			
	기 타	-			
특기사항					

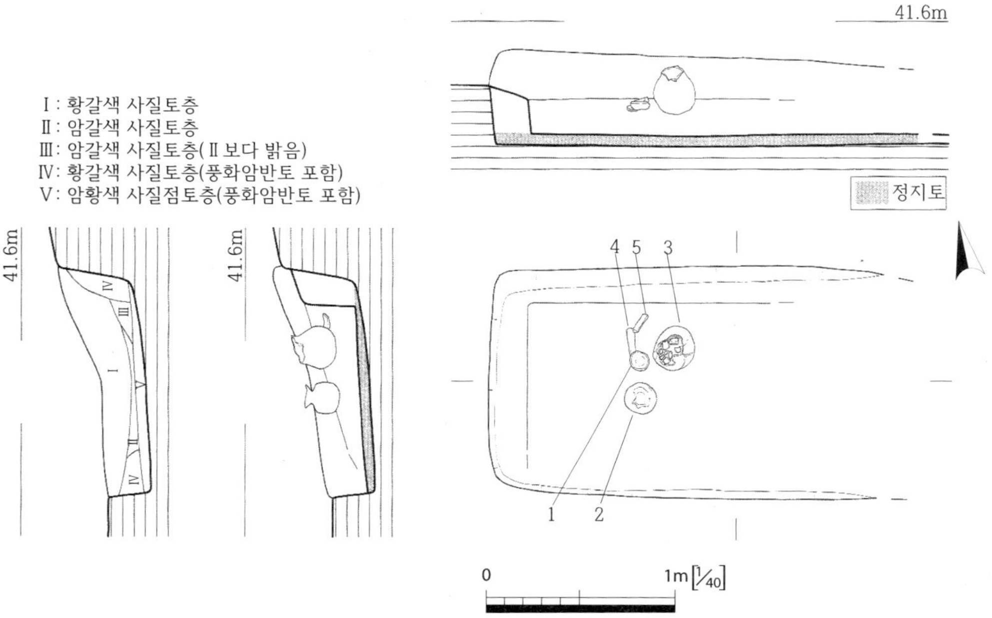

Ⅰ: 황갈색 사질토층
Ⅱ: 암갈색 사질토층
Ⅲ: 암갈색 사질토층(Ⅱ보다 밝음)
Ⅳ: 황갈색 사질토층(풍화암반토 포함)
Ⅴ: 암황색 사질점토층(풍화암반토 포함)
41.6m
41.6m
41.6m
정지토
4 5 3
1 2
0
1m[1/40]

[출토유물]

1
0
15cm[1/6]
2
3
4
10cm[1/4]
0
5

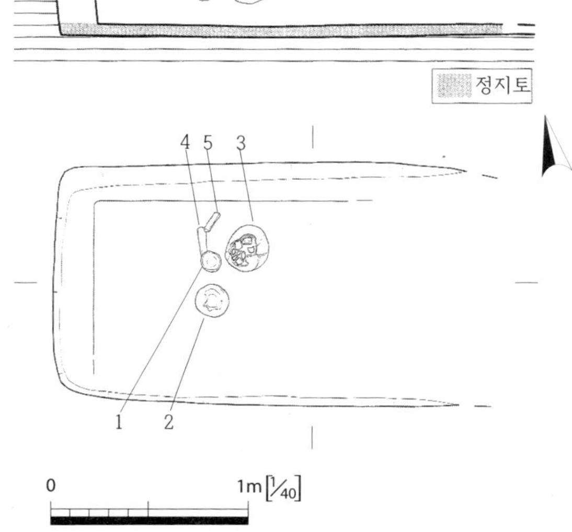

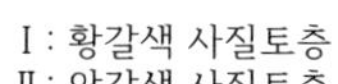

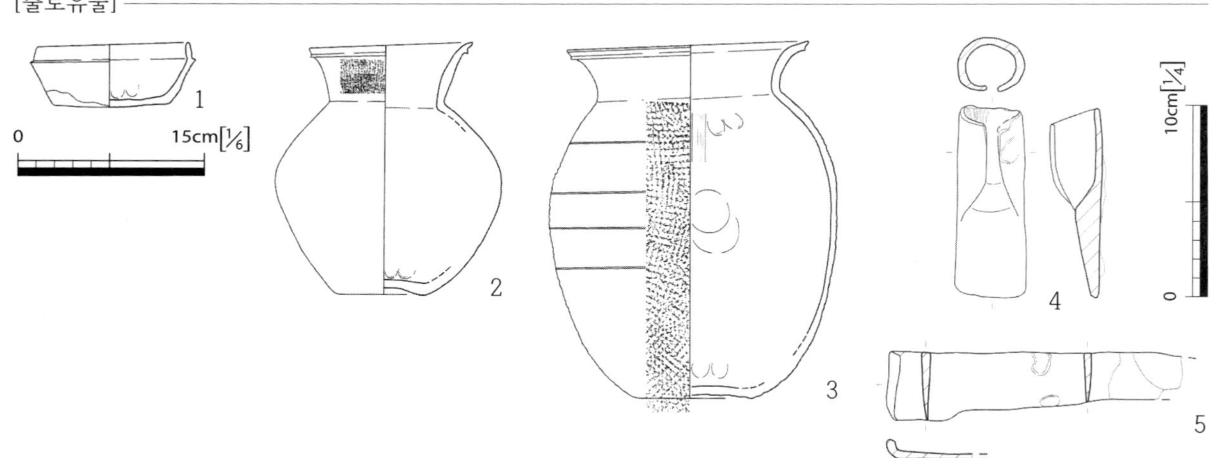

KM-065호 토광묘

(단위 : cm)

묘광	크 기 (길이×너비×깊이)	273×119×(10+)	목관	크 기 (길이×너비×높이)	(139+)×(30)×?
	장폭비	2.29:1		장폭비	?
	장축방향	N-34°-E	목곽	크 기 (길이×너비×높이)	-
	두 향	?		장폭비	-
유물	토 기	배(1)			
	철 기	겸(1)			
	청동기		-		
	옥석류		-		
	기 타		-		
	특기사항				

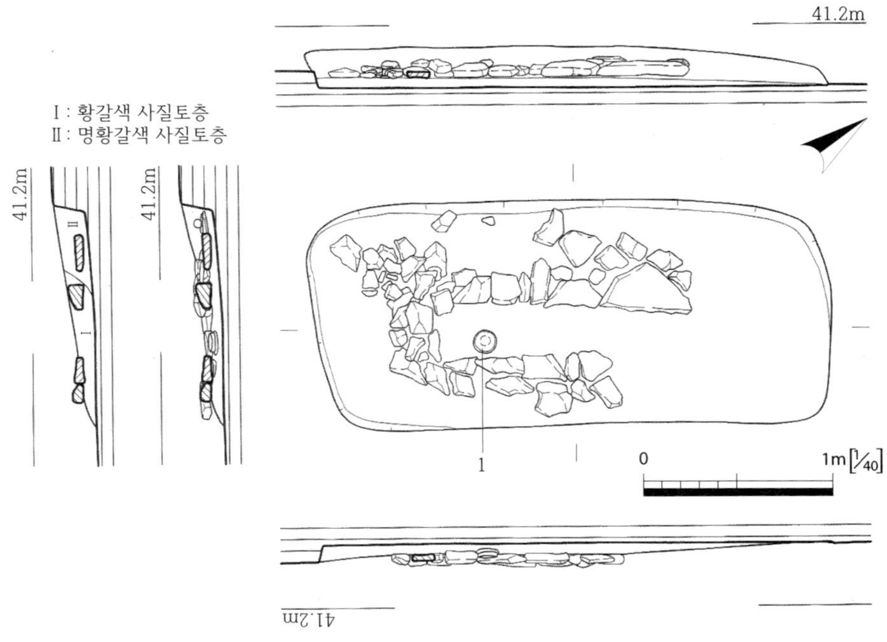

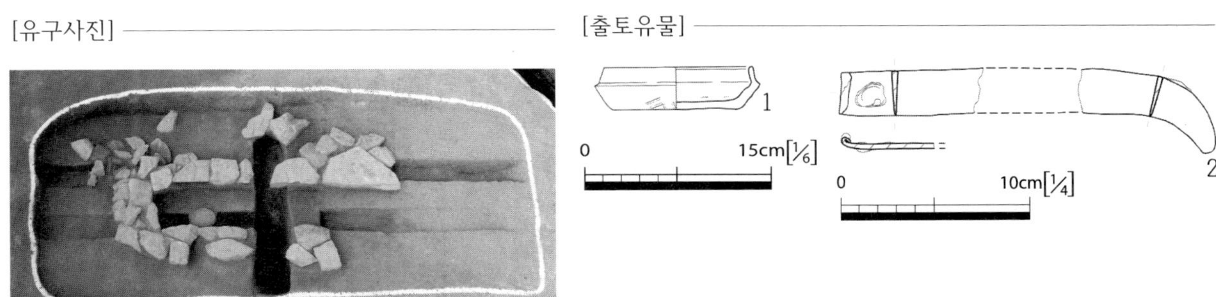

KM-066호 토광묘

(단위 : cm)

묘광	크 기 (길이×너비×깊이)	345×143×(28+)	목관	크 기 (길이×너비×높이)	-
	장폭비	2.41:1		장폭비	-
	장축방향	N-64°-W	목곽	크 기 (길이×너비×높이)	253×71×?
	두 향	?		장폭비	3.56:1
유물	토 기	배(1), 광구호(1), 단경호(1)			
	철 기	도자(1), 단조철부(1), 겸(1), 미상철기(2)			
	청동기	-			
	옥석류	-			
	기 타	-			
	특기사항	격벽을 설치하여 부장칸(70×67)을 마련하였음.			

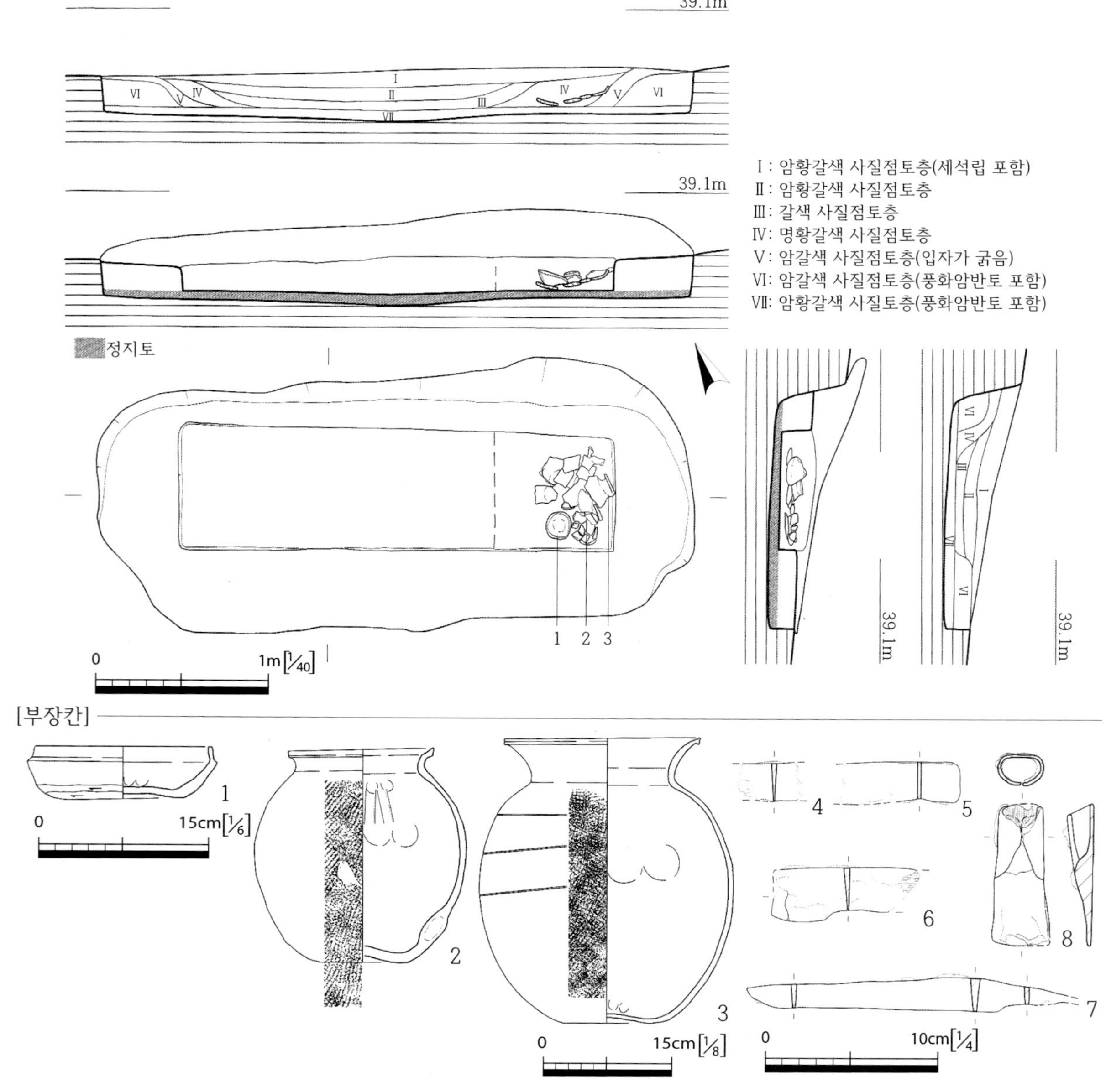

KM-067호 토광묘

(단위 : cm)

묘광	크 기 (길이×너비×깊이)	321×136×(35+)	목관	크 기 (길이×너비×높이)	166×54×?
	장폭비	2.36:1		장폭비	3.07:1
	장축방향	N-62°-W	목곽	크 기 (길이×너비×높이)	?
	두 향	?		장폭비	?
유물	토 기	배(1), 광구호(1)			
	철 기	모(1)			
	청동기	-			
	옥석류	-			
	기 타	-			
	특기사항				

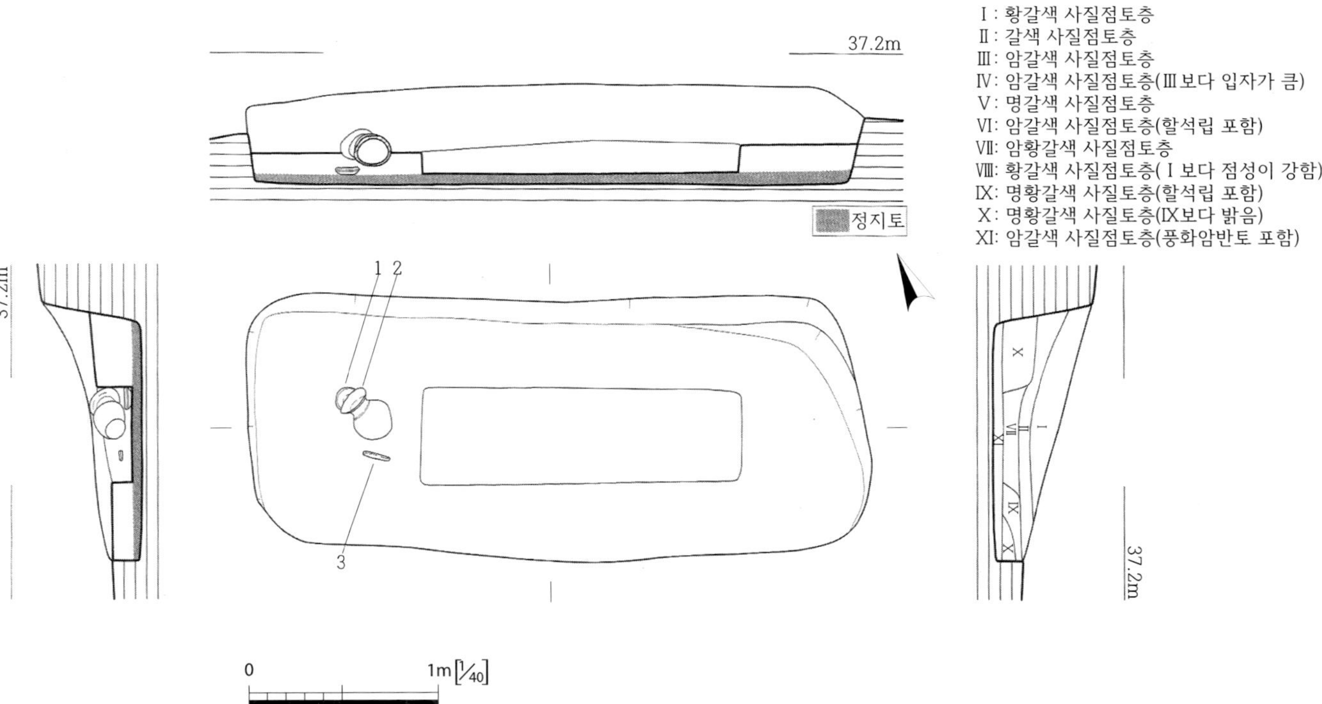

[관외]

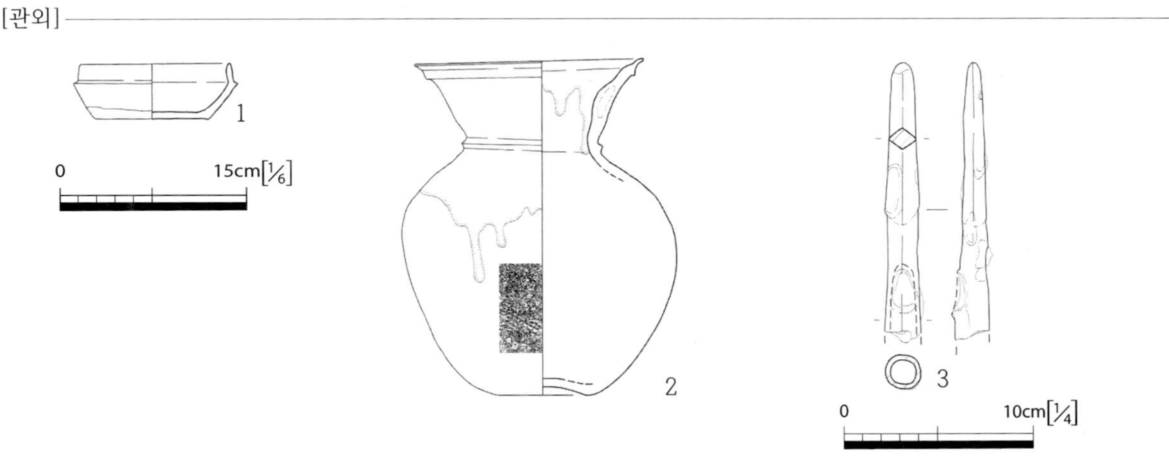

KM-068호 석곽묘

(단위 : cm)

묘광	크 기 (길이×너비×깊이)	331×242×(18+)	주체부	크 기 (길이×너비×높이)	(257)×(146)×(10+)
	장폭비	1.36:1		장폭비	(1.76):1
	장축방향	N-26°-E	시상·관대	크 기 (길이×너비×높이)	-
	두 향	?	벽석종류		할석
유물	토 기	심발형토기(1), 광견호(1)			
	철 기	-			
	청동기	-			
	옥석류	-			
	기 타	토제 어망추(1)			
	특기사항				

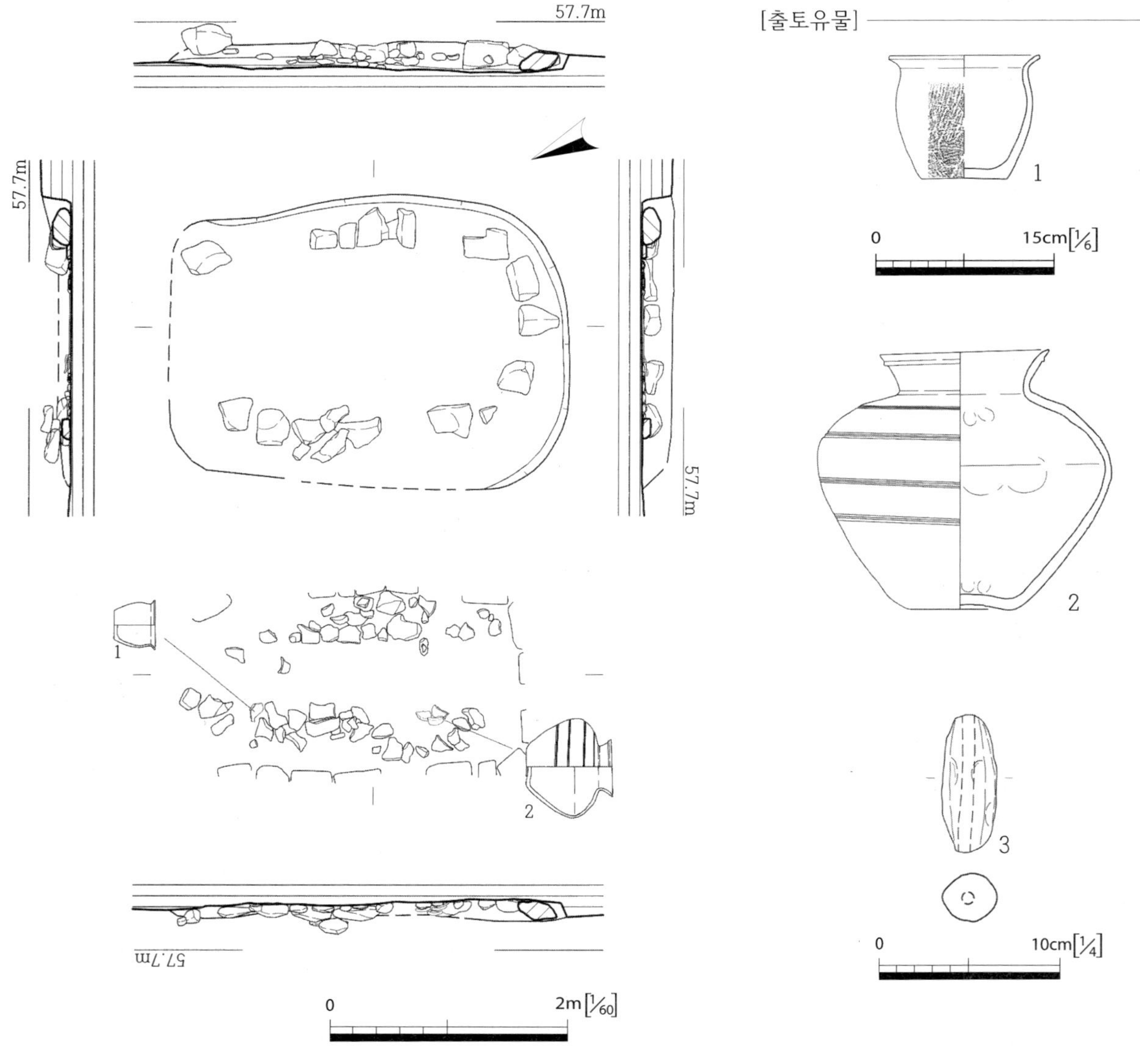

KM-069호 석곽묘

(단위 : cm)

묘광	크 기 (길이×너비×깊이)	(261+)×(322+)×(21+)	주체부	크 기 (길이×너비×높이)	(294+)×(225+)×(35+)
	장폭비	?		장폭비	?
	장축방향	N-32°-W	시상·관대	크 기 (길이×너비×높이)	-
	두 향	?	벽석종류		할석
유물	토 기	개(1), 광견호(1)			
	철 기	교구(1), 꺾쇠(2), 관정(6)			
	청동기		-		
	옥석류		-		
	기 타		-		
	특기사항				

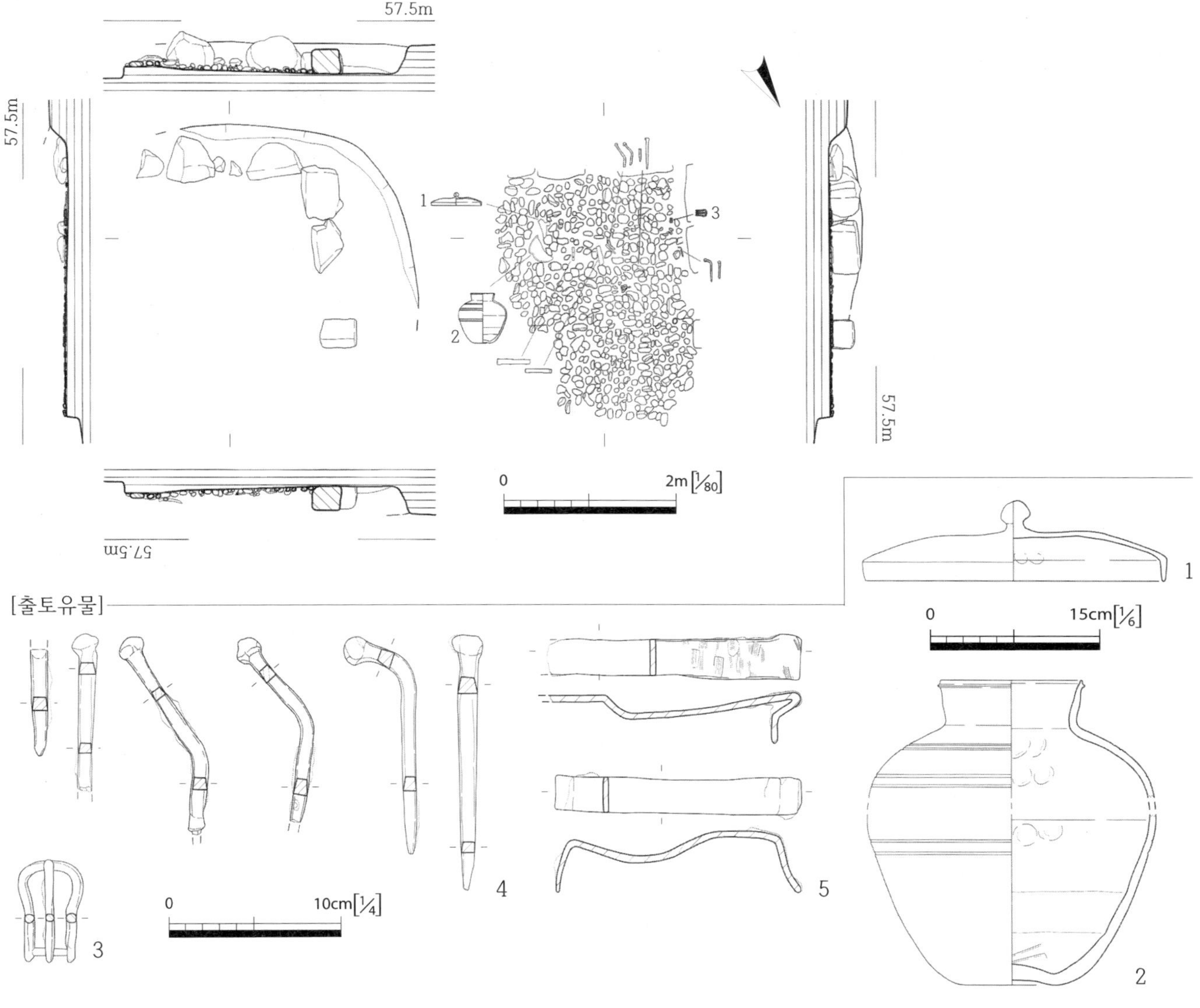

KM-085호 토광묘

(단위 : cm)

묘광	크 기 (길이×너비×깊이)	(194+)×(89+)×(20+)	목관	크 기 (길이×너비×높이)	134×40×?
	장폭비	?		장폭비	3.35:1
	장축방향	N-69°-E	목곽	크 기 (길이×너비×높이)	?
	두 향	?		장폭비	?
유물	토 기	-			
	철 기	-			
	청 동 기	-			
	옥 석 류	-			
	기 타	-			
	특기사항	출토유물 없음.			

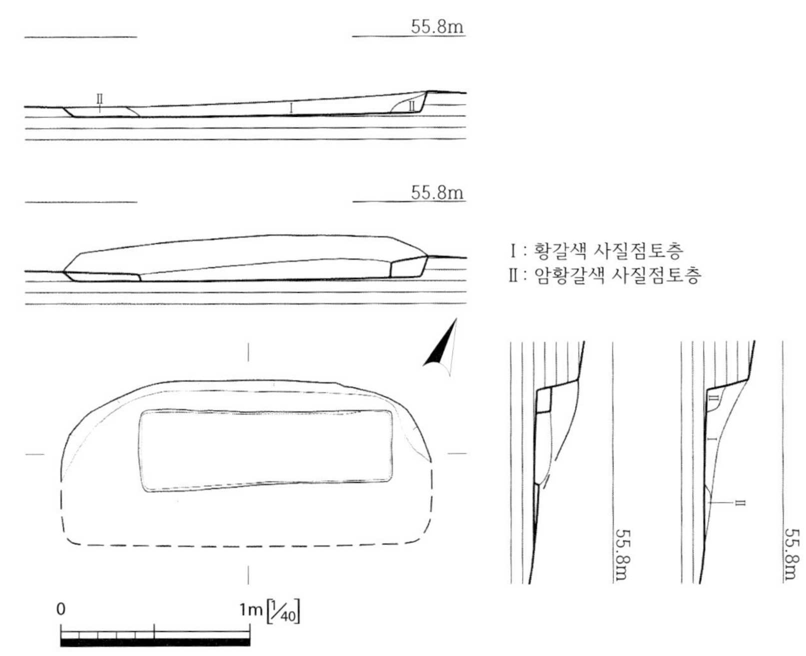

KM-091호 석실묘

(단위 : cm)

봉토	크 기 (길이×너비×높이)	?	묘광	크 기 (길이×너비×깊이)	(320+)×380×(81+)
	평면형태	?		장폭비	?
현실	크 기 (길이×너비×높이)	(257+)×292×(111+)		천장형태	?
	평면형태	?		연도위치	?
연도	크 기 (길이×너비×높이)	?		묘도크기 (길이×너비)	?
	장폭비	?		배수시설 (길이×너비×깊이)	-
시상/관대크기 (길이×너비×높이)		-		두 향	?
장축방향		N-19°-E		벽석종류	할석
유물	토 기	심발형토기(1), 배(2), 소호(1)			
	철 기	-			
	청 동 기	-			
	옥 석 류	-			
	기 타	-			
	특기사항				

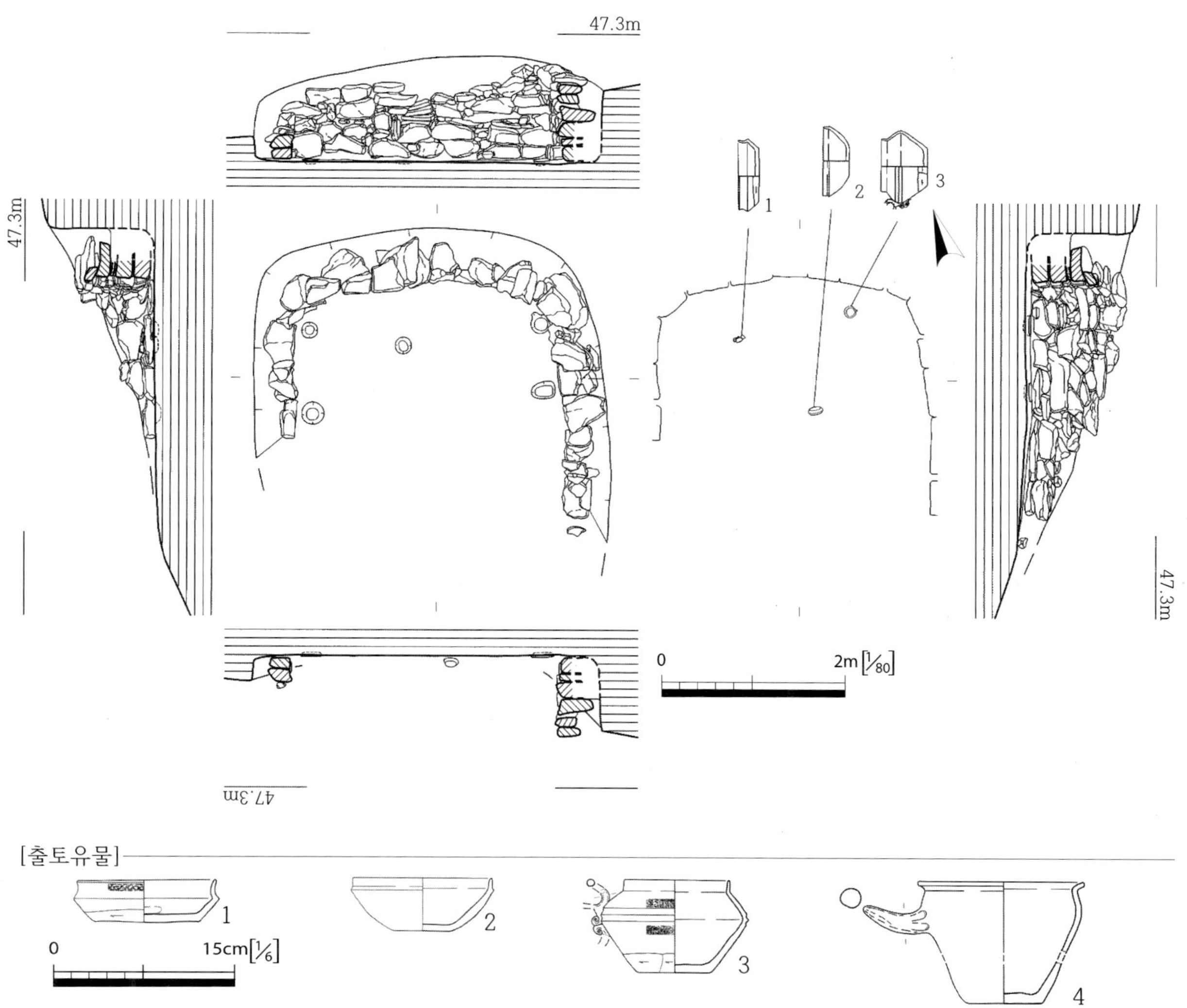

[출토유물]

KM-092호 석곽묘

(단위 : cm)

묘광	크 기 (길이×너비×깊이)	463×297×(100+)	주체부	크 기 (길이×너비×높이)	340×156×(100+)
	장폭비	1.56:0		장폭비	2.18:1
	장축방향	N-57°-W	시상·관대	크 기 (길이×너비×높이)	-
	두 향	북서쪽	벽석종류		할석
유물	토 기	개(2:봉토1), 소호(2), 광구호(1), 통형기대(1:봉토1)			
	철 기	도자(1), 도(1), 모(2), 촉(1), 단조철부(1), 겸(1), 착(1)			
	청동기	-			
	옥석류	-			
	기 타	-			
	특기사항				

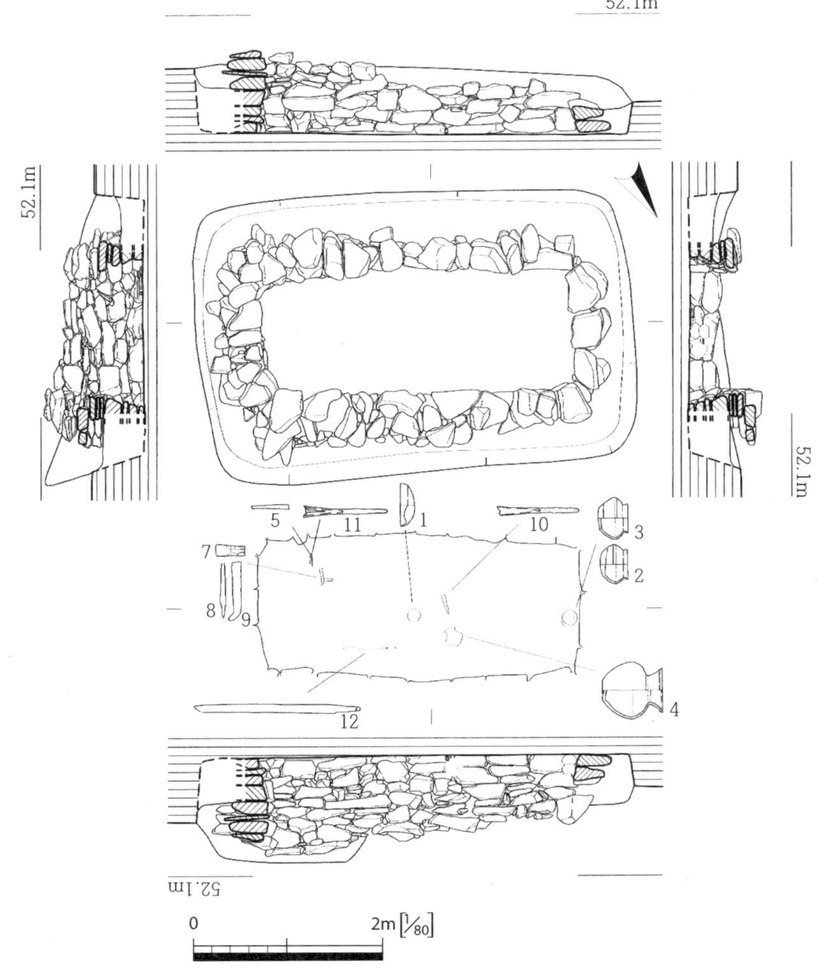

[유구사진]
동북벽
[출토유물]
0   15cm[⅙]
0   10cm[¼]
[봉토]
0   15cm[⅙]

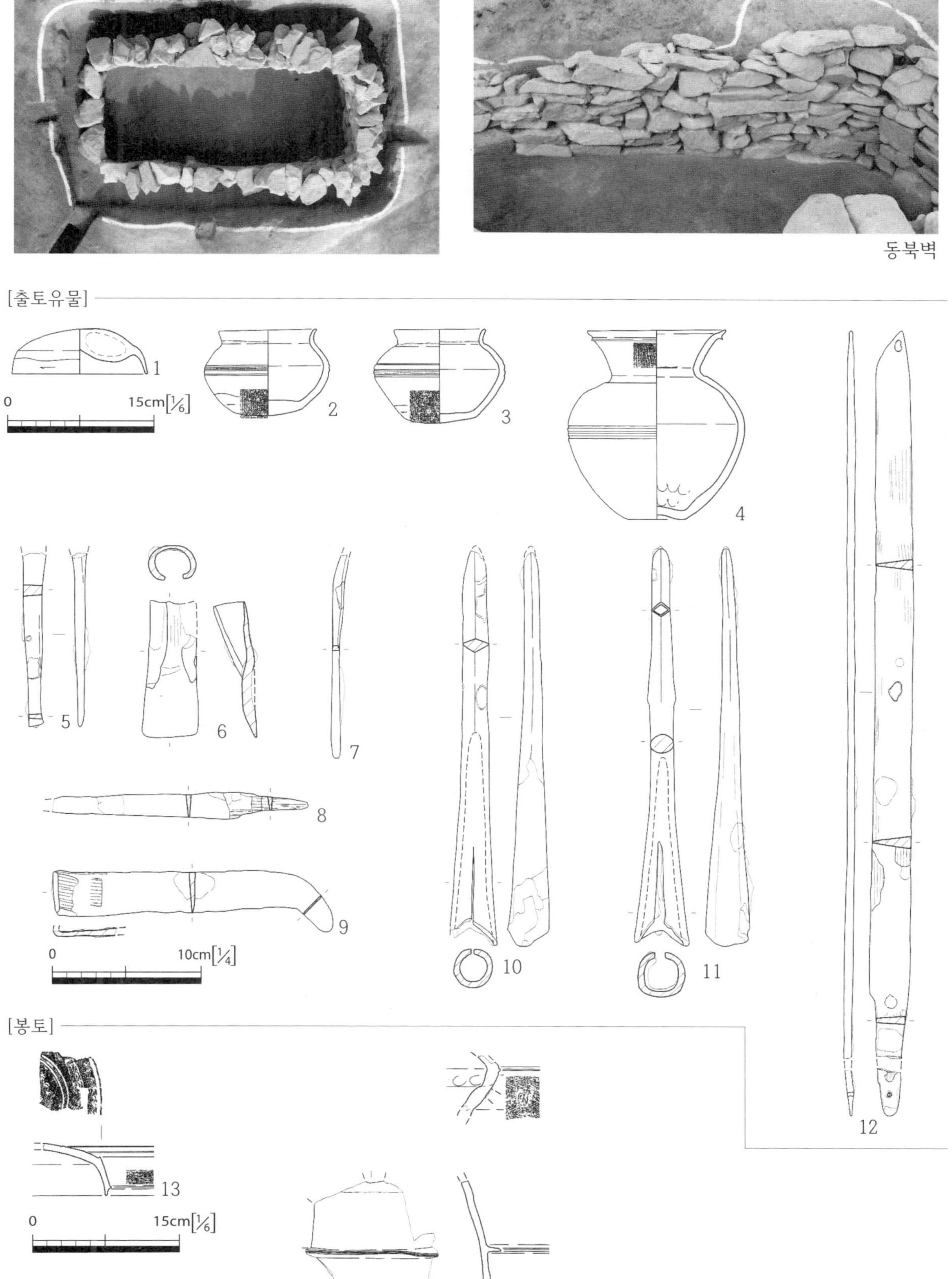

KM-093호 석곽묘

(단위 : cm)

묘광	크 기 (길이×너비×깊이)	465×293×(89+)	주체부	크 기 (길이×너비×높이)	307×120×(130+)
	장폭비	1.58:1		장폭비	2.55:1
	장축방향	N-46°-E	시상·관대	크 기 (길이×너비×높이)	-
	두 향	?		벽석종류	할석
유물	토 기	장란형토기(봉분:1), 배(1), 소호(1), 호·옹(1)			
	철 기	도자(1), 모(1), 단조철부(1), 겸(1), 미상철기(1)			
	청동기	-			
	옥석류	-			
	기 타	-			
	특기사항	11m이상의 봉분이 확인됨.			

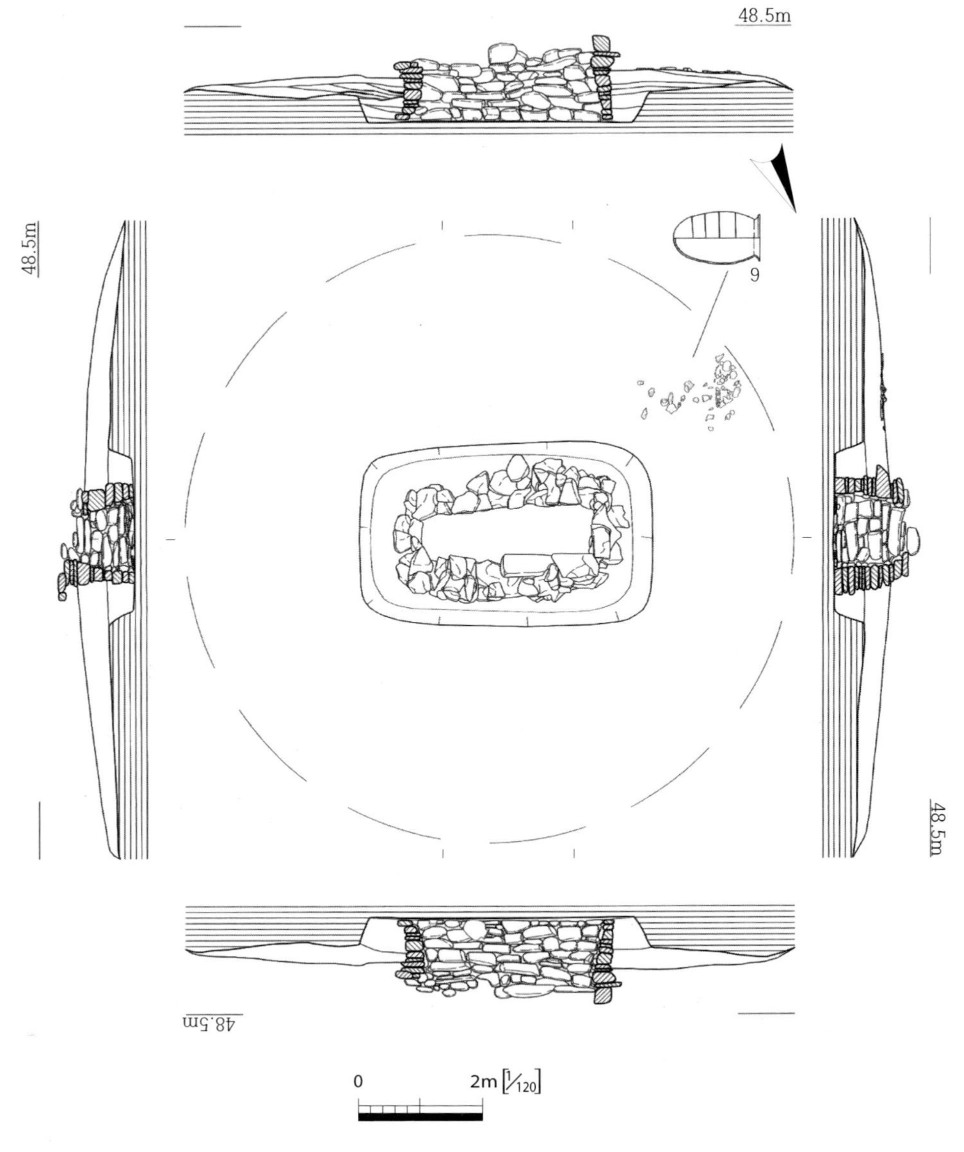

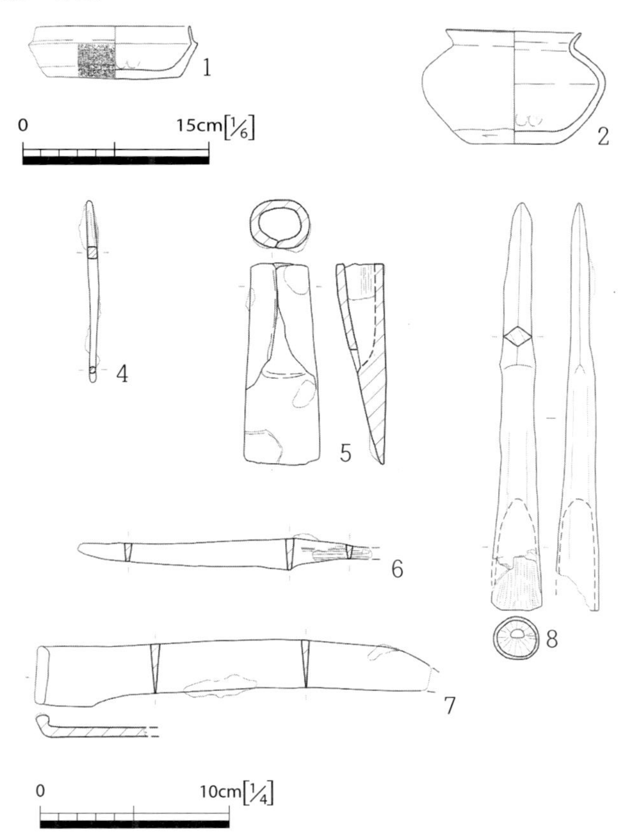
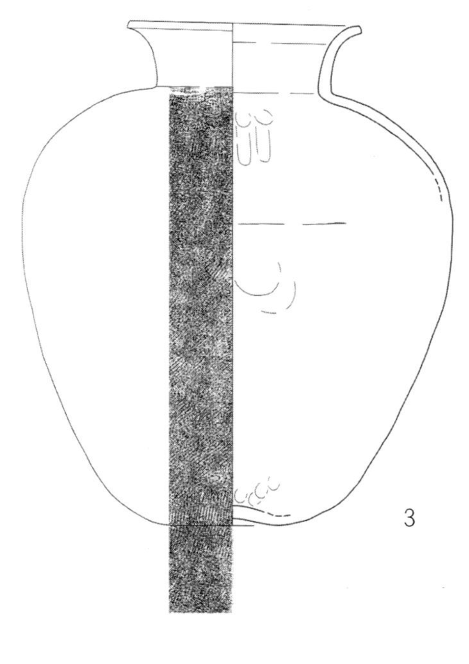

1
2
3
4
5
6
7
8
0   15cm[1/6]
0   10cm[1/4]

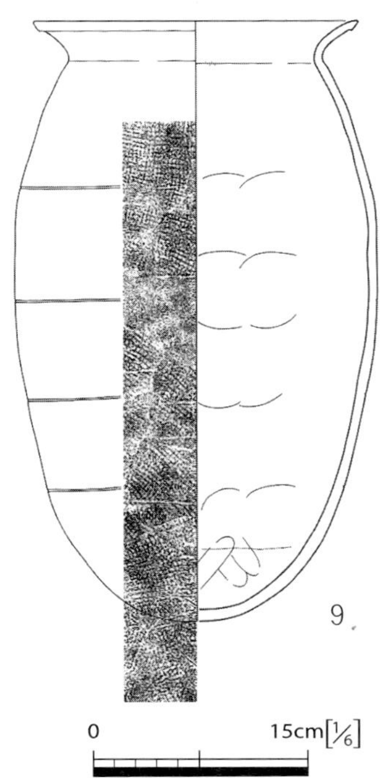

9
0   15cm[1/6]

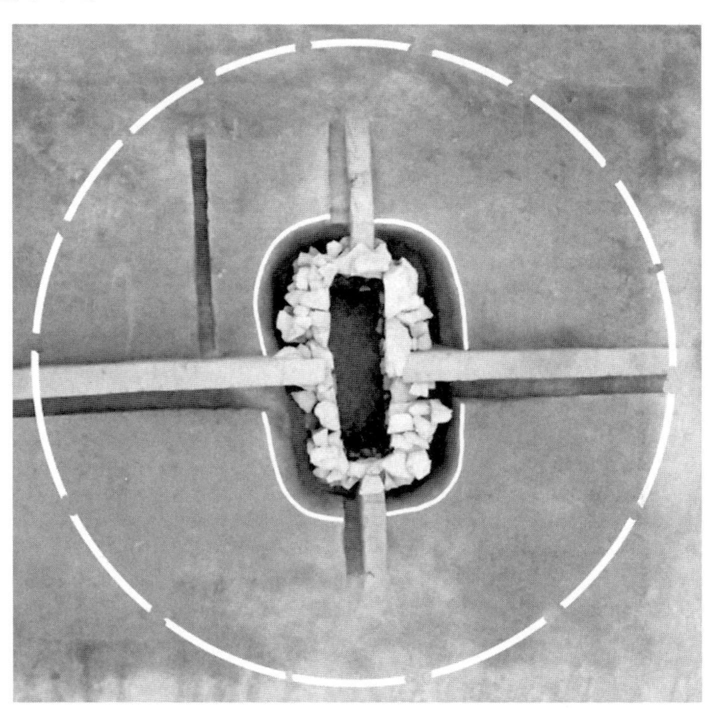

KM-094호 석곽묘

(단위 : cm)

묘광	크 기 (길이×너비×깊이)	402×(314+)×(50+)	주체부	크 기 (길이×너비×높이)	?
	장폭비	?		장폭비	?
	장축방향	N-27°-W	시상·관대	크 기 (길이×너비×높이)	-
	두 향	?	벽석종류		할석
유물	토 기	통형기대(1), 토기편(3)			
	철 기	검(1), 촉(7), 모(1), 단조철부(1), 착(1), 삼각판혁철판갑편(1), 교구(1)			
	청 동 기	-			
	옥 석 류	-			
	기 타	-			
	특기사항				

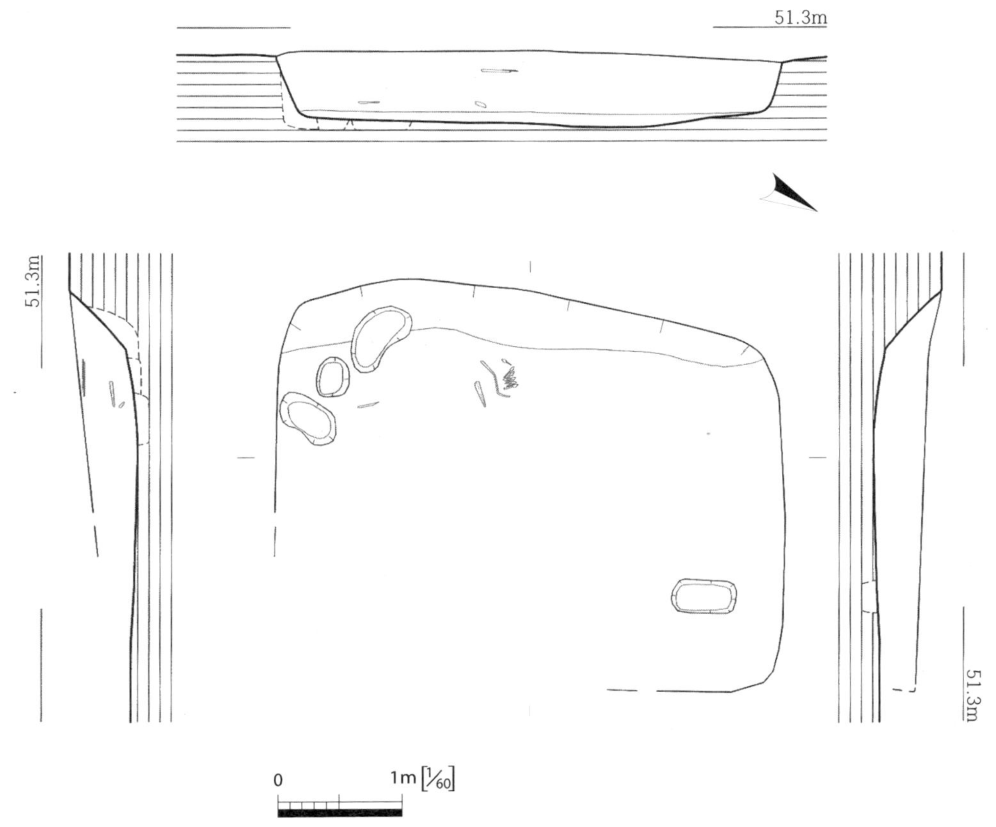

[유구사진]

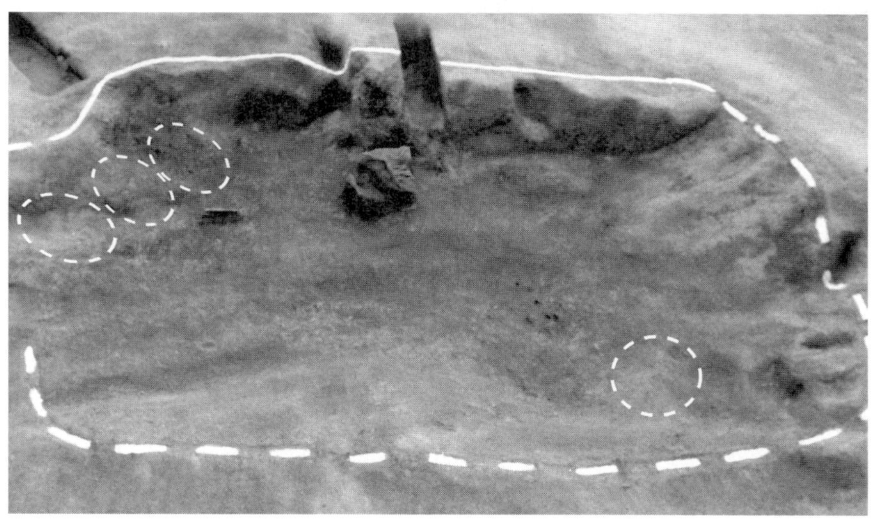

[출토유물]

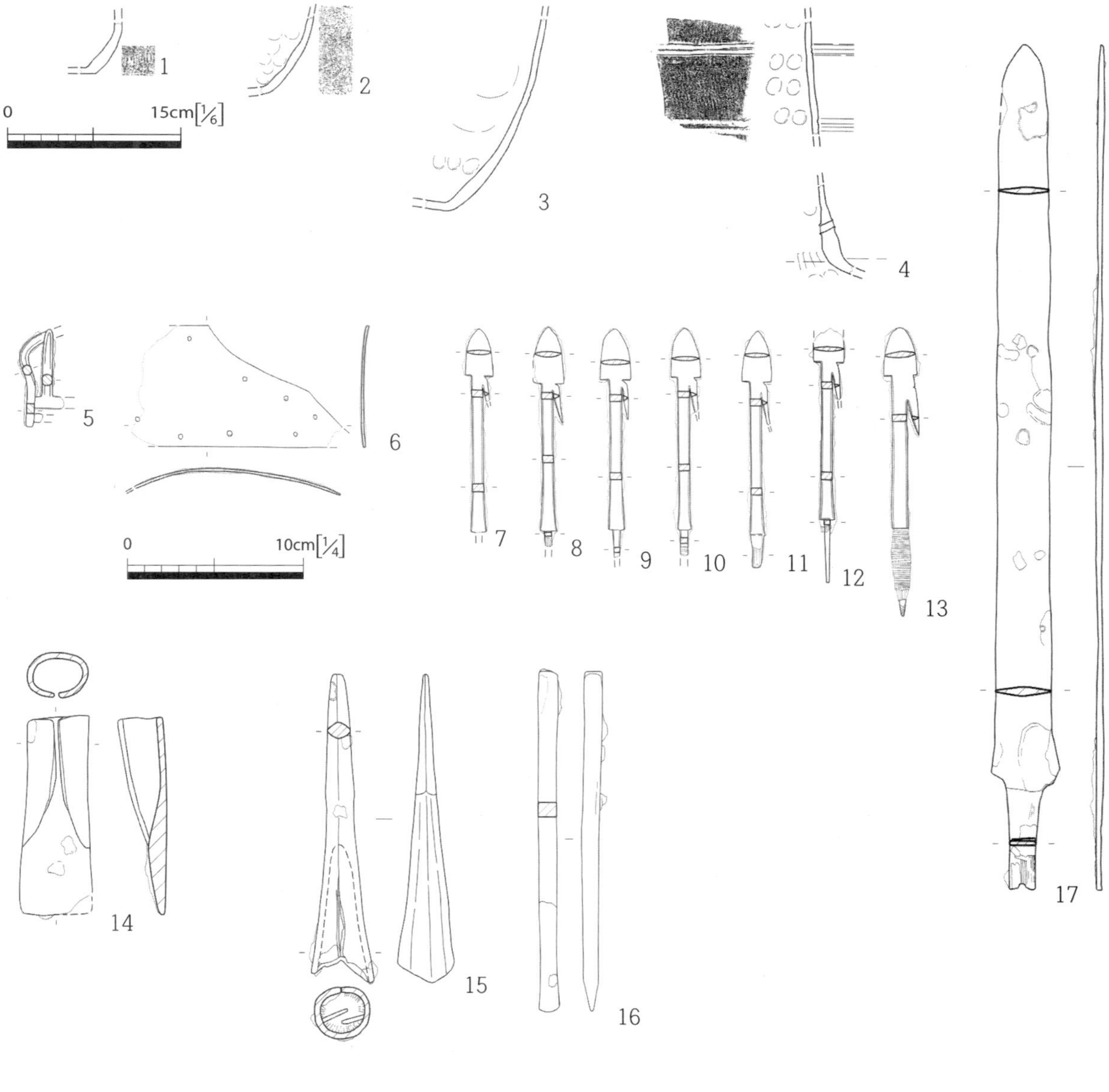

0   15cm[⅙]

0   10cm[¼]

KM-095호 석실묘

(단위 : cm)

봉토	크 기 (길이×너비×높이)	?	묘광	크 기 (길이×너비×깊이)	(382+)×161×(96+)
	평면형태	?		장폭비	?
현실	크 기 (길이×너비×높이)	242×68×(105+)		천장형태	?
	평면형태	3.55:1		횡구부위치	남측 단벽
횡구부	크 기 (길이×너비)	?		묘도크기 (길이×너비)	174×151
	장폭비	?		배수시설 (길이×너비×깊이)	-
시상/관대크기 (길이×너비×높이)		152×65×?	두 향		?
장축방향		N-32°-W	벽석종류		판석
유물	토 기	-			
	철 기	관정(5)			
	청 동 기	-			
	옥석류	-			
	기 타	-			
특기사항					

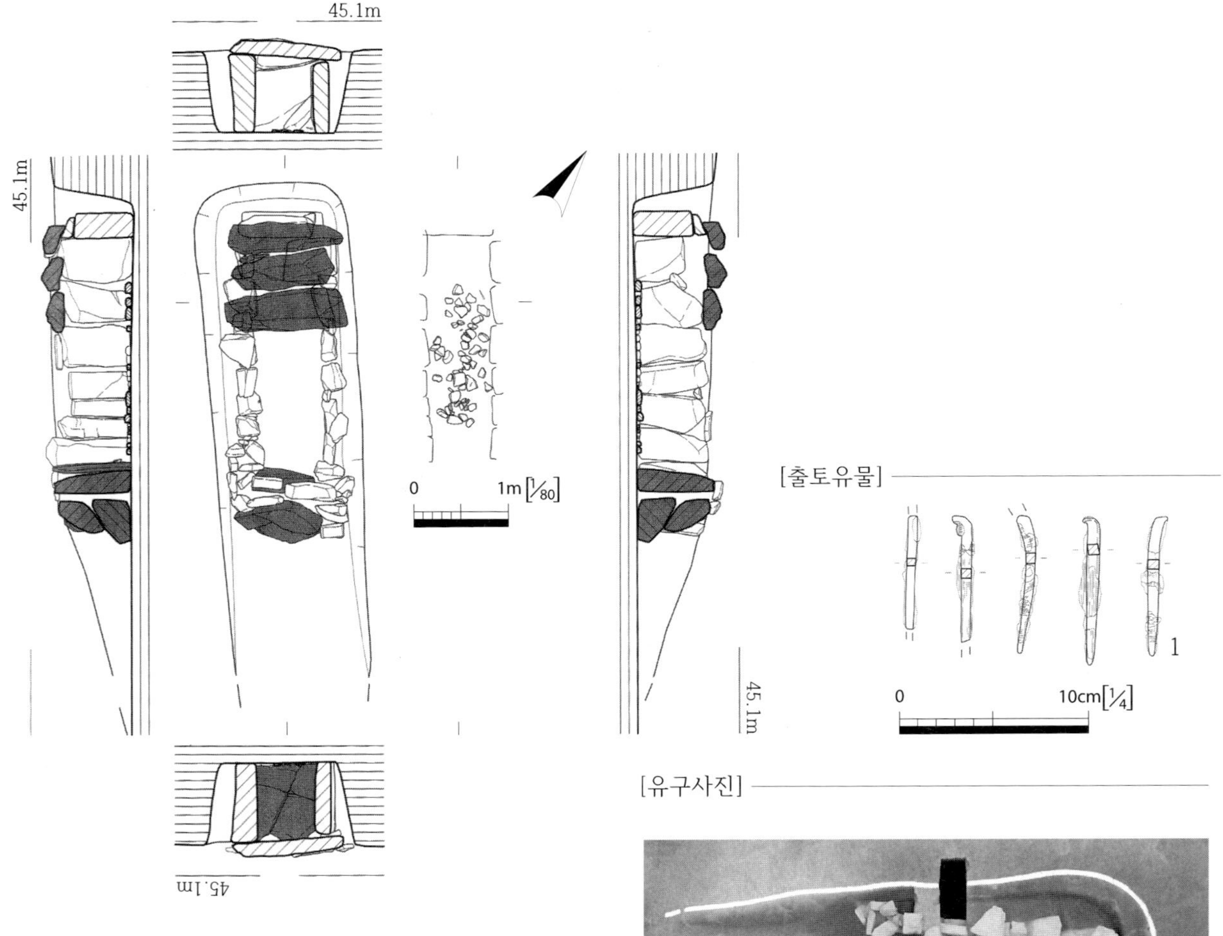

KM-096호 석실묘

(단위 : cm)

봉토	크 기 (길이×너비×높이)	?	묘광	크 기 (길이×너비×깊이)	370×418×(217+)
	평면형태	?		장폭비	0.88:1
현실	크 기 (길이×너비×높이)	331×311×(197+)		천장형태	?
	평면형태	방형		연도위치	좌편재
연도	크 기 (길이×너비×높이)	207×98×(160+)		묘도크기 (길이×너비)	363×130
	장폭비	2.11:1		배수시설 (길이×너비×깊이)	-
	시상/관대크기 (길이×너비×높이)	?		두 향	?
	장축방향	N-14°-E		벽석종류	할석
유물	토 기	심발형토기(1), 배(1), 소호(5), 사이광견호(1)			
	철 기	환두도(1), 촉(1), 단조철부(2), 겸(1), 착(1), 재갈(1), 교구(3), 관정(5), 미상철기(3)			
	청동기	-			
	옥석류	유리제 구슬(492)			
	기 타	-			
	특기사항				

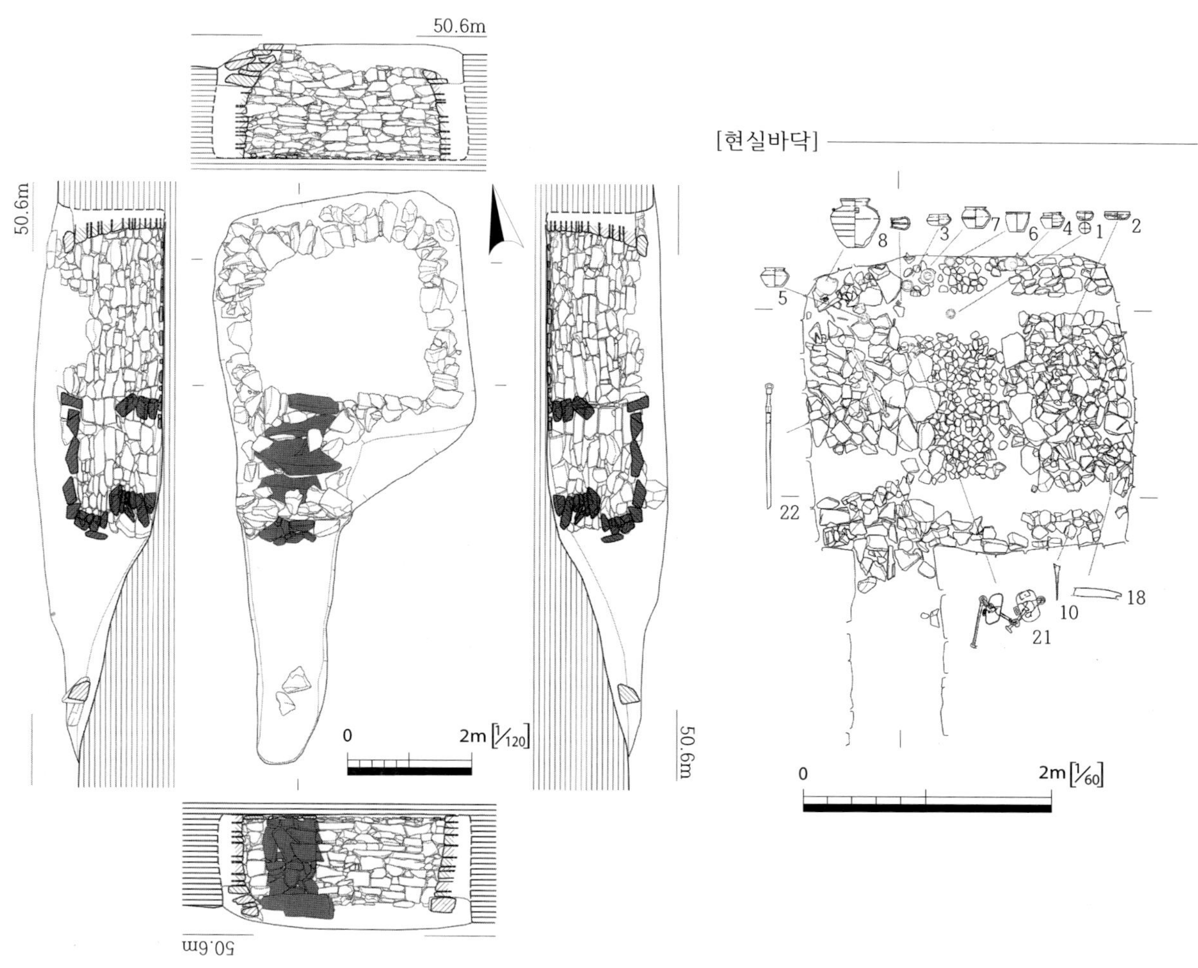

[유구사진]

북벽

서벽

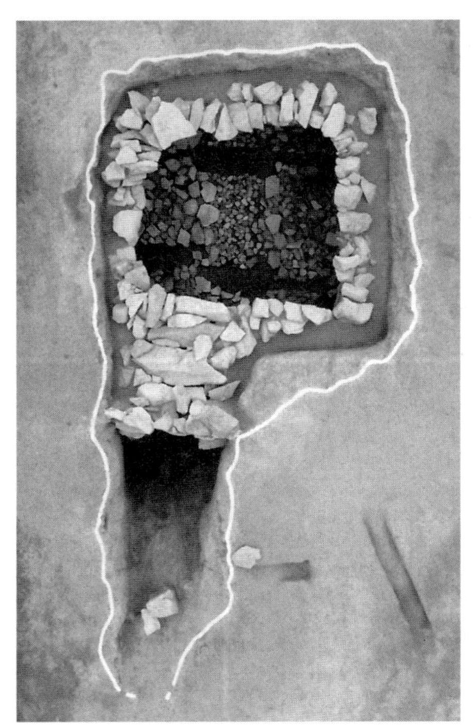

[출토유물]
1 2 3 4 5 6 7
8
0   15cm[1/6]
9 10 11 12 13 14
15 16 17
18 19 20 21 22
0   10cm[1/4]

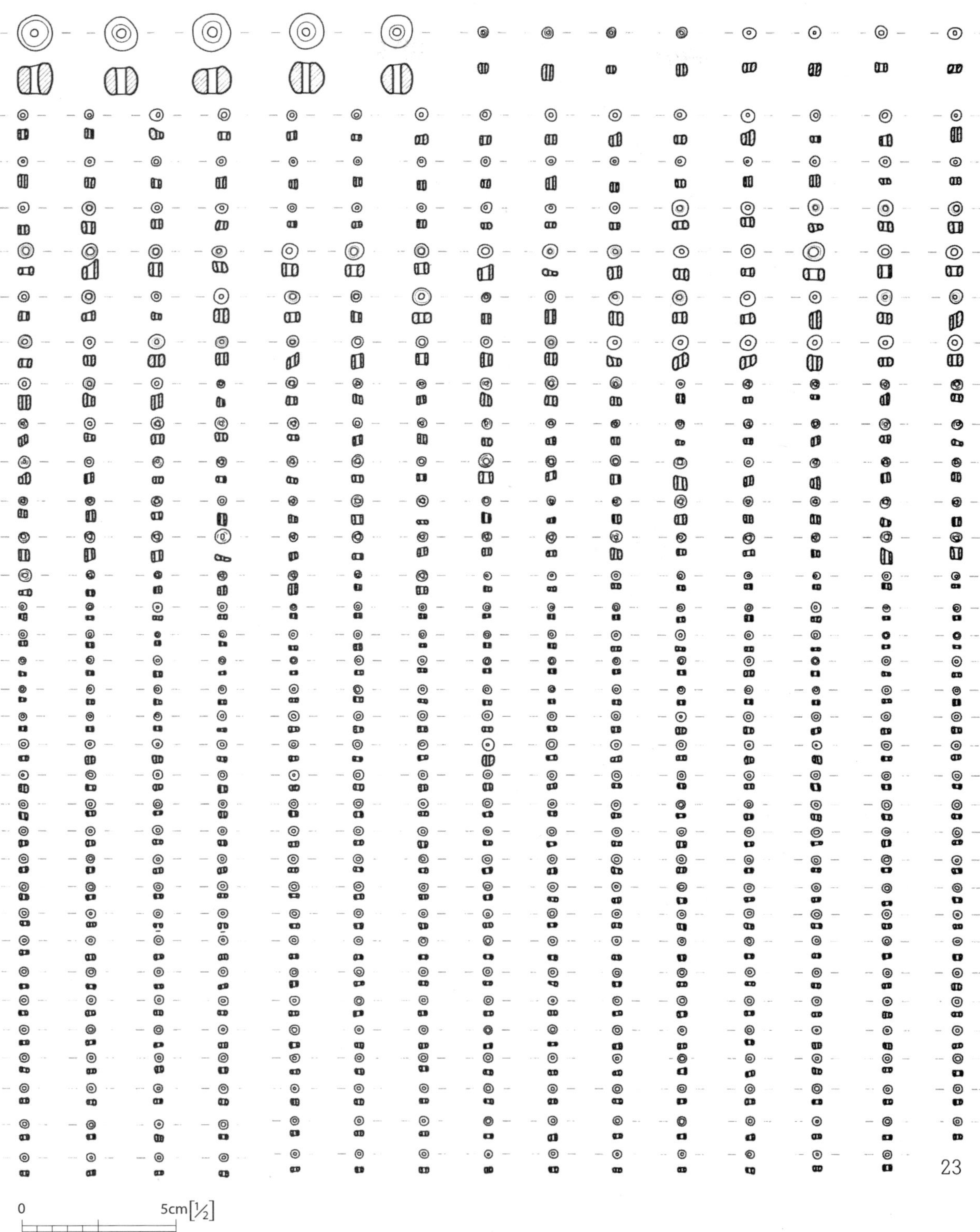

0   5cm[½]
23

KO-001호 옹관묘

(단위 : cm)

묘광	크 기 (길이×너비×깊이)	148×69×(20+)	옹관길이	?
	장폭비	2.14:1	결합형식	?
	장축방향	N-5°-E	안치형태	횡치
	두 향	?		
유물	토 기	옹(2), 장란형 토기(1)		
	철 기	-		
	청 동 기	-		
	옥 석 류	-		
	기 타	-		
	특기사항			

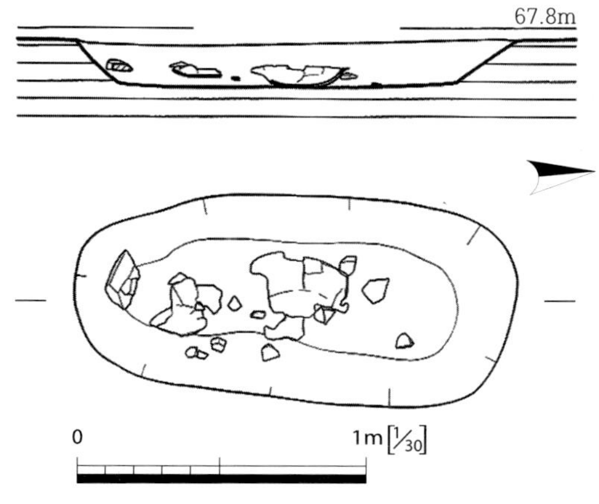

[옹관]

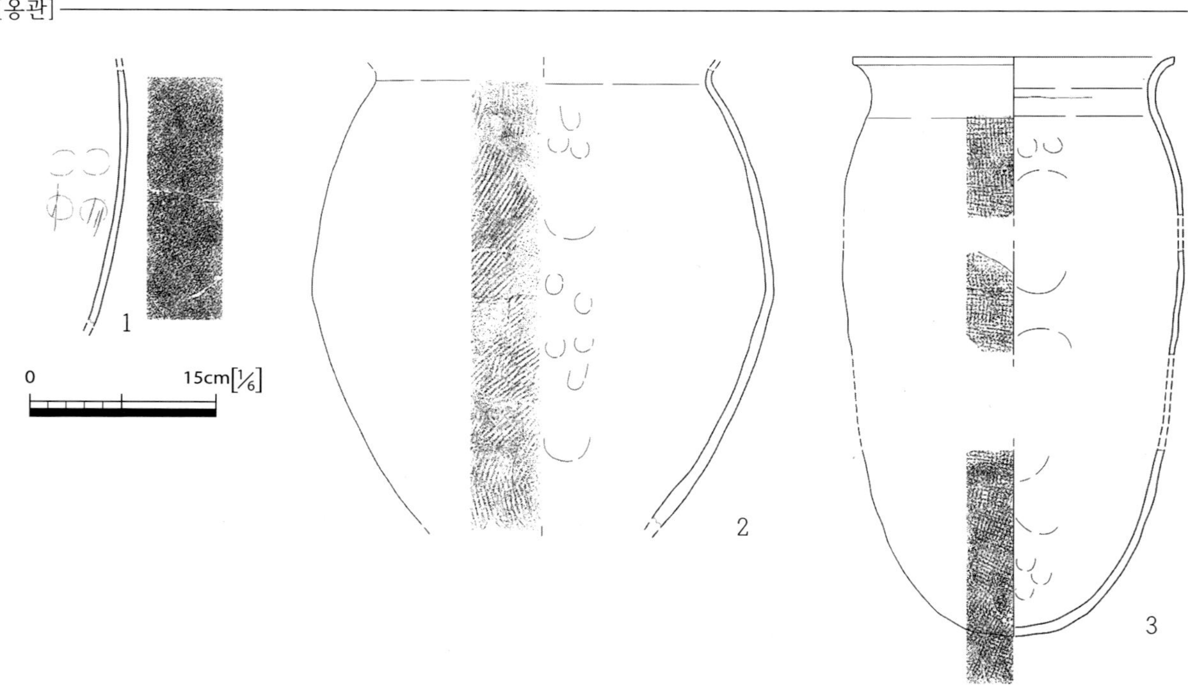

KO-002호 옹관묘

(단위 : cm)

묘광	크 기 (길이×너비×깊이)	280×96×(25+)	옹관길이	(89+)
	장폭비	2.91:1	결합형식	?
	장축방향	N-90°-W	안치형태	횡치
	두 향	?		
유물	토 기	옹(2), 토기편(2)		
	철 기		-	
	청동기		-	
	옥석류		-	
	기 타		-	
	특기사항			

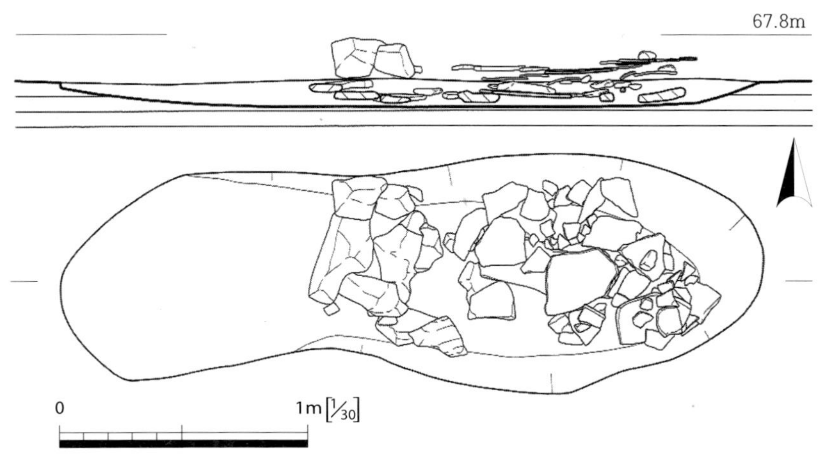

67.8m

[옹관]　　　　　　　　　　　　　　　　　　　　　　[출토유물]

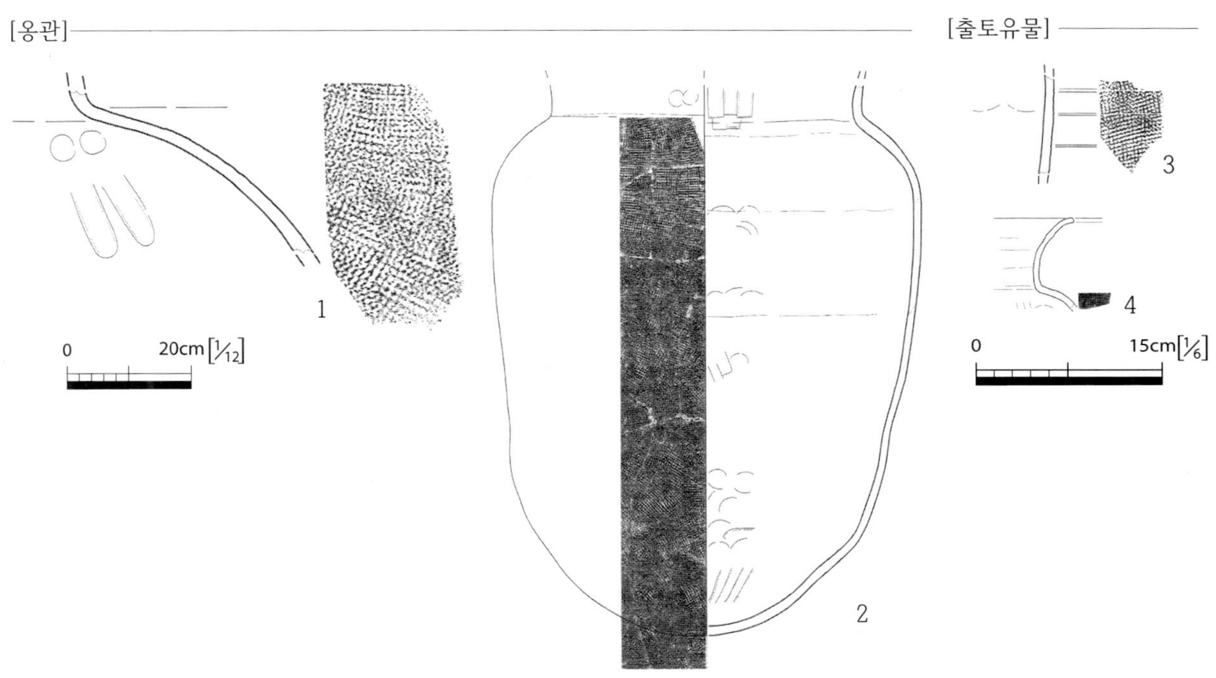

KO-003호 옹관묘

(단위 : cm)

묘광	크 기 (길이×너비×깊이)	196×95×(44+)	옹관길이	?
	장폭비	2.06:1	결합형식	단옹식
	장축방향	N-3°-W	안치형태	횡치
	두 향	?		
유물	토 기	옹(1)		
	철 기		-	
	청 동 기		-	
	옥석류		-	
	기 타		-	
	특기사항			

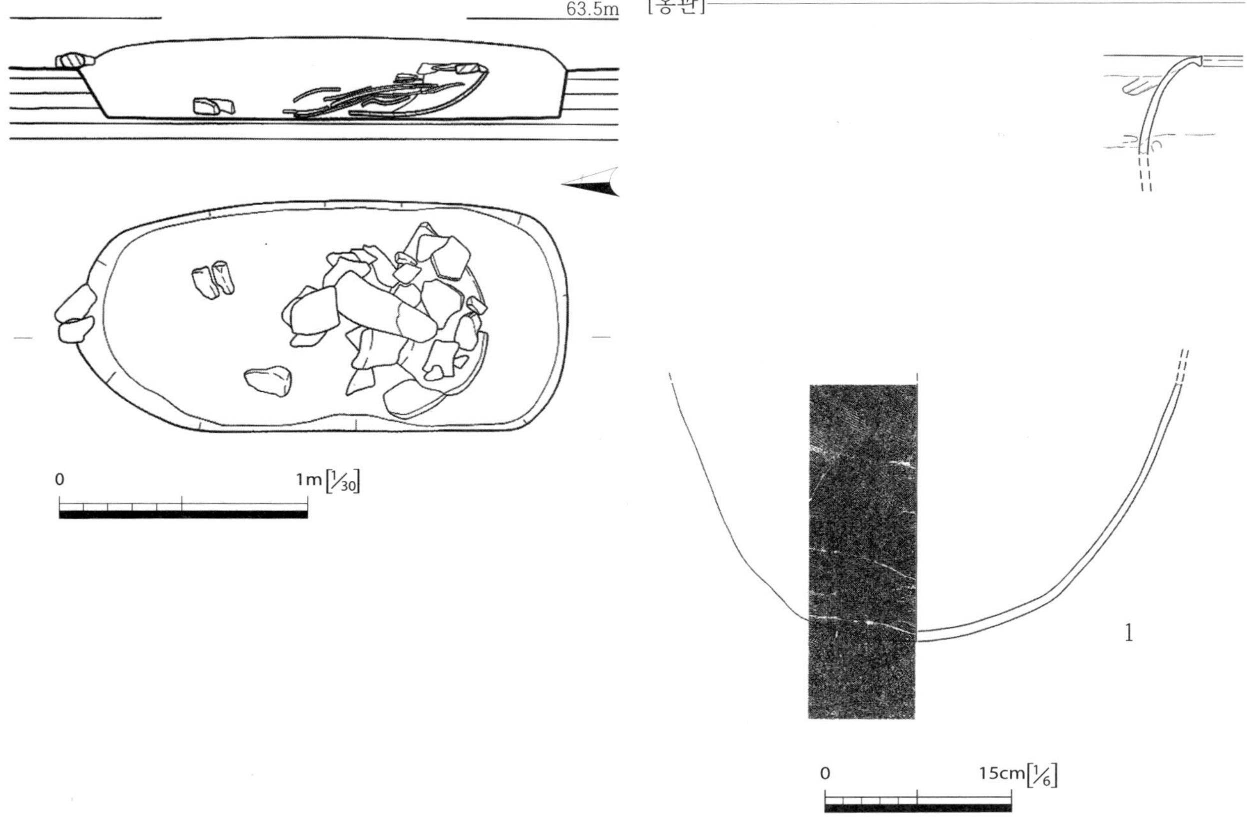

KO-004호 옹관묘

(단위 : cm)

묘광	크 기 (길이×너비×깊이)	220×88×(20+)	옹관길이	(170)
	장폭비	2.50:1	결합형식	합구식
	장축방향	N-26°-E	안치형태	횡치
	두 향	?		
유물	토 기	옹-(3)		
	철 기	-		
	청 동 기	-		
	옥 석 류	-		
	기 타	-		
	특기사항			

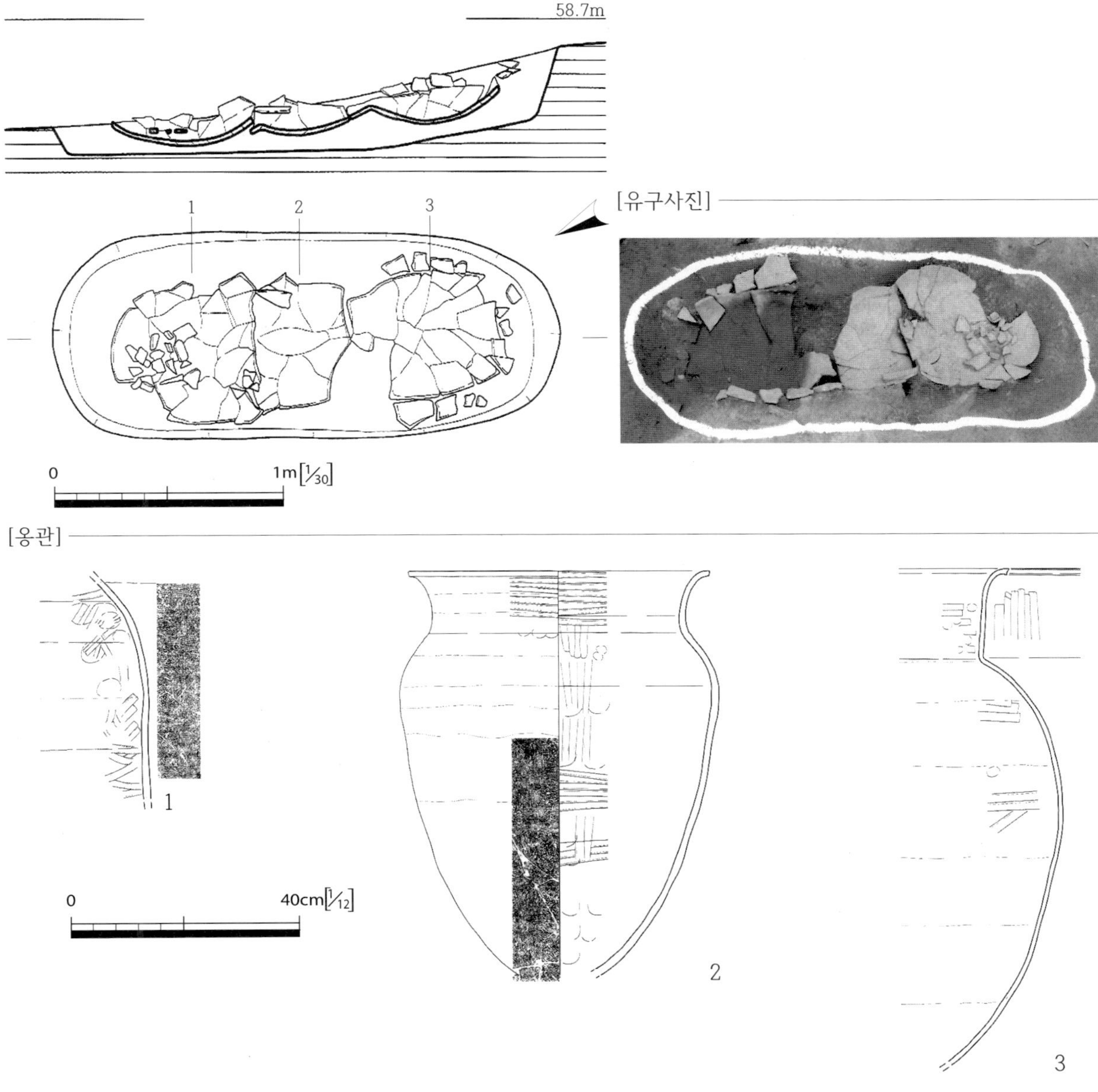

KO-005호 옹관묘

(단위 : cm)

묘광	크 기 (길이×너비×깊이)	216×110×(30+)	옹관길이	(145)
	장폭비	1.96:1	결합형식	합구식
	장축방향	N-87°-E	안치형태	횡치
	두 향	?		
유물	토 기	배(1), 옹(2)		
	철 기	-		
	청 동 기	-		
	옥 석 류	-		
	기 타	-		
	특기사항			

39.7m

[옹관]

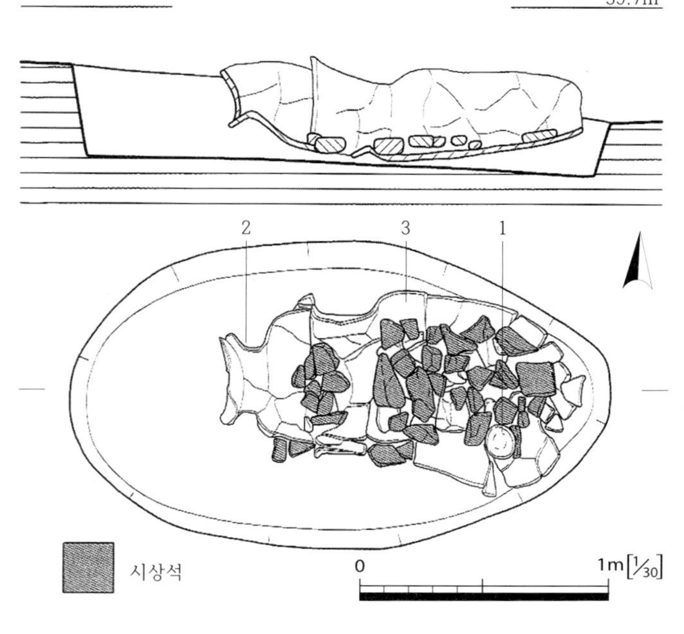

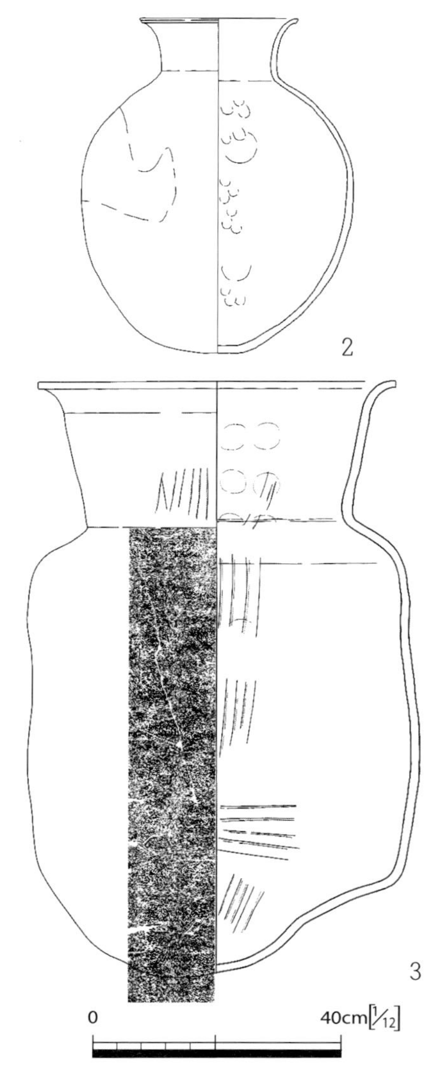

시상석

0 1m[1/30]

[출토유물]

0 15cm[1/6]

0 40cm[1/12]

KO-006호 옹관묘

(단위 : cm)

묘광	크 기 (길이×너비×깊이)	174×114×(30+)	옹관길이	(96+)
	장폭비	1.52:1	결합형식	단옹식
	장축방향	N-60°-W	안치형태	횡치
	두 향	?		
유물	토 기	옹-(1)		
	철 기	-		
	청 동 기	-		
	옥 석 류	-		
	기 타	-		
	특기사항			

36.5m

[옹관]

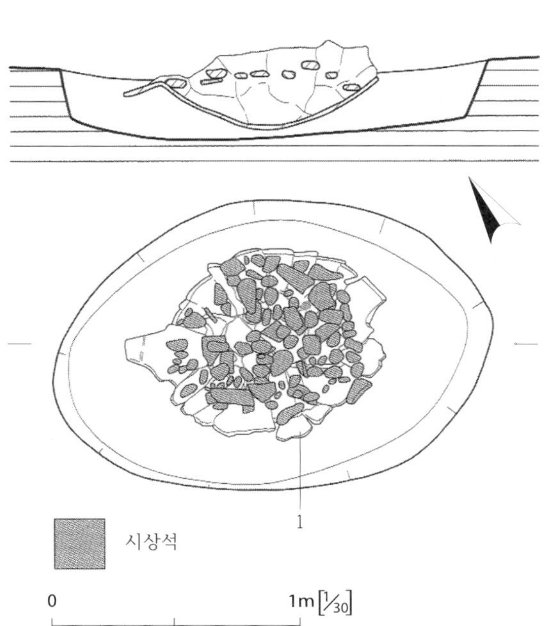

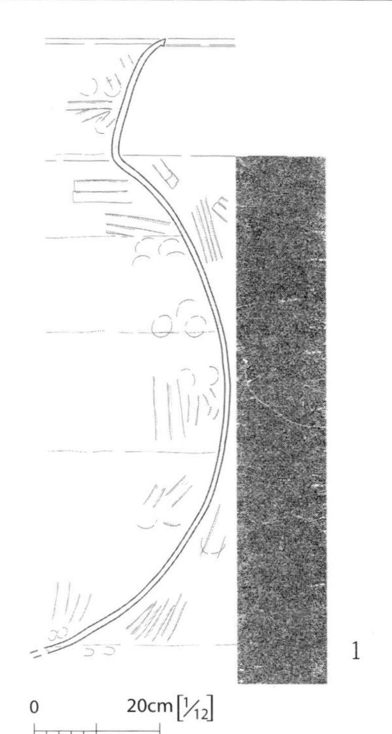

연기 연기리유적燕岐 燕岐里(現 世宗 燕岐里)遺蹟

조사사유	행정중심복합도시 건설에 따른 구제발굴조사	
조사연혁	지표조사 : 2005. 09. ~ 2006. 06. (충청문화재연구원 · 충청남도역사문화원 · 중앙문화재연구원) 시굴조사 : 2007. 07. 25. ~ 2007. 11. 12.(중앙문화재연구원) 지표조사 : 2007. 11. 13. ~ 2008. 07. 15.(중앙문화재연구원)	
유적위치	舊	충청남도 연기군 남면 연기리 일원
	新	세종특별자치시 연기면 연기리
	경 · 위도 36°30'7.52"N / 127°15'41.74"E	GPS 36.502090 / 127.261595
유적입지	연기리 일대는 연기군의 남쪽에 위치하고 있으며, 동으로는 동면, 서로는 공주시 장기면, 남으로 금남면, 북으로 조치원읍과 접하고 있으며, 금남면과 동면은 금강과 미호천으로 자연적 경계를 이루고 있다. 남면은 원수산과 전월산 등 해발 250m 내외의 산지와 금강, 미호천, 연기천 등의 하천에 의해 형성된 충적지로 이루어졌다.	
유구현황	초기철기시대	–
	원 삼 국 시 대	–
	삼 국 시 대	토광묘(1) · 수혈유구(2)
	기 타	청동기시대 주거지(8), 통일신라시대 분묘유구(2), 고려~조선시대 주거지(19) · 건물지(9) · 온돌유구(5) · 분묘유구(233), 고려시대 와요지(1), 조선시대 수혈유구(19)
주요유물	심발형토기, 호, 구슬	
시대 · 성격	74지점에서 조사된 백제 토광묘는 남-북 방향으로 이어지는 구릉의 중앙부에 약간 비스듬한 방향으로 조성되었으며, 청동기시대 주거지와 중복되었다. 10cm 정도의 깊이 밖에 남아있지 않아 양상을 파악하기 어렵다. 유물은 한쪽 장벽에 치우쳐서 발과 호가 확인되었으며, 직경 5~7mm의 구슬도 출토되었다.	
참고문헌	충청문화재연구원 · 충청남도역사문화원 · 중앙문화재연구원, 2006, 『행정중심복합도시 건설지역 내 문화유산 지표조사-고고분야』, 한국토지공사. 中央文化財研究院, 2009, 『行政中心複合都市敷地 內 1-7地點 燕岐 燕岐里遺蹟』, 發掘調査報告 第161冊.	

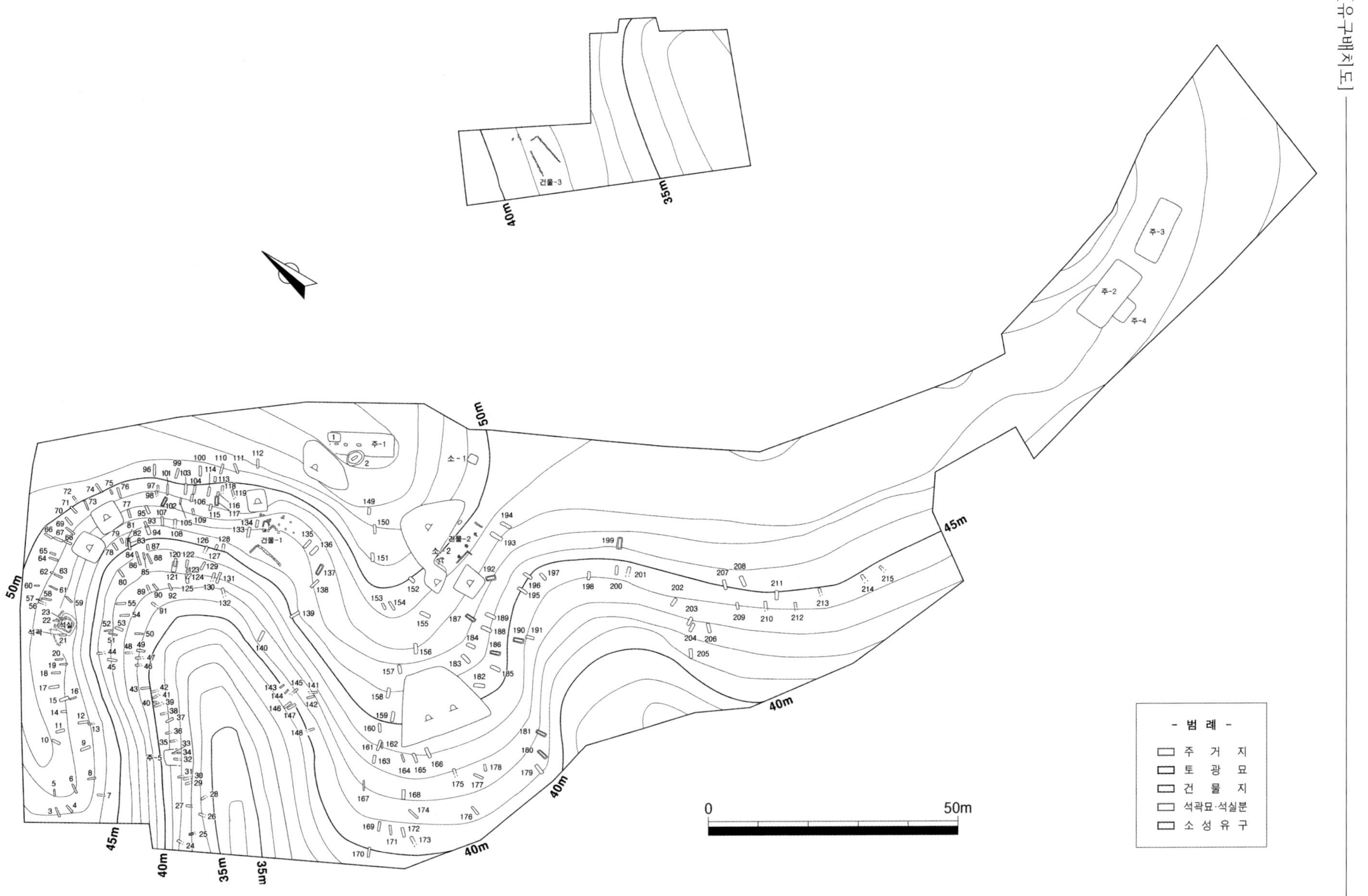
- 범 례 -
주 거 지
토 광 묘
건 물 지
석곽묘·석실분
소 성 유 구
0   50m

연기 연기리유적 유적 전경

연기 연기리유적 74지점 전경

마한·백제의 분묘 문화 Ⅲ - 충남 Ⅰ : 연기(세종) 편 -

1호 토광묘

(단위 : cm)

묘광	크 기 (길이×너비×깊이)	(336+)×222×(12+)	목관	크 기 (길이×너비×높이)	-
	장폭비	?		장폭비	-
	장축방향	N-35°-W	목곽	크 기 (길이×너비×높이)	-
	두 향	?		장폭비	-
유물	토 기	경질무문 심발(1), 발(1), 호(2)			
	철 기	-			
	청동기	-			
	옥석류	구슬(15)			
	기 타	-			
	특기사항				

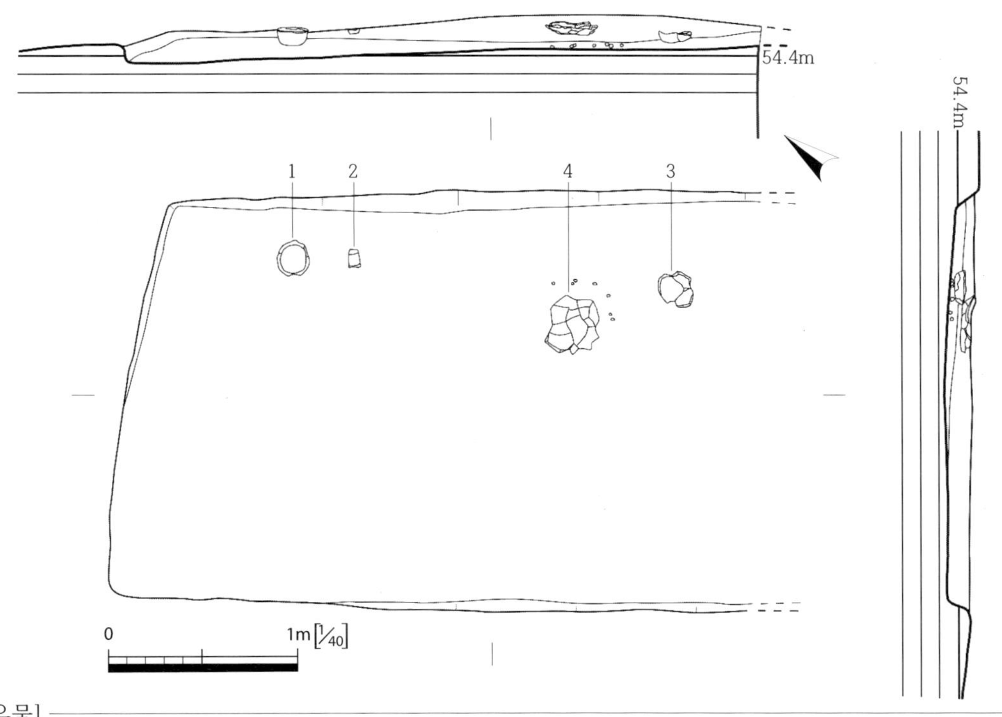

[출토유물]

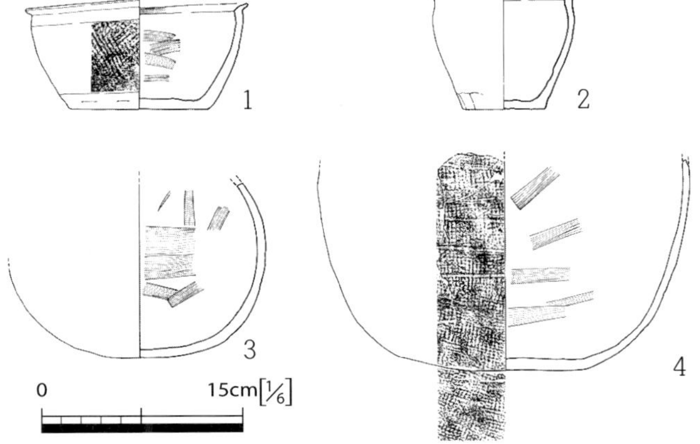

연기 용호리유적(공주대학교)燕岐 龍湖里(現 世宗 龍湖里)遺蹟

조사사유	연기군 남면-동면간 도로 확·포장 공사에 따른 구제발굴조사
조사연혁	지표조사 : 2002. (공주대학교 박물관) 시굴조사 : 2003. 06. ~ 2003. 07. (공주대학교 박물관) 발굴조사 : 2003. 12. 03. ~ 2004. 03. 25. (공주대학교 박물관)

<table>
<tr><td rowspan="3">유적위치</td><td>舊</td><td colspan="2">충청남도 연기군 동면 용호리 산 53-5번지 일원</td></tr>
<tr><td>新</td><td colspan="2">세종특별자치시 연동면 용호리</td></tr>
<tr><td colspan="2">경·위도 127°19'17.42″E /36°32'29.13″N</td><td>GPS 127.321505 / 36.541425</td></tr>
</table>

유적입지	용호리 일대는 금강과 미호천의 합류지점 주변의 구릉성 산지로서, 북서쪽의 出東山(148m)에서 남동쪽으로 흘러내린 산봉우리(80m)와 연결되고 있다. 선상부를 포함한 남동향사면부(73m)는 완만한 경사의 평탄면을 이루고, 남서향사면부와 조사지역 말단부는 급한 경사와 함께 지표면 유실로 인한 자연협곡이 잘 발달한 지형을 하고 있다.

<table>
<tr><td rowspan="4">유구현황</td><td>초기철기시대</td><td>-</td></tr>
<tr><td>원 삼 국 시 대</td><td>주구토광묘(3)·토광묘(5)·구덩이(1)·소성유구(1)</td></tr>
<tr><td>삼 국 시 대</td><td>-</td></tr>
<tr><td>기　　　타</td><td>조선시대 주거지(1)·구덩이(5), 시대미상 토광묘(2)</td></tr>
</table>

주요유물	원저단경호, 원저발형토기, 궐수문장식철검, 단조철부, 철촉 등
시대·성격	이 유적의 1호 주구토광묘에서 출토된 궐수문장식철검은 포항 옥성리 나-84호 목곽묘에서 유사한 예가 있어 영남지역 물질문화와의 관련성이 주목된다. 영남지역의 교차편년을 통해 궐수문장식 철검이 출토되는 유적이 2세기말~3세기전반 무렵이며, 원저발형토기 등의 출토유물로 보아 영남지역 궐수문장식 철검의 출토시기와 유사한 2세기 후엽~3세기 전반 무렵 조영된 것으로 보인다.
참고문헌	公州大學校博物館, 2008,『燕岐 龍湖里 遺蹟』, 學術叢書 08-08.

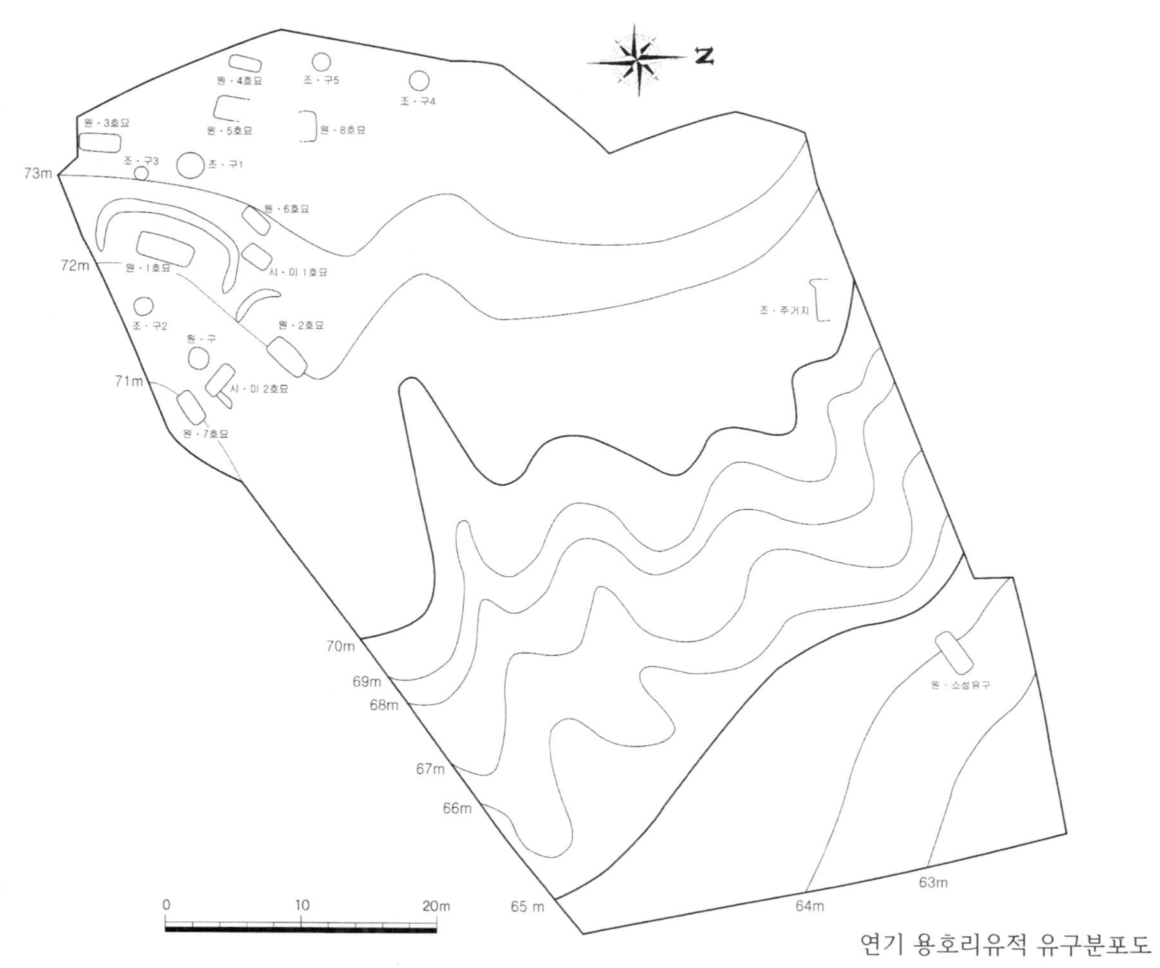

연기 용호리유적 유구분포도

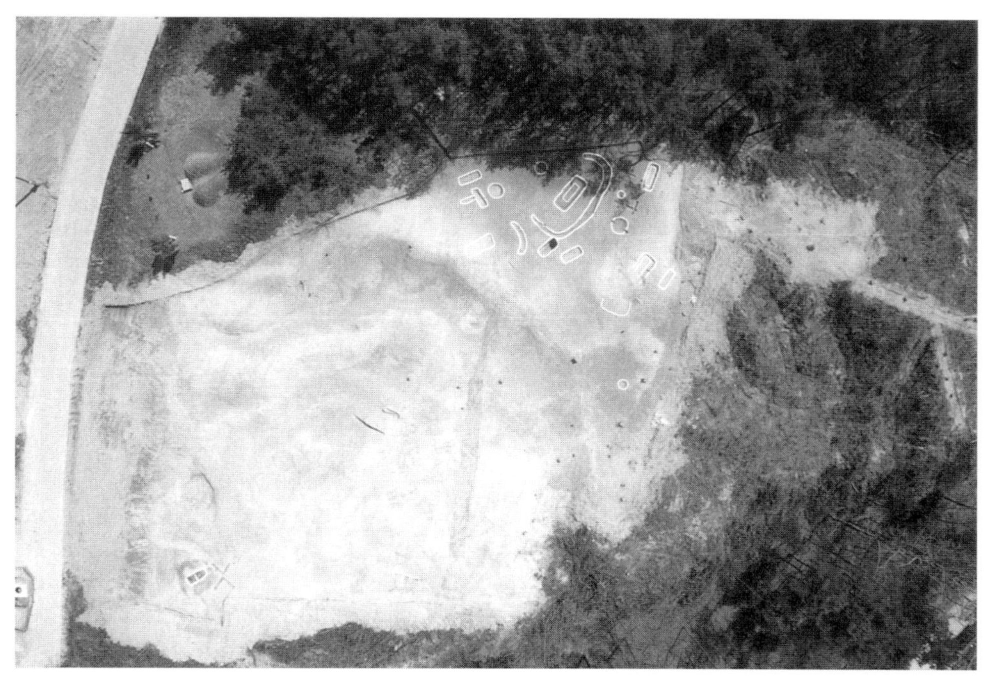

연기 용호리유적 전경

1호 주구토광묘

(단위 : cm)

묘광	크 기 (길이×너비×깊이)	402×168×(40+)	목관	크 기 (길이×너비×높이)	250×72×?
	장폭비	2.39:1		장폭비	3.47:1
	장축방향	N-47°-E	목곽	크 기 (길이×너비×높이)	-
	두 향	남서쪽		장폭비	-
	주구크기 (길이×너비×깊이)	(1050+)×80×(25+)	주구평면형태		눈썹형
유물	토 기	발형토기(1), 단경호(1)			
	철 기	도자(1), 궐수문장식철검(1), 촉(1), 단조철부(1)			
	청동기	-			
	옥석류	-			
	기 타	-			
	특기사항	보고서 기술과 유구 도면의 축척이 상이하여 보고서 기술에 따라 축척을 조정하였음.			

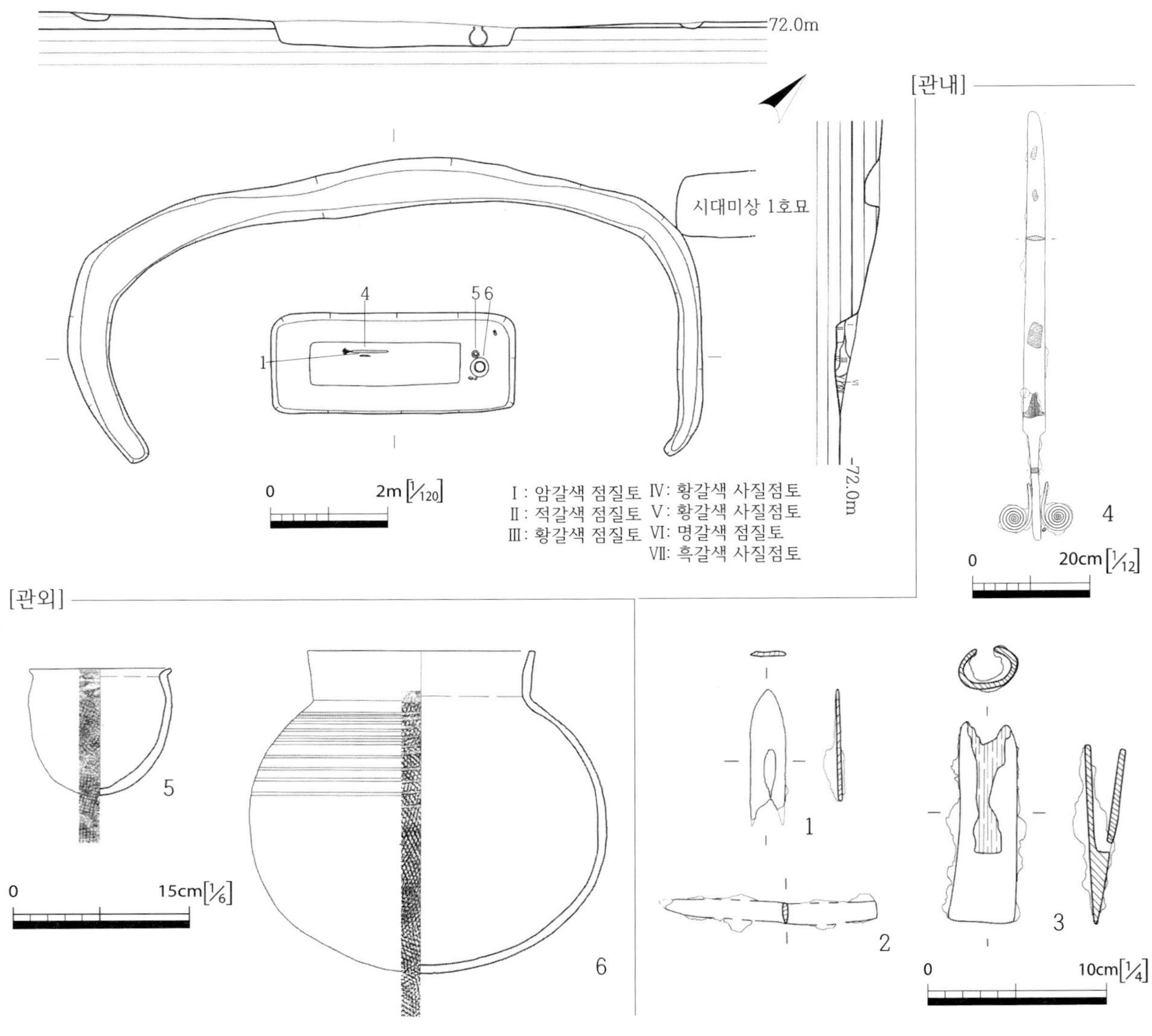

2호 주구토광묘

(단위 : cm)

묘광	크 기 (길이×너비×깊이)	332×134×(14+)	목관	크 기 (길이×너비×높이)	-
	장폭비	2.40:1		장폭비	-
	장축방향	N-49°-E	목곽	크 기 (길이×너비×높이)	-
	두 향	?		장폭비	-
	주구크기 (길이×너비×깊이)	(370+)×(60+)×(15+)		주구평면형태	?
유물	토 기	-			
	철 기	-			
	청동기	-			
	옥석류	-			
	기 타	-			
	특기사항	출토유물 없음.			

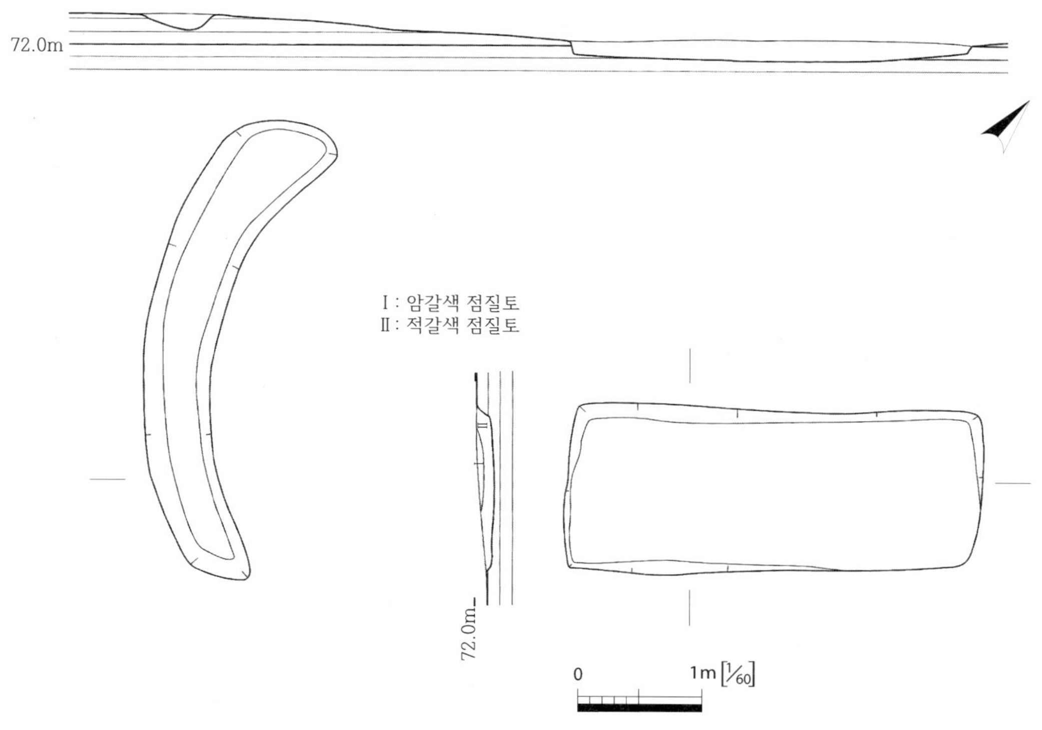

3호 토광묘

(단위 : cm)

묘광	크 기 (길이×너비×깊이)	304×112×(28+)	목관	크 기 (길이×너비×높이)	228×60×?
	장폭비	2.71:1		장폭비	3.80:1
	장축방향	N-5°-E	목곽	크 기 (길이×너비×높이)	-
	두 향	?		장폭비	-
유물	토 기	원저발형토기(1), 단경호(1)			
	철 기	축(5), 단조철부(1), 겸(1), 미상철기(1)			
	청동기	-			
	옥석류	-			
	기 타	-			
	특기사항				

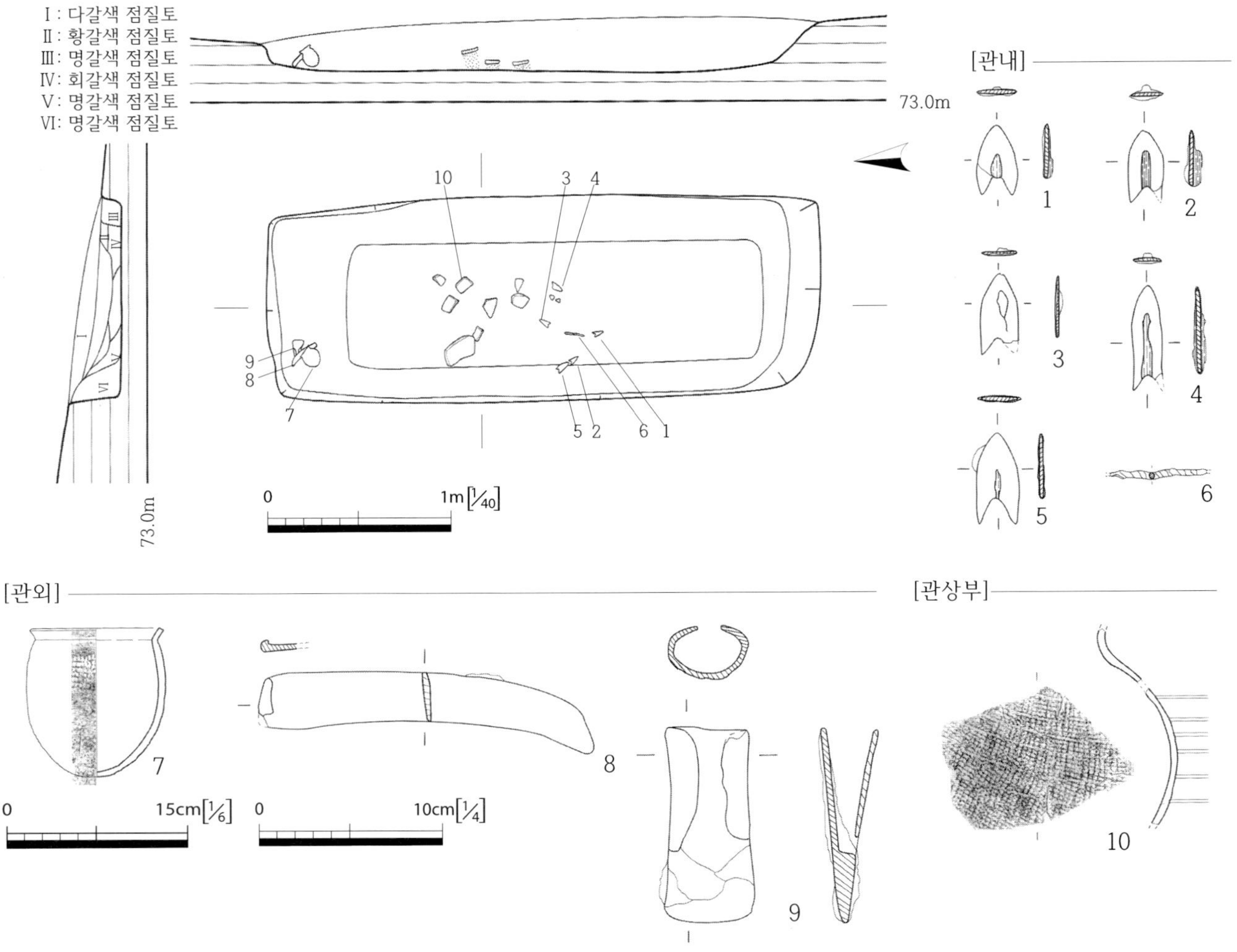

4호 토광묘

(단위 : cm)

묘광	크 기 (길이×너비×깊이)	230×(73)×(14+)	목관	크 기 (길이×너비×높이)	-
	장폭비	3.15:1		장폭비	-
	장축방향	N-18°-E	목곽	크 기 (길이×너비×높이)	-
	두 향	?		장폭비	-
유물	토 기	-			
	철 기	-			
	청동기	-			
	옥석류	-			
	기 타	-			
	특기사항	출토유물 없음.			

I : 다갈색 점질토

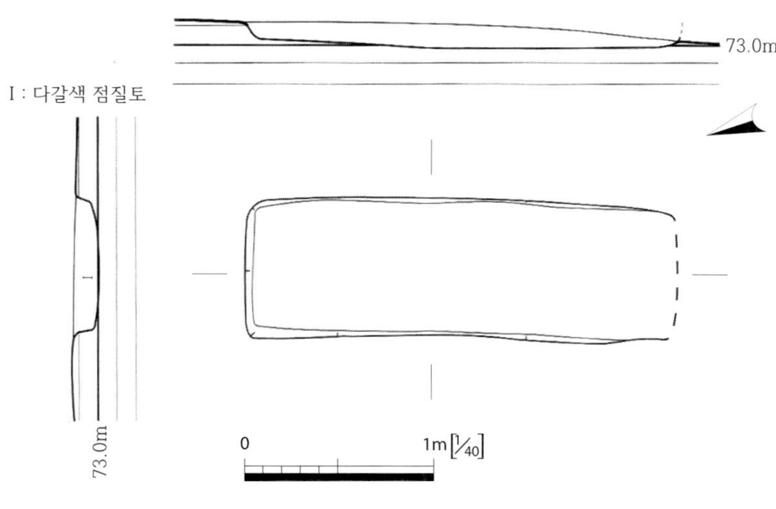

73.0m

0   1m [¼₀]

[유구사진]

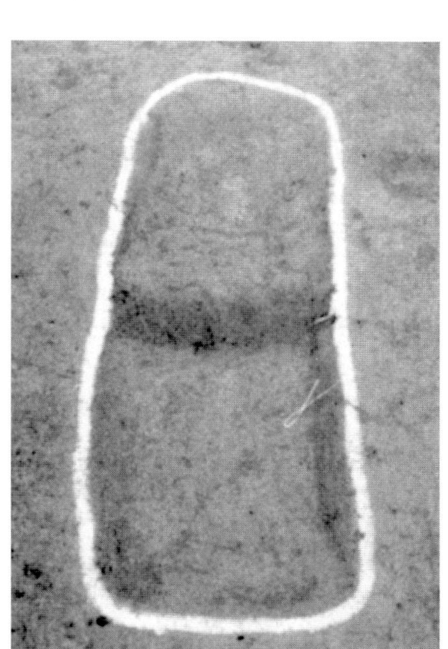

5호 토광묘

(단위 : cm)

묘광	크 기 (길이×너비×깊이)	(212+)×163×(27+)	목관	크 기 (길이×너비×높이)	(191+)×86×?
	장폭비	?		장폭비	?
	장축방향	N-20°-E	목곽	크 기 (길이×너비×높이)	-
	두 향	?		장폭비	-
유물	토 기	-			
	철 기	겸(1)			
	청 동 기	-			
	옥 석 류	-			
	기 타	-			
	특기사항				

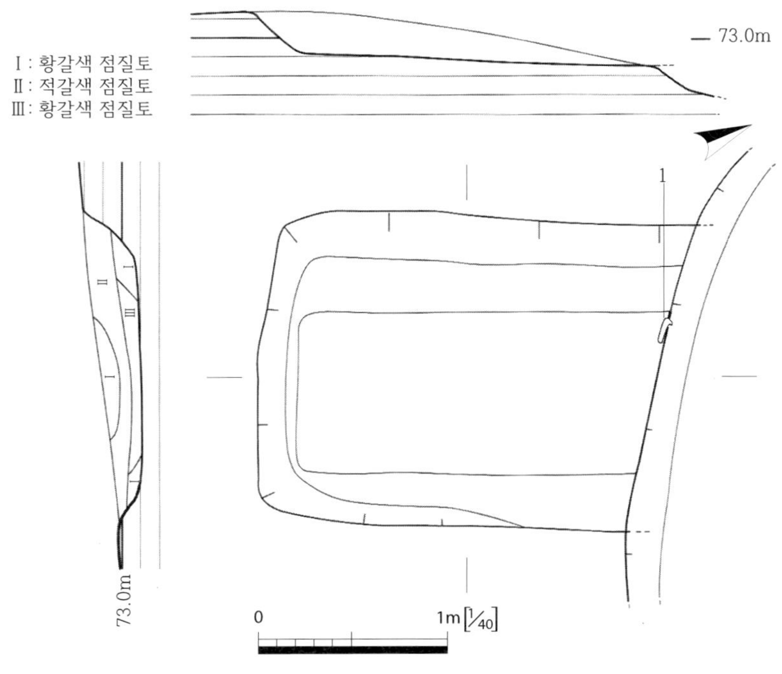

[유구사진]

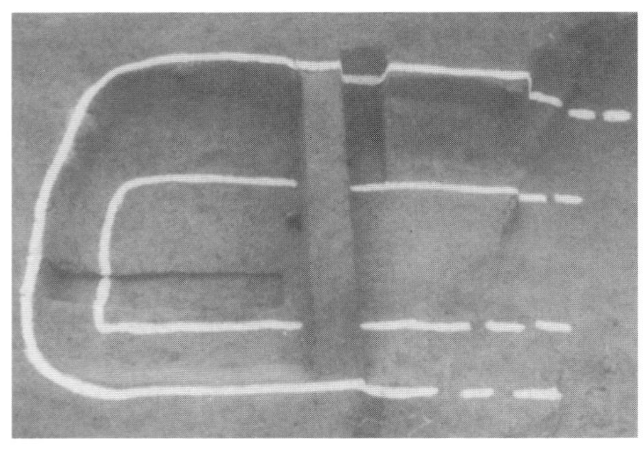

[관내]

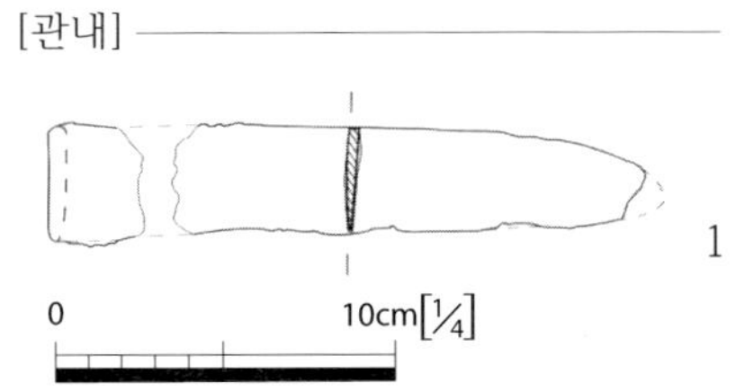

6호 토광묘

(단위 : cm)

묘광	크 기 (길이×너비×깊이)	240×100×(23+)	목관	크 기 (길이×너비×높이)	?
	장폭비	2.40:1		장폭비	?
	장축방향	N-45°-E	목곽	크 기 (길이×너비×높이)	-
	두 향	?		장폭비	-
유물	토 기	-			
	철 기	-			
	청동기	-			
	옥석류	-			
	기 타	-			
	특기사항	출토유물 없음.			

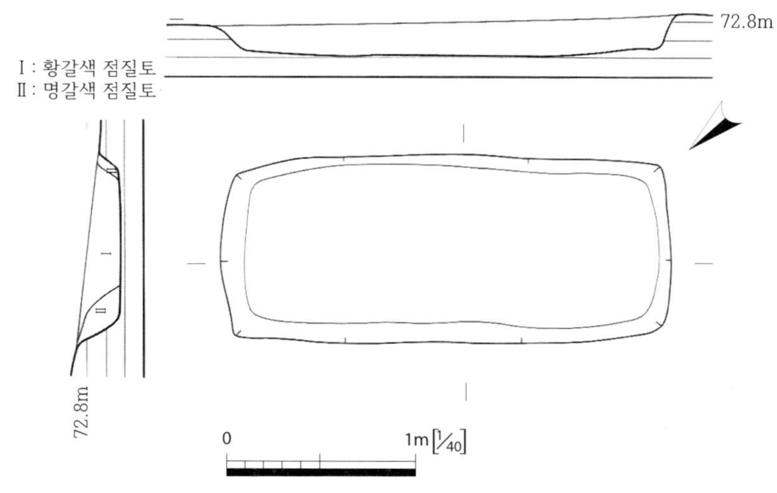

[유구사진]

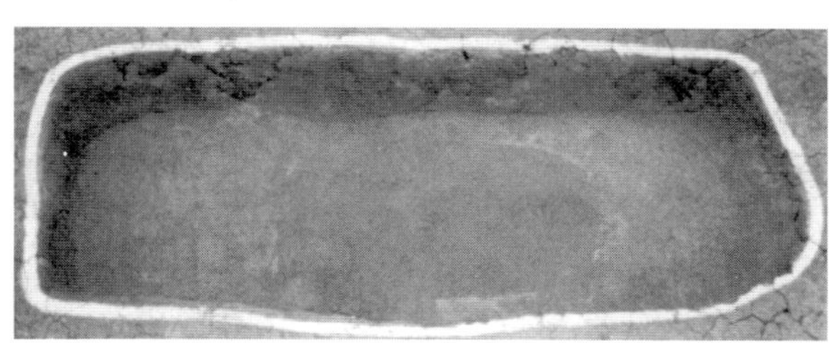

7호 주구토광묘

(단위 : cm)

묘광	크 기 (길이×너비×깊이)	240×68×(20+)	목관	크 기 (길이×너비×높이)	-
	장폭비	3.52:1		장폭비	-
	장축방향	N-58°-E	목곽	크 기 (길이×너비×높이)	-
	두 향	?		장폭비	-
	주구크기 (길이×너비×깊이)	(176+)×(34+)×?	주구평면형태		?
유물	토 기	-			
	철 기	-			
	청 동 기	-			
	옥석류	-			
	기 타	-			
	특기사항	출토유물 없음.			

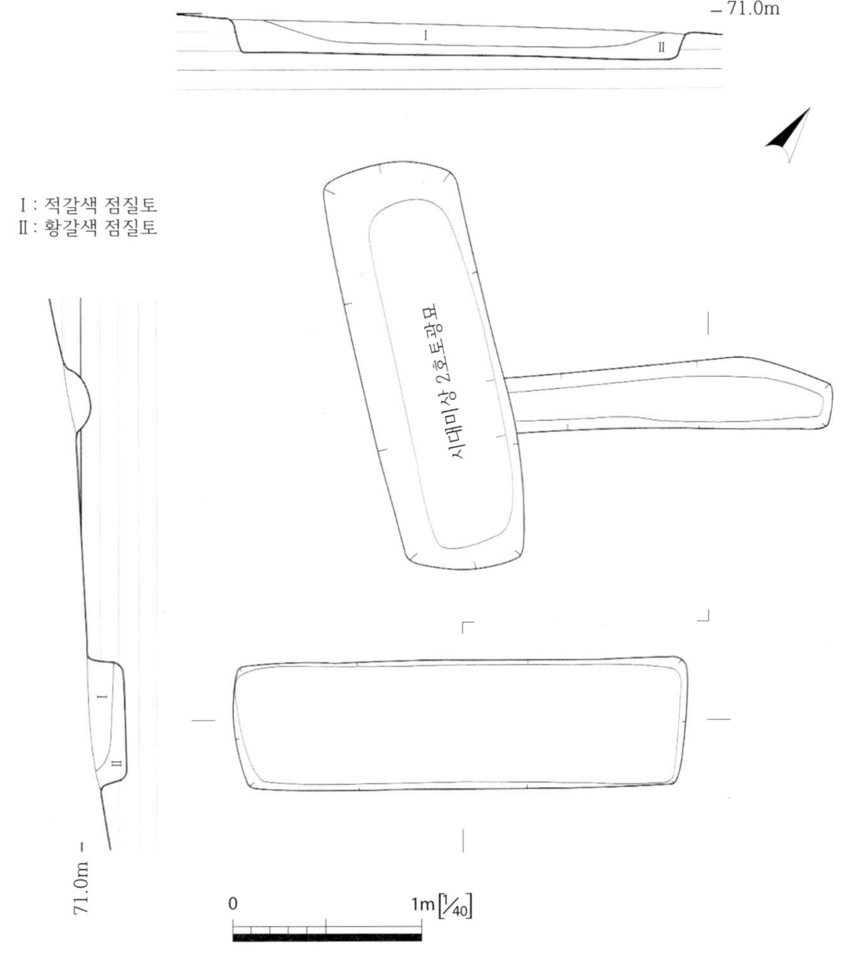

8호 토광묘

(단위 : cm)

묘광	크 기 (길이×너비×깊이)	(302+)×(132+)×(8+)	목관	크 기 (길이×너비×높이)	?
	장폭비	?		장폭비	?
	장축방향	N-85°-E	목곽	크 기 (길이×너비×높이)	?
	두 향	?		장폭비	?
유물	토 기	단경호(1)			
	철 기		-		
	청동기		-		
	옥석류		-		
	기 타		-		
	특기사항				

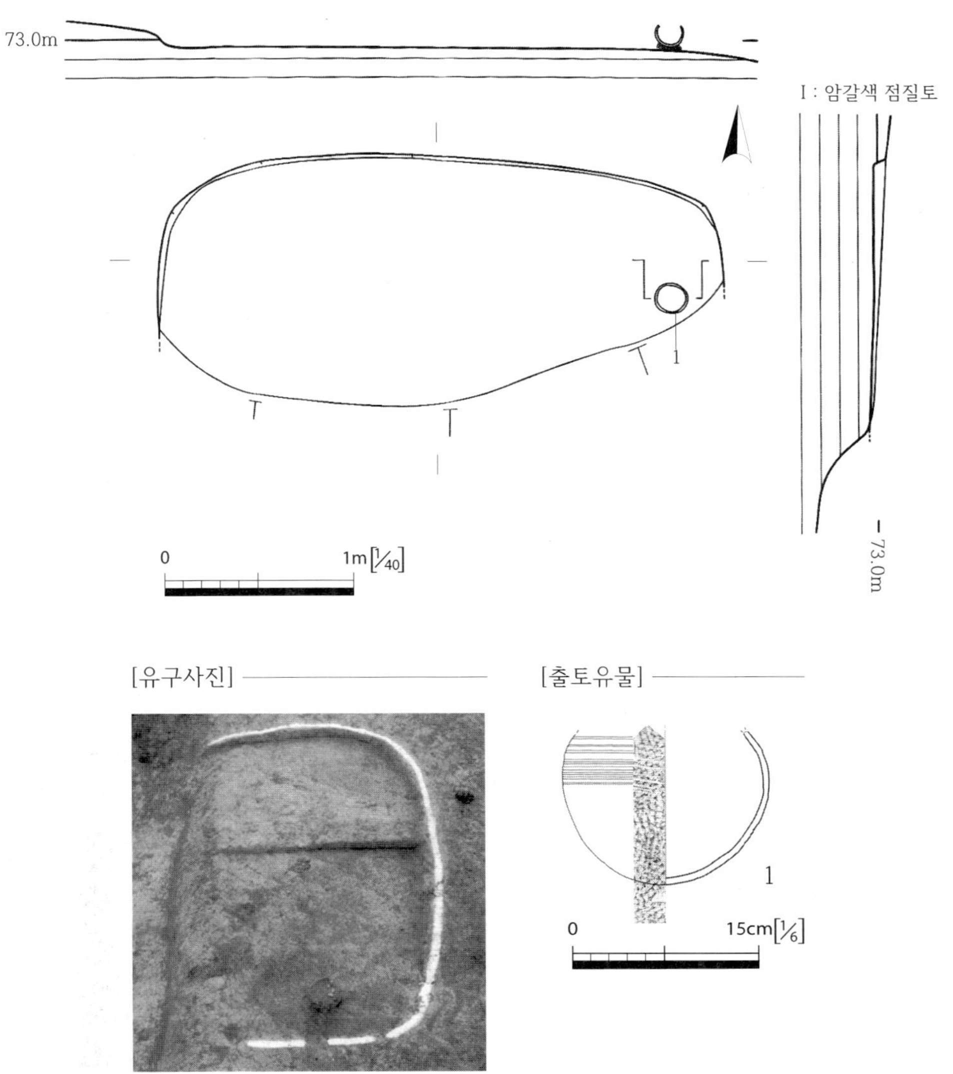

[유구사진]

[출토유물]

연기 용호리유적(국방문화재연구원)燕岐 龍湖里(現 世宗 龍湖里)遺蹟

조사사유	행정중심복합도시 건설에 따른 구제발굴조사
조사연혁	지표조사 : 2005. 09. ~ 2006. 06. (충청문화재연구원, 충청남도역사문화원, 중앙문화재연구원) 시굴조사 : 2009. 06 (한국고고환경연구소) 발굴조사 : 2010. 05. 03. ~ 2010. 10. 08.(국방문화재연구원)

유적위치		
	舊	충청남도 연기군 동면 용호리 일원
	新	세종특별자치시 연동면 용호리 일원
	경·위도 127°18'44.88"E / 36°32'11.58"N	GPS 127.312467 / 36.536533

유적입지	용호리는 금강과 미호천의 합류지점 북서쪽으로 약 3.5km 떨어진 구릉성 산지에 위치한다. 서쪽으로는 미호천이 인접하며, 북쪽은 소규모 지천 주변에 곡간평야가 발달해 있다.

유구현황		
	초기철기시대	-
	원 삼 국 시 대	주구토광묘(9)·토광묘(34)·옹관묘(4)
	삼 국 시 대	-
	기 타	청동기시대 주거지(11)·석곽묘(1), 통일신라시대 석곽묘(4)·골호(1), 고려~조선시대 토광묘(3)·부석유구(1), 시대미상 수혈(6)

주요유물	심발형토기, 단경호, 유개대부호, 도자, 철부, 철촉, 철겸, 철모, 마형대구, 구슬

시대·성격	원삼국시대 유구는 주구토광묘와 토광묘 및 옹관묘로 구성되어 있으며, 이 가운데 토광묘가 다수를 차지하고 있다. 분묘의 배치는 구릉의 정상부와 사면을 다양하게 이용하였으며, 등고선과 평행 또는 직교하게 조성되었다. 옹관묘는 토광묘에 인접하여 독립적으로 조성된 것과 주구 내에 매장된 것으로 구분된다. 유물은 단경호와 심발형 토기가 대부분을 차지한다. 이 유적은 미호천 유역에서 확인되는 원삼국시대 토광묘들과 유사한 양상으로서, 대략 3~4세기를 중심으로 조영된 것으로 보인다.

참고문헌	충청문화재연구원·충청남도역사문화원·중앙문화재연구원, 2006, 『행정중심복합도시 건설지역 내 문화유산 지표조사-고고분야』, 한국토지공사. 한국고고환경연구소, 2009, 『행정중심복합도시 의료복합지역 생활권 5-1·3 및 부순환로 내 유적 문화재 시굴조사(시굴3-3-B지점) 제 2차 지도위원회 자료집』. 國防文化財研究院, 2012, 『行政中心複合都市 內 3-3-B地點 燕岐 龍湖里遺蹟』, 學術調査報告 第33冊.

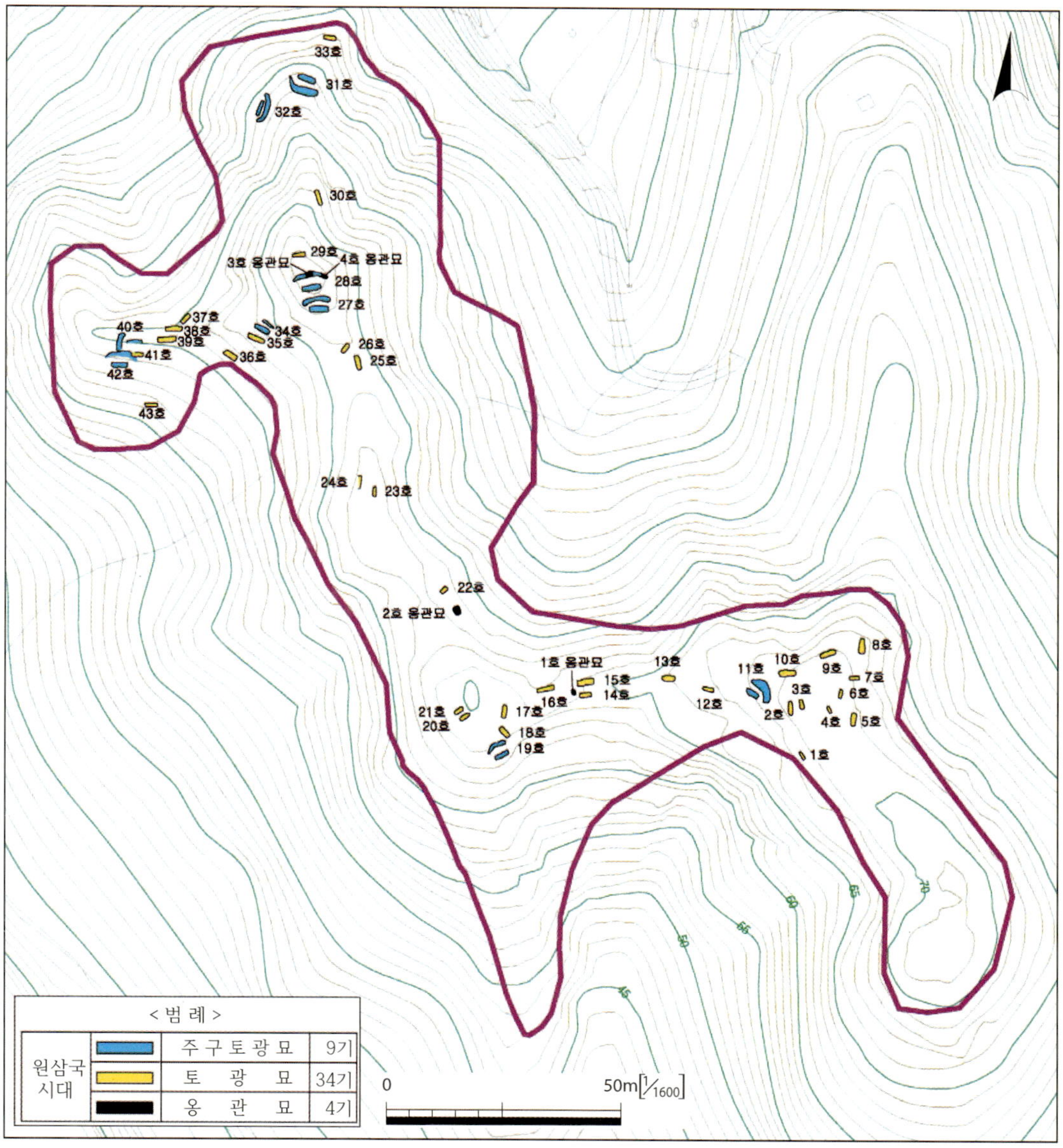

연기 용호리유적 유구배치도

연기 용호리유적 전경

연기 용호리유적(국방문화재연구원)

1호 토광묘

(단위 : cm)

묘광	크 기 (길이×너비×깊이)	186×58×(14+)	목관	크 기 (길이×너비×높이)	?
	장폭비	3.20:1		장폭비	?
	장축방향	N-58°-W	목곽	크 기 (길이×너비×높이)	?
	두 향	?		장폭비	?
유물	토 기	원저 발형토기(1)			
	철 기	-			
	청동기	-			
	옥석류	-			
	기 타	-			
	특기사항				

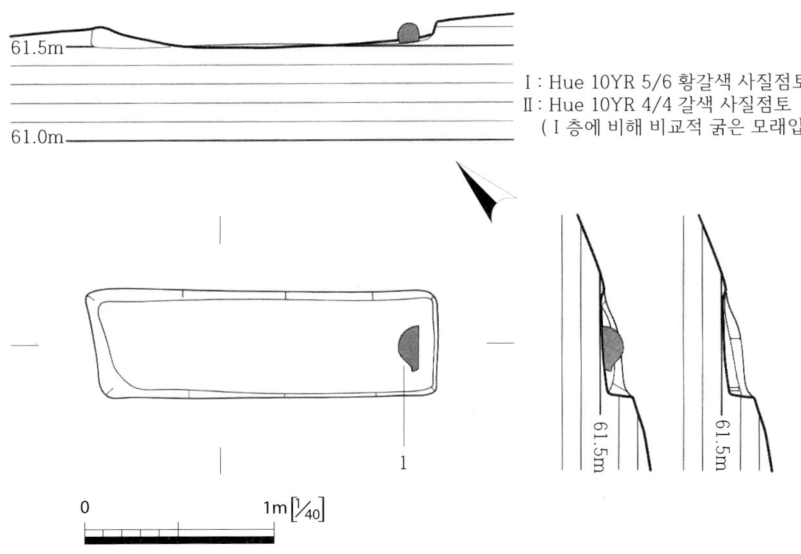

[유구사진]

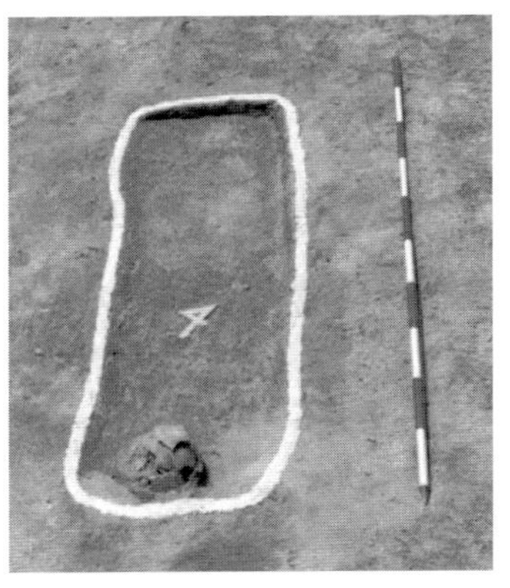

[출토유물]

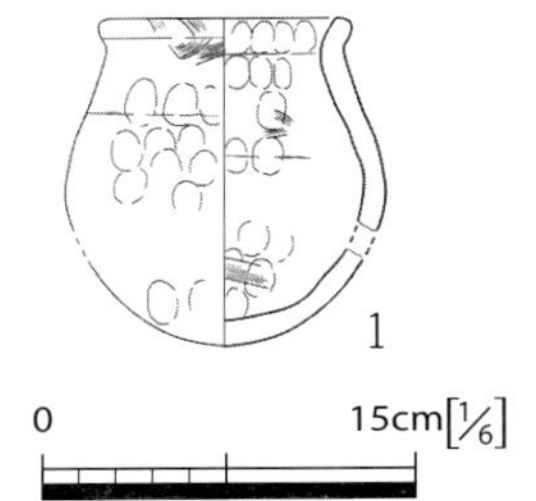

2호 토광묘

(단위 : cm)

묘광	크 기 (길이×너비×깊이)	307×112×(34+)	목관	크 기 (길이×너비×높이)	?
	장폭비	2.74:1		장폭비	?
	장축방향	N-72°-W	목곽	크 기 (길이×너비×높이)	?
	두 향	?		장폭비	?
유물	토 기	심발형토기(1), 단경호(2), 삼족경부돌대호(1)			
	철 기	-			
	청 동 기	-			
	옥석류	-			
	기 타	-			
	특기사항				

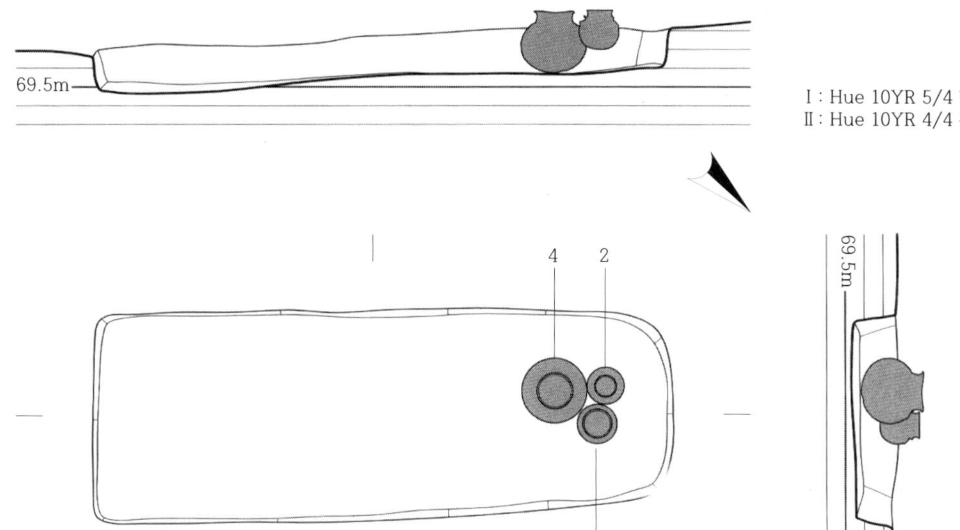

69.5m

Ⅰ: Hue 10YR 5/4 탁한 황갈색 사질점토
Ⅱ: Hue 10YR 4/4 갈색 사질점토

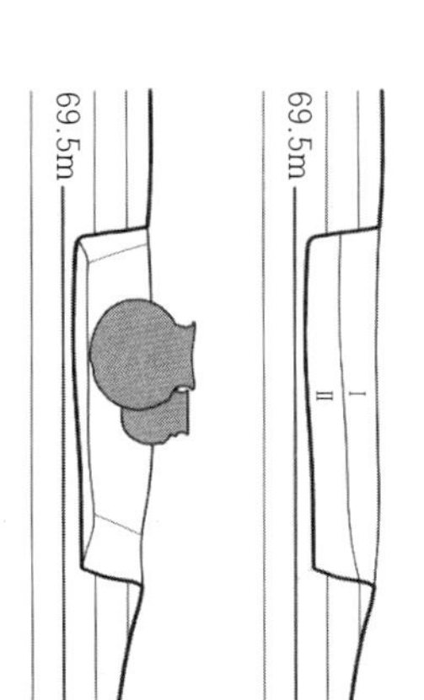

0 ──── 1m [1/40]

[출토유물]

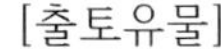

0 ──── 15cm [1/6]

1
2
3
4

3호 토광묘

(단위 : cm)

묘광	크 기 (길이×너비×깊이)	273×132×(32+)	목관	크 기 (길이×너비×높이)	?
	장폭비	2.06:1		장폭비	?
	장축방향	N-7°-W	목곽	크 기 (길이×너비×높이)	?
	두 향	?		장폭비	?
유물	토 기	단경호(2)			
	철 기	-			
	청 동 기	-			
	옥 석 류	-			
	기 타	-			
	특기사항				

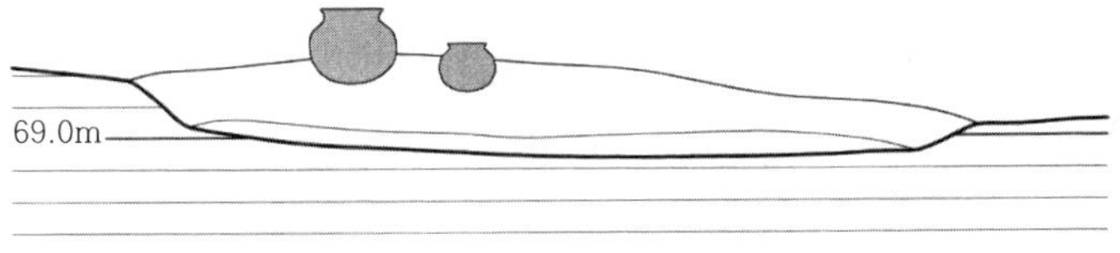

I : Hue 10YR 5/4 탁한 황갈색 사질점토
II : Hue 10YR 4/4 갈색 사질점토

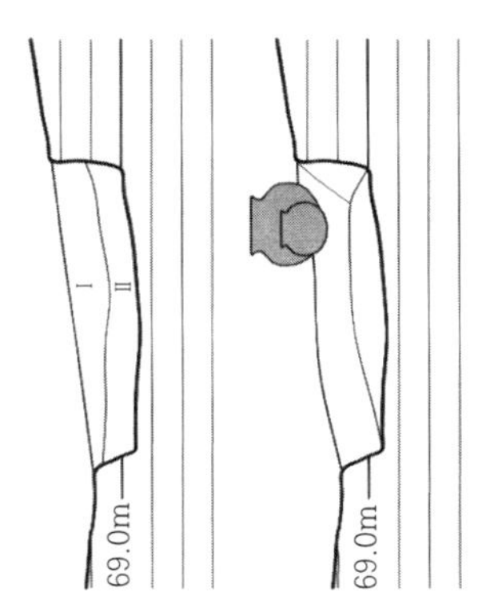

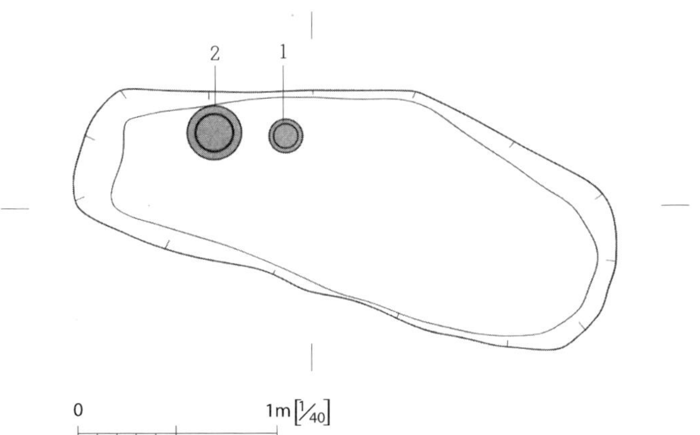

[유구사진]

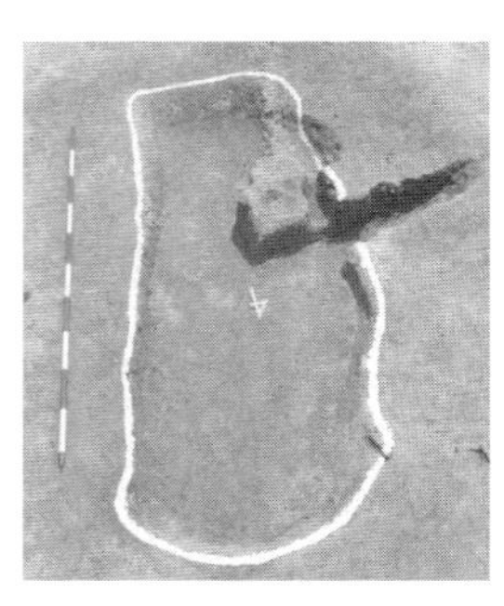

[출토유물]

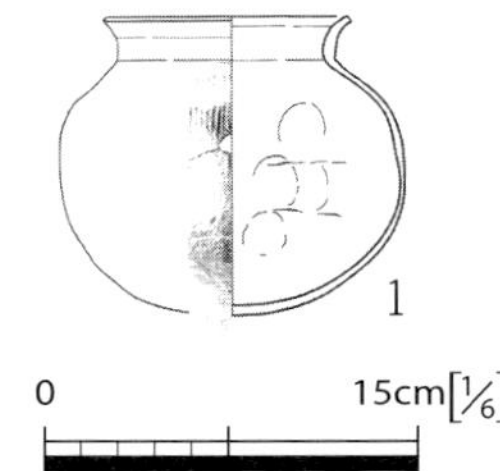

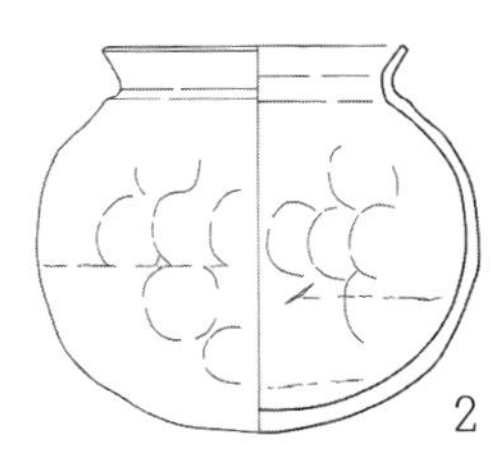

4호 토광묘

(단위 : cm)

묘광	크 기 (길이×너비×깊이)	205×67×(26+)	목관	크 기 (길이×너비×높이)	?
	장폭비	3.06:1		장폭비	?
	장축방향	N-11°-E	목곽	크 기 (길이×너비×높이)	?
	두 향	?		장폭비	?
유물	토 기	호(1)			
	철 기	-			
	청 동 기	-			
	옥 석 류	-			
	기 타	-			
	특기사항				

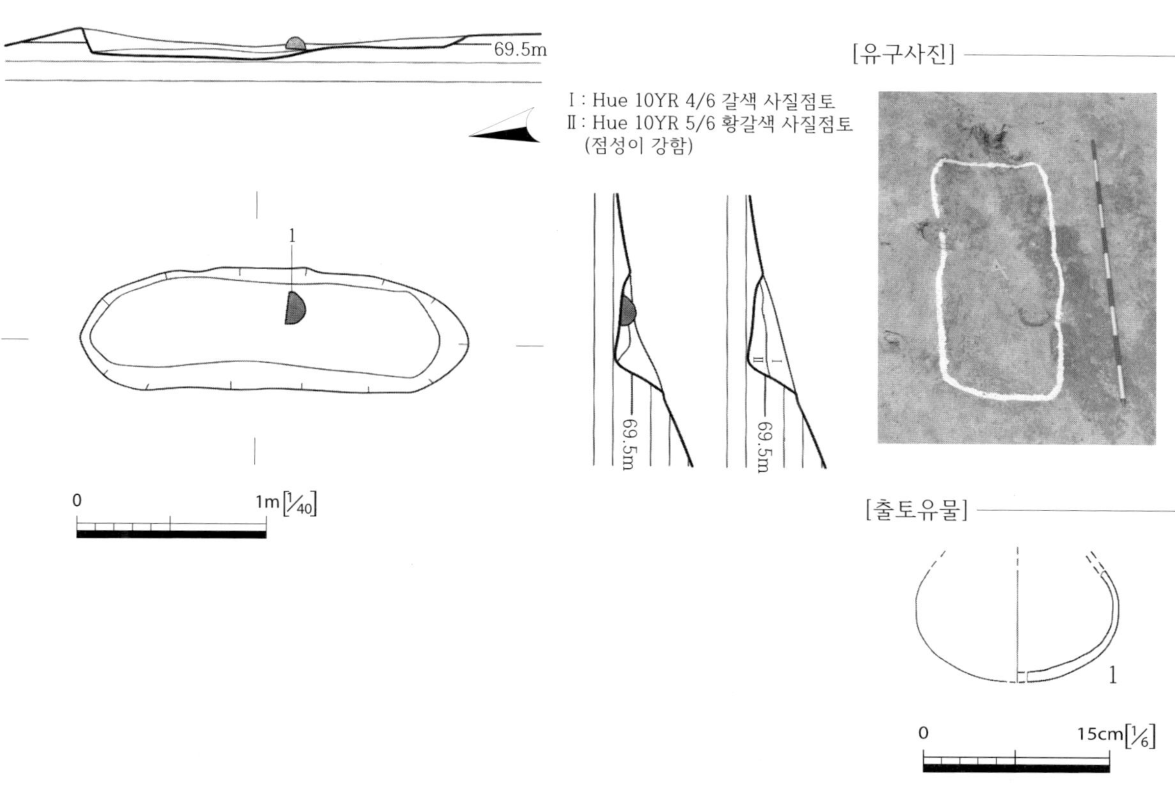

5호 토광묘

(단위 : cm)

묘광	크 기 (길이×너비×깊이)	228×89×(49+)	목관	크 기 (길이×너비×높이)	?
	장폭비	2.56:1		장폭비	?
	장축방향	N-88°-E	목곽	크 기 (길이×너비×높이)	?
	두 향	?		장폭비	?
유물	토 기	심발형토기(1), 단경호(2)			
	철 기	도자(1)			
	청 동 기		-		
	옥 석 류		-		
	기 타		-		
	특기사항				

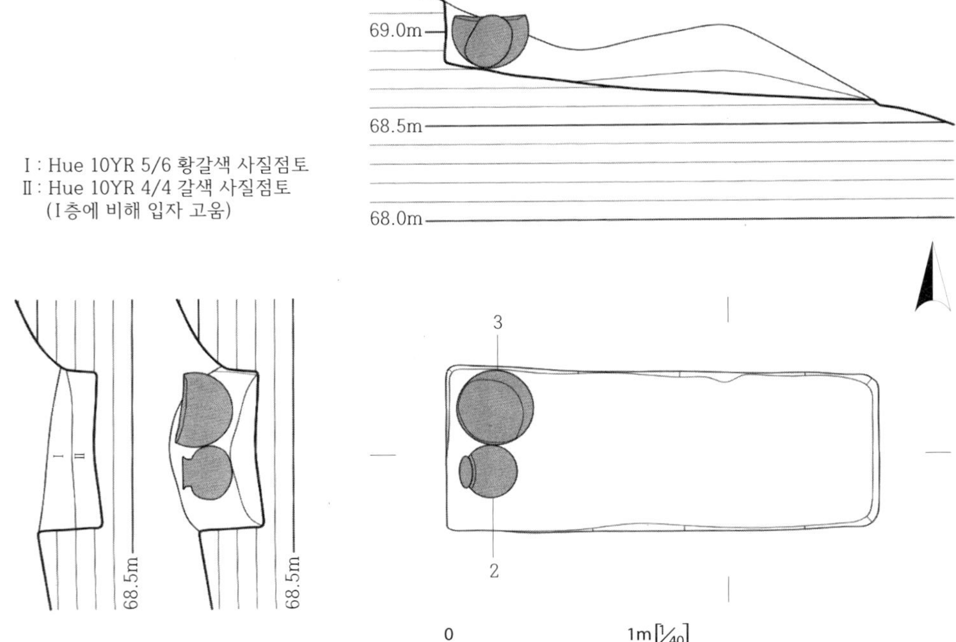

[출토유물]

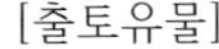

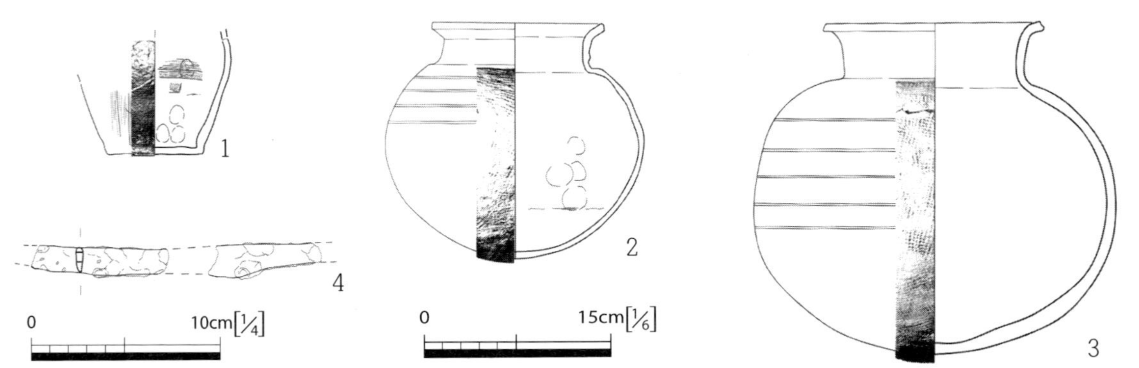

6호 토광묘

(단위 : cm)

묘광	크 기 (길이×너비×깊이)	334×133×(31+)	목관	크 기 (길이×너비×높이)	?
	장폭비	2.51:1		장폭비	?
	장축방향	N-5°-E	목곽	크 기 (길이×너비×높이)	?
	두 향	?		장폭비	?
유물	토 기	심발형토기(1), 단경호(3)			
	철 기	미상철기(2)			
	청동기	-			
	옥석류	-			
	기 타	-			
	특기사항				

Ⅰ : Hue 10YR 5/6 황갈색 사질점토
(0.5cm 내외의 굵은 입자 포함)
Ⅱ : Hue 10YR 5/4 황갈색 사질점토
(할석 포함)

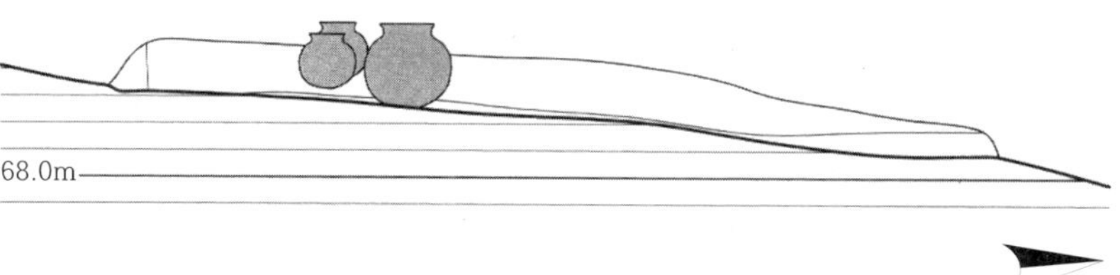

68.0m

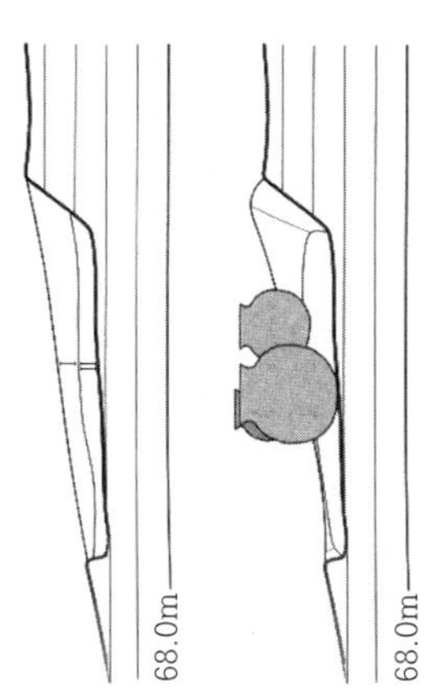
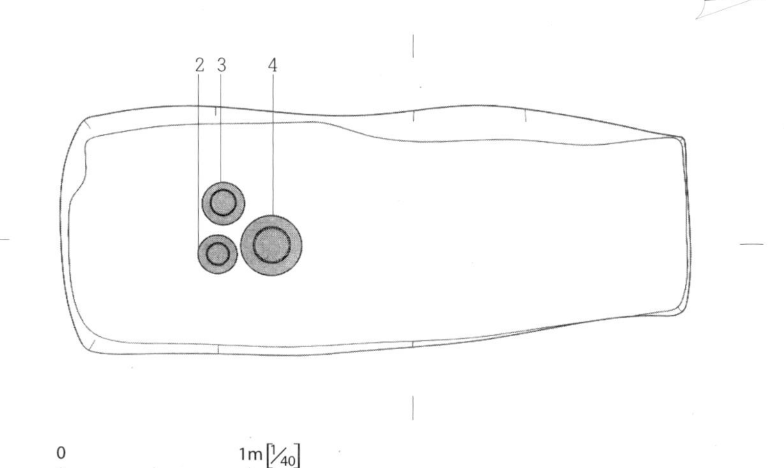

[출토유물]

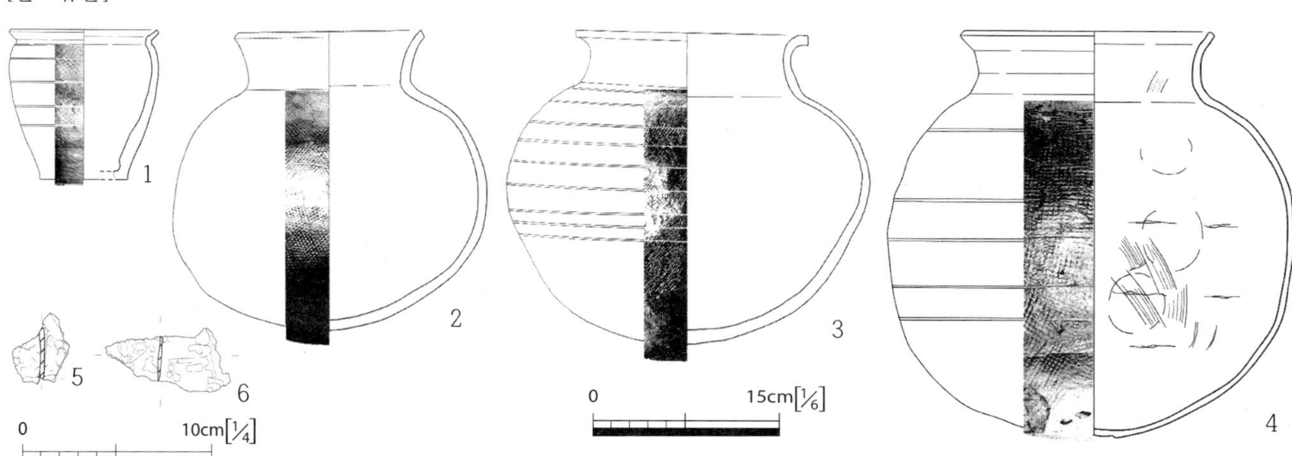

7호 토광묘

(단위 : cm)

묘광	크 기 (길이×너비×깊이)	366×109×(53+)	목관	크 기 (길이×너비×높이)	?
	장폭비	3.35:1		장폭비	?
	장축방향	N-69°-E	목곽	크 기 (길이×너비×높이)	?
	두 향	?		장폭비	?
유물	토 기	심발형토기(1), 단경호(2)			
	철 기	단조철부(1), 겸(1), 미상철기(5)			
	청동기	-			
	옥석류	-			
	기 타	-			
	특기사항				

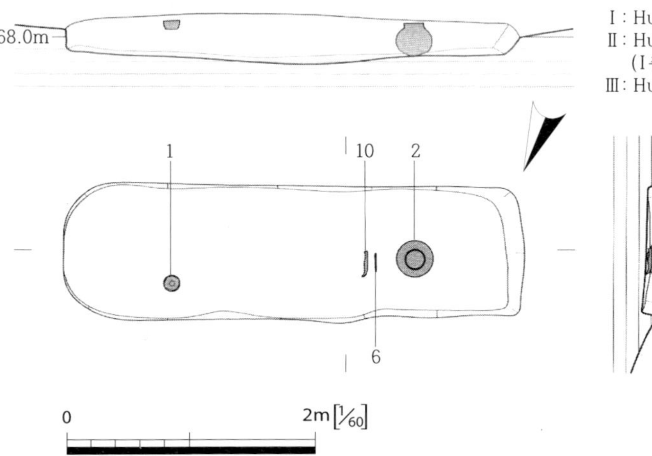
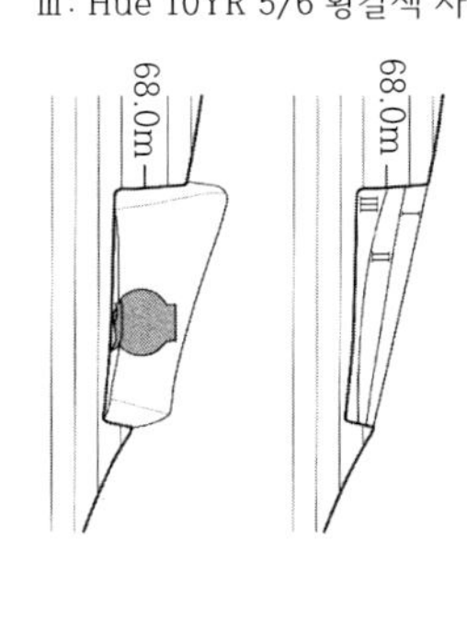

[출토유물]

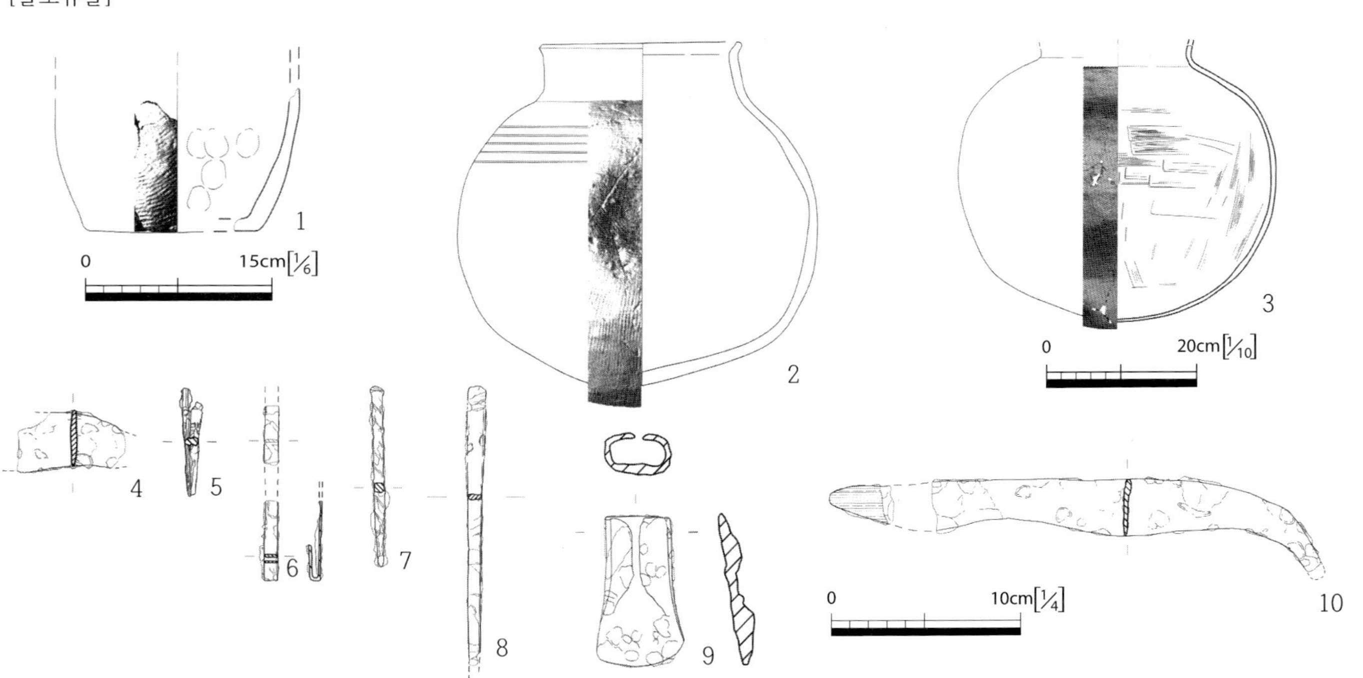

8호 토광묘

(단위 : cm)

묘광	크 기 (길이×너비×깊이)	375×140×(41+)	목관	크 기 (길이×너비×높이)	?
	장폭비	2.67:1		장폭비	?
	장축방향	N-89°-E	목곽	크 기 (길이×너비×높이)	?
	두 향	?		장폭비	?
유물	토 기	심발형토기(1), 단경호(2)			
	철 기	미상철기(1), 겸(1)			
	청 동 기	마형대구(1)			
	옥 석 류	-			
	기 타	-			
	특기사항				

Ⅰ : Hue 10YR 5/6 황갈색 사질점토
Ⅱ : Hue 10YR 6/6 명황갈색 사질점토

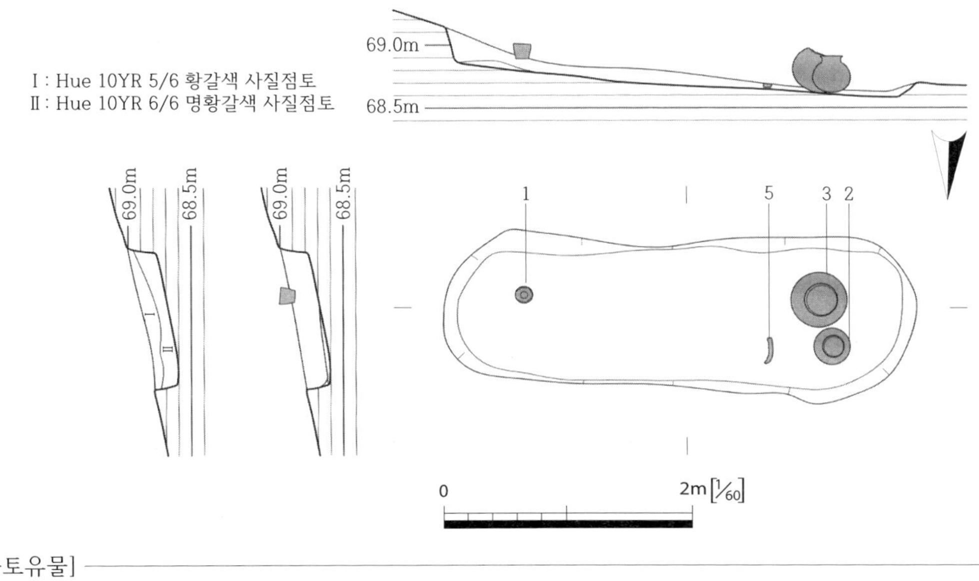

[출토유물]

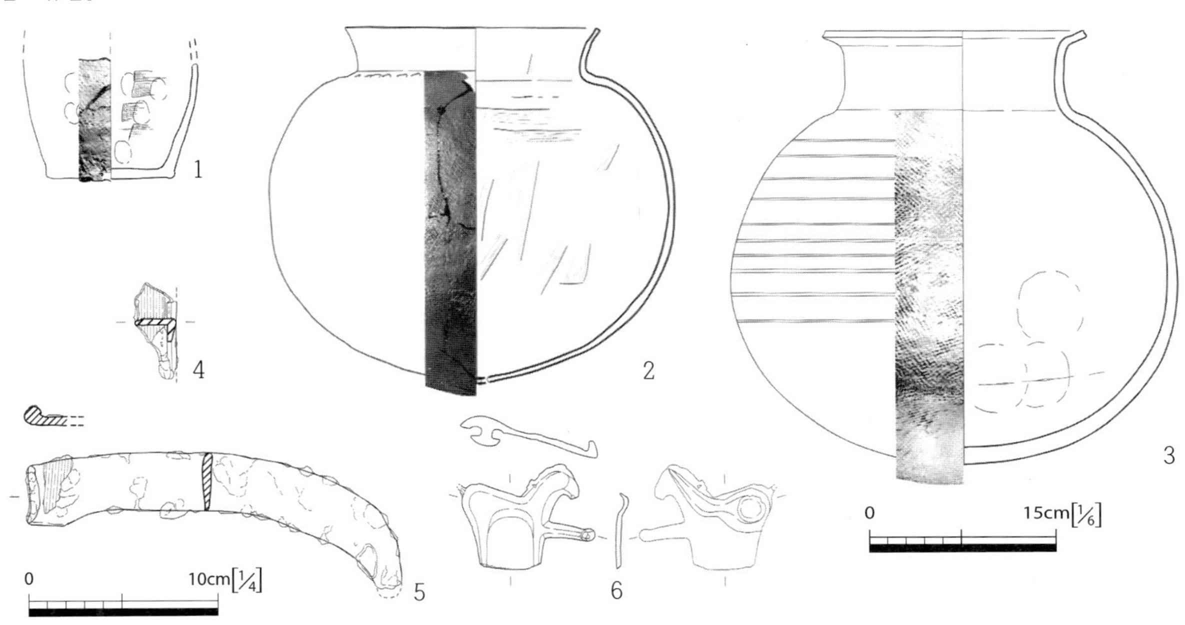

9호 토광묘

(단위 : cm)

묘광	크 기 (길이×너비×깊이)	218×90×(20+)	목관	크 기 (길이×너비×높이)	?
	장폭비	2.42:1		장폭비	?
	장축방향	N-11°-W	목곽	크 기 (길이×너비×높이)	?
	두 향	?		장폭비	?
유물	토 기	단경호(1), 양이부호(1)			
	철 기	-			
	청 동 기	-			
	옥 석 류	-			
	기 타	-			
	특기사항				

Ⅰ: Hue 10YR 6/4 탁한 황등색 사질점토
Ⅱ: Hue 10YR 5/4 탁한 황갈색 사질점토

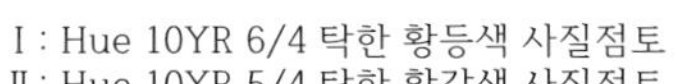

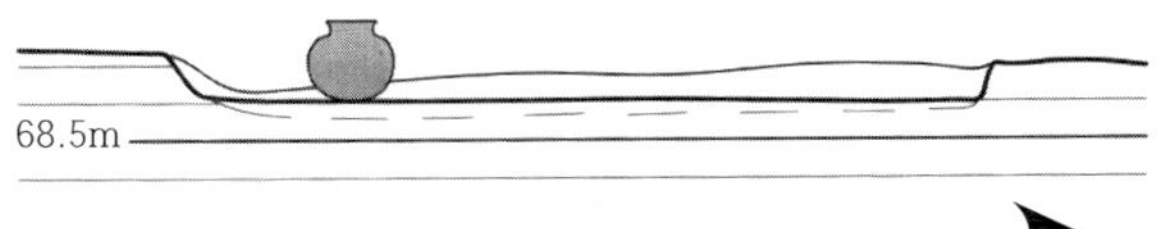

68.5m

2 1

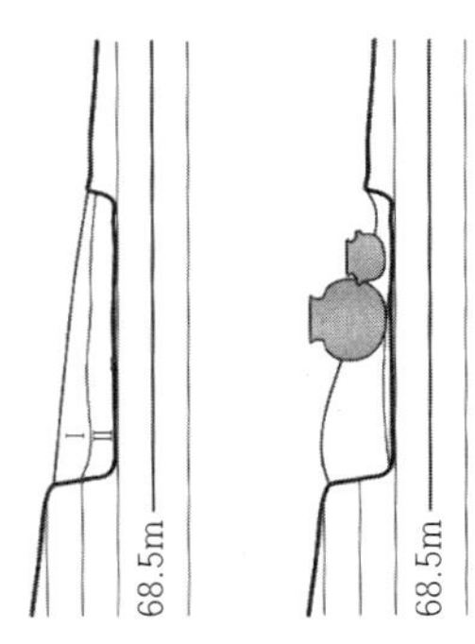

68.5m 68.5m

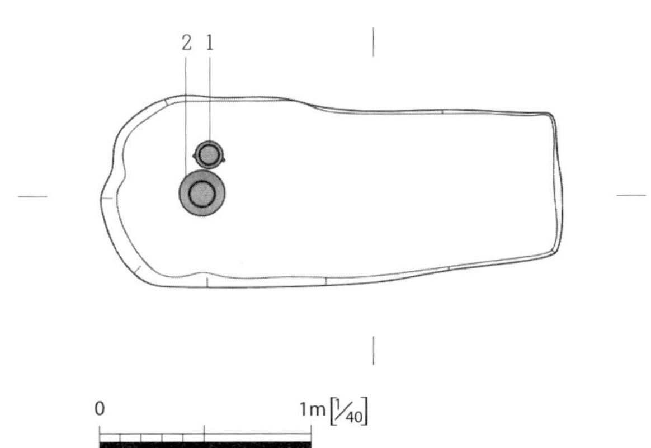

0　　　　　　1m [1/40]

[유구사진]

[출토유물]

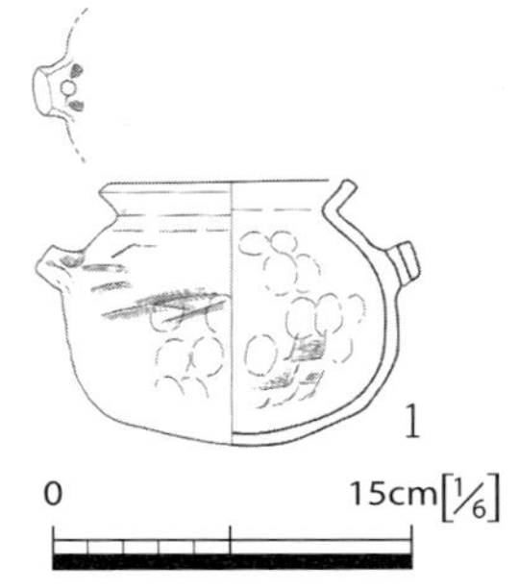

1

0　　　　　　15cm [1/6]

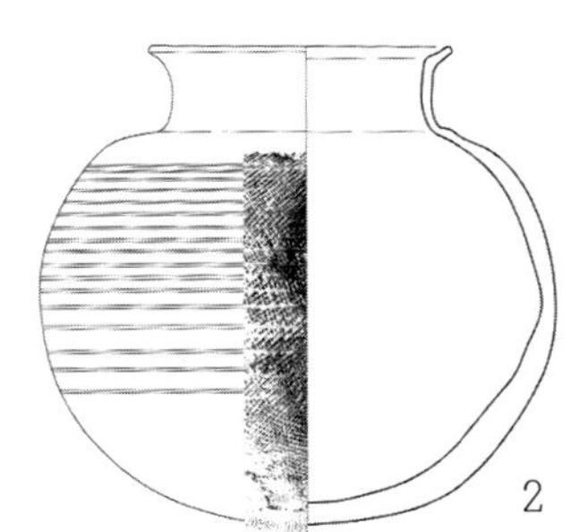

2

10호 토광묘

묘광	크 기 (길이×너비×깊이)	308×101×(30+)	목관	크 기 (길이×너비×높이)	?
	장폭비	3.05:1		장폭비	?
	장축방향	N-3°-W	목곽	크 기 (길이×너비×높이)	?
	두 향	?		장폭비	?
유물	토 기	경질무문 심발(1), 단경호(3)			
	철 기	겸(1), 대구(1)			
	청동기	-			
	옥석류	-			
	기 타	-			
	특기사항				

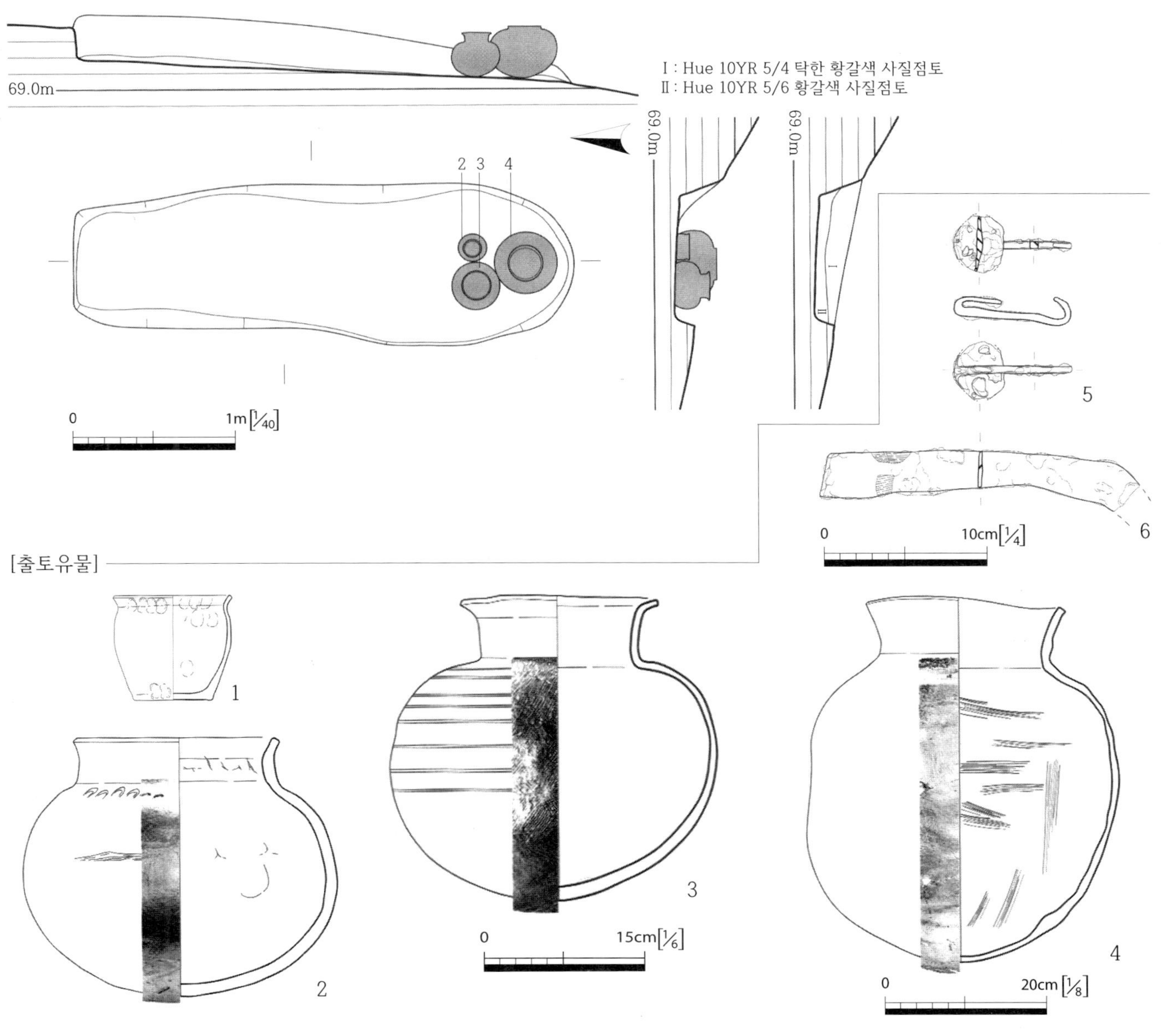

11호 주구토광묘

(단위 : cm)

묘광	크 기 (길이×너비×깊이)	290×108×(14+)	목관	크 기 (길이×너비×높이)	?
	장폭비	2.69:1		장폭비	?
	장축방향	N-59°-W	목곽	크 기 (길이×너비×높이)	-
	두 향	?		장폭비	-
	주구크기 (길이×너비×깊이)	?×188×(26+)	주구평면형태		(눈썹형)
유물	토 기	-			
	철 기	모(1), 겸(1)			
	청동기	이식(1)			
	옥석류	-			
	기 타	-			
	특기사항				

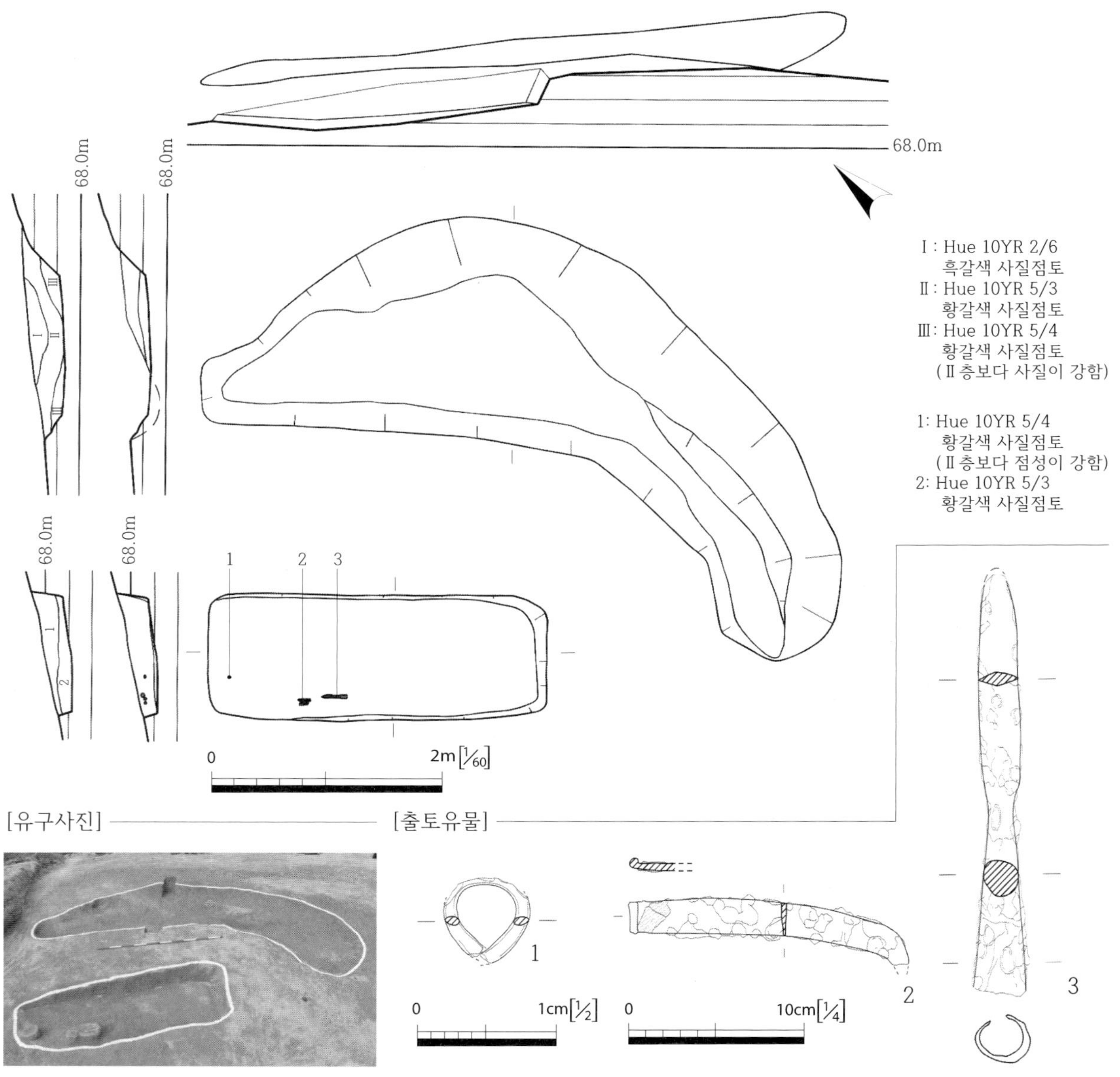

12호 토광묘

(단위 : cm)

묘광	크 기 (길이×너비×깊이)	237×77×(25+)	목관	크 기 (길이×너비×높이)	?
	장폭비	3.07:1		장폭비	?
	장축방향	N-77°-W	목곽	크 기 (길이×너비×높이)	?
	두 향	?		장폭비	?
유물	토 기	단경호(1), 평저호(1)			
	철 기	-			
	청 동 기	-			
	옥 석 류	-			
	기 타	-			
	특기사항				

Ⅰ : Hue 10YR 4/4 갈색 사질점토
Ⅱ : Hue 10YR 3/5 탁한 황갈색 사질점토
(사질 강함)

64.5m

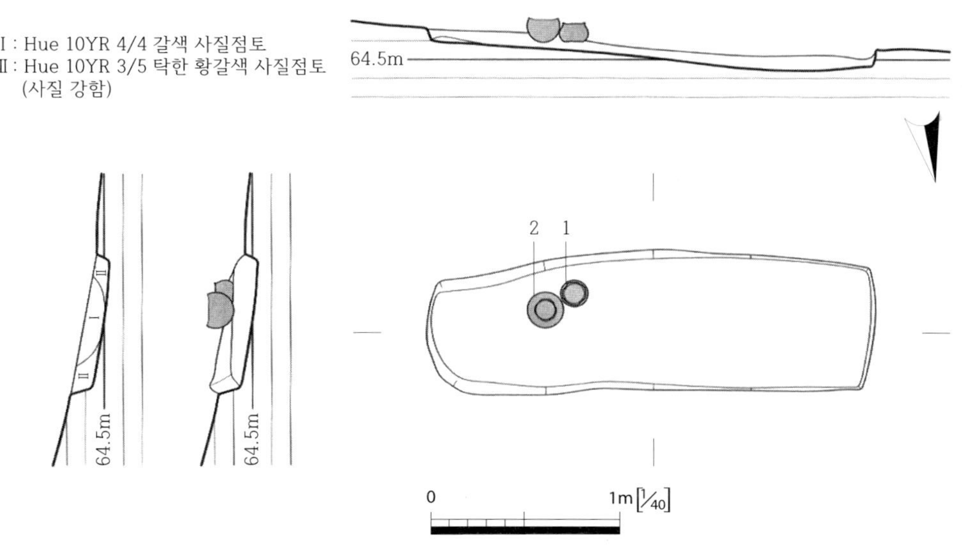

0   1m [1/40]

[출토유물]

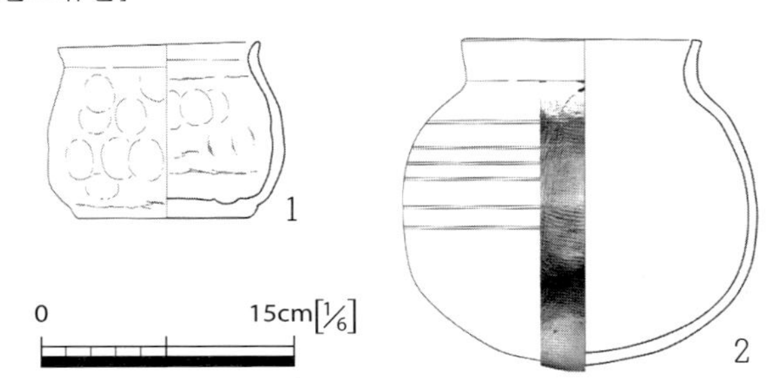

1

0   15cm [1/6]

2

[유구사진]

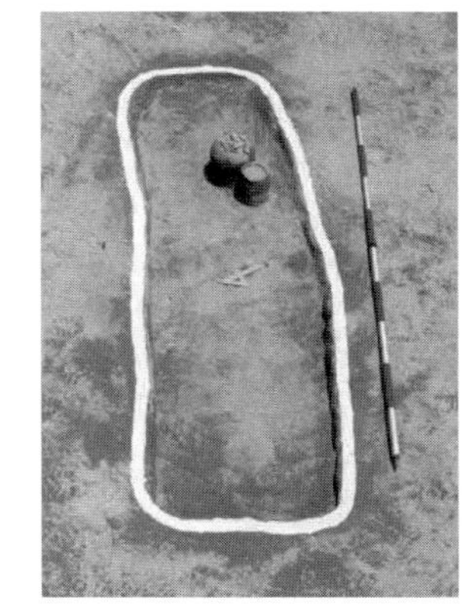

13호 토광묘

(단위 : cm)

묘광	크 기 (길이×너비×깊이)	299×113×(53+)	목관	크 기 (길이×너비×높이)	?
	장폭비	2.64:1		장폭비	?
	장축방향	N-88°-W	목곽	크 기 (길이×너비×높이)	?
	두 향	?		장폭비	?
유물	토 기	심발형토기(1), 단경호(1)			
	철 기	단조철부(1)			
	청 동 기		-		
	옥 석 류		-		
	기 타		-		
	특기사항				

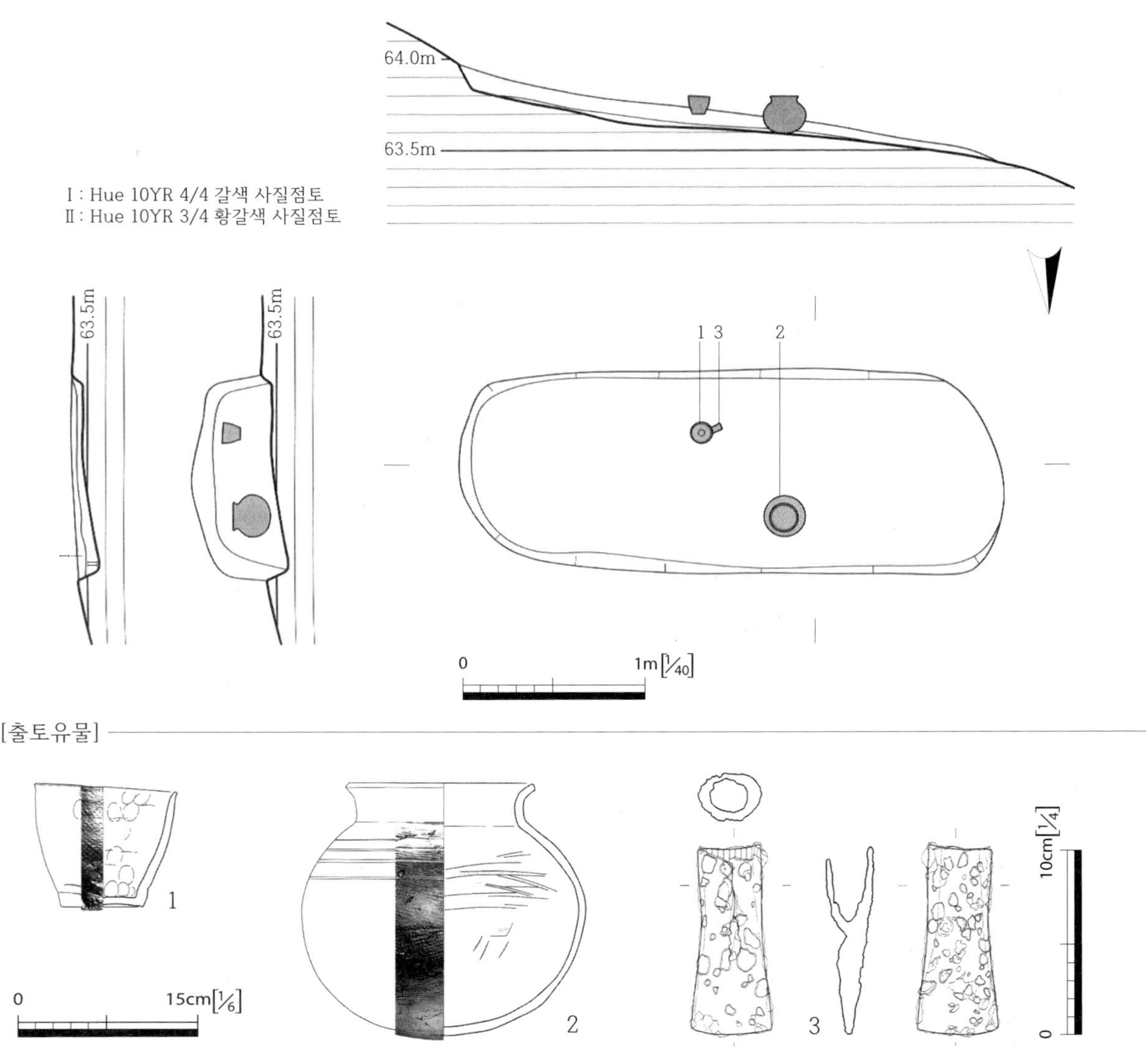

[출토유물]

14호 토광묘

(단위 : cm)

묘광	크 기 (길이×너비×깊이)	230×95×(56+)	목관	크 기 (길이×너비×높이)	?
	장폭비	2.42:1		장폭비	?
	장축방향	N-85°-W	목곽	크 기 (길이×너비×높이)	?
	두 향	?		장폭비	?
유물	토 기	경질무문 심발(1), 단경호(3)			
	철 기	-			
	청동기	-			
	옥석류	-			
	기 타	-			
	특기사항				

I : Hue 10YR 3/4 암갈색 사질점토
II : Hue 10YR 4/6 갈색 사질점토
III: Hue 10YR 5/4 탁한 황갈색 사질점토
IV: Hue 10YR 5/8 황갈색 사질점토

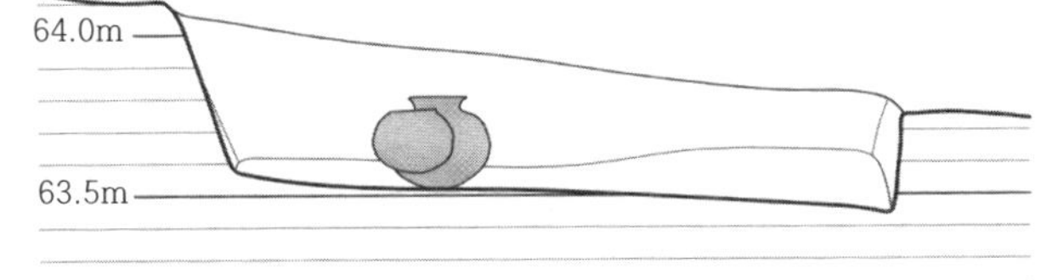

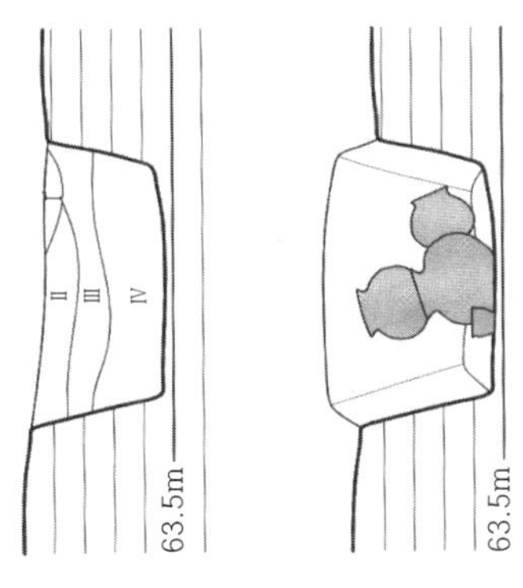

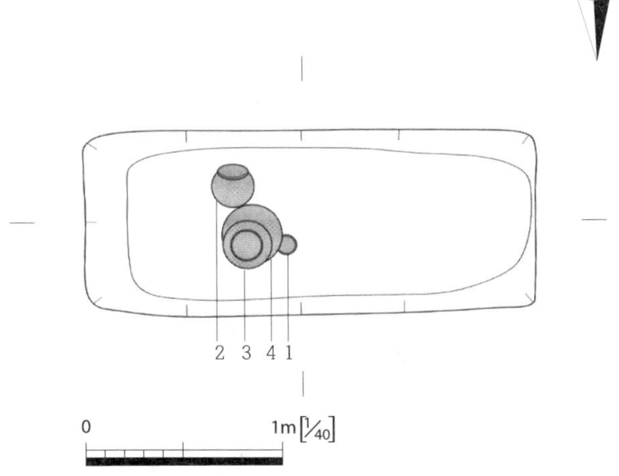

[출토유물]

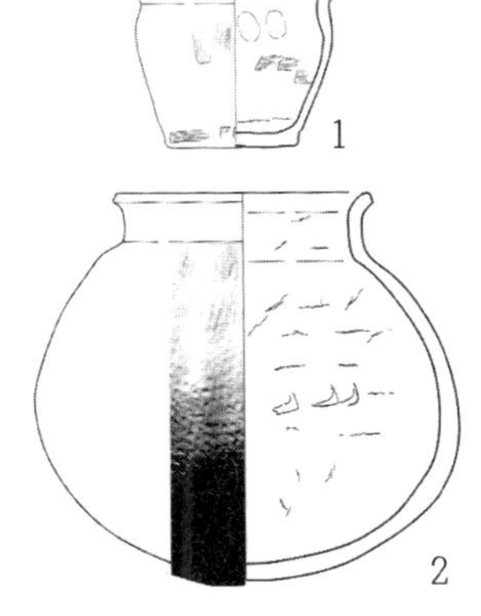

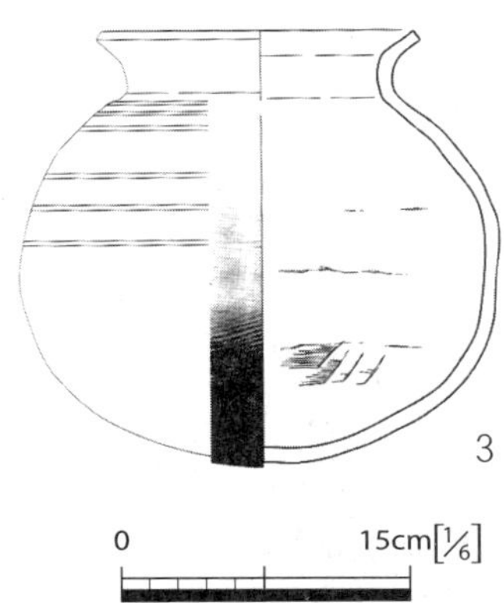

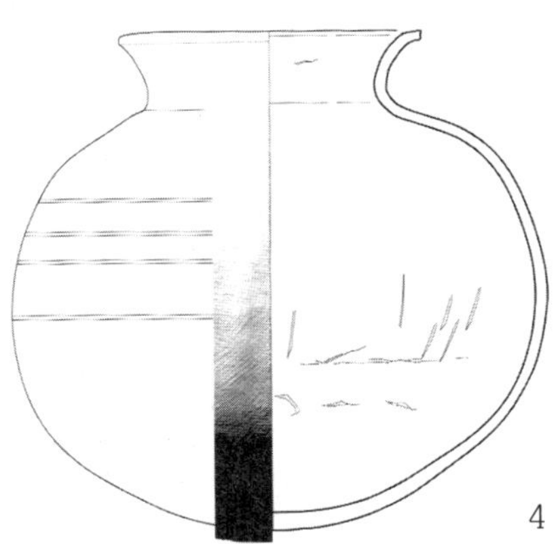

15호 토광묘

(단위 : cm)

묘광	크 기 (길이×너비×깊이)	360×119×(43+)	목관	크 기 (길이×너비×높이)	?
	장폭비	3.02:1		장폭비	?
	장축방향	N-85°-W	목곽	크 기 (길이×너비×높이)	?
	두 향	?		장폭비	?
유물	토 기	심발형토기(1), 단경호(3), 양이부호(1)			
	철 기	환두도(1)			
	청동기	-			
	옥석류	-			
	기 타	-			
	특기사항				

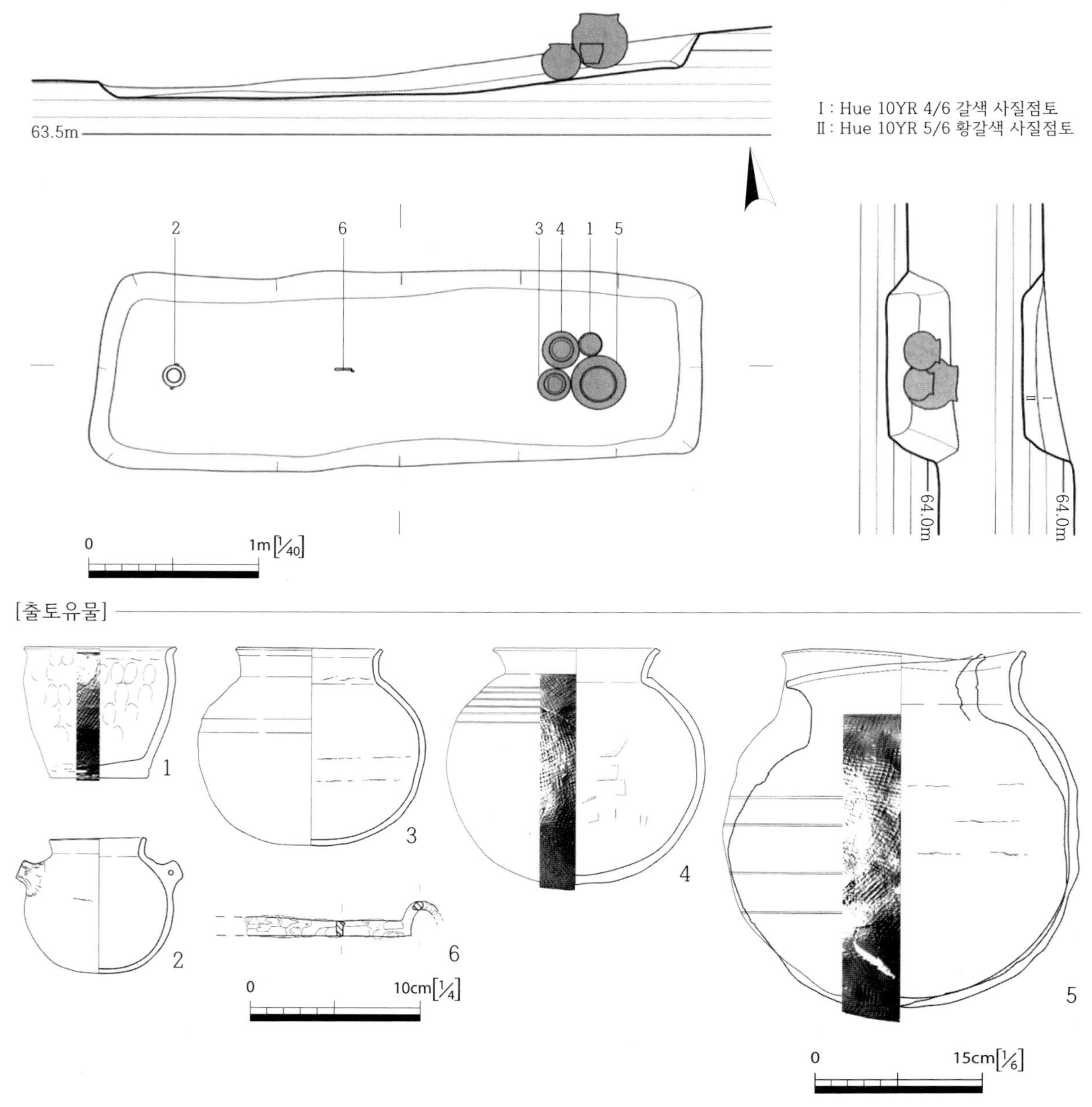

16호 토광묘

(단위 : cm)

묘광	크 기 (길이×너비×깊이)	235×68×(79+)	목관	크 기 (길이×너비×높이)	?
	장폭비	3.45:1		장폭비	?
	장축방향	N-76°-W	목곽	크 기 (길이×너비×높이)	?
	두 향	?		장폭비	?
유물	토 기	심발형토기(1), 소호(1), 단경호(1), 호·옹(1)			
	철 기	슬래그(1)			
	청동기	지환(1)			
	옥석류	-			
	기 타	-			
	특기사항	보고자는 釧으로 보고하였으나, 제원 확인 결과 지환으로 판단됨. 보고서 기술과 유구 도면·스케일바 비율이 모두 상이함.			

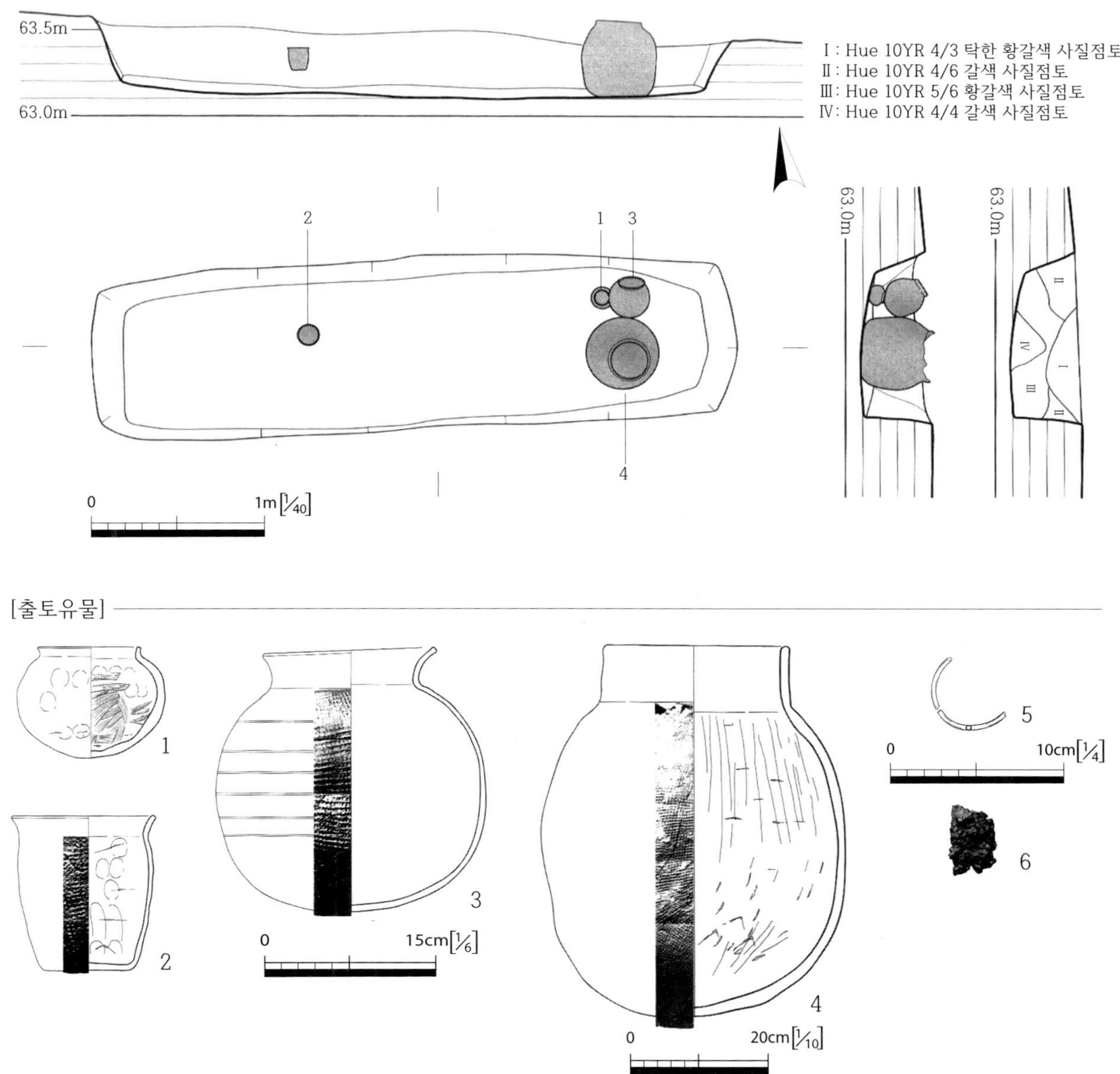

"

17호 토광묘

(단위 : cm)

묘광	크 기 (길이×너비×깊이)	274×65×(20+)	목관	크 기 (길이×너비×높이)	?
	장폭비	4.21:1		장폭비	?
	장축방향	N-9°-E	목곽	크 기 (길이×너비×높이)	?
	두 향	?		장폭비	?
유물	토 기	심발형토기(1), 단경호(2)			
	철 기	겸(1)			
	청 동 기		-		
	옥 석 류		-		
	기 타		-		
	특기사항	보고서 기술과 유구 도면·스케일바 비율이 모두 상이함.			

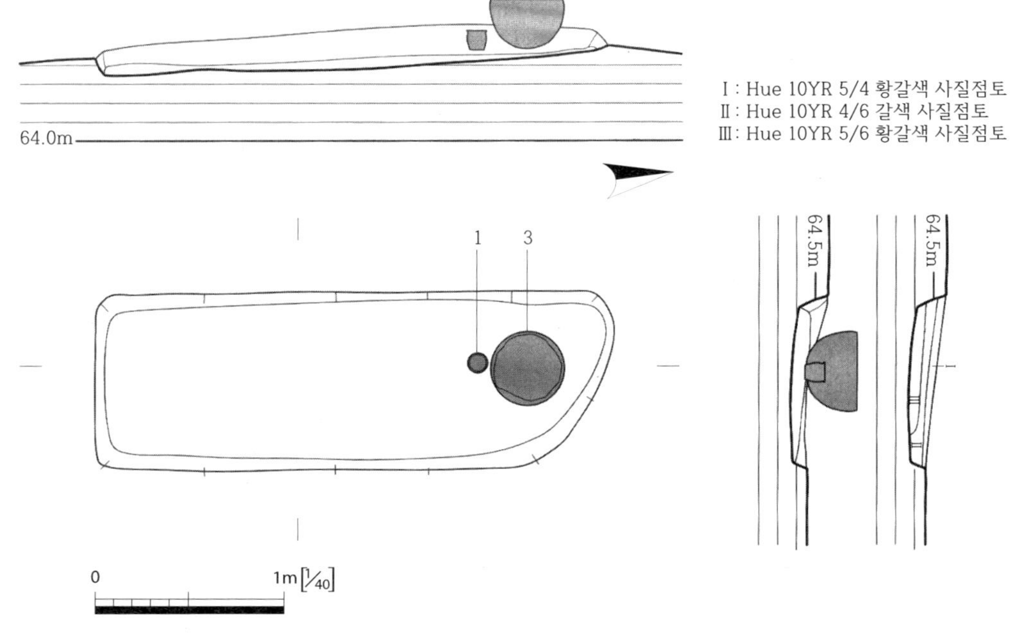

[출토유물]

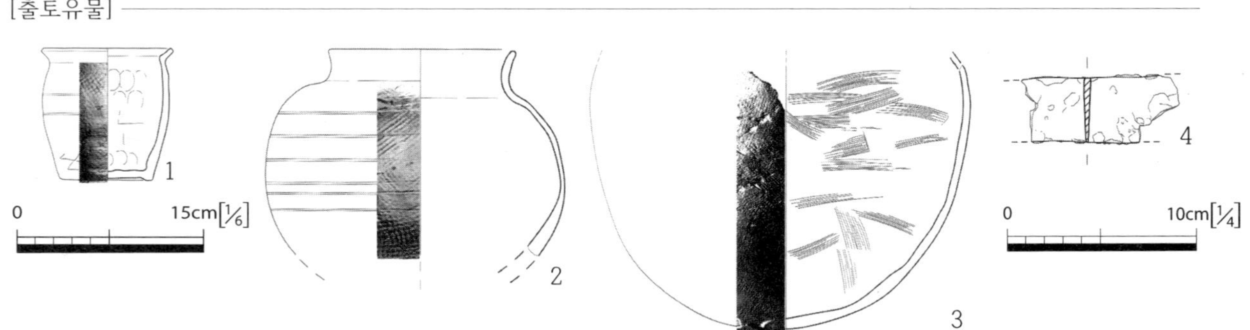

18호 토광묘

(단위 : cm)

묘광	크 기 (길이×너비×깊이)	260×97×(35+)	목관	크 기 (길이×너비×높이)	?
	장폭비	2.68:1		장폭비	?
	장축방향	N-48°-W	목곽	크 기 (길이×너비×높이)	?
	두 향	?		장폭비	?
유물	토 기	단경호(2)			
	철 기	-			
	청동기	-			
	옥석류	-			
	기 타	-			
	특기사항				

I : Hue 10YR 5/4 탁한 황갈색 사질점토
II : Hue 10YR 6/4 탁한 황등색 사질점토
III : Hue 10YR 6/6 명황갈색 사질점토(점성 강함)
IV : Hue 10YR 5/6 황갈색 사질점토

64.0m

0   1m [1/40]

[출토유물]

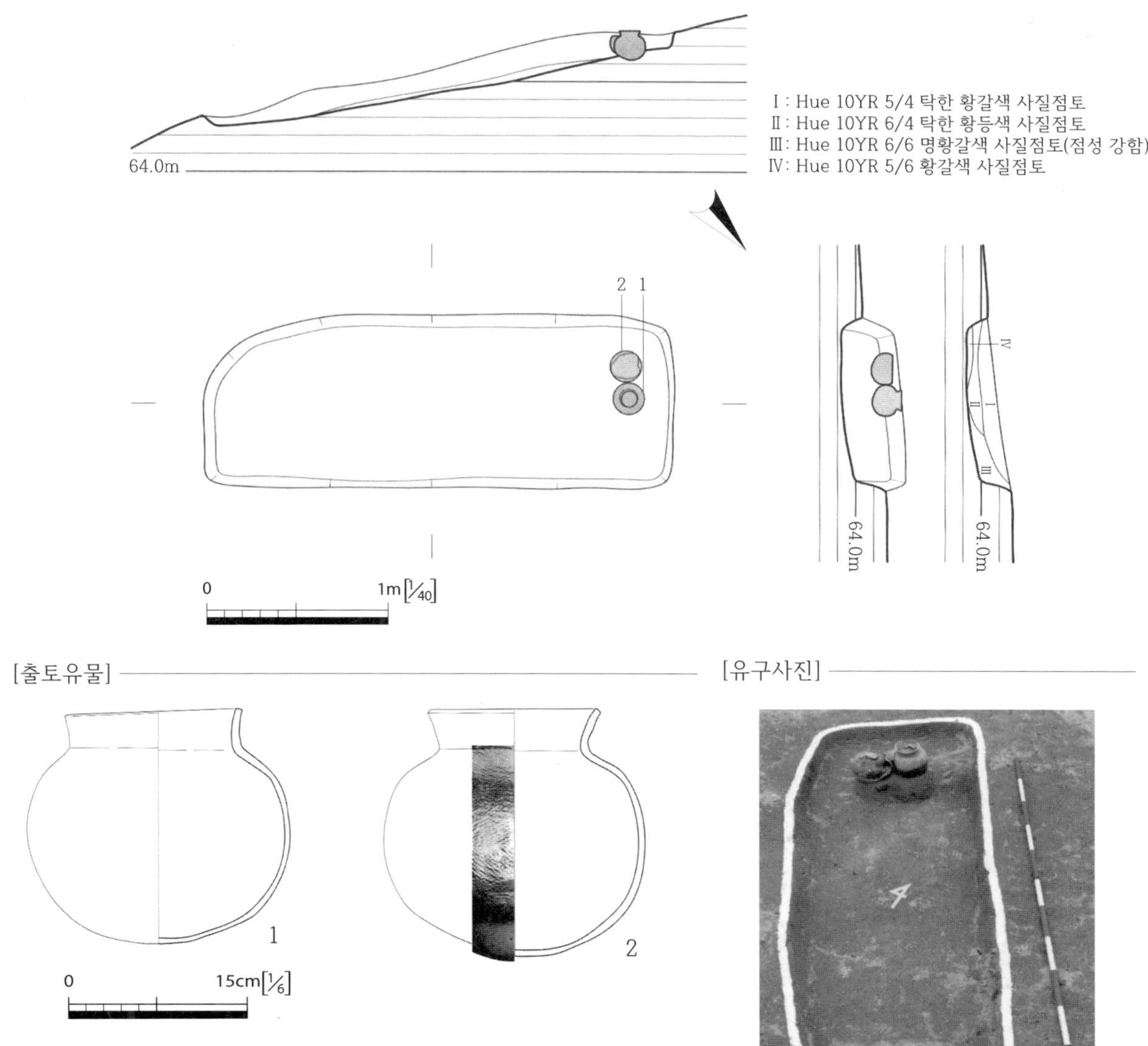

0   15cm [1/6]

[유구사진]

19호 주구토광묘

(단위 : cm)

묘광	크 기 (길이×너비×깊이)	325×113×(34+)	목관	크 기 (길이×너비×높이)	?
	장폭비	2.87:1		장폭비	?
	장축방향	N-61°-E	목곽	크 기 (길이×너비×높이)	?
	두 향	?		장폭비	?
	주구크기 (길이×너비×깊이)	?×76×(20+)	주구평면형태		눈썹형
유물	토 기	심발형토기(1), 단경호(2)			
	철 기	-			
	청동기	-			
	옥석류	-			
	기 타	-			
	특기사항				

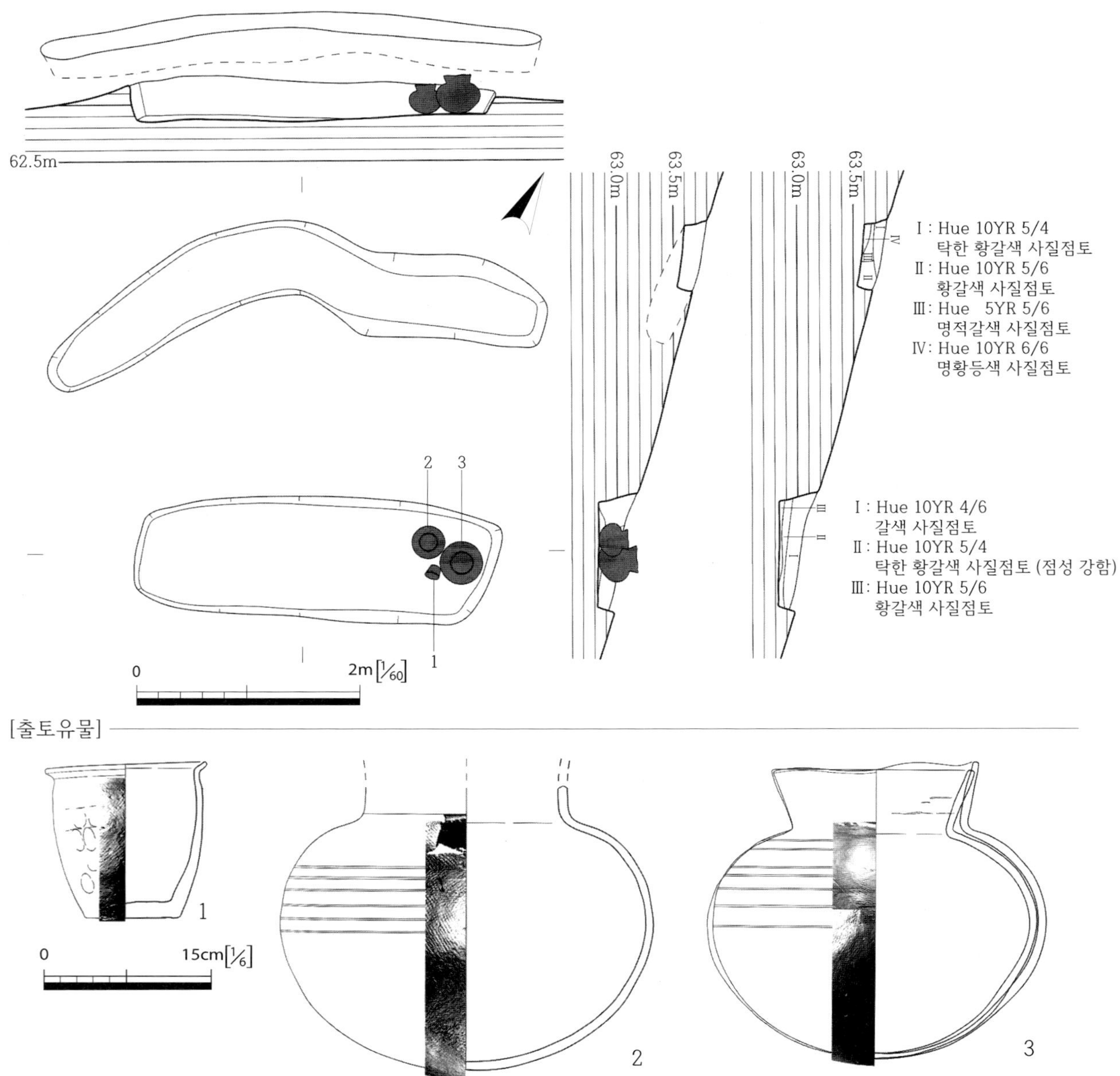

[출토유물]

20호 토광묘

(단위 : cm)

묘광	크 기 (길이×너비×깊이)	235×68×(79+)	목관	크 기 (길이×너비×높이)	?
	장폭비	3.45:1		장폭비	?
	장축방향	N-56°-E	목곽	크 기 (길이×너비×높이)	?
	두 향	?		장폭비	?
유물	토 기	단경호(1)			
	철 기	-			
	청 동 기	-			
	옥석류	-			
	기 타	-			
	특기사항	보고서 기술과 유구 도면·스케일바 비율이 모두 상이함.			

Ⅰ : Hue 10YR 4/6 갈색 사질점토
Ⅱ : Hue 10YR 6/5 황갈색 사질점토   64.5m

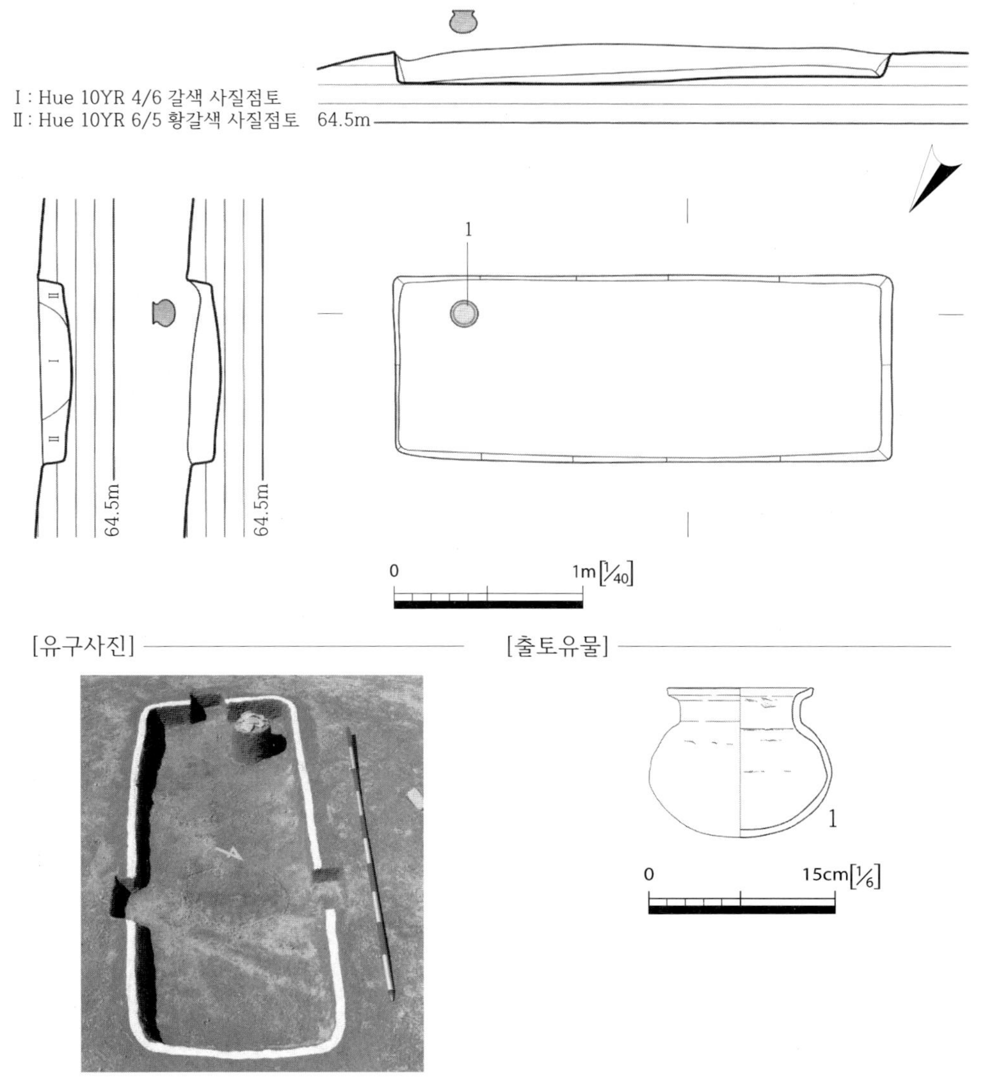

0 ——— 1m [1/40]

[유구사진]　　　　　　　　　[출토유물]

0 ——— 15cm [1/6]

21호 토광묘

(단위 : cm)

묘광	크 기 (길이×너비×깊이)	225×91×(19+)	목관	크 기 (길이×너비×높이)	?
	장폭비	2.47:1		장폭비	?
	장축방향	N-54°-E	목곽	크 기 (길이×너비×높이)	?
	두 향	?		장폭비	?
유물	토 기	단경호(1)			
	철 기	-			
	청 동 기	-			
	옥 석 류	-			
	기 타	-			
	특기사항				

Ⅰ : Hue 10YR 4/6
갈색 사질점토
Ⅱ : Hue 10YR 5/6
황갈색 사질점토

64.5m

0   1m[1/40]

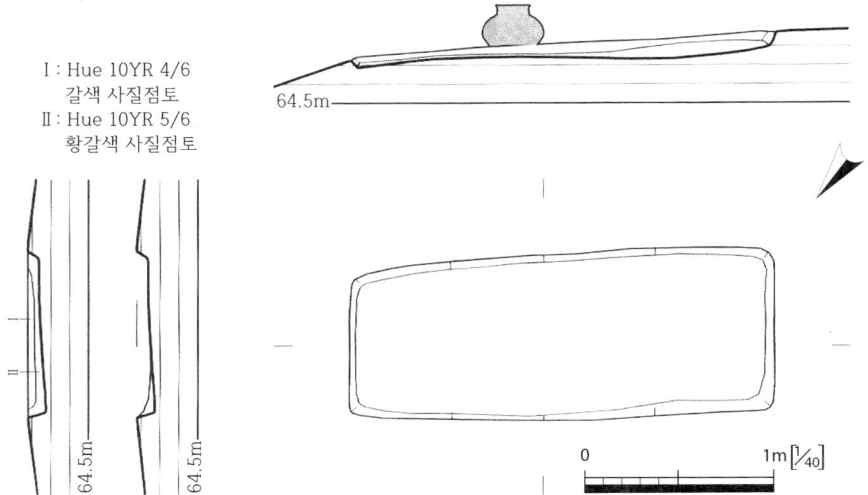

[유구사진]

[출토유물]

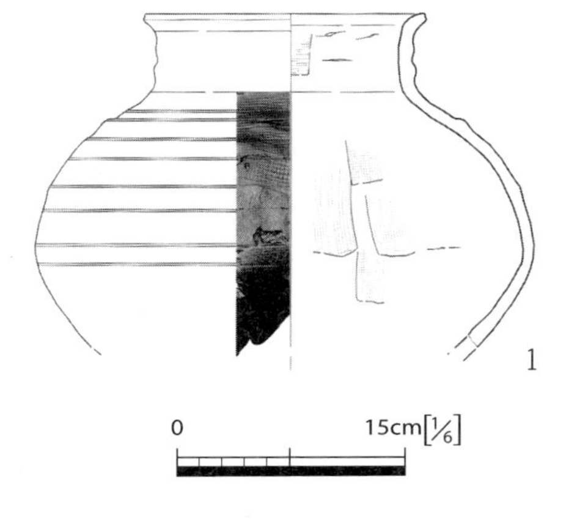

0   15cm[1/6]

1

22호 토광묘

(단위 : cm)

묘광	크 기 (길이×너비×깊이)	156×92×(28+)	목관	크 기 (길이×너비×높이)	?
	장 폭 비	1.70:1		장 폭 비	?
	장축방향	N-49°-E	목곽	크 기 (길이×너비×높이)	?
	두 향	?		장 폭 비	?
유물	토 기	단경호(2)			
	철 기	-			
	청 동 기	-			
	옥 석 류	-			
	기 타	-			
	특기사항				

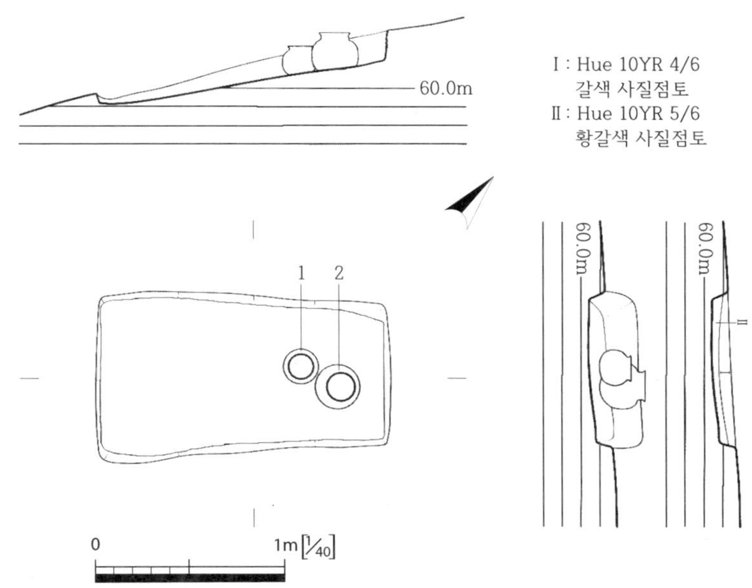

[유구사진]

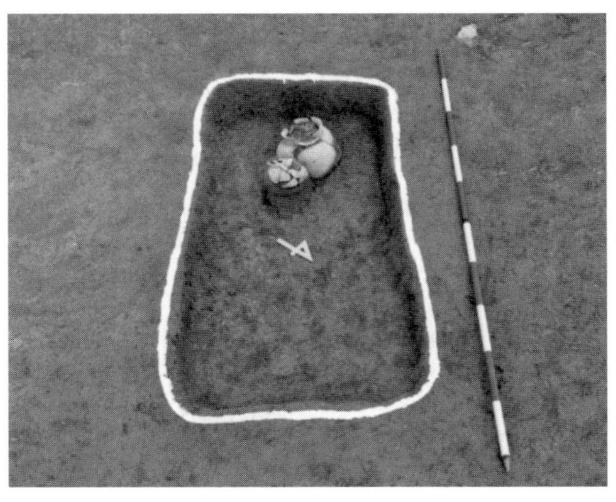

[출토유물]

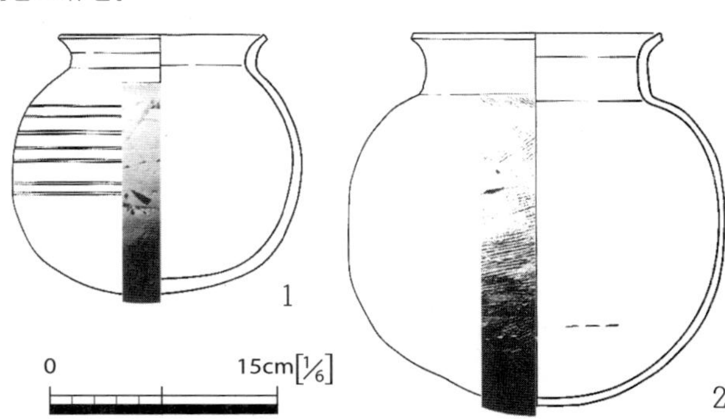

23호 토광묘

(단위 : cm)

묘광	크 기 (길이×너비×깊이)	274×80×(25+)	목관	크 기 (길이×너비×높이)	?
	장폭비	3.43:1		장폭비	?
	장축방향	N-4°-E	목곽	크 기 (길이×너비×높이)	?
	두 향	?		장폭비	?
유물	토 기	단경호(2)			
	철 기		-		
	청동기		-		
	옥석류		-		
	기 타		-		
	특기사항				

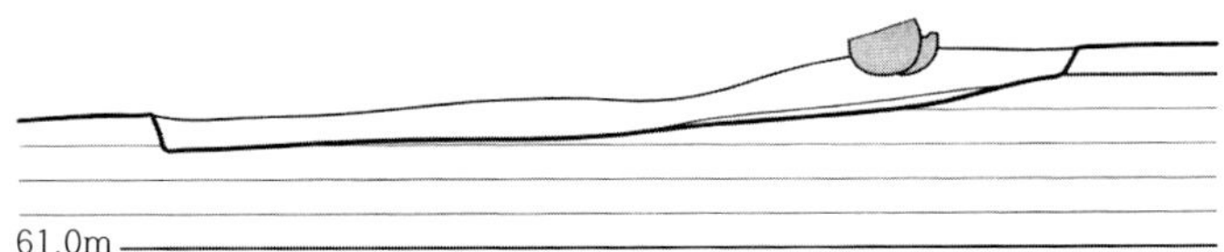

Ⅰ : Hue 10YR 4/4
　　갈색 사질점토(점성강함)
Ⅱ : Hue 10YR 4/3
　　탁한 황갈색 사질점토
Ⅲ : Hue 10YR 5/6
　　황갈색 사질점토

61.0m

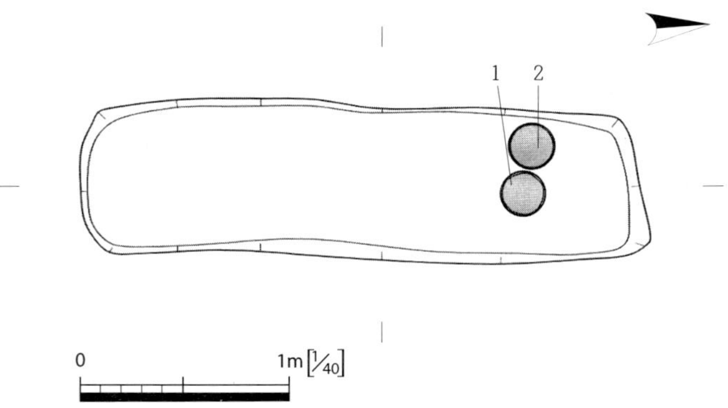

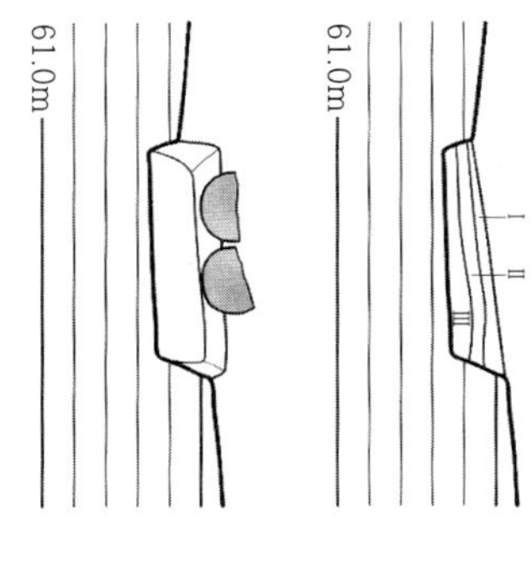

61.0m　　61.0m

0　　　　1m[1/40]

[유구사진]

[출토유물]

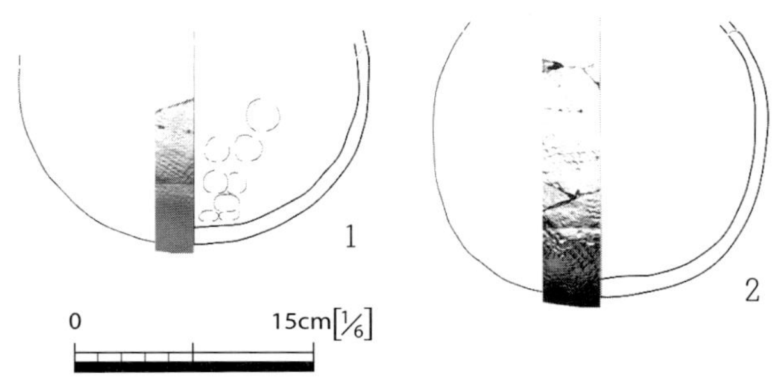

0　　　　15cm[1/6]

24호 토광묘

(단위 : cm)

묘광	크 기 (길이×너비×깊이)	239×(59)×(14+)	목관	크 기 (길이×너비×높이)	?
	장폭비	(4.05):1		장폭비	?
	장축방향	N-7°-E	목곽	크 기 (길이×너비×높이)	?
	두 향	?		장폭비	?
유물	토 기				-
	철 기	겸(1)			
	청 동 기				-
	옥 석 류				-
	기 타				-
	특기사항				

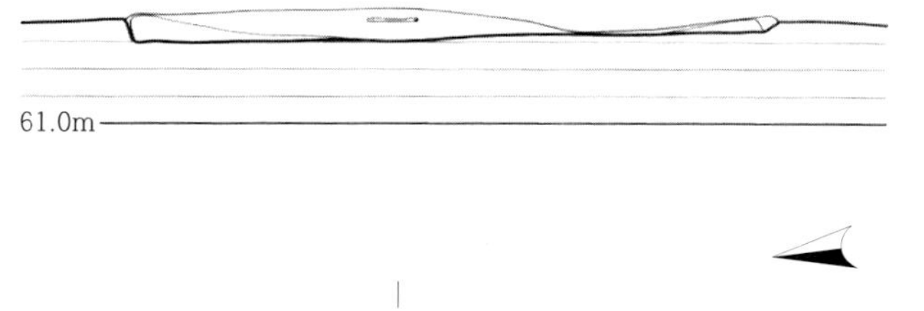

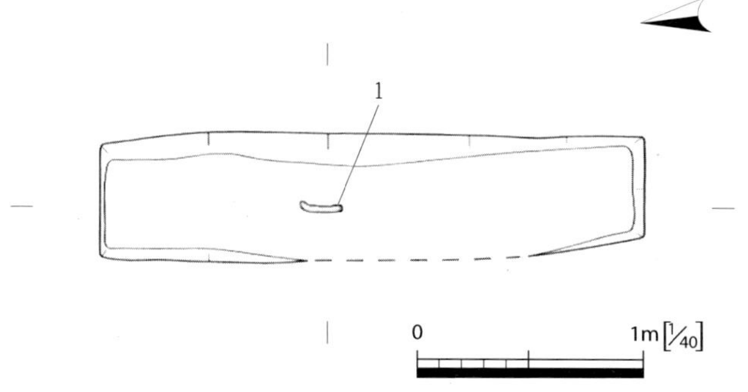

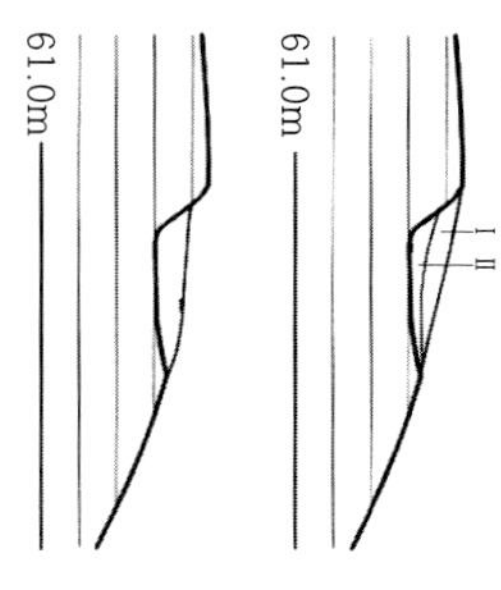

I : Hue 10YR 4/6
  갈색 사질점토
II : Hue 10YR 6/6
  명황갈색 사질점토

61.0m

0 ______ 1m [1/40]

[유구사진]

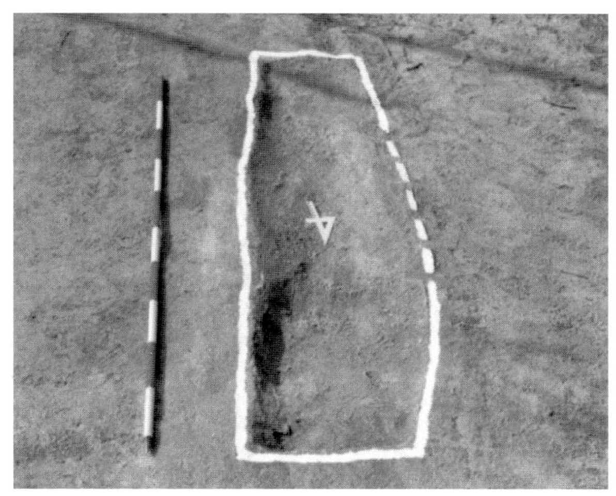

[출토유물]

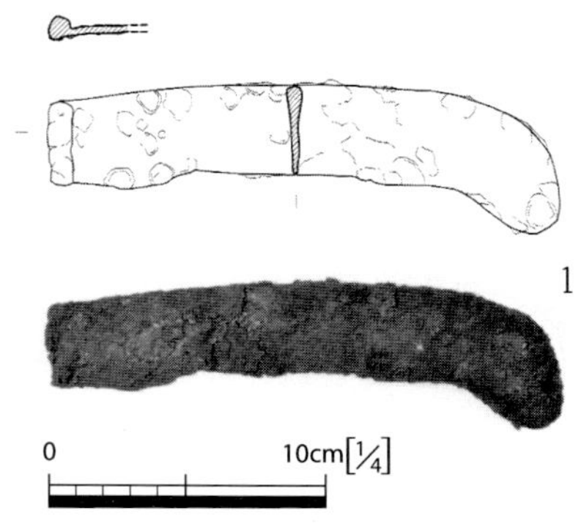

1

0 ______ 10cm [1/4]

25호 토광묘

(단위 : cm)

묘광	크 기 (길이×너비×깊이)	315×103×(22+)	목관	크 기 (길이×너비×높이)	?
	장폭비	3.06:1		장폭비	?
장축방향		N-15°-W	목곽	크 기 (길이×너비×높이)	?
두 향		?		장폭비	?
유물	토 기	단경호(2), 유개대부토기(1)			
	철 기	-			
	청동기	-			
	옥석류	-			
	기 타	-			
특기사항					

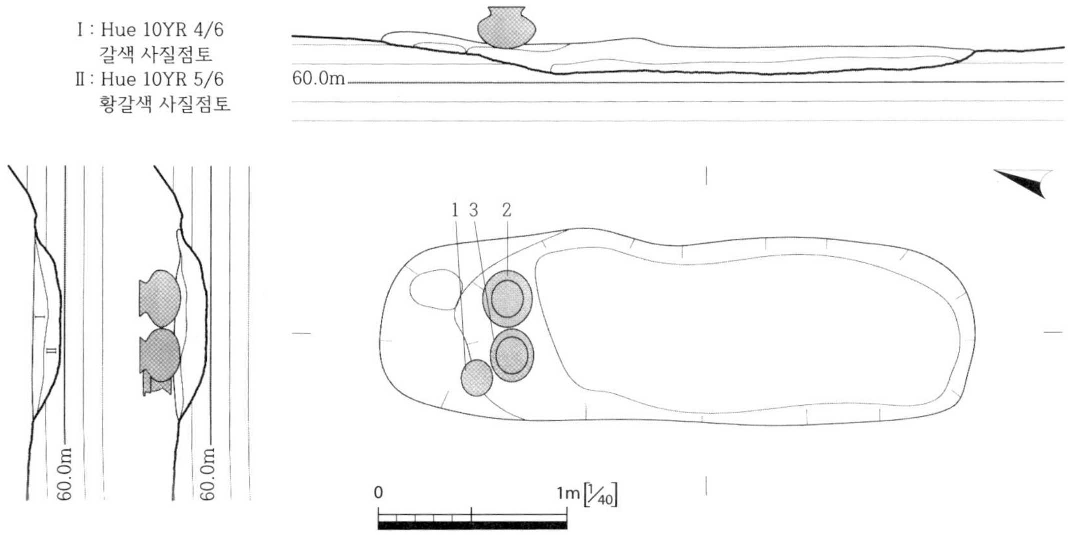

Ⅰ : Hue 10YR 4/6
갈색 사질점토
Ⅱ : Hue 10YR 5/6
황갈색 사질점토
60.0m
1 3 2
60.0m
60.0m
0
1m[1/40]

[유구사진]

4

[출토유물]

1
2
3
0
10cm[1/4]

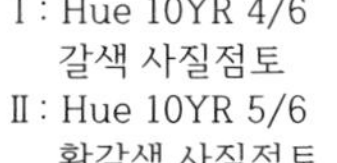

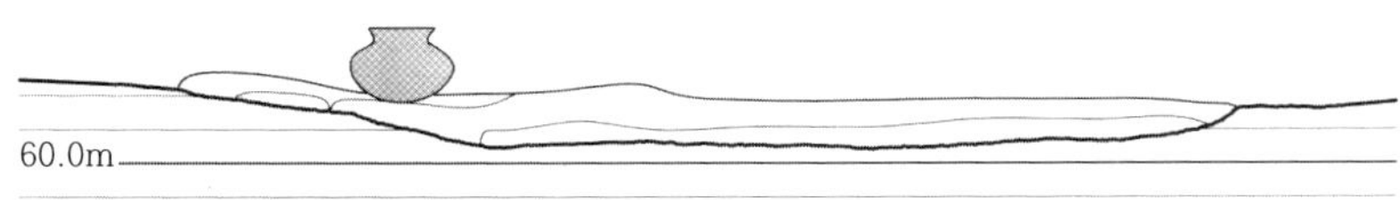

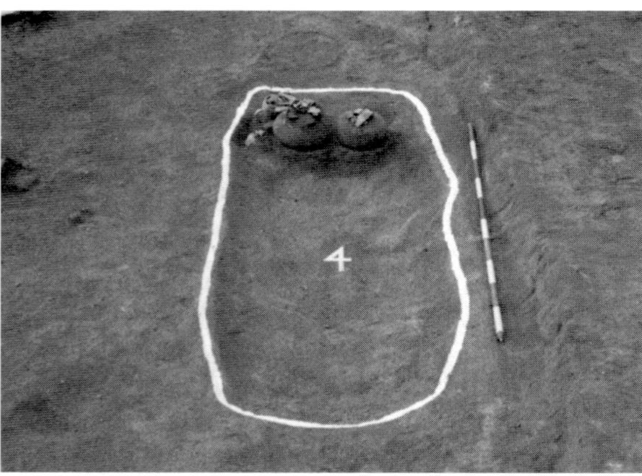

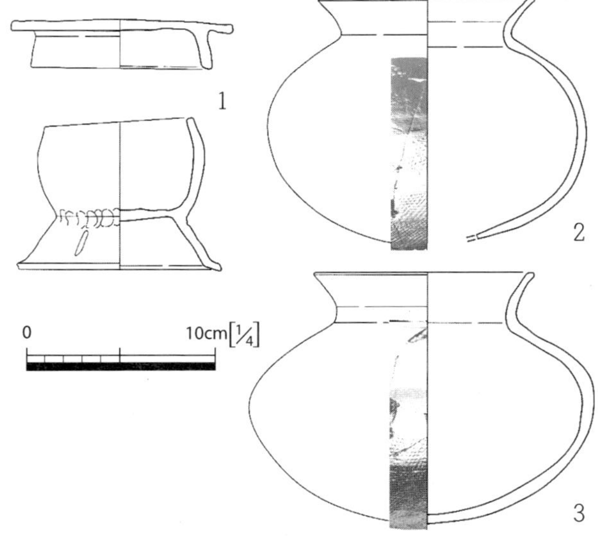

26호 토광묘

(단위 : cm)

묘광	크 기 (길이×너비×깊이)	230×77×(30+)	목관	크 기 (길이×너비×높이)	?
	장폭비	2.99:1		장폭비	?
	장축방향	N-38°-E	목곽	크 기 (길이×너비×높이)	?
	두 향	?		장폭비	?
유물	토 기	단경호(1)			
	철 기	-			
	청 동 기	-			
	옥 석 류	-			
	기 타	-			
	특기사항				

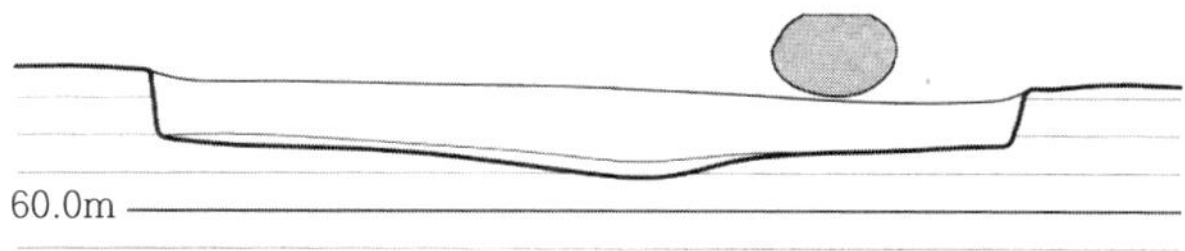

60.0m

Ⅰ: Hue 10YR 5/4 탁한 황갈색 사질점토
Ⅱ: Hue 10YR 5/6 황갈색 사질점토(점성강함)
Ⅲ: Hue 10YR 3/4 암갈색 사질점토
Ⅳ: Hue 10YR 4/4 갈색 사질점토

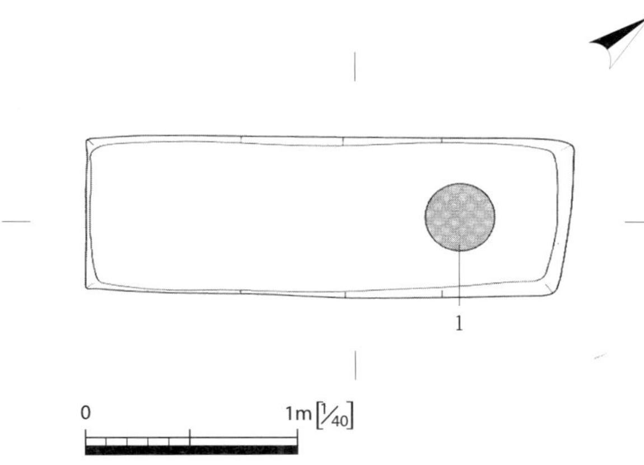

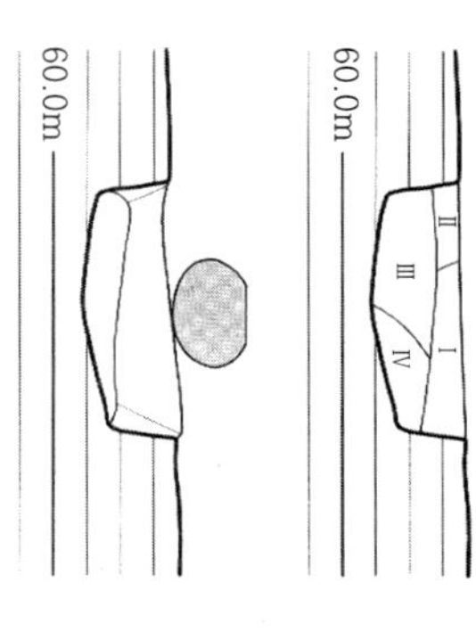

60.0m

0   1m [1/40]

[유구사진]

[출토유물]

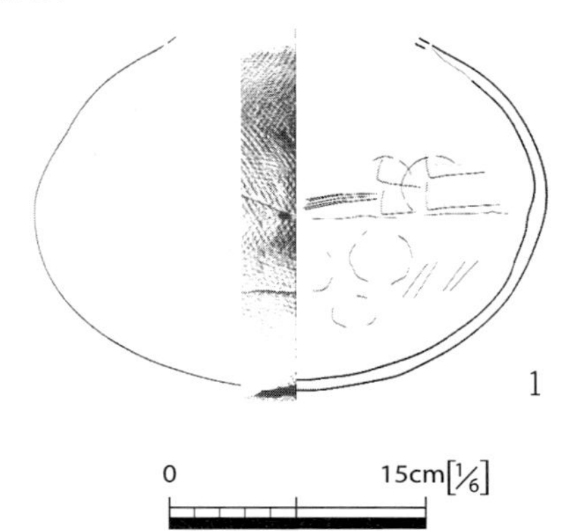

1

0   15cm [1/6]

27호 주구토광묘

(단위 : cm)

묘광	크 기 (길이×너비×깊이)	(385)×(115)×(41+)	목관	크 기 (길이×너비×높이)	?
	장폭비	(3.35):1		장폭비	?
	장축방향	N-90°-E	목곽	크 기 (길이×너비×높이)	?
	두 향	?		장폭비	?
	주구크기 (길이×너비×깊이)	(616+)×114×(67+)	주구평면형태		(눈썹형)
유물	토 기	단경호(4:주구1)			
	철 기		-		
	청 동 기		-		
	옥 석 류		-		
	기 타		-		
	특기사항	주구와 매장주체부 출토 토기가 구분되어 있지 않음.			

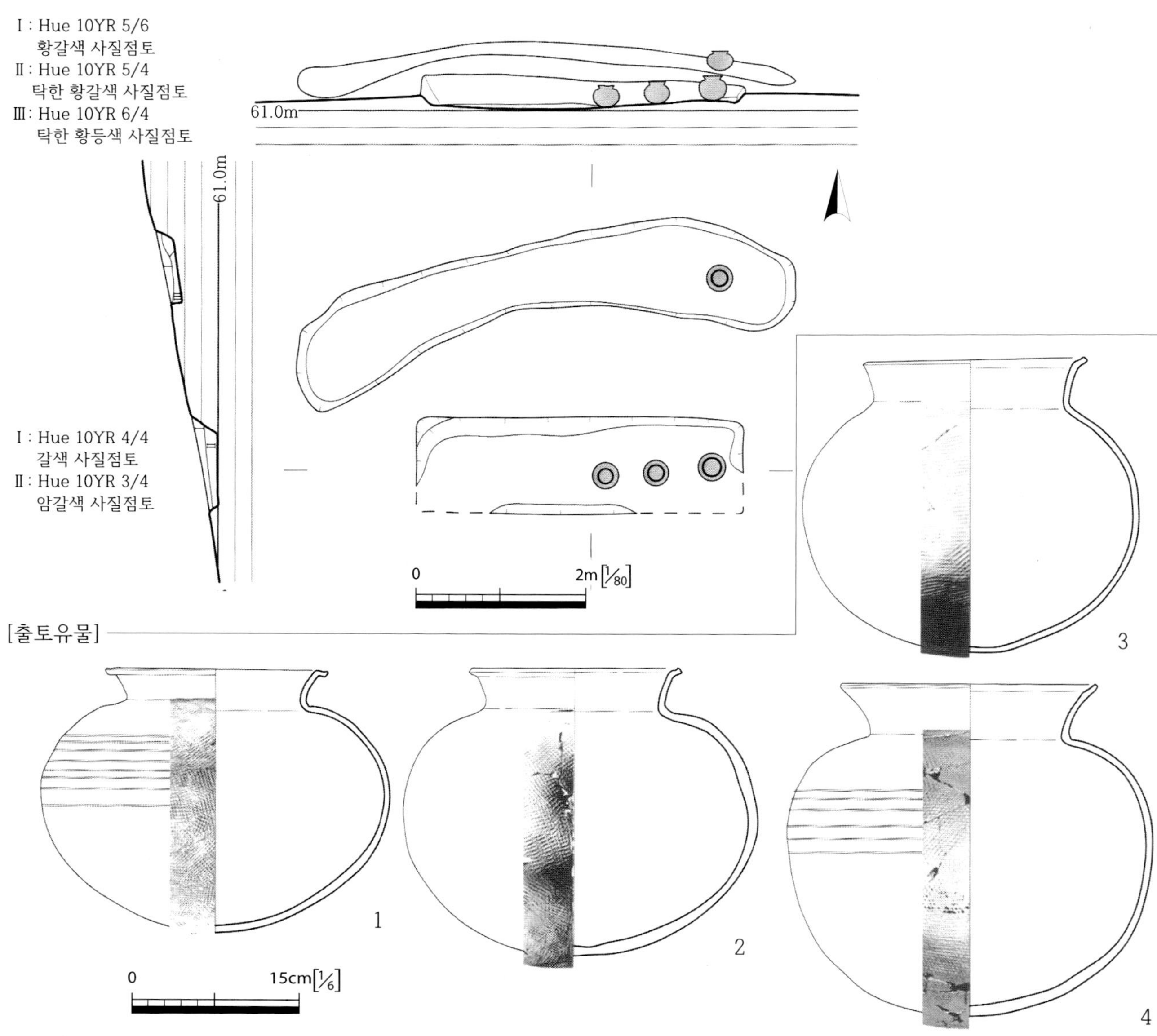

28호 주구토광묘

(단위 : cm)

묘광	크 기 (길이×너비×깊이)	(390)×(120)×(30+)	목관	크 기 (길이×너비×높이)	?
	장 폭 비	(3.25):1		장 폭 비	?
	장축방향	N-80°-E	목곽	크 기 (길이×너비×높이)	?
	두 향	동쪽		장 폭 비	?
	주구크기 (길이×너비×깊이)	(724)×110×(30+)	주구평면형태		(눈썹형)
유물	토 기	단경호(2)			
	철 기	모(1), 축(1), 슬래그(1)			
	청 동 기	-			
	옥 석 류	-			
	기 타	-			
	특기사항	주구에서 옹관묘 2기(3·4호)가 확인됨.			

I : Hue 10YR 3/4
　암갈색 사질점토
II : Hue 10YR 4/6
　갈색 사질점토
III : Hue 10YR 5/6
　탁한 황갈색 사질점토

I : Hue 10YR 4/4
　갈색 사질점토
II : Hue 10YR 5/4
　황갈색 사질점토

[출토유물]

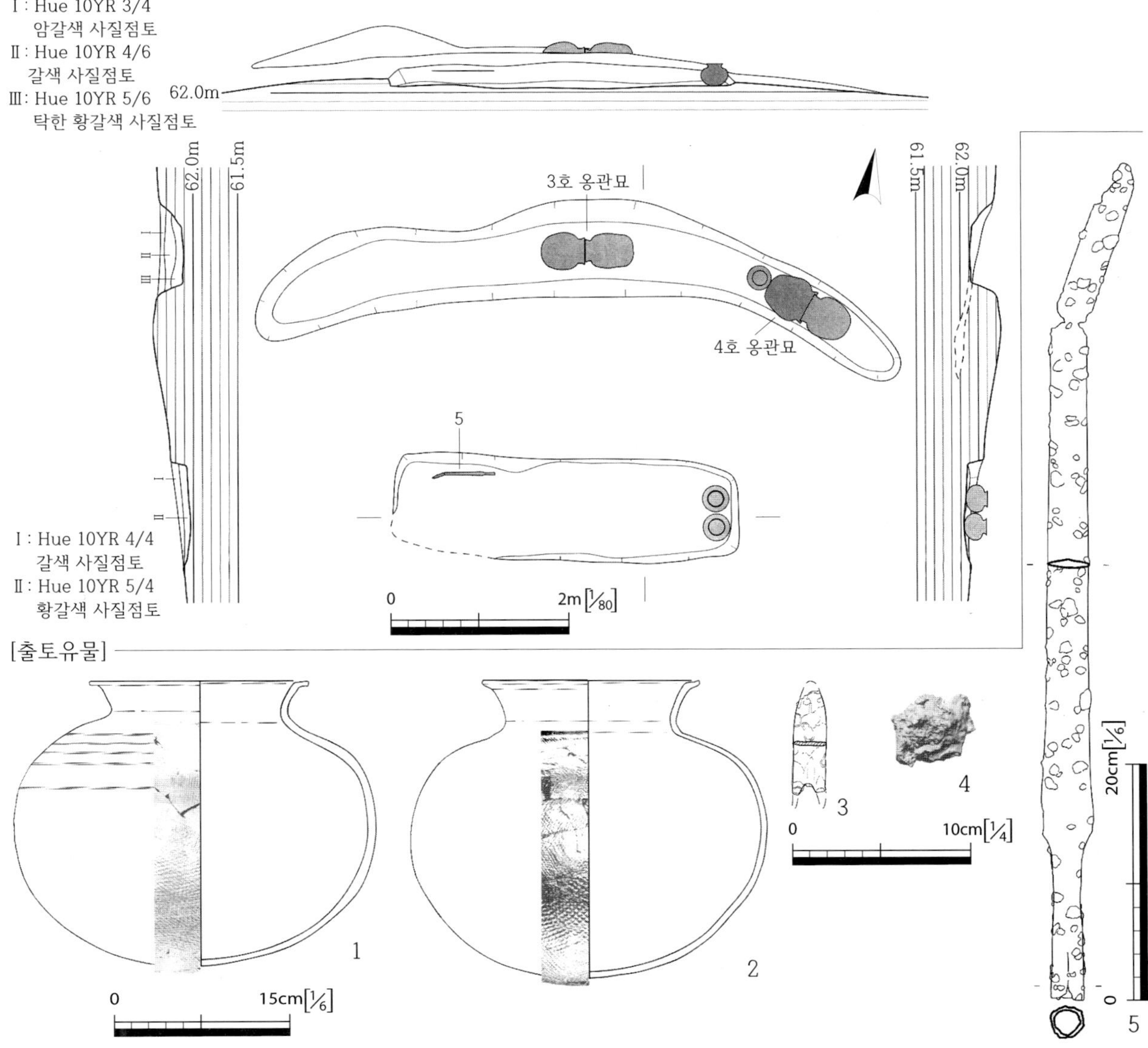

29호 토광묘

(단위 : cm)

묘광	크 기 (길이×너비×깊이)	273×93×(32+)	목관	크 기 (길이×너비×높이)	?
	장폭비	3.29:1		장폭비	?
	장축방향	N-84°-E	목곽	크 기 (길이×너비×높이)	?
	두 향	?		장폭비	?
유물	토 기	단경호(2)			
	철 기		–		
	청동기		–		
	옥석류		–		
	기 타		–		
	특기사항				

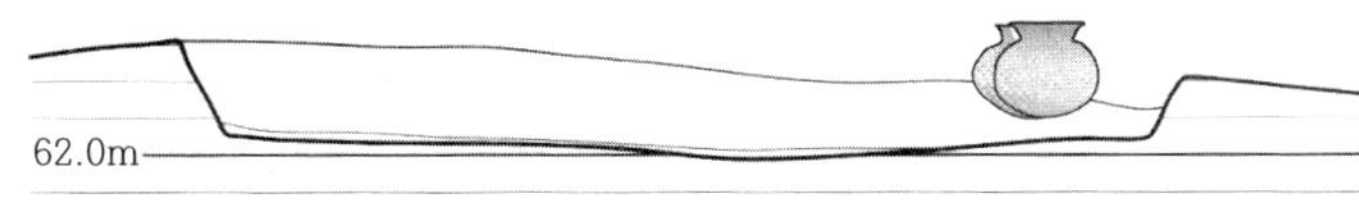

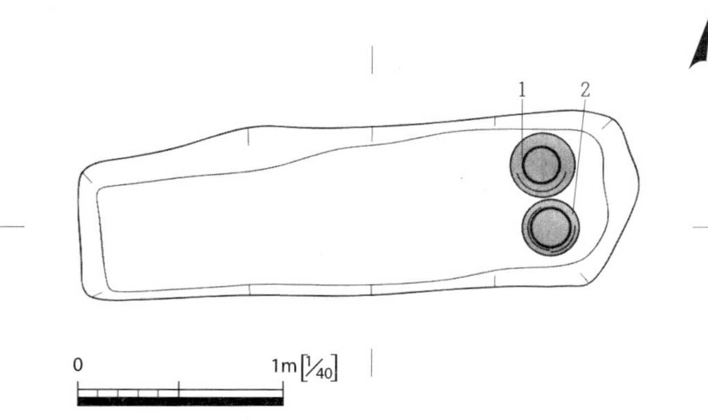

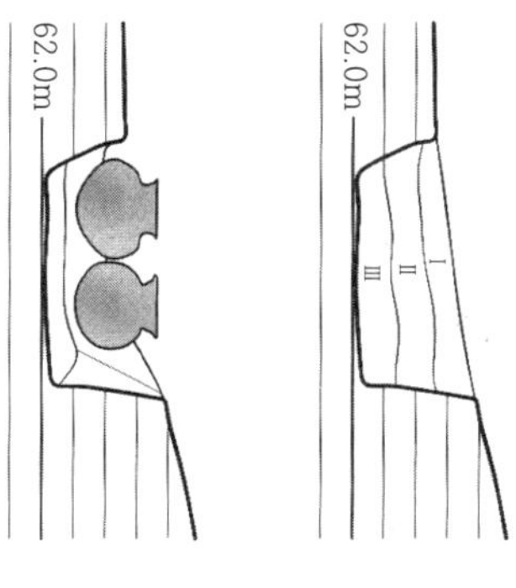

62.0m

0   1m [1/40]

[유구사진] ———— [출토유물] ————

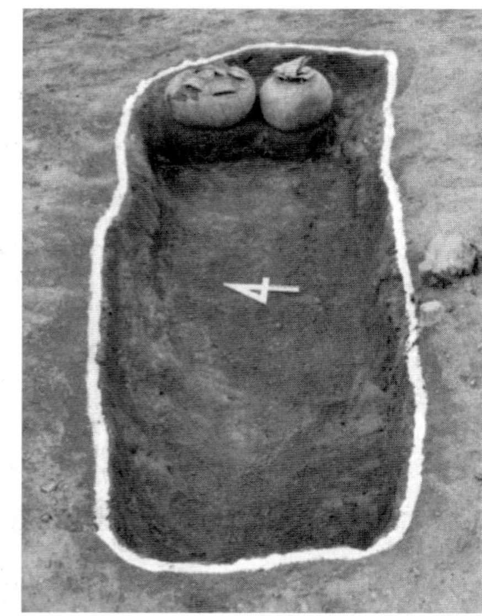

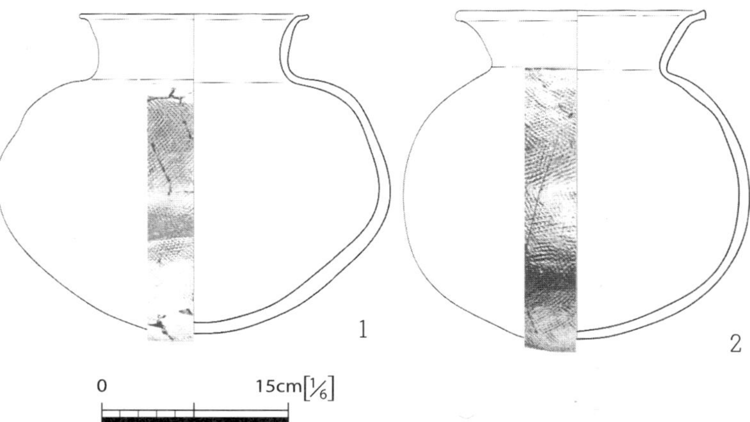

0   15cm [1/6]

1   2

30호 토광묘

(단위 : cm)

묘광	크 기 (길이×너비×깊이)	329×92×(49+)	목관	크 기 (길이×너비×높이)	?
	장폭비	3.58:1		장폭비	?
	장축방향	N-18°-W	목곽	크 기 (길이×너비×높이)	?
	두 향	?		장폭비	?
유물	토 기	심발형토기(1), 단경호(4)			
	철 기	도자(1)			
	청 동 기		-		
	옥 석 류		-		
	기 타		-		
	특기사항				

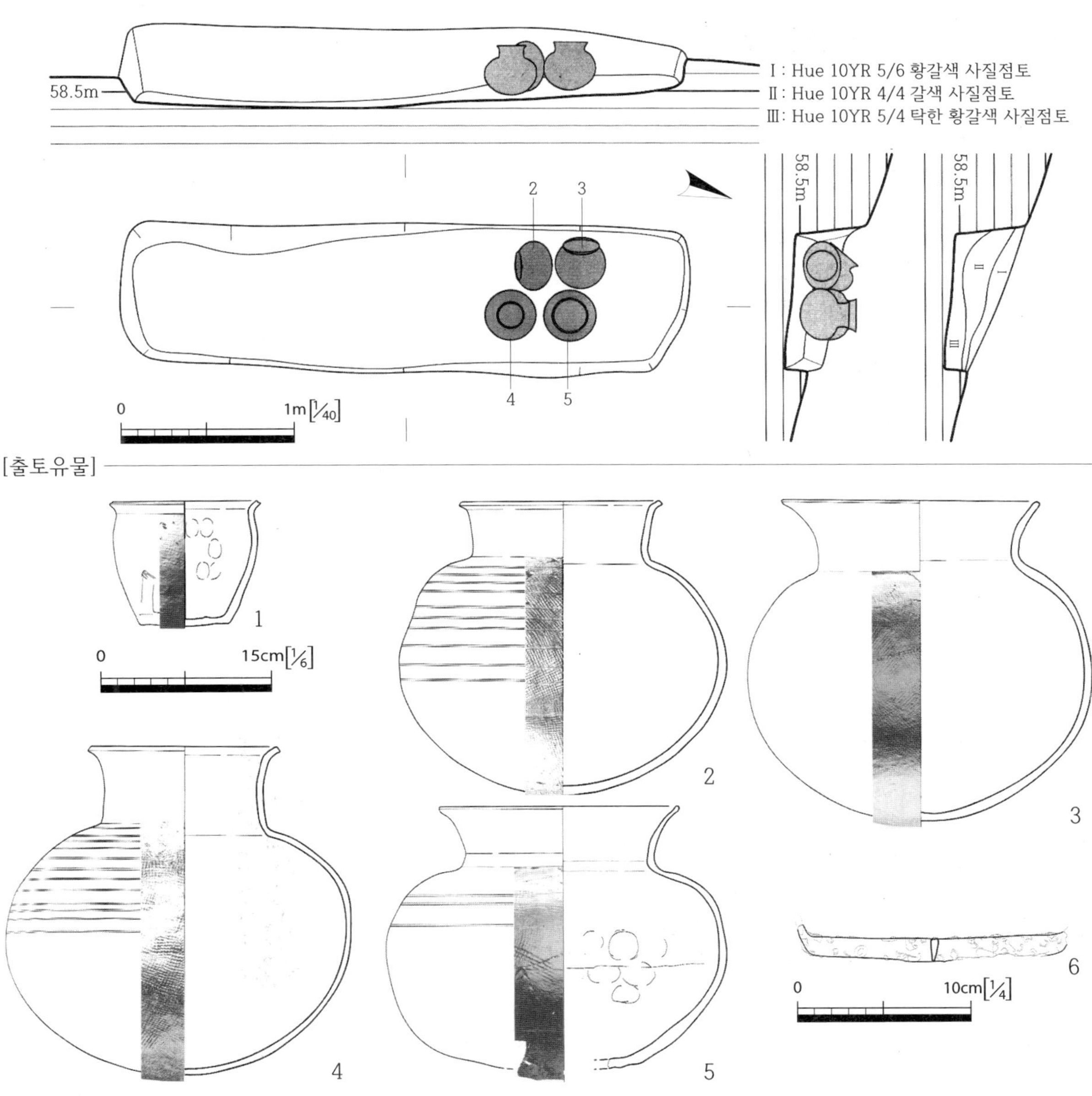

[출토유물]

31호 주구토광묘

(단위 : cm)

묘광	크 기 (길이×너비×깊이)	389×122×(68+)	목관	크 기 (길이×너비×높이)	?
	장폭비	3.19:1		장폭비	?
	장축방향	N-68°-W	목곽	크 기 (길이×너비×높이)	?
	두 향	?		장폭비	?
	주구크기 (길이×너비×깊이)	(668)×144×(55+)	주구평면형태		(눈썹형)
유물	토 기	경질무문 심발(1), 심발형토기(1:주구1), 단경호(5:주구3)			
	철 기	도자(1)			
	청동기	–			
	옥석류	–			
	기 타	–			
	특기사항	주구와 매장주체부 출토 토기가 구분되어 있지 않음.			

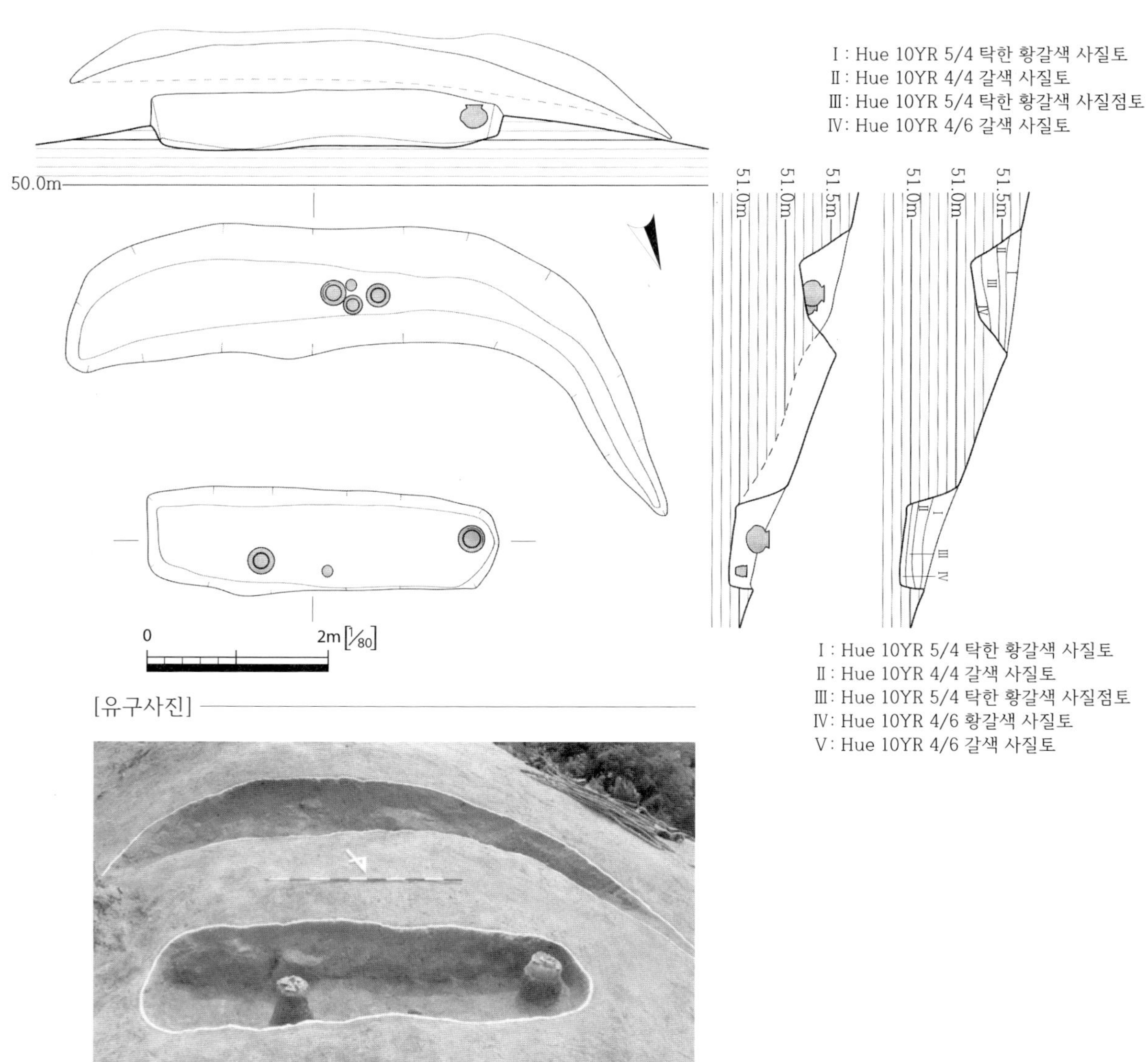

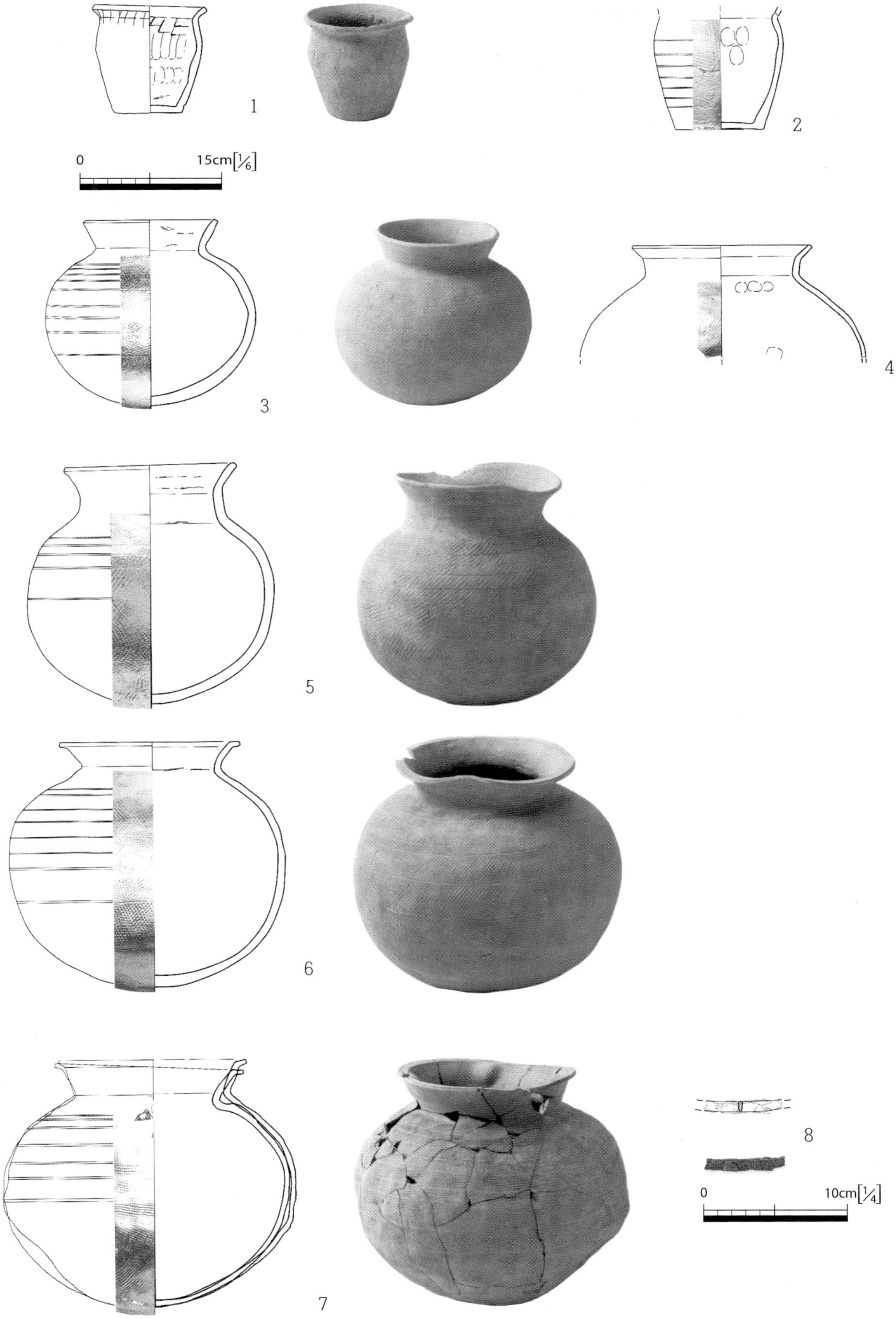

32호 주구토광묘

(단위 : cm)

묘광	크 기 (길이×너비×깊이)	335×98×(41+)	목관	크 기 (길이×너비×높이)	?
	장폭비	3.42:1		장폭비	?
	장축방향	N-21°-E	목곽	크 기 (길이×너비×높이)	?
	두 향	?		장폭비	?
	주구크기 (길이×너비×깊이)	(630)×90×(20+)	주구평면형태		(눈썹형)
유물	토 기	단경호(1)			
	철 기	-			
	청 동 기	-			
	옥 석 류	유리제 구슬(7)			
	기 타	-			
	특기사항				

Ⅰ : Hue 10YR 5/4 탁한 황갈색 사질토
Ⅱ : Hue 10YR 5/6 황갈색 사질토

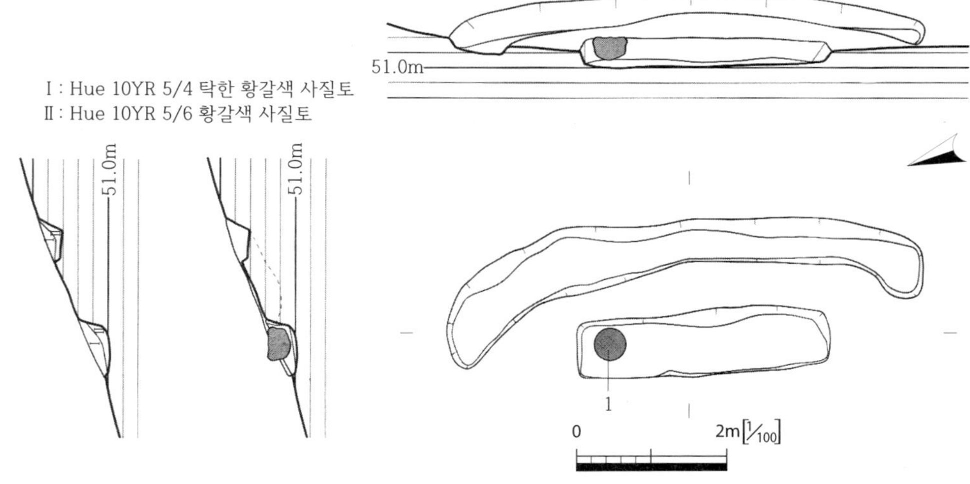

[유구사진]　　　　　　　　　　　　　　　　　　　[출토유물]

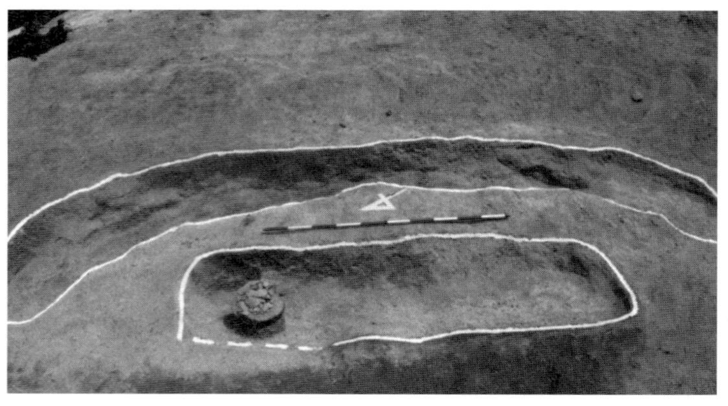

33호 토광묘

(단위 : cm)

묘광	크 기 (길이×너비×깊이)	259×108×(20+)	목관	크 기 (길이×너비×높이)	?
	장폭비	2.30:1		장폭비	?
	장축방향	N-80°-E	목곽	크 기 (길이×너비×높이)	?
	두 향	?		장폭비	?
유물	토 기	-			
	철 기	-			
	청동기	-			
	옥석류	-			
	기 타	-			
	특기사항	출토유물 없음.			

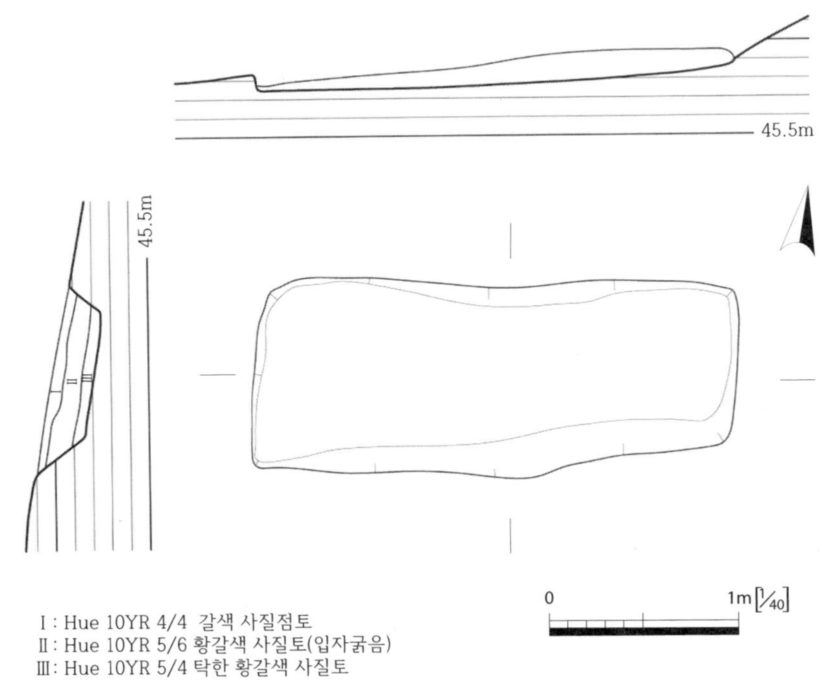

I : Hue 10YR 4/4 갈색 사질점토
II : Hue 10YR 5/6 황갈색 사질토(입자굵음)
III : Hue 10YR 5/4 탁한 황갈색 사질토

34호 주구토광묘

(단위 : cm)

묘광	크 기 (길이×너비×깊이)	355×114×(61+)	목관	크 기 (길이×너비×높이)	?
	장폭비	3.10:1		장폭비	?
	장축방향	N-61°-W	목곽	크 기 (길이×너비×높이)	?
	두 향	?		장폭비	?
	주구크기 (길이×너비×깊이)	?×(50+)×(30+)		주구평면형태	?
유물	토 기	심발형토기(1), 소호(2), 단경호(3)			
	철 기	도자(1)			
	청 동 기		-		
	옥 석 류		-		
	기 타		-		
	특기사항				

I : Hue 10YR 4/4 갈색 사질점토
II : Hue 10YR 3/4 암갈색 사질점토

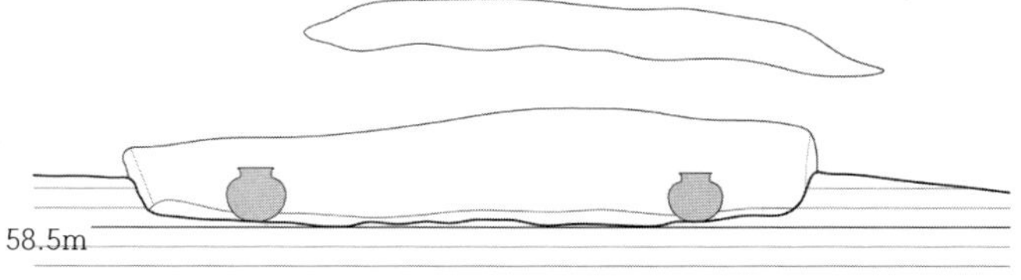

58.5m

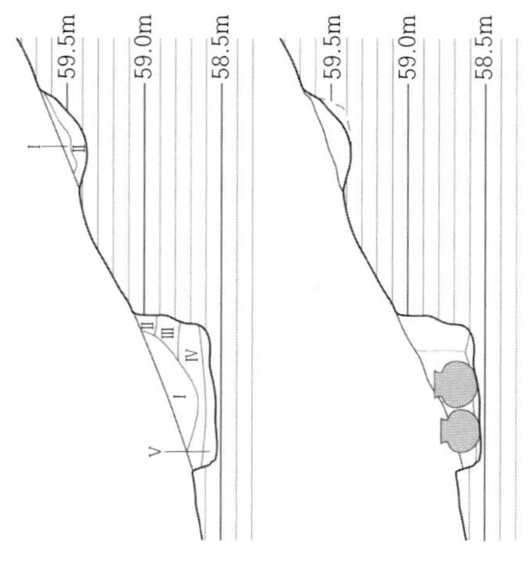
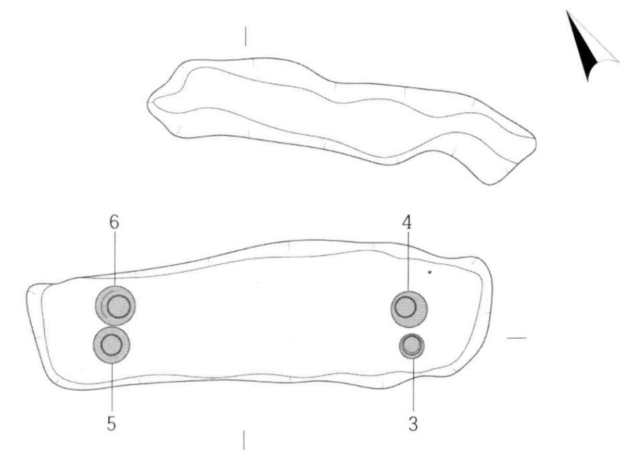

I : Hue 10YR 3/4 암갈색 사질토
II : Hue 10YR 5/4 탁한 황갈색 사질토
III : Hue 10YR 6/4 탁한 황등색 사질토
IV : Hue 10YR 5/6 황갈색 사질토
V : Hue 10YR 4/4 갈색 사질토

0   2m [1/60]

[유구사진]

[출토유물]

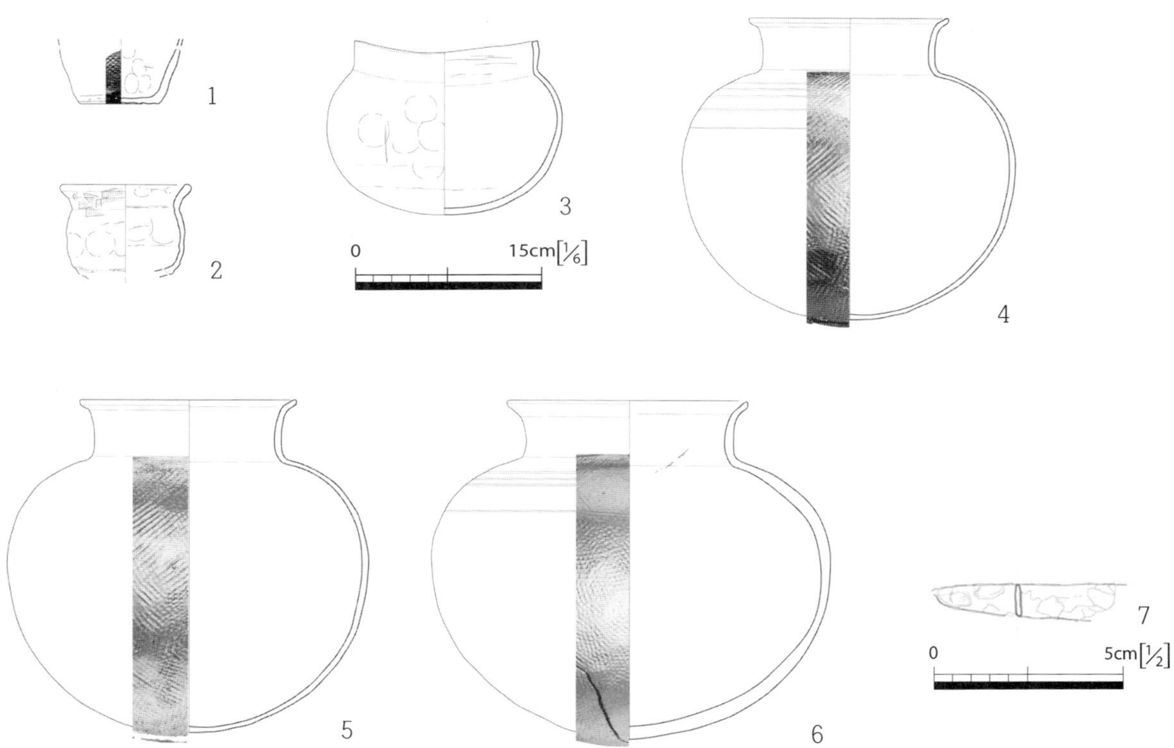

0   15cm[1/6]

0   5cm[1/2]

35호 토광묘

(단위 : cm)

묘광	크 기 (길이×너비×깊이)	382×103×(41+)	목관	크 기 (길이×너비×높이)	?
	장폭비	3.70:1		장폭비	?
	장축방향	N-66°-E	목곽	크 기 (길이×너비×높이)	?
	두 향	?		장폭비	?
유물	토 기	단경호(2)			
	철 기	축(1), 단조철부(1)			
	청 동 기	-			
	옥 석 류	-			
	기 타	-			
	특기사항				

I : Hue 10YR 4/3 탁한 황갈색 사질점토
II : Hue 10YR 4/6 갈색 사질점토
III : Hue 10YR 5/6 황갈색 사질점토

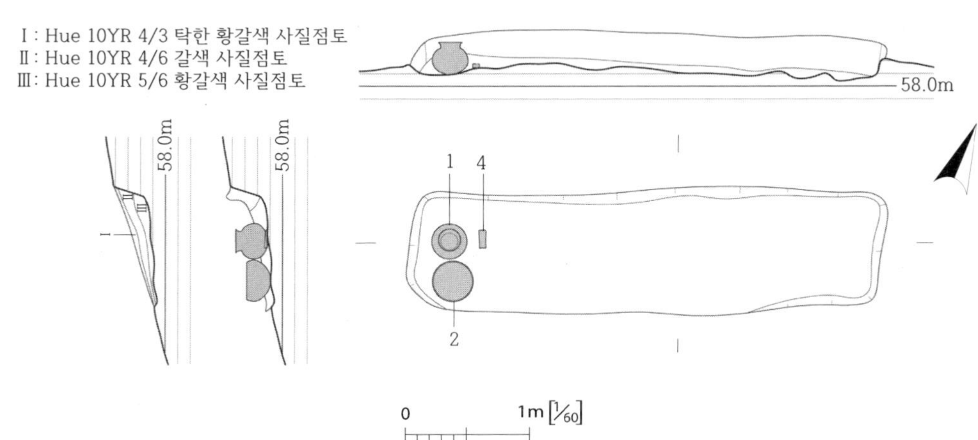

[출토유물]

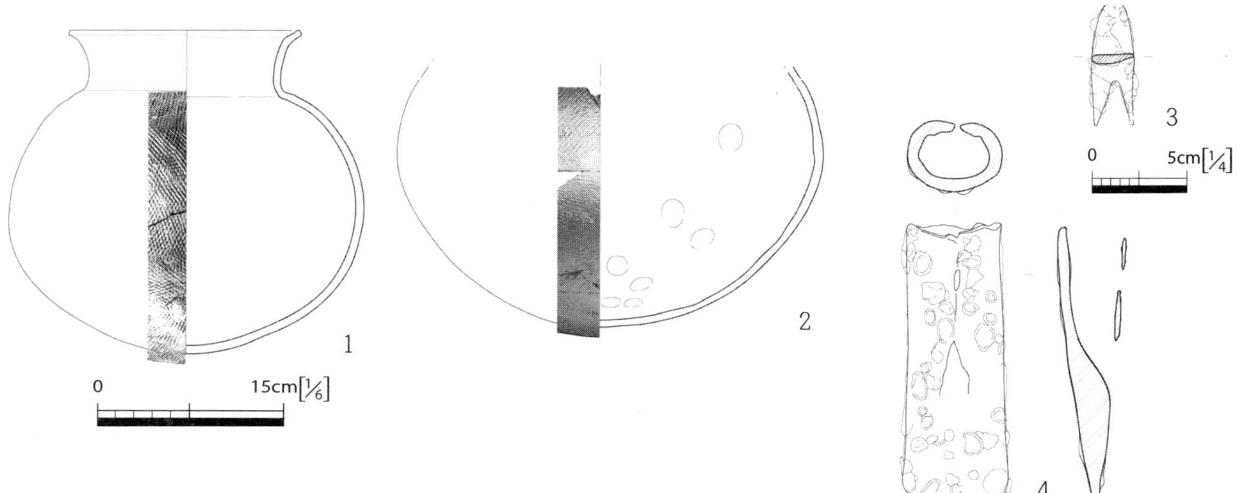

36호 토광묘

(단위 : cm)

묘광	크 기 (길이×너비×깊이)	311×117×(22+)	목관	크 기 (길이×너비×높이)	?
	장폭비	2.60:1		장폭비	?
	장축방향	N-55°-W	목곽	크 기 (길이×너비×높이)	?
	두 향	?		장폭비	?
유물	토 기	심발형토기(1), 단경호(2)			
	철 기	겸(1)			
	청동기		-		
	옥석류		-		
	기 타		-		
	특기사항				

Ⅰ : Hue 10YR 4/6 갈색 사질점토
Ⅱ : Hue 10YR 5/4 탁한 황갈색 사질점토
Ⅲ : Hue 10YR 5/6 황갈색 사질점토

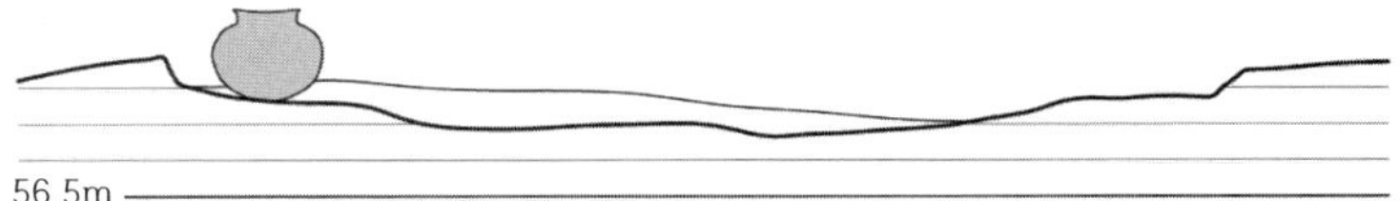

56.5m

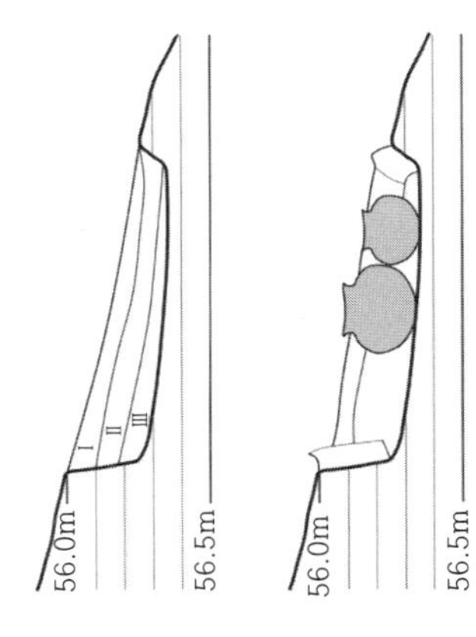

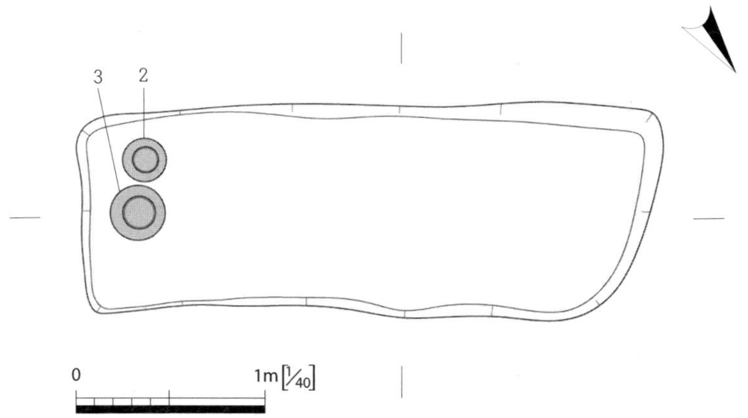

0   1m[1/40]

[출토유물]

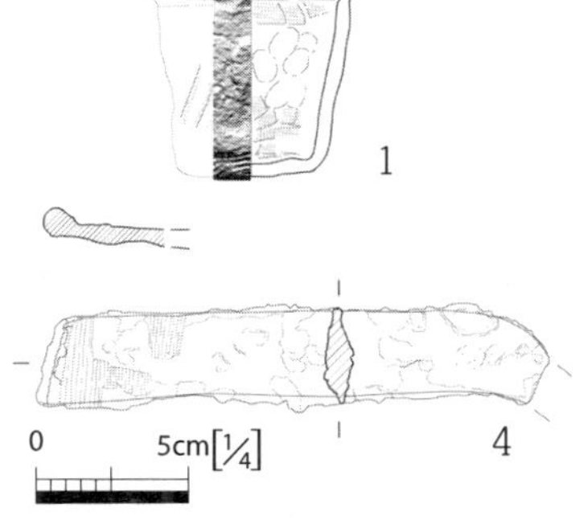

0   5cm[1/4]

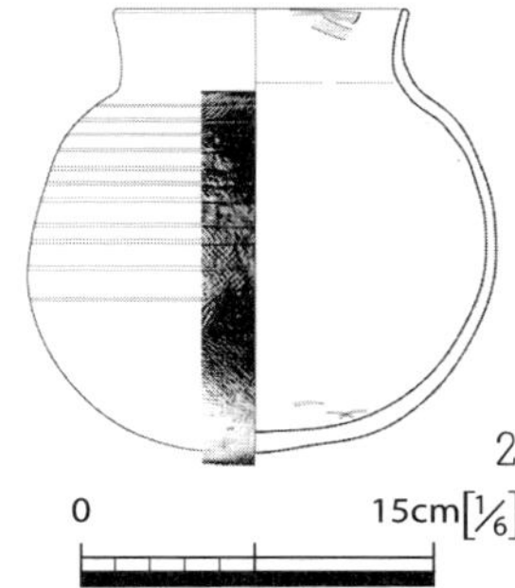

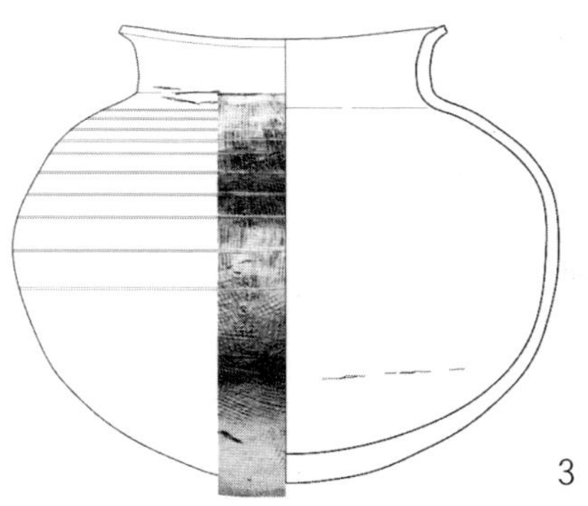

0   15cm[1/6]

37호 토광묘

(단위 : cm)

묘광	크 기 (길이×너비×깊이)	248×99×(39+)	목관	크 기 (길이×너비×높이)	?
	장폭비	2.50:1		장폭비	?
	장축방향	N-43°-W	목곽	크 기 (길이×너비×높이)	?
	두 향	?		장폭비	?
유물	토 기	양이부호(1)			
	철 기	촉(1)			
	청동기	–			
	옥석류	–			
	기 타	–			
	특기사항				

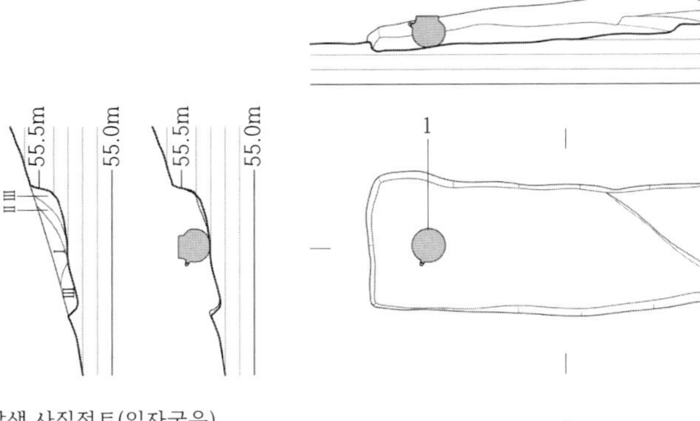

I : Hue 10YR 5/6 황갈색 사질점토(입자굵음)
II : Hue 10YR 5/4 탁한 황갈색 사질점토
III : Hue 10YR 6/4 탁한 황등색 사질점토(점성강함)

[유구사진]

[출토유물]

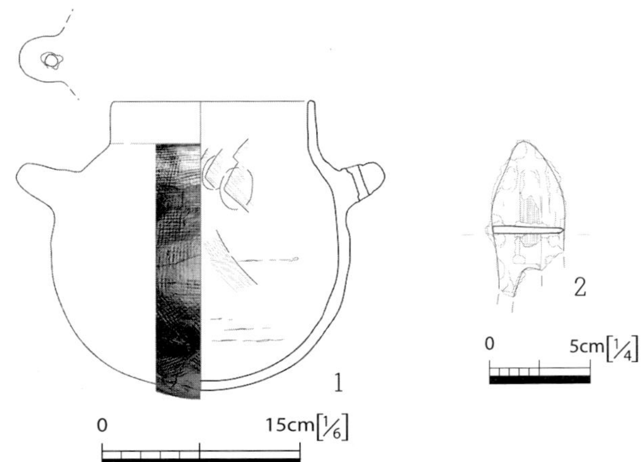

38호 토광묘

(단위 : cm)

묘광	크 기 (길이×너비×깊이)	372×118×(64+)	목관	크 기 (길이×너비×높이)	?
	장폭비	3.10:1		장폭비	?
	장축방향	N-89°-E	목곽	크 기 (길이×너비×높이)	?
	두 향	?		장폭비	?
유물	토 기	단경호(1)			
	철 기	-			
	청 동 기	-			
	옥 석 류	-			
	기 타	-			
	특기사항				

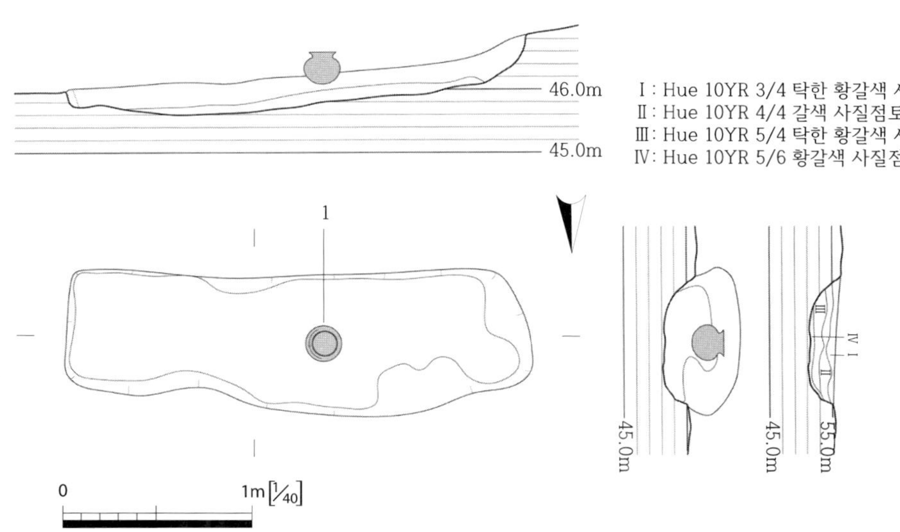

[유구사진]

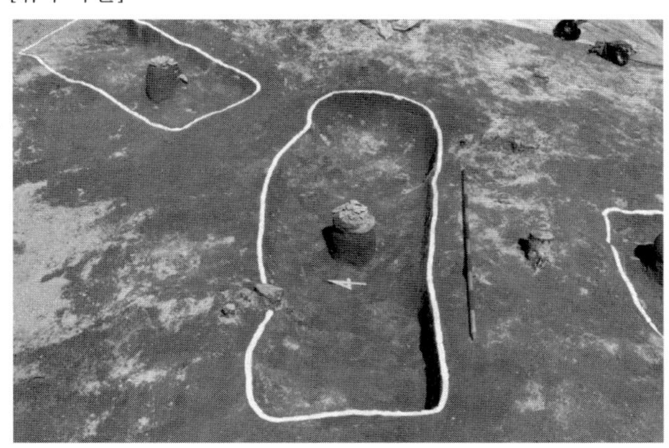

[출토유물]

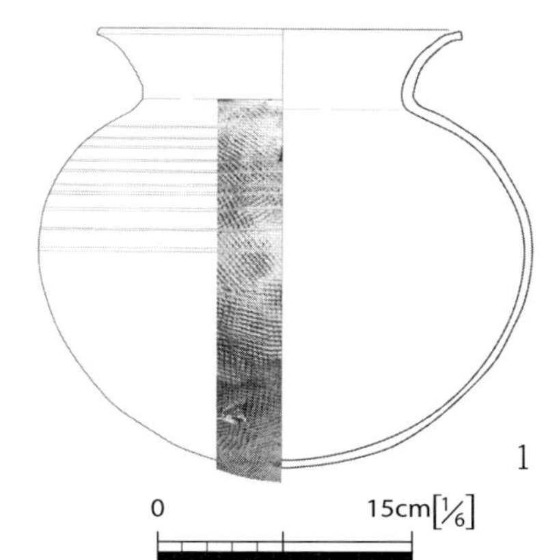

39호 토광묘

(단위 :   cm)

묘광	크 기 (길이×너비×깊이)	405×109×(46+)	목관	크 기 (길이×너비×높이)	?
	장폭비	3.71:1		장폭비	?
	장축방향	N-87°-E	목곽	크 기 (길이×너비×높이)	-
	두 향	?		장폭비	-
유물	토 기	경질무문 심발(1), 직구호(1)			
	철 기	촉(1)			
	청동기		-		
	옥석류		-		
	기 타		-		
	특기사항				

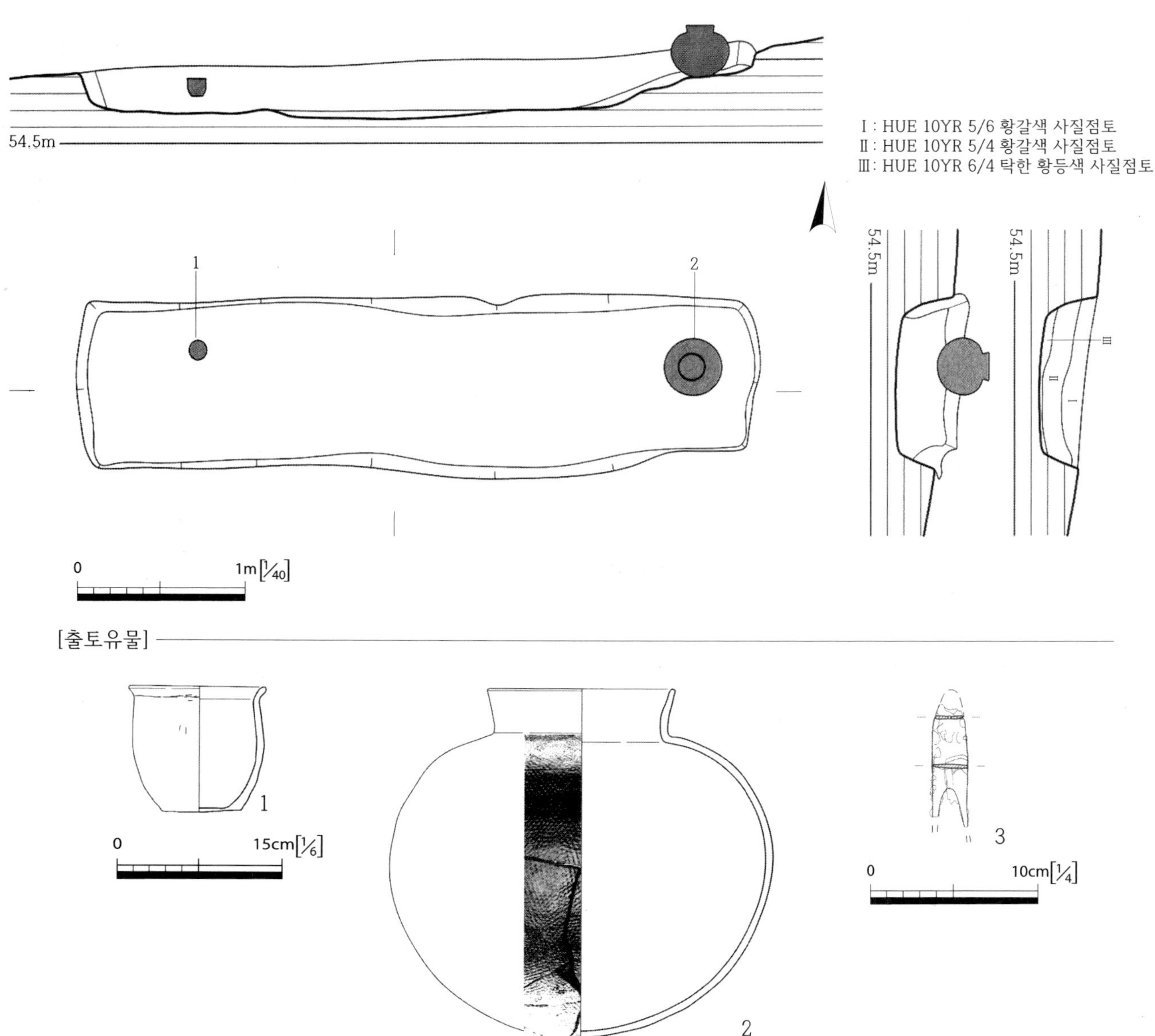

[출토유물]

40호 주구토광묘

(단위 : cm)

묘광	크 기 (길이×너비×깊이)	320×103×(39+)	목관	크 기 (길이×너비×높이)	?
	장폭비	2.93:1		장폭비	?
	장축방향	N-89°-E	목곽	크 기 (길이×너비×높이)	?
	두 향	?		장폭비	?
	주구크기 (길이×너비×깊이)	?×94×(20+)		주구평면형태	?
유물	토 기	심발형토기(1), 완(1), 단경호(1), 장경호(1) 유공소호(1), 옹(1)			
	철 기	환두도자(1), 겸(1)			
	청 동 기	–			
	옥 석 류	–			
	기 타	–			
	특기사항				

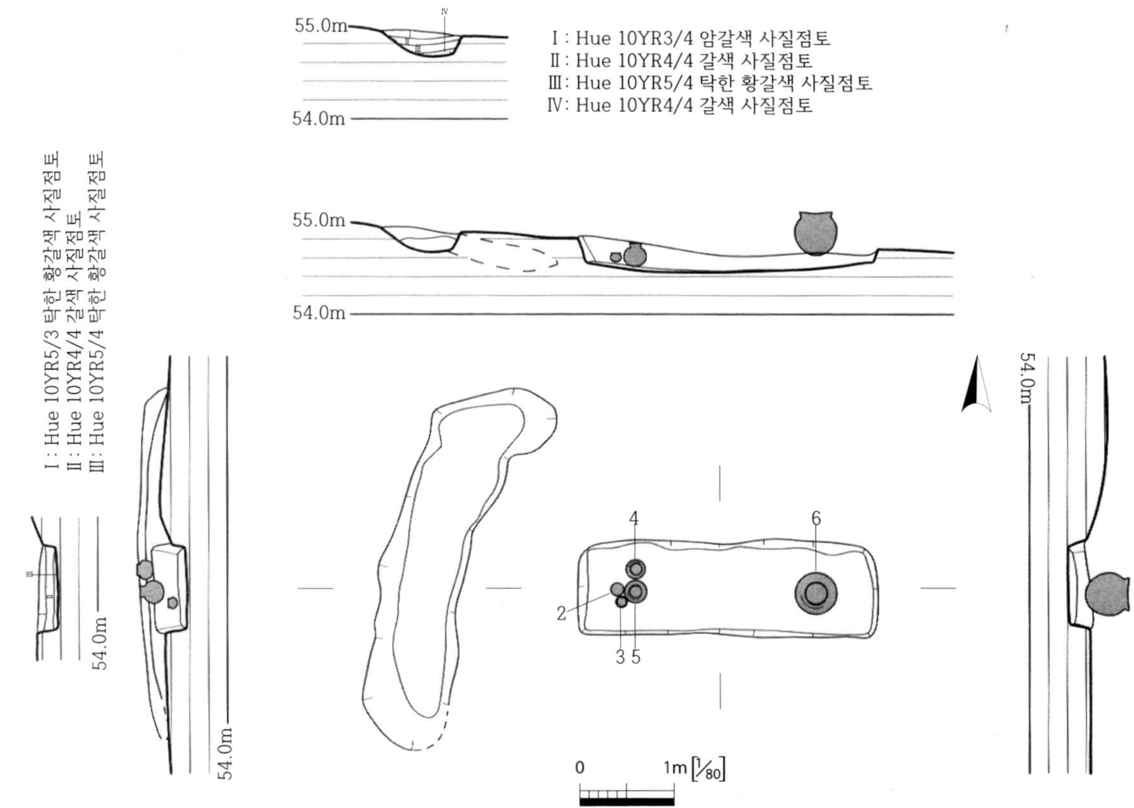

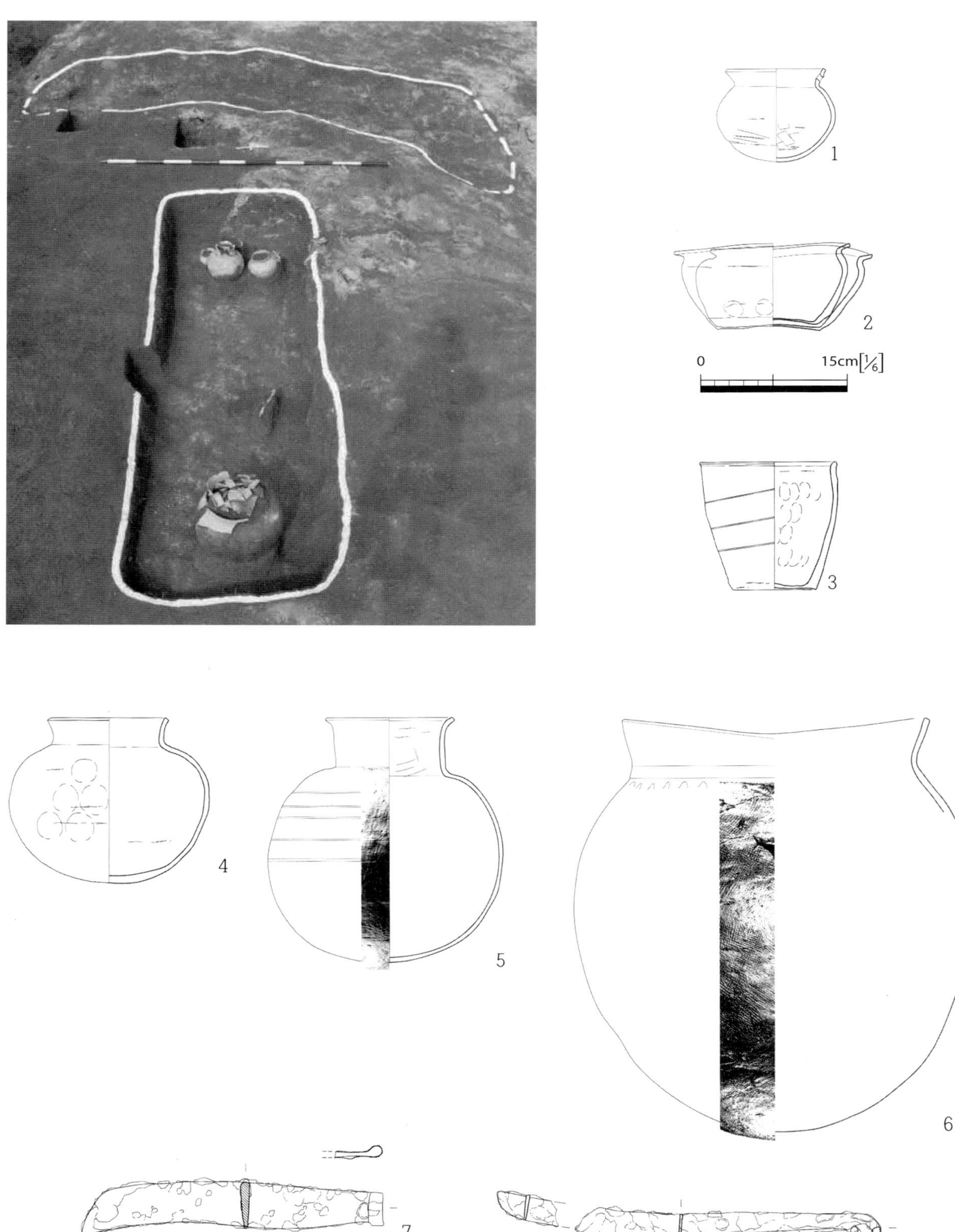

41호 토광묘

(단위 : cm)

묘광	크 기 (길이×너비×깊이)	(247+)×103×(19+)	목관	크 기 (길이×너비×높이)	?
	장 폭 비	?		장 폭 비	?
	장축방향	N-90°-E	목곽	크 기 (길이×너비×높이)	?
	두 향	?		장 폭 비	?
유물	토 기	단경호(3)			
	철 기	-			
	청 동 기	-			
	옥 석 류	-			
	기 타	-			
	특기사항				

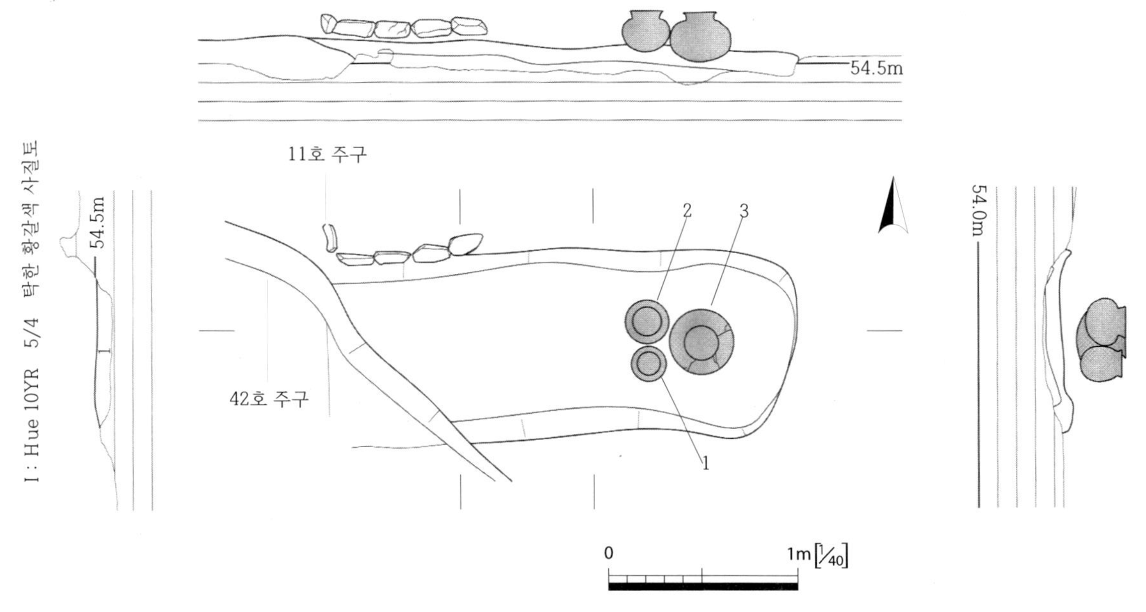

[출토유물]

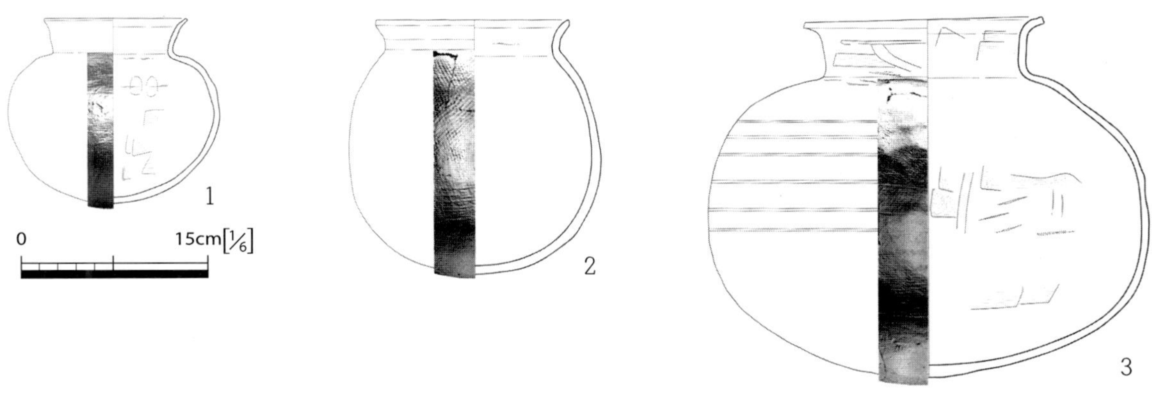

42호 주구토광묘

(단위 : cm)

묘광	크 기 (길이×너비×깊이)	352×106×(49+)	목관	크 기 (길이×너비×높이)	?
	장 폭 비	3.32:1		장 폭 비	?
	장축방향	N-90°-E	목곽	크 기 (길이×너비×높이)	?
	두 향	?		장 폭 비	?
	주구크기 (길이×너비×깊이)	?×90×(30+)	주구평면형태		(눈썹형)
유물	토 기	단경호(1)			
	철 기	–			
	청 동 기	–			
	옥 석 류	–			
	기 타	–			
	특기사항	매장주체부의 상부 중앙에서 통일신라시대 골호가 1점 출토됨.			

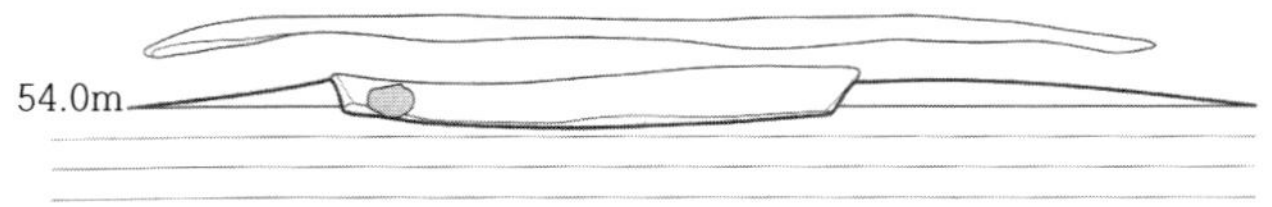

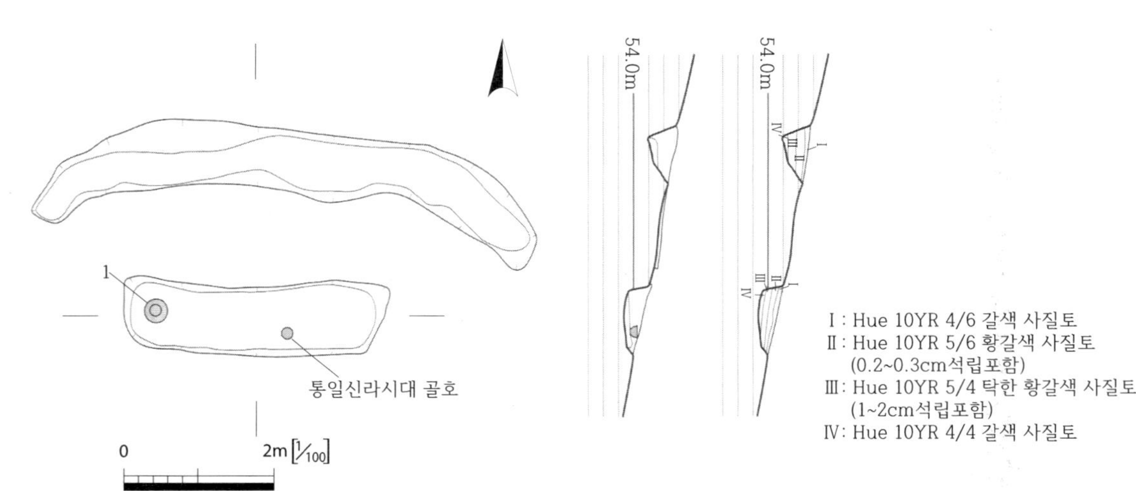

[유구사진]

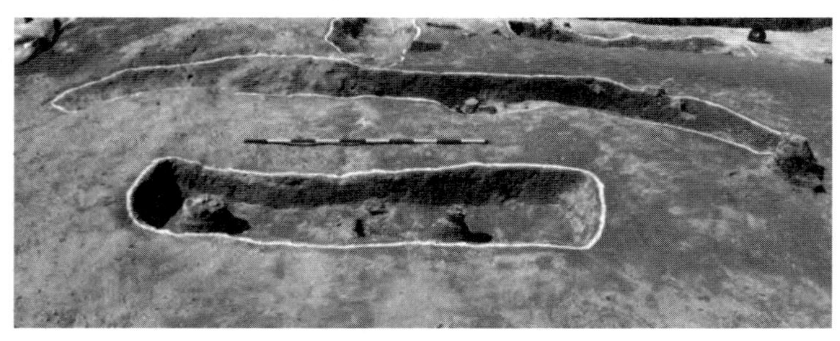

[출토유물]

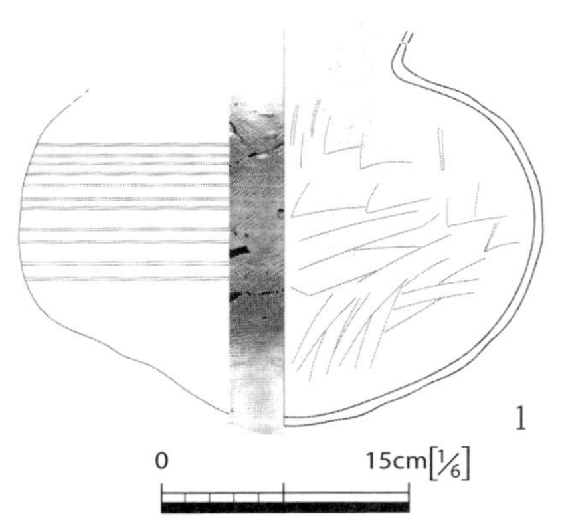

43호 토광묘

(단위 : cm)

묘광	크 기 (길이×너비×깊이)	254×74×(17+)	목관	크 기 (길이×너비×높이)	?
	장폭비	3.43:1		장폭비	?
	장축방향	N-75°-W	목곽	크 기 (길이×너비×높이)	?
	두 향	?		장폭비	?
유물	토 기	완(1), 단경호(1)			
	철 기	-			
	청동기	-			
	옥석류	-			
	기 타	-			
	특기사항				

Ⅰ : Hue 10YR 4/6
　　갈색 사질점토
Ⅱ : Hue 10YR 5/6
　　황갈색 사질점토(사질강함)
Ⅲ : Hue 10YR 5/8
　　황갈색 사질점토
　　(Ⅱ층보다 입자가 굵음)

51.0m

51.0m

0　　　　　1m [1/40]

[유구사진]

[출토유물]

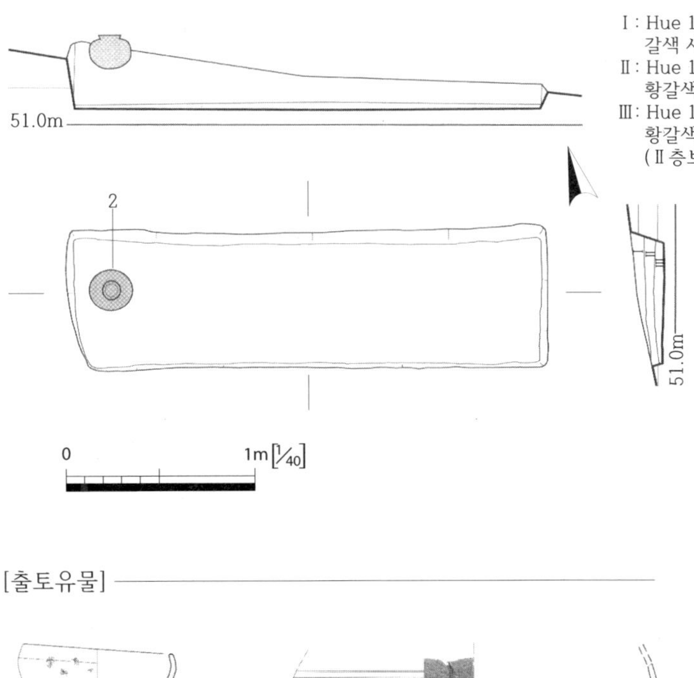

1

2

0　　　　15cm [1/6]

1호 옹관묘

(단위 : cm)

묘광	크 기 (길이×너비×깊이)	118×80×(21+)	옹관길이	(69)
	장폭비	1.47:1	결합형식	합구식
	장축방향	N-29°-W	안치형태	횡치
	두 향	?		
유물	토 기	장란형토기(2)		
	철 기		-	
	청 동 기		-	
	옥 석 류		-	
	기 타		-	
	특기사항			

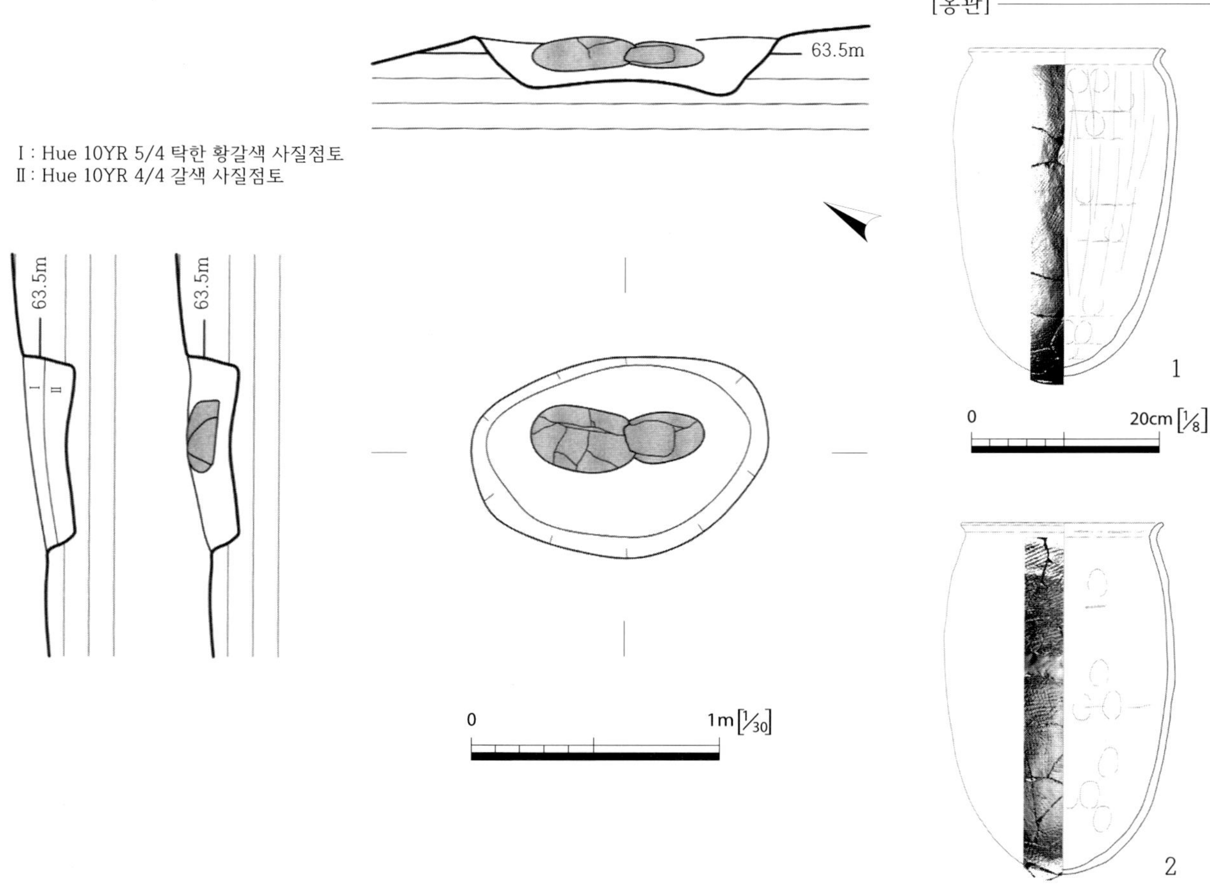

2호 옹관묘

(단위 : cm)

묘광	크 기 (길이×너비×깊이)	180×152×(?)	옹관길이	?
	장폭비	1.18:1	결합형식	?
	장축방향	N-30°-W	안치형태	횡치
	두 향	?		
유물	토 기	심발형토기(1), 호(2)		
	철 기	겸(1)		
	청동기	-		
	옥석류	-		
	기 타	-		
	특기사항			

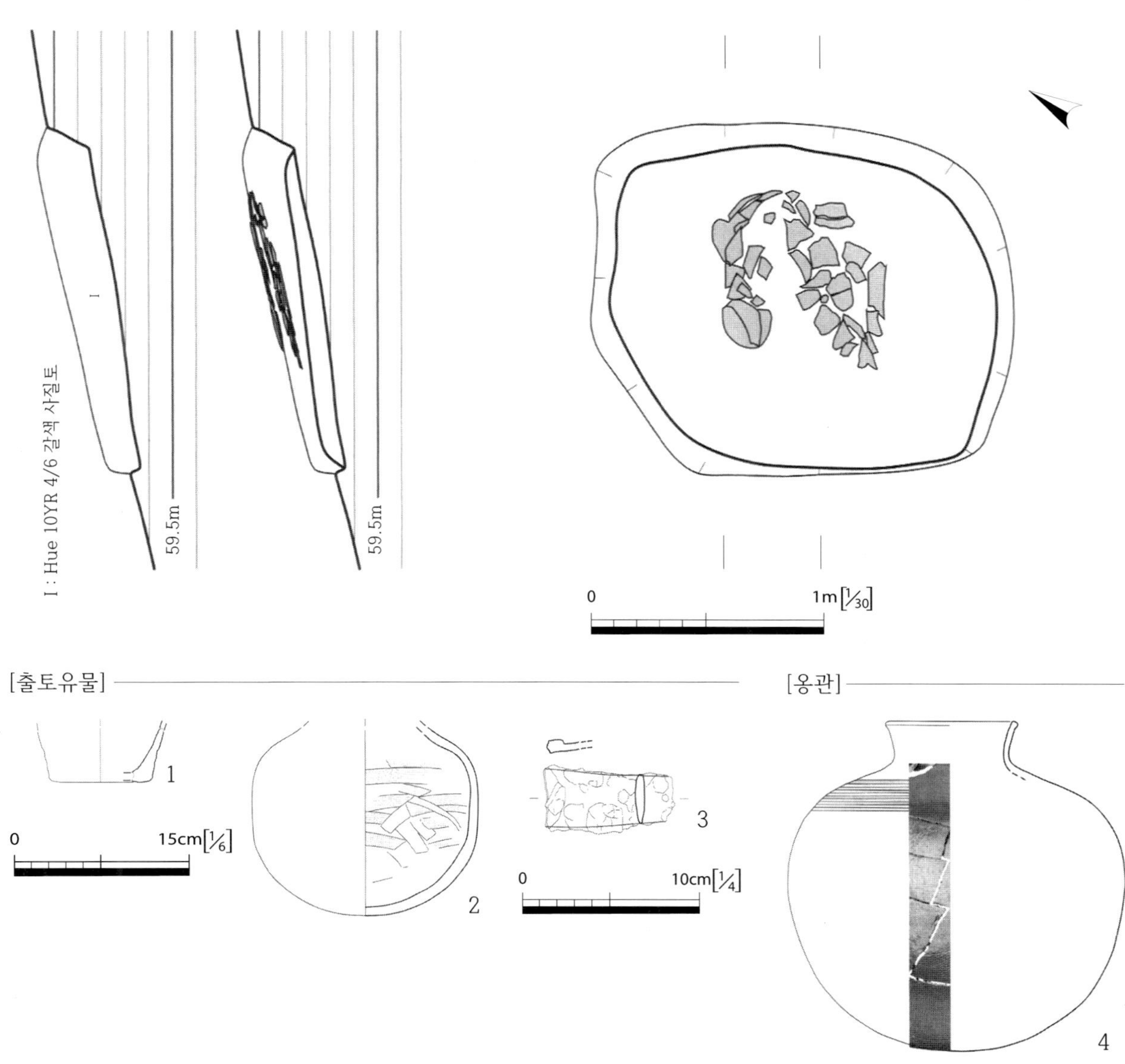

3호 옹관묘

(단위 : cm)

묘광	크 기 (길이×너비×깊이)	724×110×(30+)	옹관길이	(104)
	장폭비	6.58:1	결합형식	합구식
	장축방향	N-(76)°-E	안치형태	횡치
	두 향	?		
유물	토 기	옹-(2)		
	철 기	-		
	청 동 기	-		
	옥 석 류	-		
	기 타	-		
	특기사항	28호 주구토광묘의 주구 중앙에서 확인됨.		

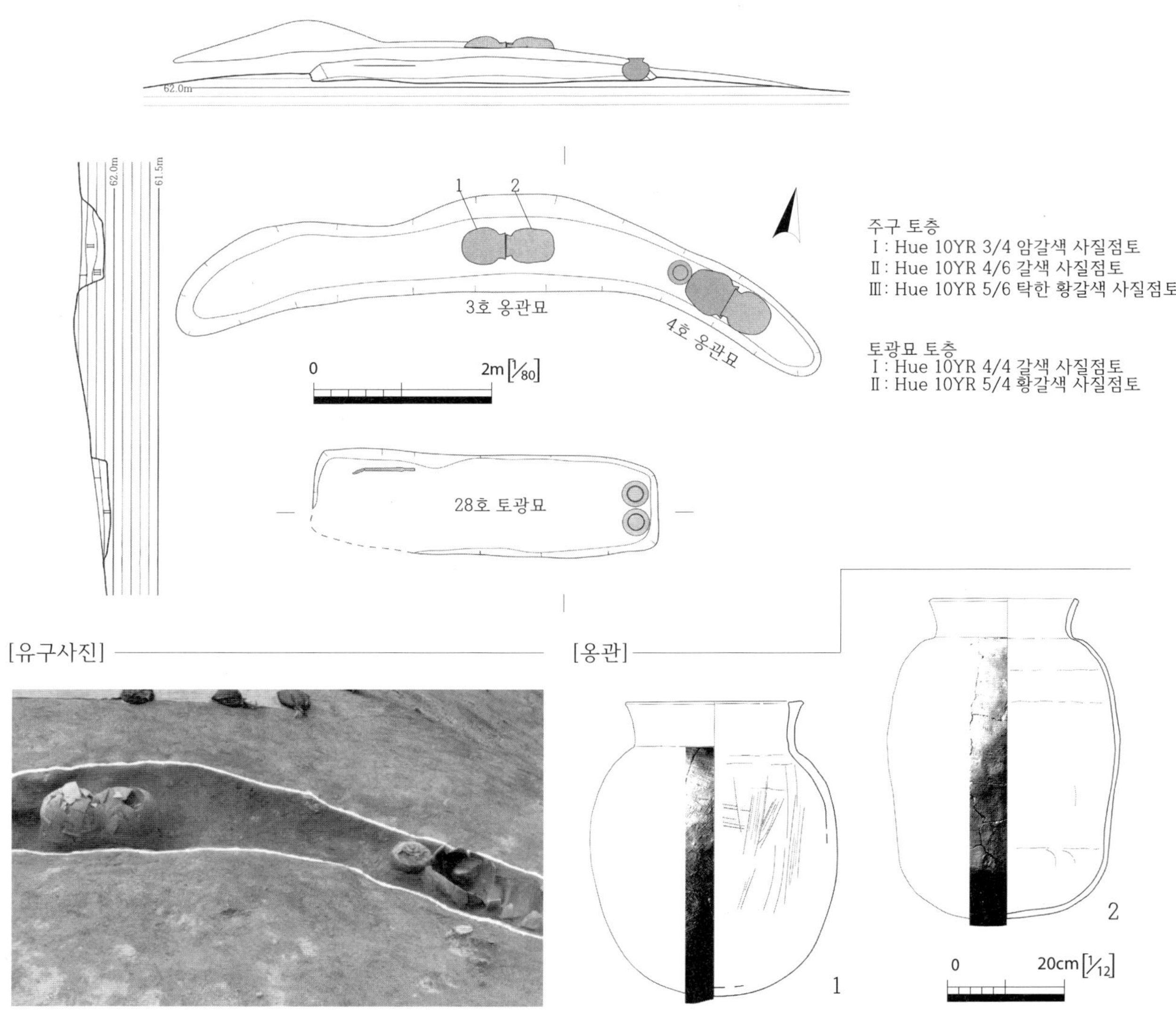

4호 옹관묘

(단위 : cm)

묘광	크 기 (길이×너비×깊이)	724×110×(30+)	옹관길이	(102)
	장폭비	6.58:1	결합형식	합구식
	장축방향	N-(70)°-E	안치형태	횡치
	두 향	?		
유물	토 기	호(1), 옹-(2)		
	철 기		-	
	청 동 기		-	
	옥 석 류		-	
	기 타		-	
	특기사항	28호 주구토광묘의 주구에서 확인됨.		

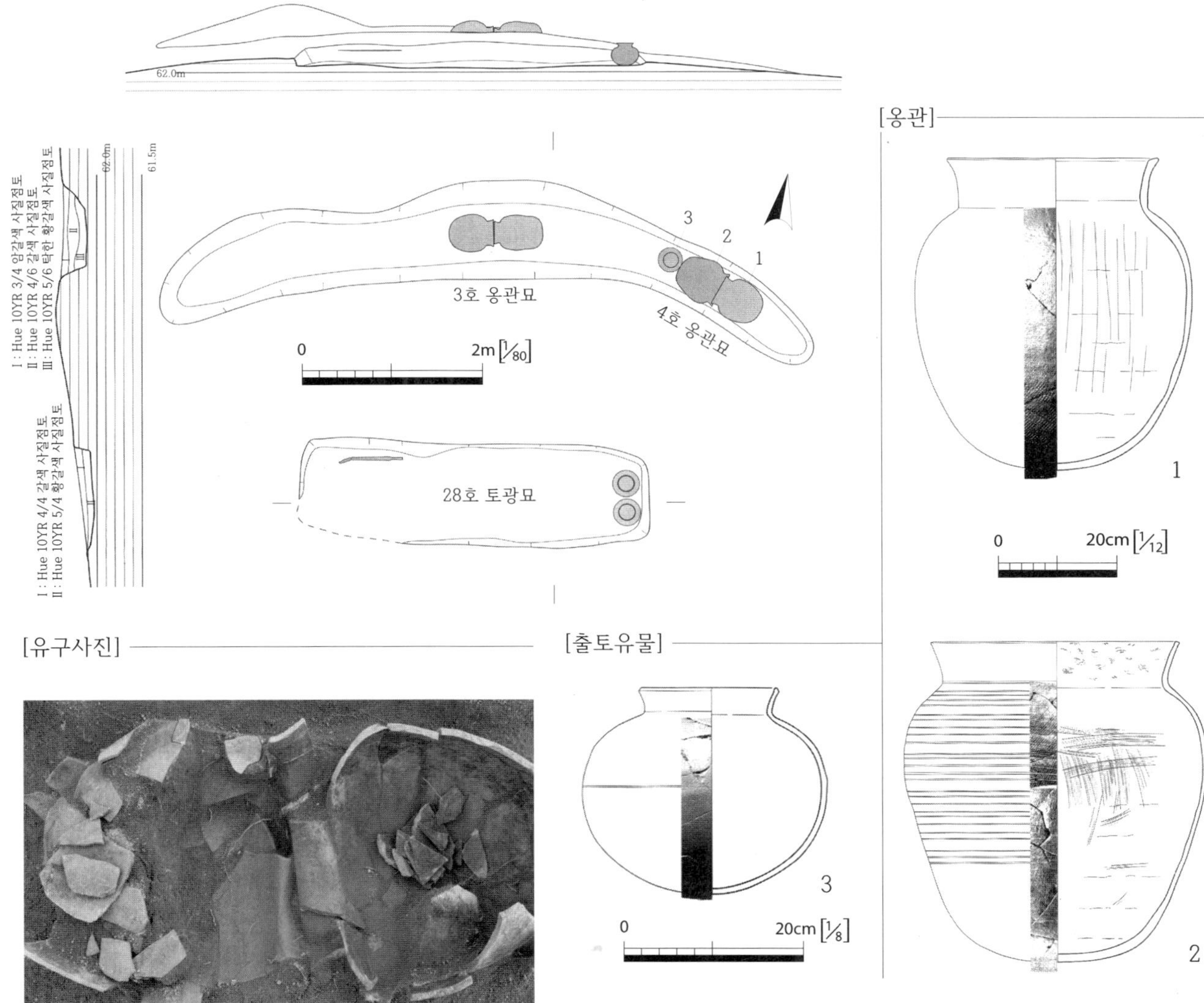

연기 월산리유적燕岐 月山里(現 世宗 누리리)遺蹟

조사사유	월산지방산업단지 조성에 따른 구제발굴조사
조사연혁	지표조사 : 1995. (공주대학교박물관) 1차 발굴조사 : 1996. 10. 15. ~ 1997. 01. 16.(건국대학교박물관) 2차 발굴조사 : 1997. 06. 30. ~ 1997. 07. 16.(건국대학교박물관)

유적위치	舊	충청남도 연기군 남면 월산리 일원	
	新	세종특별자치시 연기면 누리리	
	경·위도 36°30'7.52"N / 127°15'41.74"E		GPS 36.502090 / 127.261595

유적입지	월산리 일대의 동남쪽에는 전월산(260m)과 노적산(181m)이 위치하며, 남서쪽에는 원수봉(254m)이 자리하고 있다. 또 남쪽으로는 남면 양화리와 연접해 있고, 북쪽으로는 100m 미만의 낮은 구릉들이 이어져 미호천과 만나게 된다. 이 유적은 계곡과 계곡 사이에 있는 비교적 넓은 평지대가 자리하고 있다.

유구현황	초기철기시대	-
	원삼국시대	-
	삼국시대	석실묘(1)
	기 타	고려시대 석실묘(11)·토광묘(1)·화장묘(1)·원형적석유구(1), 시대미상 건물지(2)

주요유물	완
시대·성격	월산리에서는 백제토기 완이 출토되는 소형의 횡구식석실이 1기 조사되었다. 정확한 축조시기는 알기 어려우나, 토기로 보아 대략 5세기 무렵 조영된 것으로 보인다.
참고문헌	건국대학교박물관, 1998, 『燕岐郡 月山地方 産業團地敷地 燕岐郡 月山里 古墳群』.

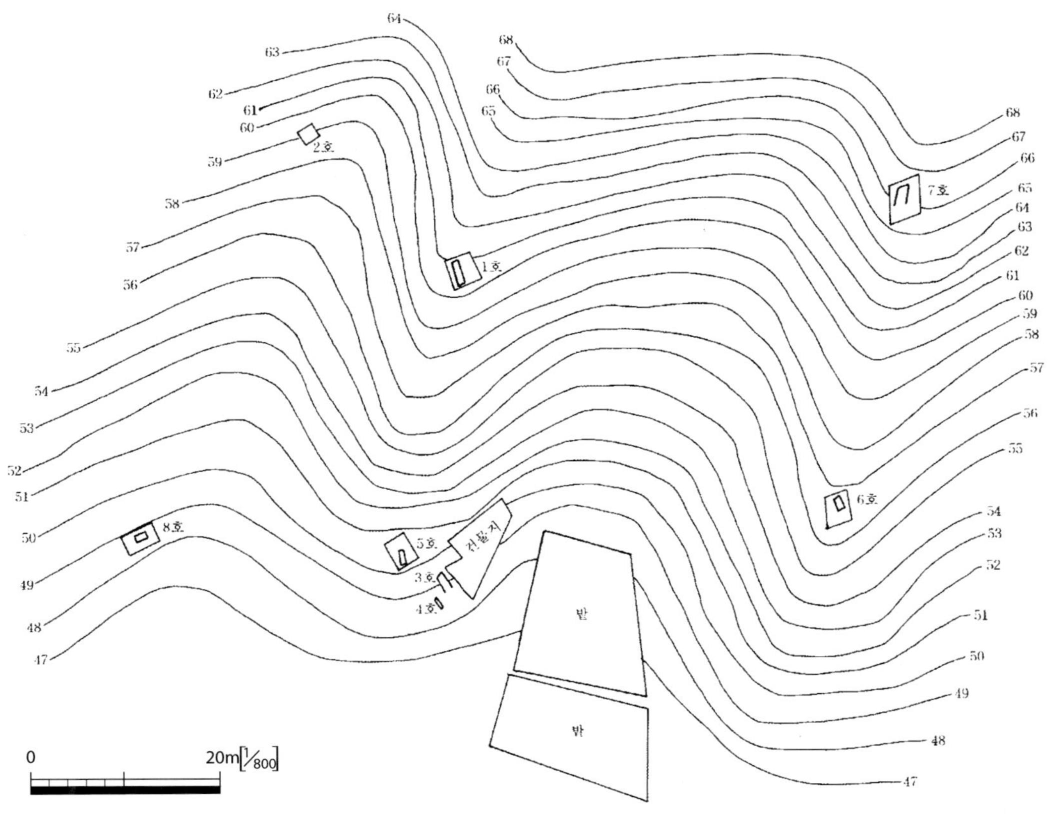

연기 월산리유적 A지구 지형도

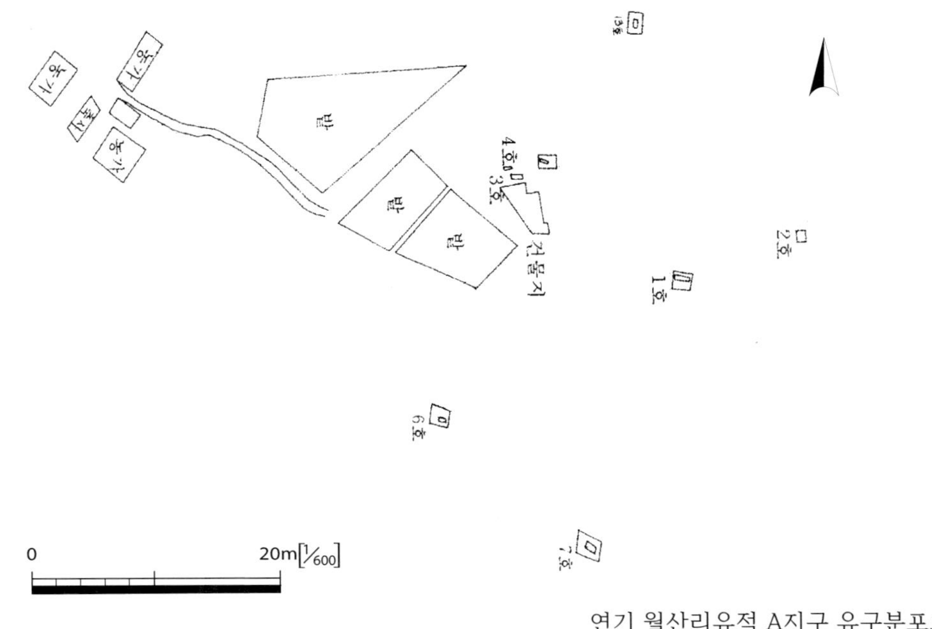

연기 월산리유적 A지구 유구분포도

A-8호 석실묘

(단위 : cm)

봉토	크 기 (길이×너비×높이)	?	묘광	크 기 (길이×너비×깊이)	?
	평면형태	?		장폭비	?
현실	크 기 (길이×너비×높이)	190×100×?		천정형태	?
	평면형태	장방형		횡구부위치	북측 단벽
횡구부	크 기 (길이×너비)	?		배수시설 (길이×너비×깊이)	?
	장폭비	?		묘도크기 (길이×너비)	?
시상/관대크기 (길이×너비×높이)		?		두 향	?
장축방향		N-20°-E		벽석종류	할석
유물	토 기	완(2)			
	철 기	-			
	청 동 기	-			
	옥 석 류	-			
	기 타	-			
특기사항					

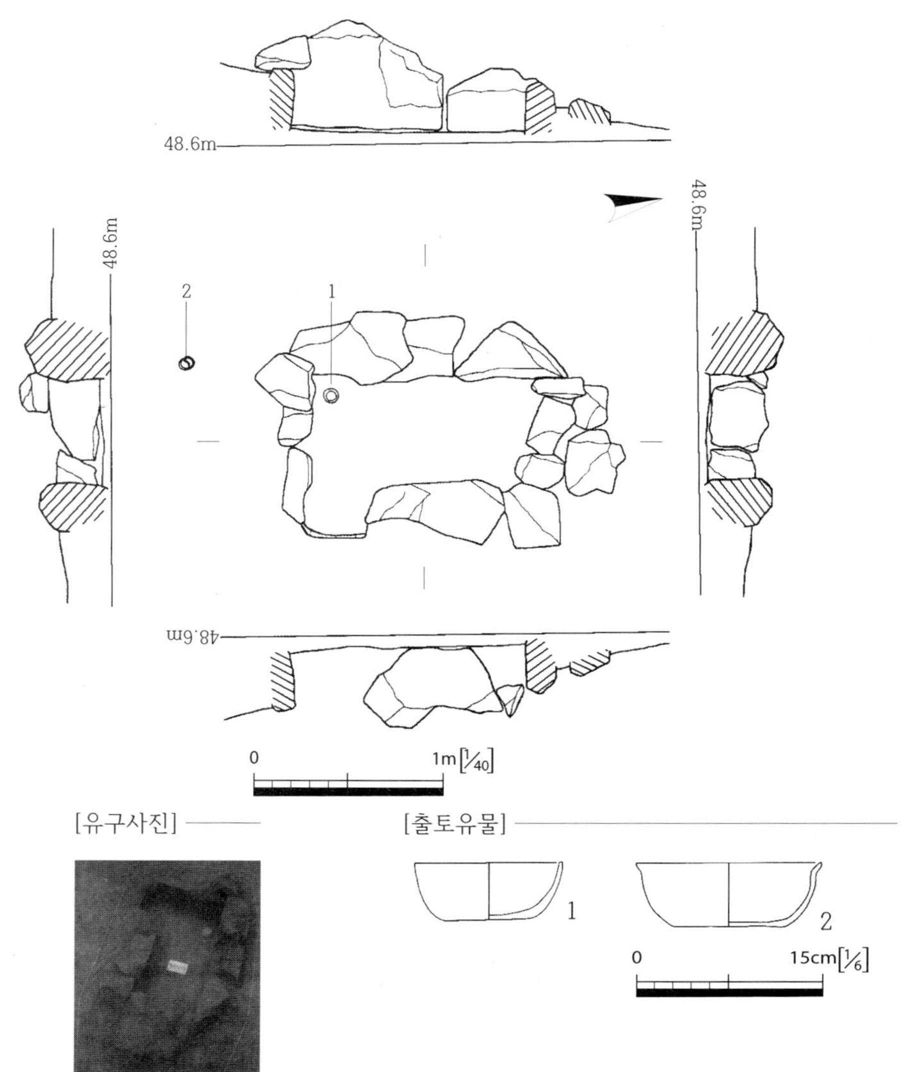

0   1m[1/40]

[유구사진]　　　　　　[출토유물]

0   15cm[1/6]

연기 응암리유적 燕岐 鷹岩里(現 世宗 鷹岩里)遺蹟

조사사유	연기 남면-동면간 도로 확·포장공사에 따른 구제발굴조사
조사연혁	지표조사 : 2002. 05.(공주대학교박물관) 시굴조사 : 2003. 06.(공주대학교박물관) 발굴조사 : 2003. 12. 03. ~ 2004. 03. 25.(공주대학교박물관) 추가조사 : 2004. 07. 27. ~ 2004. 09. 05.(공주대학교박물관)

유적위치	舊	충청남도 연기군 동면 응암리 일원
	新	세종특별자치시 연동면 응암리

경·위도 36°32'55.03"N / 127°20'46.28"E	GPS 36.548619 / 127.346190

유적입지	조사지역은 동쪽으로 청원군 부용면 갈산리와 '백천'을 사이에 두고 있으며, 남쪽에는 연기군 동면 명암리와 합강리가 있고, 서쪽으로는 미호천을 사이에 두고 연기군 남면과 접하고 있다. 미호천변의 저평한 충적지에서 동쪽으로 완만한 구릉지대가 이어지다가 바로 청원군 부용면의 고산지대로 이어지게 되는데, 유적은 북쪽에 있는 蛾眉山(139.8m)에서 남동쪽으로 완만한 경사면을 이루며 흘러내린 해발 30~70m 내외의 저평한 구릉 상부와 사면에 입지하고 있다.

유구현황	초기철기시대	-
	원삼국시대	주구토광묘(4)·토광묘(11)·방형주거지(16)·구덩이(8)·도랑유구(1)
	삼 국 시 대	
	기 타	조선시대 토광묘(22)·주거지(1)

주요유물	심발형토기, 원저단경호, 옹, 환두대도, 철부, 철모, 마형대구, 구슬
시대·성격	이 유적은 주거지와 도랑유구가 중심을 이루는 생활권역(Ⅰ지역)과 (주구)토광묘 위주의 매장권역(Ⅱ)이 별도로 분리되어 있는 복합유적으로서 당시 취락의 공간구성을 보여주는 중요한 자료이다. 토광묘 15기 가운데 4기에 주구가 부가되어 있으며 합장묘도 4기나 있는 것이 특징적이다. 합장묘 4기 중 1기는 이혈(11호)이며, 나머지 3기 가운데 2기(3·8호)는 묘광의 크기도 다르고 단차가 있는 반면에, 1기(4호)는 축조 선후관계(4-①—4-②호)는 있으나 묘광 평면이 흡사 동혈처럼 되어 있는 병혈합장묘이다. 주구와 합장 등의 요소는 미호천 유역 원삼국시대~백제 초기의 토광묘들과 그 궤를 같이하는 것으로서, 원저단경호와 철모·마형대구 등의 출토유물로 미루어 대략 3세기 후반~4세기 전반 무렵을 중심으로 조영된 것으로 보인다.
참고문헌	공주대학교박물관, 2004, 「연기 남면-동면간 도로부지 내 문화유적 발굴조사 鷹岩里·龍湖里遺蹟」, 현장설명회자료집. 公州大學校博物館, 2008, 『燕岐 鷹岩里 遺蹟』, 學術叢書 08-07.

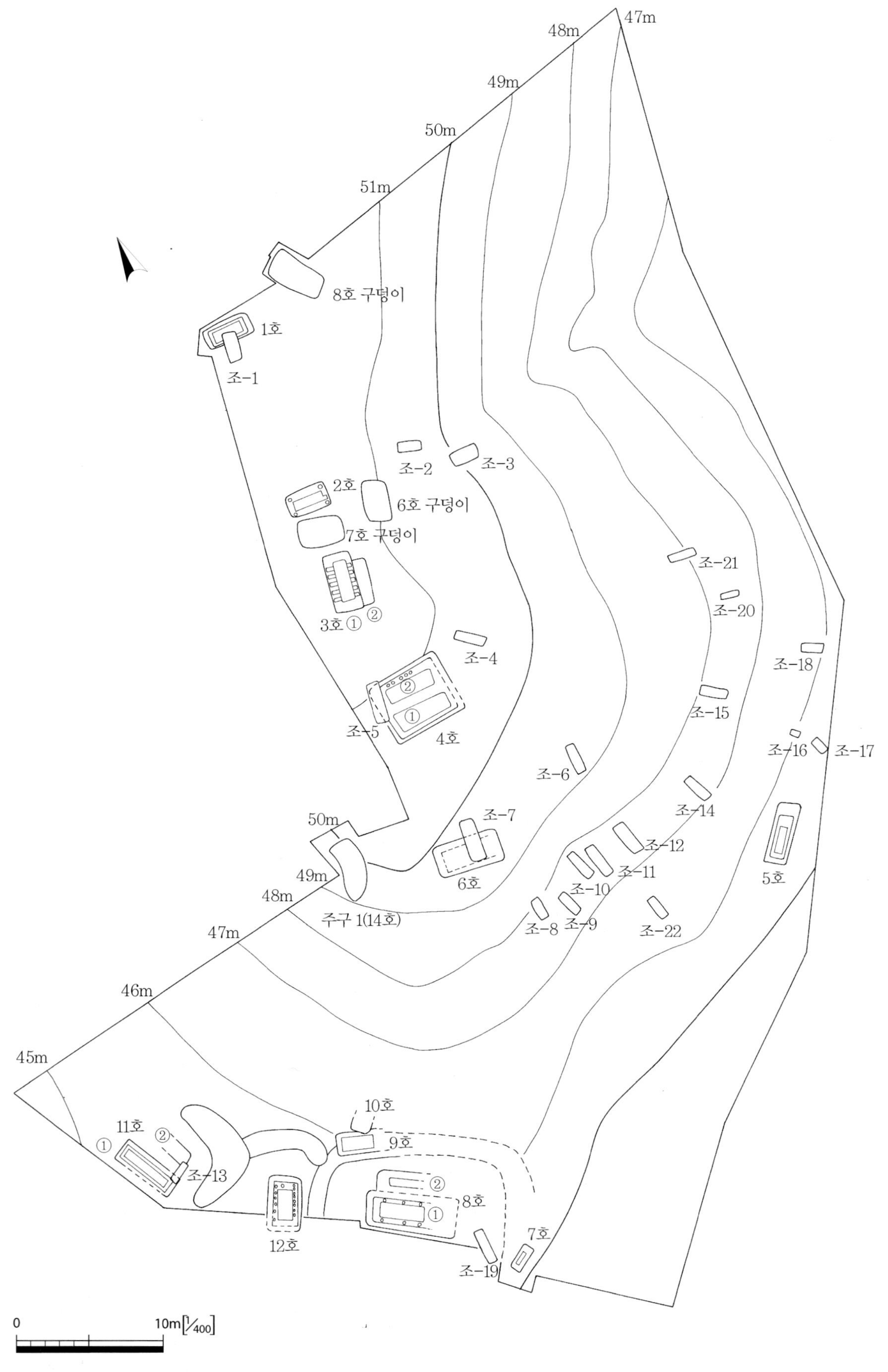

[유구배치도]
47m
48m
49m
50m
51m
8호 구덩이
1호
조-1
조-2
조-3
2호
6호 구덩이
7호 구덩이
3호 ① ②
조-21
조-20
조-4
조-18
②
①
조-5
4호
조-15
조-16
조-17
조-6
50m
조-7
조-14
49m
조-12
5호
48m
조-11
47m
6호
조-10
46m
조-8 조-9
조-22
45m
주구 1(14호)
10호
11호
①
②
9호
조-13
②
8호
①
12호
7호
조-19
0   10m[1/400]

연기 응암리유적 전경

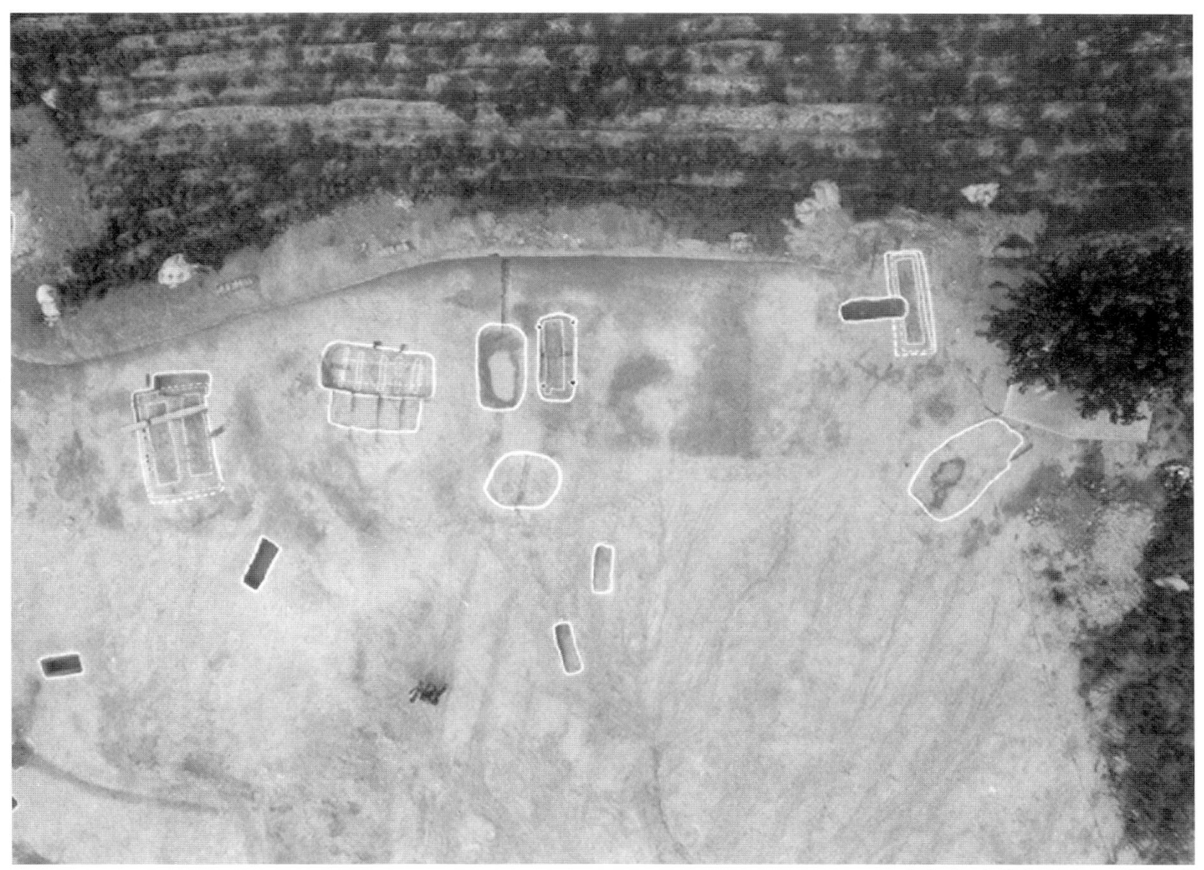

연기 응암리유적 Ⅱ구역 근경

1호 토광묘

(단위 : cm)

묘광	크 기 (길이×너비×깊이)	(352+)×(128+)×(10+)	목관	크 기 (길이×너비×높이)	305×83×?
	장폭비	?		장폭비	3.67:1
	장축방향	N-84°-W	목곽	크 기 (길이×너비×높이)	(328+)×(94+)×?
	두 향	?		장폭비	?
유물	토 기	심발형토기(1), 단경호(3), 토기편(6)			
	철 기	단조철부(1), 교구(1), 미상철기(1)			
	청 동 기	–			
	옥 석 류	유리제 구슬(7)			
	기 타	–			
	특기사항	보고서 기술과 유구·유물 도면의 축척이 상이하여 보고서 기술에 따라 축척을 조정하였음.			

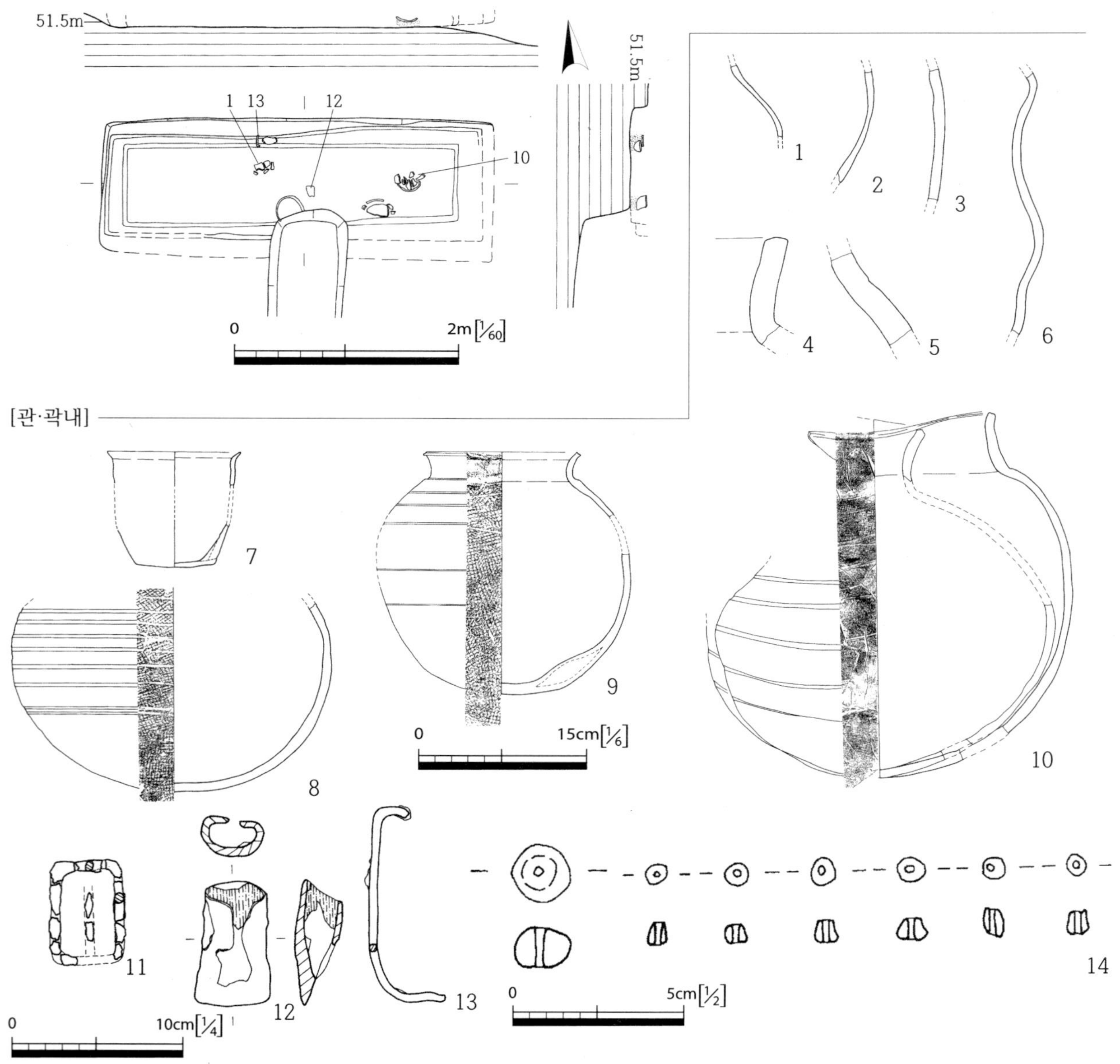

[관·곽내]

2호 토광묘

(단위 : cm)

묘광	크 기 (길이×너비×깊이)	302×118×(15+)	목관	크 기 (길이×너비×높이)	242×70×?
	장폭비	2.56:1		장폭비	3.46:1
	장축방향	N-81°-W	목곽	크 기 (길이×너비×높이)	?
	두 향	동쪽		장폭비	?
유물	토 기	경질무문 심발(1), 단경호(2), 옹(1)			
	철 기	환두도(1)			
	청 동 기	-			
	옥 석 류	-			
	기 타	유리제 구슬(4)			
	특기사항	사방에 20×10cm 크기의 주공이 있어 목곽시설이 있었던 것으로 추정함. 보고서 기술과 유구·유물 도면의 축척이 상이하여 보고서 기술에 따라 축척을 조정하였음.			

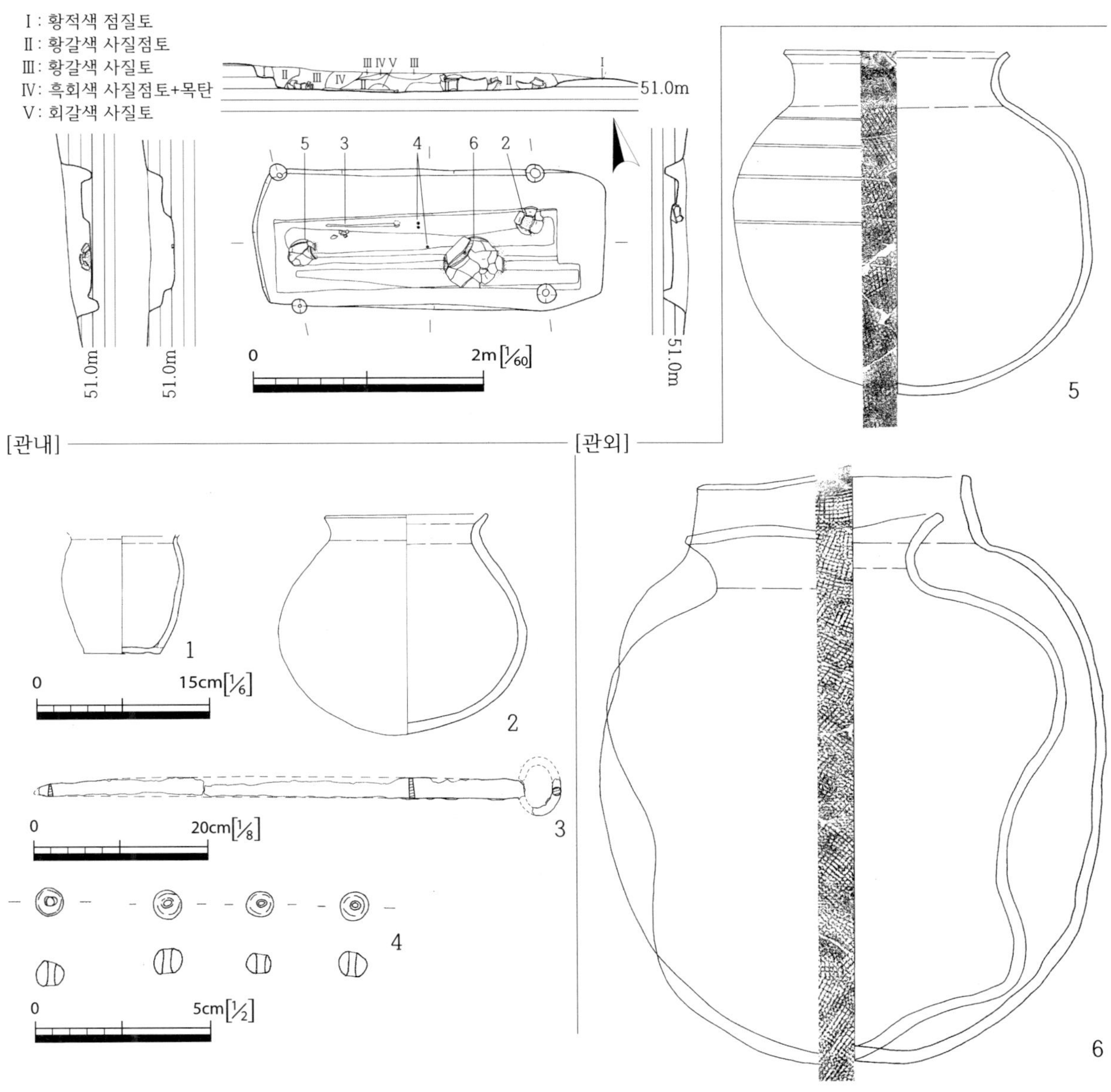

3호 토광묘

(단위 :　cm)

묘광	3-①호		묘광	3-②호	
묘광	크 기 (길이×너비×깊이)	434×170×(30+)	묘광	크 기 (길이×너비×깊이)	340×131×(5+)
	장폭비	2.55:1		장폭비	2.60:1
장축방향		N-72°-E	장축방향		N-72°-E
두 향		남향	두 향		?
목곽	크 기 (길이×너비×높이)	?	목곽	크 기 (길이×너비×높이)	?
	장폭비	?		장폭비	?
목관	크 기 (길이×너비×높이)	290×72×?	목관	크 기 (길이×너비×높이)	?
	장폭비	4.03:1		장폭비	?
유물	토 기	심발형토기(1), 단경호(1)	유물	토 기	심발형토기(1), 단경호(1), 호·옹편(1)
	철 기	도자(1), 단조철부(1), 겸(1)		철 기	-
	청동기	-		청동기	마형대구(1)
	옥석류	-		옥석류	유리제 구슬(4)
	기 타	-		기 타	-
특기사항		보고서 기술과 유구·유물도면의 축척이 상이하여 보고서 기술에 따라 축척을 조정하였음.			

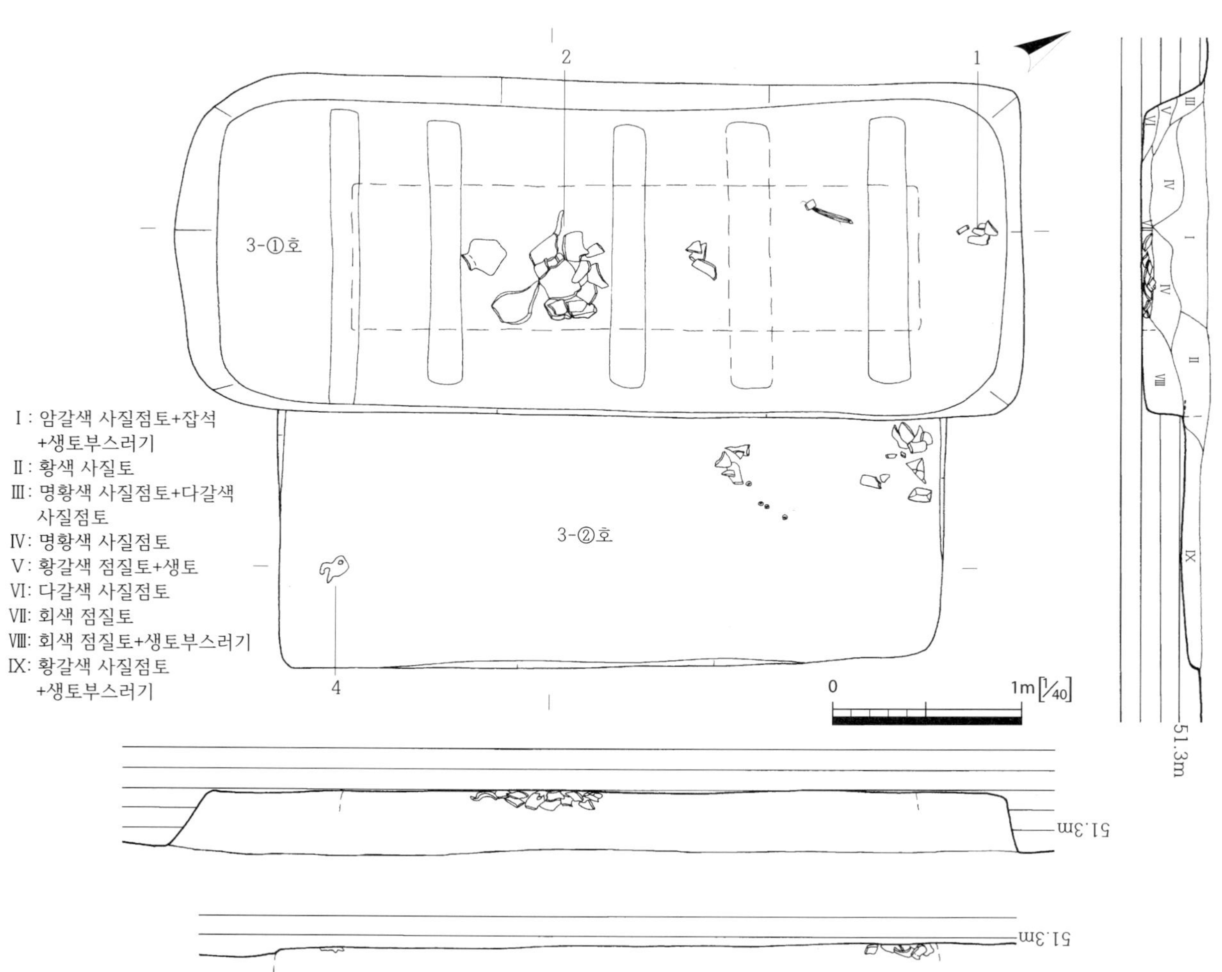

[유구사진]

[3-①호 출토유물]

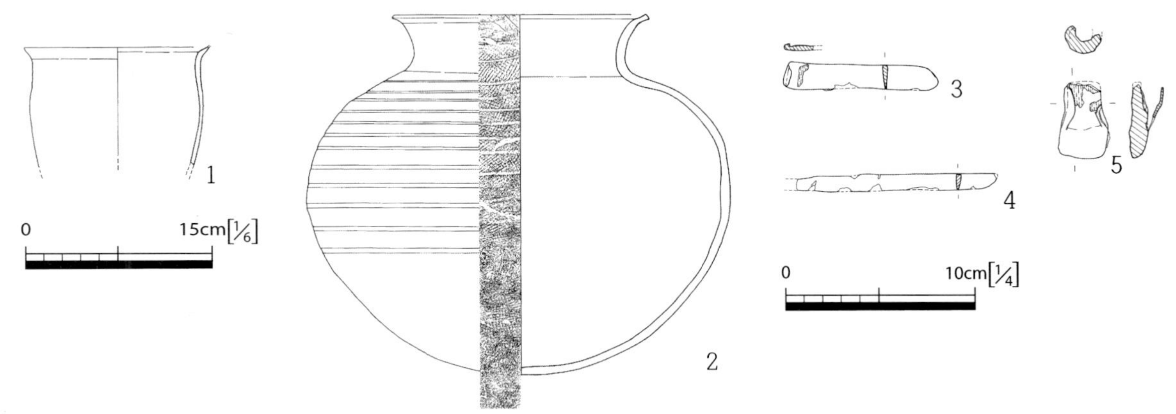

[3-②호 출토유물]

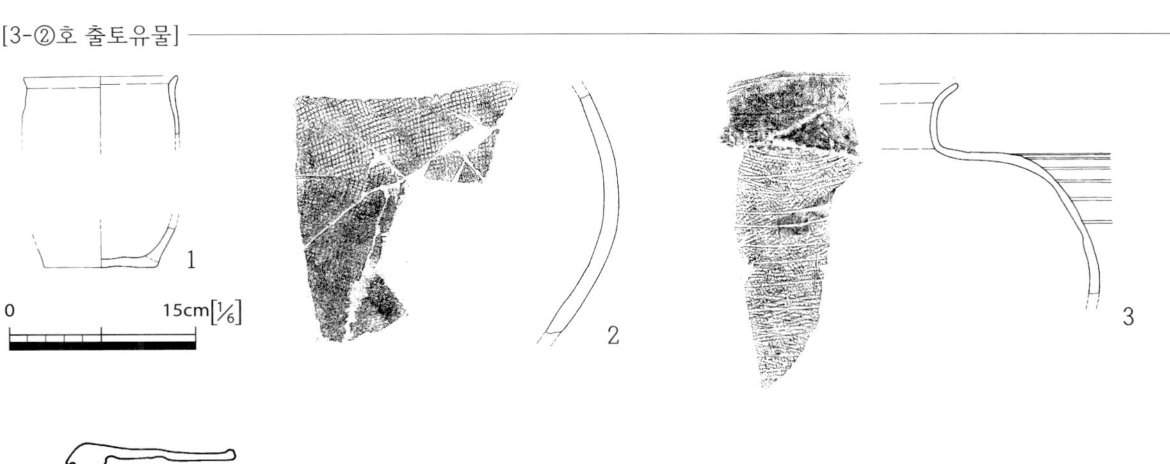

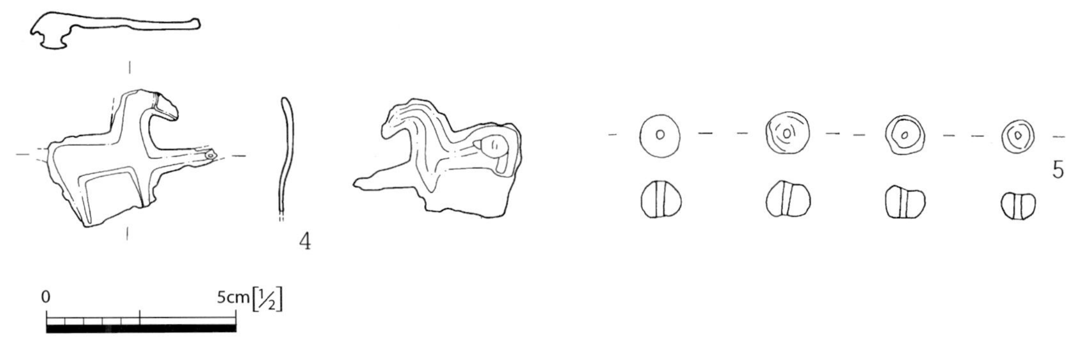

4호 토광묘

(단위 : cm)

	4-①호			4-②호	
묘광	크 기 (길이×너비×깊이)	439×334×(34+)	묘광	크 기 (길이×너비×깊이)	439×334×(34+)
	장폭비	1.31:1		장폭비	1.31:1
장축방향		N-90°-E	장축방향		N-90°-E
두 향		동쪽	두 향		?
목곽	크 기 (길이×너비×깊이)	?	목곽	크 기 (길이×너비×깊이)	?
	장폭비	?		장폭비	?
목관	크 기 (길이×너비×깊이)	316×(100)×?	목관	크 기 (길이×너비×깊이)	318×98×?
	장폭비	(3.16):1		장폭비	3.24:1
유물	토 기	심발형토기(1), 단경호(3), 호·옹(1)	유물	토 기	심발형토기(1), 단경호(1), 호·옹(1)
	철 기	도자(1), 단조철부(1), 미상철기(1)		철 기	-
	청 동 기	-		청 동 기	-
	옥 석 류	-		옥 석 류	-
	기 타	-		기 타	-
특기사항		4-②호가 後築된 것으로 보고됨. 보고서 기술과 유구·유물도면의 축척이 상이하여 보고서 기술에 따라 축척을 조정하였음.			

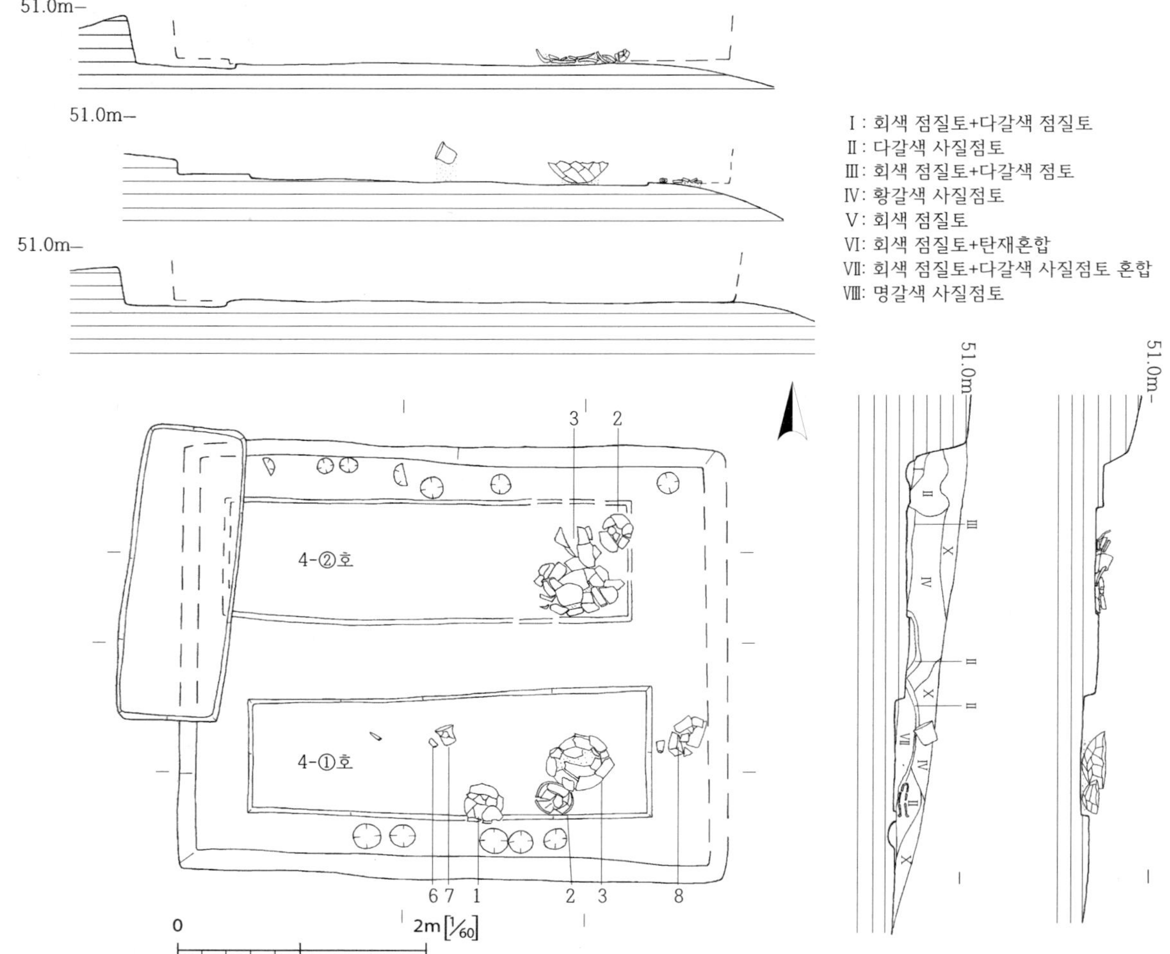

[유구사진]

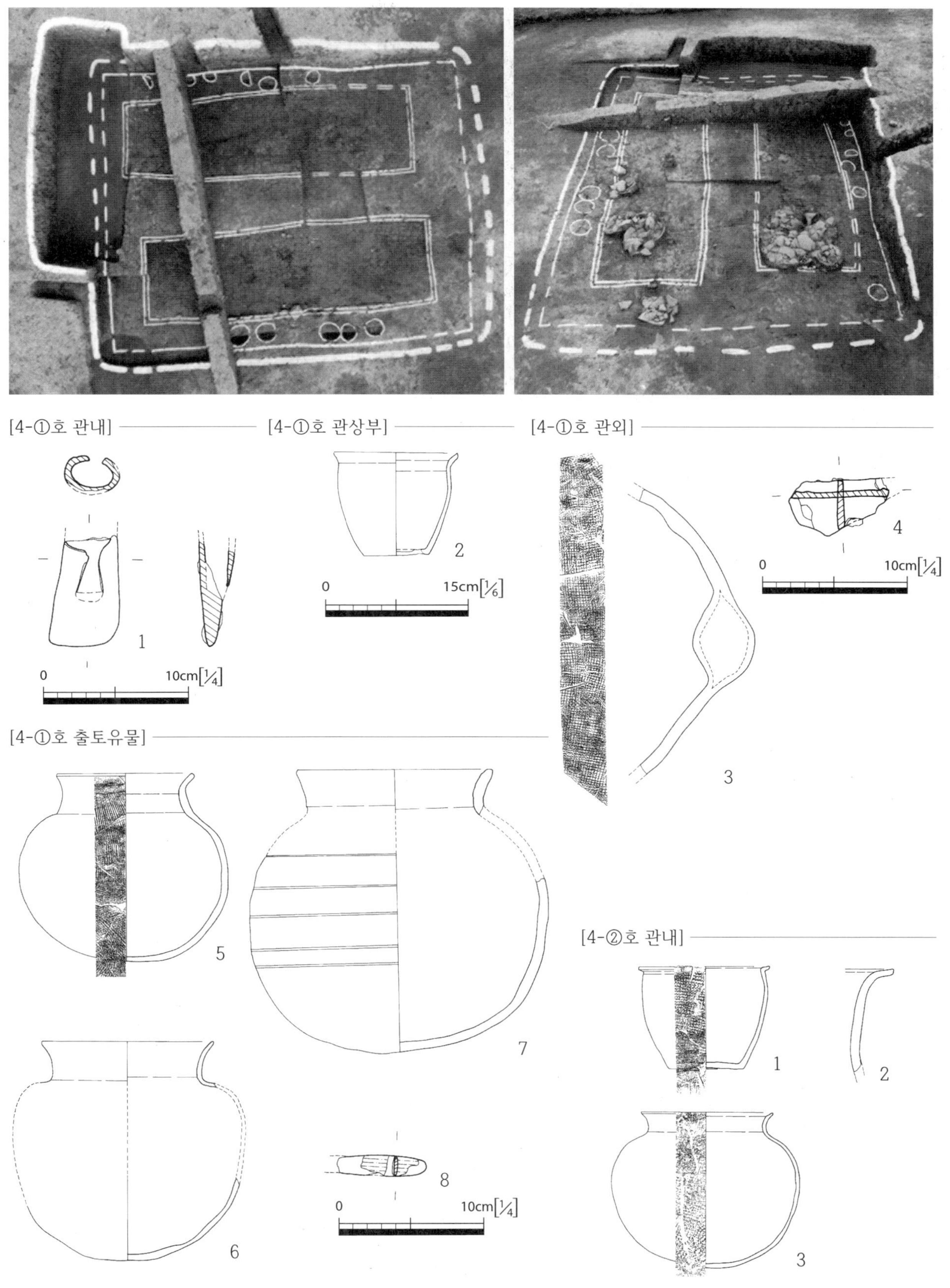

[4-①호 관내]
[4-①호 관상부]
[4-①호 관외]
1
2
3
4
0 15cm[1/6]
0 10cm[1/4]
0 10cm[1/4]
[4-①호 출토유물]
5
6
7
8
[4-②호 관내]
1
2
3
0 10cm[1/4]

5호 토광묘

(단위 : cm)

묘광	크 기 (길이×너비×깊이)	444×146×(37+)	목관	크 기 (길이×너비×높이)	255×72×?
	장폭비	3.04:1		장폭비	3.54:1
	장축방향	N-45°-E	목곽	크 기 (길이×너비×높이)	359×116×?
	두 향	동남쪽		장폭비	3.09:1
유물	토 기	심발형토기(1), 단경호(2), 옹(1)			
	철 기	환두도(1), 도자(1), 촉(5), 단조철부(1), 겸(1), 모(2), 착(1)			
	청 동 기	-			
	옥 석 류	-			
	기 타	-			
	특기사항	보고서 기술과 유구·유물 도면의 축척이 상이하여 보고서 기술에 따라 축척을 조정하였음.			

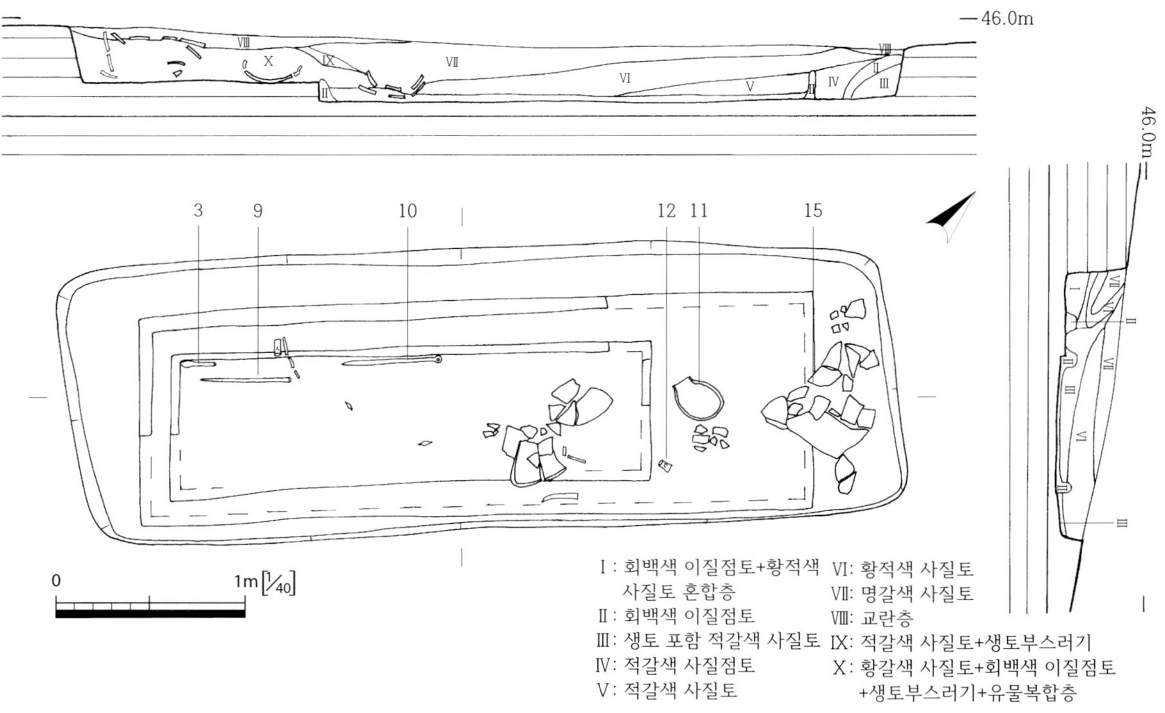

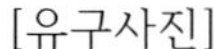

[유구사진]

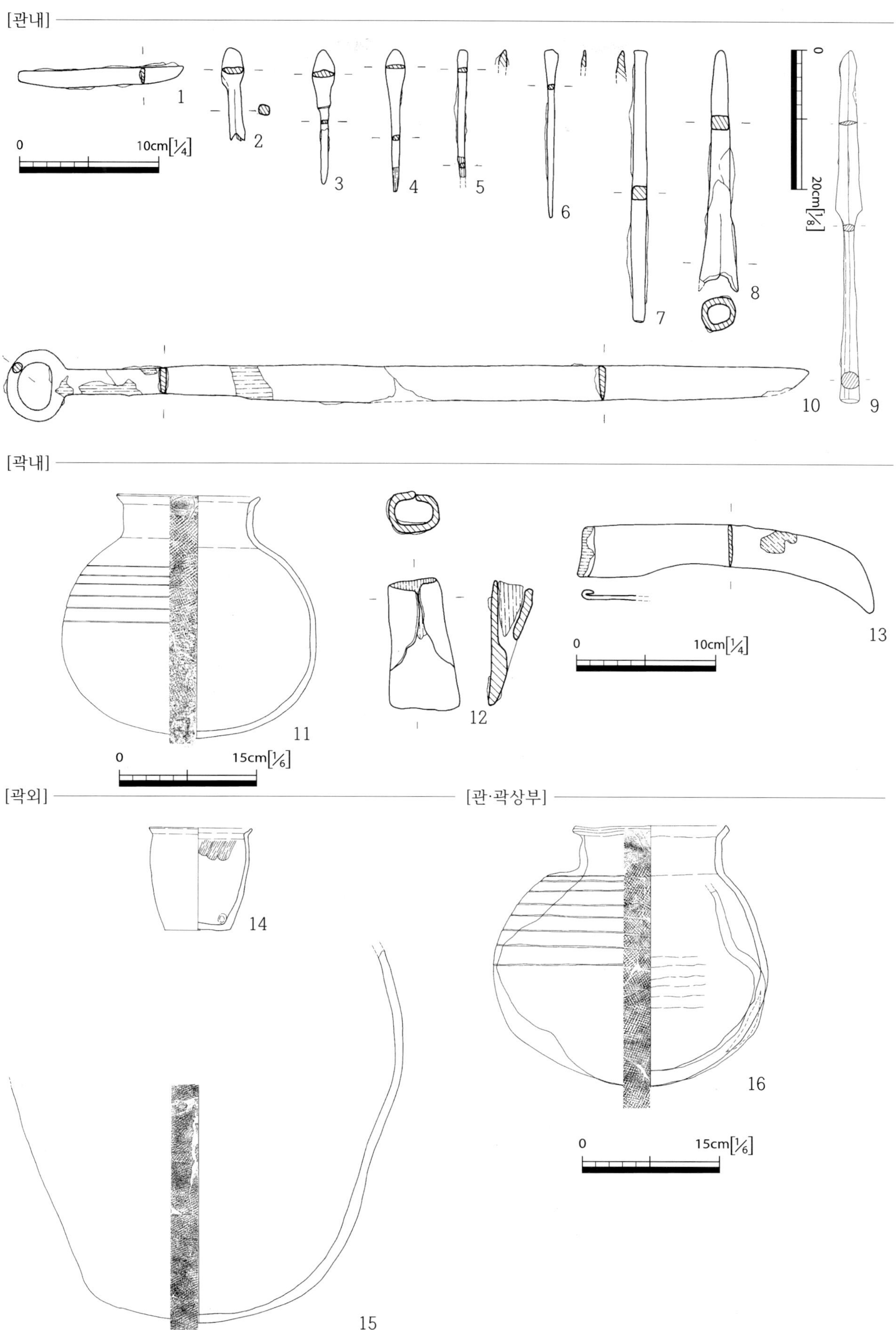
[관내]
0 10cm[¼]
0 20cm[⅛]
1
2
3
4
5
6
7
8
9
10
[곽내]
11
12
13
0 10cm[¼]
0 15cm[⅙]
[곽외]
14
15
[관·곽상부]
16
0 15cm[⅙]

6호 토광묘

(단위 : cm)

묘광	크 기 (길이×너비×깊이)	483×220×(51+)	목관	크 기 (길이×너비×높이)	(280)×(75)×?
	장폭비	2.20:1		장폭비	(3.73):1
	장축방향	N-60°-W	목곽	크 기 (길이×너비×높이)	(400)×(132)×?
	두 향	동남쪽		장폭비	(3.03):1
유물	토 기	심발형토기(1), 단경호(2), 호·옹(1)			
	철 기	환두도(1), 도(1), 도자(1), 촉(4), 준(1)			
	청동기	-			
	옥석류	-			
	기 타	-			
	특기사항	보고서 기술과 유구·유물 도면의 축척이 상이하여 보고서 기술에 따라 축척을 조정하였음.			

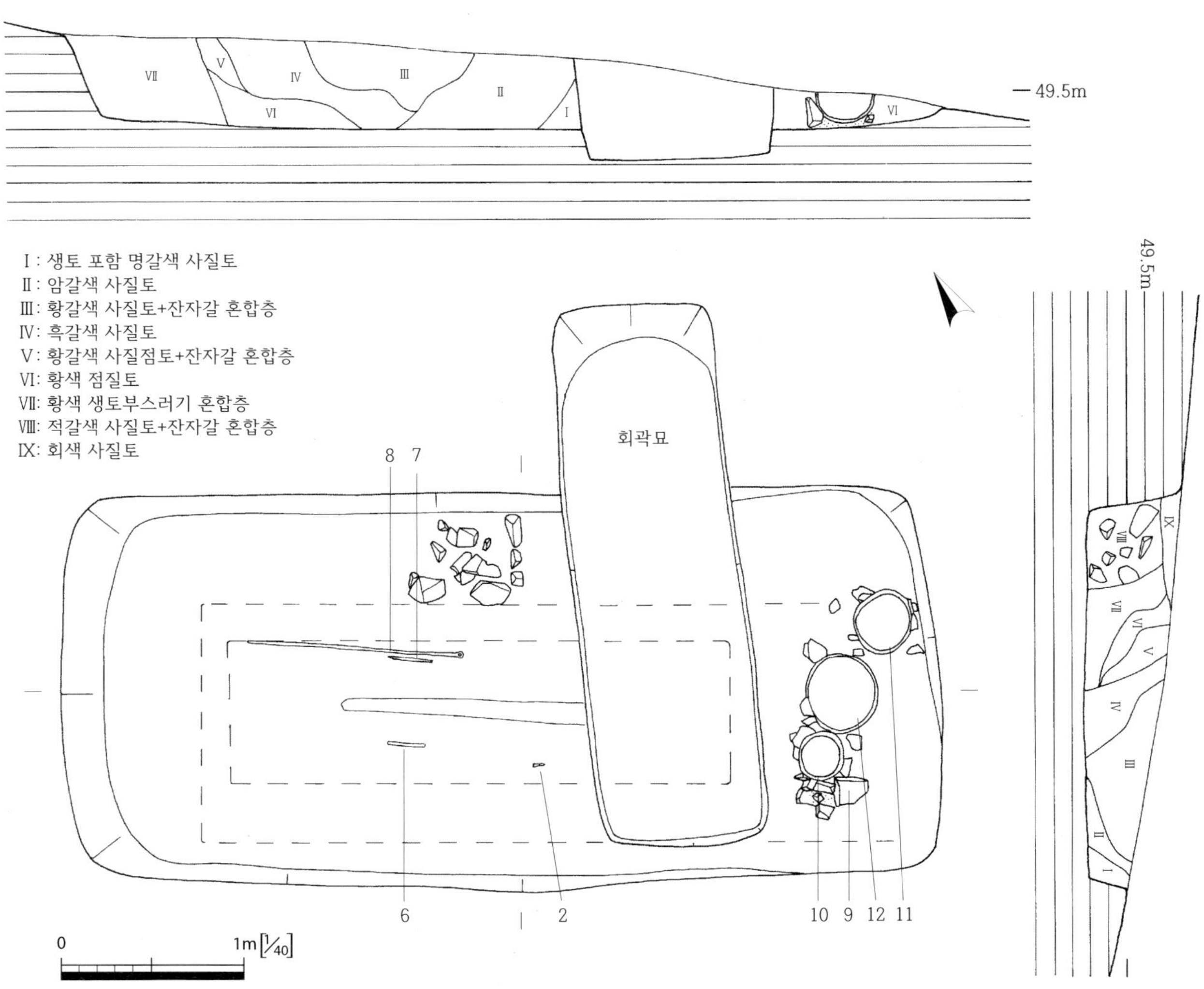

마한·백제의 분묘 문화 Ⅲ- 충남 Ⅰ : 연기(세종) 편 -

325

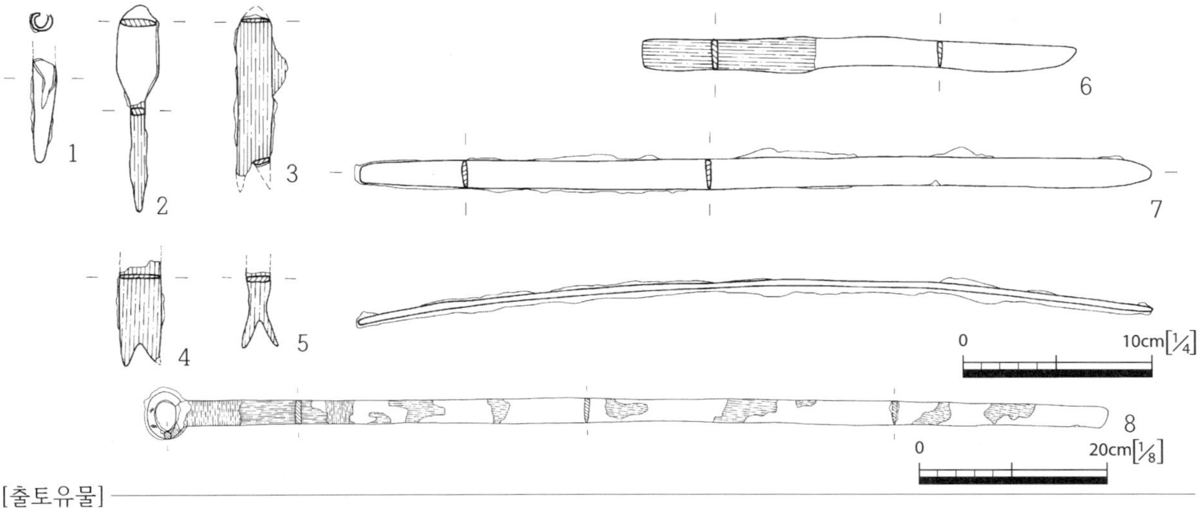

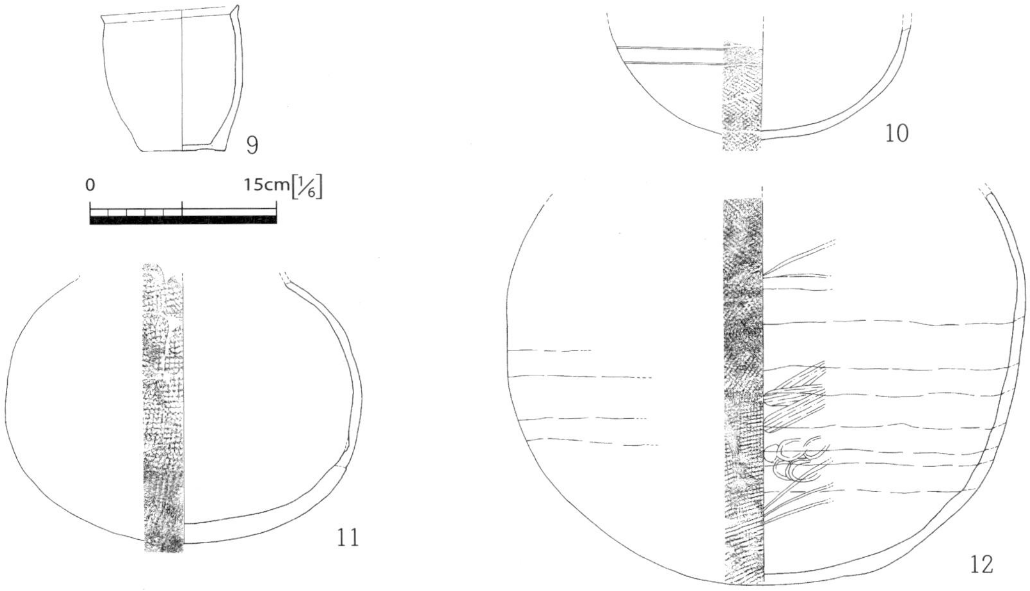

7호 토광묘

(단위 : cm)

묘광	크 기 (길이×너비×깊이)	(219)×(92)×(30+)	목관	크 기 (길이×너비×높이)	148×54×?
	장폭비	(2.38):1		장폭비	2.74:1
	장축방향	N-57°-E	목곽	크 기 (길이×너비×높이)	-
	두 향	?		장폭비	-
유물	토 기	단경호(1)			
	철 기	미상철기(3)			
	청 동 기	-			
	옥석류	유리제 구슬(487)			
	기 타	-			
	특기사항	보고서 기술과 유구·유물 도면의 축척이 상이하여 보고서 기술에 따라 축척을 조정하였음.			

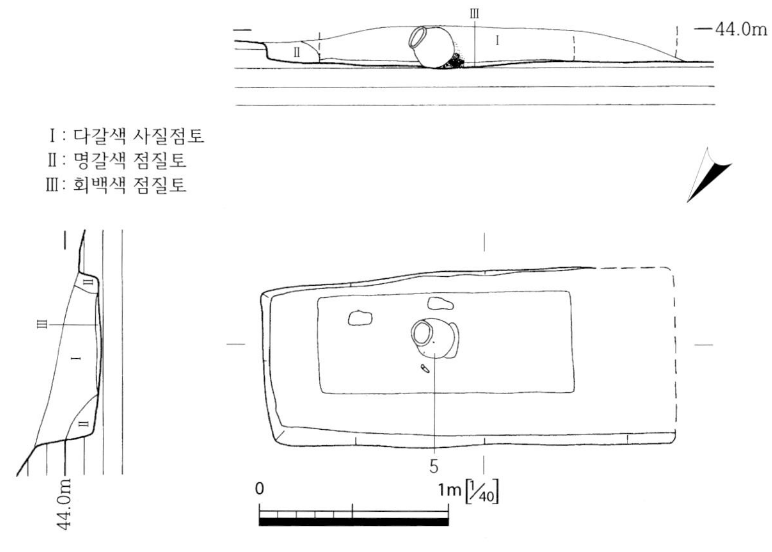

[유구사진]

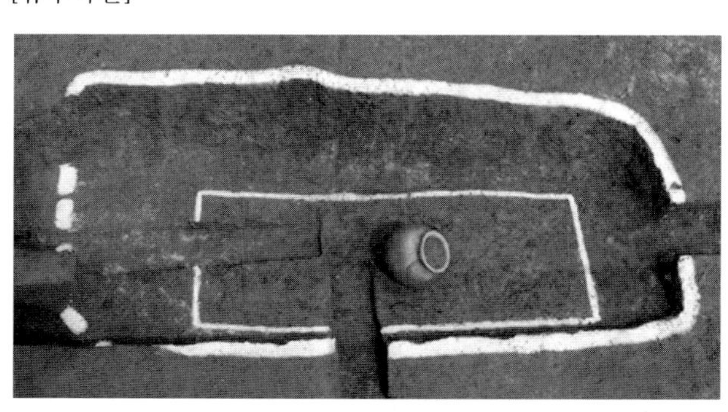

[관내]

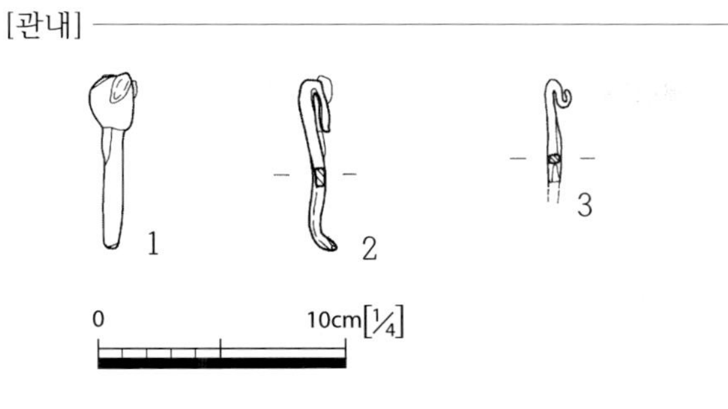
1
2
3
0
10cm[¼]

[출토유물]

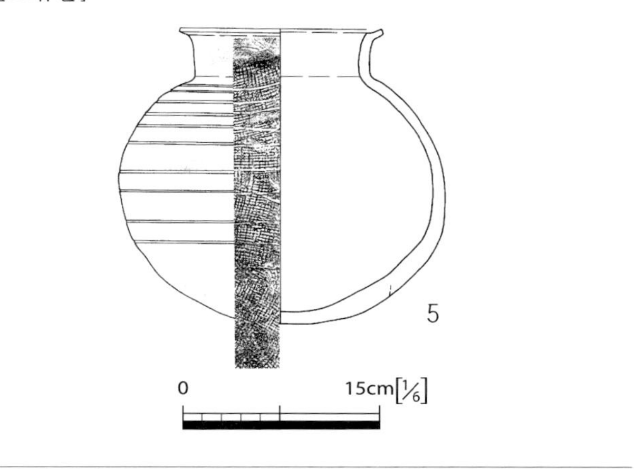
5
0
15cm[⅙]

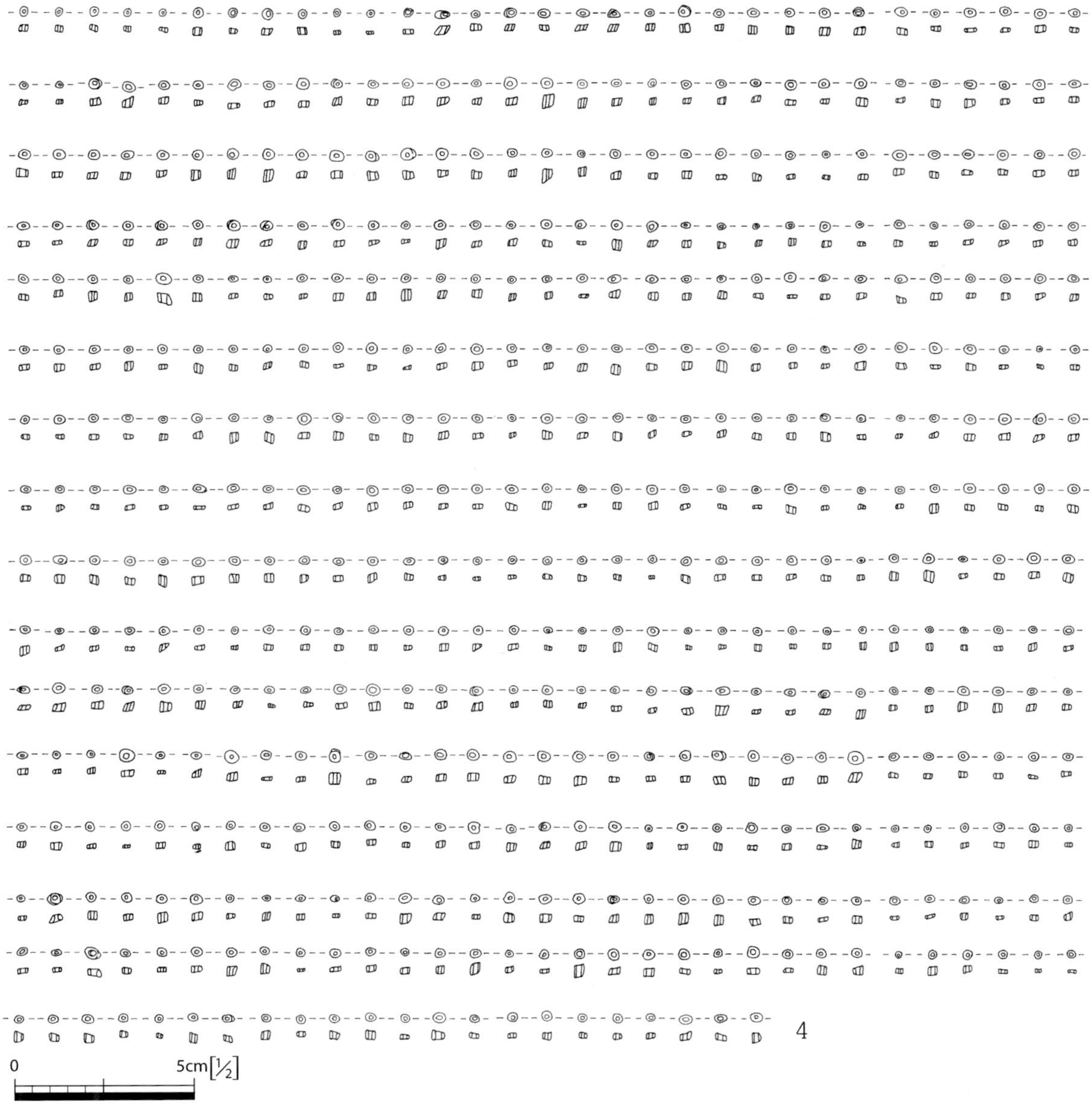

4
0
5cm[½]

8호 주구토광묘

(단위 : cm)

	8-①호		8-②호	
묘광	크 기 (길이×너비×깊이)	(614+)×(300)×(88+)	묘광	크 기 (길이×너비×깊이)	(340+)×(148+)×(18+)
	장폭비	?		장폭비	?
장축방향		N-60°-W	장축방향		N-57°-E
두 향		남동쪽	두 향		남동쪽
목곽	크 기 (길이×너비×높이)	(590+)×(240+)×?	목곽	크 기 (길이×너비×높이)	-
	장폭비	?		장폭비	-
목관	크 기 (길이×너비×높이)	(342+)×148×?	목관	크 기 (길이×너비×높이)	(260+)×(84+)×?
	장폭비	?		장폭비	?
주구크기 (길이×너비×깊이)		(70)×(120)×?	주구평면형태		?
유물	토 기	심발형토기(1), 단경호(7), 호·옹(1)	유물	토 기	-
	철 기	도(1), 겸(1), 정(1), 미상철기(1)		철 기	환두도(1), 양단환봉(1)
	청 동 기	-		청 동 기	마형대구(1)
	옥석류	다면 수정옥·흑색옥·청색옥·마노제 구슬(680)		옥석류	마노제 구슬(82), 유리제 구슬(1971)
	기 타	-		기 타	-
특기사항		주구 도면 미게재. 보고서 기술과 유구·유물 도면의 축척이 상이하여 보고서 기술에 따라 축척을 조정하였음.			

I : 회백색 점질토
II : 회백색 점질토+다갈색 점질토
III : 암갈색 점질토+생토부스러기
IV : 점질토
V : 다갈색 점질토+회백색 점질토
VI : 점질토
VII : 명갈색 사질점토+생토부스러기
VIII : 황갈색 점질토+생토부스러기
IX : 명갈색 점질토
X : 황갈색 점질토
XI : 명갈색 사질점토
XII : 황갈색 사질토+다갈색 점질토
XIII : 암갈색 점질토
XIV : 명갈색 점질토+생토부스러기
XV : 황갈색 사질토+잔자갈

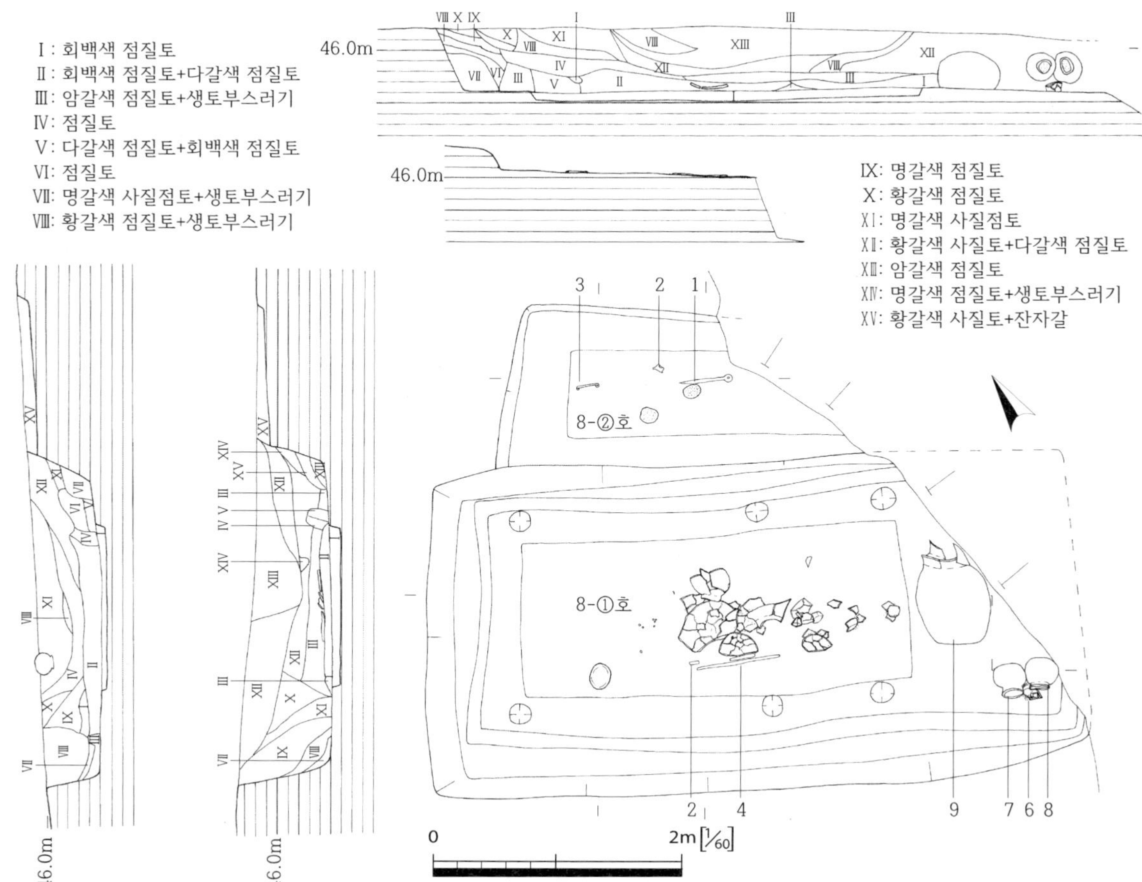

[8-①호 구슬출토상태]

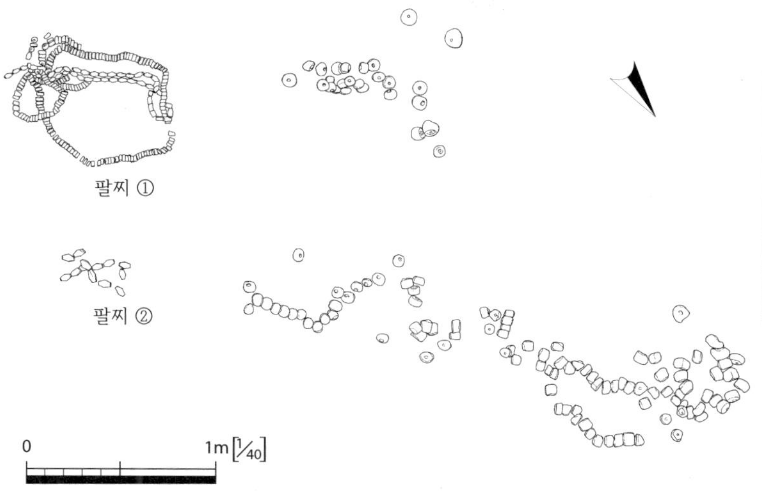
팔찌 ①
팔찌 ②
0　　　　　　　　1m[¹⁄₄₀]

[유구사진]

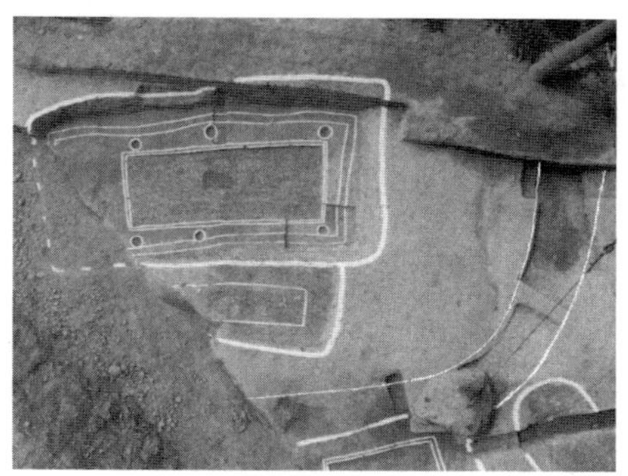

[8-①호 관내]

1
2
3
4
0　　　　　　　　10cm[¹⁄₄]

0　　　　5cm[¹⁄₂]

[8-①호 곽내]

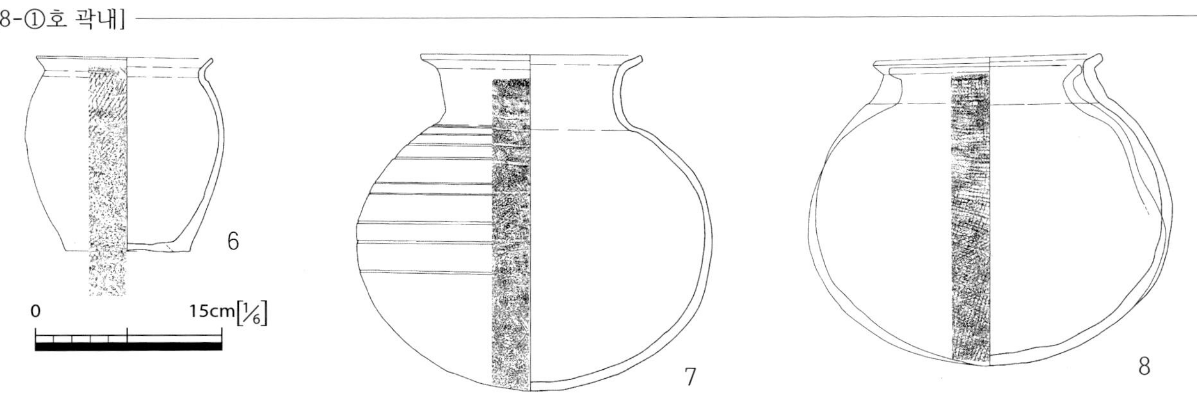

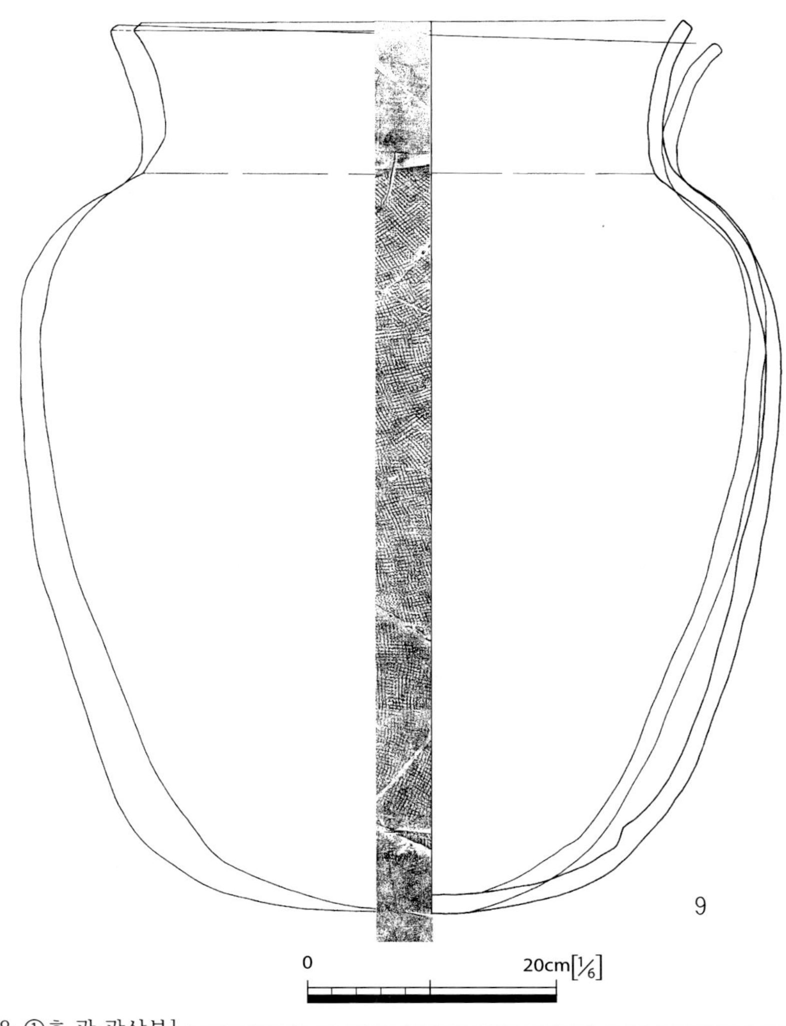

9

0   20cm[⅙]

[8-①호 관·곽상부]

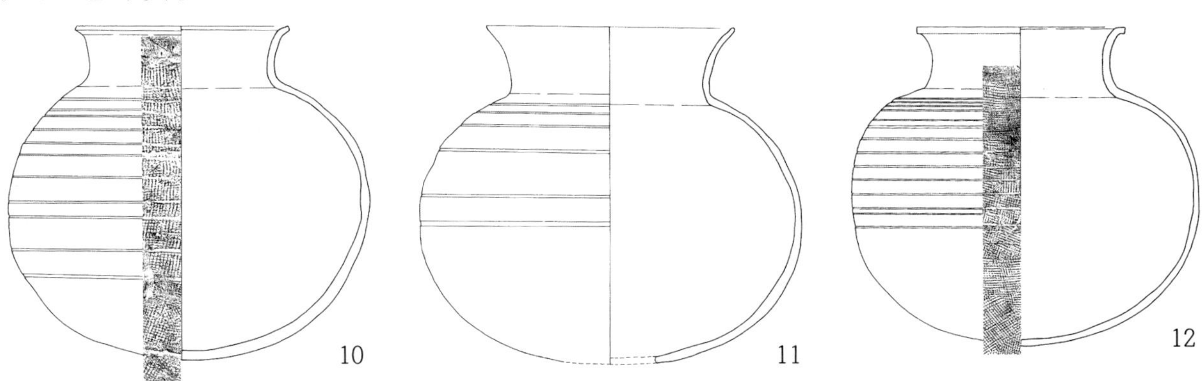

10   11   12

[8-①호 봉분토]

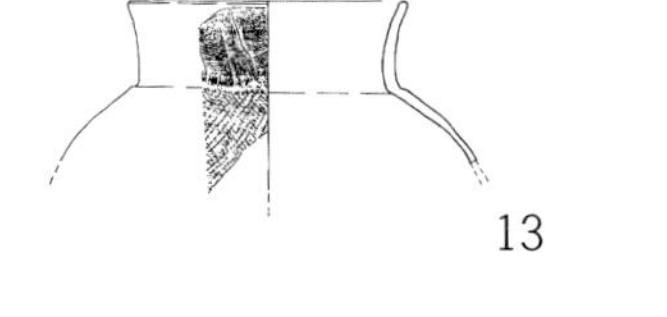

13

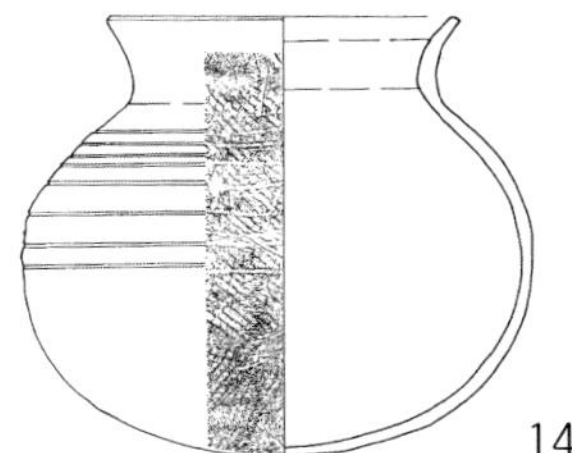

14

1

2

3

0   10cm[¼]

0   5cm[½]

4

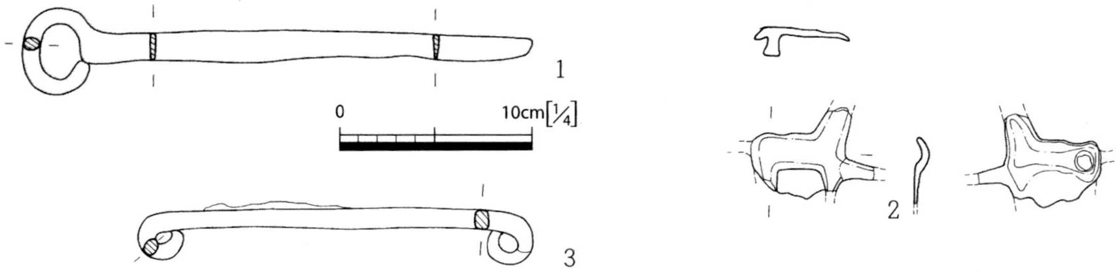

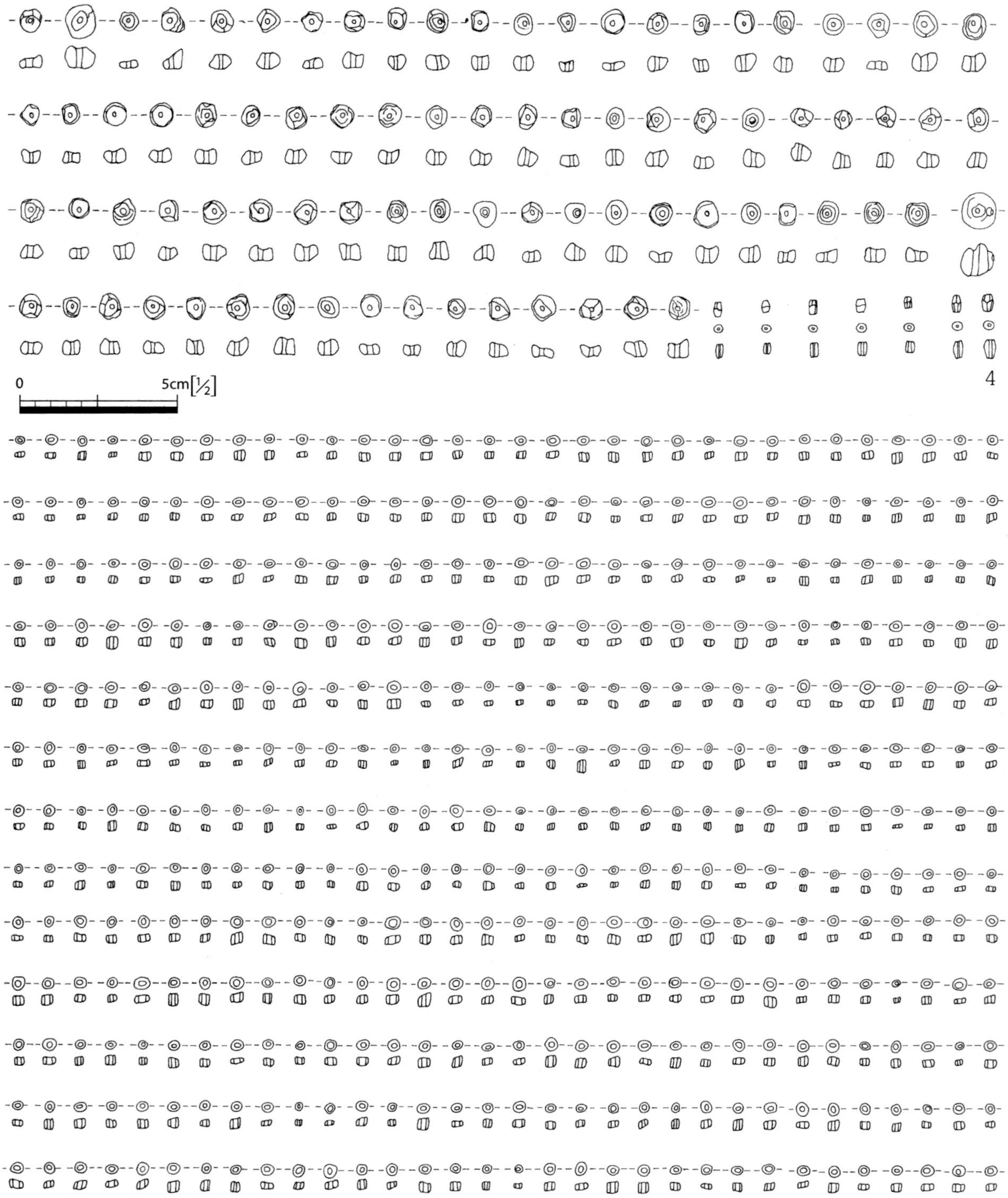

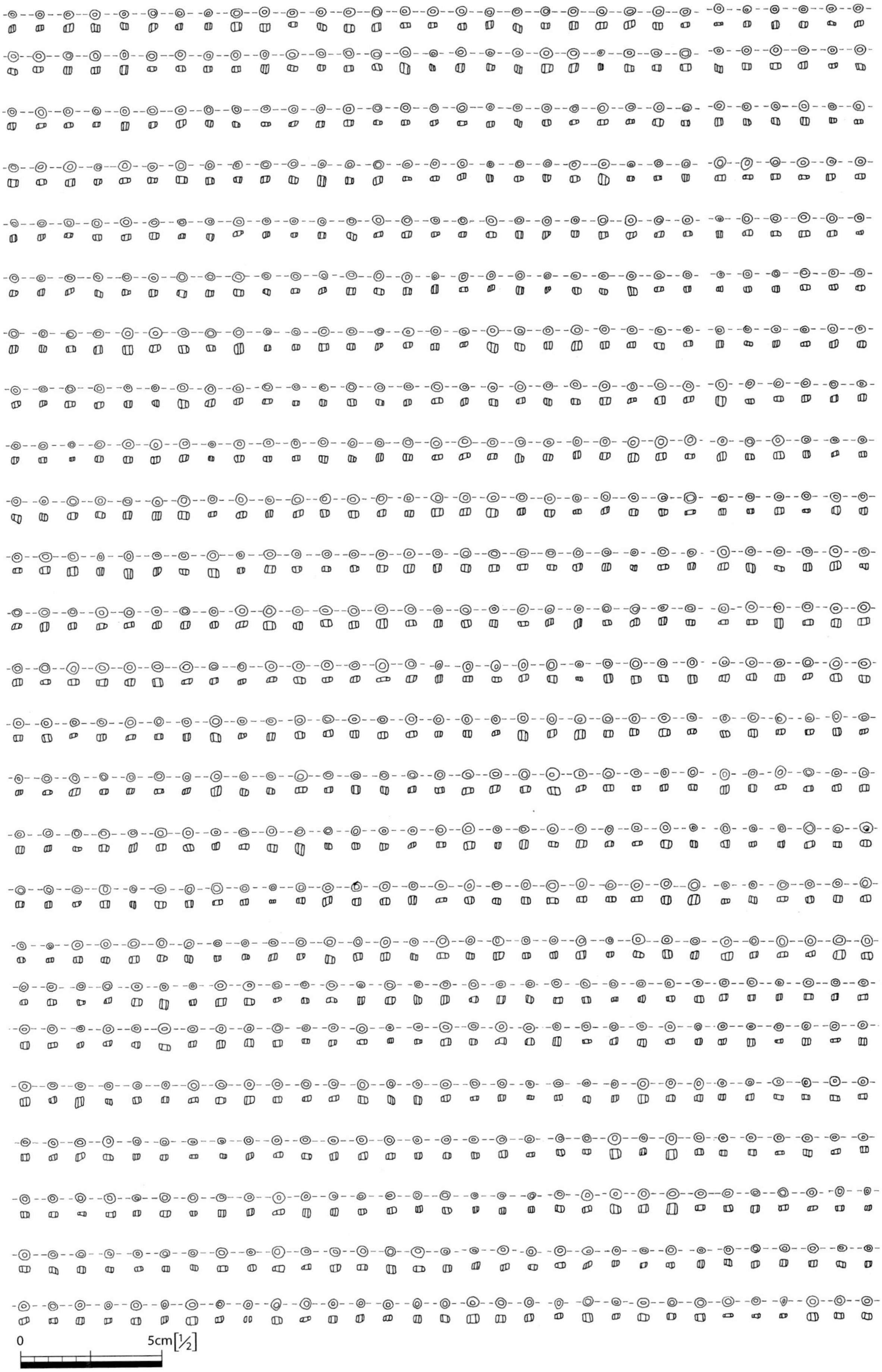

0
5cm[½]

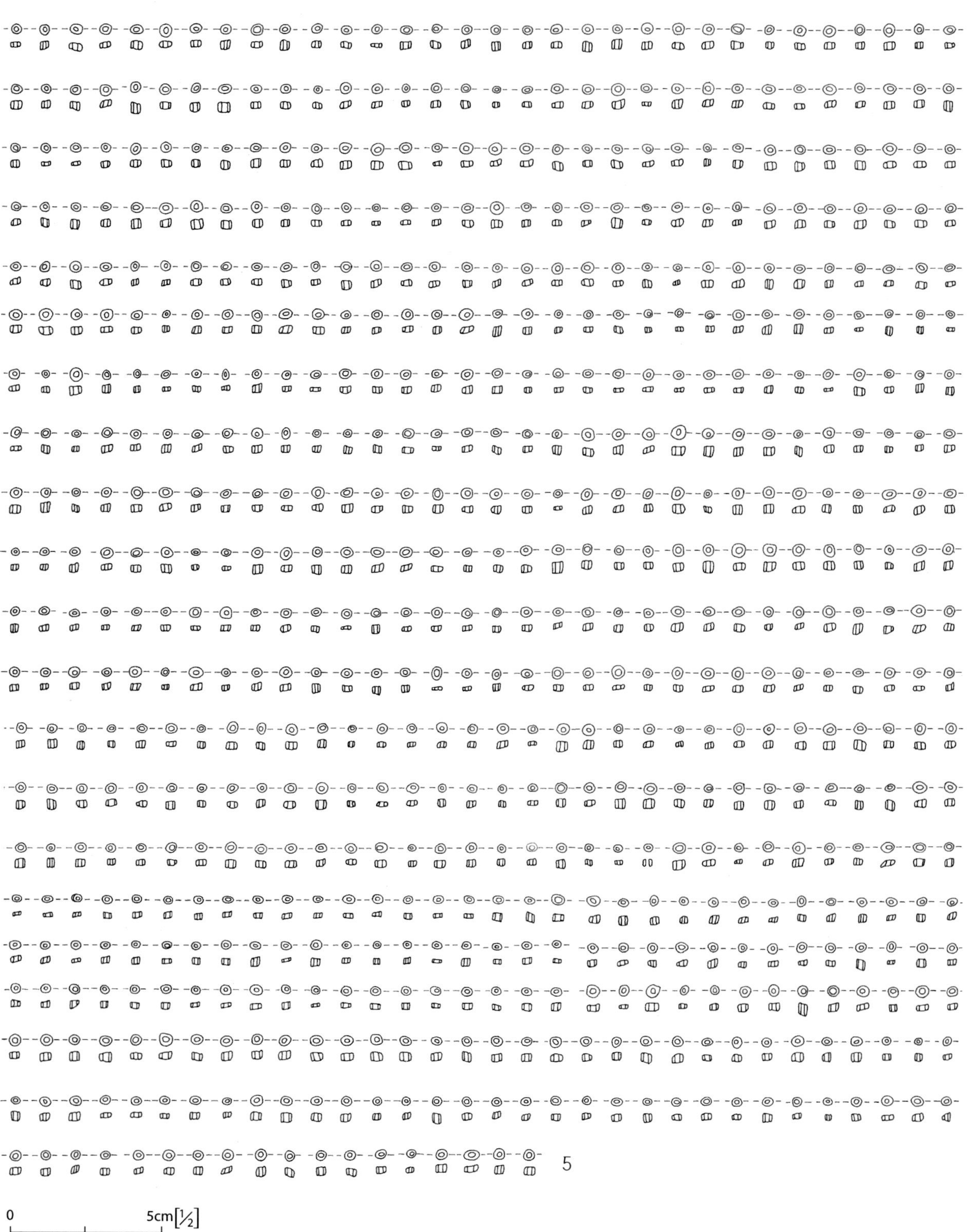

5

9호 토광묘

(단위 : cm)

묘광	크 기 (길이×너비×깊이)	(280+)×(147+)×(25+)	목관	크 기 (길이×너비×높이)	192×70×?
	장폭비	?		장폭비	2.74:1
	장축방향	N-81°-W	목곽	크 기 (길이×너비×높이)	-
	두 향	?		장폭비	-
유물	토 기	-			
	철 기	도자(1), 미상철기(2)			
	청동기	-			
	옥석류	-			
	기 타	-			
	특기사항	보고서 기술과 유구·유물 도면의 축척이 상이하여 보고서 기술에 따라 축척을 조정하였음.			

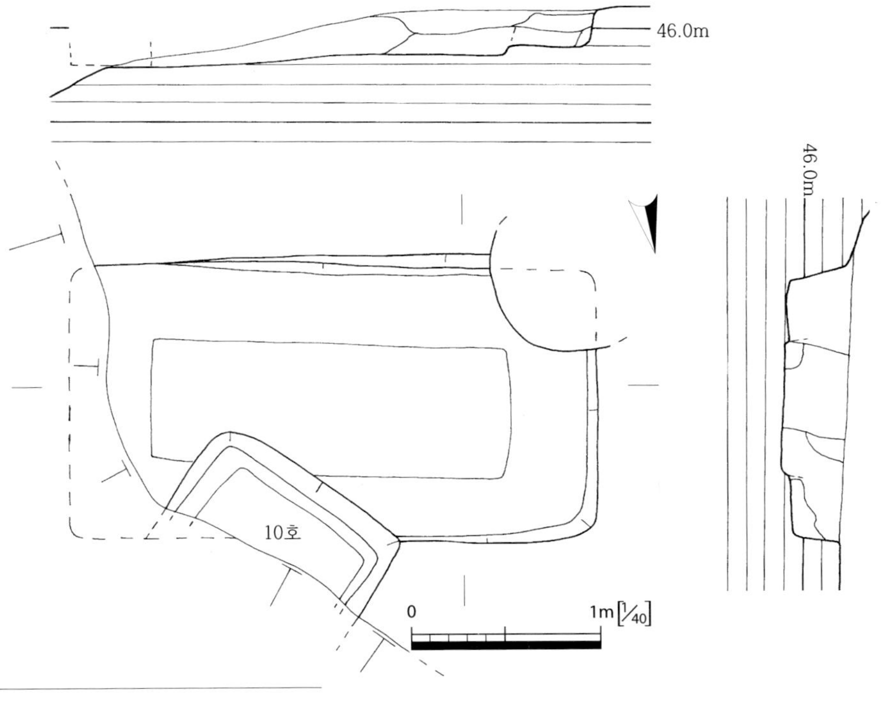

[유구사진]

[출토유물]

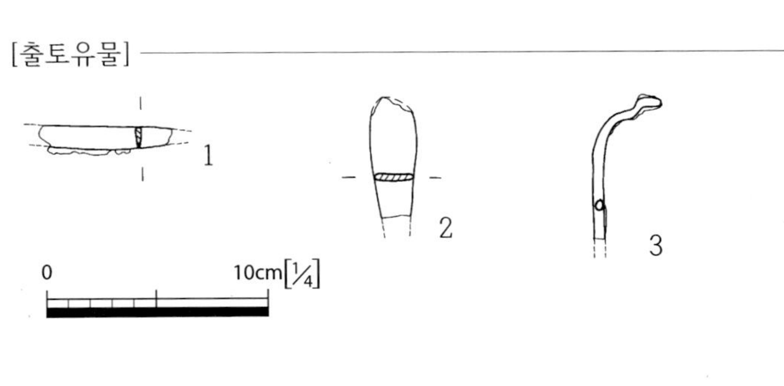

10호 토광묘

(단위 :　cm)

묘광	크 기 (길이×너비×깊이)	(118+)×(50+)×(48+)	목관	크 기 (길이×너비×높이)	?
	장폭비	?		장폭비	?
	장축방향	N-42°-E	목곽	크 기 (길이×너비×높이)	?
	두 향	?		장폭비	?
유물	토 기	-			
	철 기	-			
	청 동 기	-			
	옥 석 류	-			
	기 타	-			
특기사항	출토유물 없음. 보고서 기술과 유구 도면의 축척이 상이하여 보고서 기술에 따라 축척을 조정하였음.				

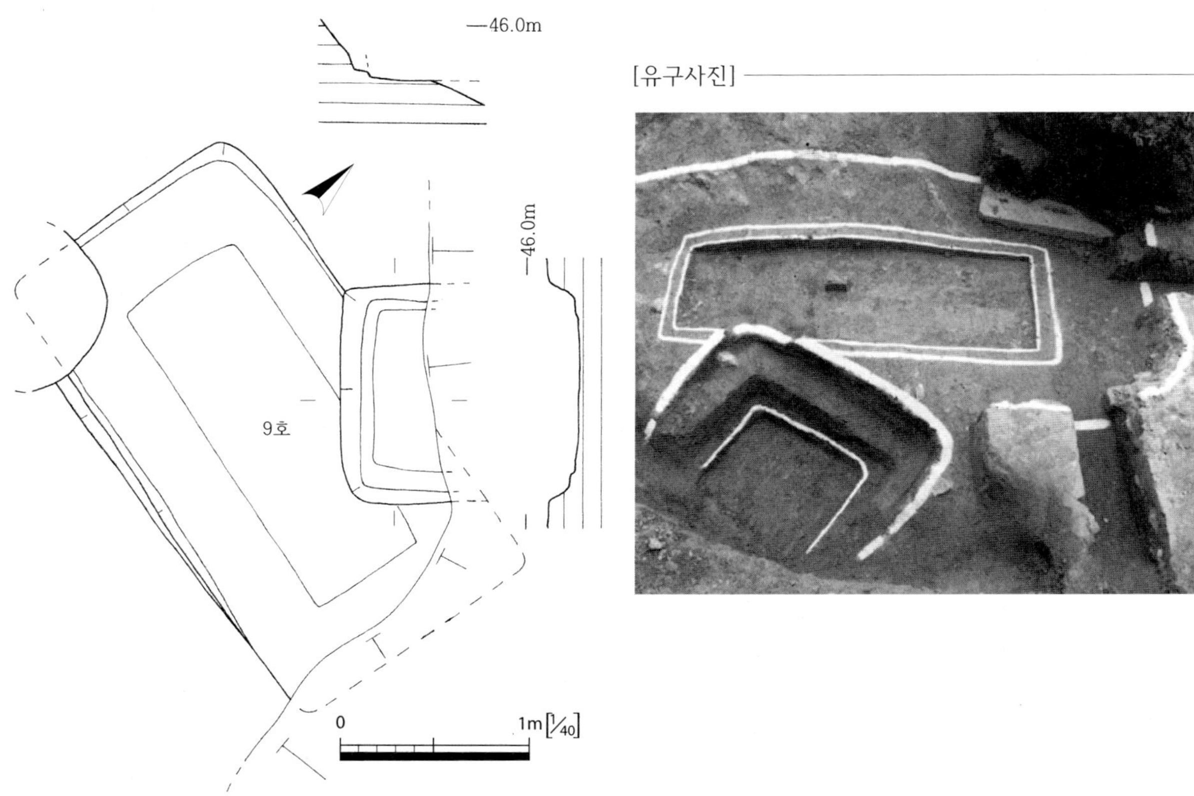

11호 주구토광묘

(단위 : cm)

		11-①호			11-②호
묘광	크 기 (길이×너비×깊이)	(396)×(160+)×(32+)	묘광	크 기 (길이×너비×깊이)	(140+)×(86+)×(10+)
	장폭비	?		장폭비	?
장축방향		N-30°-W	장축방향		N-23°-W
두 향		?	두 향		?
목곽	크 기 (길이×너비×깊이)	(350+)×(96)×?	목곽	크 기 (길이×너비×깊이)	-
	장폭비	?		장폭비	-
목관	크 기 (길이×너비×깊이)	290×55×?	목관	크 기 (길이×너비×깊이)	-
	장폭비	5.27:1		장폭비	-
유물	토 기	심발형토기(1), 단경호(3), 옹(1)	유물	토 기	심발형토기(1), 단경호(1)
	철 기	단조철부(1), 촉(1)		철 기	-
	청 동 기	-		청 동 기	-
	옥 석 류	-		옥 석 류	-
	기 타	-		기 타	-
주구크기 (길이×너비×깊이)		(310+)×(340+)×(20+)	주구평면형태		(눈썹형)
특기사항		보고서 기술과 유구·유물 도면의 축척이 상이하여 보고서 기술에 따라 축척을 조정하였음.			

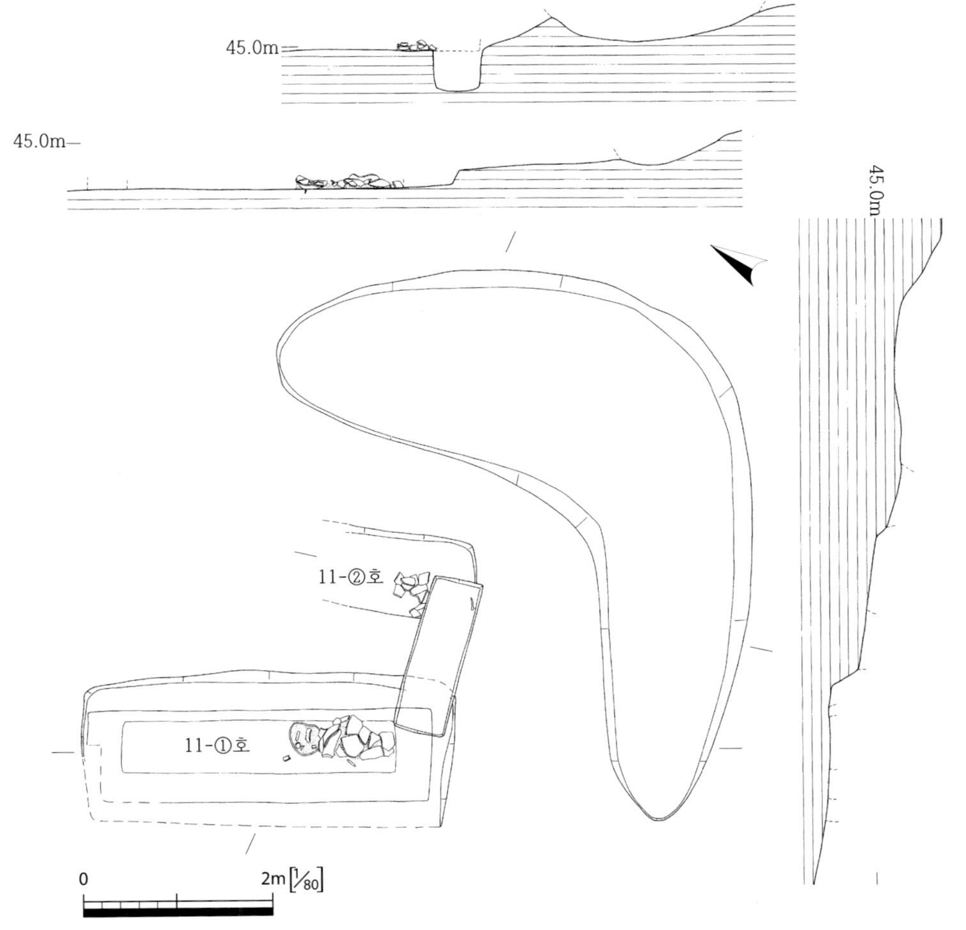

[유구사진]

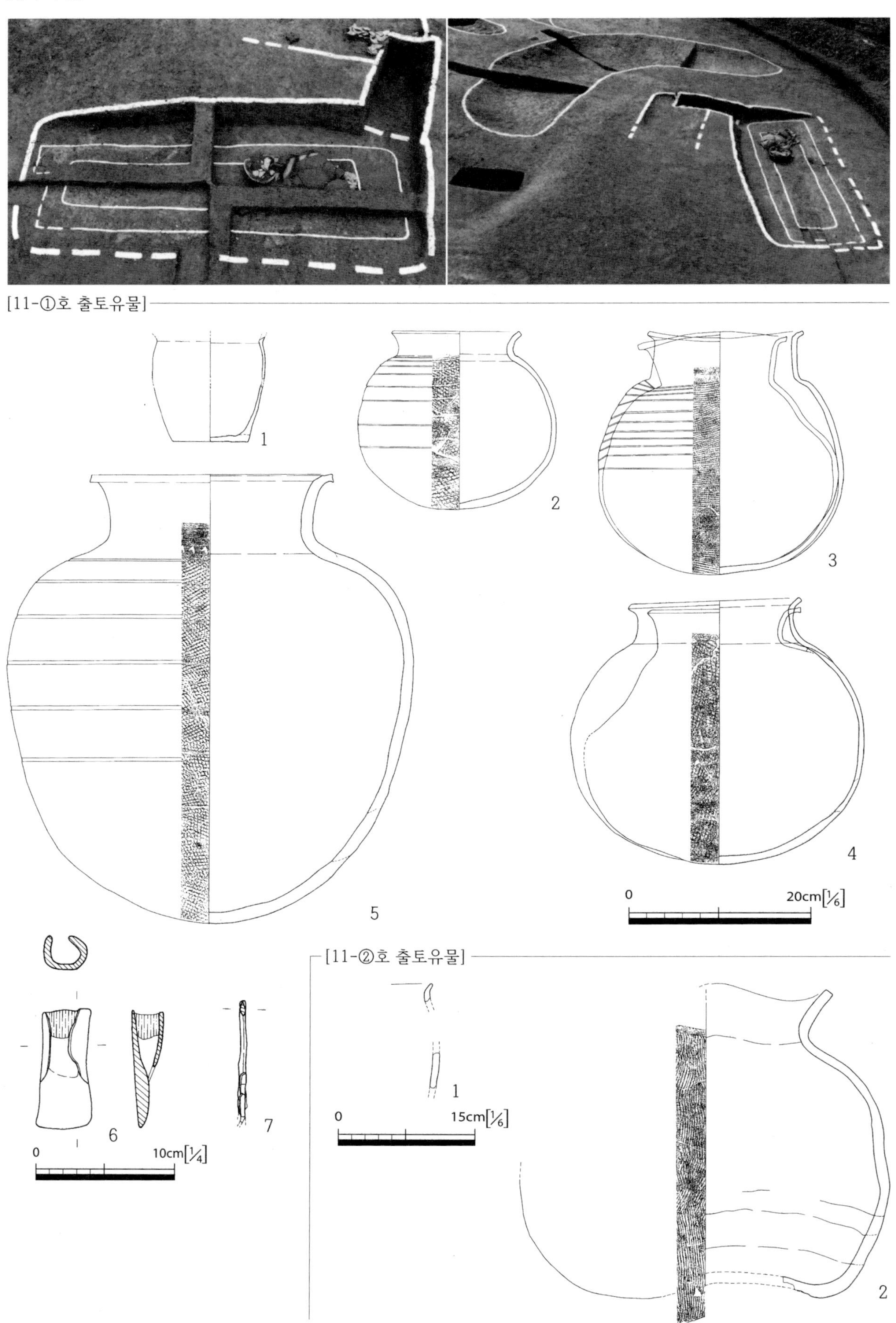

[11-①호 출토유물]
1
2
3
4
5
6
7
0   20cm[1/6]
0   10cm[1/4]
[11-②호 출토유물]
1
0   15cm[1/6]
2

12호 주구토광묘

(단위 : cm)

묘광	크 기 (길이×너비×깊이)	(552+)×234×(70+)	목관	크 기 (길이×너비×높이)	284×88×?
	장폭비	?		장폭비	3.23:1
	장축방향	N-34°-E	목곽	크 기 (길이×너비×높이)	346×156×?
	두 향	?		장폭비	2.22:1
	주구크기 (길이×너비×깊이)	(500+)×(170+)×(120+)		주구평면형태	?
유물	토 기	심발형토기(1), 단경호(9)			
	철 기	겸(1), 양단환봉(1)			
	청동기	마형대구(3)			
	옥석류	유리제 구슬(608)			
	기 타	-			
	특기사항	보고서 기술과 유구·유물 도면의 축척이 상이하여 보고서 기술에 따라 축척을 조정하였음.			

Ⅰ: 회색 점질토
Ⅱ: 회갈색 점질토
Ⅲ: 황갈색 사질점토
Ⅳ: 회청섹 점질토
　　+생토부스러기 혼합
Ⅴ: 황갈색 점질토
Ⅵ: 명갈색 사질점토
　　+생토부스러기 혼합
Ⅶ: 황갈색 사질토
　　+회색 점질토
Ⅷ: 황갈색 점질토
　　+생토부스러기
ⅩⅤ: 갈색 점질토
ⅩⅥ: 황갈색 사질토
ⅩⅦ: 명갈색 점질토
ⅩⅧ: 흑갈색 사질점토+목탄
ⅩⅨ: 흑회색 부식토

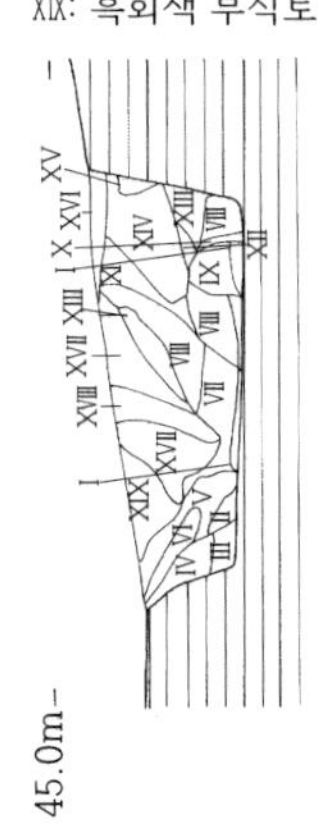

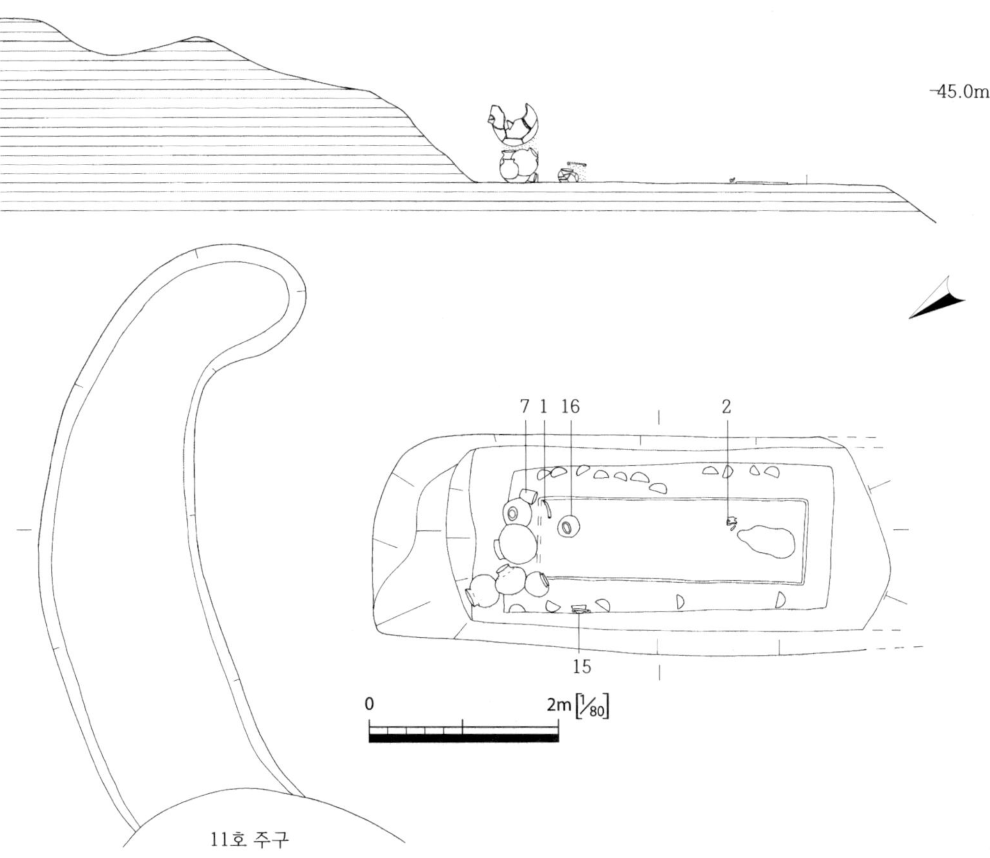

11호 주구

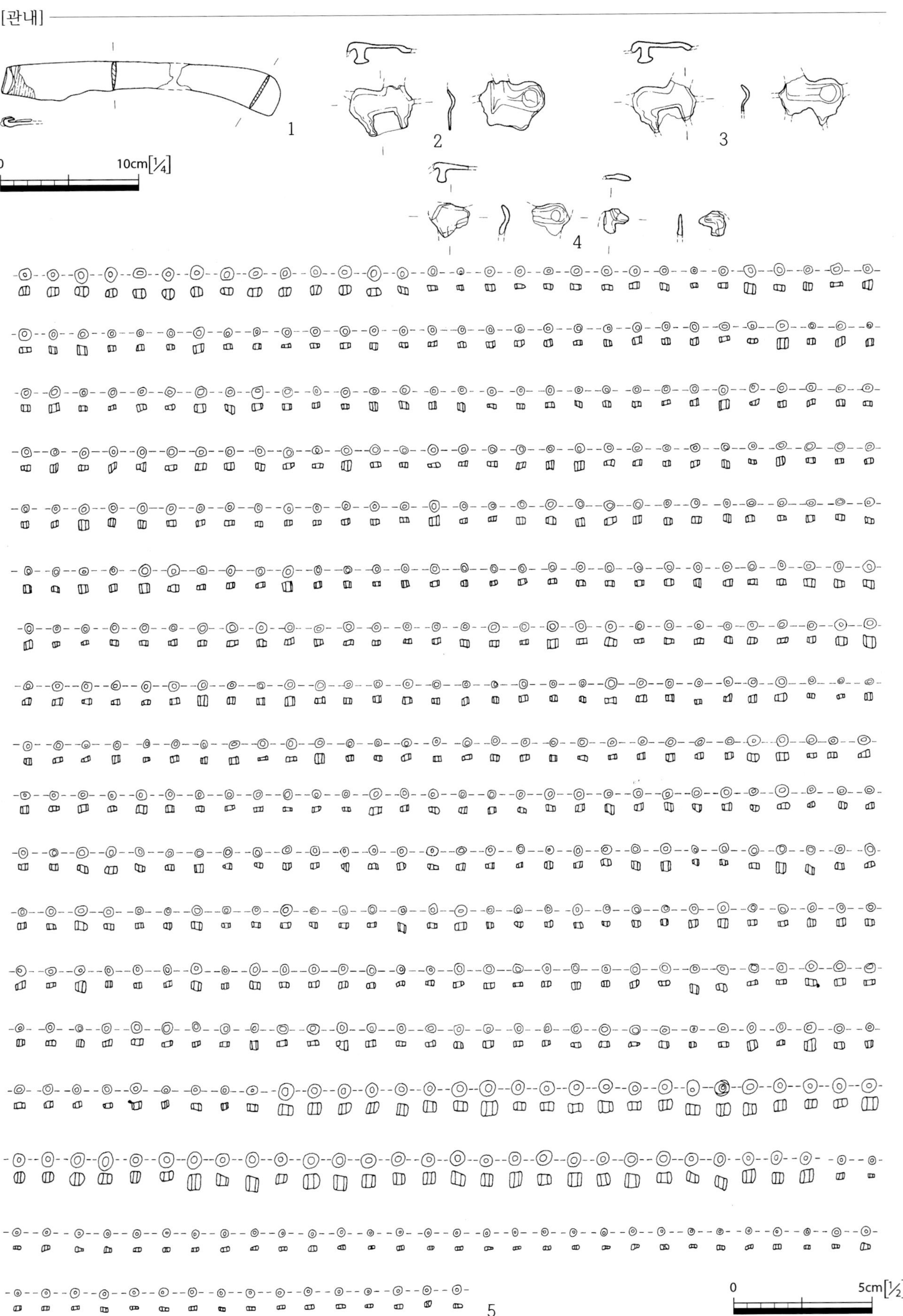

마한·백제의 분묘 문화 Ⅲ- 충남 I : 연기(세종) 편 -

[곽내]

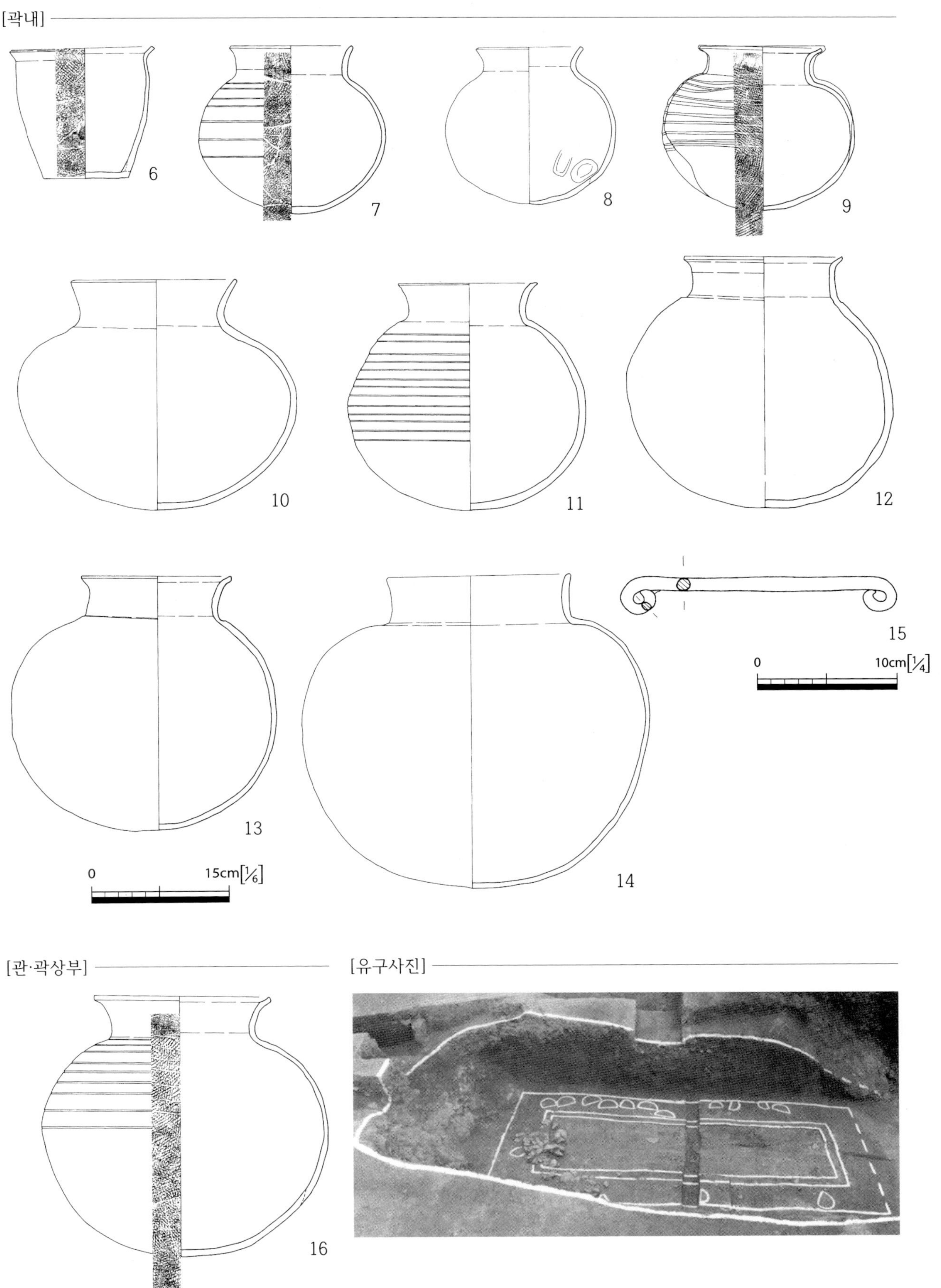
[관·곽상부]
[유구사진]

13호 주구토광묘

(단위 : cm)

묘광	크 기 (길이×너비×깊이)	325×150×(50+)	목관	크 기 (길이×너비×높이)	240×(65+)×?
	장 폭 비	2.17:1		장 폭 비	?
	장축방향	N-40°-W	목곽	크 기 (길이×너비×높이)	-
	두 향	?		장 폭 비	-
	주구크기 (길이×너비×깊이)	(592+)×114×(20+)	주구평면형태		(눈썹형)
유물	토 기	경질무문 심발(1), 단경호(4)			
	철 기	단조철부(2)			
	청 동 기	-			
	옥 석 류	-			
	기 타	-			
	특기사항	보고서 기술과 유구·유물 도면의 축척이 상이하여 보고서 기술에 따라 축척을 조정하였음.			

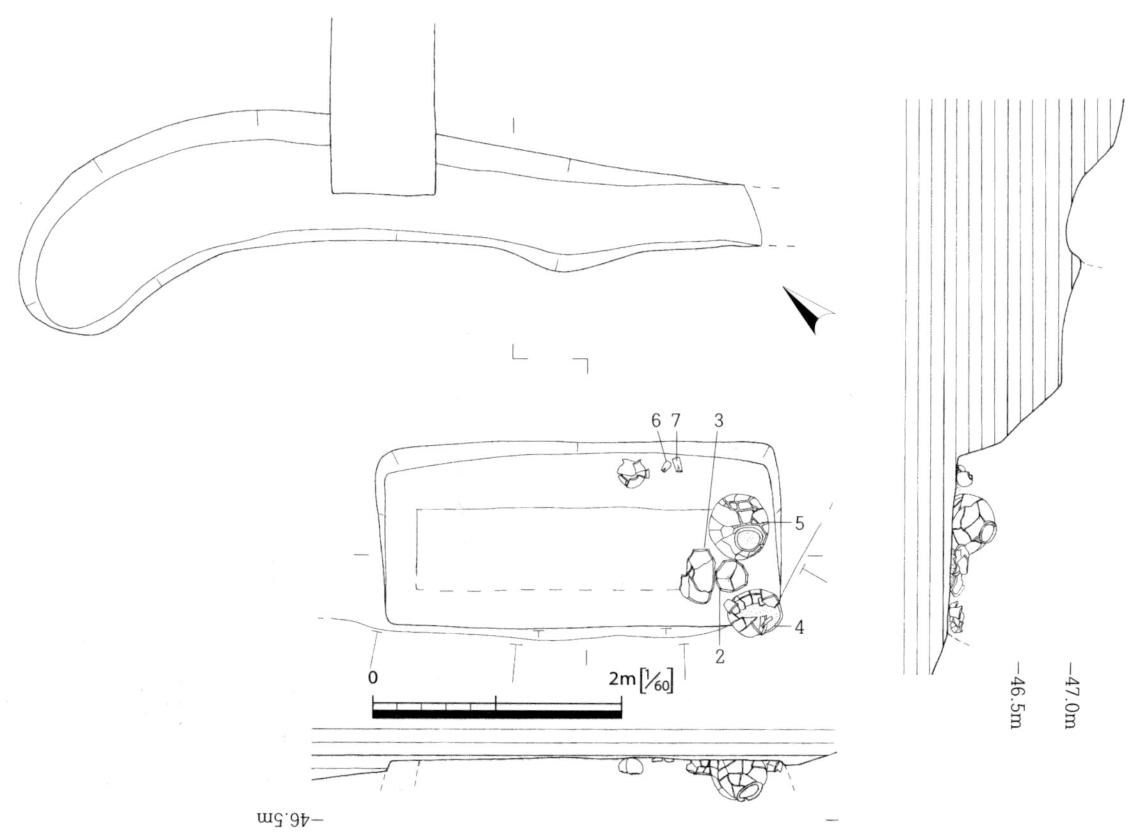

0   15cm[⅙]

10cm[¼]

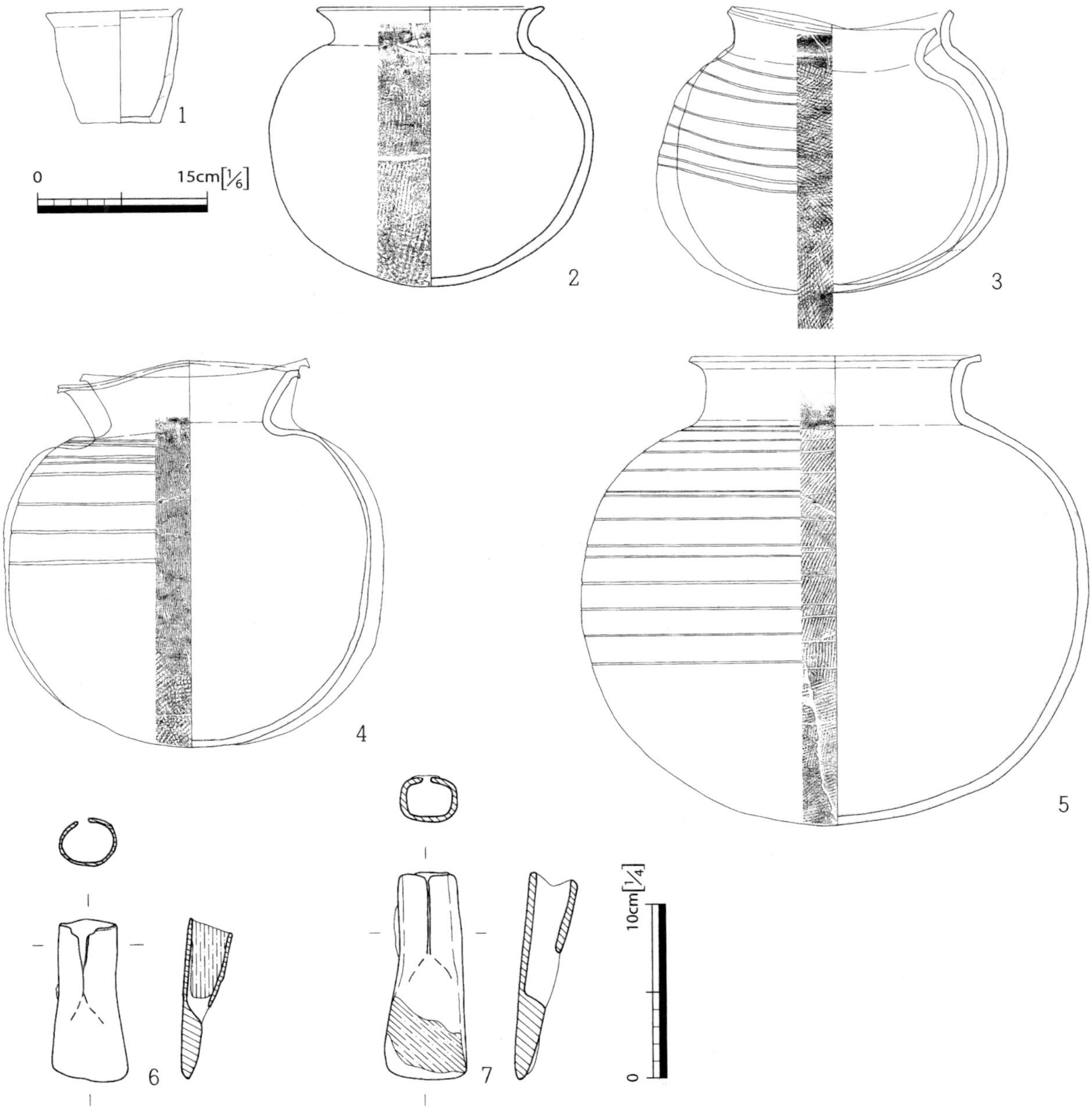

14호 주구토광묘

(단위 : cm)

묘광	크 기 (길이×너비×깊이)	?	목관	크 기 (길이×너비×높이)	?
	장폭비	?		장폭비	?
	장축방향	N-(17)°-E	목곽	크 기 (길이×너비×높이)	?
	두 향	?		장폭비	?
	주구크기 (길이×너비×깊이)	(420+)×(180+)×(40+)		주구평면형태	?
유물	토 기	호·옹(2:주구2)			
	철 기	-			
	청동기	-			
	옥석류	-			
	기 타	-			
	특기사항	매장주체부가 확인되지 않음. 보고서 기술과 유구·유물 도면의 축척이 상이하여 보고서 기술에 따라 축척을 조정하였음.			

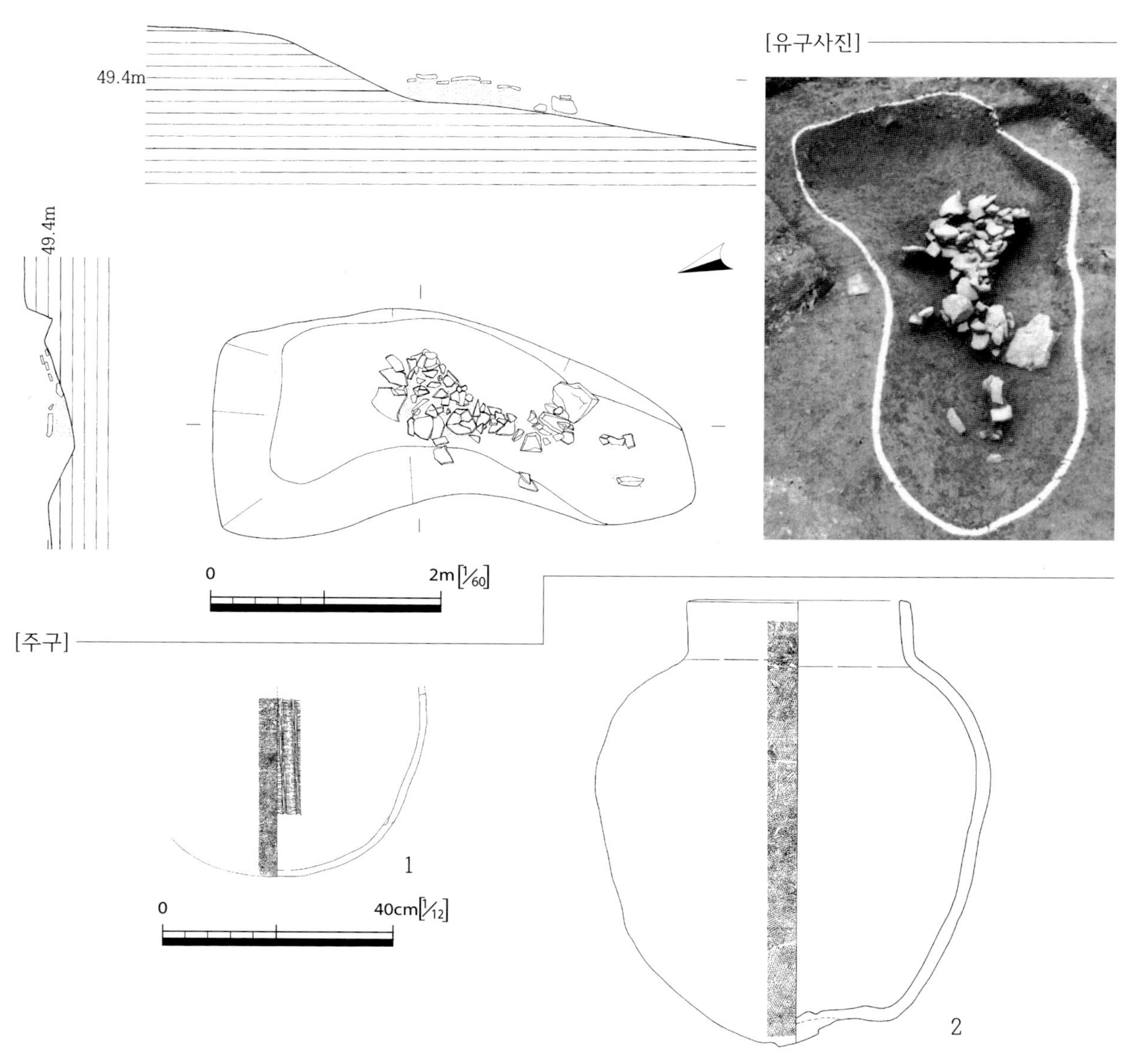

"

15호 주구토광묘

(단위 : cm)

묘광	크 기 (길이×너비×깊이)	?	목관	크 기 (길이×너비×높이)	?
	장폭비	?		장폭비	?
	장축방향	N-(40)°-W	목곽	크 기 (길이×너비×높이)	?
	두 향	?		장폭비	?
	주구크기 (길이×너비×깊이)	(470+)×154×(54+)	주구평면형태		?
유물	토 기	옹(1:주구1)			
	철 기	-			
	청동기	-			
	옥석류	-			
	기 타	-			
	특기사항	매장주체부가 확인되지 않음. 보고서 기술과 유구 도면의 축척이 상이하여 보고서 기술에 따라 축척을 조정하였음.			

I : 명황색 사질토
II : 암갈색 사질점토
III : 황갈색 사질점토
IV : 흑갈색 사질점토
V : 흑갈색 고운 사질점토
VI : 소토덩어리

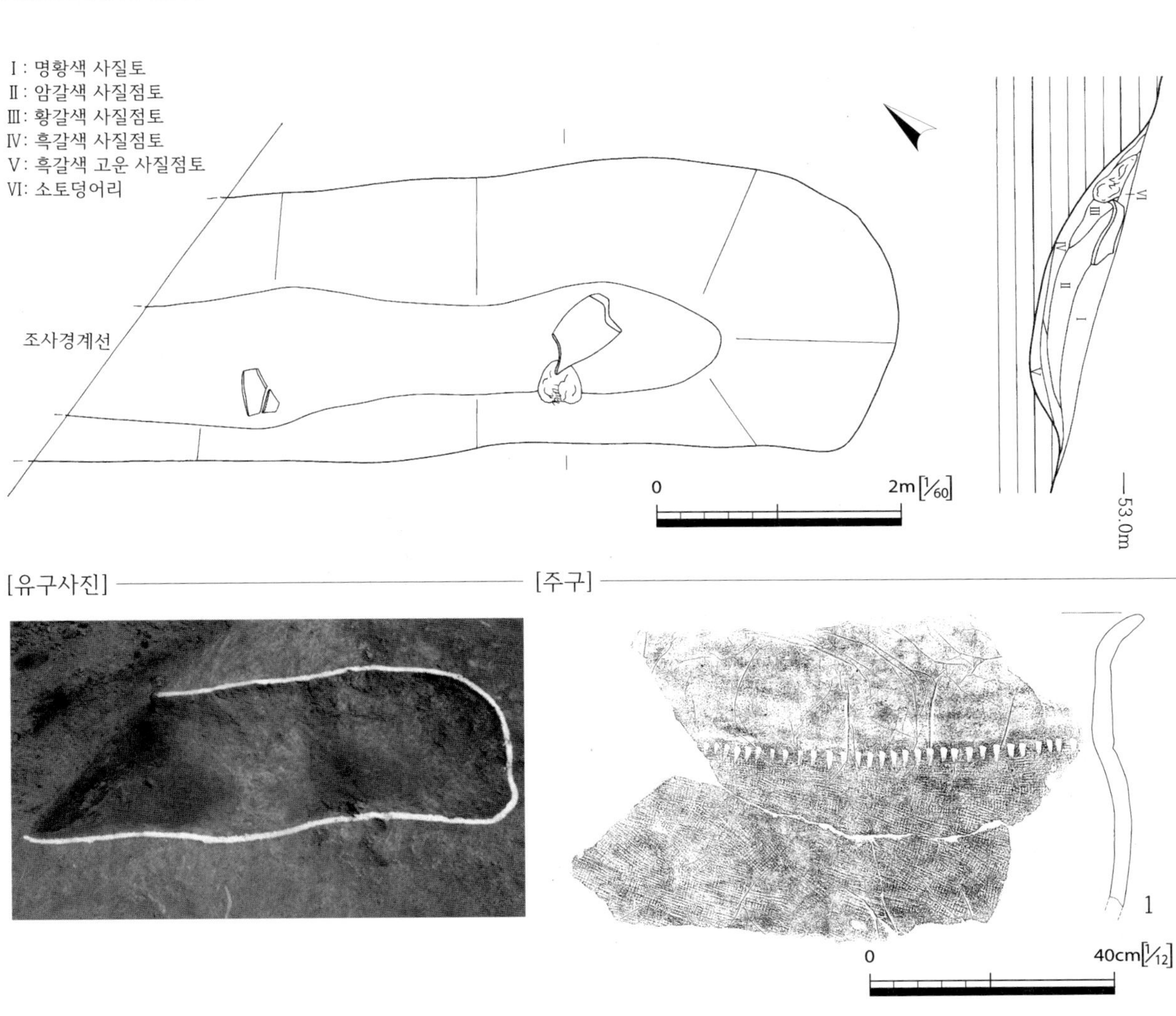